国家社会科学基金重大招标项目"抓住和利用好本世纪第二个十年中国发展重要战略机遇期的若干重大问题研究——面向未来的中国大国经济发展战略"(11&ZD002)最终研究成果

走向经济强国之路
中国经济的"超越"梦想与现实

刘迎秋 王红领 等 著

On the Road to Economic Power
China's Dream and Reality of Breakthrough

中国社会科学出版社

图书在版编目（CIP）数据

走向经济强国之路：中国经济的"超越"梦想与现实/刘迎秋等著. —北京：中国社会科学出版社，2018.7
ISBN 978 - 7 - 5203 - 2786 - 2

Ⅰ.①走… Ⅱ.①刘… Ⅲ.①中国经济—经济发展战略—研究 Ⅳ.①F120.4

中国版本图书馆 CIP 数据核字（2018）第 154245 号

出 版 人	赵剑英
责任编辑	卢小生
责任校对	周晓东
责任印制	王 超

出　　版	中国社会科学出版社
社　　址	北京鼓楼西大街甲 158 号
邮　　编	100720
网　　址	http：//www.csspw.cn
发 行 部	010 - 84083685
门 市 部	010 - 84029450
经　　销	新华书店及其他书店

印刷装订	北京君升印刷有限公司
版　　次	2018 年 7 月第 1 版
印　　次	2018 年 7 月第 1 次印刷

开　　本	710×1000　1/16
印　　张	40.5
插　　页	2
字　　数	685 千字
定　　价	168.00 元

凡购买中国社会科学出版社图书，如有质量问题请与本社营销中心联系调换
电话：010 - 84083683
版权所有　侵权必究

课题组成员

课题组组长兼首席专家：刘迎秋

课题组副组长（以下按承担撰写任务先后排序）：

刘霞辉　剧锦文　文学国　王红领　顾　强
陈　耀　朱恒鹏　夏先良

课题组成员：

刘迎秋　李　衡　庞　鑫　郭　斌　刘霞辉
吴延兵　剧锦文　司光禄　凌士显　李　斌
文学国　邱　本　张　亮　江庆勇　王红领
管建强　顾　强　董瑞青　陈　耀　陈　钰
郑　鑫　周洪霞　朱恒鹏　王　震　葛　婧
夏先良　赵三英

课题组学术秘书：

赵三英　李　衡　庞　鑫

内容提要

本书以改革开放后中国从低收入发展中国家成长为全球第二大经济体的历史过程为背景，以中国经济从大国迈向强国的实践过程为主要线索，以抓住和利用好21世纪第二个十年中国经济发展重要战略机遇期面临的突出矛盾和主要问题为突破口，运用历史与逻辑相统一、规范分析与实证分析相结合的方法，在统计检验和案例剖析基础上，分析、论证、揭示和阐明了中国经济从大国走向强国必须面对和解决的一系列重大理论及实践问题、战略与策略等问题。

全书由十一章组成。第一章为本书总论，首先回顾和总结了新中国成立以来的半个多世纪。曾先后经历两次"超越"及其发生的历史背景、历史过程及其历史经验与教训，在分析和阐明了改革开放后中国经济持续快速增长及其先后成功"超越"英国、德国并最终"超越"日本，进而步入新的更高层次"超越"的条件、过程、动因及其发生机理，探索和揭示了中国经济从大国走向强国必须遵循的客观规律及其内在逻辑，论证和说明了中华民族伟大复兴"中国梦"的最终实现所面临的困难与挑战，以及中国从大国走向强国必须做出正确选择与决策的理念前提、制度安排、战略选择和策略定位。

第二章在阐述经济成长一般规律和产业与经济结构演化（生产要素导向、投资导向、创新导向和富裕导向）的四阶段基础上，对中国宏观经济运行与发展的现状和问题及其阶段性进行了较为深入的分析；运用标准生产函数核算框架对中国经济发展过程中的劳动、资本及技术创新进行了统计实证性分析，提出了中国居民收入和消费及其改善并由此更好地推动经济增长的政策建议。

第三章从中国经济体制现状分析入手，在借鉴美国经济发展历史经验基础上，对中国国有经济及非国有经济发展现状及其相互关系、中国经济市场化改革和市场机制作用以及政府职能进行了分析与阐述，进而围绕构建具有自我调整、自我完善和自我演进的成熟的市场经济体制，深化中国经济体制改革，完善市场机制，促进国民经济长期持续健康发展等问题提出了政策建议。

第四章从梳理现代政府规制理论入手，结合中国实践，分别从提高经济效率、维护社会公平、促进经济国际化角度分析和阐明了加强政府规制对于大国发展的重要意义；通过归纳总结发达国家建立政府规制、发挥政府作用的做法和经验，对现阶段中国政府规制建设及其运行过程中存在的主要问题进行了较为深入的分析，并围绕规制范围、规制机构、规制的法律法规建设等提出了政策建议。

第五章在阐释竞争政策的基本内涵基础上，以主要大国实践为范本，分析和揭示了竞争对于国民经济发展和市场繁荣的重要意义；在客观审视竞争过程存在的诸多弊端基础上，提出了将竞争政策制度化和从国家基本经济制度层面对竞争政策进行制度性系统化改革的政策主张，进而从竞争模式、竞争主体、竞争与政府规制的关系以及文化等多个维度阐明了适合于中国实践的竞争政策的基本内容。

第六章从现代经济学视角分析和揭示了人类社会追逐低碳发展的战略意义，通过梳理有关低碳经济的研究文献，借鉴发达国家低碳经济发展经验，分析和探讨了中国实施低碳战略的成本、收益及应避免的认识与实践误区，提出了现阶段降低碳排放绝对量并非中国低碳经济战略目标、技术才是实现低碳经济的基本途径的观点，阐明了将低碳经济战略上升为国家战略需要从制度建设和技术创新两个层面制定政策的理论主张。

第七章运用历史分析方法，首先分析和阐明了世界强国必然是一个工业强国的经验结论，进而在梳理和归纳全球主要工业强国基本特征基础上，分析和探讨了中国工业现状及其发展面临的主要问题，并根据工业强国的关键指标，系统地分析和阐明了通过产业政策、技术进步政策、财税金融政策和深化体制改革以及人才培养等核心工具推动中国经济从大国走向强国的必由之路。

第八章首先对大国区域协调发展的内涵、世界大国区域发展历程以及中国改革开放以来的区域发展战略演变进行了分析和总结，然后分析和阐明了区域协调发展的总体战略在中国实施以来的区域结构调整、产业布局优化、产业转移与承接以及城市圈发展实践，通过分析比较四大板块区域政策，提出了中国经济从大国走向强国的区域协调发展及其政策指向。

第九章通过对中国社会保障体系制度框架及其政策选择实践的描述，分析和阐释了现代社会保障制度演变及改革的趋势，指出了中国社会保障建设存在的主要问题，提出了大国战略下中国社会保障体系改革与发展的定位、目标和方向，并对中国养老保障及基本医疗保障制度的改革与完善进行了较为深入的分析。

第十章在阐述对外贸易战略类型及其决定因素基础上，通过对英国、美国等经济大国外贸战略演变的历史对比，分析了中国对外贸易战略的演化及其历史进程，提出了中国外贸战略转型的目标应该是自由贸易战略的观点和政策主张，指出了继续实行出口导向战略的不可持续性，论证和说明了从公平贸易战略和内需（或进口）主导型战略转向多元平衡的自由贸易战略对于中国经济从大国走向强国的重要意义。

第十一章从比较中国与西方主要经济大国居民财产性收入占其可支配收入比重差异程度入手，对中国城乡居民财产性收入占其可支配收入的比重过低及其决定因素进行了分析，进而在此基础上分析和阐释了中国财产性收入不平等的原因及其发生机理。最后，论证和阐明了促增中国居民财产性收入数量、促减中国居民财产性收入不平等程度的政策建议。

Abstract

The background of the study is the historical process of China growing into the world's second largest economy from a low income developing country after the reform and opening up. This study takes the practical process that leads China's economy from a large country to a great power as the major thread, and makes a breakthrough at striking constradiction and major problems on seizing and making use of the important strategic opportunities of China's economic development for the second decade of 21st century. Furthermore, the study applies methods unifying historic and logic approaches and combining normative analysis and empirical analysis. On the basis of statistical test and case analysis, the study analyzes, reveals and illustrates series of important theoretical and practical problems, strategic and tactical problems that ought to be solved in the process of China's economy from a large country to a great power.

The book consists of 11 chapters. Chapter 1, as the introduction of the book, reviews and summarizes the two "breakthroughs" and their historical background, historical process, and historical experience and lessons over the past half century since the founding of PRC. Then, this chapter analyzes and clarifies the conditions, process, motivation and mechanism of China's sustained and rapid economic growth and its successful surpassing Britain, Germany and eventually surpassing Japan and entering a new higher level of surpassing after reform and opening up. Furthermore, this chapter explores and reveals the objective laws and internal logic of China's economy marching from a large country toward a great power. Finally, the chapter demonstrates and illustrates the difficulties and challenges faced by the realization of the Chinese dream of great rejuvenation, and the idea prerequisite, institutional arrangement, strategic choice and strategic positioning of China's correct choice and decision from a large country toward a great power.

On the basis of expounding the general rule of economic growth and the four stages of industrial and economic structure evolution (production factor orientation, investment orientation, innovation orientation and prosperity orientation), Chapter 2 analyzes current situation, problems and stages of China's macro - economic operation and development. Furthermore, by using the standard production function accounting framework, this chapter statistically and emperically analyzes the labor, capital and technological innovation in the process of China's economic development. Finally, the chapter analyzes and proposes policy suggestions for improving the income and consumption of Chinese residents and thereby promoting economic growth.

Starting from the analysis of the current situation of China's economic system, and on the basis of the historical experience references on American economic development, Chapter 3 analyzes and expounds the current situation and relationship of China's state - owned and non - state - owned economy, China's economic reform and the role of market mechanism, as well as the functions of the government. Moreover, the chapter puts forward some policy suggestions on building a mature market economy system with self adjustment, self improvement and self evolution, deepening China's economic system reform, improving market mechanism, and promoting the long - term and sustainable development of national economy.

Starting from summarizing the theory of modern government regulation, combining with the practice of China, Chapter 4 analyzes and clarifies the significance of strengthening government regulation to the development of the great power from the perspective of improving economic efficiency, maintaining social equity and promoting economic internationalization. Furthermore, the chapter summarizes the practice and experience of the developed countries on establishing government regulation and playing the role of the government. Finally, the chapter analyzes the main problems existing in the construction and operation of Chinese government regulation at present stage, and puts forward some policy recommendations on the scope of regulation, regulation institutions and laws construction of regulations.

On the basis of the explanation of the basic connotation of the competition policy, taking the practice of major great powers as a model, Chapter 5 reveals the importance of competition on the economic development and the prosperity of the market. Furthermore, on the basis of an objective examination of the many disadvantages of the competition process, the chapter puts forward the policy recommendation that competition policy should be institutionalized and systematically reformed at the national basic economic system level. Finally, the chapter clarifies the basic contents of competition policy suitable for China's practice from the perspectives of competition mode, competition subject, the relationship between competition and government regulation, and the culture.

Chapter 6 analyzes and reveals the strategic significance of the human society's pursuit of low carbon development from the perspective of modern economics. By reviewing the literature on low carbon economy, drawing lessons from the experience on developing low carbon economy in developed countries, the chapter analyzes and discusses the cost, income, and misunderstanding of China's implementation of low carbon strategy. Moreover, the chapter argues that reducing the absolute amount of carbon emission at the present stage is not the strategic target of China's low carbon economy, and the technology is the basic way to realize the low carbon economy. Finally, the chapter puts forward the theoretical proposition that the development of low carbon economic strategy into national strategy needs to formulate policies from both institution construction and technological innovation.

By using the method of historical analysis, Chapter 7 analyzes and expounds the empirical conclusion that a world great power must be an industrial power. Then the chapter analyzes and discusses the main problems encountered by China's industry and its development. Finally, according to the analysis of key indicators of industrial power, the chapter systematically analyzes and clarifies the necessary path to push China's economy from a large country to a great power through core tools such as industrial policy, technological progress policy, fiscal and financial policy, deepening system reform and personnel training.

Chapter 8 analyzes and summarizes the connotation of the coordinated development of great powers, the development process of the world powers and the evolution of China's regional development strategy since the reform and opening up. Moreover, the chapter analyzes and clarifies the regional structure adjustment, industrial layout optimization, industrial transfer and acceptance, and development practice of metropolitan area, since China's implementation of overall strategy of regional coordinated development. Through the analysis and comparison of the four major plates regional policies, this chapter puts forward the regional coordinated development and policy orientation of China's economy from a large country to a great power.

Through the description of the system framework of China's social security system and the practice of its policy selection, Chapter 9 analyzes and explains the evolution of the modern social security system and its trend of reform. Furthermore, the chapter points out the main problems of China's social security construction, and puts forward the positioning, goal and direction of the reform and development of China's social security system under the strategy of a great power. Finally, the chapter analyzes the reform and improvement of China's old – age security and basic medicare system.

On the basis of revealing the types of foreign trade strategy and its determinants, and through the historical analogy of the foreign trade strategy evolution of the economic powers like Britain and America, Chapter 10 analyzes the evolution of China's foreign trade strategy and its historical process. Moreover, the chapter puts forward the argument and policy recommendation that the goal of the transformation of China's foreign trade strategy should be the free trade strategy. Finally, the chapter demonstrates and illustrates the importance of turning to multi – balance free trade strategy from fair trade strategy and domestic demand (or import) oriented strategy for China's economy to march from large country toward great power.

Starting with the comparison the resident's property income between China and the western major economic powers, Chapter 11 analyzes the low proportion of property income in China's urban and rural residents' disposable income and its determinants, and expounds the cause and mechanism of the inequality of property income in China. Finally, the chapter demonstrates and clarifies the policy proposals to increase the Chinese residents' property income and to reduce the inequality of property income in China.

目　录

第一章　中国经济从大国走向强国的"超越"过程与现实 …………… 1
　　第一节　中国成为全球第二经济大国的历史过程及其基本
　　　　　　经验 …………………………………………………………… 1
　　第二节　中国从经济大国走向经济强国面临的挑战 ……………… 29
　　第三节　中国经济从大国走向强国的理念前提、制度安排、
　　　　　　政策选择与策略定位 ……………………………………… 38

第二章　大国经济成长与发展 ……………………………………………… 68
　　第一节　经济成长的规律 ……………………………………………… 68
　　第二节　中国宏观经济背景 …………………………………………… 75
　　第三节　中国宏观经济管理面临的主要问题 ……………………… 84
　　第四节　关于增长阶段划分的考虑 ………………………………… 89
　　第五节　基于人口、就业因素实际产出的恒等式分解 …………… 92
　　第六节　标准生产函数核算框架下的三因素分析与预测 ………… 100
　　第七节　资本效率提升的功效与意义 ……………………………… 108
　　第八节　居民收入与消费状况及发展前景展望 …………………… 116
　　第九节　结论 ………………………………………………………… 128

第三章　大国经济发展与体制优化 ……………………………………… 134
　　第一节　中国经济体制的现状 ……………………………………… 134
　　第二节　走向经济强国的体制选择 ………………………………… 179

第四章　大国经济发展与政府规制 ……………………………………… 197
　　第一节　大国发展战略下政府规制的必要性 ……………………… 197

第二节　大国发展战略下中国政府规制存在的主要问题……… 206
第三节　发达国家政府规制的做法与启示……………………… 211
第四节　完善中国政府规制的相关政策建议…………………… 214

第五章　大国经济发展与市场竞争……………………………… 219

第一节　大国经济与竞争政策…………………………………… 220
第二节　中国竞争政策的具体内容……………………………… 225

第六章　大国经济发展与低碳绿色经济………………………… 249

第一节　引言……………………………………………………… 249
第二节　低碳经济研究文献……………………………………… 250
第三节　发达国家的低碳经济战略及对中国的启示…………… 261
第四节　中国实施低碳战略应避免的误区及发展路径………… 278
第五节　基本结论与政策建议…………………………………… 285

第七章　大国经济发展与工业强国建设………………………… 295

第一节　导论……………………………………………………… 295
第二节　建设工业强国是实现大国崛起的必由之路…………… 297
第三节　工业强国的关键指标体系构建………………………… 347
第四节　建设工业强国的主要载体……………………………… 371
第五节　建设工业强国的基本路径……………………………… 391
第六节　建设工业强国的核心工具……………………………… 406

第八章　大国经济发展与区域经济布局………………………… 413

第一节　大国经济发展的空间要求：区域协调发展…………… 413
第二节　大国战略下的中国区域经济结构调整和产业转移…… 429
第三节　大国战略下的城市圈发展战略………………………… 452
第四节　大国战略下的区域政策调整…………………………… 463

第九章　大国经济发展与社会保障体系建设…………………… 478

第一节　大国战略下社会保障的制度框架与政策选择………… 478
第二节　基本养老保障制度的改革与完善……………………… 508

第三节　基本医疗保障制度的改革与完善……………………… 532

第十章　大国经济发展与对外经济贸易转型…………………… 557
　　第一节　对外贸易战略类型及其决定因素……………………… 557
　　第二节　往昔崛起大国对外贸易战略演变历史的实证分析……… 563
　　第三节　中国外贸战略的历史轨迹……………………………… 587
　　第四节　面临出口导向战略向自由贸易的中国战略转型
　　　　　　抉择…………………………………………………… 592
　　第五节　实行具有中国特色的自由贸易战略…………………… 597

第十一章　大国经济发展与财产性收入分配及其效率…………… 605
　　第一节　财产性收入占可支配收入比重的比较分析…………… 606
　　第二节　中国财产性收入比重过低的决定因素………………… 608
　　第三节　中国财产性收入不平等的影响因素和作用机理……… 609
　　第四节　促增财产性收入和促减其不平等的建议……………… 618

后　记……………………………………………………………… 626

Contents

Chapter 1 The Process and Reality of China's Breakthough from Large Country to Great Power ·············· 1
  I. Historical Process and Basic Experience of How China Becomes the World's Second Largest Economy ·············· 1
  II. The Challenge From Economic Large Country to Economic Power ·············· 29
  III. Conceptual Premise, Institutional Arrangement, Policy Choice and Strategy Guidance When China's Economy Moves from Large Country to Great Power ·············· 38

Chapter 2 Economic Growth and Development of Large Country ·············· 68
  I. Regular Pattern of Economic Growth ·············· 68
  II. Macro–economic Background of China ·············· 75
  III. Main Problems of China's Macro–economic Management ·············· 84
  IV. Considerations on the Division of Growth Stages ·············· 89
  V. Decomposition of Identical Equation Based on Actual Output of Population and Employment ·············· 92
  VI. Analysis and Prediction of Three Factors in the Framework of Standard Production Function Accounting ·············· 100
  VII. The Effect and Significance of Capital Efficiency Improvement ·············· 108
  VIII. Prospects for the Development of Residents' Income and Consumption ·············· 116
  IX. Conclusions ·············· 128

Chapter 3 Institutional Optimization and Economic Development of Large Country ················ 134
I. The Status quo of China's Economic Institution ················ 134
II. Institutional Choice to the World Power Country ················ 179

Chapter 4 Government Regulation and Economic Development of Large Country ················ 197
I. The Necessity of Government Regulation under the Strategy of Large Country ················ 197
II. The Main Problems of Government Regulation in China under the Strategy of Strong Country ················ 206
III. The Practice and Enlightenment of Government Regulation in Developed Countries ················ 211
IV. Related Policy Suggestions of Improving China's Government Regulation ················ 214

Chapter 5 Market Competition and Economic Development of Large Country ················ 219
I. Competition Policy and Economic Development of Large Country ················ 220
II. Specific Details of China's Competition Policy ················ 225

Chapter 6 Green Low Carbon Economy and Economic Development of Large Country ················ 249
I. Introduction ················ 249
II. Literature on Low-carbon Economy ················ 250
III. The Low-carbon Economy Strategy of Developed Countries and Its Enlightenment to China ················ 261
IV. Development Path and the Trap China Should Avoid when Implementing of Low-carbon Strategy ················ 278
V. Basic Conclusions and Policy Recommendations ················ 285

Chapter 7 Construction of Industrial Power and Economic Development of Large Country ········ 295

I. Introduction ········ 295

II. Construction of Industrial Power Country is the Only Way to Realize Large Country ········ 297

III. Key Index System to the Construction of Industrial Power ········ 347

IV. Main Carrier of Building Industrial Power ········ 371

V. Basic Path of Building Industrial Power ········ 391

VI. Core Tools of Building Industrial Power ········ 406

Chapter 8 Regional Economic Layout and Economic Development of Large Country ········ 413

I. Regional Coordinated Development is the Space Requirement for Economic Development of Large Country ········ 413

II. China's Regional Economic Structure Adjustment and Industrial Transfer under the Strategy of Great Power ········ 429

III. Development Strategy of Metropolitan Area under the Strategy of Great Power ········ 452

IV. Adjustment of Regional Policy under the Strategy of Great Power ········ 463

Chapter 9 Social Security System and Economic Development of Large Country ········ 478

I. Institutional Framework and Policy Choice of Social Security System under the Strategy of Great Power ········ 478

II. Reform and Perfection of Basic Endowment Insurances System ········ 508

III. Reform and Perfection of Basic Medical Security System ········ 532

Chapter 10 Transformation of Foreign Economic & Trade and Economic Development of Large Country ········ 557

I. The Strategy Type of Foreign Trade and its Determinants ········ 557

II. An Empirical Analysis of the Evolution of Foreign Trade Strategy of Rising Foreign Countries ················ 563
III. The Historical Track of China's Foreign Trade Strategy ············ 587
IV. The Choice of China's Strategy Transition from Export – oriented to Free Trade ················ 592
V. The Implementation of the Free Trade Strategy with Chinese Characteristics ················ 597

Chapter 11 Property Income Distribution and Its Efficiency Analysis and Economic Development of Large Country ············ 605

I. Comparative Analysis of the Proportion of Property Income to Disposable Income ················ 606
II. Determinants of the Low Proportion of China's Property Income ················ 608
III. Influencing Factors and Mechanism of Property Income Inequality in China ················ 609
IV. Proposals of Boosting Property Income and Reducing Inequality ················ 618

Postscript ················ 626

第一章　中国经济从大国走向强国的"超越"过程与现实

随着年度国民经济活动总量（GDP）于2010年超过日本，曾经的长期徘徊不前，直至1978年年底，GDP还仍然排名全球第15位、人均收入排名第128位的历史彻底宣告终结，从此，中国成为全球第二经济大国。这是一次具有世界历史意义的"超越"。这次"超越"不仅标志着中国进阶为"中等收入国家"，而且诠释了中国特色社会主义道路的强大生命力，同时也表明，中华民族伟大复兴"中国梦"的实现越来越从将来时变为现在进行时。也正是在这样一个背景下，"超越"一词才引起了世界各国和海内外各界人士的广泛关注。

中国从"积贫积弱"到跨入全球第二大经济体之列，曾经经历过一系列的"超越"过程。回顾和总结历次"超越"发生的历史过程及其经验与教训，分析和阐明实现成功"超越"日本、步入新的更大更高"超越"过程及其动因与机理，探索和揭示中国经济从大国走向强国必须遵循的客观规律及其逻辑，论证和说明中华民族伟大复兴"中国梦"的最终实现仍面临众多困难与挑战，必须积极应对，并做出正确决策与选择，如此等等，其意义深刻而久远。

第一节　中国成为全球第二经济大国的历史过程及其基本经验

一　"超越"为什么是中国人一直的"梦想"

（一）历史上的中国曾经是全球第一经济大国

翻开整个人类发展的历史，在世界民族之林中，"中国"（China）这个名字是辉煌而伟大的。秦统一六国之前，整个中国与世界特别是欧洲的很多国家一样，也曾不无例外地长期处于列国纷争的混乱状态。随着中国从纷争走向统一，能够较好地适应当时社会生产力发展内在要求的政治、经济和社会制度的建立及其逐步完善，中国经济社会开始得到较大发展。汉承秦制、大唐盛世、大明王朝、大清帝国等，正是长达数千年的中国古代社会前后承接、辉煌发展过程的一个真实记录与写照。据有关史料记载，到1750年，大清帝国的工业产量已经占世界总产量的32.8%，而同期的英国仅占世界总产量的1.9%，即使把当时整个欧洲的工业产量加总起来，其所占比重也仍然比中国约低10个百分点。① 虽然发端于英国的工业革命有力地推动了英国、美国等国家经济社会的快速发展，但是，直到1820年中国的GDP也仍雄踞世界第一，所占比重仍高达全球经济活动总量的32.9%，而同期的美国仅占全球经济活动总量的1.8%。② 为什么一个以农耕为主的中国经济在全球经济中能够占这么大的比重？这种估计值是否确切？虽然不一定十分准确，但正如著名政治活动家前美国国务卿基辛格所做的估计："必须看到，直到产业革命前，国内生产总值都紧紧地与人口数量挂钩，因此，中国和印度的国内总产值超过西方，部分是因为其人口庞大。"③

尽管到1820年中国的国民经济活动总量仍然大于其他国家，甚至远远大于西欧各国的产出总和，但是，此间中国与欧美工业先行国家国民产出质量的差异是趋于扩大的。这主要是因为，当时中国的国民经济活动主要局限于粮食、棉花、茶叶、陶瓷以及丝绸等产业，而欧美工业先行国家的国民经济活动则已经在很大程度上通过大规模工业制造表现出来。也就是说，早在19世纪初，中国经济"大而不强"的问题就已经是一个客观存在了。而当时中国经济社会制度的封建性、保守性和封闭性特别是后来强力实施的"闭关锁国"政策，更进一步直接伤害了中国的后续生存及其发展根基。此后的100多年间，以农耕为主的封建的经济"大国"地位便开始了它的持续消退和衰落过程。

（二）从泱泱大国到"积贫积弱"之痛

1820年之后，中国的传统生产方式遇到了来自内部和外部两方面的

---

① 参见汪中求、王筱宇《1750—1950的中国》，新世界出版社2008年版，第3页。
② 根据［英］安格斯·麦迪森《世界经济千年统计》（伍晓鹰、施发启译，北京大学出版社2009年版）表B-19提供的数据计算。
③ 参见亨利·基辛格《论中国》，中信出版社2012年版，第520页。

挑战。其中，最大的挑战是欧美机器大工业生产方式对中国传统的刀耕火种和以手工为主的家庭手工业生产方式的冲击与挑战。

这种冲击与挑战首先在商品市场上表现了出来。众所周知，商品的竞争，本质上是成本的竞争。根据经典的劳动价值论，不同劳动者用同样的时间生产相同的产品，劳动效率及劳动生产率高的生产者，其单位时间的产出数量多，单位产品包含的劳动量少，从而单位产品的成本就低。在这种条件下，如果此类商品按同一市场价格进行交易，则劳动生产率高的生产者生产的产品便可获得较多利润。如果此类商品按较低的市场价格进行交易，则劳动生产率高的生产者生产的产品的市场竞争力就会较强。在劳动技能和其他生产条件给定的情况下，刀耕火种和家庭手工业生产方式的劳动生产率必然低于机器大工业生产方式。这便是以农耕和家庭手工业生产为主的中国在英国工业革命后迅速从第一经济大国衰落为"贫弱国家"的一个重要原因。

但是，仅仅从技术以及生产方式角度比较中国与欧美国家经济发展的差异显然是不够的。因为比生产方式更具深层决定意义的是生产关系和基本经济制度。人们常说，欧美"用大炮利剑打开了中国封闭的大门"。这个说法之所以正确，关键在于它切中了"中国封闭的大门"这个要害。"封闭""自以为是""自给自足"是1820年之后中国经济迅速走向衰落的根本原因。

首先，"中国的大门"被"大炮利剑"打开，与进入16世纪以来中国技术创新及其供给的持续性不足直接相关。正如习近平总书记曾经分析指出的：中国历史上的发展和辉煌，同当时中国科技发明和创新密切相关。中国古代在天文历法、数学、农学、医学、地理学等众多科技领域曾取得过举世瞩目的成就。这些发明创造同生产紧密结合，为农业和手工业发展提供了有力支撑。16世纪以前，世界上最重要的300项发明和发现中，中国占173项，远远超过同时代的欧洲。但是，进入16世纪以来，中国在科技创新上开始由领先转向落后。发生这种转变的一个重要原因，就是中国错失了多次科技和产业革命带来的巨大的发展机遇。从闭关锁国到半殖民地半封建阶段，先是在鸦片战争之前隔绝于世界市场和工业化大潮，接着在鸦片战争及以后的数次列强侵略战争中屡战屡败，最终使中国沦为"积贫积弱"的国家。①

其次,"中国的大门"被"大炮利剑"打开,根本原因是封建的生产关系和社会制度严重束缚了中国社会生产力的应有发展。欧洲的"文艺复兴"运动,不仅带来了人们的思想解放,而且促进了欧洲社会生产力的发展。人的思想解放,不仅有力地诱发和推动了欧洲生产关系的变革,而且带来了欧洲社会生产力的大发展,引发了具有划时代意义的欧洲工业革命和欧美机器大工业的迅速发展。正如著名经济史学家刘克祥、陈争平所说:"工业革命既是生产技术的革命,又是生产关系的重大变革。"② 到19世纪末,欧洲的思想解放运动及其实际示范,在日本产生了引爆效应,并很快在日本形成了一场自上而下的以全面西化和现代化为主要内容的"明治维新"改革运动。同欧洲"文艺复兴"一样,日本的"明治维新"本质上仍然是一场思想解放和制度变革运动。这场思想解放和制度变革,不仅打破了曾经长期束缚日本经济社会发展的传统生产方式和社会制度羁绊,解放了日本社会生产力,而且推动了日本社会经济制度的变革,促进了日本经济的迅速发展。与上述"大革命"运动此起彼伏完全不同步的是"大清帝国"的"封建沉醉"和"自我满足"。虽然到清代前期,中国在铁器、制盐、造纸、瓷器制造、棉布织染、制糖、制茶以及铜、铁、铅、金等金属采掘和木材采伐业均有很大发展,虽然封建的土地关系已经开始松懈、封建的人身依附关系也开始逐渐松弛,虽然当时也已经出现了"平时聚夫力作,家辄数十百人"的工商大户景观,但是,以大清皇权为主轴的封建制生产关系仍保持着强大的支配力,它不仅束缚了当时社会生产力的应有发展,而且还从一个侧面强化了当时已经相当落后的社会生产关系,进而使中国与欧美经济社会发展表现出巨大的落差。中国的落后的封建生产关系已经根本无力抗衡日渐发达的欧美先进生产关系和生产力的冲击,以致到1840年原本拥有上百万大军的清政府却未能抵挡过一支仅由4000人组成的英国远征军,甚至出现了任其所向披靡地从广州直接打到天津大沽口,并迫使中国与英国政府签订了第一个不平等条约——《南京条约》——的历史悲剧。以致自此次悲剧发生起,洋人便在中国开

---

① 参见习近平《在省部级主要领导干部学习贯彻党的十八届五中全会精神专题研讨班上的讲话》,《人民日报》2016年5月10日。
② 参见刘克祥、陈争平《中国近代经济史简编》,浙江人民出版社1999年版,第2页。

启了连绵不绝的不平等条约签订史。

"积贫积弱"日甚一日,年胜一年。到1870年,中国的国民经济活动总量已经降至世界的17.2%。①"积贫积弱"的中国全面形成,且从此开始走向全面持续性恶化。

(三) 重建辉煌的朴素"中国梦"

甲午战争以中国的战败宣告终结。中国的战败,既暴露了清朝政府的无能,又暴露了中国封建制度的衰败与腐朽。甲午战争后,民族危机空前严重。在这样一个背景下,以康有为、谭嗣同为代表的资产阶级维新派,从1898年6月11日至9月21日,通过光绪皇帝进行了一场旨在倡导学习西方、提倡科学文化、改革政治、教育制度和大力发展农、工、商业以富民强国的戊戌百日维新政治改良运动。以慈禧为代表的守旧派不仅对这场运动采取了强烈抵制与反对态度,而且还于1898年9月21日发动了戊戌政变,致使这场历时103天的运动宣告中途失败。戊戌变法,作为中国近代史上发生的一次重要的政治改革和思想启蒙运动,不仅促进了当时的思想解放,而且产生了积极推动社会进步和思想文化发展的重要作用,其意义是深远的。因此,可以将这场运动视为中华民族的智者先人为重建历史辉煌而形成的朴素的"中国梦"的早期表现。

进入20世纪后,以孙中山为代表的中国资产阶级于1911年发动了辛亥革命。这是一场在孙中山领导下,"'适乎世界之潮流,合乎人群之需要'","高扬反对封建专制统治的斗争旗帜,提出民族、民权、民生的三民主义政治纲领,率先发出'振兴中华'的呐喊"的革命。② 这场革命的历史功绩主要有二:一是推翻了清王朝,废除了帝制;二是形成了一部试图通过军政、训政和宪政三个发展阶段完成民主革命的任务、实现建设富民强国"中国梦"的《建国大纲》。③ 正如胡锦涛所说:"辛亥革命推翻了清王朝统治,结束了统治中国几千年的君主专制制度,传播了民主共和的理念,以巨大的震撼力和深刻的影响力推动了近代中国社会变革。虽然

---

① 根据〔英〕安格斯·麦迪森《世界经济千年统计》(伍晓鹰、施发启译,北京大学出版社2009年版) 一书的表B-19提供的数据计算。
② 转引自胡锦涛《在纪念辛亥革命100周年大会上的讲话》(2011年11月9日),《人民日报》2011年11月10日。
③ 中华民国《建国大纲》由孙中山于1924年4月12日亲自起草,共25章,涉及建国纲领、基本宗旨和实施过程等与建国和国家建设相关的主要内容。全文载《孙中山选集》下卷,人民出版社1956年版,第569—571页。

由于历史进程和社会条件的制约，辛亥革命没有改变旧中国半殖民地半封建的社会性质，没有改变中国人民的悲惨境遇，没有完成实现民族独立、人民解放的历史任务，但它开创了完全意义上的近代民族民主革命，极大地推动了中华民族的思想解放，打开了中国进步潮流的闸门，为中华民族发展进步探索了道路。"①

回顾历史，虽然辛亥革命推翻了帝制、结束了封建君主专制，但是，由于帝国主义时代的国际环境不可能给中国人民建立独立富强的资产阶级共和国提供足够的条件和发展机会，由于以袁世凯为代表的大地主大买办势力和旧的官僚立宪派也不可能容忍即将建立的民主共和制度伤害自身利益，加上当时弱小的资产阶级的脆弱性及其摇摆性，致使辛亥革命最终归于失败，重建昔日辉煌的朴素的"中国梦"也由此宣告破灭。

二 新中国成立后的"超越"设想

（一）"十五年超英、二十年赶美"目标的提出

1949 年成立的新中国，是建立在"积贫积弱"和长期战争废墟上的中国。当时的中国，不仅从一开始就面临着国民经济恢复与重建的历史重任，而且还承受着抗美援朝战争的考验。没有足够的钢铁，缺少应有的大炮利剑，国家仍然非常落后，国民仍然贫苦穷困，这种现状不能不引起刚刚主掌政权的中国共产党人的高度重视和深入思考。以欧美国家为代表的资本主义世界与以苏联为代表的社会主义阵营之间相互对垒的现实，不仅促使中国经济尽快实现恢复与重建，而且促使中国别无选择地直接接受了苏联的高度集权的计划经济体制与发展模式。于是，在政治上克服来自欧美国家的外来压力，在经济上尽快超过英国、赶上美国，就自然而然地成了刚刚执政的中国共产党人的一个历史性选择。

"超英赶美"，是新中国成立后由毛泽东主席首先提出来的一个"强国梦"目标。毛泽东主席所说的"超英赶美"，其内涵首先是指"钢铁产量"的"超英赶美"。在这样一个指标的指引下，中国的钢产量于 1978 年达到 3178 万吨，首次超过英国（英国历史最高钢产量为 2932 万吨）。②然而，就在中国着力于实现钢铁产量"超英赶美"目标的时候，英国已

---

① 参见胡锦涛《在纪念辛亥革命 100 周年大会上的讲话》（2011 年 11 月 9 日），《人民日报》2011 年 11 月 10 日。
② 参见《美国、日本、英国和中国钢产量（1871—2005）》统计表，载 https://wenku.baidu.com/view/519f97b758fafab068dc025f.html###。

经从1971年、美国则从1974年开始大幅度减少其钢产量了。①

英国、美国钢铁产量的下降，是第二次世界大战后欧美经济进入滞胀困境后全球产业结构大调整的一个重要标志。英国、美国钢铁产出规模的大幅度下调表明，一国经济的强大，不仅是通过较高的钢铁产量表现出来的，还是通过其他产业的更大发展表现出来。有资料表明，在提出"超英赶美"之前，毛泽东主席是十分清楚这一点的。例如，在1955年3月召开的中国共产党全国代表会议上，毛泽东主席就曾分析指出，"我们现在是处在新的历史时期。一个六万万人口的东方国家举行社会主义革命，要在这个国家里改变历史方向和国家面貌，要在大约三个五年计划期间内使国家基本上工业化，并且要对农业、手工业和资本主义工商业完成社会主义改造，要在大约几十年内追上或超过世界上最强大的资本主义国家"。② 显然，他的这个分析和判断是正确的。但是，随着"反对右倾"运动的展开与推动，我们还是犯了"急于求成"的错误。1955年10月29日在《在资本主义工商业社会主义改造问题座谈会上的讲话》中，毛泽东主席不仅明确提出了"我们的目标是要赶上美国，并且要超过美国"③的设想，同时进一步强调指出，至于"哪一天赶上美国，超过美国，我们才吐一口气"④，当然可以讨论，也可以有不同意见，但是，一定要看到："现在我们不像样子嘛，要受人欺负。我们这么大一个国家，吹起来牛皮很大，历史有几千年，地大物博，人口众多，但是一年才生产二百几十万吨钢，现在才开始造汽车，产量还很少，实在不像样子。所以，全国各界，包括工商界、各民主党派在内，都要努力，把中国建设成为一个富强的国家。"⑤ 显然，他的这个讲话充满了"急于求成"思想。此后不久，在1955年4月25日召开的由各省、市、自治区党委书记参加的中央政治局扩大会议上，毛泽东发表了《论十大关系》的重要讲话。在这次讲话

---

① 英国于1970年达到2932万吨的钢产量历史最高点，美国于1973年达到13650万吨的钢产量历史最高点。参见《美国、日本、英国和中国钢产量（1871—2005）》统计表，载 https://wenku.baidu.com/view/519f97b758fafab068dc025f.html###。

② 参见毛泽东《在中国共产党全国代表会议上的讲话》，载《毛泽东文集》第六卷，人民出版社1999年版，第392页。

③ 参见毛泽东《在资本主义工商业社会主义改造问题座谈会上的讲话》，载《毛泽东文选》第六卷，人民出版社1999年版，第500页。

④ 同上。

⑤ 同上。

中，他进一步指出："我们现在已经比过去强，以后还要比现在强，不但要有更多的飞机和大炮，而且还要有原子弹。在今天的世界上，我们要不受人家欺负，就不能没有这个东西。"① 正是在这样一个背景下，毛泽东主席于1957年率团赴莫斯科出席"庆祝十月革命四十周年大会"期间，作为对赫鲁晓夫提出的"苏联要用15年赶超美国"设想的一个回应，他明确提出了"要让中国主要工业品在15年内赶超英国"的设想。回国后，在"大跃进"数字的鼓舞下，他又于1958年明确提出了著名的"十五年超英、二十年赶美"的时间进度表并将其写进了国家发展规划。② 为实现这一规划性目标，他不仅力主"鼓足干劲、力争上游、多快好省"，而且多次严肃批评"反冒进"主张和观点是严重的"政治问题"，甚至把一切"反冒进"思想和观点直接定性为"非马克思主义反冒进"。③ 然而，历史还是跟当时起支配作用的"冒进"思想和做法开了个"大玩笑"："大跃进"实际上变成了"大跃退"，特别是随之而来的"三年困难时期"，整个国民经济大幅度衰退的现实历史地宣告了"大跃进"的失败。

在"大跃进"失败后召开的著名的七千人大会上，毛泽东发表了重要讲话。他的这个讲话的最大亮点之一是对"大跃进"及与此有关的一系列超越现实的"超速赶超"理念和政策主张进行了反思。在讲话中，他特别冷静而明确地指出，"要赶上和超过世界上最先进的资本主义国家，没有一百多年的时间，我看是不行的"。④

(二)"超英赶美"未能在短期内实现的主要原因

第一，脱离实际的主观主义和急于求成的急躁冒进倾向是主要思想根源。"落后就要挨打"，是第二次世界大战后多数落后国家广大国民的普遍共识。新中国成立后，直至国民经济恢复任务完成的1953年年底，中国的名义GDP仅为824.2亿元（约等于316.5亿美元），只相当于同期美国GDP（3793亿美元）的8.3%；中国的人均GDP为54美元，只相当于同期美国人均GDP（2377美元）的2.3%。⑤ 从这一组数据便可清晰地看

---

① 参见毛泽东《论十大关系》，《毛泽东文集》第七卷，人民出版社1999年版，第27页。
② 参见搜狗百科"超英赶美"词条，载http://baike.sogou.com/v8455130.htm?from Title = %E8%B6%85%E8%8B%B1%E8%B5%B6%E7%BE%8E。
③ 参见中共中央文献研究室编《毛泽东传（1949—1976）》，中央文献出版社2003年版，第764—774、790页。
④ 同上书，第1203—1204页。
⑤ 参见北海居《中美GDP竞赛（1952—2013）》，载http://tieba.baidu.com/p/3233455181。

到，当时的中国经济是相当落后的。朝鲜战争的爆发直接危及中国的国家安全，也从另一个侧面给出了"落后就要挨打"的明示，加上美国等资本主义国家对新中国采取封锁与禁运政策所带来的威胁，紧跟苏联，尽快在工业制造领域"超英赶美"，也就很自然地成了当时中国政府和广大民众的一种普遍的朴素要求和主要努力取向。

"尽快"发展，作为愿望当然是好的。但是，"尽快"仍然要以自身具备的客观物质基础和经济技术条件为前提。超越客观现实，脱离经济发展实际，急于求成，只能导致"急躁冒进"，"超越"的梦想反而会成为无法如期实现的"泡影"。后来，在全国掀起的"大炼钢铁"高潮及其炼出的成千上万吨"豆腐"钢，以铁的事实宣告了"主观""急躁""冒进"等政策实践的实际破产。

第二，片面倚重中央集权的计划经济体制及其"干大事"功能是基本制度原因。中国和俄国都曾有过封建专制的历史及传统，因此，新组建的政权必然易于接受"集权"理念及与之内在同质的体制。尽管在不同社会形态下，集权的具体实现形式会有所不同，但集权的基本要求及其逻辑大体相同。新中国成立后，不仅很快接受并近乎全面地仿效了斯大林的计划经济体制和模式，而且实际上也很快并很自然地把"集权"与"社会主义"勾兑、掺和到了一起。这样进行的勾兑与掺和，不仅可以从"苏联实践"中找到根据，而且也不违背马克思主义曾经论及的社会主义经济计划理论。例如，恩格斯就曾在《反杜林论》一书中从社会基本矛盾及其动态演变关系角度分析指出过，现代生产力的社会本性同生产资料的社会性的内在联系及其相互适应的实现形式。简单地说，就是联合起来的生产者"按照社会总体和每个成员的需要对生产进行的社会的有计划的调节"。[①] 毫无疑问，无论是从抽象的逻辑分析角度看，还是从人类社会长远发展最终归宿角度看，对全社会生产过程和消费过程的有计划调节，要比完全无政府状态的、单纯依靠市场的自发调节好得多。但是，必须十分清楚，实现这样一种"好得多"的调节需要诸多条件，特别是需要生产的社会化程度、人们遵守规则的自觉程度以及实现"计划调节"的技术支持能力与水平等诸方面的"极大提高"。在上述几个基本方面尚

---

① 参见恩格斯《反杜林论》，载《马克思恩格斯选集》第三卷，人民出版社1995年版，第630页。

未达到"极大提高"之前,单一的、高度集权的计划体制,必然要求政府掌握更多的资源垄断权、经济控制权和收入分配支配权。在给定这种高度集权的政府既掌握充分的市场信息又能没有失误地始终做出正确决策等一系列假定条件下,它就不仅"能够集中力量办大事"[①],而且能够办成和办好"大事"。然而,由于现实经济生活中的政府还根本不可能充分具备上述一系列能力和假定前提条件,因此,政府依靠"高度集权"所办的"大事"越多、越大,其失误及由此所造成的损失可能也会越多、越大。回顾苏联解体前和中国实施改革开放前的"高度集权的计划调节和计划体制"实践,虽然也有过成功推动经济较快发展的历史,但稍加仔细审视和运用历史统计数据进行实证分析便不难发现,此类实践最终都无一例外地给出了资源配置效率持续大幅度下降,甚至最终导致本国经济陷入"崩溃"边缘的后果。这些实践反复证明,政府对国民经济活动的任何"计算"和"调节"都是跟不上市场供求关系变化要求的,因此,政府的一切"计算"和"调节"不仅会经常处于十分困难的境地,而且还会经常处于妨碍资源配置效率应有提升的状态。特别是在政府集中决策脱离了客观实际,甚至违背了客观经济规律的时候,经济社会发展由此遭受的损失会更大。1958年的"大跃进"及与其相伴而生的"大炼钢铁"运动,不仅未能助推"超英赶美"目标的如期实现,反而延误了国民经济的持续健康发展和应有超越。

第三,闭关锁国、缺少必要资源和技术支撑是一个不可忽视的重要技术原因。毫无疑问,"自力更生"是一个国家和民族自立、自强的必要条件。但是,"自力更生"不等于闭关锁国。就在中国"鼓足干劲"、力争用15年左右在工业制造特别是钢铁生产上"超英赶美"的时候,苏联于20世纪50年代中后期就开始了从中国撤走专家的"社会主义阵营"的分裂性安排。其间,美国等发达国家的对华禁运与封锁更是处于有增无减的状态。两种"力量"叠加,在从反面强化中国"自力更生"要求的同时,还从另一个侧面进一步强化了中国的"闭关锁国"倾向。在内部资源和经济技术基础较为薄弱、外部资源和技术供给又严重不足的情况下,要在一个较短时期内实现"超英赶美"的目标,在技术上显然也是不可能的。

---

① 参见邓小平《在武昌、深圳、珠海、上海等地的谈话要点》,载《邓小平文选》第三卷,人民出版社1993年版,第377页。

三 实现"超越"的真正历史起点

（一）改革开放是实现"超越"的真正起点

1949年新中国成立之初，中国经济社会发展就开始了既超越自己又超越他国的新的历史征程。但是，真正的"超越"却是在1978年实施改革开放后发生的。改革开放之前，虽然经过28年的建设，中国初步建立起了比较完整的国民经济体系和工业体系，但是，结构不协调，"重工业过重、轻工业过轻"，农业仍然占很大比重，国民经济活动总量还很低，人均收入水平更是排在世界后面。加上高度集权计划体制的影响，国民经济大起大落，甚至停滞不前。正是在这样一种实践过程中和历史背景下，人民不仅开始对于如何建设社会主义产生了认识上的分歧，甚至在路线选择上也产生了较为明显的分歧。受"左"的思想影响和干扰，随之产生了"每隔七八年就来一次"的"无产阶级专政条件下继续革命"等"大折腾"。这类"大折腾"看似是一种"继续革命"，然而，几乎每经历一次"大折腾"，结果都无一例外地影响、阻碍甚至降低了中国国民经济的应有增长与发展。

1978年年底召开的党的十一届三中全会做出了把工作重心转移到经济建设上来的决定。这个决定不仅宣布了长达十年的"文化大革命"的正式结束，还标志着"改革开放"这样一个历史新纪元的正式开启。有统计资料显示，按当年价格和同期汇率计算，到1978年年底，中国的GDP仅为2683亿美元，排在全球第15位，占同期全球经济活动总量的1.8%，不仅远远低于1820年中国在全球的占比水平（32.9%），而且也低于1950年新中国刚刚成立时在全球的占比水平（4.5%）①；至于同期人均收入更是低至190美元左右，排在全球第140位左右。尽管这样一个人均收入水平并非全球最低的，但是，它却仅相当于同期中国台湾的1/27、韩国的1/20、中国香港的1/40、日本的1/78。② 实施改革开放以后，中国经济增长的活力才开始得到一定程度的释放，一场真正的历史性"超越"过程也开始从此起步。

---

① 这说明新中国成立后的28年间，无论是从综合国力角度看，还是从国民经济实际增长角度看，中国经济的实际发展都是存在问题的。

② 由于统计资料来源不同，计算的结果会存在一定差异，但是，总体上看，是可比的，点位上也没有太大出入。因此，下文凡引用此类资料，不再一一注明具体出处。

(二) 实现"超越"的历史过程

纵观近40年来全球经济发展的历史，可以不无夸张地说，它实际上是一个中国经济持续高速增长、规模不断扩大、质量不断提升并陆续"超越"先行发达国家的历史。例如，1978年中国的GDP为2683亿美元，排在全球第15位，列在西班牙、墨西哥、印度、巴西、荷兰、澳大利亚等国之后；到1985年，中国的GDP上升至3091亿美元，超过了印度等国，排在全球第9位；到2000年，中国的GDP进一步上升为11928亿美元，超过了加拿大和意大利，成为全球第六大经济体；到2006年，中国的GDP更是进一步达到了27738亿美元，超过了老牌的大英帝国，名列全球第四；2007年，中国的GDP更是大幅度升至34004亿美元，稳稳地超过了德国，名列全球第三；① 到2010年年末，中国的GDP迅速达到6.1万亿美元，整整超过同期日本6000亿美元，成为全球第二大经济体。显然，从1978年开始，经过近40年的持续高速增长与发展，中国国民经济活动总量先后逐次超过了其他十多个工业先行国家，到目前为止，已经稳稳地站上了全球第二经济大国的高位。

如果可以从未来发展角度把中国国民经济活动总量对世界其他国家的超越过程做一次归纳与综合的话，笔者认为，具有划时代意义的历史性"大超越"主要是如下三次：

第一次是2006年中国国民经济活动总量对英国的超越。这次超越使中国的GDP从原来的全球排名十多位迅速上升为第六位。这一年，英国的国民经济活动总量是2.2万亿美元，中国则达到了2.3万亿美元。不过，这一年中国的人均GDP还处于2077美元的水平，仍然排在全球第114位。②

第二次是2010年中国国民经济活动总量对日本的超越。这次超越使中国成为全球第二经济大国。这一年，日本的国民经济活动总量为5.5万亿美元，中国则达到了6.1万亿美元，中国国民经济活动总量超

---

① 以上数据来自百度，载 https://zhidao.baidu.com/question/125615717.html? fr = iks & word = 1978% C4% EA% D6% D0% B9% FA% B5% C4GDP% C5% C5% D4% DA% C4% C4% B8% F6% B9% FA% BC% D2% BA% F3% B1% DF&ie = gbk。

② 参见百度文库《世行公布2006年全球GDP排名》，载 http://www.docin.com/p-1207131134.html；世界经济信息网：《2006年人均GDP国内生产总值世界排名》，载 http://www.8pu.com/gdp/per_capita_gdp_2006.html。

过了日本。① 不过，这一年，中国人均 GDP 仍然仅为 4283 美元，虽然与 2006 年相比，排名已经向前跃升了 19 位，但仍然排在全球第 95 位。②

第三次则是目前正在经历的更具世界历史意义的伟大超越过程。这次超越过程之所以伟大，根本原因在于它将首先是一次对全球第一经济强国——美国——国民经济活动总量的大超越。实现对美国国民经济活动总量超越后，虽然还不能说中国从此就是全球第一经济强国，但却意味着中国从此将重新成为全球第一经济大国。尽管中国经济进入"新常态"后，国民经济呈现出明显的中高速增长迈向中高端发展的过程，但正如世界银行和国务院发展研究中心联合课题组所估计的那样："即使未来中国经济的增速比之前慢 1/3（年均 6.6%。过去 30 年为 9.8%），中国仍将在 2030 年前的某个时刻成为一个高收入国家，并在经济规模上超过美国。"③ 笔者估计，如果体制机制、国内外经济和资源环境以及资本、劳动（人口）、技术、国际市场和汇率均按一定顺序和逻辑正常给定，如果中国经济能够持续保持 7.5% 左右的中高速增长状态，中国国民经济活动总量超过美国的时间可能还会有所提前。比如，在 2027 年前后中国超越美国。此时，中国的 GDP（按当年实际汇率估算）有可能达到 24.89 万亿美元，美国为 24.83 万亿美元，同期，两国人均 GDP 将分别为 1.76 万美元和 6.88 万美元。也就是说，中国有可能从 2027 年开始起成为全球第一大经济体。综合考量中国体制变革进程和创新型国家建设等诸条件的配套能力建设后，我们做出的一个大概估计是：中国的人均 GDP 最终超越美国的时间可能发生在国民经济活动总量超过美国后的 30 年左右（大概在 2053—2061 年），届时中美两国的 GDP 将分别达到 103 万亿—152 万亿美元和 41 万亿—48 万亿美元、人均 GDP 则将分别达到 8.8 万—9.7 万美元和 8.7 万—9.6 万美元。④ 毫无疑问，经济发展水平的超越是与社会发展水平、文化发展水平、政治和制度以及体制机制发展水平密切相关的。中国已经实现的对日本的超越以及目前正

---

① 参见中华人民共和国国家统计局编《中国统计年鉴（2016）》（中国统计出版社 2016 年版）第 58 页和第 602 页；北海居：《2010 年世行版国内生产总值排行榜》，载 http://xxw3441. blog.163.com/blog/static/75383624201163519138 74/。

② 参见百度文库《世界各国人均 GDP 排名》，载 https://wenku.baidu.com/view/4b01837 701f69e3143329408.html? re=view。

③ 参见世界银行、国务院发展研究中心联合课题组《2030 年的中国》，中国财政经济出版社 2013 年版，第 3 页。

④ 参见附表 1 和附表 2 及其相关计算说明。

在进行的对美国的超越，还仅仅是经济发展总规模和国民经济活动总量的超越，而不是人均国民经济活动总量的超越，更不是国民经济整体发展水平与质量的超越，也不是社会、文化、政治和体制机制的全面超越。尽管如此，实现中国对美国国民经济活动总量的超越，仍然是全球各国普遍翘首、中国人民一直企盼的具有划时代意义的一次历史性超越。

（三）"超越"过程的基本经验和启示

第一，确立正确的思想路线和发展理念是实现"超越"的重要前提。党的十一届三中全会之所以成为中国经济社会发展史上具有里程碑意义的重要会议，其中一个重要原因，就是作为执政党的中国共产党做出了"历史地、科学地、实事求是地去看待""文化大革命"和"适应国内外形势的发展，及时地、果断地结束全国范围的大规模的揭批林彪、'四人帮'的群众运动，把全党工作的着重点和全国人民的注意力转移到社会主义现代化建设上来"的正确决策和明确提出了对经济管理体制进行改革的战略部署。①

"把全党工作的着重点和全国人民的注意力转移到社会主义现代化建设上来"，看似是一个十分简单的决策，但实际上，它的政治内涵、社会发展政策内涵及其实践意义却是极为深刻、影响久远的。这一战略决策和部署不仅是对"文化大革命"中出现的一系列失误和错误的一次历史性清算，而且是对脱离实际并长期影响中国经济社会稳定和健康发展的官僚主义、本本主义、教条主义等假马克思主义的一次历史性清算，同时还是"实事求是"、尊重规律、尊重实践、尊重社会、尊重发展思想路线的一次普遍认同及其在全党的重新回归，更是对"发展才是硬道理"的一次全党的普遍认同和达成一致。

纵观回顾改革开放以来的中国经济发展史不难发现，在几十年的经济社会发展实践中，中国还是多次遇到了来自右的，特别是"左"的思潮的冲击，甚至还出现过以"清理资产阶级自由化"为幌子、行否定市场取向经济体制改革、否定中国特色社会主义之实的政策倾向和社会行动。如果没有邓小平南方谈话，原本正确的改革实践不仅有可能被当时"保守思潮"所取代，甚至中国经济社会的应有发展也很有可能因此而中止。

---

① 参见新华社《中国共产党第十一届中央委员会第三次全体会议公报》，载http：//www.mei.net.cn/jxgy/201301/528189.html。

正是由于邓小平南方谈话反映了人民的心声和经济社会发展的根本潮流，重新吹起了改革的号角，科学发展、协调发展、环境友好发展、以民为本谋求更大发展的理念，才最终成为支配整个国民经济发展的思想主线，从而才保证了后来中国经济年均高达两位数的持续健康高速增长，并由此使中国经济于2010年超过日本，成为全球第二大经济体。

这段经历表明："实事求是，是无产阶级世界观的基础，是马克思主义的思想基础。过去我们搞革命所取得的一切胜利，是靠实事求是；现在我们要实现四个现代化，同样要靠实事求是。"① 不坚持实事求是思想路线，不仅"文化大革命"这样的历史性错误得不到纠正，而且全党工作的着重点和全国人民的注意力也不可能顺利转移到实现四个现代化的经济建设上来，改革开放以及后来的一系列发展成就则将无从谈起。

当然，即使思想路线回归到"实事求是"上来以后，如果在发展理念上不能正视中国目前仍然并且还将长期处于社会主义初级阶段②，如果

---

① 邓小平：《解放思想，实事求是，团结一致向前看》，载《邓小平文选》第二卷，人民出版社1994年版，第143页。

② 2017年10月3日《瞭望》（新闻周刊）2017年第40期刊发了记者采访清华大学胡鞍钢等几位教授的一篇文章，题目使用了《社会主义初级阶段的新阶段》。在这次采访中，胡鞍钢重述了他在《四川大学哲学社会科学学报》2017年第2期上发表的《社会主义初级阶段：上下半场与五个阶段》所阐述的关于中国社会主义初级阶段进入下半场第一阶段的观点。他认为，中国的社会主义初级阶段"从20世纪50年代中期开始，直到21世纪中叶，是从'一穷二白'到基本实现社会主义现代化的百年长征，大致可以分为20世纪下半叶和21世纪上半叶'两个半场'"。"经过数十年的努力，中国已成功进入了社会主义初级阶段'下半场'的'第一阶段'，并朝着'第二阶段'进发"。根据他的这个论断，中国社会主义初级阶段所经历的时间总长度是100年左右，目前已经进入社会主义初级阶段"下半场的第一阶段"，这意味着还有30年左右中国将走完社会主义初级阶段的全过程。对此，我们不敢苟同。因为，这个概括既不符合1981年6月党的十一届六中全会通过的《关于建国以来党的若干历史问题的决议》首次做出的"中国的社会主义制度还是处于初级的阶段"的判断，也不符合党的历届代表大会直至2013年11月党的十八届三中全会通过的《中共中央关于全面深化改革若干重大问题的决定》仍然突出强调的"中国长期处于社会主义初级阶段"基本精神，更不符合国际共产主义运动和世界经济发展的实际。因为即使到21世纪中叶中国经济总规模和人均国民经济活动总量均超过了美国，也很难说中国已经是经济强国。而且，即使国民经济活动总量和人均量都达到全球第一的水平，能否说社会主义初级阶段的历史任务已经完成，也还有待实践的检验。按照邓小平的估计，"把中国建设成中等水平的发达国家"，如果从新中国成立算起，要"用一百年时间"（《邓小平文选》第三卷，人民出版社1993年版，第383页）；而"巩固和发展社会主义制度，还需要一个很长的历史阶段，需要我们几代人、十几代人，甚至几十代人坚持不懈地努力奋斗"（《邓小平文选》第三卷，人民出版社1993年版，第379—380页）。从这个意义上说，社会主义初级阶段也不是一个一百年就能宣告结束的历史过程。对于中国社会主义初级阶段的发展及其进一步转段的时间跨度估计，不可有任何盲目性和随意性。否则，就难免在实践中重犯"急躁冒进"的错误。

不能在实践中长期坚持"发展才是硬道理",始终坚持谋求科学的有质量的发展,同样不可能充分理解和长期全面实践"坚持以经济建设为中心,用发展的办法解决前进中的问题"①,从而也就不可能有改革开放后的40年来中国经济社会取得的令全球各国瞩目的大跨越、大发展。

第二,体制变革是实现"超越"的根本性、基础性推动力。经过半个多世纪的社会主义建设实践探索,特别是1978年党的十一届三中全会以来中国特色社会主义实践的探索,全国人民所取得的一个基本共识是:超越阶段的任何政策和制度安排都不可能有效地推动经济社会持续健康较好较快发展;中国经济社会发展只能走中国自己的道路即中国特色社会主义道路;体制变革是坚持和走好这条道路、实现中华民族伟大复兴"中国梦"的根本选择和第一推动力。正如党的十八届三中全会所做《决定》指出的:"改革开放是决定当代中国命运的关键抉择,是党和人民事业大踏步赶上时代的重要法宝。"② 这是继毛泽东于1939年10月4日在《〈共产党人〉发刊词》上首次总结两次中国国内革命战争经验教训和中国革命取得成功必须始终坚持的"统一战线,武装斗争,党的建设"这样"三个主要的法宝"③后,首次阐释和指出了中国特色社会主义取得成功所必不可少的又一个"重要法宝"。

面对新形势新任务,全面建成小康社会,进而建成富强、民主、文明、和谐的社会主义现代化国家、实现中华民族伟大复兴的"中国梦",必须在新的历史起点上全面深化改革。之所以到1976年年底中国国民经济几乎到了崩溃的边缘,一个根本原因是新中国成立后所建立的单一公有制经济制度和计划经济体制脱离了社会生产力发展实际,严重束缚了生产力发展。

党的十一届三中全会后,在把工作重心转到经济建设上来的同时,还及时做出了对内实施经济体制改革、对外实行扩大开放的战略部署。经济体制改革首先是从农村打破"干多干少一个样、干好干坏一个样、干和不干一个样"的"大锅饭"体制入手的。通过实行土地联产承包责任制,

---

① 江泽民:《全面建设小康社会,开创中国特色社会主义事业新局面——在中国共产党第十六次全国代表大会上的报告》,《人民日报》2002年11月18日。
② 《中共中央关于全面深化改革若干重大问题的决定》,《人民日报》2013年11月18日。
③ 毛泽东:《〈共产党人〉发刊词》,载《毛泽东选集》第二卷,人民出版社1991年版,第606页。

让广大农民真正做到了"交够国家的，留足集体的，剩下的全都是自己的"，结果是使聪明的人变得更加聪明了，勤劳的人变得更加勤劳了，懒惰的人变得勤劳起来了，不仅生产力得到了解放，而且农村经济也实现了快速发展。在城市，经济体制改革先是从扩大企业自主权开始的，此后又陆续进入调整国有企业布局及其产权结构、改革国有企业管理制度、建立"产权清晰、权责明确、政企分开、管理科学"的现代企业制度的历史过程。随着国有企业改革的逐步深化和城市个体、私营经济的快速发展，中国特色社会主义市场经济体制雏形基本形成。

改革对经济增长的贡献是显而易见的。根据国家统计局公布的数据，若按当年价格计算，2016年年底，中国的GDP为744127亿元，是1978年3593亿元的207倍；若扣除价格变动因素，到2016年年底，按不变价格计算的GDP则是1978年的28.75倍。① 在国民经济数十倍的增长中，劳动、投资、技术进步等均做出了重要贡献。有测算结果显示，改革开放以来的30多年间，三大生产要素作为中国经济持续增长的重要推动力，科学技术进步的贡献率约为39.2%，低成本劳动供给即人口红利的贡献率约为17.4%，资本形成贡献率约为43.4%。② 关于体制变革对经济增长的贡献，学术界和实际工作部门都曾给予高度重视。2012年11月21日，李克强总理在主持召开的全国综合配套改革试点工作座谈会上也曾分析指出，中国30多年来取得的巨大成就，靠的是改革开放，甜头已经尝到。在新的起点上，要全面建成小康社会，加快转变经济发展方式，让群众过上更美好的生活，依然要靠改革开放。这是中国发展的最大"红利"。③ 然而，这个红利到底有多少，测算起来却有较大难度。有学者在给定衡量制度变迁的因素构成（国民经济非国有化率、市场化程度、国家财政收入占比以及对外开放度等）之后，借鉴柯布—道格拉斯（C—D）生产函数和索洛模型关于全要素生产率之内涵的界定，得出了体制变迁所代表的

---

① 根据中华人民共和国国家统计局编《中国统计年鉴（2016）》（中国统计出版社2016年版，第62、135页）和中华人民共和国国家统计局《中华人民共和国2016年国民经济和社会发展统计公报》（《人民日报》2017年2月28日）提供的数据分别计算。

② 参见曾光、王玲玲、王选华《中国科技进步贡献率测度：1953—2013年》，《中国科技论坛》2015年第7期。

③ 参见新华社《李克强主持召开全国综合配套改革试点工作座谈会》，中央政府门户网站（www.gov.cn），2012年11月22日。

改革每增长1个百分点、产出会增长0.51—0.61个百分点的统计分析结论①；也有学者通过协整检验得出了与上述分析大致相近的研究结论，即人均产出与制度变迁存在长期稳定的均衡关系，制度变迁指数每增加1个百分点所对应的人均产出增长为0.32个百分点。② 上述具体估计结果虽然不尽相同，但所得结论均认定体制机制的改革对推动中国经济增长做出了重要贡献，改革是经济增长的根本的和基础性的推动力。

通过近40年持续不断的改革开放，中国经济体制已经发生了根本性变化，中国特色社会主义市场经济体制大体形成，中国特色社会主义基本经济制度全面建立，中国特色社会主义基本制度体系也逐渐完善并开始走向定型。

第三，不断扩大的对外开放是实现"超越"的重要支撑。封闭必然导致落后，开放才会推动发展。唐代的开放，带来的是"大唐盛世"；清朝的封闭，导致的是落后甚至衰亡；党的十一届三中全会后中国经济持续快速发展并于2010年成长为全球第二经济大国，不断扩大的对外开放是重要推动力和基本支撑。开放助推发展。小开放助推小发展，大开放助推大发展，不断扩大对外开放助推长期持续健康发展。这是被中国改革开放实践证明了的一个客观真理，同时也是被世界经济发展证明了的一条客观规律。欧洲的经济发展，不仅源于"文艺复兴"以及由此启动的"思想大解放"，而且源于它们对"新大陆"的发现和后续的进一步对外开放。日本经济的崛起，不仅源于"明治维新"及其引发的思想大解放，而且源于日本的对外大开放。中国经济的奇迹般崛起，也同样如此。

第四，充分发掘和发挥人的积极性是实现"超越"的根本动力来源。经济发展的主体是人，经济发展的目标和归宿还是人。充分发掘和发挥人的积极性和创造性，是推动经济发展、提高经济发展速度、提升经济发展质量的根本动力之源。与1978年实施改革开放前相比，改革开放后虽然人还是那些人、地还是那些地，但产生的结果却迥然不同。改革开放前，中国经济基本处于全面短缺状态，几乎没有不凭票购买和消费的东西。改

---

① 参见刘文革、高伟、张苏《制度变迁的度量与中国经济增长——基于中国1952—2006年数据的实证分析》，《经济学家》2008年第6期。

② 参见陈庆秋、陈涛、李豫泽、刘莹雪《制度变迁与中国经济增长的动态研究——基于中国1952—2013年数据的实证分析》，《市场经济与价格》2015年第10期。

革开放后，先是因为实行联产承包责任制而释放了农村生产力，出现了农民"卖粮难""卖棉花难"，以及后来的"卖猪难"，等等。这些"难"，难在哪儿？就是难在供给的迅速增加而需求一时又没有那么多或粮库、加工和屠宰能力一时又上不来。这种"难"，实际上是农村体制变革激活农民生产经营积极性所致，是体制变革带来了粮、棉、猪产量大幅度增加，而国内市场一时又容纳不了那么多供给所致。与农副产品供给迅速增长相似，随着改革开放的不断深入和人的积极性不断得到释放，工业制成品也开始迅速增长，以致很快便使中国成为各类工业制成品的"世界工厂"。如今，不仅一般工业制成品出现了明显"过剩"，就是诸如太阳能电池等新兴产业制品、机器人等高科技产品的生产也出现了一定程度的"过剩"苗头。所有这一切，均是由于经济体制改革释放了人的积极性和创造性，使人的智慧和才能得到全面发掘及充分发挥的结果。随着时代的进步和科学技术的快速发展，原本先进的生产技术会迅速陈旧，人们的需求也会随着科学技术的进步而不断升级，这就需要不断地进行科学和技术创新，从而需要从全面实现"超越"面临经济社会迅速发展和产业技术快速高级化、深度化及其带来的新机遇和新挑战角度与高度，进一步深入发掘和充分发挥人的积极性及创造性。

第五，鼓励探索和创新是实现"超越"的重要条件。经验表明，对探索和创新是采取鼓励政策还是采取限制政策，其效果是大不相同的。要鼓励，首先，就要允许和容忍探索和创新过程中可能发生的失误或失败；其次，还要对成功、探索和创新给予必要的奖励；最后，鼓励和奖励的政策措施要配套、到位。如果在实践中有鼓励的目标和要求但没有配套的鼓励政策与措施，或与之相配套的政策措施与探索和创新实践相左，或者用已经陈旧的政策措施来衡量和管控新的探索及创新行为，"鼓励"就可能会成为"空中楼阁"，探索和创新也就很难成为普遍的行为。这是一条被改革开放以来大量实践所证明了的经验，也是有效推进探索和创新的重要条件。站在新时代、新阶段、新发展的高度分析和把握中国经济新的更大发展，一个重要的方面，就是如何实现"鼓励"探索和创新。在这个方面，还需要更深入的调查研究并由此制定和实施更多更符合探索与创新内在规律要求的新的"鼓励"政策和措施。

四 第三次"超越"实践与中国经济发展"新常态"

(一) 对中国经济发展"新常态"的一般概括

关于中国经济发展"新常态"[①]及其特点,国家主席习近平在2014年11月9日召开的"亚太经合组织(APEC)工商领导人峰会"上作主旨演讲时曾首次给出了一个较为清晰全面的描述。2016年1月18日,在省部级主要领导干部专题研讨班上他又发表长篇重要讲话,习近平总书记深入系统地阐释了中国经济发展进入新常态所表现出来的突出特点:"增长速度要从高速转向中高速,发展方式要从规模速度型转向质量效率型,经济结构调整要从增量扩能为主转向调整存量、做优增量并举,发展动力要从主要依靠资源和低成本劳动力等要素投入转向创新驱动。"[②]

第一,中国经济开始从高速增长转为中高速增长。在中国国民经济活动总量超过日本成为全球第二大经济体后,中国经济发展未能按原有路径和速度继续走下去,而是从2011年开始进入了一个从过去30多年年均9.8%的高速增长过程转向年均7%左右的中高速增长[③]通道。2008年国际金融危机后,中国经济虽然于2010年回升到了10.6%,但自2011年降为9.5%后,2012年进一步大幅度下降为7.9%,直至2016年,中国经济增长一直处于持续下降通道,分别为7.8%、7.3%、6.9%、6.7%,6年

[①] "新常态"(New Normal)一词最早出现在21世纪初,原意指"反常的现实正逐步变为常态"。2010年第40届瑞士达沃斯世界经济论坛年会上,美国太平洋基金管理公司(PIMCO)总裁埃里安(Mohamed El-Erian)重新使用"新常态"概念,以此反映2007—2008年国际金融危机后全球经济陷入的低通胀、低增长状态及其长期趋势。习近平总书记于2014年5月9—10日在河南省考察工作时,针对中国经济发展阶段性变化,首次使用了"新常态"概念。他指出:"中国发展仍处于重要战略机遇期,我们要增强信心,从当前中国经济发展的阶段性特征出发,适应新常态,保持战略上的平常心态。"(参见《人民日报》2014年5月11日第1版)。

[②] 参见习近平《谋求持久发展 共筑亚太梦想——在亚太经合组织工商领导人峰会开幕式上的演讲》(《人民日报》2014年11月10日)和《在省部级主要领导干部专题研讨班上的讲话》(《人民日报》2017年5月10日)。

[③] 针对亚洲金融危机后中国经济增长速度出现大幅度下降的现象,笔者曾经于1998年通过对国民经济大调整、国内市场规模、产业结构升级和第三次产业发展、生产力梯度失衡效应等支撑因素分析,得出了中国经济将进入一个持续时间长达20年以上的"次高增长阶段"。"国民经济次高增长阶段则是特指GDP增长率高于6%,但低于9%的阶段。或者说,是GDP增长率以7.5%—8%为中位值上下波动1.5个百分点左右的阶段。"(参见《适应增长格局变化加紧产业结构调整》,《经济参考报》1998年9月8日第4版;《国民经济次高增长阶段的宏观政策选择》,中国社会科学院《要报》(经济)1999年第16期和《论中国国民经济的次高增长阶段》,《中国社会科学》1999年第4期)。

平均为 7.32%。① 显然，持续性的、平均 7% 左右的中高速增长，已经成为中国经济发展进入"新常态"的一个显著标志和重要特点。

第二，中国经济发展方式开始从规模速度型和粗放外延型转向质量效率型和集约内涵型。如前所述，与 1978 年相比，到 2010 年年底，按现价计算中国的 GDP 增长了 200 多倍，剔除价格变动因素实际增长了 20 多倍，年均增长超过了 9.8%。自改革开放以来，中国用 30 年时间走完了欧美发达国家需要上百年甚至几百年才能走完的路程。从产出规模角度看，不仅中国的国民经济活动总量超过了日本这个盘踞全球第二大经济体近半个世纪的经济体，而且在制造业中更是实现了 200 多种产品产量稳居世界第一的良好业绩。不可谓速度之快、规模之大，堪称典型的"规模速度型""中国经济增长奇迹"。

与"规模速度"相伴随的是"粗放、外延"。所谓粗放、外延，形象地说，就是做事比较"潦草""粗疏""不精致"，偏爱"铺新摊子""摊大饼"等生产方式。其典型表现是，重视产品数量胜过重视产品质量，重视增长速度胜过重视增长效率，重视要素投入规模胜过重视要素投入档次，重视旧工厂之外加盖新工厂胜过重视原有工厂的技术改造和生产工艺及其品位的提升，如此等等。

早在 20 世纪 80 年代中后期，学术界就曾针对国民经济活动中出现的重速度轻效率、重数量轻质量问题多次提出推动生产方式从粗放转向集约的理论观点和政策主张。1987 年 10 月召开的党的十三大，更是将这一问题上升到了国家战略高度并明确指出，为保证国民经济以较高的速度持续发展，必须"努力提高产品质量，讲求产品适销对路，降低物质消耗和劳动消耗，实现生产要素合理配置，提高资金使用效益和资源利用效率，归根结底，就是要从粗放经营为主逐步转上集约经营为主的轨道。"② 此后，一个合理配置生产要素、降低物质消耗、提高资金和资源利用效率、从粗放经营转向集约经营的实践浪潮在全国展开，生产方式也随之取得了一系列改善性成果。但是，努力实现现代化的目标和追赶中高收入国家的要求以及国内外市场需求的拉动，还是使大多数企业和各级政

---

① 参见中华人民共和国国家统计局编《中国统计年鉴（2016）》，中国统计出版社 2016 年版，第 64 页；中华人民共和国统计局编《中国经济景气月报》2017 年第 1 期。

② 参见《沿着有中国特色的社会主义道路前进——在中国共产党第十三次全国代表大会上的报告》（1987 年 10 月 25 日），《人民日报》1987 年 11 月 4 日。

府再次回到了"上新项目""铺新摊子"的老路。结果，国民经济技术改造与升级实际上成了一个较长时期内国民经济快速增长的附属物。由此，粗放、外延是当时实际存在的国民经济发展"常态"。现在回过头来看，尽管现行生产方式和经济技术基础已经与改革开放之初完全不同，但生产的集约程度和内涵程度还远未达到世界领先水平，低水平重复性生产与建设还到处可见，低质量和低技术含量产品生产与供给还严重过剩，领先性生产方式和产品市场供给还严重不足。中国人到日本买马桶盖、到欧美买高档化妆品、到意大利买高档服装、到瑞士买名牌手表等现象，已经给中国及广大企业敲起了警钟。质次，市场销售价格必然低；质劣，最终必然成为市场的淘汰对象；质优，市场需求才会旺盛，价格才会提高，利润才会放大。既追求质量，又重视效率，努力谋求质量与效率、质量与规模、质量与数量的统一，已经开始成为中国经济中长期发展过程中各类市场主体的一个普遍选择。通过进一步全面深化改革，推动中国生产方式从重数量、重规模转向重质量、重效益，已经开始成为中国经济发展的"新常态"。

第三，中国经济结构调整也开始从增量扩能为主转向存量结构调整、增量动态优化、质量全面提升并举的新格局。这里说的经济结构调整不仅是指三次产业比重及其发展与变化过程及其现状，而且是指三次产业比重发展与变化的基本方向。从 2014 年开始，中国的第三次产业增加值占 GDP 的比重开始超过第二次产业。尽管其间第三次产业增加值占 GDP 的比重上升速度较快具有相对性，即与同期第二次产业增长速度持续下降从而其增加值在 GDP 中的比重也同步下降有关，但随着社会对第三次产业需求的上升及其速度的加快，其增加值占 GDP 的比重上升速度还会进一步加快。特别是在第二次产业继续保持较快增长和城乡发展、区域经济发展差距缩小速度进一步加快、居民收入占 GDP 的比重持续上升以及收入分配政策更多向广大城乡居民倾斜的条件下，第三次产业增长快于其他产业并成为经济发展重要推手的可能性会进一步变为现实。其结果，不仅会进一步促进和强化第二次产业的技术升级，而且会进一步推动全社会产业结构的调整、优化和升级。不仅如此，新时代、新阶段产业结构的调整、优化与升级，还将伴随经济发展方式的进一步转型与进化而发展成为存量结构调整优化与增量动态升级、国民经济产出和经济运行质量全面提升并举的新格局。

第四,中国经济发展的动力开始从主要依靠资源和低成本劳动力等要素投入转向全面创新驱动。改革开放后,国内外市场环境和当时的需求规模与结构不仅决定了中国经济发展方式的粗放与外延特征,而且决定了中国经济发展走上主要依靠资源和低成本劳动等要素推动所具有的必然性。随着国内外资源供给条件的变化以及中国国内低成本劳动力供给的逐渐减少与消失,国民经济活动转向集约与内涵,各类市场主体在市场竞争压力下也必然会迅速转向向管理要效益、向技术要效益、向集约要效益、向内涵式发展要效益的轨道。而所有这些方面的效益的形成,归根结底,都将依赖于创新。

这里所说"创新",不仅包括一般生产技术创新和产品本身的创新,还包括市场创新、企业组织与管理创新以及体制机制和制度创新等在内的全面创新。这是资源供给"瓶颈"越来越明显、低成本劳动越来越稀缺、要素投入的边际成本上升速度越来越快、外延性投资的边际产出率下降幅度越来越大并日益趋近于零、外需刚性大幅度下降和内外需结构调整与升级要求越来越高的条件下的一种必然要求。谋求经济发展新动力,实现主要依靠要素驱动转向主要依靠创新驱动的经济增长,既是中国经济发展到现阶段的内在要求,也是今后一个较长时期中国经济发展的"正常状态"。

总之,"从历史长过程看,中国经济发展历程中新状态、新格局、新阶段总是在不断形成,经济发展新常态是这个长过程的一个阶段"。①

(二) 进入 21 世纪第二个十年后中国经济进入"新常态"的基本原因

第一,到目前为止,中国经济仍未实现真正的"自我超越"是根本原因。由于中国是一个"人口超级大国",尽管早在 2010 年第三季度末中国的国民经济活动总量就超过了日本,成为全球第二大经济体,但是,无论是从人均 GDP 角度看,还是从构成国民经济活动总量内涵的产业及其产出结构内在质量角度看,中国的国民经济活动质量还在很多方面赶不上日本。这种赶不上,不仅表现为人均 GDP 远远低于日本,而且表现为产业结构状况、生产技术水平和国民经济产出质量也都明显低于日本。除

---

① 参见习近平《在省部级主要领导干部专题研讨班上的讲话》(2016 年 1 月 18 日),《人民日报》2016 年 5 月 10 日。

此之外，到目前为止，中国特色的社会主义市场经济体制也还仍然处于初步建立和逐渐走向完善的过程，无论是从体制机制结构角度看，还是从体制机制效率角度看，都还存在诸多掣肘与不协调和低效率甚至无效率的地方。也就是说，到目前为止，中国的整个国民经济体系还面临着必须全面实现"自我超越"的历史任务。

要完成全面实现"自我超越"的历史任务，就必须既要客观地看待和深刻地理解与把握国内外经济发展环境及其已经发生和正在发展的一系列重大变化，包括全球地区发展差距和居民收入差距对中国经济发展的影响、全球居民消费需求升级换代格局和消费供给结构性过剩与不足对中国经济发展的制约、国内传统人口红利消失和低成本竞争时代终结以及传统制造业投资的边际收益持续下降甚至趋近于零但新的投资热点远未全面形成对中国经济发展的挑战、全球一般性技术创新日新月异但颠覆性创新仍明显不足且面临众多"瓶颈"对中国经济发展的制约等。所有这些"瓶颈"、制约与挑战的应对与克服又有赖于体制机制创新和再创新。然而，在当前国际国内经济社会发展环境与条件下，体制机制创新和再创新面临的风险和挑战，也已经与改革开放之初的情境大不相同。这就决定了中国经济社会真正实现对自身发展已经达到的规模和水平再超越之前，必然要经历这样一个"新常态"过程。在这个过程中，任何试图"绕过""躲过"中国经济发展"新常态"的想法和做法，都或多或少会带有空想性质，如不及时加以纠正将难免付出较大代价。

第二，传统"人口红利"消失后"人才红利"的替代还严重滞后是重要原因。大量统计资料和经验实证分析均表明："中国从改革开放以来得以开发人口红利开始，最大限度地收获人口红利，发生在2010—2015年之前的一段时期内"，"中国的人口红利不仅不会延续至2030以后，实际上目前已经越过其最丰裕的收获期，开始迅速衰减。"① 显然，人们更关心的是传统"人口红利"进入衰减和消失期后，能否出现一个更为有效的"人才红利"替代期以及这样一种实际替代过程能否顺利形成。与传统"人口红利"进入衰减和消失期巧合的是，从2014年起，中国的高校毕业生人数开始突破700万，加上每年未能考取大学的高中（含职业高中）毕业生约733万人，每年实际新增受过高中以上教育的劳动力大

---

① 参见蔡昉《中国的人口红利还能持续多久》，《经济学动态》2011年第6期。

约是1400多万人。这1400多万人,理论上说,属于新增的准"人才红利"提供者。

但是,这些准"人才红利"提供者能否成为现实的"人才红利"创造者,实际上是存疑的。其中,一个最大的存疑在于,虽然从2014年起中国每年可以有50多万硕士和博士研究生以及660多万普通本专科学生毕业走出校门,进入就业队伍,但是,他们中的绝大多数还不能适应产业部门的工程技术要求与实际操作能力需要,大学生就业状况反而不及未受过高等教育的各类高级技工。于是,近年来,中国出现了高级技工严重短缺且工资高企、大量大学毕业生"就业难"且工资低于高级技工、高级"人才红利"严重受挫的尴尬局面。逻辑上说,这种现象的发生是与劳动者受教育程度与其工作熟练速率和工作质量同向变动规律相悖的。大学生就业难、工资低,实际上是人才红利的"逆向堆积",它表明"人才红利"替代传统"人口红利"过程出现了严重错位与滞后。如果中国的教育体制机制和学科设置能够适应市场经济发展的需要,将完全有可能避免上述悖理现象的发生。人才红利的"逆向堆积"和"人才红利"的替代错位与滞后,妨碍了经济技术的及时更新和劳动能力与质量的有效提升。其结果不仅带来了整个国民经济活动质量及其增长率的相对下降,还导致中国经济发展的"新常态"应运而生。

第三,外延型投资边际收益持续下降未得到投资结构及时调整的有效替代是一个不可忽视的重要原因。大量经验观察和统计资料表明,中国经济发展不仅遇到了投资边际收益持续下降的挑战,而且遇到了外延型投资边际收益下降幅度明显大于内涵型投资边际收益下降幅度的挑战。[①] 由于内涵型投资具有集约特性和技术含量较高等特点,因此,从长远发展来看,这类投资的边际收益实际上是有较大上升空间和潜力的。然而,当粗放性外延型投资的发展空间较大、投资回收速度较快、投资总体收益率又较高时,投资主体就很难放弃此类投资而选择其他。当粗放性外延型投资的边际收益出现大幅度下降时,如果集约性内涵型投资未能及时实现对它的有效替代,那么,大量经营性投资就会被投资收益"虚高"的"虚拟

---

① 例如,有研究成果显示,"1元固定资产投资所能创造的GDP,在1995—1999年可以创造3.2元,2007—2012年仅可以创造1.6元"。参见崔俊富、苗建军、陈金伟《基于随机森林方法的中国经济增长动力研究》,《国民经济管理》2015年第5期。

经济"部门所吸引。一旦出现实体经济部门集约性内涵型投资边际收益明显低于非实体的"虚拟"经济部门边际收益等现象，收益率较高的非实体"虚拟"经济部门的投资就会蜂拥而至，由此就会形成所谓的"脱实向虚"浪潮。大量经营性资金"脱实向虚"，既由资本逐利本性所使然，又是各类投资主体行为短期化的必然表现。这样一来，实体经济增长率持续下降进而导致整个国民经济增长率下降，国民经济整体成长过程进入增速"换挡期"也就不可避免了。

第四，"全球化红利"大幅度下降是一个不容忽视的外部原因。"全球化红利"转化为中国经济收益，从时间角度看，最早发端于1978年年底党的十一届三中全会决定实施改革开放之后，而大面积收获期则发生在2001年年底中国正式加入世界贸易组织之后。加入世界贸易组织前虽然通过"三来一补""两头在外、大进大出"等对外开放政策的实施，中国经济也获得了大量"外来红利"，但真正大规模的"外来红利"流入，则是在中国重新加入世界贸易组织以后。到2010年，中国对外进出口持续大幅度增加，中国经济更是以年均11%左右的速度快速增长，外来投资则从496.7亿美元迅速上升为1088.21亿美元，外汇储备更是从0.21亿美元大幅度攀升至2.85万亿美元（2014年更是进一步达到了3.84万亿美元的历史最高点）。"全球化红利"对中国经济增长的拉动作用十分明显。[1]

然而，就在人们为中国外向型经济发展及其取得的成就欢呼雀跃的时候，美国率先爆发了次贷危机。老牌的雷曼兄弟银行等原本"大而不倒"的金融、证券机构大量倒闭，并迅速蔓延到了欧洲，进而形成了一场席卷欧美发达国家和地区的国际金融危机。至此，美国经济开始进入新一轮衰退与调整期，欧洲经济则在希腊等国债务危机的挟裹下也很快陷入新一轮衰退，日本经济则在20世纪末已开始的大衰退基础上进一步恶化。在这样一个大背景下，原本拉动中国经济快速增长的外部需求也开始大幅收缩。至此，"全球化红利"也开始进入大幅"打折季"。[2] "全球化红利"

---

[1] 参见《中国统计年鉴（2016）》，中国统计出版社2016年版，第66、371、601页。

[2] 例如，按当年国际市场汇价计算，2003年中国外贸出口增长率高达37.1%，到2012年已降至7.9%，到2017年7月也仅仅恢复到14.4%的水平。参见《2003—2013年进出口以及增长率》，载百度文库，https://wenku.baidu.com/view/fd553842ff00bed5b9f31de3.html；《前7个月中国外贸进出口同比增18.5%出口先导指数上升》，载海关总署网站，2017年8月8日。

的大幅度下降，不仅导致曾经的"货币财富幻觉"迅速消失，而且致使大量市场主体开始收紧投资。外需不足的压力和实体经济遭受冷落的现实，迫使中国经济开始进入一个从主要依靠外需拉动转向更多依靠内需驱动的"新常态"发展过程。

第五，错把"收入差距过大"归因于民营经济发展过快导致经济增长动能下降，也是一个不可忽视的原因。把造成"收入差距过大"归因于民营经济发展过快的观点和政策主张，说到底仍然是允许不允许、要不要鼓励、该不该支持和应不应积极引导民营经济更好更快发展的问题，其实质则是要不要坚持中国化马克思主义、要不要坚持并发展好中国特色社会主义基本经济制度、要不要力争早日实现中华民族伟大复兴"中国梦"的问题。早在1978年党的十一届三中全会召开之前，此类观点和政策主张就曾出现过。不仅如此，早在"文化大革命"期间，此类政策主张也曾占据过上风。否则，当时也就不会有人把归农民支配的那一点儿"自留地"视为"资本主义尾巴"进行批判和整治了，当然，也就更不会出现诸如"宁要社会主义制度的草、不要资本主义的苗"等一系列"返祖"谬论了。从这个角度看，允许不允许和要不要发展民营经济，实际上已经成为中国经济社会发展中的一个跨世纪"难题"。正因为如此，从党的十一届三中全会直至党的十九大，几乎历次党的代表大会和其他重要会议都要以不同方式对此做出不断深入和日渐明确的阐释及说明。目的就是要以此来不断纠正党内外存在的不能全面理解和正确把握"马克思主义中国化"和"中国特色社会主义"的科学内涵及其根本发展方向的模糊，甚至错误认识。针对此类模糊或错误认识，2017年3月4日，习近平总书记在全国政协民建、工商联界委员联组会上也曾全面回顾和总结性阐释了中共中央在这个问题上的一贯立场及其所形成的共识，同时还特别强调指出："我之所以在这里点一点这些重要政策原则，是要说明，我们党在坚持基本经济制度上的观点是明确的、一贯的，而且是不断深化的，从来没有动摇。中国共产党党章都写明了这一点，这是不会变的，也是不能变的。"[①]

有资料显示，到2013年年底，民营企业已占全国企业总数的82%，

[①] 参见习近平《毫不动摇坚持中国基本经济制度，推动各种所有制经济健康发展》，《人民日报》2016年3月9日。

对 GDP 的贡献率已达 60%，提供的税收占 69%，吸纳城镇就业占 80%，吸纳新增就业占 90%。① 根据国家工商总局公布的数据，2016 年上半年，全国新登记企业 261.9 万户，同比增长 28.6%，日均新生企业 1.4 万户，其中，95% 是民营企业；同期，全国注吊销企业约 87.82 万户，日均"死亡"企业 4800 多户；生死相抵，上半年全国日均净增企业 9600 多户；到 2016 年 6 月底，全国实有民营企业已占内资企业总数的 90% 以上。② 也就是说，改革开放 40 年来，民营经济确实得到了很大发展。

民营经济的快速发展带来了国民经济的持续较快增长。按不变价格计算，到 2016 年年底，中国国民经济活动总量达到了 744127 亿元，远远超过了 1978 年 3678.7 亿元；按不变价格计算，2016 年，国内生产总值指数是 1978 年的 32.3 倍，人均国内生产总值指数是 1978 年的 22.4 倍，年均增长率分别高达 9.6% 和 8.5%；③ 到 2016 年年底，中国的基尼系数为 0.465④，虽然比 1978 年的 0.24 上升了将近 1 倍，但收入差距的扩大远低于绝对收入水平的上升。例如，到 2016 年年底，全国居民人均可支配收入 23821 元，城镇长住居民人均可支配收入 33616 元，农村居民人均可支配收入 12363 元⑤，按当年价格计算，分别是 1978 年的 139.1 倍、69.5 倍、90.6 倍⑥，即使扣除物价上涨因素，居民可支配收入的增长也远远高于城乡居民收入差距的增长。与此相适应，中国户籍人口城镇化率也从 1978 年的 17.92% 上升为 2016 年的 41.3%；到 2016 年年底，中国常住人

---

① 参见杜浩然、黄桂田《产权结构变动对经济增长的影响分析——基于中国 30 省份 1995—2013 年面板数据的实证研究》，《经济科学》2015 年第 3 期，第 20 页。

② 参见《私企数量占比首超 90%》，《中华工商时报》2016 年 7 月 25 日。

③ 根据中华人民共和国国家统计局编《中国统计年鉴（2016）》（中国统计出版社 2016 年版）第 62、66、67 页和国家统计局 2017 年 2 月 28 日发布的《中华人民共和国 2016 年国民经济和社会发展统计公报》（《经济日报》2017 年 3 月 1 日）提供的经济增长率和人均 GDP 增长率等数据计算。

④ 参见《国家统计局：2016 年基尼系数为 0.465 较 2015 年有所上升》，载 http://money.163.com/17/0120/14/CB7T3AFJ002581PP.html。

⑤ 国家统计局 2017 年 2 月 28 日发布的《中华人民共和国 2016 年国民经济和社会发展统计公报》（《经济日报》2017 年 3 月 1 日）。

⑥ 根据《去年城镇居民人均收入达 24565 元比 1978 年增 71 倍》（《新京报》2013 年 11 月 7 日）和《1978—2013 年城乡居民人均收入和恩格尔系数统计》（载 https://wenku.baidu.com/view/c0841358af45b307e9719763.html）以及《中国统计年鉴（2016）》第 33 页提供的 1978 年城乡居民人口绝对数量等有关数据计算。

口城镇化率已经高达57.35%。① 早在2010年前后，在全球500种主要工业品中，中国就已经有220种产品产量雄踞全球第一。到2016年年底，中国6岁及以上人口文盲率已从改革开放之初的20%左右下降为5.7%②，平均预期寿命则从1978年的68.2岁上升为76.34岁。③ 一句话，在以公有制为主体、多种所有制经济共同发展的基本经济制度推动下，中国经济获得了可持续健康发展，城乡居民收入得到了大幅度提升，而不是相反。否定民营经济发展对于中国特色社会主义发展和建设的积极作用和重要意义，不仅会伤害民营经济发展本身，而且会伤害中国经济的持续健康更好更快增长及其长远发展。

总之，中国经济发展进入"新常态"由多重因素所使然，既有经济发展阶段本身客观要求的因素，也有政策操作技术有待提升的问题，还有市场主体一时不能适应和外部市场需求疲弱的持续影响等，不可笼而统之地做片面化理解和简单处理，必须以实事求是的态度，正确分析和科学把握"新常态"，正确理解和看待"新常态"，积极适应和强力引领"新常态"，并在这个过程中更好和更大力度地推动中国经济从中高速增长迈向中高端发展、从经济大国迈向经济强国。

中国经济进入"新常态"后，经过一个经济结构调整与转换、发展方式转型与升级、经济增长速度换挡等结构性改革过程，中国经济将进入"质量第一、效益优先"的中高端发展新阶段。中国经济从大国走向强国的"再超越"过程也将以崭新的面貌开启其新的征程。

第二节　中国从经济大国走向经济强国面临的挑战

重新回归经济大国地位来之不易，这既是在改革开放之前30年发展

---

① 参见《1978—2013年全国人口和城镇化率》（载https://wenku.baidu.com/view/8a8f9309f5335a8103d2200a.html）和国家统计局2017年2月28日发布的《中华人民共和国2016年国民经济和社会发展统计公报》（《经济日报》2017年3月1日）。

② 根据中华人民共和国国家统计局编《中国统计年鉴（2016）》，中国统计出版社2016年版，第47页提供的数据计算。

③ 参见《中国人健康水平更高了　人均预期寿命等三大指标向好》，《人民日报》（海外版）2017年5月9日。

基础上、经过近 40 年持续推进改革开放取得的伟大成果，也是世界经济发展过程中由中国人创造的发展奇迹。然而，随着欧美等发达国家和地区以及新兴经济体增长动力的持续下降，随着世界经济"新平庸时代"的到来，"新常态"下的中国经济"再超越"及其从高速增长向高质量发展转变的实现将面临一系列严峻挑战。

一 破除陈旧僵化思想观念束缚面临的挑战

在中国现行语境中，"陈旧僵化思想观念"，一般是指"宁左勿右"且常常以"本本"论正误、"用条框"辨是非的思想方法与观念。习近平总书记在中共十九大报告中将这类思想方法和观念统称为"一切不合时宜的思想观念"。[①]

在中国，"宁左勿右""唯书唯上"，由来已久。早在 1930 年 5 月为反对当时中国工农红军中的教条主义思想，毛泽东曾专门写了一篇《关于调查工作》的文章。[②] 此文首先针对"单纯建立在'上级'观念上的形式主义"倾向，尖锐地分析指出，这种倾向和行为"不是真正在执行上级的指示，这是反对上级指示或者对上级指示怠工的最妙方法"；进而针对"脱离实际情况的本本主义"一针见血地指出："我们说马克思主义是对的，决不是因为马克思这个人是什么'先哲'，而是因为他的理论，在我们的实践中，在我们的斗争中，证明了是对的。我们的斗争需要马克思主义。我们欢迎这个理论，丝毫不存在什么'先哲'一类的形式的甚至神秘的念头在里面。"[③]"我们需要'本本'，但是一定要纠正脱离实际情况的本本主义。"[④] 后来，毛泽东又多次针对不同时期以不同形式出现的本本主义倾向做过深入分析和严肃的批评。尽管如此，直到现在，"唯上"的形式主义和"唯书"的本本主义始终没有得到彻底纠正，仍然是每隔一个时期或每当经济社会发展出现一次大转折的时候，都会再次以不同形式的"形式主义""本本主义"和"教条主义"面目重新表现出来。为纠正长期干扰甚至妨碍思想解放的"本本主义"和"教条主义"及与

[①] 参见习近平《决胜全面建成小康社会 夺取新时代中国特色社会主义伟大胜利——在中国共产党第十九次代表大会上的报告》（2017 年 10 月 18 日），《人民日报》2017 年 10 月 28 日。

[②] 此文于 1964 年编入《毛泽东著作选读》（甲种本）时经毛泽东审阅后亲自将书名改为《反对本本主义》。

[③] 毛泽东：《反对本本主义》，载《毛泽东选集》第一卷，人民出版社 1991 年版，第 111 页。

[④] 同上书，第 112 页。

此密切相关的"左"的错误，1981年6月27日，党的十一届六中全会通过的《关于建国以来党的若干历史问题的决议》，站在"总结党在建国以来三十二年的经验"的高度，在深刻分析和阐明1921年中共建党以来中国革命在马克思列宁主义指导下取得一系列胜利的同时，对历史上发生的一系列打着马克思主义旗号的各种"左"倾观点和"左"的错误进行了回顾和总结、剖析和阐释，从而为全党工作重心顺利实现转移提供了思想保障。到20世纪80年代末90年代初，随着改革开放实践的深入，意识形态领域又一次出现了借用马克思个别论断和词句"打棍子""扣帽子"、否定改革开放、阻碍经济社会健康发展的"左"的错误倾向。为纠正这种倾向，高达88岁高龄的邓小平于1992年1月18日至2月21日到武昌、深圳、珠海、上海等地调研，并针对当时国内经济社会发展中出现的倾向性问题发表了一系列重要谈话。在谈话中，他尖锐地指出："现在，有右的东西影响我们，也有'左'的东西影响我们，但根深蒂固的还是'左'的东西。有些理论家、政治家，拿大帽子吓唬人的，不是右，而是'左'。'左'带有革命的色彩，好像越'左'越革命。'左'的东西在我们党的历史上可怕呀！一个好的东西，一下子被他搞掉了。右可以葬送社会主义，'左'也可以葬送社会主义。中国要警惕右，但主要是防止'左'。……把改革开放说成是引进和发展资本主义，认为和平演变的主要危险来自经济领域，这些就是'左'。"① 邓小平不仅尖锐地指出，"左"在中国"根深蒂固"，而且深刻地揭示了"左"的思想根源及其巨大欺骗性和危害性。

到目前为止，这种"左"的错误倾向和思想观念不仅仍然广泛存在，而且欺骗性更强、危害性更大。特别是在中国特色社会主义建设进入一个新时代的时候，其表现形式更隐蔽，因而其欺骗性更强、危害性更大。因为，在这样一个新时代，坚持和发展什么样的中国特色社会主义、怎样坚持和发展中国特色社会主义、走什么样的中国特色社会主义道路、怎样走好中国特色社会主义道路等，不仅需要全体国民从中国基本国情出发继续做出新的选择，而且需要以符合人类社会发展客观规律的科学理论为指导做好新的选择。也就是说，选择势在必行，指导必不可少。在这种情况

---

① 邓小平：《在武昌、深圳、珠海、上海等地谈话要点》，载《邓小平文选》第三卷，人民出版社1993年版，第375页。

下，是直接到马克思、恩格斯的书本中去寻找答案，还是深入生动的经济发展和改革实践中寻求根据？是照搬西方经验、遵从西方道路，还是在坚持"四个自信"基础上走好中国特色社会主义道路？不同的人确实有不同的选择和不同的答案。有的倾向于求助马克思的本本，有的倾向于全面照搬西方的经验，更多的人倾向于把马克思主义的基本原理同中国的实践有机结合起来，并从中探索和得出指导中国经济社会发展实践的理论和思想。尽管"左"的思想倾向并非多数，但其"帽子"高、"来头"大且与党的指导思想直观一致，因此，无论其观点多么"左"、多么"不合时宜"，也不会被人视为"违反马克思主义"。这便是"左"能够在中国大行其道的根本原因，也是习近平总书记在党的十九大报告中再次强调指出的：一定要"坚决破除一切不合时宜的思想观念和体制机制弊端"①的根本原因。由此可见，在这一领域中，我们面临的挑战仍然是巨大的。

二 突破利益固化樊篱面临的挑战

这里所说"利益固化的樊篱"，主要是指改革开放过程中新形成的旨在保护各种不正当利益、庇护各种阻碍社会生产力持续健康发展的体制机制。具体来说，其内涵主要包括三个方面：一是具有明显固化特征的"不正当利益"；二是庇护此类不正当利益的各种规章与制度、体制与机制；三是这类庇护性规章与制度、体制与机制已经被打造得坚如樊篱。

所谓"不正当利益"，简单地说，主要是指明显超出自身劳动贡献和自主财产与知识技能的正常应得收益的"额外"收益。除此之外，索贿受贿收入、通过公权私用获得的好处费等，也属于"不正当收益"范畴。

改革开放后，旧的体制机制逐渐退出历史舞台，但是，由于各种"不正当收益"的存在以及人们的"不懈追求"，受利益追求动机的驱使，掌握一定公权力的大大小小的官员就会从既定体制机制弊端和漏洞的缝隙中寻求各种"额外"收益。为使这类"额外"收益长期化，他们还会尽其所能地通过制定和实行某种规章制度、体制机制等方式，将其合法化，使其固定化。由此，此类不断被固化的"不正当收益"不仅被理所当然地长期化了，而且用于固化此类收益的各种规章制度、体制机制也就成了一种与改革目标"形近似而神相离"的樊篱。现在，用有利于生产力发

---

① 参见习近平《决胜全面建成小康社会 夺取新时代中国特色社会主义伟大胜利——在中国共产党第十九次代表大会上的报告》（2017年10月18日），《人民日报》2017年10月28日。

展的观点和进一步全面深化改革的要求进行审视,此类樊篱几乎到处都有,甚至俯拾皆是。例如,自改革开放以来,特别是近十几年来,商业银行和金融证券行业的资本收益率一直远远高于工商企业的资本收益率问题,虽然早就被学术界反复诟病,但始终不得其改,以致在中国已经酿成为大面积"脱实向虚"产业选择倾向。这种倾向,不仅损害了国民收入的正常分配,而且严重妨碍了实体经济应有的健康发展。尽管在党的重要会议和有关文献中都多次明确提出要进一步深化金融改革、调整收入分配关系、着力发展实体经济等,但到目前为止,这种被长期固化的金融行业资本收益率过高、工商业企业等实体经济部门资本收益率过低问题仍始终无法得到有效解决,就是改革开放后形成的典型的"利益固化的"体制机制樊篱。

由于聚集在此类樊篱围栏内的被各种规章制度、体制机制固化和实际上已"合法化"的"不正当收益"人大都与公权力使用直接或间接相关,因此,要想"突破利益固化的樊篱",必然会遇到一系列过去不曾遇到的更加顽固的"固化利益"的挑战。这是一种完全不同于改革开放之初曾经遇到过的那些挑战。如果说 1978 年党的十一届三中全会开始实施的改革开放是对传统体制的第一次突破,1992 年党的十四大决定建立社会主义市场经济体制是对传统体制的第二次突破,那么,必须说党的十八大以来进行的一系列改革都不仅是改革任务的进一步深化,而且是对改革过程中新形成的体制机制弊端以及在其庇护下形成的各种"利益固化的樊篱"的一次新的再突破。由于与不正当"利益固化的樊篱"高度一致的现行体制机制弊端,在本质上与传统体制如出一辙,因此,全面深化改革、突破利益固化的樊篱,实际上是对"已经变了形的"传统体制的第三次突破。由于这次突破所涉及的是樊篱围栏内"公权私用者"、不正当"利益相关者"和"后续不正当收益潜在获得者"的既得和将得利益,因此,他们当然会以各种"合法""合规"的方式进行干扰与阻止甚至干脆设法中断旨在消除各种不正当利益和拆除此类樊篱的改革。显然,由此带来的挑战必然是在巨大的。正是在这个意义上,习近平总书记才多次尖锐地强调指出,改革已经进入"攻坚期"和"深水区",要敢于啃硬骨头,敢于涉险滩。[①]

---

① 参见习近平《改革已经进入深水区 要敢于啃硬骨头》,《新京报》2013 年 3 月 6 日。

三 全球经济进入"新平庸时代"的挑战

"新平庸"是国际货币基金组织（IMF）总裁拉加德（Christine Lagarde）于2014年10月2日在美国乔治城大学演讲中首次使用的一个旨在描述世界经济现状及其走势的概念。在讲演中，拉加德分析认为，在发达经济体中，增长最强劲的将是美国和英国，增长最弱的则是欧元区；新兴经济体仍将是全球增长的主要来源，但其增速也会比以前放缓。因此，除非采取大刀阔斧的推进政策，加快增长，增加就业，以获得经济增长"新势头"；否则，全球经济就会一直处于低增长的"新平庸时代"。[①] 尽管国内外学术界更多学者并不认同甚至拒绝拉加德的这一概括，但世界经济增长动力不足、技术创新迟迟未见新的突破，不无"平庸"之嫌。这种"平庸"，既不同于20世纪70年代的"滞胀"，也不同于20世纪30年代的"萧条"。70年代的"滞胀"，突出表现为低增长、高通胀同时迸发；30年代的"萧条"，突出表现为物价大幅度下跌的同时经济大面积衰退。目前的"新平庸"，则突出表现为低增长、低通胀、高失业、高负债以及创新乏力同时并存。

为应对全球经济衰退，美国新任总统特朗普（Donald Trump）站在"美国利益第一"立场上，高高举举起了逆全球化大旗，启用了一系列对外不合作政策，以致使美国政府在国际事务和全球治理中扮演的角色发生了严重蜕变。美国的这种蜕变，不仅导致国际事务与国际关系的进一步复杂化，而且也致使国际经济和政治更加深不可测。

在这样一个国际环境和背景下，中国经济难免受到国际关系更加复杂、国际事务更加多变、国际市场更加低迷、国际投资更加萎缩、国际金融更加无序带来的困扰、冲击和挑战。不仅如此，如何理解、认识和更好应对上述困扰、冲击和挑战本身也是对中国经济从高速增长转向高质量发展的一个挑战，甚至是更大的挑战。

当今的世界已经不同于中国加入世界贸易组织之前的世界，当然，更不同于第二次世界大战前后的世界。当今的世界，是一个技术迅速更新、网络广泛渗透、信息传播迅速、交通快捷便利、流通跨越国界、产需联系紧密的世界，同时又是一个文化更加多元、政治更加多极、利益诉求更加

---

① 参见《IMF总裁警告：世界经济或进入"新平庸时代"》，载 http://finance.cankaoxiaoxi.com/2014/1004/517721.shtml，2014年10月4日。

现实、贫富差距更加外化的世界。显然，在这样一个大背景下，中国经济要从高速增长转向高质量发展、顺利跨越"中等收入陷阱"、成功实现中华民族伟大复兴的"中国梦"，不仅必须积极面对和成功应对上述一系列已经发生和正在发生的各种困扰、冲击和挑战，还必须积极面对和沉着应对尚未出现和可能即将发生的一系列潜在困扰、冲击和挑战。

四 技术创新仍然处于"瓶颈期"的挑战

改革开放以来的40年间，中国经济实现持续快速增长，获得了跨越式发展，创造了"中国奇迹"。总结这40年"中国奇迹"的创造，一是靠体制机制的变革；二是靠对外对内的开放。体制机制的变革，首先改变的是农村生产关系。通过实行联产承包责任制，打破了"大锅饭"，纠正了"大帮轰"，提高了农村生产力，解决了13亿人的吃饭问题。接着改变的是城市生产关系。通过改革国有企业产权制度和发展民营经济，形成了多种所有制经济共同发展格局，促进了城市经济的快速发展。再进一步的是改革政府管理体制。通过放权让利和实行财政税收、货币信贷体制机制改革，提高了资源配置效率，解放和促进了社会生产力的更大发展。在体制改革的同时，持续扩大开放，不仅引进了大量外部资金、技术和管理，而且激活了国内生产力，扩大了内外市场，实现了中国经济的内部提升和国际化发展。

但是，随着国内传统人口红利边际增长率和外延性投资边际产出率的持续下降，随着世界经济进入"新平庸时代"和国际市场的持续低迷，过去那种主要依靠低成本、低价格竞争、高投资推动和大量外来技术直接引进与使用以及外部市场需求拉动的经济增长已经开始转向，甚至已经表现出明显的持续疲弱态势。在这种情况下，谋求包括体制机制、市场与管理、技术和全要素生产率大幅度提升在内的全面创新，就成了推动经济更高质量增长和更大规模发展的主要矛盾和矛盾的主要方面。

改革开放以来，虽然中国的前瞻性、领先性、基础性和原创性技术创新及其能力已经有了很大提高，但是，到目前为止，真正影响世界经济发展进程的技术创新仍然很少。近年来，尽管在量子计算技术、太空航天技术、深海载人探测技术以及高速铁路成套生产和建设技术等很多方面，中国均有了很大突破，但是，更具前瞻性、领先性、基础性的原创技术创新仍然远不及欧美国家，尽管欧美国家在技术创新上同样表现出明显的"新平庸"特征。必须清醒地看到，到目前为止，中国的大部分工业制造技术都是"拿来主义"性质或带有"拿来主义"特征的。尽管在先进科学技术的引进过程中通过消化、吸收与改造，中国也产生了很多再创新成果，但这种再创新成果中的大部分成果是缺乏完整知识产权支撑的，因而这种类型的技术创新是带有明显的不完整特征的。在这种情况下，要求由此形成的创新一定具有技术上的"颠覆性"和世界领先性当然是很难的。正如一篇报道中所介绍的，近年来，中国科技经费投入以每年20%左右，年投入额达到4600多亿元，每年取得的科技成果有3万多项，但科技成果转化率仅仅25%左右，其中真正能够实现产业化的则不足5%，与发达国家80%的转化率相比相去甚远。① 再如，根据国家科技部提供的有关资料，到2015年年底，全国纳入"火炬计划"统计的孵化器达2530家，其中国家级孵化器736家，从业人员近4.3万人，孵化面积超过8600万平方米，分别是"十一五"期末的2.8倍、2.1倍、2.9倍和2.9倍；"十二五"期间，累计新孵化科技型企业10.5万家，孵化企业累计研发投入近2000亿元，到2015年年底，累计毕业企业7.4万家，毕业后上市和挂牌企业累计仅为800家。② 据此计算，真正的科技企业孵化成活率还不到0.08%。

中国的技术创新长期处于"短板"状态，至今仍然面临众多"瓶颈"。归纳起来，主要有如下几大"瓶颈"：

一是国有企业技术创新动力不足的"瓶颈"。这主要是因为，在政府与国有企业之间，实际上仍然广泛存在明显的"父爱主义"倾向。③ 在这种倾向下形成的"偏爱"，不仅使国有企业能够以较低的成本顺利获取国家财力和商业银行融资的大力度支持，而且使国有企业产生数不清的"优越感"，结果导致此类企业普遍存在自己实际进了"公有体制保险箱"，因此，无须那么急切地搞什么企业技术创新的认识误区和实践盲区。其典型表现形态就是，国家给国有企业技术创新的投入越来越多，但其创新性产出却越来越少。

---

① 参见张舵、陈钢、蔡玉高《中国半数科技成果沦为"展品"》，《经济参考报》2011年1月19日，第5版。

② 中华人民共和国科技部：《国家科技企业孵化器"十三五"发展规划》，载 http://www.most.gov.cn/mostinfo/xinxifenlei/fgzc/gfxwj/gfxwj2017/201707/t20170711_133971.htm。

③ 这里借用匈牙利经济学家科尔内曾经对传统体制下政企关系的描述术语，意在说明，到目前为止，虽然在中国已经基本建立起了社会主义市场经济体制，但政府与国有企业间的"父爱"关系脐带并未剪断，"偏爱"实际上给市场经济发展带来了诸多不平等和不公平。

二是民营企业技术创新资金不足的"瓶颈"。与国有企业正好相反，民营企业受市场竞争挤压的感受极为强烈，因此，它们当然会高度重视技术创新，特别是工艺技术等实用型技术的创新，从而也迫切需要通过此类创新，降低企业成本，提升企业市场竞争力。但是，受体制机制的制约，特别是受仍然广泛存在的对民营企业的"左"的歧视性认识的影响，民营企业不仅很难从政府部门直接获得技术创新资金支持，更难以从国家财政科技创新专项基金中得到必要补贴，即使能够得到，由于获得补贴的成本很高，实际形成的创新投入也仍然严重不足。至于通过市场渠道取得融资支持，对于民营企业来说，也同样是难上加难。这也是民营企业，特别是中小民营企业创新冲动虽然很高，但其实际创新能力却较低的一个重要原因。

三是政府财政用于技术创新的投资比重仍然偏低的"瓶颈"。虽然从总量上看中国的科技创新投入规模已经相当大，但与GDP相比，比重则仍然明显偏低。国家层面的科技创新投资不足，客观上影响甚至制约了中国科技创新的应有发展。

四是技术创新投资管理体制存在严重弊端的"瓶颈"。虽然中国政府早就设立了科技创新基金，但是，由于此类基金仍沿用层层申报与审批的行政管理手段，因此，民营企业要获得此类基金的支持，必须做好申报以及申报之外的很多"其他工作"。调查表明，由做好申报之外的"其他工作"引发或形成的支出大约占实际获得国家财政资金支持额的40%甚至50%以上。显然，这种管理体制不仅腐蚀着财政管理队伍，而且损害着科技创新本身。

五是科技创新平台（孵化器）建设虽然高速发展，但平台建设重复性、不协调性、运营低效性甚至名不符实性等"瓶颈"广泛存在。此类"瓶颈"也在一定程度上制约了中国万众创新的应有发展。

六是科技产品创新市场不规范，既不能很好地适应市场经济发展的要求，也很难满足企业创新性技术交易和获取更多实用先进技术的要求。

总之，中国经济从高速增长转向高质量发展的过程，是一个面临众多困难和挑战的历史过程。充分认识、全面理解和正确把握、积极应对这些困难和挑战，是推动中国经济顺利实现从高速增长转向高质量发展和第三次历史性"超越"、最终从大国走向强国的必要前提。

第三节 中国经济从大国走向强国的理念前提、制度安排、政策选择与策略定位

中国经济从大国走向强国是一个历史过程,不可能一蹴而就。在实现"走向"的过程中,既需要具备科学的理念前提,也需要根据发展实际,做出更加符合经济社会发展规律要求的制度安排,还需要既立足当前,又顾及长远地做出张弛有度、合理有效的政策选择与策略定位。

一 中国经济从大国走向强国的理念前提

(一) 推动中国经济从大国走向强国认识论前提

为什么要大力推动中国经济从大国走向强国?说一千道一万,归根结底,根本目的和基本宗旨就是为了进一步大幅度提高全体国民的福祉,"使发展成果更多更公平惠及全体人民,努力形成全体人民各尽其能、各得其所又和谐相处的局面"。[①] 严格地说,背离这一根本目的和基本宗旨的任何发展都是没有意义的。这是中国人民在中国共产党领导下努力推动中国经济从大国走向强国的基本认识论前提。

第一,国家是由人民组成的,人民是国家的主人。对此,《中华人民共和国宪法》规定:中国是全国各族人民共同缔造的统一的多民族国家,国家的一切权力属于人民。这里所说的人民,即人们通常所说的广大工人、农民、知识分子、干部和军人等所有合法的中国公民。人民是推动历史前进的"火车头",群众是国民财富的真正创造者。与此相对应,中国的经济社会发展成果不仅要惠及所有中国国民即广大人民群众,而且从本质关系角度看,这些成果也必然要归属于所有中国国民即广大人民群众。正如习近平总书记多次指出的,"检验我们一切工作的成效,最终都要看人民是否真正得到了实惠,人民生活是否真正得到了改善"。[②] 坚持以人为本,坚持法治基础上按劳分配原则,坚持国民收入初次分配和再分配过程中公平与效率的统一,坚持通过持续健康的经济增长和发展不断提升广

[①] 参见中国共产党第十八次全国代表大会修改通过的《中国共产党章程》总纲,中国共产党新闻网 (http://dangshi.people.com.cn/n/2012/1119/c234123 - 19618241 - 1.html)。

[②] 习近平:《在纪念毛泽东同志诞辰120周年座谈会上的讲话》,新华网,2013年12月26日。

大人民群众的生活水平和质量,既是人民当家做主的重要标志,也是国家之所以称为人民国家的本质要求。

第二,国家的经济成长与发展水平最终是通过国民的生活水平及其质量表现出来的。国民的生活水平和质量是国家经济成长与发展水平和质量的根本标志。如果一个国家的工业很发达,机械设备很多,产能很大,产品也很多,但其国民的生活水平和质量却很低,那么,这个国家的经济成长和发展水平就不可能是高的。苏联的军事工业和重加工业很发达,但其生活必需品制造严重不足,甚至极度短缺,不仅使苏联广大国民长期处于生活水平和质量过低的状态,甚至最终导致苏联解体的结果,而且还致使解体后的俄罗斯经济仍长达十几年处于持续低增长,甚至负增长状态。这种现象从一个侧面表明,一国经济实力是否强大、国民经济发展水平和质量是高还是低,归根结底,要看其国民实际需求的满足程度及其质量的高低。

第三,中国经济从大国走向强国,不仅要通过国民生活水平和质量表现出来,还要通过国民的安居乐业、安康幸福等指标表现出来。党的十九大报告明确提出,"中国特色社会主义进入新时代,意味着近代以来久经磨难的中华民族迎来了从站起来、富起来到强起来的伟大飞跃"。[①] 在从"富起来"到"强起来"的过程中,人民不仅会对物质文化生活提出更新更高的要求,而且还会对民主、法治、公平、正义、安全、环境等各个方面提出更新更高的要求。只有在更好满足人民对物质文化生活更新更高要求的同时,更好满足人民对民主、法治、公平、正义、安全、环境等方面的更新更高要求,才可以说中国经济实现了从大国走向强国的目标。

(二)推动中国经济从大国走向强国实践论前提

第一,推动中国经济从大国走向强国的第一个实践论前提,就是要正确理解和科学把握当前中国经济社会发展所处时代。在前30年社会主义建设基础上,经过近40年的改革开放,中国经济获得了巨大发展,决胜全面建成小康社会的大幕已经拉开,中国特色社会主义进入了新时代。这就是党的十九大报告所精辟指出的:"这个新时代,是承前启后、继往开来、在新的历史条件下继续夺取中国特色社会主义伟大胜利的时代,是决

---

① 参见习近平《决胜全面建成小康社会 夺取新时代中国特色社会主义伟大胜利——在中国共产党第十九次代表大会上的报告》(2017年10月18日),人民出版社2017年版,第10页。

胜全面建成小康社会、进而全面建设社会主义现代化强国的时代,是全国各族人民团结奋斗、不断创造美好生活、逐步实现全体人民共同富裕的时代,是全体中华儿女勠力同心、奋力实现中华民族伟大复兴中国梦的时代,是我国日益走近世界舞台中央、不断为人类作出更大贡献的时代。"①

第二,推动中国经济从大国走向强国的第二个实践论前提,就是要正确理解和把握经济社会发展主要矛盾所发生的变化。久经磨难的中华民族自新中国成立重新站起来后,经过近40年的改革开放,不仅全国人民的温饱问题已经解决,而且已经富了起来。到2016年年底,中国的人均GDP已经达到8000多美元,富起来的中国人开始向强起来的方向迈进,中国特色社会主义开始进入新时代。进入中国特色社会主义新时代后,中国经济社会发展的主要矛盾将从人民日益增长的物质文化需要和落后的生产力之间的矛盾,转化为人民日益增长的美好生活需要和不平衡不充分的发展之间的矛盾。中国人到日本买马桶盖现象充分说明,在解决了十几亿人的吃饭等温饱问题后,中国经济要持续健康较快发展,就必须根据已经变化了的生产关系和广大人民群众对美好生活的新需求,调整和提升生产力,实现新发展。

第三,推动中国经济从大国走向强国的第三个实践论前提,就是要以习近平新时代中国特色社会主义思想为指导,进一步深化供给侧结构性改革,补齐实现国民经济持续健康优质发展的"短板"。要清醒地认识到,供给侧结构性改革的本质要求是建设现代经济体系,形成"质量第一、效益优先"的体制机制,持续推动经济发展质量变革、效率变革、动力变革,提高全要素生产率。要准确把握供给侧结构性改革的目标,着力加快建设实体经济、科技创新、现代金融、人力资源协同发展的产业体系,着力构建市场机制有效、微观主体有活力、宏观调控有度的经济体制,不断增强经济创新力和竞争力。要紧紧围绕供给侧结构性改革,着力做好如下十一个方面的工作:一是围绕建设现代化经济体系,以发展实体经济为着力点,以提高供给体系质量作为主攻方向,大幅度提升经济质量优势;二是加快建设制造强国,加快发展先进制造业,推动互联网、大数据、人

---

① 参见习近平《决胜全面建成小康社会 夺取新时代中国特色社会主义伟大胜利——在中国共产党第十九次代表大会上的报告》(2017年10月18日),人民出版社2017年版,第10—11页。

工智能和实体经济深度融合,在中高端消费、创新引领、绿色低碳、共享经济、现代供应链、人力资本服务等领域培育新增长点、形成新动能;三是支持传统产业优化升级,以赶超国际标准为目标加快发展现代服务业;四是着力推动向全球价值链中高端迈进的产业结构调整,培育和大力发展世界级先进制造业集群;五是进一步加强水利、铁路、公路、水运、航空、管道、电网、信息、物流等基础设施网络建设,为经济发展的新业态、新模式提供坚实硬件基础;六是坚持"去产能、去库存、去杠杆、降成本、补短板",优化存量资源配置,扩大优质增量供给,实现供需动态平衡;七是进一步激发和保护企业家精神,鼓励更多社会主体投身创新创业;八是培育和建设知识型、技能型、创新型劳动者大军,弘扬劳模精神和工匠精神,营造劳动光荣的社会风尚和精益求精的敬业风气,为制造业强国奠定强大的人力资本基础;九是加快创新型国家建设,瞄准世界科技前沿,建立以企业为主体、市场为导向、产学研深度融合的技术创新体系,强化基础研究,实现前瞻性基础研究、引领性原创成果重大突破,加强对中小企业创新的支持,强化知识产权的创造、保护、运用,培养造就强大科技人才和高水平创新团队,提升国民产出的科技含量;十是按照产业兴旺、生态宜居、乡风文明、治理有效、生活富裕的总要求,建立健全城乡融合发展体制机制和政策体系,实施乡村振兴战略,加快推进农业农村现代化;十一是进一步强化举措,推进西部大开发形成新格局,深化改革加快东北等老工业基地振兴,发挥优势推动中部地区崛起,创新引领率先实现东部地区优化发展,构建大中小城市和小城镇协调发展的城镇格局,加快农业转移人口市民化,建立包括沿边、沿江、沿海在内的更加有效的区域协调发展新机制。①

(三)推动中国经济从大国走向强国的重要基点

推动中国经济从大国走向强国的一个重要基点,就是要正确理解和切实处理好"驾驭好世界第二大经济体"与"保持经济社会持续健康发展"的辩证关系。

"能不能驾驭好世界第二大经济体""能不能保持经济社会持续健康发展",是习近平总书记站在中国已经成为世界第二大经济体和决胜全面

---

① 参见习近平《决胜全面建成小康社会 夺取新时代中国特色社会主义伟大胜利——在中国共产党第十九次代表大会上的报告》(2017年10月18日),《人民日报》2017年10月28日。

建成小康社会任务迫在眉睫的高度，于 2015 年 10 月 29 日，在中共十八届五中全会第二次全体会议上首次提出来的两大问题。他分析指出："能不能驾驭好世界第二大经济体，能不能保持经济社会持续健康发展，从根本上讲取决于党在经济社会发展中的领导核心作用发挥得好不好。我们要从全局和战略高度，着眼于最广大人民根本利益，牢牢把握发展方向，及时提出政策措施，不断把发展向前推进。"[①] "能不能驾驭好世界第二大经济体""能不能保持经济社会持续健康发展"，既是中国经济发展近中期面临的两个重大经济实践和政策实践问题，又是中国经济发展中长期面临的两个重大理论探索和制度选择与安排问题。

"能不能驾驭好世界第二大经济体"，本质上是能不能坚持在中国共产党的正确领导下，通过进一步全面深化改革和全方位扩大开放，更好发展和完善中国特色社会主义基本经济制度，更有力推动中国经济顺利实现从大国走向强国即顺利实现对美国等发达国家全面超越的问题。必须站在中国经济社会发展在全球发展中的战略定位和中国经济社会近中期持续中高速平稳发展与长期持续中高端健康发展的高度，将其全面深刻认识好、科学实践好。

"能不能保持经济社会持续健康发展"，本质上是能不能在中国经济社会发展的新时期、新阶段适应新常态、把握新常态、引领新常态，能否根据经济发展面临速度换挡节点、产业结构调整节点、发展动力转换节点、区域经济发展协调节点，做出符合中国经济社会发展客观规律及其内在逻辑要求的制度安排与政策选择的问题。它既是一个中短期宏观调控与政策调节问题，同时又是一个中长期宏观经济管理与政策推动问题。

"驾驭好世界第二大经济体"与"保持经济社会持续健康发展"两个方面是紧密联系、互为条件、内在统一的。

首先，"保持经济社会持续健康发展"是"驾驭好世界第二大经济体"的必要经济前提和重要物质基础。只有在近期和近中期保持与实现经济社会的持续健康发展，才能保证实现更好驾驭世界第二大经济体的目标。如果在近期甚至近中期内中国经济不能顺利实现持续健康成长与发展，要真正"驾驭好世界第二大经济体"就一定是困难的。"发展才是硬

---

① 参见习近平《在党的十八届五中全会第二次全体会议上的讲话（节选）》，《求是》2016 年第 1 期。

道理"这个逻辑关系同样适用于正确认识、全面理解和科学实践"保持"与"驾驭"之间存在的必要前提与重要基础关系。从这个意义上说，在中国"发展才是硬道理"这句话是永远不会过时的。

其次，"驾驭好世界第二大经济体"是"保持经济社会持续健康发展"的重要政治保障和基本力量前提。无论是从中短期经济运行角度看，还是从中长期经济发展角度看，只有真正"驾驭好世界第二大经济体"，中国的经济社会持续健康成长与发展才有可能具备必要和充分的政治支持、制度保证、政策辅佐和力量支撑。反之，则是很难实现中国经济社会的长期持续平稳健康和高效发展的。也就是说，只有"驾驭"得好，才能"发展"得好。"驾驭"不好，经济社会不可能实现持续健康"发展"，驾驭也将成为"空中楼阁""空话一堆"。从这个意义上说，"驾驭"不仅要以"保持经济社会持续健康发展"为重要经济基础和物质基础，同时也是保证和实现"持续健康发展"的重要政治保障和基本力量支撑。

总之，"驾驭"与"保持"两个方面是内在联系、互为前提、互为条件、互为基础、紧密结合、内在统一的。正确认识、处理并切实实践好"驾驭"与"保持"两者间的辩证统一关系，既是推动中国经济从大国走向强国的大逻辑，也是实现中国经济从大国走向强国目标的认识论基础。

二 推动中国经济从大国走向强国的制度安排

围绕中国社会主要矛盾发生的历史性变化，探讨推动中国经济从大国走向强国的制度安排，特别是基本经济制度安排，具有重要意义。

推动中国经济从大国走向强国的制度安排，是一个复杂的过程，涉及经济社会发展全局的各个方面。归纳起来，至少包括基本社会制度安排、基本经济制度安排、经济管理和社会管理体制安排、科教文卫体制及其基本规章制度安排以及军事及其管理体制和外交及其管理体制安排，等等。在诸如此类基本体制和制度安排中，基本经济制度和基本管理体制是基础性的，具有前置意义。其他制度安排，包括一般规章制度的安排，同样是保证和推动中国经济社会平稳运行和健康发展的重要制度安排，不可或缺，在科学治国理政、推动经济社会发展、实现中华民族伟大复兴过程中同样具有不可替代的重要作用。鉴于本书的研究对象及其目标和任务是中国经济的超越与发展，因此，这里我们将着重分析和阐述新时代推动中国经济从大国走向强国的基本经济制度安排。

经过改革开放后近 40 年的探索，中国经济体制机制已经发生了根本性变化。中国特色社会主义市场经济体制已经基本建立，市场在资源配置中的决定作用已经初步形成，政府有效把控宏观经济运行与管理的体制机制也已初步形成，适应市场经济发展内在要求的生产、分配、流通、消费以及财政、货币、利率、汇率、价格、劳动就业和社会保障等基本体制机制也已经初步形成，如此等等。但是，与中国社会生产力发展的内在要求相比，现行体制机制还有很多不适应、不到位和错位、缺位的地方，还存在众多毛病、缺点和弊端，还需要通过进一步全面深化改革，祛病除弊，发展完善。①

第一，进一步完善产权制度和要素市场化配置。以此为重点，实现产权有效约束、要素自由流动、价格反应灵活、竞争公平有序、企业优胜劣汰的中国特色社会主义市场经济新体制。

第二，进一步改革和完善国有资产管理体制。改革和完善国有资本授权经营体制。加快国有经济布局优化、结构调整、战略重组，促进国有资产保值增值，防止国有资产流失，推动国有资本做强做优做大。

第三，深化国有企业改革，积极推动和发展混合所有制经济。在国有企业科学分类、深化改革基础上，积极推动和发展混合所有制经济，培育更多具有国际竞争力的世界一流企业。

第四，全面坚持"两个毫不动摇"，鼓励和支持民营企业发展。当前要着力从全面建立和实施市场准入负面清单制度入手，清理和废除妨碍统一市场和公平竞争的各种规章制度与做法，鼓励和支持民营企业发展，激发各类市场主体活力。

第五，进一步深化商事制度改革。打破各种形式的行政性垄断，防止一切可能的市场垄断，进一步加快要素价格市场化改革，放宽服务业准入限制，完善市场监管体制机制，强化政府依法监管，提高政府监管的服务与疏导功能。

第六，创新和完善宏观调控，发挥国家发展规划的战略导向作用，健全财政、货币、产业、区域等经济政策协调机制。

第七，完善促进消费的体制机制，增强消费对经济发展的基础性

---

① 以下所做十一条归纳参考了中国共产党十九大报告有关内容。

作用。

第八，深化投融资体制改革。强化集约性、内涵型投资支持，加大企业技术创新性投资支持力度，更好发挥投资对优化供给结构的关键性作用。

第九，进一步加快建立现代财政制度，建立权责清晰、财力协调、区域均衡的中央和地方财政关系。建立全面规范透明、标准科学、约束有力的政府财政预算制度，全面实施绩效管理。深化税收制度改革，健全地方税体系。

第十，深化金融体制改革。改革政府对金融机构监管的指标考核体系，促进金融机构大幅度提高服务实体经济的能力。进一步规范和发展股票、债券、产权交易等资本市场，提高直接融资比重，促进多层次资本市场健康发展。健全金融监管体系，加强金融监管，避免发生系统性金融风险。

第十一，进一步加强和改善宏观调控。从充分发挥市场配置资源的决定作用和更好发挥政府作用角度，深化利率和汇率市场化改革，构建包括财政政策、货币政策及其宏观审慎管理在内的现代宏观经济管理与调控体系，大幅度提高政府宏观管理与科学调控的水平和能力，促进中国特色社会主义市场经济持续健康发展。

三 推动中国经济从大国走向强国的政策选择原则

这里重点讨论推动中国经济从大国走向强国进行政策选择的几个基本原则。

（一）政策的设计要立足于充分尊重人对美好生活的追求及其"经济人"理性

能否把各项政策的设计建立在国民实实在在的现实生活基础上，切实做到以"满足人民过上美好生活的新期待"[①] 为基本目标，对于政策设计的科学性和有效性具有非常重要的决定意义。有些人不接受经济学鼻祖亚当·斯密（Adam Smith）提出的"经济人"假设及其相关理论，认为这是一种旧的"完全自私经济人假设"或"完全利己经济人假设"，这种旧的"经济人"假设不仅是一种理念，而且是一种存在众多误点的理念，

---

① 参见习近平《决胜全面建成小康社会　夺取新时代中国特色社会主义伟大胜利——在中国共产党第十九次代表大会上的报告》（2017年10月18日），《人民日报》2017年10月28日。

这种理念误点之误在于，其"理念源于功利主义"，"理念同预设主义相吻合"，"理念的历史唯心论意蕴"，"理念渗透着形而上学的偏见"，"理念存有'经济—道德'二元悖论"，"理念奉行唯理论的教条"，"理念崇尚人类低级本能的意识"，"理念局限于'店老板'的狭隘思维和人性异化心理"，如此等等。在此基础上，他们提出了"新"经济人假设，即生活中人并非都是"自私""利己"的，社会主义条件下的"经济人"假设的具体存在形态是"利己和利他经济人假设"，即新"经济人"是"利己"和"利他"的统一体。"至于社会上利己和利他哪种行为特征突出或占主导地位，那就取决于社会制度和各种环境。"①

制度和环境能改造人的观点符合实际。但是，除此之外，上述"双重性"的"经济人"假设的"良好愿望"是无益于经济理论研究的深化和对现实生活中的大多数人的理性行为内在规律做出深入分析与全面揭示的。因为古今中外各国的经济社会实践都反复证明，迄今为止，除原始氏族社会外，自从家庭、私有制和国家产生以来，"自私""私利""利己"等就不再是人类生存、生产和生活等方式的一个例外，而是其中的一个正常的、广泛的、普遍的存在形态。在现实生活中，人与人之间在这方面的差别，仅仅在于"自私""自利""利己"的程度不同，即有的人"利己"程度大一些，有的人"利他"程度大一些，彻底"无私"或完全"利他"的人，是极少数。随着人类社会的进化和文明程度的提高，"利己"与"利他"的分野比例虽然会发生一定程度的变化，但"自私""利己"倾向较高的人仍然是一个"普通多数"，而"无私""利他"倾向较高的人则仍然是"关键少数"。正如恩格斯在《反杜林论》的哲学篇中指出的，"人来源于动物界这一事实已经决定人永远不能完全摆脱兽性（动物界广泛存在的生存竞争及首先满足自身需要的行为——引者注），所以问题永远只能在于摆脱的多些或少些，在于兽性或人性的程度上的差异。把人类分成截然不同的两类，分成具有人性的人和具有兽性的人，分成善人和恶人，绵羊和山羊，这样的分类，除现实哲学（指杜林的所谓哲学——引者注）外，只有基督才知道"②。也就是说，在恩格斯看来，

---

① 参见程恩富《现代马克思主义政治经济学的四大理论假设》，《中国社会科学》2007年第1期。

② 参见恩格斯《反杜林论》，载《马克思恩格斯选集》第三卷，人民出版社1995年版，第442页。

除能够在杜林的唯心主义哲学中或者基督教那里外，在其他任何地方和领域都是无法找到没有"兽性"和完全"利他"的人的。从这个意义上说，即使是在现代文明社会特别是在中国特色社会主义进入新时代条件下，尽管非常有必要更多和更大程度地弘扬先进人物的"利他"和"无私"行为及其精神，但绝对不能因此而否定占绝大比重的"普通多数"对人的正当合法利益的追求以及这种追求的客观价值和现实意义，更不能把这种追求即"经济人"理性①简单地归类为"异端邪说"，甚至不加条件地随意加以贬斥、鞭笞、限制或否定。除非人类社会发展和进化到社会财富极为丰富、"集体财富的一切源泉都充分涌流之后"。或者说，在"社会才能在自己的旗帜上写上：各尽所能，按需分配"②的时候，一切利益的对立才会消失，一切"自私""利己"才会成为多余，从而才会既不需要也不会再有"利己"与"利他"之分。

经验表明，不仅对于经济理论研究来说不能一味地否定"经济人"理性这样一个必要的逻辑假设③，而且对于现实社会经济生活本身来说也不宜一味地否定"经济人"理性及其存在普遍性与合理性。一味地批判、否定甚至贬斥、鞭笞"经济人"理性及其行为的合理性与合法性假设，不仅会导致经济社会管理与调控政策设计的浅表化和政策目标的模糊化，而且会导致此类政策实施本身的低效率、无效率，甚至导致政策完全失灵并进一步导致调控对象行为的严重扭曲。如此进行的政策设计，非但无法借助政策的实施促使更多"普通多数"学习、效法和践行"关键少数"的"利他"行为，反而会因为政策设计的浅表化、政策目标的模糊化、政策效应的负面化，严重伤害人对美好生活的追求，损害人性应有的升华，破坏社会应有的和谐与稳定，进而最终阻碍国民经济应有的持续健康发展。

---

① "经济人"又称"理性经济人"，这是一个由英国经济学家亚当·斯密提出来、后被大量使用的经济理论范畴和概念。在斯密看来，人的行为动机根源于经济诱因，人之所以参与劳动或市场交换，本质上是为了争取最大的经济收益。人人都在为自己谋取利益的过程生产了利他的结果，社会经济的发展实际上就是被这样一只"看不见的手"调节和支配着的。

② 参见马克思《哥达纲领批判》，载《马克思恩格斯选集》第三卷，人民出版社1995年版，第306页。

③ 因为，如果否定了这个假设，进而用其他"双重假设"或"多重"行为假设取而代之，愿望虽然不能说是"坏"的，但据此展开经济理论研究主线及其逻辑一定是混乱的，展开研究目标的"双重"性还会进一步弱化甚至损害经济理论研究本身及其结论的彻底性。

（二）政策的选择要充分考虑政策工具的功能一致性和效能协同性，避免发生"政策掣肘"

宏观调控政策是一个由财政政策、货币政策、产业政策、就业政策、收入分配和社会保障政策以及人口、科教文卫等多项政策组成的"工具箱"体系。审慎调控、逆向选择、综合协调、精准施策，是中国经济发展进入"新常态"、中国特色社会主义建设进入新时代后，进行政策选择的基本原则和重要方法。但是，在具体实践过程中，到底以哪些政策为主、以哪些政策为辅，如何实现不同政策工具间的合理有效搭配，却是一门艺术，需要政策选择的"操盘手"具备高超的能力和技巧。

第一，要充分考虑政策工具的功能一致性。例如，紧的财政政策，其一般实现形式是提高税率、减少政府开支、增发政府债券或运用政策性指标直接限制或鼓励某类市场行为，如此等等；反之则相反。紧的货币政策，其一般实现形式则是提高准备金率、提高利率和汇率以及严格信贷发放限制等；反之则相反。在经济运行出现过热倾向的时候，宏观政策操作的基本取向是"紧缩"。实施"紧缩"政策的通常做法，是实行财政、货币的"政策双紧"，即同时提高税率和利率等。但是，由于税率的调整必须以税法或税收条例的调整为前提，而利率的调整却无须这样一个法定程序要求，因此，在实践中很难做到两项政策工具的顺时同步或者说及时一致。这是政策选择过程中必须充分考虑的由政策功能构造差异带来的政策效应差异。弥补两项政策工具功能效应差异的一个基本方法，就是从财政政策工具箱中寻找其他工具，比如可选用在减少政府支出的同时适当提高信贷利率，或选用在增加财政补贴的同时下调信贷利率等，目标是力求通过政策功能的一致性，获取正向政策效应。

第二，要考虑政策工具的效能协同性。例如，在经济运行持续处于高增长、低通胀这样一种"缩长"状态时，政策工具的选择就要考虑"紧""松"搭配，以此求取政策工具效能的协同性，达到宏观调控的目标要求。具体来看，一方面要通过选择偏"松"的货币政策来达到促使通货膨胀率适度回升的目的，另一方面要通过偏"紧"的财政政策来达到促使经济增长大体稳定在合理波动区间的目的。其中，核心和关键是尽可能避免政策选择与实施过程中出现"效能掣肘"，产生或者妨碍国民经济的适度较快增长，或者诱发过高通货膨胀的结果。这就要求宏观政策操作部门充分认识、正确理解和科学把握经济运行的客观规律，及时根据经济运行实际，从政策效能协同性角度做出逆向选择，以保证宏观经济运行的稳定，促进国民经济发展目标的顺利实现。

（三）**政策的实施要充分认识和正确把握经济运行与发展的长短期关系及其衔接条件和机制**

不能把短期政策调控与长期政策引导相混淆。货币政策具有较明显的短期调控特征，但货币政策工具中的法定准备金率调整则具有一定程度的中长期调控功能。财政政策虽然同时兼具短期和中期调控功能，但其中期调控功能更显突出。产业政策、就业政策等，大都具有明显的中长期管理与调控功能。短期政策长期化或用短期政策代替中长期政策，如用短期借贷便利等短期政策工具的创新和运用代替窗口指导、准备金率和利率等具有中短期调控功能与作用的宏观政策，不是带来政策调控功能上的"顾此失彼"，就是带来政策调控结果的"左支右绌"。反之，长期政策短期化或用长期政策代替短期政策，如政府财政补贴性支出和房地产调控政策等本质上具有中长期调控功能和效应的工具，在使用过程中就不可任其灵活多变，更不可"朝令夕改"，否则将难免带来政策调控功能的扭曲和调控结果的逆向化。也就是说，宏观政策的实施，一定要充分认识和正确把握经济运行与发展的长短期关系，一定要充分认识和正确把握宏观调控政策本身所具有的短期、中期和长期功能及其功能差异，一定要充分认识和正确把握宏观调控政策操作与国民经济实际运行之间的互动关系、连接条件与实现机制。特别是在决胜全面建成小康社会、夺取新时代中国特色社会主义伟大胜利的过程中，在社会主要矛盾已经转化为人民日益增长的美好生活需要和不平衡不充分的发展之间的矛盾的条件下，宏观管理与调控政策的实施，尤其要充分认识和正确把握经济运行与发展的长短期关系及其衔接条件和机制，既力保国民经济的近期健康平稳运行，又力促国民经济的中长期持续协调健康发展。

（四）**政策效果的评估要立足于国民的感受及其福祉的稳步提升**

政策实施效果，一要看国民经济运行的总体结果，二要看平民百姓的实际感受，三要看国民福祉改善的未来前景。这"三看"归结起来最重要的就是"一看"，即看老百姓的感受。由于老百姓的感受具有分散性，因此，必须借助第三方对政府政策及其实施效果进行公开、公平、公正的评估。这样做，不仅有助于帮助人们更好地认识和理解国民经济运行总体状况及其取得的主要成果，而且有助于帮助人们更好地认识和理解资源配置状况及其配置效果,还有助于帮助人们更好地认识和理解国民经济运行与发展带来的国民福祉改善及其提高程度的大小。

借助第三方对政府政策绩效进行评估,是中国特色社会主义市场经济发展的必然要求。通过第三方公开、公平、公正地进行的政府政策绩效评估,不仅有助于动员更多社会舆论参与评估和实绩监督,而且有助于避免政府自我评价的片面性、政府政策操作的随意性,还有助于实现政府宏观管理和调控与市场及其机制的能动啮合,更有助于进一步提高宏观调控政策实践的审慎性、强化宏观调控政策实践的有效性。

四 中国经济从大国走向强国的战略布局与策略选择

(一)中国经济从大国走向强国的战略布局与定位

党的十三大在总结改革开放十年来经济社会发展取得一系列重大成就和基本经验基础上,做出了"三步走"的战略安排。现在,回过头来看,从1978年开始实施改革开放,到目前为止,已经提前实现了解决人民温饱和使人民生活总体上达到小康水平的两大战略目标。从现在起到21世纪中叶,中国将进入一个全面实现"第三步走"战略目标的新时代。也就是说,到中华人民共和国成立100周年时,中国将建成富强、民主、文明、和谐、美丽的社会主义现代化强国。这是一个跨世纪的战略布局与定位。如何在已经取得的成就基础上实现"第三步走"目标,开启全面建设社会主义现代化国家的新征程,党的十九大做出了全新部署与安排:①

(1)从现在起到2020年:全面建成小康社会决胜期。在这三年期间,中国人民将在中国共产党的坚强领导下,按照党的十六大、十七大、十八大提出的全面建成小康社会的各项要求,紧扣中国社会主要矛盾的变化,统筹推进经济建设、政治建设、文化建设、社会建设、生态文明建设,坚定实施科教兴国战略、人才强国战略、创新驱动发展战略、乡村振兴战略、区域协调发展战略、可持续发展战略、军民融合发展战略,突出抓重点、补"短板"、强弱项,在坚决打好防范化解重大风险、精准脱贫、污染防治等攻坚战的同时,全面建成能够得到人民认可和经得起历史检验的较为富裕和更加殷实的小康社会。

---

① 参见习近平《决胜全面建成小康社会 夺取新时代中国特色社会主义伟大胜利——在中国共产党第十九次代表大会上的报告》(2017年10月18日),人民出版社2017年版,第28—29页。

(2) 从 2020 年到 2035 年：基本实现社会主义现代化的目标。在全面建成小康社会基础上继续奋力拼搏，到 2035 年左右，中国的经济实力、科技实力将大幅跃升并跻身于创新型国家前列；人民平等参与、平等发展权利将得到充分保障，法治国家、法治政府、法治社会基本建成，经济、政治和社会制度将更加完善，国家治理体系和治理能力现代化基本实现；社会文明程度将达到新的高度，国家文化软实力也显著增强，中华文化影响力更加广泛深入；人民生活将更加宽裕，中等收入群体比例将明显提高，城乡区域发展差距和居民生活水平差距将显著缩小，基本公共服务均等化基本实现，全体人民共同富裕将迈出更加坚实的步伐；现代社会治理格局和框架结构基本形成，社会将充满活力并和谐有序；生态环境将根本好转，美丽中国和社会主义现代化目标基本实现。

(3) 从 2035 年到 2050 年前后：把中国建设成为富强、民主、文明、和谐、美丽的社会主义现代化强国。在基本实现社会主义现代化基础上，继续努力，到 2050 年前后，中国的物质文明、政治文明、精神文明、社会文明、生态文明进一步全面提升，国家治理体系和治理能力现代化全面实现，中国综合国力和国际影响力达到领先其他国家水平，全体中国人民共同富裕和建成社会主义现代化强国的目标基本实现。

总之，新时代、新阶段，完成"决胜小康"任务、经过"两阶段"达到第三次"超越"目标，既是中国经济从大国走向强国的总体战略布局，又是中国经济实现"新超越"的历史定位。实现上述战略布局、历史定位和发展目标，任务艰巨，必须动员各方面力量、调动一切积极因素，以"踏石留印、抓铁有痕"的坚韧不拔精神，以咬定青山不放松的强大前进定力，以高超的智慧集中更多的聪明才智，以更符合中国国情、更符合经济社会发展内在规律和更能积极应对全球发展格局变化的实际行动，锐意进取、埋头苦干、夺取全胜。

(二) 中国经济从大国走向强国的策略选择

研究与比较均清晰地表明，当下我们正在实践着的中国经济从高速增长转向高质量发展的过程，最直接、最明确、最可选择的比较与参照，就是对美国"超越"。如果说全面建成小康社会、人民过上更加富裕、更加殷实、更加美满的生活，是中华民族伟大复兴"中国梦"是否实现的重要标志，那么必须说，不仅能够在国民经济活动总量和人均水平上，而且能够在社会文化发展特别是在制度和体制机制建设上都能够"超越"美国，才是"中国梦"的全面实现。足见其任重而道远。

总体上看，实现对美国的"超越"不仅需要经济总规模和产出高质量的支持，还需要更多非经济的因素和条件的支持，政治的、文化的、社会的、道德的以及体制机制的各种因素尤其显得至关重要。因此，总体上的全面"超越"将需要一个更长的时期。但是，在经济上，特别是在国民经济活动总量和人均国民经济活动总量上实现对美国的"超越"，已经就在眼前，而不再是什么"空想"或者"妄谈"。

美国高盛公司（Goldman Sachs）曾预测认为，最晚到 2035 年，很可能到 2027 年，中国将在年度国民经济活动总量上实现对美国的超越。美国普华永道会计师事务所（Price Waterhouse Coopers）则做出了更激进的预测，认为中国很有可能于 2020 年在年度国民经济活动总量上实现对美国的"超越"。

对于中国来说，在国民经济活动总量和人均水平上尽早赶上和超过美国当然是一个好消息。但是，其背后却始终暗含着一系列我们无法回避的难题，包括国民素质提高问题、产业结构优化问题、技术创新体制机制的形成及其系统化问题、经济发展体制机制适应性调整和自动完善与稳定发展及建设问题、社会管理及其自我调节和完善以及参与国际事务及其驾驭能力问题等。很难设想，在一个文明人口比重还不足够高甚至跑在大街上的奔驰轿车里都随时出现向窗外丢垃圾等现象的国度，其国民经济总体实力能够持续稳固地站在世界第一位置上；更不可设想，总体上还处于低端的产业结构能够长期支撑第一经济大国的国际地位；也很难设想，在社会矛盾和冲突仍在相当范围内存在且明显缺少自我有效调节与微观自我修复功能及能力的国度，其经济持续增长的链条不会出现意外性中断；尤其难以设想的是，在经济社会自我调整和自我完善的体制机制尚未全面建立，有效整合内外资源的体制机制尚未全面形成，经济发展还仍然面临发展方式转型、经济结构优化、增长动力转换等一系列挑战的情况下，其经济社会发展能够顺利实现对世界第一经济强国的全面"超越"。

总之，越是向前看，越是从"赶超"的角度来观察和分析中国经济发展问题，就越是感到中国经济发展面临的问题越多、挑战越大。这些问题和挑战至少包括"生产力水平总体上还不高，产业结构不合理，城乡、区域发展不平衡，长期形成的结构性矛盾和粗放型增长方式尚未根本改变，工业化、城镇化快速发展与能源资源和生态环境的矛盾日趋突出，影响科学发展的体制机制障碍依然存在"① 以及自主创新能力不足、制约中国经济发展的深层次矛盾和问题仍然很多，等等。显然，实现中国经济从高速增长转向高质量发展，最终实现从大国走向强国的目标，必须做出一系列更加符合国情、世情、民情的战略安排和策略选择。

第一，要围绕提升中国经济技术创新力和形成全球经济技术领导力，进一步深化经济技术创新战略及其发展路径选择的策略研究。着力提升中国经济技术创新力，既是经济全球化不断深化、逆全球化浪潮迭起、国际市场竞争日趋激烈的必然要求，又是国内资源日趋紧缺的迫切需要。特别是在中国成为世界性经济大国以后，作为全球温室气体排放大国，面临的挑战必然日趋突出，对经济技术创新力的要求也必然更加迫切。虽然在过去半个多世纪的发展过程中，中国的温室气体排放总量远远低于发达国家，但必须看到，未来减少温室气体排放的主要贡献者必将是中国。在这种情况下，如何走出一条低碳经济发展道路，如何在顺利实现新的绿色革命的同时实现国民财富的大幅度增加和国民生活质量与福祉的大幅度提升，就成了一件具有巨大挑战性和划时代意义的大事。而要实现上述目标，大幅度提升中国经济技术创新力，必然构成从高速增长转向高质量发展和中国大国战略的一项核心内容及重要支点。

研究表明，未来二三十年，甚至更长时期内，中国经济运行和发展都将面临高储蓄率下广大人民群众对美好生活需求规模、数量和质量不断提高与经济发展不平衡不充分的矛盾。过去那种通过外需补充内需的思路和实践已经走到了尽头，必须尽早寻求和探索新的出路。在这样一个新的时代背景和新的发展格局下，一个较为现实和可行的战略安排与策略选择，就是全面践行"五大发展理念"②，彻底转变发展方式，大力推进技术创新，努力构建创新型国家，真正实现更高质量、更高效率、更加公平、更加绿色环保和更加可持续的发展。这就要求我们走出一条有助于改造提升传统产业、整合拓展现代产业、有效扩张实体产能、积极消化国民储蓄、高水平消费需求持续增长的新型发展道路。这既是中国经济长期持续健康发展的客观要求，又是中国经济从高速增长转向高质量发展并由此实现从

---

① 胡锦涛：《在中国科学院第十五次院士大会、中国工程院第十次院士大会上的讲话》，《人民日报》2010年6月9日。

② 即党的十八届五中全会确立的创新、协调、绿色、开放、共享的发展理念。

大国走向强国进而使中国经济在全球经济发展中发挥更大作用的重要基础。

随着发达国家"新平庸时代"的到来，在美国新任总统特朗普为代表的"逆全球化"思潮冲击和发达国家力推"环境保护主义"背景下，中国作为发展最快的经济大国，必然会受到越来越多国家的关注、揣度甚至挑战。能否在国际贸易自由化以及节能减排等问题上做出成就，不仅是中国经济持续健康较快发展面临的重大课题，更是中国积极应对国际事务能力面临的巨大挑战。有资料表明，中国目前整体生产能力所占用的资本量大约是同期GDP的2.5倍。如果其中一半产能可以通过更新改造、转型换代而变得更加"绿色"，这就意味着中国将面临一个相当于同期GDP的1.25倍的技术改造投资规模。如果这样一场经济转型和绿色革命过程持续十年，则意味着中国平均每年至少要对同期GDP的10%的产能进行一次"绿色化"更新改造。这种"绿色化"更新改造及其产能的提升，不仅将在很大程度上替代外部市场需求，而且将在实现产业技术能力提升的同时改善中国国内需求结构，从而解决中国国内消费需求升级和实现内外需求的相对平衡等问题。

达到上述目标的前提是：中国必须大力推进技术创新，尽快建成创新型国家。这就要求我们既要着力解决来自微观层面的挑战，又要着力解决来自宏观层面的挑战。在微观层面，不仅首先需要搞清楚节能减排对企业成本的影响及其在技术上提出的最新要求，还需要搞清楚节能减排对城乡居民生活与习惯的影响及其在技术上提出的特别要求。在宏观层面，不仅首先需要搞清楚哪种宏观经济环境和政策有助于促进节能减排和低碳经济发展，还需要搞清楚国家参与和应对全球气候谈判以及签订各类协约需要注意的问题和应有的策略。上述两个层面的有效作为均需要技术的支持。而要实现有效的技术支持，基础就是建立创新型国家。建立创新型国家，关键是进一步发展教育，核心是提升国民素质和国家经济技术创新能力，最终目标则是形成中国领先全球的经济技术创新力和技术创新领导力。这是中国从高速增长转向高质量发展和成为真正大国的"立命之本"。

（1）要围绕碳减排所需经济技术开展调查与研究。重点是从企业中长期发展角度着手开展节能减排调研。可以通过对中国"十一五"计划以来，至少对"十三五"计划以来各类企业节能减排成效、成本、技术变革等方面的调研（包括问卷调查与分析），揭示中国企业节能减排的成本曲线及其技术改造路线，阐明企业从主要依靠数量扩张转向更加注重质量提高、从粗放型增长转向更加注重资源节约和环境保护的路径，并由此分析和阐明不同行业、不同所有制、不同地区的不同企业在转变发展方式、推进绿色革命中实现自身更好更快发展的经验和规律。

（2）要围绕中国低碳经济发展道路及其机制开展调查与研究。重点是分析和阐述中国应对气候变化及其政策选择效果，核心是借鉴国际GTAP模型分析和阐述中国经济发展的一般均衡模型（CGE），研究和阐明在中国开征碳排放税、能源税以及国内和国际碳排放交易的必要性、现实性及其政策，进而论证和说明西方发达国家征收碳关税对中国经济、贸易的影响以及中国节能减排政策对消费、投资、进出口和经济增长的影响，提出中国低碳经济发展的战略及节能减排的政策建议。

（3）要围绕转变发展方式、推进绿色革命的技术支撑系统和经济技术创新力开展调查与研究。着重分析和阐明建立创新型国家的核心是教育，重点是国民素质和创新力的提升，方法是从经济学角度分析、总结和阐明改革开放40年来中国国民教育的成功经验及需要进一步解决的突出矛盾和问题，揭示和构建有助于提升国家经济技术创新力特别是国家经济技术原始创新力的体制机制，逐步形成和确立全球经济技术创新领导力，巩固和发展中国的经济大国地位，为实现中国的历史性"超越"提供强大的创新型人才和人力资本支持。

第二，以深化供给侧结构性改革为主轴，以提高供给质量、提高内外需求协调发展能力和国民经济国际竞争力为轴心，探索和完善内外需求协调发展的体制机制及其实现手段与策略。改革开放以来，中国实行了面向所有国家特别是发达国家且行之有效的开放战略，并由此达到了有效利用发达国家资金与技术和全球市场、提升中国经济技术和管理水平、加快中国市场经济体制机制建设、促进中国经济较快发展的目的。2008年源于美国的国际金融危机爆发后，新贸易保护主义抬头对中国经济发展产生了较大抑制作用。严峻的现实迫切需要我们从国家经济长期持续健康较快发展的高度，进一步深入探索和提出符合中国国情和国际市场发展规律的战略和策略，以有效提升中国内外需求协调与发展的能力，提高国家的整体国际竞争力。

（1）要总结开放经验，进一步实施对外大开放战略。要进一步深入研究和阐明如何从主要面向发达国家的开放战略转而面向发达国家与新兴市场国家同时并举的大开放战略。研究工作的重点，首先是分析和阐明新时代、新阶段如何处理好中国与发达国家特别是与美国和欧洲国家间的经贸关系；其次是分析和阐明新时代、新阶段如何充分利用新兴市场国家的市场及其资源和经贸与投资合作关系；最后是分析和阐明新时代、新阶段如何处理和充分开发利用好其他发展中国家的市场及其资源和经贸与投资合作关系，以构建有助于实现互助互利、合作共赢的人类命运共同体，并由此探索和阐明有助于提升中国内外需求协调力、发展力和国际竞争力的体制机制。

（2）要总结开放过程中中国区域经济协调发展的体制机制与政策实践经验，促进区域协调高效发展。要进一步解放思想，深化改革，扩大开放。要在进一步大力度促进已经开办的经济特区、开发区、自由贸易试验区、综合改革开放试验区建设的过程中，着力解决好实践过程中遇到的新矛盾和新问题，包括如何"适应国内外形势新变化、按照国家发展新要求、顺应人民新期待，面向现代化、面向世界、面向未来，继续解放思想，坚持改革开放，努力当好推动科学发展、促进社会和谐的'排头兵'，在改革开放和社会主义现代化建设中取得新进展、实现新突破、迈上新台阶"①等问题，如何"通过深化改革开放，清除影响经济社会发展和人的全面发展的各种体制障碍，最大限度解放和发展生产力，为国家现代化建设提供不竭的力量源泉"等问题和如何更加"坚定不移地实行对外开放的基本国策，更好地利用国内国外两个市场、两种资源，大胆学习借鉴人类社会一切文明成果，在扩大开放中推动中国经济社会改革和发展"②等问题，进一步探索和创新经济特区、经济技术开发区、自由贸易试验区、综合改革开放试验区新经验，适应新时代、新阶段、新发展的新需要，培育和创造新优势，形成有助于促进和提升内外需求相互协调水平和能力、实现整个国民经济更高质量发展的体制机制。

（3）要在实施"一带一路"倡议和"走出去"战略、推进供给侧结构性改革的过程中大力促进内外需求协调发展。"走出去"有不同方式和

---

① 胡锦涛：《在深圳经济特区建立30周年庆祝大会上的讲话》，载http://www.gov.cn/ldhd/2010-09/06/content_1696822.htm。
② 温家宝：《温家宝在深圳考察工作时强调：只有坚持改革开放国家才有光明前途》，载http://news.xinhuanet.com/politics/2010-08/21/c_12469709_3.htm。

多种形态。"走出去"的早期形态是对外贸易、市场营销。虽然到目前为止这种形态的"走出去"仍有重要意义，但已经开始让位于新的以"一带一路"为主要载体的"走出去"发展新形态。大量企业已经开始通过参与"一带一路"沿线国家开发区和工商园区建设及在海外直接投资开设工厂、商场和大型交易平台等方式，践行企业"走出去"发展新战略。"走出去"的重点不仅集中于欠发达国家和地区，而且开始转向欧美等发达国家和地区。这种"走出去"的形态和方式，已经使中国企业在技术、管理和生产经营成本上呈现出更加明显的比较优势。总结此间中国企业"走出去"发展的成功经验及其教训，探索中国企业"走出去"的发展规律，对于指导中国企业更好地践行"走出去"战略、提升中国内外需求协调力、发展力和国际竞争力，均具有十分重要的理论价值和实践意义。

（4）要认真总结、分析和阐明外商直接投资技术溢出效应可持续性及其消化吸收与再创新。这是一个直接涉及全球化背景下中国长期发展战略和策略的大问题。目前，中国实际利用外资规模已经达到较高的水平，中国外贸出口中的外资企业所占份额也已经很大。在这种条件下，外商直接投资能否继续在中国经济发展中产生溢出效应，能否持续促进中国产业升级和经济发展，已经成为理论研究和实践发展面临的新问题。特别是在中国加入世界贸易组织适应期结束、中国参与全球化的红利期接近尾声的时候，在外资并购行为频发、外资对内资的挤出效应迅速显现的条件下，深入分析和研究影响与决定外商直接投资技术溢出效应的主要因素，论证和揭示外资企业的"示范效应"、内资企业的"学习效应"、内外资企业的"竞争效应"、内外资企业"从业人员流动效应"以及"产业内企业关联效应"，分析和阐明外商直接投资技术溢出效应的传导（包括外商直接投资的"技术积聚性溢出效应"和"技术效率性溢出效应"）及其可持续机理、外商在华投资的行业分布特征（如高低端行业）、集中程度以及企业内部市场和外部市场关系与机制，研究和阐明中国企业以及其他各类市场主体消化吸收外商投资技术"溢出效应"、实现自身技术改造和技术再创新、效率改进及水平再提升等，对于指导和深化新时代、新阶段中国经济从高速增长转向高质量发展和实现从大国走向强国的过程中更好实施"走出去"战略，就显得更为重要和更加紧迫了。

第三，要在促进全球治理体系变革过程中探索和提升国家财富管控力、驾驭力，实施国家财富管理和增值战略与策略。传统经济学认为，国家不需要拥有财富，政府的财力来自企业和国民，只要企业和国民拥有财富，政府就拥有必要的代理国家职能的财力。20世纪90年代的亚洲金融危机和2007年美国次贷危机引发的国际金融危机爆发后，人们逐渐地开始认识到，凡是政府不拥有财富或财力不足的国家，其国民经济一旦遭到危机的冲击，必然苦不堪言。此类国家摆脱危机、实现国民经济恢复与重建的过程，也必然要"历尽千辛万苦"。近年来，先后发生的希腊主权债务评级降级以及英国脱欧机制启动后英镑的持续贬值等，也从另一个侧面表明，主权政府需要拥有和控制一定数量的国家财富。香港回归中国后之所以能够从容应对20世纪90年代中后期爆发的亚洲金融危机以及后来爆发的国际金融危机、实现香港特别行政区经济的持续平稳发展，关键的一条就是特区政府拥有一定的政府财富和国民财富支配力。同样，正是由于持有大量国有资产和外汇储备、拥有较多国家财富和财富支配力，中国政府才有能力在选择市场取向的经济体制改革以后，顺利实现充分发挥市场配置资源的决定性作用与更好发挥政府作用的有机配合，从而才使中国经济实现了长达30多年的持续健康高速增长和发展，创造了"中国发展的奇迹"。

　　现在的问题是，政府需要拥有和支配一定数量的国家财富，但其拥有和支配财富的边界在哪里？如何对政府掌握的国家财富进行科学有效管理？怎样提升政府的国家财富管理与掌控能力并通过对政府拥有和支配的国家财富的科学管理来实现国民财富的更有效增长以及国民生活质量和福祉的更大改善？经济发展的现实不仅对传统公共财政理论提出了严肃挑战和修正要求，而且对中国政府的国家财富管理理念和实践提出了严肃挑战和修正要求，特别是在实体经济受到冲击、虚拟经济急剧膨胀、新经济发展不断深入的今天，开展此项研究，提升中国国家财富管控能力、驾驭能力，形成适合于中国国情的国家财富管理与财富增值的战略和策略，实为迫在眉睫。

　　（1）要进一步清晰界定国家财富的科学内涵及其边界。这里，所谓国家财富，不仅包括国家外汇储备、国家主权财富基金，而且包括国家财政收入、各类国有资产以及国土、矿产、草原、河流、湖泊、滩涂等自然资源。国家财富管理的水平和质量直接关系国家利益、发展模式、中央与地方关系以及国计民生。因此，研究"国家财富管理的战略和策略"，首要和关键的一条就是要科学区分和确定国家财富的范围与政府管控的边界，并在此基础上实现对国家财富的科学有效管理，包括保证国民经济持续发展的最优税率和税额、最优国债规模和赤字水平、国有土地的合理有序开发与有效利用及其与居民住房改善要求之间的积极协调、中央国有企业和地方国有企业占全社会经济活动总量比重及其适度规模、国有资产收益的收缴及其分配以及社会保障基金的注入与管理、国家外汇储备和主权财富基金的投资决策与经营、外汇储备的规模与结构、中国政府持有外国政府债券的规模、结构与收益，等等。内容虽然复杂，但理论上由政府管控的国家财富的边界底线应当是政府在国民生活中的位置及其功能。超越了政府在国民生活中的位置及其功能要求的任何政府财富支配与管理，可能都是"跨界"甚至"越界"的。

（2）要进一步优化国家外汇规模及其管理模式与机制。2008年爆发的国际金融危机再次清楚地告诉我们，与黄金脱钩的任何一种主权货币，其国际储备货币功能都是残缺不全的。美元也同样如此。因此，在美元、欧元、日元、澳元等主权货币充当国际储备资产的条件下，为平衡国际收支、稳定汇率以及随时可能发生的国际市场波动与冲击，非美元、欧元、日元、澳元主权国家就要根据自己对国际市场运行状况及其发展趋势的判断，选择和持有一定数量的美元、欧元或日元、澳元等国际储备资产。选择哪国货币、持有多少，既有一定的技术要求（如必须遵循安全性、流动性和营利性三原则），又取决于一国的风险管理能力及国际收支扩张与平衡目标。但是，无论如何，过少或过多的外汇储备，都会给本国经济发展带来一定的外部风险。例如，过少，可能无法应对可能发生的国际支付风险；过多，则可能需要担负较高的持有成本。因此，在黄金非货币化的现代社会里，一个经济强国所追求的不应是持有更多的外汇储备，而是拥有更多的能够作为国际结算和储备手段的可流通主权货币和黄金等实际国际储备资产。虽然从人均角度看中国还不是一个经济强国，但是，从2010年第三季度末中国GDP超过日本开始，中国已经稳稳地成长为一个世界级经济大国。目前，中国已经走在第三次"超越"的大道上，并且在国民经济活动总量上超过美国的时间已经为期不远。在这种条件下，正确理解和把握此时中国到底持有多少外汇储备、采取哪种外汇管理方式和运营体制机制、如何科学安排外汇储备资产结构及战略性资产配置、如何有效使用外汇储备资产、选择符合国际市场规律和中国根本利益要求的人民币汇率形成机制等，就成了迫切需要研究、分析和阐明的基本理论和实践问题。理解、选择、把握和处理好这些问题，既要考虑国际关系和国际市场的发展变化及其未来走势，又要将其与开放条件下中国宏观经济稳定、国民经济可持续发展结合起来。只有这样，才能形成符合中国国情的国家财富管理战略，并由此切实有效提升政府的国家财富管理与调控能力。

（3）要进一步大力度推进人民币国际化。必须从新经济全球化高度来认识和理解国际储备资产结构的新变化，结合中国经济从高速增长转向高质量发展并由此实现从大国走向强国的长远发展目标和战略，大力度推进人民币国际化。毫无疑问，到目前为止，还没有哪一个国家和地区性主权货币能够在短期内动摇和改变美元的世界货币霸权及其支配地位。但是也必须看到，自布雷顿森林货币体系解体以来，美元之所以能够继续充当世界货币，占据世界货币"领头羊"地位，归根结底是与其国家战略密不可分的。美元与黄金脱钩后，虽然遇到了持续大幅贬值的挑战，但随着美联储印钞速度的加快和美国国家储备资产管理策略和方式的及时应对与调整，美国经济不仅没有因此受到损失，反而还带来了美国国民财富的持续大幅度增长和美国国民福利的持续大幅度上升。缘何如此？观察和分析表明，美元霸权及其支配地位的形成及其巩固，关键绝不在美元本身，而在美国的大国财富管理及其国民福祉提升战略。从这个角度看，能否站在中国经济从高速增长转向高质量发展和从大国走向强国的高度，从主动应对美元霸权及其国家财富管理战略的角度，深入研究和探索人民币国际化的战略安排及其操作技巧与路径，并将其置于国家财富管理的大战略、大目标和大蓝图框架之中，将具有不可估量的重大意义。在"中国和平崛起"的旗帜下，抓住中国已经成长为世界重要工业大国和国际贸易大国、"中国制造"已经成为国际市场正常运转的主要支撑等历史机遇，通过进一步大幅度拓展对外关系，大力度推进"货币互换"，尽快实现从边境小额贸易结算和人民币跨境结算向更大范围人民币结算关系的转变，积极开辟人民币国际化发展新路径，全面推进人民币国际化的新进程，对于中国经济从高速增长转向高质量发展并由此实现从大国走向强国将具有特别重要的推动与推进意义。

第四，要从专业化分工也是生产力角度，深化企业改革，推行现代企业制度新范式，拓展区域经济专业化发展新模式。分工也是生产力。对此，经济学鼻祖亚当·斯密在其1776年出版的《国富论》一书中曾精辟地分析并阐明了"只要能采用劳动分工,劳动生产力就能成比例地增长"的观点。他以一个自己"见过"的共雇用了10个工人的制针厂为例指出:"如果他们全都独自分别工作,没有一个人受过这种专门业务的训练,那他们肯定不能每天每人制造出20枚针,或许一枚也造不出来。"但是,由于该厂把制针过程分成了大约18道工序,每道工序由不同的人担任,或一个人担任两三道工序,一个人抽丝,另一个人拉直,第三个人切断,第四个人削尖,第五个人磨光,如此等等。结果,即使其他生产条件不变,只要他们奋力而为,便可做到每天制针12英镑,约为48000枚针,相当于每人每天制针4800枚,劳动效率相当于分工前的240—4800倍。[①]

不难理解,斯密在这里所讨论的还只是劳动分工,并未涉及其他生产条件的分配及其专门化。马克思在《资本论》中不仅讨论了分工及其作用,而且指出了分工派生交换,交换的扩大引起社会分工,社会分工带来劳动工具的分化,进而导致生产工具的行业分化。分工的发展不仅扩展到了经济领域,还扩展到了社会其他一切领域,并由此"为专业化、专门化的发展,为人的细分奠定基础"。[②] 在马克思看来,正是由于专业化、专门化的发展,才带来了近代以来人类社会的巨大进步和社会财富的巨大增长。从这个意义上说,建立在分工基础上的专业化、专门化是比分工更大的社会生产力。就此而言,新时代、新阶段推动中国经济从高速增长转向高质量发展并由此实现从大国走向强国,显然应在分工和专业化上下更大的功夫。

(1)要在大力度推进现代企业制度建设、发展混合所有制经济的过程中,着力提高企业的专业化水平。推进现代企业制度建设、发展混合所有制经济,要以提高企业的专业化水平为着力点,围绕提高企业专业化水平这个中心,推进现代企业制度建设、发展混合所有制经济。只有通过这样一条路径生成的混合所有制经济、建立起来的现代企业制度,才能够创造更高的全要素生产率。换句话说,通过推进现代企业制度建设、进行企业兼并重组发展起来的混合所有制经济,不应是大杂烩式、多元化特征的、没有专业领域和特点的混合所有制经济,而应是专业特征明显、专门

[①] 参见亚当·斯密《国富论》,杨敬年译,陕西人民出版社2001年版,第8—9页。
[②] 参见马克思《资本论》第一卷,人民出版社2004年版,第410页。

化领域清晰的混合所有制经济。同样，当前颇为流行，也具有重要实践价值的企业的跨界经营和跨界融合发展等，也必须以专业化发展为重要基础，而不是相反。

（2）要在企业专业化发展的基础上大力推进区域经济发展的专业化。到目前为止，中国 31 个省份之间虽然存在一定程度的分工，比如，河南是一个小麦主产区，黑龙江是一个大豆主产区，辽宁是一个大米主产区，新疆是一个棉花主产区，云南是一个烟草主产区，吉林、湖北、上海是汽车主产区，天津、沈阳、哈尔滨是飞机主产区，如此等等。但是，再进一步细看，与地区资源禀赋及其比较优势联系较为明显的区域专业化分工，在中国各地区实际上是十分模糊、难以进行明确区分的。在中国，各省份之间、各地区之间甚至各市县之间，产业结构的严重重叠性或重复性十分普遍。面向新时代、新阶段、新征程，为实现中国经济从高速增长转向高质量发展并由此实现从大国走向强国的宏伟目标，从现在开始着手，大力度推进区域经济专业化发展，可能是一个必要选择。此项战略的推进，可以省域经济为基本组织板块、以地区经济为主要落地载体、以企业兼并重组发展混合所有制经济为基本突破口，构建与本地区资源禀赋和比较优势相吻合的、区域分工界限清晰的专业化发展新模式。按照这样一个区域专业化经济发展新模式，经三五个五年规划，到 2030—2035 年就可望建成一套与中国基本实现现代化同步的主业突出、专业化分工明确的区域经济发展新模式、新体系。

第五，要进一步全方位培育和提升全体国民的大国理念，提高国民文化修养和道德素质，完善大国先进文化，担负引领世界经济社会发展新潮流的历史重任，助推中国经济从高速增长转向高质量发展并由此顺利实现具有重要历史意义的第三次大"超越"。中国不仅是一个人口大国，还是一个拥有五千年文字记载史的文明古国，鸦片战争前还是世界第一经济大国。但是，16 世纪后，中国科技从先进变为落后了，鸦片战争后中国经济从大变小、从富变穷了，此后长达百余年时间，中国人蒙受了诸多列强的欺侮与凌辱。蒙羞的日子年复一年、日复一日，不仅使中国人的"国民理念"也从"高大"变得"矮小"，甚至出现"病夫"相了，而且使"大国"的尊严、"大国"的理念也被严重压抑、慢慢淡化，甚至褪色了。随着中国的"和平崛起"，随着中国重回经济大国地位，中国经济要顺利实现从高速增长转向高质量发展并由此从大国走向强国，就必须重整旗鼓,大力度、全方位培育和提升全体国民的大国理念。

培育和提升全体国民的大国理念,核心是重塑大国尊严,重扬大国精神,重振大国气派,重鼓大国志气。这就要求我们必须大力推进大国先进文化,大力普及和推广国民文化的大国修养与素质的大国教育。要扎扎实实,从一点一滴做起,首先是从随地吐痰、乱扔纸屑、乱丢垃圾、出口不逊、恶语伤人等种种不文明行为的校正与纠正做起,然后再推而广及其他,最终达到提高全体国民大国文化修养和大国国民道德素质、完善大国先进文化、担负大国责任、引领世界经济社会发展新潮流、实现中国经济从高速增长转向高质量发展并由此顺利实现第三次大"超越"、建成社会主义现代化强国的宏伟目标。

总之,在源自美国的国际金融危机冲击下,在"新贸易保护主义"、逆经济全球化倾向抬头和新全球化格局正在形成的过程中,在旧的国际分工体系和国际货币体系开始动摇、世界市场及其竞争格局出现新的调整与重组等大背景下,中国的经济大国地位必然成为世界各国关注的焦点。站在大国发展、大国"超越"战略的高度,深入研究和全面审视中国已经制定和正在实施的国家中长期发展目标与发展规划,科学分析、深刻论证和系统阐明未来30年中国经济更好更快发展的大趋势与大战略,并由此阐明支撑中国经济从高速增长转向高质量发展并由此顺利实现从大国走向强国的新理念、新政策、新定位、新布局、新战略、新安排,对于加速中国从经济大国顺利走向经济强国、实现中华民族伟大复兴"中国梦"的进程都具有十分重要的意义。本书所做分析,只是为完成这样一个历史任务所进行的一次初步尝试。

附表

附表1　　中国GDP实现对美国超越时间及绝对值估算　　单位:万亿美元

预期经济增长率	预期人口增长率		GDP超越年份	超越时GDP绝对值		人均GDP超越年份	人均GDP超越时GDP总值	
	中国	美国		中国	美国		中国	美国
假定1	3‰	9‰	2027年	24.9	24.8	2061年	152	48
假定2	2030年后由3‰下降为2‰	9‰				2053年	103	41

附表 2　　中国人均 GDP 实现对美国超越时间及绝对值估算　　单位：美元

预期经济增长率	预期人口增长率		GDP 超越年份	超越时人均 GDP 绝对值		人均 GDP 超越年份	超越时人均 GDP 绝对值	
	中国	美国		中国	美国		中国	美国
假定 1	3‰	9‰	2027 年	17600	68800	2061 年	97000	96000
假定 2	2030 年后由 3‰ 下降为 2‰	9‰				2053 年	88000	87000

注：本表由赵三英博士依据下述假定条件、根据 IMF 发布的 2016 年中国和美国 GDP 数据测算得出。

假定 1：假定 2030 年之前中国人口年均增长率为 3‰，之后下降为 2‰；假定 2009—2020 年中国经济年均增长 8%，2021—2030 年为 7%，2031—2040 年为 6%，2041 年后为 5%。2009—2020 年美国 GDP 年均增长 2.5%，2031 年后降低为 2% 且一直稳定到中美两国人均 GDP 相等时止。假定人民币兑美元汇率 2020 年前年均升值 3%，此后年份保持稳定；2035—2040 年年均贬值 2%，尔后汇率保持稳定至 2050 年后再次进入年均持续升值 2% 直至超越完成的历史过程。

假定 2：其他条件同假定 1，仅将人民币兑美元汇率修改为 2035—2040 年出现年均 2% 的贬值过程，尔后再重新进入一个年均持续升值 3% 直至超越完成的历史过程。

参考文献

1. 汪中求、王筱宇：《1750—1950 的中国》，新世界出版社 2008 年版。

2. [英] 安格斯·麦迪森：《世界经济千年统计》，伍晓鹰、施发启译，北京大学出版社 2009 年版。

3. 习近平：《在省部级主要领导干部专题研讨班上的讲话》（2016 年 1 月 18 日），《人民日报》2016 年 5 月 10 日。

4. 习近平：《在省部级主要领导干部学习贯彻党的十八届五中全会精神专题研讨班上的讲话》，《人民日报》2016 年 5 月 10 日。

5. 习近平：《谋求持久发展　共筑亚太梦想——在亚太经合组织工商领导人峰会开幕式上的演讲》，《人民日报》2014 年 11 月 10 日。

6. 习近平：《毫不动摇坚持中国基本经济制度，推动各种所有制经济健康发展》，《人民日报》2016 年 3 月 9 日。

7. 习近平：《决胜全面建成小康社会　夺取新时代中国特色社会主义伟大胜利——在中国共产党第十九次代表大会上的报告》（2017 年 10 月 18 日），人民出版社 2017 年版。

8. 习近平：《在纪念毛泽东同志诞辰 120 周年座谈会上的讲话》，新华网，2013 年 12 月 26 日。

9. 习近平：《在党的十八届五中全会第二次全体会议上的讲话》（节选），《求是》2016 年第 1 期。

10. 刘克祥、陈争平：《中国近代经济史简编》，浙江人民出版社 1999 年版。

11. 胡锦涛：《在纪念辛亥革命 100 周年大会上的讲话》（2011 年 11 月 9 日），《人民日报》2011 年 11 月 10 日。

12. 胡锦涛：《在中国科学院第十五次院士大会、中国工程院第十次院士大会上的讲话》，《人民日报》2010 年 6 月 9 日。

13. 毛泽东：《在中国共产党全国代表会议上的讲话》，载《毛泽东文集》第六卷，人民出版社 1999 年版。

14. 毛泽东：《在资本主义工商业社会主义改造问题座谈会上的讲话》，载《毛泽东文选》第六卷，人民出版社 1999 年版。

15. 毛泽东：《论十大关系》，载《毛泽东文集》第七卷，人民出版社 1999 年版。

16. 毛泽东：《反对本本主义》，载《毛泽东选集》第一卷，人民出版社 1991 年版。

17. 中共中央文献研究室编：《毛泽东传（1949—1976）》，中央文献出版社 2003 年版。

18. 《孙中山选集》下卷，人民出版社 1956 年版。

19. 恩格斯：《反杜林论》，载《马克思恩格斯选集》第三卷，人民出版社 1995 年版。

20. 邓小平：《在武昌、深圳、珠海、上海等地的谈话要点》，载《邓小平文选》第三卷，人民出版社 1993 年版。

21. 国家统计局编：《中国统计年鉴（2016）》，中国统计出版社 2016 年版。

22. 世界银行、国务院发展研究中心联合课题组：《2030 年的中国》，中国财政经济出版社 2013 年版。

23. 邓小平：《解放思想，实事求是，团结一致向前看》，载《邓小平文选》第二卷，人民出版社 1994 年版。

24. 江泽民：《全面建设小康社会，开创中国特色社会主义事业新局面——在中国共产党第十六次全国代表大会上的报告》，《人民日报》2002 年 11 月 18 日。

25. 《中共中央关于全面深化改革若干重大问题的决定》，《人民日报》2013 年 11 月 18 日。

26. 毛泽东：《〈共产党人〉发刊词》，载《毛泽东选集》第二卷，人民出版社 1991 年版。

27. 曾光、王玲玲、王选华：《中国科技进步贡献率测度：1953—2013 年》，《中国科技论坛》2015 年第 7 期。

28. 刘文革、高伟、张苏：《制度变迁的度量与中国经济增长——基于中国 1952—2006 年数据的实证分析》，《经济学家》2008 年第 6 期。

29. 陈庆秋、陈涛、李豫泽、刘莹雪：《制度变迁与中国经济增长的动态研究——基于中国 1952—2013 年数据的实证分析》，《市场经济与价格》2015 年第 10 期。

30. 刘迎秋：《适应增长格局变化加紧产业结构调整》，《经济参考报》1998 年 9 月 8 日第 4 版。

31. 刘迎秋：《国民经济次高增长阶段的宏观政策选择》，《中国社会科学院要报（经济）》1999 年第 16 期。

32. 刘迎秋：《论中国国民经济的次高增长阶段》，《中国社会科学》1999 年第 4 期。

33. 蔡昉：《中国的人口红利还能持续多久》，《经济学动态》2011 年第 6 期。

34. 崔俊富、苗建军、陈金伟：《基于随机森林方法的中国经济增长动力研究》，《国民经济管理》2015 年第 5 期。

35. 杜浩然、黄桂田：《产权结构变动对经济增长的影响分析——基于中国 30 个省份 1995—2013 年面板数据的实证研究》，《经济科学》2015 年第 3 期。

36. 《中国人健康水平更高了 人均预期寿命等三大指标向好》，《人民日报海外版》2017 年 5 月 9 日。

37. 张舵、陈钢、蔡玉高：《中国半数科技成果沦为"展品"》，《经济参考报》2011 年 1 月 19 日第 5 版。

38. 程恩富：《现代马克思主义政治经济学的四大理论假设》，《中国社会科学》2007 年第 1 期。

39. 亚当·斯密：《国富论》，杨敬年译，陕西人民出版社 2001 年版。

40. 马克思：《资本论》第一卷，人民出版社 2004 年版。

Chapter 1 The Process and Reality of China's Breakthrough from Large Country to Great Power

Abstract：Chapter 1 reviews and summarizes the two "breakthroughs" and their historical background, historical process, and historical experience and lessons over the past half century since the founding of PRC. Then, this chapter analyses and clarifies the conditions, process, motivation and mechanism of China's sustained and rapid economic growth and its successful surpassing Britain, Germany and eventually surpassing Japan and entering a new higher level of surpassing after reform and opening up. Furthermore, this chapter explores and reveals the objective laws and internal logic of China's economy marching from a large country toward a great power. Finally, this chapter demonstrates and illustrates the difficulties and challenges faced by the realization of the Chinese dream of great rejuvenation, and the idea prerequisite, institutional arrangement, strategic choice and strategic positioning of China's correct choice and decision from a large country toward a great power.

Key Words: China's Economy, Large Country, Great Power, Breakthough, Process, Reality

（执笔人：刘迎秋）

第二章 大国经济成长与发展

第一节 经济成长的规律

全球发展有两条路径：一条是成熟经济体走的比较均衡的路径，另一条是发展中国家走的赶超型的路径。发展中国家的非均衡结构主义特征明显，即通过政府动员储蓄，投入工业部门中，并利用资源禀赋的比较优势获得赶超速度。但是，当经济发展到中高收入阶段后，赶超经济体面临着巨大的转型，或掉入"中等收入陷阱"，或转向持续发展的均衡道路。

在总结发达国家经济发展历史和理论分析的基础上，我们提出了一国产出增长的变动规律，认为从一国经济成长的长期历史看，人均产量增长分为两个阶段：在人均资本存量处于较低水平的增长阶段，随着人均资本的增加，人均产值也呈加速增长之势，具有规模收益递增的特征，被经济学界看成起飞阶段。但加速经济增长并不是永远持续的，而是有一时间限度，当人均资本存量达到某一水平时，出现拐点，高速增长到该点后，随着人均资本存量的进一步增加，人均产出将在越过该点后呈递减的增长趋势，其后就是遵循新古典增长的足迹，即规模收益递减。从整体来看，该增长曲线呈"S"形。

为与经济学理论相一致，我们在图2-1中将"S"形增长曲线分为马尔萨斯均衡（贫困循环陷阱）、工业革命（经济赶超）、卡尔多典型事实下的经济增长（新古典理论）、新经济分叉（新增长）等若干与相关理论对应的阶段。

```
新经济分叉（新增长）
卡尔多典型事实下的经济增长
（新古典理论）
发展经济学中的赶超
工业革命
（经济赶超）
马尔萨斯均衡（贫困循环陷阱）
```

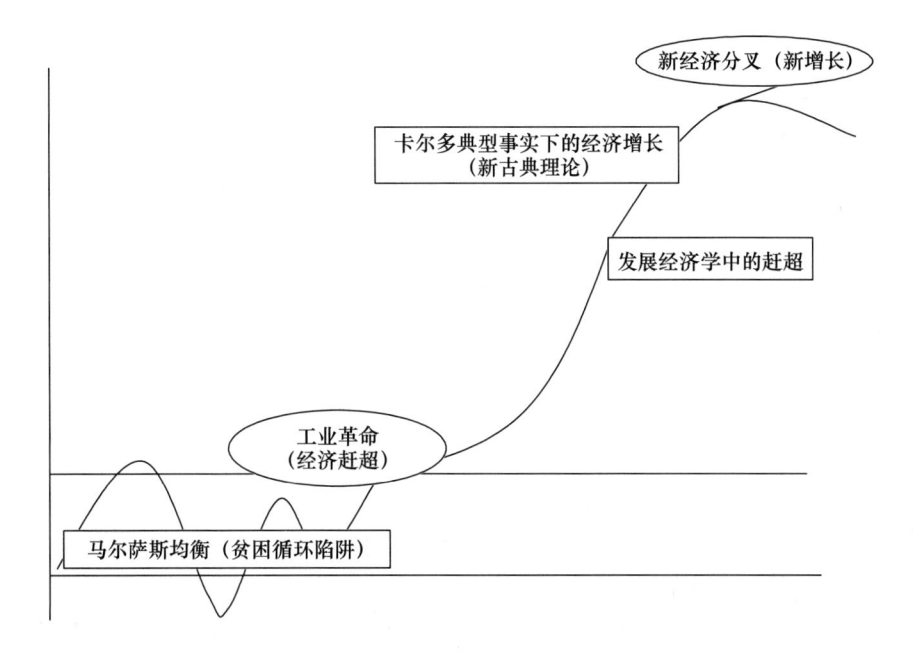

图 2-1　从历史来看经济成长阶段

与上述结果相一致的产业与经济结构也有四个演化阶段，它们分别是生产要素导向阶段、投资导向阶段、创新导向阶段和富裕导向阶段。在这个系统中，前三个阶段是国家竞争优势发展的主要力量，通常会带来经济上的繁荣。第四个阶段则是经济上的转折点，有可能因此而走下坡路。

一　生产要素导向阶段

在经济发展的最初阶段，几乎所有的成功产业都是依赖基本生产要素。在这个阶段的本地企业，完全是以价格条件进行竞争，能够提供的产品不多，应用的流程技术层次不高，技术本身也是广泛流传、容易取得的一般技术。企业本身尚无能力创造技术，必须依赖外国企业提供经验与技术，企业本身所采用的技术主要是来自模仿，或是在本地投资的外商所引进的。生产要素导向阶段的经济，对全球经济景气循环与汇率变动非常敏感，因为它们会直接影响产品的需求程度和价格高低。同样地，一旦本国生产要素不如其他国家，产业将严重受创，丧失它的领先地位。

二　投资导向阶段

企业大量投资兴建现代化、高效率与大量生产的机器设备厂房，并努力在全球市场上取得最佳的技术。这个阶段的企业努力争取到的技术仍落后国际一流厂商一代左右。此外,企业不单单应用外国的技术和方法,同时也致力于改善外来的技术。当企业进入投资导向阶段时,外国技术和方法大多仅供内部参考,主要依靠的是自行改良行动。政府、人们和企业都会致力于生产要素的发展,并努力创造一个现代化的基础建设(城市化)。

这个阶段,国内市场竞争加剧,促使厂商努力降低成本,改善产品质量,企业也会把目标定在支持技术和资产的投资上。企业同时也表现出勇于冒险的态度,许多产业出现新的厂商,国内的竞争也已达到白热化程度。企业仍在标准化程度较高、价格竞争比较敏感的市场环节中竞争,它们的产品设计也力求适应外国市场的需要。

国内需求比较简单,主要是因为国民生活水平仍普遍偏低。因此,有些出口产业生产的产品甚至完全不在国内的市场上销售。这个阶段所产生的竞争优势主要来自供给面而非需求面。然而,能够在投资导向阶段脱颖而出的国家(地区),大都是国内市场需求较高的国家。当处于投资导向阶段时,最重要的优势往往集中在低劳动成本、大量生产和应用现代化设备的产业上。投资导向阶段的另一个特点是机会大幅增加,工资与生产成本开始起伏波动。对于习惯于价格竞争的产业来说,此时逐渐丧失了它们的竞争地位。与生产要素导向相比,投资导向阶段对汇率和全球市场变动的抵抗力虽然提高了,但体质仍很脆弱。

当国家处于投资导向阶段时,政府的角色很重要。政府可以引导有限的资本流入正确产业,鼓励冒险精神,提供暂时的保护措施以鼓励新企业加入国内市场,发展更有效率的基础设施,激励企业获取国外技术和鼓励出口等。投资导向阶段的经济,举国上下重视投资与长期经济增长,而不是追求眼前的消费与平均收入。

三 创新导向阶段

在创新导向阶段,各种产业环节中的竞争开始深化与扩大,代表这个国家的特殊环境和历史传统特色,也在特定产业与产业环节中出现。由于个人收入提高及教育普及、对便利的需求增强、国内竞争激烈等因素,消费者更加讲究了。重要的产业集群开始出现,世界级的具有竞争力的新产业也由相关产业中产生。依赖生产要素而形成竞争优势的情形开始消失。许多产业在升级,摆脱生产成本与币值汇率的威胁,虽然没有生产要素优势,但能在不利因素的刺激下创新,技术也不断往前推进。更高级的基础建设、高水平的大学体系也在形成中。

企业除改进国外技术和生产方式外，本身也有创造力的表现。本土企业在产品、流程技术、市场营销和其他竞争方面已经接近精致化程度。同时，本国有利的需求条件、坚强的供应商产业基础、专业化生产要素，以及在相关产业的支持下，企业也能持续创新，它们的创新能力又形成其他新产业出现的原动力。企业会转战国际市场的差异化产业环节。竞争方向从生产成本转至生产率上，因为它们更强调先进与高级的技术表现。同时，企业也开始逐步撤出价格竞争或比较简单的领域。企业除有自己的全球化战略、逐步铺设国际营销与服务网络之外，还搭配已有国际知名度的品牌活动，并采取国外设厂制造方式以降低成本，并加强对当地市场的影响。

国内产业可以朝好几个方向发展。产业集群会向垂直深化的方向发展。下游产业的产品竞争力会带动上游及供应产业（包含机械设备业）；同样的活动也可能是由上游延伸到下游。同时，产业集群由纵向转为横向的水平式发展，形成更新更大的产业集群。当产业处于纵向、横向交织发展状态中，企业有非常多改革和创新的路径可以提高本身的生产力。

受到制造业发展的刺激，国内的精致型服务业也不断发展并国际化。服务业会因先进企业对市场营销、工程顾问、测试业等更专业化的服务需求而蓬勃发展。工程顾问、广告等精致型服务业，也因更专业的人力资源和生产要素需求而出现。高学历、高收入和专业化的消费者也需要更专业的服务，而本国需求正是服务业创造国际空间的根基。

处在这个阶段的政府，其政策应该放弃过去干预产业的做法。如果政府继续执行资本调度、保护、设计产业进入门槛和出口补贴等直接干预行为，只会降低以创新为竞争基础的效率。刺激创新的冲力、培养创新的技术和发展方向的取舍等大多数活动，此时应该交给民间部门负责。当一个经济体走向深化和多重面向时，政府不可能再掌握或控制既有的和新发展产业的动向，而国际化程度高的企业越来越多，也降低了政府的指引作用。此时的政府应该做一些间接活动，诸如刺激或创造更多更高级的生产要素、改善国内需求质量、鼓励新商业出现和维持国内竞争热度等，企业则应自行扮演更积极创新生产要素的角色。

四 富裕导向阶段

与前三个阶段正好相反，这个阶段是经济走入衰退的时期。主导这个时期的力量是前三个阶段积累下来的财富。这个阶段的国家经济目标也与过去不同，重心放在社会价值上面，但是，很多人却忽略了，社会价值其实是根植于经济持续进步的基础上的。

企业开始丧失它们在国际上的竞争优势。形成这种情况的原因包括国内的竞争活动衰退、经营战略由积极转趋保守、企业再投资的意愿降低、大企业左右政府保护政策使自己与竞争者隔离。另外，赤手空拳打天下的第一代企业家逐渐凋零，取代他们的是习惯于体制内活动的新生代经理人。企业失去冒险精神，也缺乏竞争的热情，创新冲劲与敢向成规挑战的勇气也不复见。员工因收入提高，而不再热衷工作。劳资之间也为了维持自己的既得权利，关系日渐僵化；劳资的互不相让又成了改善生产力的障碍。

人们对其他领域的工作兴趣远大于产业界。社会对创造生产要素的投资比例大不如从前，其他领域的投资反而提高，而国家对有钱人课以重税的趋向，又降低了人们的投资意愿。处于这个阶段的国家，过去成功积累的资金也使国内资本市场结构出现改变，投资人的目标从积累资本变成保留资金。经济体系创新速度减缓，又造成产业投资收益不如从前。资金因此流到土地等不动产领域。

富裕导向阶段的另一个特征是企业购并。因为企业拥有的资金已超过内部需求，但又不愿意冒险投资成立新企业，自然将目标转移到购并其他企业上。购并同时也反映出企业不愿竞争、只求稳定的态度。对企业而言，购并造成一个不必成立新公司也能持续发展，或者在现有产业中扩大自己实力的假象。由于经济停滞的压力越来越大，劳资间的关系也越来越紧张，创新行动也越来越弱，易攻为守的企业，心情也日渐沮丧，要政策的声音一浪高过一浪，结果对产业发展又造成更长远的伤害。

处于富裕导向阶段的国家（地区），服务业占国家收入的比重往往继制造业之后而快速崛起。由于财富会创造有利的本国需求条件，有些领域的服务业或与其相关的制造业，甚至还会继续扩张。而且，服务业在国际上的成功不表示制造业衰退，比较正确的说法是，某些服务业的表现会反映出国家所处的经济发展阶段。

在这个阶段的国家经常会有两极化的表现。首先，它是一个富裕国家。处在这个阶段的国家，对国内的产业投资不足，但在海外投资却出手大方。另外，在对外投资活动上，本国企业也逐渐从延伸本国力量或技术输出，转变为纯粹的资本输出，本国企业可能运用资金买下外国具有竞争力的企业，但是，经营管理上仍是完全交由对方负责。其次，富裕导向阶段的是一个充满暮气、萎靡不振的国家。许多企业会有接二连三的问题，失业压力持续上升，生活水平也不断下降，社会福利费用大大超过经济能提供的限度。对有钱人课以重税似乎成为解决国家财政问题的唯一可行办法，但这又伤害投资意愿。

在高收入阶段的转型升级可以理解为人类社会生产方式和生活方式的结构转变，动机是避免过早进入富裕导向阶段。转型升级受到效率提高和广义恩格尔定律的牵引。传统工业和现代工业的差别在于生产方式上，同样，传统服务业和现代服务业差别也在生产方式上。现代生产方式的表现是生产的分工深化，获得规模化生产能力，并得到规模收益，核心是劳动效率能得到持续提升。现代生产方式推动了产业结构调整，从低效率的农业转向高效率的工业，从高效率的工业转向更高效的服务业，在此过程中也推动了农业和工业发展，直到产业间效率均衡，结构稳定。生活方式则体现在广义恩格尔定律上，即从食品占消费支出比重的下降拓展到物质消费占消费支出比重的下降。因此，人类需求结构会牵引着产业不断变化，服务业比重会越来越高。但在可贸易条件下，一国或地区供给结构不一定与需求结构完全吻合，而供给结构则更多地服从效率原则（比较优势）。但从全球范围看，广义恩格尔定律又是决定性的，服务业需求比重持续提高。

从全球经济发展规律看，将一个国家增长速度分解后，增长份额最大的贡献者是各国产业部门比重和该产业部门效率变动的乘积。如果服务业比重持续提高，制造业比重持续下降，但服务业效率改进又慢于制造业效率变动速度，则整个经济增长速度将下降，欧美国家进入高收入阶段后经济增长减速就是受到了上述规律的影响。服务业比重提高是因为受到广义恩格尔定律牵引，而服务业可贸易水平低于制造业，由规模引致的效率持续改进要低于可贸易水平高的制造业。随着全球服务贸易的加速发展，这种局面会得到改善。综观发达国家，由于服务业占GDP比重不断上升和服务业不可贸易导致的效率改进速度慢等因素降低了发达国家的增长速度，但也成就了它们比较均衡的经济结构。它们保持竞争优势的核心仍是服务业和制造业的效率改进，尽管各国策略不同，如德国更倾向于制造业，英美两国更倾向于服务业，但效率改进是核心，而效率改进的背后是市场激励、人力资本、企业竞争力提升,以及政府和社会协调效率改善。

如果把经济增长当作一种结构演变过程来看,我们可以得出发达国家长期经济增长速度呈钟形演变路径的结论。以潜在增长率为观测变量,发达国家普遍经历了工业化阶段的经济加速和城市化阶段的经济减速。这个过程中,由于工业和服务业比重的变化影响了经济增长速度的变化,我们把这样的一条长期增长路径概括为"结构性加速"和"结构性减速"两个阶段。经验与罗斯托(1959)的理论一致,他将经济发展进程分为传统社会、起飞前、起飞、走向成熟、大众高消费时代五个阶段,强调资本形成是发展中国家经济起飞的主要条件与制约因素,发展中国家要实现经济起飞必须满足物质资本的积累率达到10%以上的条件。这一理论得到库兹涅茨、钱纳里等对历史数据进行的实证研究的支持,钱纳里在历史数据分析的基础上提出了类似的阶段划分,罗斯托的增长阶段理论还深刻影响到包括波特(2007)等在内的其他研究,波特在回顾世界各国经济增长历史时也将一国(地区)经济发展进程分为生产要素导向阶段、投资导向阶段、创新导向阶段和富裕导向阶段,并强调了投资在早期和投资导向阶段的重要作用。结构问题的实质是异质性,即某类消费者或厂商行为在特定范围内有着相对稳定的不同行为模式。这种结构带来的异质性,会对政策或厂商行为产生影响。如果政策有效利用异质性之间引起的发展机会,合理引导资源流动和再分配,则会在一定阶段促进经济增长。这种发展机会表现为以下几个机制:

(1)效率提高是牵引产业结构调整的动力。现代生产方式的表现是分工深化,通过规模化生产获得规模收益,其核心是劳动效率持续提升。库兹涅茨的研究表明,劳动力从低效率的农业转向高效率的工业是推动经济增长的重要力量,这被称为库兹涅茨定律。如果把这一定律加以拓展,可以认为,现代生产方式推动了产业结构调整,不仅是从农业转向工业,而且会进一步转向更高效的服务业。在此过程中,效率提高会同时推动农业、工业和服务业的发展,直到产业间效率均衡、结构稳定。

(2)需求结构变化决定产业结构调整方向。恩格尔定律认为,随着人们收入水平的提高,食品占消费支出的比重不断下降。考察各国居民消费支出的变化可以发现,随着人们收入水平的提高,物质消费占总消费支出的比重下降,而非物质消费占总消费支出的比重上升,这可以称为广义恩格尔定律。这样,社会需求结构变化也会拉动产业结构调整,使服务业比重越来越高。

（3）需求偏好决定产业结构调整进程。需求偏好相似定律认为，如果两国（地区）的平均收入水平相近，则它们的需求结构也相似。该定律表明，随着人们收入水平的提高，消费升级是以模仿更高收入者为目标的，进而带动产业升级。近年来，中国整体消费需求逐步与中高收入经济体趋近，消费需求升级、生活质量提高成为产业结构调整的拉动力。

中国经济高增长正是合理利用了结构变革的效率提高机制。典型化事实如下：一是中国经济增长轨迹是一条非平稳的曲线，表现出鲜明的加速增长特点；二是大规模要素积累是经济增长最重要的推动力，技术进步与生产性投资保持着稳定的比例关系；三是经济中存在城乡结构、所有制结构、区域结构等各种结构性因素，这些结构性因素将经济区分为相对独立的不同子系统，不同子系统有着不同的经济行为特点；四是结构改革推动的市场化、工业化、城市化等是长期经济增长的重要推动力；五是政府在经济中有着重要的影响力，经济体制改革、出口导向、政府干预等经济政策对于促进增长起到了显著的积极作用；六是市场经济制度不完善，产权保护、治理水平、金融发展水平等制度环境仍未能完全建立，城乡结构、所有制结构、区域结构、产业结构是中国经济中最为重要的结构问题（或许还可以加上人口结构）。

但是，在进入中等收入国家后，需求结构和需求偏好变化使中国经济经历着工业化阶段结构性加速向城市化阶段结构性减速的转型。这个过程由一系列供给侧变量主导了未来潜在的经济增长率，包括：人口结构转型及相应劳动力供给的减少；城市化水平持续提高及相应投资增长速度的放缓；经济增长对福利的重视及相应分配格局调整导致的减速效应等。这说明原有的政策基础发生了变化。

第二节　中国宏观经济背景

一　人口变动

为准确理解中国宏观经济背景，我们从生产函数入手，对 GDP 增长率进行分解，其计算公式如下：

GDP 增长率 = 劳动生产率增长率 + 劳动参与率变化率 + 人口红利增

长率（劳动年龄人口占总人口比例增长率）+总人口增长率。

（一）总人口增长率和人口红利增长率

中国人口红利窗口开启于20世纪60年代中期，但是，受严格的计划生育政策影响，中国劳动年龄人口占总人口比重呈现持续的下降态势。1985—2007年工业化加速时期，中国总人口增长率年均为1.03%，2008—2012年为0.49%；相应地，人口红利增长率（劳动年龄人口占总人口比例增长率）由前期的0.54%，下降为后期的0.43%。未来将从增长转向下降。经济增长中的劳动投入增长率为劳动年龄人口增长率与劳动参与率变化率之和。1985—2007年工业化加速时期，劳动年龄人口年均增长率为1.58%，其中，1985—1989年为2.30%；1990—1999年为1.28%；2000—2007年为1.49%；2008—2012年，劳动年龄人口年均增长率持续降低，为0.93%。根据国家统计局人口抽样调查数据及劳动力人口年龄计算估计，2014—2018年，劳动年龄人口年均增长率为-0.01%，近似于0增长，这是城市化时期面临的人口转型的新态势。

受劳动年龄人口和劳动参与率非线性变化的影响，中国劳动供给呈现出倒"U"形特征，负增长拐点大约发生在2015年。1985—2007年，劳动投入增长率年均为1.50%，2008—2012年为0.37%，2014—2018年估计为-0.34%。

图2-2和图2-3是1993—2026年中国劳动年龄人口、劳动力供给及劳动参与率趋势的直观显示。其中，1993—2012年数据直接取自《中国统计年鉴》和《中国人口和就业统计年鉴》，2013年之后的数据序列为估计值。图中趋势显示，改革开放以来，中国由劳动力供给增长所带来的人口红利正在消失。目前，中国劳动力供给已经进入绝对减少的"拐点"区域。2015年之后，劳动年龄人口持续下降及相应劳动供给持续减少将成为常态。其间，尽管统计数据调整（如最近一次人口普查对数据的矫正）有可能带来劳动年龄人口短暂上升，但在中国人口转型系统性因素的作用下，劳动供给持续减少是未来相当长时期的主导性规律。劳动参与率的持续下降是另一个重要影响因素，连同劳动年龄人口持续下降共同导致了长期劳动力供给的减少。

（二）劳动参与率变化率

劳动参与率的界定是劳动力供给与劳动年龄人口的比率。1985—2007年工业化加速时期，劳动参与率年均增长率为-0.07%，其中，1985—1989

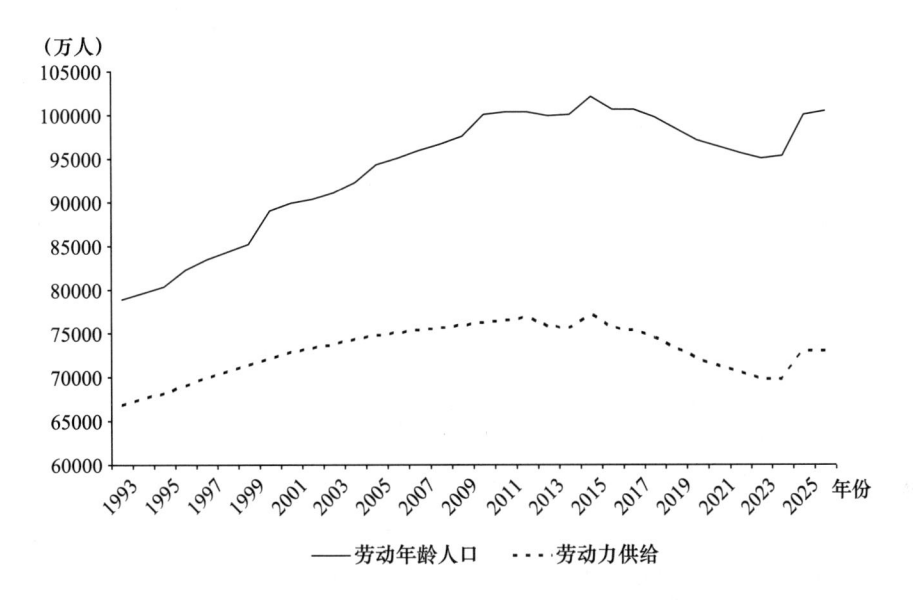

图 2-2　中国劳动年龄人口和劳动力供给趋势

资料来源：历年《中国统计年鉴》和《中国人口和就业统计年鉴》。

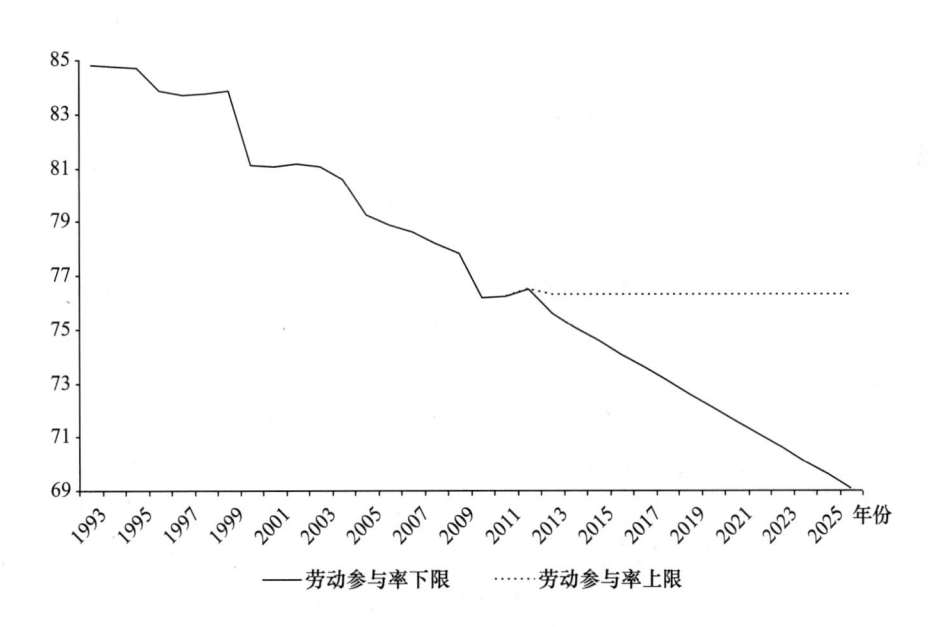

图 2-3　劳动参与率变化趋势

资料来源：历年《中国统计年鉴》和《中国人口和就业统计年鉴》。

年为 0.24%；1990—1999 年为 0.36%；2000—2007 年为 -0.80%；2008—2012 年为 -0.55%。根据劳动参与率变动趋势估计，2014—2018 年，劳动年龄人口年均增率为 -0.33%。2000 年之后发生的劳动参与率的持续下降，与低龄劳动人口受教育年限延长和人口老龄化趋势有关。其中，老龄化将逐渐成为未来城市化阶段的主要问题。

（三）劳动生产率增长率

1985—2007 年 10.1% 的 GDP 增长率中，劳动生产率贡献了约为 8.55%；2008—2012 年 9.3% 的 GDP 增长率中，劳动生产率贡献了约为 8.86%。中国改革开放 30 多年以来的高增长，劳动生产率贡献长期保持了 8.5% 以上的水平。

我们对劳动生产率（$y = Y/L$）增长率进行分解。即将劳动生产率（$y = Y/L$）增长率分解为各产业增加值比重增长率、各产业就业比重增长率和相应劳动生产率增长率。结果为：在 1985—2007 年与 2008—2012 年两个时期中，第二产业劳动生产率增长率出现了显著下降，由前期的年均增长率 9.2% 降低到后期的 7.0%；第三产业劳动生产率增长速度略有上升，由前期的年均增长率 6.0% 上升到后期的 6.7%。其间，第一产业劳动生产率增长速度提升较快，但是，考虑到该部门增加值份额较低，且就业份额持续下降，全社会劳动生产率变动主要是第二产业和第三产业的作用。

普遍的共识是，中国大规模工业化过程中的"干中学"效应，是劳动生产率快速提高的源泉，但是，随着产业结构服务化的形成，全社会劳动生产率正在降低。鉴于服务业劳动生产率水平及提高速度普遍慢于工业劳动生产率增长速度，如何缩小两个产业效率差异并保持两个产业增长质量提高，是中国未来面临的关键问题。

（四）人口变化对经济增长（2013—2018 年）的情景分析

2013—2018 年，我们保持劳动生产率水平基本不变，劳动参与率不会再过快下降，则人口增长率放慢和人口红利的负增长使经济增长率与 2008—2012 年相比，降低了 1.5 个百分点，人口变量变化（人口增速、人口红利和劳动参与率）对经济增长的直接影响达 20%。我们依据联合国对中国人口前景展望的中速预测进行情景分析，得出中国未来五年的经济增长在劳动生产率和劳动参与率不变的情况下，增速均值会下降到 7.86%。

二 产出的要素弹性参数变动

就长期而言,产出的要素弹性对于增长曲线的未来走势,往往起着决定性的影响。各国生产函数要素弹性参数表明,资本弹性(α)和劳动弹性($1-\alpha$)在不同的经济发展阶段其数值存在差异。发达国家和发展中国家的对比显示,随着经济向更高阶段演进,产出的资本弹性逐渐走低,相应的劳动弹性逐渐提高。世界银行数据库提供了产出要素弹性参数逆转检验所需的基本数据,我们通过对国别、指标、年份等数据进行筛选,确定数据最为完善的 82 个国家作为研究对象。所选择的 82 个国家涵盖六大洲、五个收入组别,代表性较强。

(一) 国家分组

为了对不同发展阶段上要素弹性参数变化情况进行比较,我们遵循世界银行的分类方法,将计算涉及 82 个国家分为高收入国家组、中上收入国家组、中下收入国家组和低收入国家组。试算结果显示,高收入国家组、中上收入国家组和中下收入国家组的资本弹性变化基本符合逆转规律;但是,低收入国家组的资本弹性有高有低,可能是因为较低发展阶段经济的资本动员能力较弱,相应地,资本对增长的贡献较小。基于这种问题,我们主要考察位于高收入国家组、中上收入国家组和中下收入国家组 65 个样本国家的资本弹性。最终归纳为两类,即 25 个高收入国家和 40 个中等收入国家(中上收入国家、中下收入国家)。

(二) 估算方法及数据说明

(1) 各国资本存量序列:Nehru 和 Dhareshwar (1993) 运用永续盘存法详细估算了 92 个国家 1960—1990 年的资本存量,沿用他们的做法,我们选取 1960—2010 年 82 个国家的资本存量数据,基期为 2000 年。

(2) 各国 GDP 序列:来源于世界银行数据库的 GDP (2000 年美元不变价)。

(3) 各国劳动投入序列:由于劳动力或者就业数据的完整性比较差,尤其是发展中国家 1990 年之前的数据比较缺乏,因此,我们使用 15—64 周岁的劳动年龄人口数代替就业人数,从而有效地提高数据的完整性。基于世界银行数据库,通过计算总人口数与 15—64 周岁人口比重的乘积得到劳动年龄人口数。

(4) 为了估算产出的资本弹性,通过试算,我们选择带有时期固定效应的面板模型。

(三) 估算结果

图 2-4 和图 2-5 显示了 1960—1990 年和 1990—2010 年两个历史时期 65 个国家的资本弹性估算结果及对比。具体说明如下:

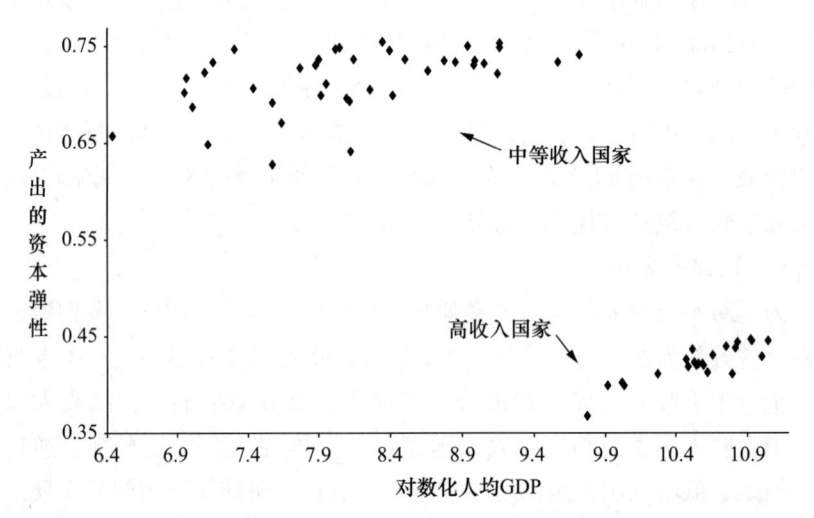

图 2-4　1960—1990 年 40 个中等收入国家和 25 个高收入国家资本弹性对比

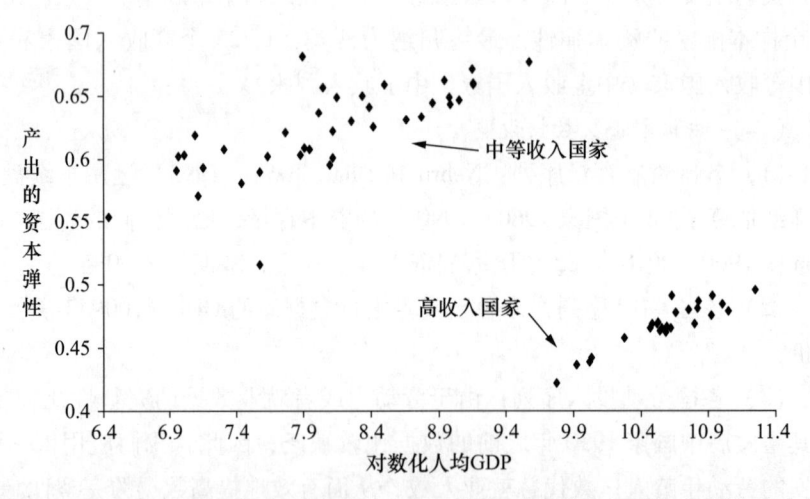

图 2-5　1990—2010 年 40 个中等收入国家和 25 个高收入国家资本弹性对比

(1) 1960—1990 年，25 个高收入国家资本弹性估计值分布在 0.37—0.45 的区间，均值为 0.42；40 个中等收入国家资本弹性估计值分布在

0.63—0.76 的区间，均值为 0.72（40 个中等收入国家为 1970—1990年）。

(2) 1990—2010 年，25 个高收入国家资本弹性估计值分布在 0.42—0.50 的区间，均值为 0.47；40 个中等收入国家资本弹性估计值分布在 0.52—0.68 的区间，均值为 0.62。

根据新古典生产函数，资本、劳动弹性参数与要素报酬分配结构之间存在对应的关系。要素弹性参数逆转意味着城市化成熟阶段收入分配向劳动力倾斜。未来十年，中国将实践人均收入翻番的宏大构想，可以想见这种目标对于分配结构及增长趋势的影响。过去 30 年里，中国增长方程资本弹性（α）、劳动弹性（$1-\alpha$）约为 0.6∶0.4，2014—2018 年，预计逐渐达到 0.5∶0.5 的水平。要素弹性参数逆转的冲击主要在于，这种现象将重估投资对于经济增长的作用，即拉低潜在增长率。

投资表现为资本形成。1985—2007 年，中国全社会固定资产投资的年均增长速度为 21.5%，全社会资本形成率为 38.3%，资本存量的增长速度为 11.1%，人均资本的增长速度为 9.4%，充分体现了资本驱动的工业化高增长方式。2008—2012 年，全社会固定资产投资的年均增长速度为 24.8%，全社会资本形成率为 47.1%，资本存量的增长速度为 13.5%，人均资本的增长速度为 13.7%。房地产业投资仍然充当了主角，房地产业固定资产投资占全社会固定资产投资比重平均为 24.0%，占服务业部门固定资产投资比重平均为 44.5%。一个基本认识是：经过近 20 年大规模开发，中国城市基建投资高潮快要过去了。2011 年，中国城市化率超过 50%，城市化逐渐步入成熟时期，工业、服务业资本积累速度将持续降低。1975—2011 年，中国城市化率呈现出典型的"S"形增长，以 1975 年作为起始年份，对城市化率的逻辑增长曲线在两个时间区间进行估计，预测趋势大致如图 2-6 所示，资本投入增长率趋势如图 2-7 所示。结果表明，未来 20 年里，中国城市化率的持续提高将导致资本存量增长速度由现阶段的高于 10% 降低到 8% 左右。

在分析投资时，我们更应注意到投资者的动力，即投资的预期收益。近两年，反映生产者价格水平的生产者价格指数（PPI）持续为负值，意味着实体经济处于通缩状态，投资的预期收益降低。从利率市场看，短期资金价格高，一年期央票利率高过 4%；生产者按官方的贷款利率，加上生产者价格指数计算的实际利率接近 10%，而其他渠道的资金利率更高，

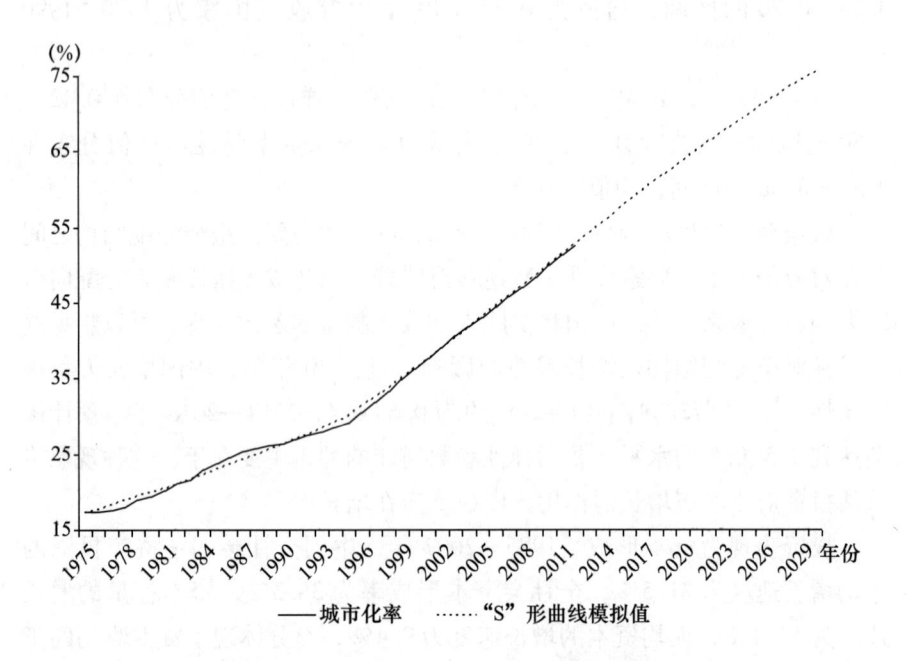

图 2-6 1975—2030 年中国城市化率趋势

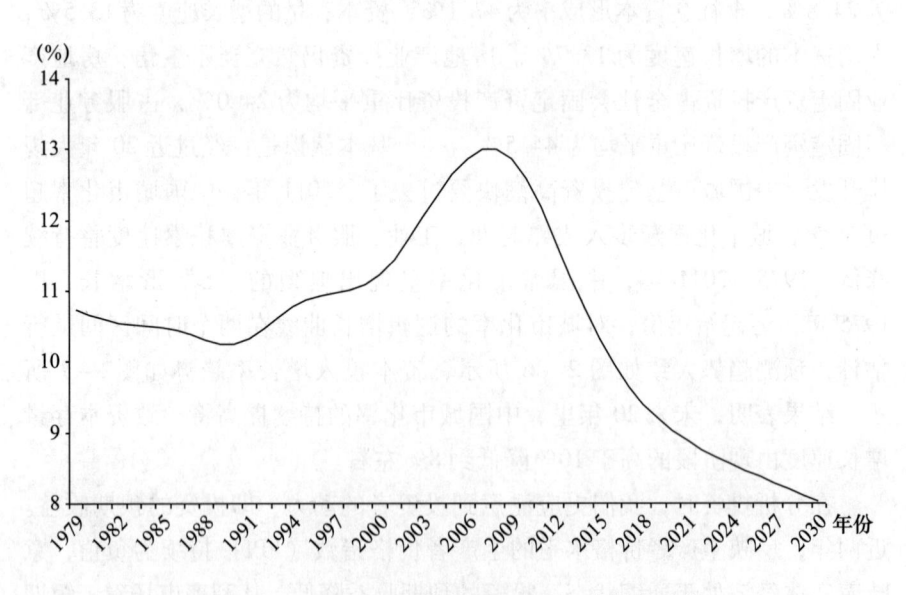

图 2-7 1979—2030 年中国资本投入增长率趋势

资金价格高企，企业负债上升，获利能力下降。在成本上升和产品销售价格下跌的双重挤压下，实体经济投资的预期收益下降。因数据获得的限制，我们以沪深300非金融类上市公司负债率和净资产收益变动为例说明上述结论（见图2-8和图2-9）。

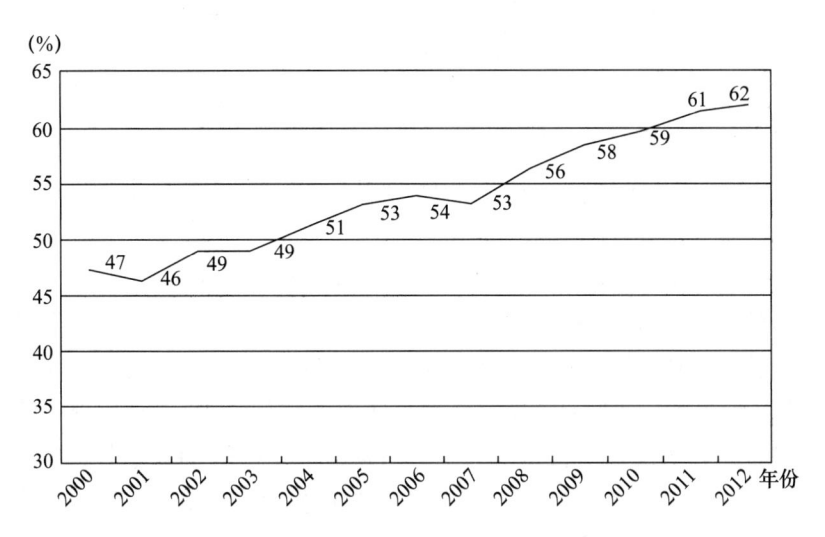

图2-8 沪深300非金融类上市公司负债率变动

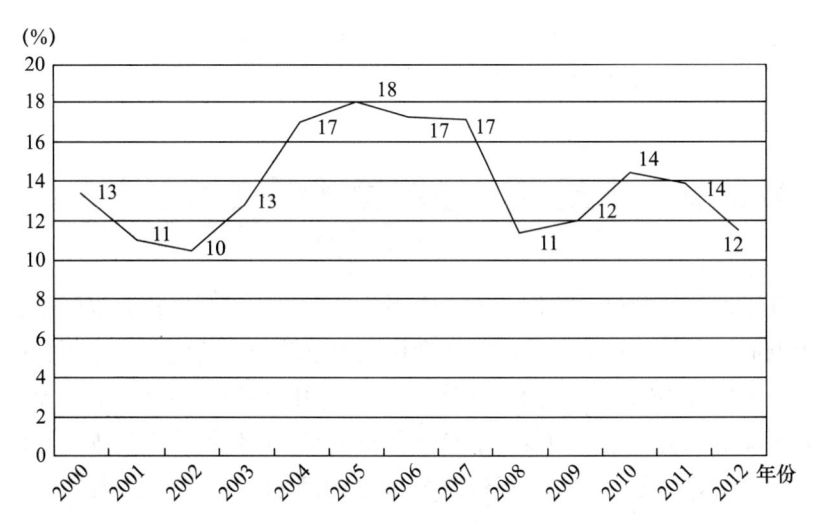

图2-9 沪深300非金融类上市公司净资产收益变动

上述分析得到的结果是：①人口转变会直接降低增长速度；②产业结构服务化，如果不能有效地提升第三产业的劳动生产率，也会直接降低劳动生产率；③城市化率超过57%后，投资率下降，投资效率降低，再加上资本存量增长减速也同样会降低经济增长速度；④随着经济增长和劳动力供给放缓，要素分配会更趋向于劳动要素，会引致劳动要素分配份额上升，也意味着按照C—D生产函数核算的潜在增长率增速下降。应对办法是提高三个生产率：劳动生产率（特别是服务业劳动生产）、资本效率和全要素生产率。通过对GDP分解、劳动生产率分布和生产函数的计算，得到2013—2018年中国经济增长区间为6.5%—7.8%，这里隐含了人口、劳动生产率、分配效应等多项假设。

基于党的十八大之后国家收入分配政策的调整及居民人均收入翻番战略的部署，我们对2014—2018年中国增长核算方程的资本弹性、劳动弹性参数设置为0.5和0.5；基于中国城市化进程及城市化率与投资增长的倒"U"形关系，我们对资本存量增长速度的估计值为9.5%；基于人口转型趋势的劳动投入增长速度为-0.34%；基于中国TFP趋势，我们把未来五年全要素生产率对GDP增长的贡献份额设定为30%。① 上述潜在经济增长前景分析，或许还有一些可能的增长因素未考虑到或估计不充分，如技术进步、改革效应、人力资本水平提高等。如果考虑到人力资本水平提高、技术进步和改革深化的增长潜力挖掘，则潜在增长率提高0.5—1个百分点是完全可能的。

第三节 中国宏观经济管理面临的主要问题

基于前面的分析，我们认为，中国未来面临的宏观经济管理问题来自两个方面：一是由相对落后国家向现代化国家转变中的问题。中国目前是一个中等发展国家，但因为地域差异大，使中国显现出经济落后国家面临的诸多经济社会问题，如收入水平低且差距大、社保网络不完善、经济增长质量不高等问题。二是市场经济发展中的问题。30多年的渐进式改革

---

① 如果考虑到节能减排的冲击效应，根据我们的估计方法推算，2014—2018年，中国潜在增长率大致在5%—6%的水平。

解决了建立社会主义市场经济体制的部分问题,但一些深层次问题,如国有企业问题、国有银行及财政风险、利益集团问题、政府管制过度等仍然存在。而且这两类问题交织在一起,问题的性质也不单是经济问题,而是经济和社会问题的混合,从而增加了问题的复杂性与解决难度。

一 城镇化及农业现代化问题

在中国目前的经济发展阶段,推动经济高增长的动力,将逐步由工业化向城镇化转移。因为中国的工业化已进入中高级阶段,再继续扩大规模的空间不大;而城镇化正处于加速期,还有一段时间的集聚效应。从表面看,目前中国还在依赖工业及投资来推动增长:一是工业,尤其是重工业在中国经济中的作用相对较大;二是投资保持高水平,资本产出逐年提高;三是资本积累仍是经济增长的主要推动力,资本积累对GDP增长的贡献度在60%左右。但实际上,资本积累体现为城镇公共设施增加,重工业产品主要应用领域是城镇化。可以认为,是城镇化在推动着中国工业的发展。目前,城镇化的主要问题是:城镇建设速度高于人口集聚速度,服务业发展滞后,服务业与现代工业的关联度不高,许多城市正在去工业化,城镇化推动经济增长的能力没有得到发挥。

随着中国城镇化的推进及城市第三产业发展,第三产业的低效率问题应受重视。考察发达国家和发展中国家的产业结构调整历史,可以总结出两个经验事实:一是发达国家工业部门保持高就业份额。他们在工业化过程中大都经历过一个持续近百年的劳动力集聚时期,这个时期,工业部门的劳动力份额维持在30%—40%甚至50%的高位,而第一产业部门劳动力份额则显著下降。同时,工业部门扩张带动了服务业发展和就业扩大。与此相对应,发展中国家的就业没有出现劳动力持续大规模向工业部门集聚的现象。这表明,发展中国家的工业化程度较低,竞争力不高。二是发达国家第三产业劳动生产率普遍高于或相当于第二产业。这实际上是经济逐步服务化的效率基础,表明发达国家第二、第三产业结构的演进遵循了比较效率原则,即服务业规模的扩大是建立在自身高生产率基础上的。这种效率提高引导结构演进,恰恰是发展中国家普遍缺乏的,发展中国家第三产业劳动生产率长期低于第二产业。发展中国家产业结构演进存在的问题在于,只是复制了发达国家产业结构服务化的外壳,但缺少效率支持,从而可能导致资源错配,向经济严重服务化和低效率路径演进,并可能落入"中等收入陷阱"。

与城镇化相对应，农村劳动力处于快速向城镇转移的过程中，农村经济面临着转型、产业化及现代化问题。众所周知，中国的农业以小农经济的经营形式为主，生产、加工、销售等许多环节都非常落后。从农产品的生产、销售链条看，都是低效率的，而且生产和销售各方的风险都非常大，价格容易受到冲击。存在上述问题的根本原因在于农村劳动力在不断减少。

但是，农业劳动者的劳动生产率没有相应提高，而且农业生产的组织化、现代化程度低，农业发展长期与现代化的工业和城市脱节，分散的农户经营无法与市场对接。

二　经济体制改革深化问题

目前，中国的经济发展及所面临的改革环境，与20世纪80年代中期东欧许多改革先行国家非常相似，在同样经过了30多年的改革与发展后，许多急需改革及难度不大的问题都已经解决了，但一些重大而深入的问题却留下来了。因为改革越深入，涉及的问题越复杂，既得利益者也越多，改革的成本也越来越高。东欧国家没有迈过这个坎儿，把问题都归结到政治体制上，结果政治体制即使改了，深层次的经济问题仍然没有解决，东欧目前的经济和社会状况已经说明了一切。经济运行有其自身的规律，经济体制改革其实就是使一个国家的经济体制符合经济运行规律，不能把问题扩大化，当然更不能回避问题。

中国深层次的改革，主要在以下三个方面：一是深化财税制度改革，为经济和社会发展创造条件。中国税收的核心是企业生产流转，名义税率很高。这种税收体制对实体部门是一种负激励，税负压力大。分税制使地方财政压力增大，从而出现了土地财政等问题。二是深化企业制度改革，为市场竞争创造公平的环境。国有企业改革是重点。从企业改革的历程看，是从边际上放开非国有企业的发展开始的，国有企业并没有从根本上进行大的改革，而只是在管理上有所变化。三是深化价格体制改革。经济学家认为，价格是市场运行的指针，合理的价格体系能有效地引导市场参与者的行为，使整个经济和谐运转；不合理的价格体系，会打乱人们的经济行为，使市场陷入混乱。中国的经济体制改革，就是从价格改革开始的。有学者估计，目前中国的市场化已经达到了较高水平，但仍有部分重要价格却没有市场化，对经济运行造成了较大扭曲。其中，资源、基础设施、准公共品（如教育、医疗）、利率等重要价格还有待改革。

三 技术进步与创新问题

从长远来看，维持中国的高速经济增长，已不能再走继续提高资本积累之路，技术创新问题已提上议事日程。中国改革开放以来的技术进步是有目共睹的，我们以学习、吸收、消化国外已有技术为基础，创造和升级了技术平台，实现了工业化。可以看到，中国快速增长过程伴随着快速资本积累与技术进步，而且它们相互促进，隐藏在其背后的决定性因素是技术进步的学习效应，避免了原始创新中代价高昂的试错过程。学习是发达国家的技术扩散机制，这种机制往往通过投资来实现，可解释为"干中学"。历史表明，"干中学"式技术进步符合经济发展规律，美国、德国、日本等都通过"干中学"式技术进步实现了经济赶超。

但"干中学"式技术进步的局限性明显，技术差距下降会导致"干中学"式技术进步收益迅速下降；而且，"干中学"在中国的扩散机制也有潜在问题，导致了近年来技术进步贡献相对较低，资本要素积累增长过快，拼成本等恶性竞争愈演愈烈。"干中学"式技术进步表现为模仿—套利机制，即一家企业通过引进设备生产一种产品成熟后，由于市场被先模仿者开发出来，大量的后发企业跟进引进、模仿进行套利，表现为低成本竞争，这也是重复建设、地区间产业结构雷同、产能过剩等问题的成因。表面上看，每个企业的行为都合理，但国家产业结构不合理，创新动力不足。怎样使企业从"干中学"式技术进步转向创新是摆在我们眼前的大问题。

四 有效社会保障网络的建设问题

在未来若干年内，中国高速经济增长仍然是向现代化国家迈进的主要手段，这意味着我们的国民财富创造力不能衰减。为了保证经济的长期快速增长，社会和经济资源一定要有相应的积累，如果国民总收入中用于社会保障、社会福利、社会服务的支出过快增加，用于积累和扩大再生产的资金就要相应削减，维持高速经济增长就难。从世界各国社会保障体系的实际运行情况看，社会保障支出是政府需要花大钱的社会事务，一些发达国家社会福利的建设，是在经济发展达到很高水平以后才敢做的事情。有些福利国家因为大量资源用于社会保障支出而导致用于经济增长的积累不够，使经济长期陷入低水平的增长状态；有些政府因为要维持高水平的社会保障而负债过度，国家风险加剧；部分拉美国家追求社会保障的赶超，许诺过高,不仅损害经济增长,还掉入"中等收入陷阱",而且导致社会不稳。中国在目前的经济发展阶段,应该避免这些情况的发生。从长期来看,社会福利具有很大的刚性,如果转向税收融资,必然会带来财政收入在国民经济比重的更快上升。所以,构建一个适合中国国情的社会保障网络已势在必行。

五 发展环境的稳定问题

发展环境主要有两大问题:一是宏观稳定,特别是财政、金融风险控制和通货膨胀问题;二是价格稳定问题。国内外争论最多的就是中国的银行坏账和政府债务问题,也被许多人认为这将是导致中国经济崩溃的根源。有人估计,现在国有银行全部坏账已经占 GDP 的 26%—27%,再加上前两年债转股转到资产管理公司的部分,加起来约占 GDP 的 40%;国债占 GDP 的 16%,外债占 GDP 的 15%,但地方负债近年增加很快,而且底数不清;我们现在的社会保障还处于欠账状态,未来这一块支出很大。以上几大块负债加起来,有人估计,占 GDP 的 80% 左右。

在经济高速增长的过程中,宏观不稳的表现是通货膨胀。历史表明,价格水平波动过大,严重而持续的通货膨胀是经济萎缩、社会退步和动乱的根源之一。只有保证了价格的相对稳定,中国才可能顺利地从中等收入向高收入国家迈进。目前的价格问题主要是城市房价的过快上涨,它会导致两个可能的后果:一是出现经济泡沫,损害中国的经济增长;二是老百姓出现不满情绪,给社会造成不稳定。而且,如果住房价格暴跌的话,普通人可能会失去储蓄,地方政府将无法偿还用于住房和商业项目投资的贷款。由此使中国的城市房地产市场处于一个尴尬的位置,各方面都要求房地产市场扩大,但价格不能上涨,又不能下跌,消费者、企业和政府各有各的要求,预期无法统一。中国的房地产市场离发育良好的市场标准还有距离,从住房开发的程序看,政府在其中起着很大作用,从批准立项到开盘销售,涉及上百个部门,这些配套内容由各种垄断部门所控制,房地产商在与这些垄断企业进行交易时处于弱势,不可能按一个市场认可的公平价格获得服务。因为房地产开发过程中"婆婆多",交易成本上涨多,这些成本最终需由消费者承担。如果市场规范了,价格水平会得到一定的抑制。

第四节 关于增长阶段划分的考虑

为探讨中国经济中长期增长趋势，本章拟将1985—2030年的45年跨度划为四阶段进行分析，其中前两阶段依据实际值计算，目的在于形成预测阶段的分析结构，后两阶段则依此分析框架，结合定性定量分析，估计出GDP平均增长率及其相关结构因素数值。具体而言，前两阶段为1985—2007年和2008—2012年；后两阶段为2013—2018年和2019—2030年，如此划分主要基于以下考虑：

（1）以实际值计算的1985—2012年的时间段，以2008年为分界点，主要因为2008年后国际国内经济形势都发生巨变：国际金融危机爆发；中国增长主要支柱之一的外贸出口遭受严重冲击；在经济政策刺激下，各地固定资产投资风起云涌，房地产价格飞涨，资产泡沫膨胀，经济近乎非理性运行。然而，尽管投资大干快上，但增长却进入了一个持续下降期，同时引致经济效率出现拐点，加速了经济下滑。

由图2-10可以看出，中国实际GDP增长率在2008年后，明显进入了持续下滑期。与此同时，净投资率却突破了30%，出现连续攀升态势（见图2-11）。

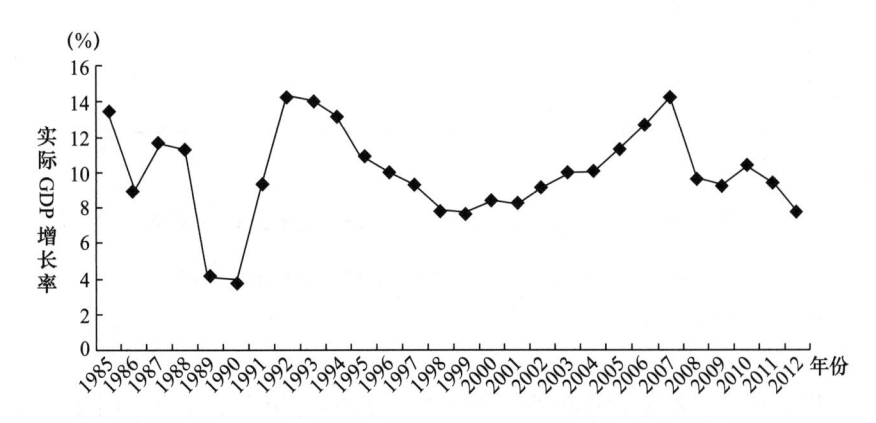

图2-10 1985—2012年中国实际GDP增长率（以1978年为基期）

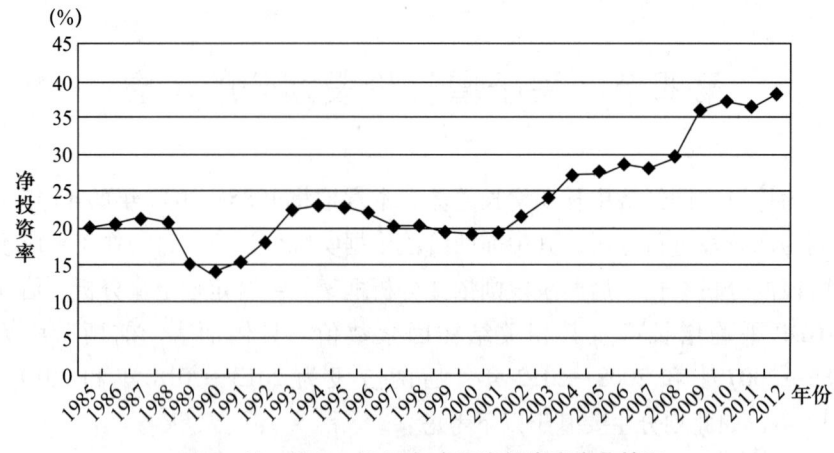

图 2 – 11　1985—2012 年中国净投资率变化情况

GDP 增长率下降与净投资率上升的背后，则是中国增长效率的持续下滑，2008 年正是拐点所在。从劳动生产率增长率和增量资本产出率（ICOR）变化趋势可见一斑，如图 2 – 12 和图 2 – 13 所示。

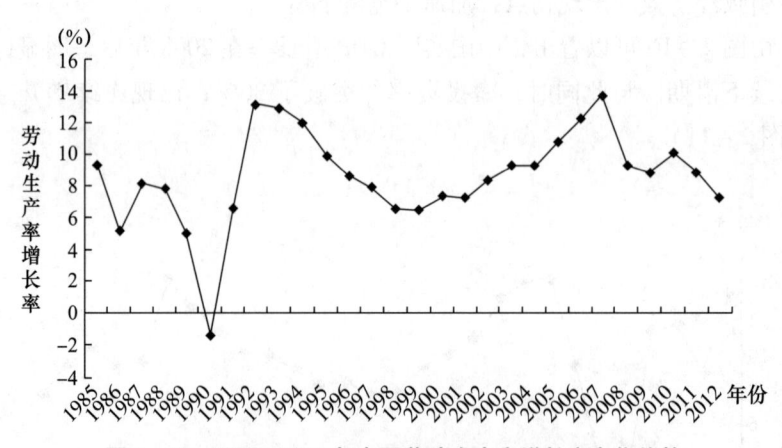

图 2 – 12　1985—2012 年中国劳动生产率增长率变化趋势

注：ICOR 值越大，表示资本效率越低。

进一步地，若从资本效率（Y/K）增长率的变化情况看，同样可以凸显 2008 年后的这一下滑态势，如图 2 – 14 所示。

由此可见，2008 年后中国经济运行的确进入了完全不同的轨道，多数重要经济指标均出现劣质化，故以此为阶段划分的分界点，顺理成章。

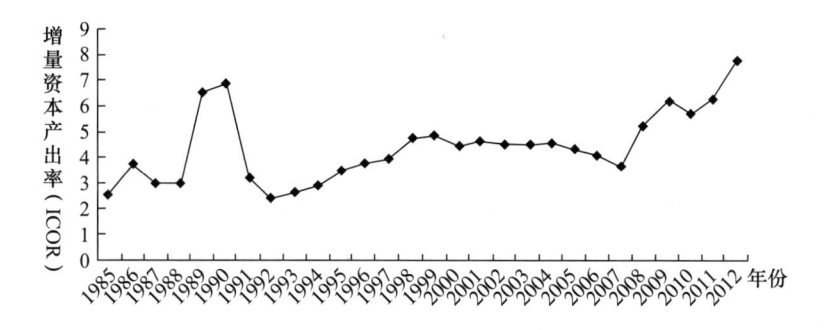

图 2-13　1985—2012 年中国增量资本产出率（ICOR）变化趋势

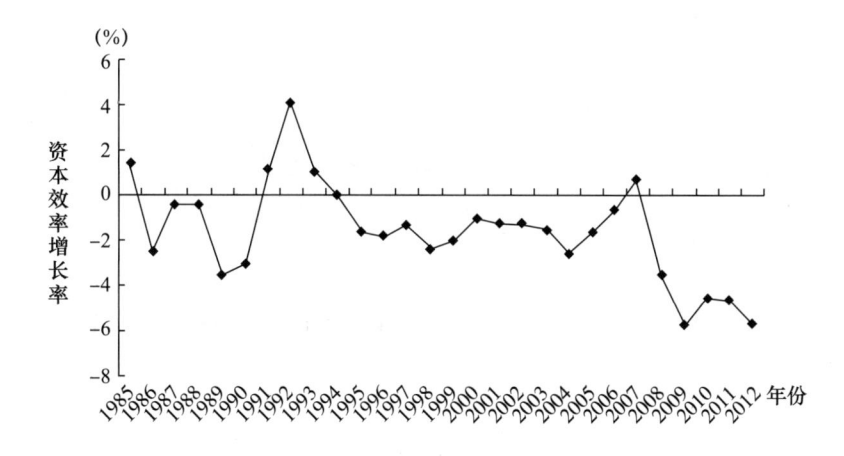

图 2-14　1985—2012 年中国资本效率（Y/K）增长率变化情况

（2）虽然以上趋势图显示，1985—2007 年经济运行也并非一帆风顺，如 1992 年前后就有类似的突变情况，但考虑到本章意在展望未来，而非分析历史，且距今超过 20 年，故并未将该时期单独划为一个阶段，将其纳入分析期。一是基于样本延长考量；二是此时期虽有明显波动，但其不仅处于中国不断深化市场化改革的进程中，如 1992 年开始推动社会主义市场经济体制建设、2001 年加入世界贸易组织，而且也是经济持续快速增长、工业化加速及产业结构良性变化时期。此外，虽然 2003 年前后经济运行也有波动，但与 2008 年后相比，显然不具典型性。基于以上考虑，故将 1985—2007 年划为一个统一阶段。

（3）至于将 2013—2018 年划为一个阶段，从政治层面看，2012 年后新一届中共中央领导层产生,五年是一个新的执政周期,由此出台的各项新政策也将完成一个周期。从经济层面看,前一阶段明显的不可持续的经济运行态势,必然会在这一周期进行调整。当然,就会出现不同的运行特征,况且五年周期也符合中期预测标准。此外,这五年也将是一个关键期,若此间不能扭转上一阶段经济运行的颓势以及改革无法实现质的飞跃,中国经济运行可能会进入"滞胀"区,滑向"中等收入陷阱",故将其划为一个单独阶段。2019—2030 年则考虑这是一个较长期预测阶段,也是五年调整周期后的一个 10 年发展期,且可能是中国各项经济指标的逆转期。如劳动弹性超过 0.5、资本因素与全要素生产率对经济贡献率此降彼升的转换期、新人口政策产生效力与中国迈入发达国家行列的准备期等。

第五节　基于人口、就业因素实际产出的恒等式分解

通过运用增长恒等式的分解方法,我们可以得到表 2-1(分解方法参见章末参考文献 1)。

表 2-1　　　　　　　　　　因素分解　　　　　　　　　　单位:%

全社会实际产出增长四因素分解	历史 (1985—2007 年)	现状 (2008—2012 年)
(1) 实际增长 = (2) + (3) + (4) + (5)	10.12	9.17
(2) 劳动生产率 (y = Y/L) 增长率	8.62	8.80
(3) 劳动参与率变化率 (θ_L)	-0.07	-0.55
(4) 劳动年龄人口占总人口比例增长率	0.54	0.43
(5) 总人口增长率	1.03	0.49

表 2-1 中,根据计算值(2) + (3) + (4) + (5),可计算出两阶段 GDP 平均增长率分别为 10.12% 和 9.17%,而依据《中国统计年鉴》算出的两阶段实际 GDP 平均增长率(1978 年为基期)分别为 10.14% 和 9.27%(见附表 1)。显然,比较计算值与实际值两者差异不大,表明恒

等式分解的拟合效果是准确的，由此则为后两阶段预测的可靠性建立了可信基础。因为这意味着只要得出（2）、（3）、（4）、（5）项的预测值并相加，即可算出后两阶段的 GDP 平均增长率。

一 预测结果与分析

根据计算与推测，可得出后两阶段的预测结果，如表 2-2 所示。

表 2-2　　　　　全社会实际产出增长四因素分解及预测　　　　　单位:%

因素分解	历史 （1985— 2007 年）	现状 （2008— 2012 年）	预测 （2013— 2018 年）	预测 （2019— 2030 年）
（1）实际增长(年鉴数据) = (2) + (3) + (4) + (5)	10.12	9.17	7.87	6.9
（2）劳动生产率($y = Y/L$)增长率	8.62	8.80	8.66	8.0
（3）劳动参与率变化率(θ_L)	-0.07	-0.55	-0.65	-0.70
（4）劳动年龄人口占总人口比例增长率	0.54	0.43	-0.40	-0.5
（5）总人口增长率	1.03	0.49	0.26	0.1

由表 2-2 可见，人口结构转型是增长减速的重大原因，第二阶段尽管劳动生产率增加，但由于人口因素负向效应，导致实际增长下降。第三阶段劳动生产率虽也随之下降，但人口因素对实际产出下降的负向比重占到了 89%。不过，随着人口下降态势的稳定，其负面效应也将减弱，在第四阶段比重将下降到 32%。这意味着人口结构转型在近十年内会对增长减速造成极大的冲击，这是无法扭转的客观态势，对此应坦然接受与认可。不过，劳动生产率却可通过主观努力改善，其在后续阶段也将替代人口因素成为影响增长的主要力量，故要使增长率不至于下降过快，就必须在提高劳动生产率方面多做文章。此外，从四个预测值的相对可靠性而言，（3）、（4）、（5）项较强。因为人口结构转型趋势具有稳定性，在无重大事变情况下，只要根据出生率、死亡率的外推及各增长率数据的简单平滑即可得出后两阶段人口变动趋势，而即便考虑到现在计划生育政策调整，这些新生儿也要到 2030 年后才能成为劳动人口。难点在于劳动生产率一项，尤其是体现各产业就业状况的各产业就业份额加权劳动生产率增

长率的预测，这部分占实际 GDP 平均增长率比重也绝对大，值得特别分析。

二 劳动生产率变动的结构因素分析与预测

看看劳动生产率变动的结构因素预测结果，如表 2-3 所示。

表 2-3　　全社会实际增长四因素分解及预测　　单位:%

因素分解	历史 (1985— 2007 年)	现状 (2008— 2012 年)	预测 (2013— 2018 年)	预测 (2019— 2030 年)
(6)劳动生产率变动的结构因素				
(7)劳动生产率(y = Y/L)增长率 = (8)×(9)+(10)×(11)+(12)×(13)	8.62	8.8	8.66	8.0
(8)就业份额加权的第一产业劳动生产率增长率	2.50	4.49	4.1	4.0
(9)增加值份额	0.18	0.09	0.07	0.05
(10)就业份额加权的第二产业劳动生产率增长率	10.56	9.52	9.05	8.5
(11)增加值份额	0.49	0.49	0.45	0.4
(12)就业份额加权的第三产业劳动生产率增长率	9.10	8.91	8.95	8.0
(13)增加值份额	0.33	0.42	0.48	0.55
参考指标：(14)第一产业劳动生产率增长率(年鉴数据)	4.42	8.30	6.36	
参考指标：(15)第二产业劳动生产率增长率(年鉴数据)	9.21	7.03	7.5	
参考指标：(16)第三产业劳动生产率增长率(年鉴数据)	5.99	6.72	6.0	

(一) 前两阶段劳动生产率变动的结构因素分析

全社会劳动生产率(y = Y/L)增长率由(8)×(9)+(10)×(11)+

(12)×(13)计算而得,第二阶段全社会劳动生产率高于第一阶段,这是第三产业劳动生产率增长率的贡献结果。由表2-4可得出如下推论:

一是从就业加权的三次劳动生产率增长率与三次产业劳动生产率增长率(年鉴数据)比较看,第一阶段只有第一产业就业加权劳动生产率增长率下降,表明农业就业占全社会就业份额增长率处于下降态势,而第二、第三产业上升,这符合工业化进程就业结构特点。但第二产业就业份额增长率增加了1.35个百分点,与第三产业的3.11个百分点相比,仅占其43.4%,表明此阶段虽说是中国工业化的主要进程,但第三产业就业吸纳贡献却更大,显现了中国工业化进程的一个弊端。

二是第二阶段延续了前阶段趋势,只有第一产业就业加权劳动生产率增长率下降,但各产业就业增长幅度发生了变化。其中,农业就业加权劳动生产率减少了3.81个百分点,第二、第三产业分别增加了2.49个百分点与2.19个百分点,从数据看,比较符合工业化进程各次产业的就业分布状况,第二产业就业也一改先前落后第三产业的态势。不过,此阶段第二产业就业的增加却主要是房地产带动的,各地猛增的房地产建设吸纳了大量农民工就业,不仅使第一产业就业大幅下降,也使第三产业就业增幅下降。与前阶段相比,第一产业就业加权劳动生产率下降了1.99个百分点,第二产业增加了1.14个百分点,第三产业下降了0.19个百分点。从就业角度看,2008年后各地大规模房地产建设,逆转了先前第三产业就业幅度贡献更大的情形,将第二产业推向了最前列,由此可以看出,中国制造业与房地产业对就业吸纳力的不同,这也不难想象房地产业繁荣对世人的吸引力。不过,若从三次产业劳动生产率增长率(年鉴数据)看,这种吸引力存在隐患,即三次产业中仅第二产业劳动生产率增长率绝对下降,由9.21%下滑到7.03%,而第一、第三产业则分别增长了3.88个百分点和0.73个百分点,表明房地产业造就的繁荣是以牺牲效率为代价,也决定了房地产带动模式对增长的短期刺激性及长期的不可持续特征。

三是两阶段就业加权劳动生产率增长率相比,只有第一产业是增长的,从2.5%增长到4.49%,增幅为1.99个百分点低于不考虑就业因素3.88个百分点;第二产业由于就业贡献,减幅由2.18个百分点下降到1.04个百分点,而第三产业由于第二阶段就业状况逆转,反而由增幅0.73个百分点下滑到减幅0.19个百分点。虽是如此,若结合各产业增加值份额的全社会劳动生产率,第二阶段要高于第一阶段,却又要归功于第三产业的贡献。比较来看，两阶段的第一产业劳动生产率分别为0.45%（2.5%×0.18）和0.40（4.49%×0.09），第二产业劳动生产率分别为5.17%（10.56%×0.49）和4.67（9.52%×0.49），第三产业劳动生产率分别为3.0%（9.10%×0.33）和3.74%（8.91%×0.42）。显然，此全社会三次劳动生产率增长率的上升，正是第二阶段第三产业的增幅大于第一、第二产业降幅之和使然。

以上主要围绕三种劳动生产率来分析，即三次产业劳动生产率增长率（年鉴数据）、考虑就业因素的就业加权三次劳动生产率增长率、考虑各产业增加值份额与就业因素的全社会劳动生产率。虽然全社会劳动生产率是最后计算GDP平均增长率的直接因素，但却由前两者构成，故对三种劳动生产率结构变动的分析，可成为后续阶段预测的依据。

（二）对后两阶段劳动生产率变动的结构因素预测

对后两阶段实际产出的预测，除参考以上分析外，还依据相关数据变动趋势进行平滑，推测后续阶段四因素分解值，来预测实际产出。

首先，从各产业GDP份额看，第一产业下降是必然的。第二阶段已下降到0.09，第三、第四阶段会继续下降，但随着农产品价格逐步升高，其比重不会下降太多。依据平均增幅推测，第三、第四阶段的比重分别为0.07%与0.05%。第二产业难以延续增长势头，故取递减平滑态势。考虑到房地产业大幅下降，减幅将会高于第二阶段，第三阶段比重为0.45%，相比下降了0.04个百分点，第四阶段第二产业比重仍将继续下降，但幅度不会如第三阶段这么大。考虑此阶段时间跨度为12年，故取0.05个百分点降幅，为0.40。由第一、第二产业比重，自然推出后两阶段第三产业比重分别为0.48%和0.55%。这种产值比重变化态势，意味着第三产业将逐渐成为拉动增长的主角。

其次，从就业份额增长率变动看，第二阶段农业就业下降过快，显然不是农业生产效率突变结果，而与房地产业吸纳大量农民工，推动资产价格虚高，降低农业吸引力高度相关，使农业就业迅速下降。而随着房地产建设降温与农产品价格升高，农业吸纳劳动力会有部分回流，虽然下降态势不变，但幅度会减缓，考虑到第二阶段惯性作用，第三阶段取前两阶段的总均值，即-2.26个百分点。同理，第二、第三产业就业份额增长率分别为1.55个百分点和2.95个百分点。

再次，对于劳动生产率增长率，前两阶段年鉴数据显示，第一产业增幅很大，这与第一产业在第二阶段就业大幅下降一致，在农业生产效率没有根本转变及就业回流情况下，第三阶段已不太会维持这么高的劳动生产率增长率，故取两阶段增长率均值为6.36%；基于就业与房地产过度投资的原因，第二产业劳动生产率增长率下降幅度较大，当此情形不在时，其劳动生产率增长率应有所回调，鉴于2012年第二产业劳动生产率增长率已降到4.8%，在此基础上回调，预计第三阶段将略高于第二阶段7.5个百分点；而第三产业将成为吸纳就业的主力军，第三阶段是城市化推进和经济结构服务化发展阶段，在服务业主导下，整个全社会劳动生产率增长率不太可能超过30年工业化主导时期。因为相对于工业而言，服务业有相对低的劳动生产率增长率。尤其对发展中国家，服务业领域，特别是高素质人力资本领域还受限制的情况下，低素质劳动力大量涌入服务业部门，甚至出现大量非正规就业，这种状况下第三产业就业、产出份额的扩大，将会进一步削弱其效率，这在课题组前期研究（2012）中有详细阐述。由此，推测第三阶段，随着第三产业就业、产出份额的扩大，其劳动生产率增长速度会下降到6.0%。

最后，根据以上分析，可得出第三阶段三次产业就业加权劳动生产率增长率分别为4.1%、9.05%和8.95%，而全社会劳动生产率为8.66%。至于第四阶段，第一产业劳动生产率将会上升，但就业份额增长率会下降，两者相抵，故其就业加权劳动生产率增长率不会变化太多，推测仍将维持在4.0%；第二产业发展趋势与第一产业大致相同，不过，基于可应用于实际工业生产的自主技术创新并非易事，而"干中学"模式下大量投资所提高的劳动效率会大大式微，故推测其就业加权劳动生产率增长率会稍微下降，大致为8.5%；而随着第三产业就业、产出份额的进一步扩大，第三产业劳动效率将会继续下降，但若考虑到中国服务业相关领域开放，高素质人力资本进入，又会延缓部分下降趋势，故推测其就业加权劳动生产率增长率仍在8.0%以上。

三 小结

由上分析与预测可得出全社会实际产出增长四因素分解的总结论，具体见表2-4。

从表2-4中看，至少可反映以下情况：

一是中国经济增长迈入了"结构性减速"通道，产出平均增长率由前两个阶段的10.12%、9.17%下降到后两阶段的7.87%和6.9%。减速原因除人口结构转型外,还有全社会劳动生产率的下降。因为第三阶段后,随着三次产业就业、产出份额扩大,整个全社会劳动生产率会逐步下降,由第二阶段的8.8%,下降到8.66%,继而到8.0%,这与第一、第二阶段的上升势头不同。

表2-4　　　　全社会实际产出增长四因素增长历史及预测　　　　单位:%

因素分解	历史（1985—2007年）	现状（2008—2012年）	预测（2013—2018年）	预测（2019—2030年）
(1)实际增长(年鉴数据)=(2)+(3)+(4)+(5)	10.12	9.17	7.87	6.9
(2)劳动生产率(y=Y/L)增长率	8.62	8.80	8.66	8.0
(3)劳动参与率变化率(θ_L)	-0.07	-0.55	-0.65	-0.70
(4)劳动年龄人口占总人口比例增长率	0.54	0.43	-0.40	-0.5
(5)总人口增长率	1.03	0.49	0.26	0.1
(6)劳动生产率变动的结构因素				
(7)劳动生产率(y=Y/L)增长率=(8)×(9)+(10)×(11)+(12)×(13)	8.62	8.8	8.66	8.0
(8)就业份额加权的第一产业劳动生产率增长率	2.50	4.49	4.1	4.0
(9)增加值份额	0.18	0.09	0.07	0.05
(10)就业份额加权的第二产业劳动生产率增长率	10.56	9.52	9.05	8.5
(11)增加值份额	0.49	0.49	0.45	0.4
(12)就业份额加权的第三产业劳动生产率增长率	9.10	8.91	8.95	8.0
(13)增加值份额	0.33	0.42	0.48	0.55
参考指标:(14)第一产业劳动生产率增长率(年鉴数据)	4.42	8.30	6.36	
参考指标:(15)第二产业劳动生产率增长率(年鉴数据)	9.21	7.03	7.5	
参考指标:(16)第三产业劳动生产率增长率(年鉴数据)	5.99	6.72	6.0	

二是全社会劳动生产率却又是第三产业贡献的结果，并且也只有其劳动生产率增长率处于增长态势。比较看，第二、第三阶段的全社会第一产业劳动生产率分别为 0.40%（4.49%×0.09）和 0.287%（4.1%×0.07），第二产业分别为 4.67%（9.52%×0.49）和 4.07%（9.05%×0.45），第三产业分别为 3.74%（8.91%×0.42）和 4.30%（8.95%×0.48），可以看出，第三阶段，第三产业全社会劳动生产率增长率不仅比重最大，且是唯一增长的。不过，由于增幅不能弥补第一、第二产业降幅之和，又导致整个全社会劳动生产率的下降。第四阶段则与第三阶段有相同的特征趋势。

三是对劳动生产率的分析，是从区分三种生产率展开的。这三种劳动生产率增长率的变动趋势，正常情况下，第一、第二产业的劳动生产率（年鉴数据）应逐步提高，中国情况不同是由于整个工业化进程中，在政府主导模式下，工业投资太过集中，而第一、第三产业不足，尤其第二阶段热衷房地产投资后，这种扭曲就更甚。而三次产业劳动生产率（年鉴数据）先是提高，进入城市化推进和经济结构服务化发展阶段后，则开始下降。就业加权各产业劳动生产率，第一产业基本上是下降趋势，尽管其劳动生产率（年鉴数据）逐步提高，但就业份额增长率却下降更快，两者相抵；第二产业应是先升后降，中国情况不同是因为在工业化进程中，第二产业吸纳就业不足，下降原因与第一产业类似，也是就业份额增长率下降更快；第三产业也应是先升后降，但下降原因与前者相反，却是相对于就业份额增长率，劳动生产率（年鉴数据）下降更快。至于综合产值、就业的各产业全社会劳动生产率，工业化阶段第二产业比重最大，进入城市化阶段第三产业比重最大。各产业变动趋势则是第一产业持续下降，第三产业持续上升，第二产业本应出现上升继而下降的阶段，但在本章阶段划分中没能体现，也同样持续下降，原因仍在于吸纳就业不足。

最后，对于第三、第四阶段潜在增长率分别为 7.87% 和 6.9% 的预测值。首先，我们认为，其准确性较高。因为恒等式变换的计算方法本身就有一定的可靠性。并且是在前两阶段实际数据计算基础上定性定量分析的一个推算，而所计算的 GDP 数值又与《中国统计年鉴》数据拟合度非常好。此外，鉴于人口、劳动力变动趋势的稳定性，由此外推也就有一定的准确性。其次，该数值可能是中国潜在增长水平的高限。因为该恒等式没有直接考虑资本因素。相对而言，资本因素变动则非常不稳定，在政府主导模式下极易受主观意志左右，投资率、资本效率等因素的波动尤其如此。而人口、劳动力因素具有自然属性，尽管计划生育政策有所扰动，但短期影响力有限。如此，就意味着该恒等式变换其实暗含了这样的假设：在资本因素稳定的前提下，主要由人口、劳动力因素变动所造成的实际GDP数值变化。这里稳定的意义并非资本因素绝对量不变，而是随着人口、劳动力因素变动，相应资本因素成比例变动。考虑到第二阶段投资率很高，今后投资要再现此情形可能性不大，而第二阶段数值又是外推的重要依据。因此，依据此恒等式变换所推算的实际GDP必是高位的，且可能是高限的。当然，若要较全面地展现可能的产出情况，就有必要综合人口、劳动力、资本因素来预测。

第六节 标准生产函数核算框架下的三因素分析与预测

三因素分析是综合资本K、劳动L及技术进步因素来探讨潜在增长问题，通常以生产函数分解法达成目的。

一 研究方法

标准生产函数为 $Y = AK^{\alpha(t)}L^{1-\alpha(t)}$，这是规模报酬不变假设之下的生产函数，要素弹性 $\alpha(t)$、$1-\alpha(t)$ 是时变参数。此模型设置，主要是考察"均衡"路径上要素弹性的表现，以便与存在规模报酬效应的"现实"弹性参数进行对比，同时也把规模报酬不变条件下弹性参数的时变趋势，作为未来增长过程中弹性参数变化的一个镜像，其对应的标准增长核算方程为：

$$\dot{Y}/Y = \dot{A}/A + \alpha \cdot (\dot{K}/K) + (1-\alpha) \cdot (\dot{L}/L)$$

此标准增长核算方程意味着：

GDP增长率 = 资本弹性 × 资本投入增长率 + 劳动弹性 × 劳动投入增长率 + TFP增长率

式中，资本投入增长率 = 净投资率（I/Y）× 资本效率（Y/K）；劳动投入增长率 = 劳动年龄人口增长率（$popl$）× 劳动参与率变化率（θL）

这里，无论是净投资率还是资本效率的估计，关键在于先估计资本存量，资本存量计算公式为：

$$K(t) = K(t-1) + I(t) - D(t)$$

式中，$I(t)$ 为固定资本形成总额实际值，$D(t)$ 为固定资产实际折旧。在资本存量数值估计后，即可估计出净投资 $I\times(t) = K(t) - K(t-1)$，依据1978年为基期的实际GDP，即可估计出净投资率（I/Y）和资本效率（Y/K）；劳动投入增长率由上文的劳动年龄人口增长率（pop_l）×劳动参与率变化率（θL）即可得出；至于资本弹性 α 和 TFP 增长率，将运用方程：$\log(GDP/L) = C + \alpha \cdot \log(K/L) + z$，以卡尔曼（Kalman）滤波方法来估计1978—2012年的标准增长方程参数（α）及技术进步速度（TFP），可得出两者卡尔曼滤波估计值，劳动弹性由 $1 - \alpha$ 间接计算出。

二 拟合效果分析

根据此法，估计出中国1985—2012年生产函数三因素分解值，如表2-5所示。

表2-5　　　　　　生产函数三因素分解　　　　　　单位：%

因素分解	历史（1985—2007年）	现状（2008—2012年）
(17)潜在增长(生产函数拟合)三因素	10.02	9.63
(18)资本投入(K)：弹性	0.62	0.55
(19)贡献份额 = [(18)×(24)]/(17)	69.92	71.05
(20)劳动投入(L)：弹性	0.38	0.45
(21)贡献份额 = [(20)×(28)]/(17)	5.73	1.75
(22)TFP：增长率	2.44	2.62
(23)贡献份额 = 100 - (19) - (21)	24.35	27.20
因素细分		
(24)资本投入增长率(k = dK/K) = (25)×(26)	11.30	12.44
(25)(净)投资率(I/Y)	21.32	35.55
(26)资本效率(Y/K)	0.53	0.35
(27)劳动投入增长率(l = dL/L) = (28)+(29)	1.51	0.38
(28)劳动年龄人口增长率(pop_l)	1.58	0.93
(29)劳动参与率变化率(θ_L)	-0.07	-0.55

第一，从拟合效果看，两阶段潜在产出增长率分别为10.02%和

9.63%，与实际 GDP 增长率的 10.14% 和 9.27% 相比，分别相差 -0.12 个百分点与 0.36 个百分点。与上文分解法分别相差 -0.02 个百分点、-0.1 个百分点比较，拟合度要低一些，并且拟合误差存在不一致性。显然，加上资本因素后，情形变得更为复杂，因为净投资率、资本效率、资本弹性 α、TFP 增长率等的估计，都与资本投入波动相关。第二阶段拟合的潜在产出增长率要比实际 GDP 平均增长率高，可能与此阶段 TFP 增长率高估有较大关系，因为在资本效率由 0.53 严重下滑到 0.35 时，TFP 增长率仍增长了 0.18 个百分点。尽管如此，该法拟合的潜在增长率准确度还是可接受的，误差也不过分别为 1 个百分点和 3 个百分点。

第二，从生产函数拟合三因素看，增长贡献主要来自资本投入。其次是 TFP，劳动贡献最弱。鉴于劳动投入因素贡献低，且上文已探讨，这里主要分析资本投入与 TFP。资本投入涉及资本弹性、净投资率与资本效率三变量。数据表明，尽管第二阶段净投资率年均增加 14%，但抵不住资本效率与资本弹性大幅下滑，使资本因素增长率由第一阶段的 7.00%（18 项×24 项）下降到 6.83%（18 项×24 项），而 TFP 增长率由 2.44% 增长到 2.62%，两者基本相抵，而劳动因素尽管比重很低，但负面效应最大，即由第一阶段的 0.57%（20 项×27 项）下降到第二阶段 0.17%。由此可以至少得到两个结论：一是前两阶段 GDP 平均增长率的下降主要由人口红利消失造成，这与前文结论一致；二是资本效率低下的大量净投资难以弥补人口红利消失的缺口。

第三，工业化阶段，资本弹性与资本效率的变动趋势有较高的一致性，如图 2-15 所示。此外，资本弹性变动趋势也与收入分配结构相关。若向资本倾斜会加大资本弹性，若劳动份额通过国民收入提高而自动提升，资本弹性将会下降。这种下降是随人力资本附加值的提高而下降的，是城市化服务化阶段的自然体现。但若实行强制性收入分配倾斜政策，而使低附加值低素质劳动力获得与之贡献不相称的国民福利提升，就会人为地压低资本弹性，增长将很易进入减速通道。不过，在工业化或工业化向城市化转型阶段，资本效率仍是决定资本弹性的主要因素。因为资本产出弹性的最基本含义，是指产量变化率对资本投资变化率的反应程度。当净投资变化率很大但产出增加率却变小时，则必是资本效率低下所致，结果资本弹性自然就下降。当然，随着进入城市化服务化阶段，净投资率下降及人力资本附加值提高，势必导致劳动投入弹性增加，此时尽管提升资本效率仍会提高资本弹性,但已难抵挡劳动弹性上升势头,导致资本弹性相对下降会成为一个必然趋势。因此,在工业化或工业化向城市化的转型阶段,资本效率对资本弹性仍是决定性因素。2008—2012 年,资本弹性比前阶段大幅下滑(由 0.62 下降到 0.55),一方面固然与劳动报酬增加和收入向劳动者倾斜之间有内在关联;但最主要的是资本效率下降导致资本弹性降低。表 2-5 中,2008—2012 年净投资率比前阶段年均增加 14%,但资本效率由 0.53 下滑到 0.35,结果资本投入增长率仅增加 1%,这种低效的资本投资,必导致资本弹性大幅下滑,图 2-15 大致表明了资本弹性与资本效率变动的这一态势。

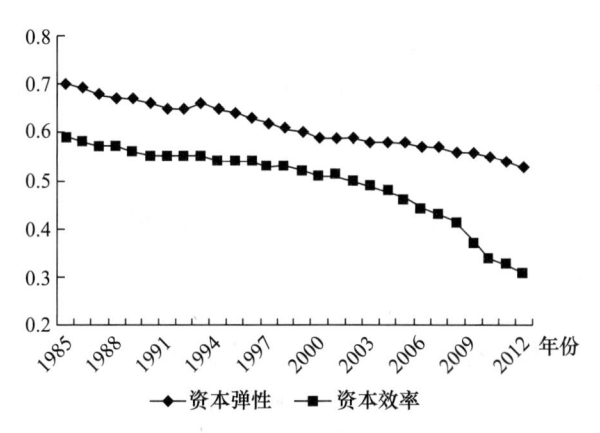

图 2-15　1985—2012 年资本弹性与资本效率变动态势

第四,TFP 指标,通常认为有效率改善、技术进步和规模效应三个来源。在中国工业化阶段"干中学"模式下,主要依赖国外技术设备带来效率改善、技术进步及较大投资规模,就使中国 TFP 增长与高投入有较大的关联,如图 2-16 所示。

由图 2-16 可以看出,TFP 增长率随着净投资率变化,总体趋势是上升的,但在过程中也可看到,自 1985 年以来,每当投资出现下降时,TFP 增长率反而升高,即 TFP 波峰与净投资率波谷大体相对应。2007 年后这种态势出现了变化,TFP 增长率变化平稳,但净投资率却直线上升,而此时正是效率损失最严重的阶段。故表 2-5 TFP 增长率拟合值推测应有所偏高(似乎趋势应如虚线所示),由此可能导致 GDP 平均增长率的估计值比实际值偏高。

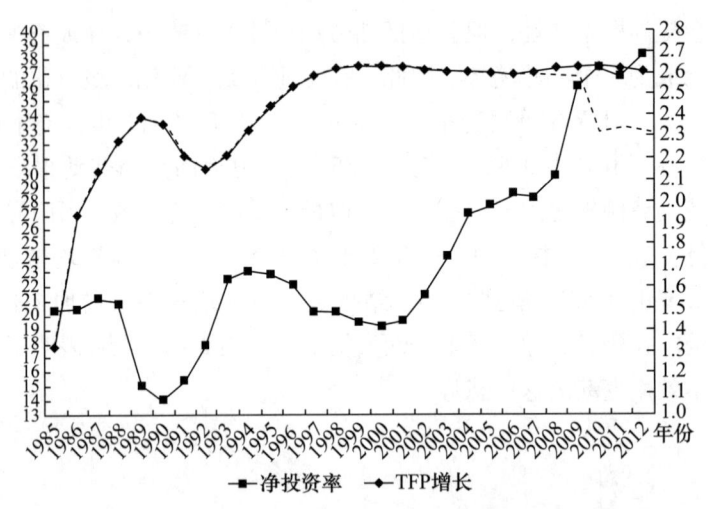

图 2-16　1985—2012 年 TFP 增长率与净投资率的变动趋势

三　预测结果与分析

依据前两阶段拟合情况分析,对后两阶段潜在增长情况进行预测,结果如表 2-6 所示。

表 2-6 中,在第三、第四阶段,三因素增长贡献次序不变,不过自第三阶段起,劳动因素对 GDP 增长率的贡献份额变为负效应,并呈扩大趋势,由 -5.0% 降到 -7.2%,人口红利已转为人口"负利"。

人口"负利"的出现,意味着资本与 TFP 要分担贡献份额。基于 TFP 趋势,第三阶段其对 GDP 增长贡献份额升到 32.2%,应是合理判断。此外,基于第三阶段后,"干中学"模式对技术进步拉动效应的式微以及规模效应与效率改善不利的变化趋势,虽然 TFP 贡献份额将上升,但增长率将下降。鉴于第二阶段 TFP 估计可能偏高的认识(图 2-16 虚线部分),第三阶段增长率将会徘徊在 2.1% 左右的水平。以此趋势,进入第四阶段,TFP 贡献份额会继续上升,但增长率仍将下降,因为此时"干中学"模式效应可能丧失殆尽,TFP 贡献将会在自主创新、制度创新等"创新"模式下拉动,这有一定的难度且需要时效,故认为贡献份额将升到 35% 以上,为 37%,但增长率会下降到 1.90% 左右的水平。

至于资本因素,涉及资本弹性、资本效率和净投资率三个变量。依照前两阶段变化趋势,第三阶段资本弹性会降到 0.50,这与资本效率由 0.35 下降到 0.32 的变化趋势一致。当然,也有对党的十八大之后国家收入

表 2-6　　　　　　　　生产函数三因素分解及预测　　　　　　单位:%

	历史 (1985—2007年)	现状 (2008—2012年)	预测 (2013—2018年)	预测 (2019—2030年)
(17)潜在增长(生产函数拟合)三因素	10.02	9.63	6.52	5.13
(18)资本投入(K):弹性	0.62	0.55	0.50	0.48
(19)贡献份额=[(18)×(24)]/(17)	69.92	71.05	72.8	70.2
(20)劳动投入(L):弹性	0.38	0.45	0.50	0.52
(21)贡献份额=[(20)×(27)]/(17)	5.73	1.75	-5.0	-7.20
(22)TFP:增长率	2.44	2.62	2.10	1.90
(23)贡献份额=100-(19)-(21)	24.35	27.20	32.2	37.0
[因素细分]				
(24)资本投入增长率(k=dK/K)=(25)×(26)	11.30	12.44	9.5	7.5
(25)(净)投资率(I/Y)	21.32	35.55	29.7	25
(26)资本效率(Y/K)	0.53	0.35	0.32	0.30
(27)劳动投入增长率(l=dL/L)=(28)+(29)	1.51	0.38	-0.66	-0.71
(28)劳动年龄人口增长率(pop_l)	1.58	0.93	-0.01	-0.01
(29)劳动参与率变化率(θ_L)	-0.07	-0.55	-0.65	-0.7

分配政策调整及居民人均收入翻番战略部署的考量;而净投资率将会下降到30%以下。基于中国城市化进程及城市化率与投资增长的倒"U"形关系,估计资本投入增长率会在9.5%左右。若依此趋势继续平滑,第四阶段资本效率将降到0.30,再加上收入分配政策调整效应,劳动弹性将升高,资本弹性下降到0.48,进入产出要素弹性参数逆转阶段。而净投资率会降到25%左右,由此资本投入增长率会降到7.5%左右,相应资本贡献份额第三阶段会达到73%左右,第四阶段将下降,基本维持在第一阶段70%的水平。

由上分析,最终得出生产函数三因素对GDP潜在增长率的预测值为:第三阶段为6.52%,第四阶段为5.13%。显然,这与前文恒等式分解的估计值7.87%和6.9%有一定差距,且还略呈发散态势,如图2-17所示。

图 2－17　两种预测结果

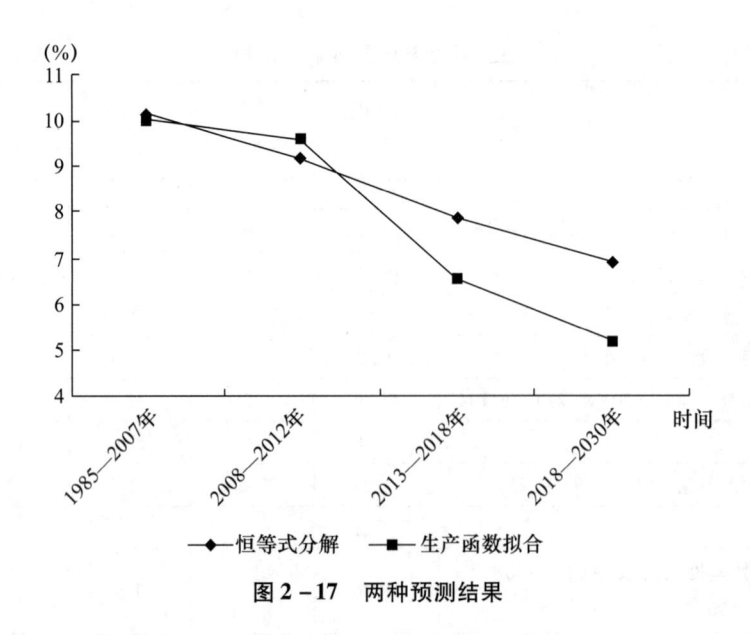

四　对资本因素的评析

显然，加入资本因素后，情况变得复杂。相对而言，资本因素不仅主观能动性更大，而且在三因素中产出贡献率也大。其恶化必会导致产出增长率快速下降，以上 GDP 潜在增长率预测值比恒等式分解估计值的差距越来越大，即是如此。这还不包括节能减排政策、国际热钱及国际市场波动等一系列负面效应的冲击，综合起来，负面效应理应更多，实际运行中 GDP 增长率可能还要更低。

从资本因素三变量变动情况看，除第二阶段净投资率猛涨外，其他都呈下降趋势。不过，净投资率降低，是一个客观趋势。随着经济规模扩大、资源消耗、城市化推进，高投资难以为继，持续下滑是必然的，况且也不可能再现第二阶段那种以房地产为主的疯狂投资；至于资本弹性，虽有下降趋势，但这种下降是随着劳动贡献提升，人力资本效应展现，劳动分配所占份额逐渐提高，劳动弹性上升后表现出的相对下降现象，而并非本身就有内在理应下降的机制。正如前文所述，资本效率才是资本弹性内在决定性因素，真正的城市化阶段还未来临之前，资本弹性也不会必然快速下降，要素弹性也不会自然随顺地逆转，关键在于资本效率。资本效率，更无必然下降的理由，反而随着市场的规范、技术进步、管理水平提高，资本效率升高才是正常现象。

表2-6中资本效率的逐步下降是基于预测方法使然,因为估计值是在相邻阶段数据基础上,再依据前面各数据变化趋势及定性分析,通过平滑得出的。坦率地说,此处与其称为潜在增长,不如说是惯性增长,因为这实际上就是同一增长模式下惯性运行的结果。如果该模式及由此显现的经济运行具有稳定性,那么这种预测就相对准确,如发达国家成熟的市场经济运行,称为潜在增长也无不可。但当经济在转型或调整中,如当前中国,此估计就只能是前阶段惯性运行的后果,表2-6中资本效率下降就是中国经济运行趋势的反映。

相对地,人口与劳动因素变动就具有一定的稳定性,虽然劳动生产率与资本因素也有一定的关联,但并非由资本效率本身数值决定,而是与资本效率增长率及人均资本增长率直接相关,表2-7中,30—32项表明了此关系。如此,前文恒等式分解的预测,实际上缩小、淡化了资本因素,而凸显了人口、劳动因素与总产出的关系。再加上前文劳动生产率的估计中已经考虑了资本因素的调整,故恒等式的估计值准确性较高,可视为中国的潜在增长率。

当然,惯性运行的GDP增长率与潜在增长率的渐行渐远,是令人难以接受的。在人口"负利"、结构性减速通道形成、TFP还难当大任的当下,放弃资本驱动模式就意味着放弃促进增长的努力,但若坚持长期以来的资本驱动模式,就会如课题组(2013)所说,可能出现福利与效率悖论。[①] 如此,能否破解此悖论就是关键所在。

要破解此悖论,明显的答案就是造就一个有效率的资本驱动模式。从资本因素三变量来看:首先,净投资率下降是必然的,这已无须论证,但下降多少则需考虑。其次,资本弹性能否减缓下降甚至略微提升?前文已表明资本弹性的决定与资本效率和分配政策相关,维持现有分配政策,可抑制劳动弹性过快上升,减缓资本弹性下降,但这是否必然就会降低福利增进,也需考虑。而提升资本效率,在同样投资变化率下,可提高产出增加率,从而提高资本弹性。也就是说,一方面,维持劳动弹性不过快提升;另一方面,提升资本效率,资本弹性略微提高也并非不可能。最后,

---

① 要维持较高的增长速度,要么要素弹性参数逆转不发生(维持现有分配政策),要么维持现有资本驱动的增长方式。前一种模式违背了经济发展的福利增进原则,后一种模式违背了经济发展的效率改进原则。

至于资本效率,随着技术进步、市场成熟、人力资本提高,正常情况下本应逐步提升,但中国却持续下降,这实无任何理由。因此,从三个变量来看,资本效率是一个枢纽变量,提升资本效率不仅自身就是提高 GDP 增长率的直接因素,也是拉动资本弹性上升的重要因素,乃至是提高 TFP 的重要基础,故要摆脱资本驱动模式的悖论,关键在于提升资本效率。

第七节 资本效率提升的功效与意义

一 简要综述

本章研究的资本效率是以 1978 年为基期的实际 GDP/资本存量(Y/K)来衡量,若要专门探讨资本效率,仅以此反映整体效率的单位资本实际产出的变量是不够的,因为资本效率是资本配置、积累、形成及回报等资本流动过程中各环节效率的综合体现,要具体探讨,就得从这些环节入手。

目前,资本效率研究主要从以下三个方面入手:

首先,即是上述资本产出比(K/Y)与边际资本产出比率(ICOR),或其倒数产出资本比(Y/K)与边际产出资本比率(IOCR),其又称投资效果系数。它们都反映了资本投入总效率,且具有相同变动趋势。很多学者都以此来研究资本效率,较早期的如李治国、唐国兴(2003)[1]、张军(2002、2005)[2]、林民书(2008)[3] 等。近期的如金雪军、王永剑(2011)[4]、李凯(2011)[5] 等。结论也都是中国资本投入效率是持续下降的,而 2008 年之后,提高资本效率更是迫在眉睫。如秦岭(2010)[6] 指

---

[1] 李治国、唐国兴:《资本形成路径与资本存量调整模型基于中国转型时期的分析》,《经济研究》2003 年第 2 期。

[2] 张军:《改革以来中国的资本形成与经济增长:一些发现及其解释》,《世界经济文汇》2002 年第 1 期;张军:《资本形成投资效率与中国的经济增长实证研究》,清华大学出版社 2005 年版。

[3] 林民书、张志民:《投资低效与经济增长:对中国资本存量和无效投资的估算》,《河南社会科学》2008 年第 5 期。

[4] 金雪军、王永剑:《中国资本配置效率影响因素的实证分析》,《上海金融》2011 年第 8 期。

[5] 李凯:《改革背景下的中国宏观投资效率分析》,《时代金融》2011 年第 6 期。

[6] 秦岭:《中国经济增长中的资本效率研究》,博士学位论文,华中科技大学,2010 年。

出，2008年之后，中国资本产出比已超过西方发达国家平均水平，ICOR从1994年后开始快速上升，到2008年已增加1倍。而导致资本效率持续下降的主要原因在于庞大的公共部门投资，即政府主导的固定资产投资效率低下，以及大量低效率、公益性较强的交通、运输、水利、环境、供水、能源工程等基础设施建设。因为这些公共产品一般具有非价格投资的特征，不追求跨期最优结果，同时某些地方政府不断打造形象工程，对于居民福利水平和产能形成的作用效率较低。此外，财政改革及其宏观调控能力的加强降低了市场机制的资源配置作用，金融发展水平与银行大量信贷、技术创新能力缺乏等都是资本效率持续下降的原因。

其次，资本配置效率，即资本在行业、地区或部门的转移效率。从这个视角看，一般采用两种方法：一是从"要素边际产出相等"基本要求出发，通过建立生产函数模型计算各部门或各地区资本边际产出对均衡状态的偏离，来衡量资本配置效率。如彭国华（2005）[①]、才国伟等（2009）[②]结论也较为一致，即中国资本在这三个方向的配置都无效。二是借鉴沃格勒（Jeffrey Wurgler，2000）的资本配置效率模型，即投资反应性系数模型，通过估计各部门、行业的投资反应系数，来判断资本流动状况衡量资本配置效率。如方军雄（2007）[③]、曾五一等（2007）[④]、张国富和王庆石（2010）[⑤]、李青原等（2010）[⑥]，结论也基本是由于资本在各部门、行业之间配置结构失衡，造成了总体资本效率的低下。至于其具体表现与损失原因，主要有以下几个：①国有企业资本配置效率显著弱于非国有企业，私营工业企业的资本配置效率远高于国有企业，是其资本配置效率的24

---

① 彭国华：《中国地区收入差距、全要素生产率及其收敛分析》，《经济研究》2005年第9期。

② 才国伟、钱金保、舒元：《中国资本配置中的趋同与效率：1952—2007》，《统计研究》2009年第6期。

③ 方军雄：《所有制、市场化进程和资本配置效率》，《管理世界》2007年第11期。

④ 曾五一、赵楠：《中国区域资本配置效率及区域资本形成影响因素的实证分析》，《数量经济技术经济研究》2007年第4期。

⑤ 张国富、王庆石：《国资本配置效率的地区差异及影响因素——基于1991—2007年省际面板数据的经验分析》，《中山西财经大学学报》2010年第2期。

⑥ 李青原、赵奇伟、李江冰等：《外商直接投资、金融发展和地区资本配置效率——来自省级工业行业资本配置效率的证据》，《金融研究》2010年第3期。

倍（王维群，2010）。① ②由于国有银行信贷投放往往受行政命令影响较多，对资金回报率关注较少，因而国有银行将大部分居民储蓄资金以低利率投放到国有部门，非国有部门资本配置存在不足。③资本配置人为向低效的国有部门倾斜，即使国有经济产值增加有限，资本也不会撤出而进入效率更高的非国有部门，导致了资本低效利用。④资本省际配置严重失衡，资本在各省份之间的配置越来越缺乏效率，区域发展存在严重不平。⑤行业间资本自发配置水平存在严重差异，除与人民生活息息相关的饮食行业外，资本自发配置水平高的行业基本上都是国家重点扶持或者政策倾斜的行业。如金属采选、烟草加工业、化纤制造、通信设备制造、水电等行业，这些行业即使资本不增值，仍会有大量资本进入，行业间资本配置存在严重非理性，而其中多数行业国有化程度都较高。⑥相对而言，资本配置跨行业要优于跨地区，原因在于资本跨行业转移主要由商品市场或者说需求结构驱动，而跨地区转移则主要由要素市场驱动，表明各地方政府对要素市场的高度管制，使要素市场价格机制难以发挥功能，造成商品和要素的市场化差异，也造就了资本配置效率在跨行业和跨地区的差异。⑦产业间资本配置结构失衡，第二、第三产业资本效率都较差，第二产业的ICOR在2000—2008年保持在3.0左右的水平②，2009年后大幅提升。而长期以来，第三产业投资效率比工业更差，ICOR持续在4.0—6.0的区间变化，原因在于服务业相对于第二产业有更低的劳动生产率。③

最后，资本动态效率，或者资本积累效率。通常以菲普斯（Phieps, 1961）资本积累的黄金律增长模型来衡量；或以阿贝尔、曼昆、萨默斯和泽克豪泽（Andrew B. Abel, N. Gregory Mankiw, Lawrence H. Summers and Richard J. Zeckhauser, 1989）首次推导出的检验随机动态经济的帕累托最优的净现金流准则（AMSZ）来衡量，这也是当前使用最多的实证研究。由于划分时间段不同，此项研究有些异议。如吕冰洋（2008）④计算发现，1996—2005年资本净收益一直为正，即中国经济动态有效；项本

---

① 王维群：《改革开放以来中国资本投入的效率及其优化对策研究》，硕士学位论文，重庆大学，2010年。

② 20世纪50—70年代处于工业化向城市化转型时期的日本，资本形成的ICOR基本维持在2.0的水平。

③ 中国经济增长前沿课题组：《中国经济长期增长路径、效率与潜在增长水平》，《经济研究》2012年第11期。

④ 吕冰洋：《中国资本积累的动态效率：1978—2005》，《经济学》（季刊）2008年第2期。

武（2008）① 发现，1992—1998 年中国经济动态无效，1999—2002 年资本总收益大于总投资，动态有效，2003 年净收益再一次转为负，又进入动态无效。张习宁（2012）② 认为，1994—2002 年中国经济运行动态有效，2003—2010 年则动态无效。秦岭（2010）则认为，1978—2007 年中国经济的资本总收益大于总投资，改革开放 30 年间资本净收益一直为正，说明中国资本积累动态有效。2003 年后动态效率下降较快，到 2007 年已十分接近动态无效水平。

此外，对于资本回报率的研究则有一致性。如宏观层面，白重恩等（2007）③ 发现，尽管中国投资率很高，但由于劳动力增长推动以及产业重组向资本密集型行业转型，中国资本回报率仍高达 20% 左右；微观层面，卢峰（2007）④ 利用企业数据的资本和利润来计算，同样得到中国资本回报率较高的结论。而宋铮（2011）⑤ 也发现，中国投资回报率一直保持在较高水平，并且是在保持高水平投资率情况下发生的。最近，孔睿、李稻葵等（2013）⑥ 从一个新的视角探讨了投资转化为资本环节的效率问题，即资本形成效率。发现民营经济投资比重是影响资本形成效率的显著负向因素，原因在于民营经济相对国有经济更为弱势的地位，使其在融资、审批、土地等诸多领域面临更严重的困难，交易成本较高，没有足额形成资本，产生了更多投资损耗，造成了中国资本形成效率的低下。不过，本书认为，大量"豆腐渣"公共工程及官员腐败的存在，也很难令人相信国有部门资本形成效率不存在负效应。

二 提升资本效率后的预测分析

基于提升资本效率的考虑，我们对第三、第四阶段的估计值进行了调整，如表 2 – 7 所示。

---

① 项本武：《中国经济的动态效率：1992—2003》，《数量经济技术经济研究》2008 年第 3 期。
② 张习宁：《中国宏观经济的投资效率分析》，《海南金融》2012 年第 3 期。
③ 白重恩、谢长泰、钱颖一：《中国的资本回报率》，《比较》第 28 辑，中信出版社 2007 年版，第 1—22 页。
④ 卢锋：《中国资本回报率估测（1978—2006）——新一轮投资增长和经济景气微观基础》，《经济学》（季刊）2007 年第 3 期。
⑤ Zheng Song, Kjetil Storesletten and Fabrizio Zilibotti, Growing Like China [J]. *American Economic Review*, 2011, 101: 202 – 241.
⑥ 孔睿、李稻葵、吴舒钰：《资本形成效率探究》，《投资研究》2013 年第 4 期。

表2-7　　　　　　　　基于提升资本效率考虑的调整　　　　　单位:%

因素分解	历史 (1985— 2007年)	现状 (2008— 2012年)	预测 (2013— 2018年)	预测 (2019— 2030年)
(17)潜在增长(生产函数拟合)三因素	10.02	9.63	7.4	6.45
(18)资本投入(K):弹性	0.62	0.55	0.57	0.50
(19)贡献份额=[(18)×(24)]/(17)	69.92	71.05	73.2	66.7
(20)劳动投入(L):弹性	0.38	0.45	0.43	0.50
(21)贡献份额=[(20)×(28)]/(17)	5.73	1.75	-3.7	-5.5
(22)TFP:增长率	2.44	2.62	2.26	2.5
(23)贡献份额=100-(19)-(21)	24.35	27.20	30.5	38.8
因素细分				
(24)资本投入增长率(k=dK/K)=(25)×(26)	11.30	12.44	9.5	8.6
(25)(净)投资率(I/Y)	21.32	35.55	25	20
(26)资本效率(Y/K)	0.53	0.35	0.38	0.43
(27)劳动投入增长率(l=dL/L)=(28)+(29)	1.51	0.38	-0.66	-0.71
(28)劳动年龄人口增长率(pop_l)	1.58	0.93	-0.01	-0.01
(29)劳动参与率变化率(θ_L)	-0.07	-0.55	-0.65	-0.7
劳动生产率增长率				
(30)劳动生产率(y=Y/L)增长率=(32)+(33)	8.62	8.80	8.66	8.05
(31)资本效率(Y/K)增长率	-0.89	-4.81	1.28	1.0
(32)人均资本(K/L)增长率	9.51	13.60	7.38	7.05

由表2-7可见,与经济惯性运行相比,当劳动投入增长率不变,在把第三阶段的资本效率由第二阶段的0.35提高到0.38后,在资本投入增长率维持不变情况下,净投资率将会比第二阶段降低5%;在资本效率改进效应支持下,资本弹性将回升至0.57(劳动弹性相应降至0.43),同时TFP增长率也将略微上升。如此,第三阶段的GDP增长率将会上升至7.4%,接近7.87%的潜在增长率。若经济在此调整路径下惯性运行,随着资本效率继续上升至0.43,而在净投资率又降低5%的情况下,即便劳

动弹性上升已是大势所趋时，资本弹性降至要素弹性逆转的临界点 0.5，第四阶段 GDP 增长率也将会达到 6.45%，也接近 6.9% 的潜在增长率。显然，与第一阶段资本效率 0.53 相比，资本效率提升至 0.38 或 0.43 完全有能力实现，并非天方夜谭；而第三阶段资本弹性与第二阶段的 0.55 相比仅上升 0.02 个百分点，只要不强制实施分配政策，人为地加快提高劳动弹性，资本效率提升引致资本弹性回升也是一个自然结果。如此调整，经济运行将会渐渐收敛于潜在增长率，如图 2-18 所示。

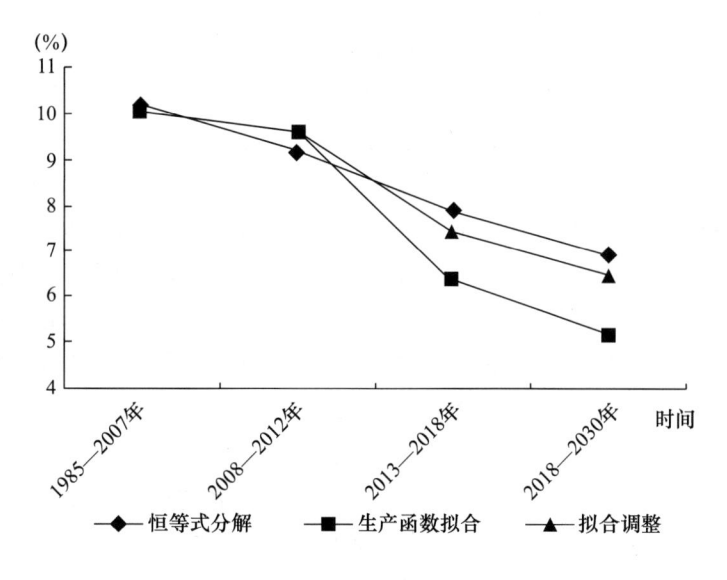

图 2-18 调整后的预测结果

三 资本效率提升的功效与意义

在增长动力只能依靠资本因素和 TFP 的情况下，正如前文所述，短期内对 TFP 贡献期望过高不太现实。可以说，中国 TFP 对 GDP 增长的贡献份额要达到西方国家 60% 以上水平，在近 20 年内可能都无法想象，不过，由当前的 25% 上下提升至 30% 是完全有可能的。这意味着增长将主要依靠资本因素。

资本因素三变量中，净投资率已不可能再现第二阶段的那种高涨，但既然资本投入仍是增长的主要动力，今后维持 20%—25% 的水平仍是必要的。这种投资水平显然不是着眼于规模效应，而是基于增长质量改进。虽然中国工业化已进入中后期，但坦率地说，工业化质量是令人诟病的。

资源消耗和环境污染是惊人的，今后投资必将以致力效率改进、扭转粗放工业化为导向，而这离不开资本效率的提升；至于资本弹性，虽然从长期来看必然下降，但并非必然就会迅速下降，因为当前人口"负利"还刚显现，结构性减速通道也初步形成，在此情况下，仍有机会通过提升资本效率对其提高。只要不人为地拔高劳动分配份额，那么劳动弹性上升势头就不会太强劲，以至于抵销资本效率提升对资本弹性的正效应。由此，资本因素三变量中，资本效率乃核心变量，在中国增长动力仍主要依靠资本因素的情况下，提升资本效率可谓扭转整个增长态势的枢纽。反之，若其持续下降，增长必将迅急滑入减速通道。

资本效率作为枢纽性变量，其功效与意义还体现在以下六个方面：

第一，在资本因素仍为增长主动力的情况下，就必须要维持一定水平投资率，但若顾忌无效投入，大幅控制投资，而又顺着第二阶段增长态势惯性而行，则中国经济将面临一个很不利的局面。就正如课题组（2013）所说，会出现增速过快下降及经济结构，如要素弹性、投资率、产业结构等将被迫向发达经济阶段特征收敛的趋势。显然，在中国经济增长质量低劣、经济结构矛盾突出、收入分配两极分化、资源消耗、环境污染等顽疾肆虐的情况下，多项经济指标与结构变化却向发达国家的一致性趋势收敛，无疑是一种"经济分裂"。举一个也许并不恰当的比喻，这种分裂就好比一个穷人的生活方式富人化，一个体弱多病者的行为方式向身强体健者趋同，可想而知，此必是短暂且要崩溃的。但若能提升资本效率，则无须担心投资过多，这不仅可维持资本驱动模式良性运行，还能为提升工业化质量、延长工业化时效带来转机。

第二，资本效率虽然具有扭转乾坤的意义，但也无须大幅提升，即可达成目的。由表2-7可知，第三阶段只要比第二阶段提升0.03个百分点，在其带动下，GDP增长率即可接近潜在水平；第四阶段，只要增加到0.43，还无须达到第一阶段的0.53，同时在净投资率只有20%的水平且要素弹性已逆转到临界点0.5以下，GDP增长率即可达到6.45%，这已差不多是惯性运行时第三阶段GDP的增长水平。因此，提升资本效率不仅意义重大，且完全可行，并非高不可及。

第三，在资本因素仍大行其道的情况下，资本贡献份额依旧是最主要的。而通过提升资本效率，其实也无须大幅投资，其对GDP增长的贡献份额就可达到70%以上。由表2-7可知，第三阶段净投资率只需25%，比第二阶段要少 10 个百分点,资本贡献份额就超过其 2 个百分点,达到 73.2%;第四阶段净投资率只需 20%,资本贡献份额也有 66.7%。相比第一阶段,虽然要低一些,但第一阶段资本效率有 0.53,资本弹性为 0.62,这也正表明了资本效率对经济增长的核心功效。

第四,资本弹性与劳动弹性有此消彼长的关系,为保证资本效率提升能引致资本弹性不变或略微上浮,也需要收入分配政策稳定性的支持。如此,虽然会造成一定的福利损失,但也要看到,当前中国的福利改进并非只有通过收入分配政策才能实现。若单从工资来说,近几年来,诸多行业,包括农民工工资都有较大幅度上涨,工资成本在民营企业里成为重要支出,且已是市场调节,在此情况下,强制工资上涨已非理性。此外,依照当前经济国情,工资怎样涨,其实都难以从根本上削减普通居民生活负担,因为资产价格的高涨,房产、医疗、教育等费用的高企带给居民生活压力已非涨工资所能解决。近期《羊城晚报》[①] 就报道了"深圳公务员工资虽高却被房价甩了"的事实,由于房价高,每月工资税后 8500 元左右的工资,依然生活压力大,生活在大陆的中国人,都可感同身受。因此,要改进福利,首先必须从高涨的资产价格入手,从打破垄断着手,通过挤压资产泡沫,消除垄断高价,来改善居民福利。反之,若一味地提高劳动报酬,不仅福利改善难成,还将压缩企业利润空间及弱化再投资能力[②],人为拔高劳动弹性,消弭资本效率提升的功效。

第五,资本效率是连接本书两种估计方法的桥梁。在恒等式分解法中,劳动生产率增长率占绝对比重,在生产函数拟合法中,资本效率起关键作用。其实,两种方法并非完全独立,资本效率与劳动生产率之间有着密切关系。由表 2-7 的 30—32 项可知,劳动生产率增长率是资本效率增长率与人均资本增长率之和,若资本效率持续下滑,必会降低劳动生产率增长率,从而降低潜在增长水平。对人均资本增长率而言,人口与资本投入下降的趋势是一致的,其中人口趋势是客观的,但若资本投入大幅降低,也必然会降低劳动生产率增长率。因此,要保持一定的潜在增长水平,必要的资本投资不可或缺,这也是中国资本驱动模式不可轻易放弃的

---

① 《深圳公务员:工资虽高却被房价甩了谁干谁知道》,《羊城晚报》2014 年 3 月 19 日,第 18—21 版。

② 刘树成:《国民收入翻番难点透视》,《人民论坛》2013 年第 4 期。

原因所在，当然，这必须以资本效率提升为前提。否则如表 2-7 中第二阶段所示，人均资本增长率虽然高达 13.60%，而资本效率增长率为 -4.81%，两者相抵，劳动生产率增长率仅有 8.80%，而经过调整的第三阶段，人均资本增长率只要有 7.38%，劳动生产率增长率就可达 8.66%，这也是资本效率提升的功效所在。

第六，资本报酬递减、劳动弹性上升虽是客观趋势，但不会立即产生显著效应。而 TFP 也不能短时成为增长主动力的情况下，意味着当前有时间也有必要，以提升资本效率为核心目标，使第三阶段成为一个调整期，利用这几年时间，推动经济在有效率的资本驱动模式下前行；通过调整，扭转先前房地产盲目投资所加剧的资产价格膨胀与经济结构扭曲的态势，为顺利过渡到人力资本驱动模式创造条件，为平稳进入结构性减速通道打好基础。这个调整刻不容缓，时不我与；反之，若坐失良机，任由经济惯性前行，则面临的就不仅是减速通道，更是"滞胀"通道。

第八节　居民收入与消费状况及发展前景展望

提升资本效率的目的，当然在于改善经济增长质量，而增长质量改进的根本要旨则是通过缓解经济结构的矛盾，最终达成民生幸福的目标，这也是研究增长问题的宗旨所在。当前，中国居民收入呈现两极分化、消费严重低迷的现状，不仅是长期不良资本驱动模式的后果，也是资本效率连续下滑的一个重要成因。因为过多的重复建设、产能过剩意味着存在无消费支撑的过度投资，政府主导模式的经济运行自然导致分配结构偏离居民收入，故提升资本效率若不能改善居民收入与消费状况，不仅是无意义的，实质上也是难以实现的。

一　增长与居民收入、消费状况

首先，从 1978—2012 年的经济增长与城乡居民收入整体情况看，如图 2-19 所示，无论是人均 GDP，还是城乡居民的收入都呈上升态势。尤其是 1992 年后，但也从此开始，三者差距也进入发散态势，表明增长成果越来越不为城乡居民所分享，同时无论是城乡内部及城乡之间收入分化也趋于严重，尤其是城乡之间，这由中国三种基尼系数的变化趋势（见图 2-20）可一目了然。

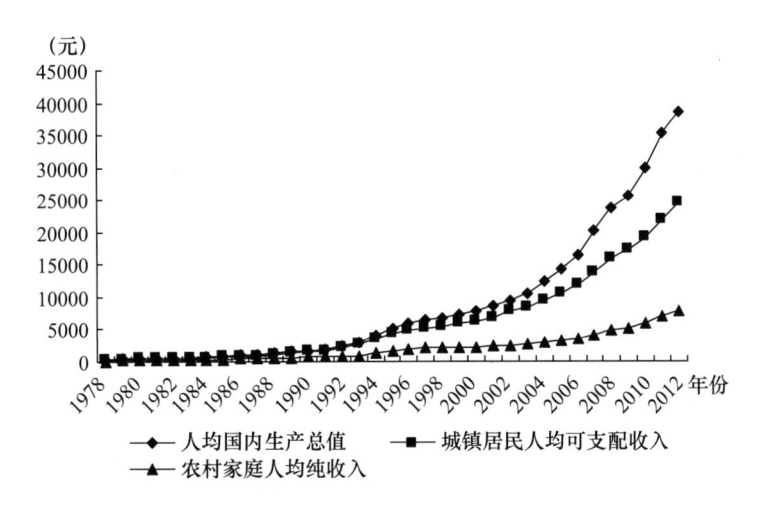

图 2-19　1978—2012 年中国三种收入变动趋势

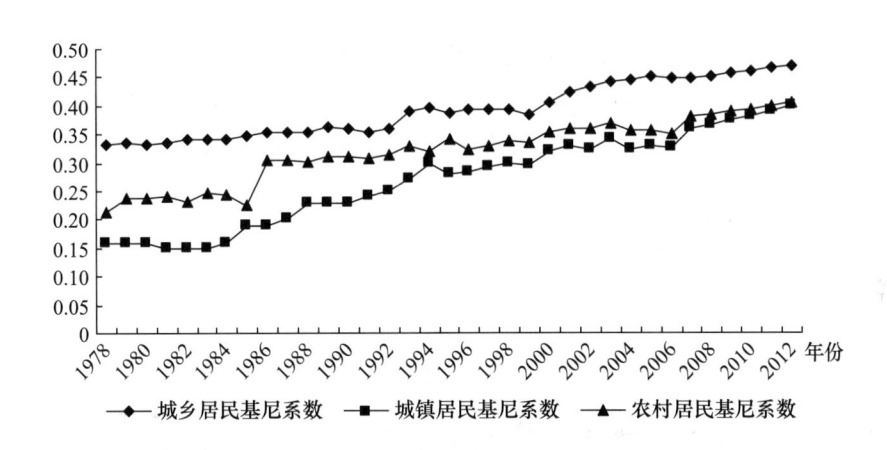

图 2-20　1978—2012 年三种收入基尼系数变动趋势

此外，从 1992 年后经济增长率、城乡收入及财政收入增长率看，可明显表现出政府主导模式下，经济增长成果被民间与政府所分享的态势。除个别年份外，城乡收入增长率大都低于 GDP 增长率。反之，财政收入增长率都高于城乡收入增长率，除 1992 年外，也都高于 GDP 增长率（见图 2-21）。财政收入年均增长率达到 18.9%，城镇居民和农村家庭大人均收入则分别为 8.38%、7.24%，经济年均增长率为 10.27%，显然，城乡收入增长不尽如人意的原因也就很清楚了。

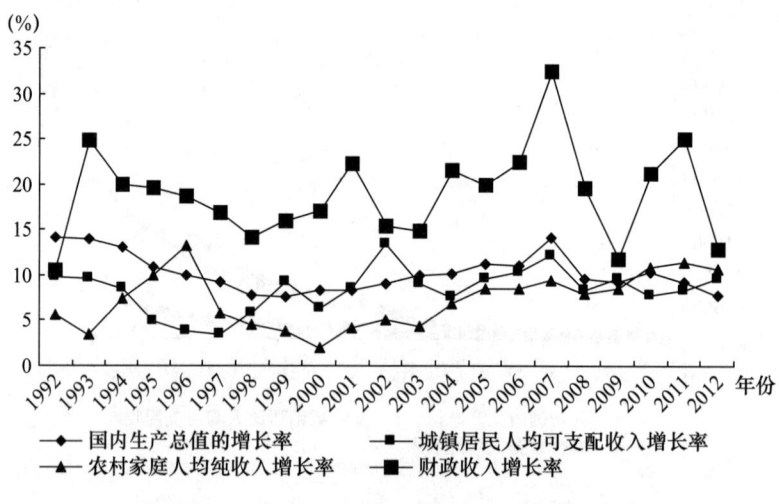

图 2-21　1992—2012 年几类收入增长率变动趋势

其次，从消费情况看，中国最终消费率下降趋势明显，这主要由居民消费率下降所致，两者趋势完全一致，政府消费则较稳定。而投资率则与居民消费率之关系几乎完全是此消彼长，表明正是投资挤占了居民消费（见图 2-22）。

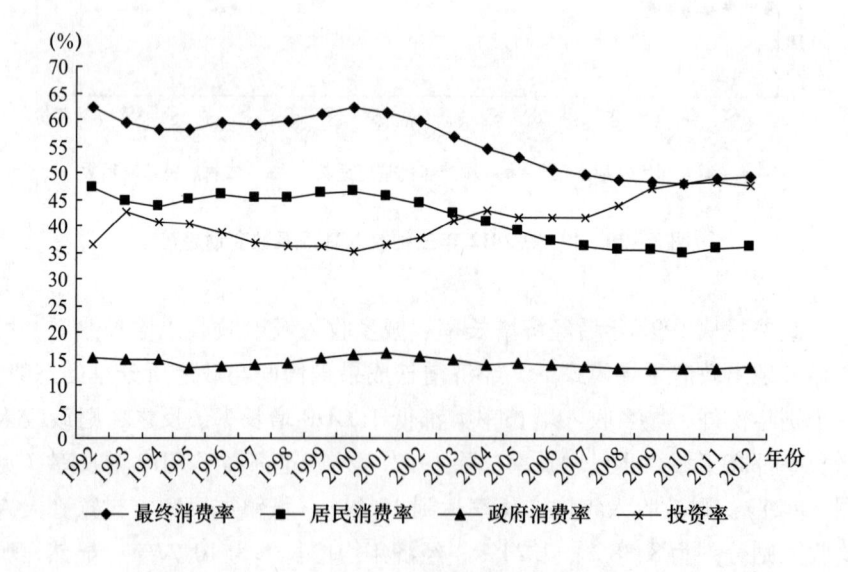

图 2-22　1992—2012 年几类消费率与投资率变化趋势

在政府主导模式下，资本驱动主要表现为政府及国有部门投资行为，由全社会固定资产投资率状况表明，这一态势是惊人的（见图2-23）。2012年，全社会固定资产投资率已攀升到70%，且与资本形成率相比，2003年后两者差距开始拉大，到2012年已达23个百分点，这固然有建设周期问题，但投资效率低下是必然的。

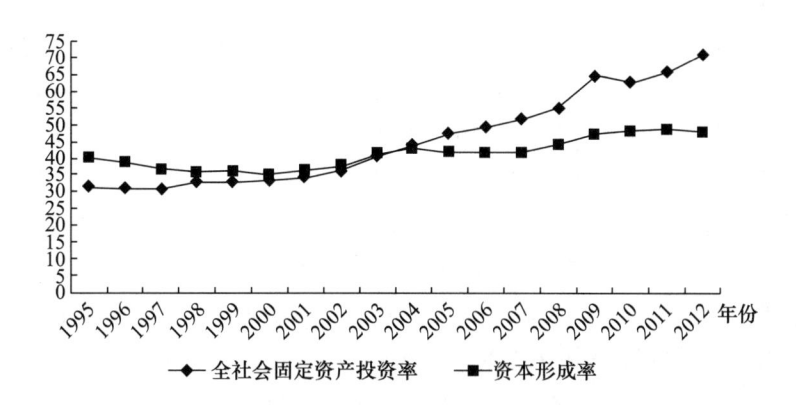

图2-23　1995—2012年全社会固定资产投资率与资本形成率变化态势

从上述居民收入、消费状况与增长、投资的关系看，中国居民收入与消费存在的一系列问题，与政府主导的资本驱动模式密切相关。正是这一模式导致了资本效率低下，也是加速中国居民收入与消费状况恶化、影响民生幸福的根源所在。

二　居民收入、消费状况前景展望

政府、国有部门大量低效率的投资，恶化了中国居民收入与消费状况。而由此形成的无消费支撑又使投资难以为继。因此，要提升资本效率不仅要着眼于资本自身因素，也离不开居民收入与消费状况改善的配套。基于前文调整的思路，配合资本效率提升，这里，将对中国居民收入、消费状况的前景展望一下。

（一）居民收入

如果以1978年为基期做实际人均GDP测算，1985—2007年，中国实际人均GDP年均增长率为9.01%，城镇居民实际人均可支配收入增长率为7.51%，农村则为4.81%；而2008—2012年这种悬殊的增长态势发生改变，实际人均GDP与城镇人均可支配收入增长率分别下降到了8.73%

和 7.31%，农村则一跃为 8.82%。由此可见，近年来，消费局面的改观主要突出表现在农村家庭人均纯收入增长态势的大幅提升。当然，第二阶段收入状况改善，除城乡居民收入水平确有提升的因素外，在农村，既与农村人口大幅下降有关，也与此阶段房地产建设吸纳大批农村人口就业有关；而随着城市化水平提高，城镇人口基数增大，城镇收入水平增幅虽有所降低，但与实际人均 GDP 增幅差距却有所缩小。根据第二阶段城镇人均可支配收入增长率比实际人均 GDP 要低 1.42 个百分点，农村人均收入要高 1.1 个百分点的变化趋势，笔者认为，第三阶段考虑到房地产效应弱化，农村收入增幅仍会维持年均高于实际人均 GDP 增幅 1 个百分点的趋势，城镇收入增幅仍会与实际人均 GDP 保持一定距离，但会进一步缩小差距，乐观估计可能维持在年均 1 个百分点的差距。因为当前收入水平提升存在一定的强制效应及资本因素仍是中国增长主动力，在城镇人口基数继续扩大的情况下，城镇收入水平大幅提升不现实。而且在资本驱动模式由劣质转向良性过程中，民营企业必将担当大任，若强制提升工资收入将会人为拉升劳动弹性，挤占企业利润，最终造成企业与居民两败俱伤，影响增长的可持续。不过，政府让利加强转移支付，则是必要且理想的方式。至于第四阶段，农村收入增幅继续提升，超过实际人均 GDP 增幅 2 个百分点是可能的，城镇增幅也会提升但在全要素生产率还不能成为增长支柱，资本因素贡献还较高，城镇人口基数继续扩大情况下，城镇收入增幅仍会低于实际人均 GDP，估计在 0.5 个百分点左右。由此分析，结合前文预测，可大致得出未来两阶段中国居民收入状况的大致前景，如表 2 - 8 所示。

由表 2 - 8 可知，与 2008—2012 年城乡平均收入 3617 元、1127 元比较，两种运行态势下，从第三阶段来看，城镇实际收入增幅分别为 38.8% 和 43.2%，农村分别为 53.9% 和 58.7%；调整运行虽比惯性运行实际人均 GDP 增长率多不到 1 个百分点，但城乡实际收入增幅都分别要多 5 个百分点。表明更高的经济增速，对城乡居民收入增长有放大效应。不过，两种运行态势下，城乡收入占人均 GDP 的比重并无太大差异，都分别为 60% 与 20% 上下。1985—1995 年中国城镇收入占人均 GDP 平均比重在 86%，1995—2006 年为 80%，农村在进入 2000 年后，比重跌到 30% 以下，2001 年又跌破 20%。若以调整运行下的增长率为基准，再根据近几年中国城市化率平均每年都有 1 个百分点增幅来看，在设定

2013—2018 年城市化率也年均增长 1 个百分点而 2019—2030 年城市化率年均增长 0.5 个百分点的情况下,可以得出 1985—2030 年,全国总收入与城乡收入分别占人均 GDP 比重的变化情况,如图 2-24 所示。

表 2-8　　　　　　　　两阶段中国居民收入变动

以 1978 年为基期	惯性运行		调整运行	
	预测（2013—2018 年）	预测（2019—2030 年）	预测（2013—2018 年）	预测（2019—2030 年）
实际 GDP 年均增长率（%）	6.52	5.13	7.4	6.45
实际人均 GDP 年均增长率（%）	6.24	5.03	7.12	6.34
城镇人均可支配收入年均增长率（%）	5.24	4.53	6.12	5.84
农村年均家庭人均纯收入年均增长率（%）	7.24	7.03	8.12	8.34
城镇实际人均可支配收入均值（元）	5022.4	7670.9	5177.9	8809.3
农村实际家庭人均纯收入均值（元）	1734.6	3284.8	1788.1	3766.2
实际人均 GDP 年均值（元）	8132.0	13132.7	8199.4	14669.3

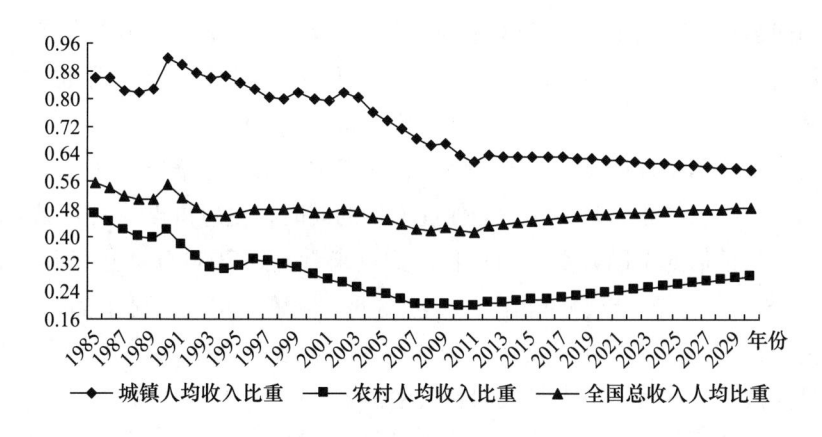

图 2-24　1985—2030 年各类收入占人均 GDP 比重变化态势

由图 2-24 可见,城镇人均收入占实际人均 GDP 比重由 1985 年的 86%、1991 年的 91%,一直下滑到 2012 年的 64%,依据预估这个比重仍将下滑,到 2030 年基本位于 60% 左右。这个比重下降是正常的,也实有其内在因素。可以肯定的是，在农业社会，这个比重必定高，但进入工业化后，这个比重会持续下降，是资本因素引领经济增长的内因所致，有其客观必然性。30年前工业不发达时的城镇收入占人均GDP比重在85%以上，若以这个超过当前西方发达国家比重为衡量标准，显然不够恰当。当然，随着服务业发达，人力资本因素引领作用增大，这个比重在下降到一定程度后会回转，根据中国经济发展状况，大致会停留在60%上下。至于农村收入占人均GDP比重则由1985年的46%持续下降到2011年的19.8%后，开始回升，到2030年将回到29%左右的水平。由此可见，长期以来，中国存在城镇居民收入比重过高，而农村又太低的二元分化的弊端。

若依据城市化率推算，中国全国城乡人均总收入比重在1985年大致为55.8%，其后则处于一直下降态势，在2011年达最低点仅有41.4%。而一般情况下，通常都认同发达国家居民实际收入占人均GDP比重为55%。尽管对此数值有不同看法，但至少是个低限，如2011年美国人均收入比重达到77%[1]，55%的数值也是中国近30年来的高值。因此，以55%为衡量标准，当前中国居民人均收入比重要低十几个百分点，不能不引起重视。究其原因，当然是经济增长成果没能让居民充分享受，但更严重的问题在于收入不均。可以说，中国目前收入问题的核心不在多寡，而是不均，不仅城乡严重不均，就是城镇内部各社会阶层收入差距也过大，尤其权贵阶层侵占太多，加上垄断及价格扭曲，即使居民收入水平绝对值有增长，但仍有捉襟见肘之感。因此，在资本因素仍为增长支柱及工业化时期，中国当前收入政策在适当促进增量的同时，更应重点着眼分配结构问题。从预估的全国城乡人均总收入比重来看，到2030年，这一比重也只是48.5%左右，与55%相比，依然偏低。城镇人均收入比重都在60%以上，其实，已基本处于发达国家的水平，但农村20%多一点的水平实在是太低了。尽管预估农村人均收入增幅要高于人均GDP的1—2个百分点，即便如此，到2030年，其比重也只接近29%。由此可见，中国农村"积贫积弱"的状况，也凸显中国城乡人均总收入比重偏低根源在于农村

---

[1] 李国荣等：《居民收入占GDP多少才合理？》，《国际先驱导报》2014年1月14日，"美国人口普查局公布的数据显示：2011年，美国人均收入为37531美元，而2011年，美国人均GDP为48532美元"。

收入太低。

因此，今后中国的收入分配改革，在适当提高城镇居民收入增幅的同时，应重点提高农村收入比重。本书对农村收入增幅的预估是建立在当前增幅高于人均 GDP 1 个百分点的态势之上。结果显示，到 2030 年，全国城乡人均总收入比重仍是偏低，表明当前农村收入增幅依旧偏小。但若农村收入增幅再提高 1 个百分点，可推算，到 2018 年，全国城乡人均总收入比重可达 47% 左右，到 2030 年就会突破 50%，进入合理区间。

（二）居民消费

从需求角度来看，居民消费是影响经济增长率的重要内容。从居民总消费率与最终消费率的变化趋势看，近十几年来，两者一直持续下滑，且态势几乎完全一致。这证实了中国居民消费不振的事实，也表明正是低下的居民总消费率，造成了最终消费需求的不旺。

若进一步从城乡居民人均消费状况看，虽然城乡居民收入增长率提高，必会增加消费量，但由于消费倾向持续下降，再加上城镇收入增长率没有超过人均 GDP，造成城镇居民人均消费占人均 GDP 比重下降更快。若以 1978 年为基期测算，自 1990—2012 年以来中国城镇居民三者的变化情况即可清晰地说明这一点，如图 2-25 所示。

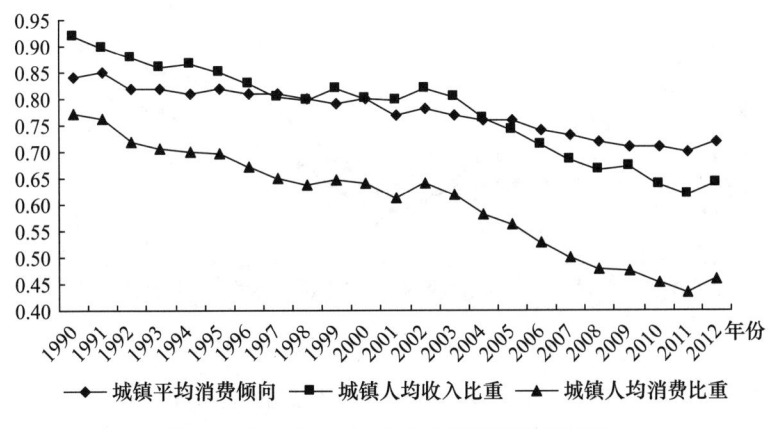

图 2-25 1990—2012 年中国居民消费状况

由于居民消费涉及消费倾向，这是一个社会心理问题。与居民收入相比，提高居民消费就并非那么单纯。通过收入分配改革，提高居民收入能立竿见影，虽然在一定程度上会促进居民消费，但并不必然提升居民消费比重。若不能相应提高居民消费倾向，所增收入被用于储蓄，同样难以提升消费水平。而居民消费倾向的提高则涉及一系列改革，除了收入分配，还包括健全社会保障制度、失业问题、食品安全、假冒伪劣等消费环境问题，以及当前困扰中国人民生活的新"三座大山"——房地产、教育、医疗的改革成效等众多问题。因此，对消费前景的预估，就相对更加扑朔迷离，这里也只能在假定这一系列改革较有成效，居民消费倾向能逐步提升的前提下进行展望。由图2-25可见，在2012年也的确看到了这一拐点显现的迹象。

首先，在一系列改革措施促进下，居民平均消费倾向会逐步提升。以当前趋势看，在第三阶段，城镇居民平均消费倾向将会以平均每年1个百分点速度提升，农村由于收入增长较快且消费倾向要大于城镇，故农村居民平均消费倾向将年均提升1.5个百分点；在第四阶段，城乡都将年均提升0.5个百分点。以这样的提升趋势，大概到2030年，城乡平均消费倾向都将回到90年代初期水平，城镇达到85%，农村为89%。相对于英国1976—1995年居民平均消费倾向的96%、美国1976—1996年居民平均消费倾向的116%[①]，这个平均消费倾向，对中国而言，应是合理的。如图2-26所示。

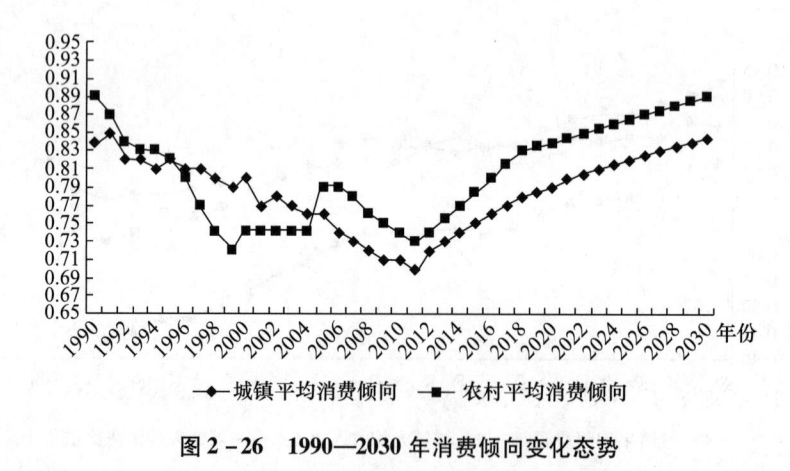

图2-26 1990—2030年消费倾向变化态势

其次，从1990—2012年城乡居民人均消费平均增长率看，都大致低

---

① 刘毅：《社会转型期中国中产阶层消费倾向研究——基于珠江三角洲城镇住户调查数据的实证》，《学术研究》2008年第9期。

于城乡居民收入的 1—2 个百分点。如果以 1978 年为基期的实际人均 GDP 测算，根据城乡实际收入与平均消费倾向变化趋势，可以推算出城乡人均消费水平的变化态势。并依据城市化率的变化情况，也可以估计出中国居民总消费率的变化前景，如图 2 – 27 所示。

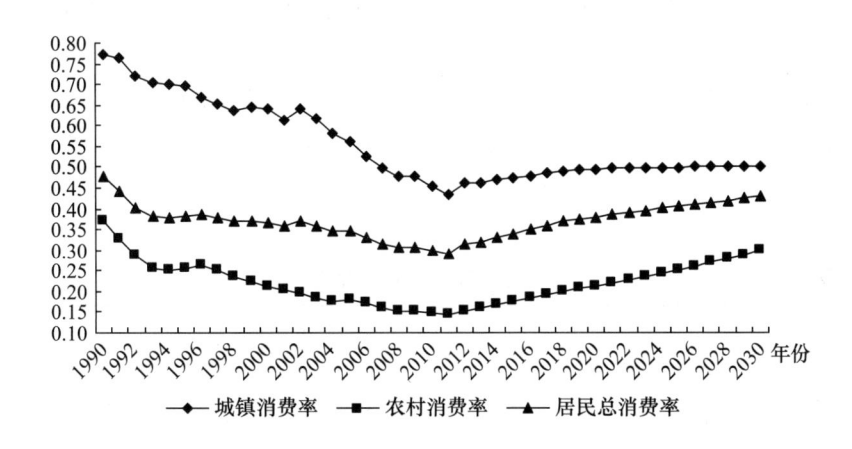

图 2 – 27　1990—2030 年几类消费率变化趋势

由图 2 – 27 可见，在城乡居民收入增长、居民消费倾向提升的态势下，中国城乡居民消费率与居民总消费率都存在明显的提高趋势。就具体数值来看，2018 年，三个指标将由 2012 年的 46.0%、15.2% 与 31.4%，分别增至 49.1%、19.9% 与 37.0%，到 2030 年则增长到 50.3%、29.8% 与 43.0%，其中农村增幅最大，到 2030 年消费率要增加 1 倍；其次为居民总消费率，每个阶段大致增加 6 个百分点，城镇居民增幅最小。这意味着将来中国消费率的提高主要贡献在于提升农村消费，这也与农村收入大幅提高的趋势是一致的。但是也可看到，这里计算出来的数值与《中国统计年鉴》显示的数据存在计算的系统性误差，普遍要低大致 5—6 个百分点。原因在于：一是这里的数值是以 1978 年为基期的实际值计算而得，可能存在一定的缩减效应；二是为了便于预测，居民消费率是借助平均消费倾向变化态势计算而得；三是居民总消费率又辗转通过城市化率计算得出，故存在一定的误差。但这种统一计算可以显示出三个消费率的回归水平。如居民总消费率在 2018 年将大致回到 1998 年水平，到 2030 年则回到 1991 年水平，若以当时消费水平来看，1998 年居民总消费率大致为

45.3%，1991年为48.8%，如加上较为稳定的年均14.5%左右的政府消费水平，这意味着以当期计算，2018年中国最终消费率将可能回升至60%，2030年则升到64%的水平。由于消费问题受影响的面很广，又基本是个社会心理问题，在当前中国正面临急剧变革期、改革攻坚期的情况下，居民消费更易遭受波动，故这里的预测也仅是给出一个大致可能的变化趋势。

综上所述，我们可以给出一个未来较理想的经济发展的大致前景。由于前面已证明，调整运行下对城乡实际收入增幅具有放大效应，故这里给出这种运行下的前景，如表2-9所示。

表2-9　　　　　　　　居民收入、消费及预测

以1978年为基期	调整运行	
	第三阶段 （2013—2018年）	第四阶段 （2019—2030年）
实际国内生产总值状况		
实际GDP年均增长率（%）	7.4	6.45
实际人均GDP年均增长率（%）	7.12	6.34
实际人均GDP年均值（元）	8199.4	14669.3
实际人均GDP（元）	9488.2（2018）	19840.1（2030）
居民收入状况		
城镇人均可支配收入年均增长率（%）	6.12	5.84
农村年均家庭人均纯收入年均增长率（%）	8.12	8.34
城镇实际人均可支配收入均值（元）	5177.9	8809.3
城镇实际人均可支配收入（元）	5976.0（2018）	11808.9（2030）
农村实际家庭人均纯收入均值（元）	1788.1	3766.2
农村实际家庭人均纯收入（元）	2154.2（2018）	5633.2（2030）
城镇人均收入比重（%）	63（2018）	60（2030）
农村人均收入比重（%）	22.7（2018）	28.4（2030）
全国城乡人均总收入比重（%）	46.2（2018）	48.5（2030）
居民消费情况		
城镇平均消费倾向年均增长率（%）	1	0.5

续表

以1978年为基期	调整运行	
	第三阶段 （2013—2018年）	第四阶段 （2019—2030年）
城镇平均消费倾向（%）	78（2018）	84.5（2030）
农村平均消费倾向年均增长率（%）	1.5	0.5
农村平均消费倾向（%）	83（2018）	89（2030）
城镇人均消费水平均值（元）	3918.2	7225.7
城镇人均消费水平（元）	4661.3（2018）	9978.5（2030）
农村人均消费水平均值（元）	1473.7	3692.2
农村人均消费水平（元）	1889.6（2018）	5904.0.5（2030）
城镇人均消费率（%）	49.1（回归到2007年水平） 2007年当期水平：60.1	50.3（回归到2006年水平） 2006年当期水平：64.4
农村人均消费率（%）	19.9（回归到2002年水平） 2002年当期水平：29.1	29.8（回归到1991年水平） 1991年当期水平：31.8
居民总消费率（%）	37.0（回归到1998年水平） 1998年当期水平：45.3	43.0（回归到1991年水平） 1991年当期水平：48.8
最终消费率（%） （政府消费稳定在年均14.5的水平）	60（2018可能的当期水平）	64（2030可能的当期水平）
城市化率（%）	58.5（2018）	64.5（2030）

从表2-9所展望的总体结果看，虽然与自身纵向比较还可令人满意，但若横向相比，不要说与发达国家，就是与新兴国家，都还存在不小差距。应该说，未来经济在收入消费上体现的主要是一种结构性调整及回归常态的发展。这里需要重点指出的是，即便这个虽然满意但还难说尽如人意的发展前景，也是建立在假设资本效率提升后的增速基础上的，而非先前阶段资本效率丧失下的惯性运行所能。也就是说，资本效率提升后，中国经济已接近潜在水平增长，未来居民收入消费改善状况尚且如此，那么当经济增速与潜在水平渐行渐远时，居民收入消费状况改善的前景就可想

而知了。此乃其一。

其二，在居民收入消费方面结构性矛盾突出又恰逢潜在增长水平下降的当下，中国必将面临保经济增长、促结构调整的双重任务。维持一定增速下的动态调整，将是今后几年中国经济运行的常态。这意味着，一方面必须保证经济接近潜在水平增长，而不能因为促调整影响了这个根本，否则会丧失结构调整的基础；另一方面又必须适时、稳妥地促调整，否则会因为经济增长终极目标的偏离，而难以为继。

其三，虽然"保增长、促调整"可谓任重道远，但看似有些相互掣肘的两者，却可以通过资本效率提升的实现，而一并解决。因为中国城乡居民收入、消费状况的恶化与资本效率低下的根源其实是一致的，都是政府主导模式使然。提升资本效率的路径实际上也是改善城乡居民收入、消费状况的措施。如更高的增长率对居民收入提高有更多的放大效应，故通过提升资本效率来维持一个更高的增长态势，也是改善城乡居民收入的内在要求；又如打破政府主导、国有垄断，推动民间投资以提升资本效率，加强民间力量对经济运行的主导作用，藏富于民，居民消费率提高自然顺理成章；再如一系列提高居民消费倾向的措施，既可促使居民收入提高引发消费率提升，又可内需拉动增长，提升资本效率的配套措施所在。因此，从某种意义上说，当下之中国，无论是促进增长，还是改善居民收入消费状况，资本效率都可谓是盘活整个经济大棋的枢纽性变量。

第九节 结论

由上对资本效率的研究，可大致推出四个结论：

一是总体上说，中国资本效率在下降，尤其资本配置效率低下，是不争的事实。

二是尽管如此，中国资本积累仍具动态有效、资本回报率较高的特征，在2008年以前还具正面效应，这正是支持中国高投入的一个依据所在。

三是虽然2008年后资本积累转入了动态无效，但鉴于2008年后的非理性投资以及多年较高的资本回报率，预示着中国才刚进入动态无效轨道，这也意味着如果适时提升资本效率，中国资本报酬率仍有正向空间。

与前两阶段资本弹性均值在 0.62 与 0.55 相比，第三阶段仍有维持在 0.55 左右及维持较高资本投入的可能。

四是资本效率整体低下的缘由，可以总结为政府—国有银行—国有企业"三位一体"的政府主导型经济运行模式使然，此乃中国居民收入消费状况恶化的根源所在。

因此，要提升资本效率，必然要改革政府、国有银行、国有企业的行为，推动以民间投资为主体的市场主导型模式形成。具体建议如下：

第一，政府要主动减少投资，对于必要的公益性投资要建立健全基础设施项目的科学评估与决策机制，同时建立严格的资金使用监管机制和工程质量审查机制，减少官员腐败，杜绝"豆腐渣"工程，提高资本形成率与回报率。

第二，减少行政干预，逐步放开对要素市场的管制。深化价格体制改革，强调要素配置的价格机制作用，形成合理的相对价格体系，真实地反映企业效率，引导各产业部门以真实效率为衡量基准的均衡增长。

第三，建立以资金使用效率为国有银行放贷，进行资本配置的评估指标体系。促进利率市场化，将资金导向效率较高的民营企业，改变"国有企业有钱无处花、民营企业有处无钱花"格局。降低民营企业融资成本，推动民间投资，加快民间金融改革步伐，充分发挥民间资本的高效性。

第四，打破各级政府的行政分割与区域垄断，减少重复建设，破除国有企业不必要的行业垄断，减少国有企业等形形色色国有经济的市场参与度。建立低效企业出清机制，尤其是国有企业破产退出机制。

第五，消除政府制度性障碍，真正推动行政审批制度改革。开拓民营企业投资空间，减少行政权力对民营企业的干扰、限制与束缚，减少民有企业各种公关开支，提升民间资本形成效率。同时，削减不必要的行业管制，容忍民间资本进入高层次服务业等利润丰厚的领域，促使民间资本流向投资，而非流向炒作楼市、股市等投机市场，促进民间消费，提升民间资本效率。

总之，当前中国资本效率低下的根源在于政府主导型经济运行模式，这种格局也表明高效的民间投资从未真正在中国充分启动，若改变此格局，就必然会为提升资本效率开拓广大空间。在人口"负利"的情况下，资本因素仍是维持中国经济增长的主动力，较高的资本回报率及维持 0.5

以上的资本弹性都仍具空间,未来几年也可谓考验资本因素能否真正发生效力的关键时段。若民间资本投入与效率能不断提升,既可保障未来若干年中国经济增长仍能维持7%以上的水平,也可为未来经济增长的主动力由资本因素转入TFP奠定良好基础。因此,当前提升资本效率的努力不仅功在当代,也利在未来。

附录

附表1

年份	实际GDP（以1978年为基期）	实际GDP增长率	年份	实际GDP（以1978年为基期）	实际GDP增长率
1978	3645.22		1995	18309.27	10.9
1979	3922.25	7.6	1996	20141.76	10.0
1980	4228.75	7.8	1997	22014.35	9.3
1981	4450.46	5.2	1998	23738.80	7.8
1982	4853.54	9.1	1999	25547.66	7.6
1983	5380.29	10.9	2000	27701.66	8.4
1984	6196.81	15.2	2001	30000.99	8.3
1985	7031.28	13.5	2002	32725.69	9.1
1986	7653.29	8.8	2003	36006.57	10.0
1987	8539.80	11.6	2004	39637.85	10.1
1988	9503.13	11.3	2005	44120.90	11.3
1989	9889.27	4.1	2006	49713.90	12.7
1990	10268.92	3.8	2007	56754.58	14.2
1991	11211.49	9.2	2008	62222.70	9.6
1992	12808.09	14.2	2009	67956.02	9.2
1993	14596.65	14.0	2010	75055.38	10.4
1994	16506.00	13.1	2011	82035.62	9.3
1995	18309.27	10.9	2012	88396.52	7.8

附表 2　　　　　　　　　　当期就业份额变动

年份	第一产业	第二产业	第三产业	年份	第一产业	第二产业	第三产业
1979	-0.993	1.734	3.279	1996	-3.256	2.172	4.839
1980	-1.576	3.409	3.968	1997	-1.189	0.851	1.536
1981	-0.873	0.549	3.817	1998	-0.201	-0.840	1.139
1982	0.000	0.546	-0.735	1999	0.602	-2.127	0.750
1983	-1.468	1.630	5.185	2000	-0.197	-2.177	2.228
1984	-4.620	6.417	13.380	2001	0.000	-0.886	0.730
1985	-2.500	4.523	4.348	2002	-0.001	-4.037	3.248
1986	-2.404	5.288	2.381	2003	-1.801	0.934	2.450
1987	-1.478	1.370	3.488	2004	-4.479	4.164	4.436
1988	-1.167	0.901	2.809	2005	-4.478	5.780	2.613
1989	1.349	-3.571	0.000	2006	-4.910	5.880	2.549
1990	0.000	-0.926	1.093	2007	-4.226	6.352	0.621
1991	-0.666	-0.001	2.164	2008	-2.942	1.491	2.468
1992	-2.010	1.403	4.759	2009	-3.788	2.207	2.710
1993	-3.589	3.226	7.069	2010	-3.671	3.238	1.466
1994	-3.724	1.337	8.495	2011	-5.179	2.789	3.181
1995	-3.867	1.324	7.823	2012	-3.446	2.710	1.120

参考文献

1. Zheng Song, "Kjetil Storesletten, and Fabrizio Zilibotti, Growing Like China" [J]. *American Economic Review*, 2011, 101: 202-241.

2. 白重恩、谢长泰、钱颖一：《中国的资本回报率》，《比较》第 28 辑，中信出版社 2007 年版。

3. 才国伟、钱金保、舒元：《中国资本配置中的趋同与效率：1952—2007》，《统计研究》2009 年第 6 期。

4. 方军雄：《所有制、市场化进程和资本配置效率》，《管理世界》2007 年第 11 期。

5. 金雪军、王永剑：《中国资本配置效率影响因素的实证分析》，《上海金融》2011 年第 8 期。

6. 孔睿、李稻葵、吴舒钰：《资本形成效率探究》，《投资研究》2013 年第 4 期。

7. 李国荣等：《居民收入占 GDP 多少才合理？》，《国际先驱导报》2014 年 1 月 14 日。

8. 李凯：《改革背景下的中国宏观投资效率分析》，《时代金融》2011 年第 6 期。

9. 李青原、赵奇伟、李江冰等：《外商直接投资、金融发展和地区资本配置效率——来自省级工业行业资本配置效率的证据》，《金融研究》2010 年第 3 期。

10. 李治国、唐国兴：《资本形成路径与资本存量调整模型基于中国转型时期的分析》，《经济研究》2003 年第 2 期。

11. 林民书、张志民：《投资低效与经济增长：对中国资本存量和无效投资的估算》，《河南社会科学》2008 年第 5 期。

12. 刘树成：《国民收入翻番难点透视》，《人民论坛》2013 年第 4 期。

13. 刘毅：《社会转型期中国中产阶层消费倾向研究——基于珠江三角洲城镇住户调查数据的实证》，《学术研究》2008 年第 9 期。

14. 卢锋：《中国资本回报率估测（1978—2006）——新一轮投资增长和经济景气微观基础》，《经济学》（季刊）2007 年第 3 期。

15. 吕冰洋：《中国资本积累的动态效率：1978—2005》，《经济学》（季刊）2008 年第 2 期。

16. 彭国华：《中国地区收入差距、全要素生产率及其收敛分析》，《经济研究》2005 年第 9 期。

17. 秦岭：《中国经济增长中的资本效率研究》，博士学位论文，华中科技大学，2010 年。

18. 王红英：《"创造性破坏"、资本效率与中国经济的长期增长》，《生产力研究》2012 年第 5 期。

19. 王维群：《改革开放以来中国资本投入的效率及其优化对策研究》，硕士学位论文，重庆大学，2010 年。

20. 项本武：《中国经济的动态效率：1992—2003》，《数量经济技术经济研究》2008 年第 3 期。

21. 《深圳公务员：工资虽高却被房价甩了谁干谁知道》，《羊城晚报》2014 年 3 月 19 日第 18—21 版。

22. 杨佐平、沐年国：《ICOR：固定资产投资效率与经济增长方式研究》，《经济问题探索》2011 年第 9 期。

23. 曾五一、赵楠：《中国区域资本配置效率及区域资本形成影响因素的实证分析》，《数量经济技术经济研究》2007 年第 4 期。

24. 张国富、王庆石：《国资本配置效率的地区差异及影响因素——基于 1991—2007 年省际面板数据的经验分析》，《中山西财经大学学报》2010 年第 2 期。

25. 张军：《改革以来中国的资本形成与经济增长：一些发现及其解释》，《世界经济文汇》2002 年第 1 期。

26. 张军：《资本形成投资增长与中国的经济增长实证研究》，清华大学出版社 2005 年版。

27. 张习宁：《中国宏观经济的投资效率分析》，《海南金融》2012 年第 3 期。

28. 赵诗：《资本配置效率评价及资本逐利转移影响因素研究》，硕士学位论文，浙江工业大学，2012 年。

29. 中国经济增长前沿课题组：《中国经济长期增长路径、效率与潜在增长水平》，《经济研究》2012 年第 11 期。

30. 中国经济增长前沿课题组：《中国经济转型的结构性特征、风险与效率提升路径》，《经济研究》2013 年第 10 期。

Chapter 2　Economic Growth and Development of Large Country

Abstract：On the basis of expounding the general rule of economic growth and the four stages of industrial and economic structure evolution（production factor orientation, investment orientation, innovation orientation and prosperity orientation）, Chapter 2 analyzes current situation, problems and stages of China's macro–economic operation and development. Furthermore, by using the standard production function accounting framework, this chapter statistically and empirically analyzes the labor, capital and technological innovation in the process of China's economic development. Finally, the chapter analyzes and proposes policy suggestions for improving the income and consumption of Chinese residents and thereby promoting economic growth.

Key Words：Large Country Economy, Demographic Factor, Capital Efficiency, Technological Innovation

（执笔人：刘霞辉）

第三章 大国经济发展与体制优化

第一节 中国经济体制的现状

我们把经济体制理解为一个系统化的制度安排,其核心是指资源占有方式与资源配置方式的有机组合。从体制的内在结构来看,任何经济体制都由三类基本制度构成:一是资源占有制度,包括所有制、利益关系和动力机制;二是资源配置制度,包括市场和政府管理制度;三是经济运行的支持体系,包括信息系统和监督与协调体系。从现实的经济体制来看,无论是大国还是小国,这些体制机制最终表现为企业、市场和政府三者之间的关系。于是,这三者之间不同的功能、比例和结构的组合,构成了世界上丰富多彩的经济体制模式。因此,在研究中国走向世界经济强国的体制问题时也将围绕这一主线展开。整体而言,自 1978 年实行改革开放政策以后,中国的经济体制进入不断深化改革的转轨时期。尽管存在这样和那样的问题,也无论我们情愿还是不情愿,中国的经济体制都在开始向着决策的分散化、资源配置的市场化、经济管控的法制化和经济活动范围的国际化的大国经济模式收敛。

一 国有经济的规模、结构与功能

所谓国有企业,是指由各级政府或国有机构出资形成的全资、控股的一类企业。计划经济时期,国有企业是中国企业的基本形态,也是推动经济增长的主要动力源。改革开放后,为了提升国有企业的经营效率和创利能力,中国先后进行了"放权让利""经济责任制""利改税""承包制"和股份制、拍卖、租赁等产权关系改革,如今,国有企业在数量和规模上已经大为减少,在产业分布上也有了很大调整,国有企业的功能已经发生了重大变化。

(一) 国有经济的规模

在改革的推动下，中国国有企业在数量上不断减少，而产值规模却在不断扩大。2012年与1996年相比，国有企业的户数从216万户减少到近16万户，16年间净减少了200万户；从产值来看，以国有工业企业总产值指标为例，1993—2002年，企业总产值由22725亿元增加到45179亿元，年均增长7.93%；2003—2010年，由53408亿元增加到185961亿元，年均增长高达19.51%。[①] 不仅如此，管理部门还通过鼓励国有企业改制上市，实现国有企业规模的进一步扩张。根据《中国证券报》2013年1月10日报道，截至2012年年底，国有控股上市公司共953家，占中国A股上市公司数量的38.5%，市值合计13.71万亿元，占A股上市公司总市值的51.4%。很显然，国有企业规模的扩大使中国的微观经济结构仍然在其控制和强力的影响之下。

(二) 国有经济的比重

尽管改革开放以来国有经济的绝对规模在不断扩大，但与此同时，非国有经济也在不断壮大，而且其发展速度超越了国有经济，从而使国有经济的比重相对地下降。从图3-1可以看到，国有经济所占比重从改革开放初期的77.63%，下降到2009年的26.74%，净减少了50.89个百分点，平均每年约减少1.64个百分点。国有经济比重的相对下降，为非国有经济提供了一定的发展空间。然而，我们同时又看到，尤其是在近几年国有经济出现了所谓的"国进民退"的苗头。2011年，国有经济所占比重再次上升到33.4%，比2009年的26.74%提高6.7个百分点。国有企业通过对资源和市场的控制，通过并购等方式在一些行业已经将非国有企业重新挤出了市场。

(三) 关于国有经济的产业分布及其功能

随着国有企业改革的深入，从20世纪80年代后期，学术界开始关注国有经济的功能及其产业分布等重大问题的讨论。刘国光（1996）、董辅礽（1997）、张卓元（1997）、吴敬琏等（1997，1998）针对当时国有经济"盘子"过大、过于分散造成的产能过剩和连年亏损的被动局面，指出国有经济需要从过于宽泛的竞争性行业适当退出，集中力量控制关系国民经济命脉的重要行业和关键领域。主要是资源垄断性行业（如邮电、

---

① 陈鸿：《国有经济布局》，中国经济出版社2012年版，第135、138页。

通信、原油开采）和提供最重要公共品的行业（如铁路、城市公共交通、电力、煤气、自来水供应），同时也包含一些竞争性行业（如石化、钢铁、商品粮流通、金融、外贸、尖端技术等）。提出国有经济应发挥保障功能，即保障国家安全、提供重要公共品和服务的功能，以及在支柱产业和高技术产业发挥产业引领的功能。

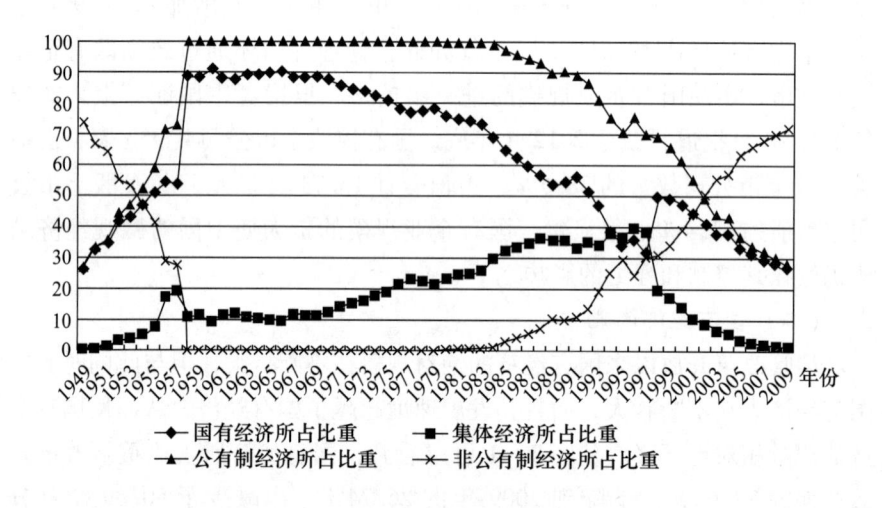

图 3-1　中国微观经济结构变动趋势

另一些规范性研究的学者则从理论出发，讨论了国有经济功能的发挥、重组的原则和对策问题。周叔莲（1994）较早地从发挥国有经济主导作用的角度指出，国有经济要有计划、有步骤地从一些部门和企业退出，而要加强那些必须继续由国有经济经营的部门和企业，要把调整国有经济与振兴产业结合起来，与发展多种经济成分结合起来。吴敬琏等（1997）也强调了国有经济改组要与发展非公有经济联系起来。董辅礽（1999）首先将国有企业改革分为宏观和微观两个层次，并从宏观角度指出，国有企业的国家所有的产权制度决定了其具有公益性、政策性、维护国家和社会安全及追求国民经济整体效益的功能，相应地应分布于社会公益性部门、实施政府政策的政策性部门、保障社会和国家安全部门、某些自然垄断和基础设施部门、某些高科技部门等 6 个部门或领域。他重点论述了国有经济重组与发挥非公有经济的关系。马建堂等（2000）依据国有经济的功能和产业重组的原则，依次将产业进一步细分为国有经济必须保持绝对控制、相对控制、需进一步加强或退出等6个产业领域。刘元春（2001）分析了中国作为后发的转轨国家，国有企业应当从计划经济时期的"技术移植、技术模仿、技术赶超和技术扩散"的主体，转向转轨时期的提供技术公共品，以便克服"国家失灵"和"市场失灵"。张颢瀚等（2005）按照国有企业的功能及市场经济的要求，认为应将国有企业重组为生产公共产品的企业，这类企业不应以营利为目的，由政府财政全资设立，在一定程度上实施计划管理；掌握国民经济命脉的企业，包括基础产业、支柱产业和先导产业，这类企业应由国家控股；一般竞争性企业，企业要进入市场，国家要逐步从这些企业退出。居维纲（2005）认为，国有经济在社会主义市场经济中有其特有的、难以为非公有企业替代的功能，包括维护国家和社会安全的功能、政府调控经济的功能、提供公共物品的功能、保障国民经济协调发展、提高国民经济整体效益的功能；沈志渔、罗仲伟等（2005）概括性地指出，中国国有企业应具有安全与稳定功能、调控与引导功能、支撑与服务功能，以及国家层面的竞争力功能四方面。王俊豪等（2005）从管制经济学的角度进一步指出，国有经济应当以控制垄断行业中的自然垄断性业务为主，比如，电力、电信、铁路运输航空、邮政、自来水和管道燃气的管线部分，非自然垄断性业务则应交由非国有企业经营。杨励（2006）从国有经济角色入手指出，从计划经济到现在的市场经济，国有经济从普遍性配置角色逐步转变为特殊性配置角色。这种特殊配置角色从本质上是国有经济作为国家调控经济的工具，国有经济在于实现社会目标和经济发展的战略性目标，其功能侧重综合发挥服务、引导、保证和调控性功能。国有经济应主要分布于自然垄断产业、公共事业领域、战略竞争性产业，以及一些特殊行业如战略资源开采、军工、造币等。剧锦文（1999，2006，2009）认为，在市场经济体制下，国有企业的主要功能不仅在于弥补市场缺陷，还在于"诱致"市场的产生。

从党和政府的战略与政策方面看，早在1987年年底召开的中国共产党第十三次代表大会报告中就已经提到："在不同的经济领域，不同的地区，各种所有制经济所占比重应当允许有所不同。"[1] 1995年9月，党的

---

[1] 中共中央文献研究室编：《十一届三中全会以来党的历次全国代表大会中央全会重要文件选编》（上），中央文献出版社1997年版，第466页。

十四届五中全会召开，首次明确地提出，从宏观上改革国有经济的任务和确立国有经济的功能。并在讨论制订国民经济和社会发展第九个五年计划和2010年远景目标时要求："要着眼于搞好整个国有经济，通过存量资产的流动和重组，对国有企业实施战略性改组。"① 1997年9月，党的十五大报告，在继续强调"要着眼于搞好整个国有经济，抓好大的，放活小的，对国有企业实施战略性改组"的同时，首次明确提出，"要从战略上调整国有经济布局。对关系国民经济命脉的重要行业和关键领域，国有经济必须占支配地位。在其他领域，可以通过资产重组和结构调整，以加强重点，提高国有资产的整体质量"。② 1999年9月，党的十五届四中全会通过了《中共中央关于国有企业改革和发展若干重大问题的决定》，进一步明确指出，要增强国有经济在国民经济中的控制力；从战略上调整国有经济布局和改组国有企业。这次会议把应保留国有经济的"重要产业和关键领域"明确为："涉及国家安全的行业、自然垄断的行业、提供重要公共产品和服务的行业，以及支柱产业和高新技术产业中的重要骨干企业。"同时要求："从战略上调整国有经济布局，要同产业结构的优化升级和所有制结构的调整完善结合起来，坚持有进有退，有所为有所不为。"2002年11月，党的十六大报告指出，要加快调整国有经济布局和结构。2003年10月，党的十六届三中全会通过的《中共中央关于完善社会主义市场经济体制若干问题的决定》进一步指出："完善国有资本有进有退、合理流动的机制，进一步推动国有资本更多地投向关系国家安全和国民经济命脉的重要行业和关键领域，增强国有经济的控制力。其他行业和领域的国有企业，通过资产重组和结构调整，在市场公平竞争中优胜劣汰。"特别值得提到的是，根据2006年12月国务院办公厅转发国家国资委《关于推进国有资本调整和国有企业重组的指导意见》，明确提出七大行业将由国有经济控制。对于军工、石油和天然气等重要资源开发及电网、电信等基础设施领域的中央企业，国有资本应保持独资或绝对控股；对以上领域的重要子企业和民航、航运等领域的中央企业，国有资本保持绝对控股；对于石化下游产品经营、电信增值服务等领域的中央企业，应

---

① 中共中央文献研究室编：《十一届三中全会以来党的历次全国代表大会中央全会重要文件选编》（下），中央文献出版社1997年版，第350页。

② 同上书，第426页。

加大改革重组力度，引入非公经济和外资，推进投资主体和产权多元化。同时，国有经济对基础性和支柱产业领域的重要骨干企业保持较强控制力，包括装备制造、汽车、电子信息、建筑、钢铁、有色金属、化工、勘察设计、科技等行业。这一领域国有资本比重要降低，国有经济影响力和带动力要增强。其中，机械装备、汽车、电子信息、建筑、钢铁、有色金属行业的中央企业要成为重要骨干企业和行业"排头兵"企业，国有资本在其中保持绝对控股或有条件的相对控股；承担行业共性技术和科研成果转化等重要任务的科研、设计型中央企业，国有资本保持控股。2007年10月15日，党的十七大报告也再次重申要优化国有经济布局和结构，增强国有经济的活力、控制力和影响力。2013年11月12日，党的十八届三中全会通过的《中共中央关于全面深化改革若干重大问题的决定》再次重申，要"发挥国有经济主导作用，不断增强国有经济活力、控制力、影响力。国有资本投资运营要服务于国家战略目标，更多投向关系国家安全、国民经济命脉的重要行业和关键领域，重点提供公共服务、发展重要前瞻性战略性产业、保护生态环境、支持科技进步、保障国家安全"。

在国家政策的推动下，国有经济开始从竞争性产业领域逐步退出，向基础产业和支柱产业集中。我们利用国家统计数据计算了1997—2006年国有企业产值在不同行业间的变化（见表3-1）。

表3-1　　　　1997—2010年主要国有工业产值的行业分布　　　单位:%

产业	1988年	1997年	2000年	2006年	2010年
烟草	97.9	97.9	98.5	99.1	99
石油开采	100	96.1	94	96.5	95
电力	97.2	73.4	82	86	92
石油加工	97.1	81.6	89.7	64.7	71
自来水	92.1	85.7	85.4	67.1	69
煤炭	82.1	78.3	81.2	80.6	56
交通设备	72.6	44.6	59.1	44.8	47
燃气或煤气	79.3	63.8	70.8	42.9	44
钢铁	—	—	73	39.1	39
有色金属加工	80.2	54.9	50.9	31.8	28

续表

产业	1988年	1997年	2000年	2006年	2010年
有色金属矿开采	77	51.7	43.4	32	27
专用设备	—	41.1	38	26	22
化工	79	43.9	43.8	23.5	19
饮料	74.4	48.7	41.5	14.8	16
黑色金属矿开采	69	39.8	39.2	16.1	14
机械	47.7	33.8	31.8	19.6	13
医药	—	36.6	38.5	16.3	13
印刷	—	40.5	34.3	15.4	12
其他矿开采	—	20.6	15.9	35.2	11
化纤	87	20	47.9	16.2	—
非金属矿	50.9	28.6	31.6	18.1	10
仪器仪表	63.3	28.2	24.3	11.9	10

注：统计口径包括隶属中央企业或省级企业，或国有控股大于50%的所有企业。

资料来源：根据《中国统计年鉴》相关年份的相关数据计算而得。

从表3-1可以看到，经过近十几年的战略调整，到2010年，国有工业企业在大多数竞争性产业领域已经不再处于控制地位，包括交通设备制造直至仪器仪表等行业，国有经济的比重逐一减少。不过，我们同时又看到，在烟草、石油开采、电力、煤炭、自来水、石油加工等基础性领域，国有经济仍然占有很高的比重，已经在这些产业领域形成了高度的垄断。我们甚至还看到，2010年，国有工业的产值在一些行业中的比重再次回升，比如电力、石油加工、交通设备等。

由于在实践中国有经济功能被重新界定，使一些国有大企业的市场势力越来越大，行业的垄断程度进一步提高。更为严重的是，政府通过政策或条令赋予国有经济集中的产业一定的行政垄断地位，使这些领域成为国有垄断的天堂，成为国有垄断与行政垄断的集合区。比如，铁路、民航、电力、电信、石油和城市公用事业等，其本身就包括一部分自然垄断性业务，具有一定的自然垄断特性。这样，就又形成了市场垄断、行政垄断与自然垄断的结合和重叠，从而大大强化国有经济的控制力。根据平新乔（2003）的一项研究，国有经济分行业的控制力状况如表3-2所示。

表 3-2　　　　　　　　分行业的国有控股概况　　　　　　　单位:%

行业	国有绝对控股资本对实收资本比率	国有相对控股资本对实收资本比率	国有控股资本对实收资本比率
农、林、牧、渔业	38.52	3.16	41.68
采掘业	78.63	2.34	80.97
制造业	36.35	4.34	40.87
电力、煤气及水的生产与供应业	77.96	3.78	81.74
建筑业	44.22	2.38	46.59
地质采矿业、水利管理业	91.50	0.25	91.75
交通运输、仓储及邮电通信业	81.60	2.06	83.66
批发和零售贸易、餐饮业	39.33	3.06	42.40
金融、保险业	82.71	3.18	85.89
房地产业	26.63	4.28	30.91
社会服务业	36.43	3.63	40.07
卫生、体育和社会福利业	68.21	1.84	70.06
教育、文化艺术及广播电影电视	67.84	2.77	70.61
科学研究和综合技术服务业	49.06	4.12	53.18
平均数	52.81	3.46	56.27

资料来源：平新乔：《中国国有资产控制方式与控制力的现状》，《经济社会体制比较》2003年第3期。

2008年国际金融危机爆发后，在国有经济控制力不断强化和"国进民退"的大背景下，在钢铁、煤炭、航空、金融等已有一些民资进入的垄断行业，国有企业通过兼并等手段进一步压缩了民营企业的生存空间，甚至在一些竞争性行业如食品消费业、新能源、快递等行业国有经济重新得到了扩展。

中央企业及其子企业引入非公资本形成混合所有制企业，已经占总企业户数的52%。2005—2012年，国有控股上市公司通过股票市场发行的可转债，引入民间投资累计达638项，数额累计15146亿元。截至2012年年底，中央企业及其子企业控股的上市公司共378家，上市公司中非国有股权的比例已经超过53%。地方国有企业控股的上市公司681户，上市公司非国有股权的比例已经超过60%。2010年，"新36条"颁布以来，到2012年年底，民间投资参与各类企业国有资产产权的交易数量是4473

宗，占交易总宗数的81%；交易金额为1749亿元，占交易总额的66%。

（四）国有企业的治理结构

公司治理的基本理论告诉我们，公司或企业的治理结构是产权结构的逻辑延伸。国有企业自然由政府实施单边治理，即便是经过股份制改造并挂牌上市的国有控股公司，由于国有股权一直保持着绝对控股状态，这些公司仍然保持了政府主导的单边治理结构。政府部门不仅直接向这类企业派董事、董事长，还要派总经理、副总经理，公司内部的权责关系不清；有的企业董事长、总经理由一人兼任，董事会不能发挥监督经理的职能，于是在避免企业领导集团内部矛盾的同时却失去了有效制衡的机制；有的董事会对集体决策、个人负责的议事规则不以为然，重大问题还是个人说了算，民主、科学的决策机制没有形成；有的国有独资企业甚至只有董事长而没有董事会。更主要的是，其主要领导人都是由党的组织部门、国务院或国资委直接任命，属于准政府官员，很大一部分就是直接由部长、副部长直接转化而来的，他们与股东之间更多的是一种政治契约而非经济契约，他们首先对政府负责，而不是对市场和企业负责，企业追求的主要目标是在稳定前提下的收入最大化，利润最大化不是企业最主要的目标。

（五）国有经济的国际经验考察

西方国家的市场经济是以私有经济为基础的，国有经济的比重很低，国家不可能主要依靠它来促动经济的增长和发展，国有经济的功能和目标主要在于"弥补市场失灵"，或者"市场创造"。谢泼德等（1997）指出，对于私人公司的投资来说，一个新行业或项目可能风险太大或太具有风险，它们将会要求政府担保、提供补贴和其他津贴，因此，直接使其成为国有企业更为合理。我们可以从西方国家在赋予国有企业目标的实践中清楚地看到，只有处在商业领域的国有企业，才被赋予追求利润最大化的目标，即使属于制造业中的国有企业也并不主要是追求利润最大化；在具有一定垄断性质的基础设施和公用事业领域，国有企业的首要任务是增进对国家或社会的服务。或者说，国有企业的功能主要在于社会福利最大化（见表3-3）。

国有经济被赋予的特殊职能，在很大程度上决定了国有经济的比重及其产业分布的状态。从国有经济的规模来看，目前西方市场经济发达国家的比重是比较低的，大多数国家国有经济产值占其GDP的比重都在10%

以下（见表3-4）。

表3-3　　　　国有企业在不同产业中目标的相对重要性

国有企业的经营目标	公用事业	基础设施	制造业	商业
1. 利润最大化	0.253	0.267	0.26	0.4
2. 亏损最小化	0.262	0.25	0.26	0.25
3. 成本最小化	0.272	0.25	0.333	0.261
4. 销售最大化	0.264	0.267	0.265	0.259
5. 生产能力利用最大化	0.255	0.263	0.353	0.286
6. 增长（新产品、新市场）	0.259	0.256	0.265	0.286
7. 满足服务需要	0.262	0.25	0.252	0.25
8. 改造产品或服务质量	0.255	0.25	0.253	0.27
9. 增进对国家或社会服务	0.272	0.4	0.25	0.264
10. 改善企业形象	0.259	0.286	0.252	0.261
11. 管理现代化	0.272	0.286	0.262	0.261
12. 环境保护	0.25	0.25	0.25	0.25
13. 技术创新	0.25	0.267	0.252	0.25

资料来源：金碚主编：《竞争秩序与竞争政策》，社会科学文献出版社2005年版，第345页。

表3-4　　　目前世界各主要国家国有经济规模状况　　　单位:%

国家	美国	英国	法国	德国	意大利	日本	芬兰	墨西哥	阿根廷
国企产值占GDP比重	1	2	11	8.6	7.9	5.7	8	14	7

资料来源：陈鸿：《国有经济布局》，中国经济出版社2012年版，第64页。

从国有经济产业分布角度看，西方发达国家国有经济产业分布受制于国家经济的发展阶段、发展水平和社会经济制度状况（陈鸿，2012）。目前，世界主要国家国有经济产业分布的状况如表3-5所示。

假如把这些不单纯以营利为目的的国有企业安排在竞争性领域，必定难以抵挡那些以营利为唯一目标的企业的竞争，结果国有企业必然出局。而一些具有高外部性的社会公益性、自然垄断性行业，私营企业肯定不愿进入，但却与国有企业的特性较为吻合，因此，从世界各国的经验来看，国有企业主要分布在这些特殊产业领域绝非巧合。

表3–5　　21世纪初世界主要国家国有经济分布领域

国家	产业领域
美国	邮政、军工、铁路客运、空中管制、环境保护、博物馆、公园
俄罗斯	国防军工、石油、铁路、电力
英国	银行、广播电视、邮政
德国	电信、汽车、铁路、电气和电子
法国	国防军工、能源、电力、交通、基础设施、银行、邮政、电信、文化
日本	公路、桥梁、机场、邮政、电信
意大利	能源、公用事业、交通运输、银行、保险、社会发展
澳大利亚	金融、保险、采矿、铁路、民航、海运、城市公用事业
芬兰	军工、铁路、煤矿
希腊	交通、电信、广播、电视、银行
匈牙利	森工、水利、电力、邮电、机场
新加坡	金融、电信与传媒、运输与物流、能源与公用事业、基础设施
墨西哥	石油、石化、天然气、水利、电力、交通运输
阿根廷	银行、核电站、水电站

资料来源：陈鸿：《国有经济布局》，中国经济出版社2012年版，第63页。

如果将中国国有经济的规模、功能和产业分布与西方发达国家进行对比的话，我们不难发现，中国的主要问题就在于大多数国有企业都是以营利为目的的，仍然承担着为国家贡献经济价值的重任；国有经济的规模过大，且产业分布过于分散，许多企业仍然留存于竞争性产业领域。这些都是目前中国国有经济的主要问题，同时也是我们走向经济强国必须解决的问题。

二　非国有经济的规模、结构与功能

无论是市场经济发达国家还是经济转轨国家，微观经济结构一定是既有国有经济又有非国有经济，所不同的是两者的比重大小。通常，在市场经济国家，微观经济的主体是私营经济，国有经济比重很小；在转轨国家比如中国，微观经济结构中国有经济的比重仍然很大，但正在逐步缩小，功能也在发生转变；而非国有经济则日渐壮大，正逐步由补充的、辅助的

角色转变为作用更大的角色。

(一) 非国有经济的发展与规模

所谓非国有经济,主要是指由城乡集体所有制企业、城乡个体工商户、私营企业和非国家控股的股份制企业以及海外在华独资企业组成的国民经济活动的总和。非国有企业,是指非政府控制的所有其他法人经济组织。"非国有经济"是作为"国有经济"的对称而被提出来的。

1. 乡镇企业的发展

所谓乡镇企业,笼统地讲,是指由农村乡镇、村集体创办的一类集体所有制企业。中国乡镇企业的产生和发展有着特殊的历史背景,改革开放之后,一方面,由于乡镇企业属于集体经济而更容易被管理当局所接受;另一方面,由于其相对地更贴近市场而获得了巨大的市场份额。乡镇企业的发展业已成为中国后期大规模民营化重要的物质基础。

农村的广大乡镇企业在改革政策的鼓舞下取得了举世瞩目的大发展。企业户数由1978年的152万家增加到1990年的1850万家,后者约是前者的12倍;职工人数由1978年的2826万人增加到1990年的9264万人,后者约是前者的3倍;总产值由1978年的493亿元增加到1990年的9581亿元,后者约是前者的19倍;利润总额由1978年的110.1亿元增加到1990年的1012.1亿元,后者约是前者的9倍;工资总额从1978年的86.7亿元增加到1990年的1129.6亿元,后者约是前者的13倍;固定资产原值1990年约是1978年的12倍。从地域角度看,东部沿海的江苏、浙江、山东、广东、河北等省,集体经济的工业总产值所占比重已经超过或接近国有经济,在国民经济中发挥着日益重要的作用。

1992年年初邓小平南方谈话发表后,乡镇企业迎来了新的发展机遇。在宏观经济形势开始向好的带动下,1992年,乡镇企业的营业收入比1991年增长48.82%,固定资产增长28.11%,流动资产增长29.27%,税金增长44.39%。1993年在1992年的基础上再上一个台阶,企业的营业收入、固定资产、流动资产和税金分别增长82.88%、57.66%、84.08%和74.88%。这两年乡镇企业的各项经济指标的增长幅度均创下历史最好水平。1994年,乡镇企业总体经济效益仍处于较高的水平,总产值、营业收入、实现利润分别比上年增长46.75%、48.58%和30.94%。不过,随着经济过热苗头的再次显现,国家重新实施从紧的宏观经济政策,在市场竞争日趋激烈的新形势下,企业间债务拖欠也越来严重，乡镇企业的资金吃紧，尤其是流动资金严重不足等问题，使一些企业生产能力不能正常发挥，甚至被迫停产关门。据统计，1994年，被关停的乡镇企业有39257个，48.95万名职工重返农业。1995年，乡镇企业各项经济指标的增长速度有所恢复，营业收入增长率达到53.97%。至此，中国乡镇企业的经济总量已上升到举足轻重的地位，增加值占GDP的25.3%，其中工业增加值占全国工业增加值的近1/3（30.8%）。

  20世纪90年代中期以后，中国经济转轨进入新的阶段，标志是微观经济结构中非国有经济特别是私营经济获得巨大发展，并在广大竞争性领域占据主导地位。除前面提到的国有中小企业通过产权改革实现民营化外，这个时期，城乡集体企业的大规模产权改革、过去的"假集体"企业摘掉"红帽子"等，都从不同层面上推动中国微观经济结构的转型。1995年之后，中国乡镇企业再次遭遇了经营的困难，一些乡镇股份合作制企业数量开始减少，1995年减少了近11个百分点，在乡镇集体企业中的比重也下降到11.2%，企业职工同期减少8.7万人。1996年，股份合作制企业进一步大幅度缩减，在1995年减少2.17万户的基础上，又减少3.89万户，同时减少65万职工和5亿元资本金。1995—1996年乡镇企业的经营困境，直接引发1997年以后乡镇集体企业的改革高潮。从这时起，许多乡镇企业和城镇集体企业纷纷实施了以产权制度为核心的改制或摘掉"红帽子"。1997年，实行产权制度改革的乡镇集体企业达52万个，占乡村集体企业总数的33.5%。根据农业部乡镇企业局的报告，1997年，乡镇集体企业中实行股份合作制企业的约有24万个，占乡村集体企业总数的15%左右。1998年，改革力度进一步加大，大约有80%的乡镇集体企业实行了产权制度和经营方式的改革。就企业改制的模式选择上看，大型企业基本上选择股份制，中小型企业选择股份合作制，而小型、微利、亏损企业选择出售。到2000年，乡镇企业改制基本完成，企业的集体所有制性质已经被私有制所取代。

  2. 民营企业的发展

  所谓民营企业，是指民间私人投资、民间私人经营、民间私人享受投资收益、民间私人承担经营风险的法人经济实体。

  为了搞活经济，繁荣市场，扩大就业，从实施改革开放政策以后，中国逐步采取鼓励民营经济发展的政策。截至1987年，全国私营企业有90581户，从业人员约164万人，注册资金84亿元，而且多数集中在农村地区。有资料显示,当时农村的私营企业占全国私营企业总户数的80.74%,从业人员占全国私营企业从业人员的83.45%,资金占全国私营企业总额的83.60%。[①] 私营企业从1988年开始注册登记,到1990年年底,登记注册的企业达到9.8万户;从业人员170.2万人,户均17.4人;注册资金95亿元,户均9.7万元。显然,无论是从总体上还是分行业比较,这个时期私营经济所占比重都还不大,在国民经济中所起的作用都很有限。进入20世纪90年代,民营经济的发展环境有了很大改善,1990—1995年,无论私营企业的注册资金还是注册企业户数都是逐年增加的(见表3-6)。

表3-6　　　　20世纪90年代初中国私营企业发展状况

年份	注册资金（亿元）	增长率（%）	注册企业（万户）	增长率（%）	户均注册资金（万元）	增长率（%）
1990	95	—	9.8	—	9.7	—
1991	123	22.8	10.8	10.2	11.4	17.5
1992	221	79.7	14.0	29.6	15.8	38.6
1993	681	208.1	23.8	70.0	28.6	81.0
1994	1448	112.7	43.0	81.7	33.5	17.1
1995	2621	81.1	65	51.4	40.1	19.7

资料来源:根据国家工商行政管理总局《工商行政管理统计汇编》(2005)第107页的数据计算而得。

20世纪90年代中期以后,随着社会对个体私营经济在国民经济中的地位和作用的肯定,随着一系列鼓励私营经济发展的政策的出台,私营企业的经营环境越来越宽松,私营经济出现了全面发展的大好局面。根据全国工商管理总局的资料,1994年,私营企业的注册资金达到1448亿元,注册企业43万户,户均注册资金达到33.5万元。经过8年的发展,到2001年,上述指标分别发展到18212亿元、203万户和户均89.8万元,年均增长率分别达到43.6%、24.8%和15.1%。2002年,私营企业的注

[①] 刘迎秋主编:《中国非国有经济改革与发展30年研究》,经济管理出版社2008年版,第163页。

册资本为24756亿元，注册企业户数43万户，户均注册资金33.5万元。到2008年，对应的指标分别扩大到117356亿元、657万户和户均178.6万元。7年的年均增长率分别达到29.6%、17.9%和9.8%。

截至2011年年底，中国民营企业总数已经占全国企业总数的96%，对中国GDP的贡献超过50%，所吸纳的就业人数占社会就业总人口的75%。对外贸易方面，2010年，中国民营企业出口总额超过4500亿美元，高于国有企业出口总额1倍以上，占全社会出口总额的30%以上，已经成为中国对外贸易的重要主体。从税收贡献来看，2010年，个体私营企业完成税收总额11173亿元，5年年均增速达22.2%，分别高出全国和国有企业2.0个和12.7个百分点。经测算，2010年年底，中国个体私营企业从业人员总数超过1.8亿人，成为吸纳扩大社会就业的主要渠道。

3. 外资企业的发展

外资企业，是指依照中国法律在中国境内设立的全部或部分资本由外国投资者投资的企业。我们将这些外商投资企业分为中外合资经营企业、中外合作经营企业和外商独资经营企业三种类型，简称"三资"企业。改革开放以来，在中央和各级地方政府的大力支持下，中国外商投资企业获得了很大发展（见表3-7）。外商投资企业在扩大中国的投资范围和生产能力，吸收国外先进技术和经营管理经验、扩大出口创汇、创造就业机会、促进中国的对外经济、优化产业结构等方面都发挥了一定作用。同时，它对于优化中国的所有制结构和微观经济生态环境都具有积极意义。

表3-7　　　　　　　　外商投资企业发展状况

年份	企业数（户）	投资总额（亿美元）	注册资本（亿美元）	实际使用投资额（亿美元）
2011	446487	29931	17294	1176.98
2012	440609	32610	18814	1132.94

资料来源：《中国统计年鉴（2013）》，中国统计出版社2013年版，第247、249页。

4. 非国有经济的产业分布

经过30多年的发展，非国有经济已经成为中国经济的一支不可小觑的力量。这不仅体现在非国有经济的规模足以与国有经济、外资经济相匹敌，而且在众多产业特别是竞争性产业领域已经占据主导地位。由表3-

1可知,随着国有经济从竞争性产业的逐步退出,非国有经济迅速跟进,及时弥补了国有经济留下的空缺,从而大大提升了这些产业的竞争能力。更为重要的是,非国有企业在竞争性产业中的不断扩展,为其进入垄断产业奠定了一定的产业技术基础。民营企业在日益激烈的竞争环境中进一步熟悉了各类市场,在市场和技术联系机制日益完善的情况下,民营企业已经逐步进入了各类垄断产业。可以预见,随着垄断产业改革的不断深化,将有更多的民营企业进入各类垄断产业之中。

(二) 中国非国有经济的基本功能

市场经济中的国有经济的主要功能在于弥补"市场失灵",而非国有经济就是参与市场竞争的主体。在转轨经济体中,尽管国有经济仍然占有很大的市场份额,但终将会逐步回归到弥补"市场失灵"的位置上,而非国有经济则会越来越成为推动国民经济发展的最主要的力量。在像中国这样采取渐进式转轨模式的国家里,一些国有企业在民营化过程中会形成利益集团,它们并不甘愿从竞争性领域退出,这就导致了转轨成本的增加,国有经济与非国有经济在功能调整上的漫长性和复杂性。

市场经济体制的基本特征是价格机制成为资源配置的主要机制,这种机制得以运行的前提必然要求参与者(个体和企业)的产权关系是清晰的,决策是自主的,风险也是自担的,因此,私有企业就是这种体制的内生产物。正因如此,市场经济体制下,私有企业的功能主要有:首先,为消费者提供各种日用消费品,为其他厂商提供原料、中间产品和技术装备等;其次,在竞争机制的作用下,推动技术进步;最后,发现成本与创业。由于竞争和扩大企业附加价值的内在驱动,企业具有发现成本的动力,而发现成本并降低成本是创业的本质,因此,市场经济中的私有企业必然承担着创业的社会功能(张耀辉,2006)。在经济转轨背景下,非国有经济的功能要复杂得多。戴园晨(2005)通过与国有经济的对比,研究了中国经济转轨时期非国有经济的主要功能和作用。他主要指出了以下四个方面:

1. 推动以市场化为取向的体制改革

由于非国有经济与市场经济是同命运、共发展的,与国有经济相比,具有更强的市场适应性和竞争的活力,从而成为中国从计划经济向市场经济转轨的强有力的推动者。由于大多数非国有经济没有政府做靠山,只能面对市场,利用市场,拓展市场,不断地将市场机制应用于更多的场合;

由于非国有企业是自负盈亏、自担风险的经济主体,责、权、利集中于企业主自身,因此,它与国有企业相比,能够快速、高效、灵活,更加适应竞争激烈、瞬息万变的市场经济;民营经济的发展客观上要求各种生产要素全面进入市场,这就推动了市场的完善和发展。此外,民营经济的发展一方面打破了计划经济和公有制经济的一统天下,改变了国有经济的垄断地位,使各种经济成分都逐步走向市场,形成相互竞争的局面。另一方面也促进了公平的竞争规则的形成。他还指出,非国有经济的发展还会推动其他领域如政治、文化、道德等诸多方面的改革。

2. 推动技术进步

非国有企业与国有企业不同,它们的一切经营活动都必须以市场为依据,在面对几种新产品时会选择市场前景好的,面对几种技术方案时会选择成本效益比最佳的;由于非国有企业与国有企业相比,在对待风险的态度上是不同的,在高回报的引诱下,非国有企业往往敢于冒风险去尝试。正是由于非国有企业的这一天性,新产品、新技术、新生产方式被采用了、推广了,新原料被找到了,信息的利用也被格外重视了。此外,与国有企业相比,非国有企业对于技术创新的激励机制也不一样。非国有企业对于技术创新、技术发明者的奖励是明确的、到位的,不像国有企业常常将一项技术创新成果首先授予行政职务最高者。因此,这类企业内部的创新动力就强于国有企业。

3. 增加商品供给,缓解就业压力

这一点实际上指的是非国有经济的功能和作用。由于非国有经济天然地适应于市场经济,因而在中国逐步走向市场经济的过程中,它们成为最具活力的一类经济,从而成为增加社会商品供给、快速发展经济的主力军;并且在它的快速发展中不断增加雇用的职工,成为缓解中国就业压力的主力军。

4. 缔造企业家队伍

在计划经济体制下,大多数的决策集中在中央政府手中,中央政府拥有无限的决策权,当然也承担着无限的风险。显然,政府官员实际上成为企业家,而没有为真正的企业家的产生和发展留下空间。在转轨时期,市场配置资源的作用日益增大,决策权在分散化,风险也在分散,这就为企业家的诞生创造了条件,而非国有企业的大量涌现既是社会分权化的结果,同时也成为企业家成长的摇篮。这些年来,中国大批优秀企业家的出现正是非国有企业发展的结果。

三　美国企业制度考察

美国实行以私有产权为基础的自由企业制度。与西方其他发达资本主义国家相比，其经济自由的特点尤为突出，可以说自由企业制度已经成为美国市场经济体制的基石和核心。美国《宪法》规定，"私有财产是神圣不可侵犯的"，私有权和自由契约权受到法律的严格保护。无论是小企业还是大公司，个人都可自由地创办和经营。企业具有充分的经营自主权。"自主经营""自由竞争"是美国微观经济体制的实质和核心。从企业的产权结构来看，目前，美国的企业主要由业主型企业①、合伙制企业②和公司制企业③三大类组成。

（一）美国的大企业

尽管美国全国大大小小的企业有 2000 多万家，其中，中小企业占 95% 以上，但真正具有决定性作用的却是为数极少的大公司。它们是企业组织结构中的核心，在很大程度上控制着美国以及海外许多产品和服务的市场，掌控着美国经济的命脉。

美国的大企业崛起于 20 世纪初。进入 20 世纪，美国经济出现了生产与资本的集中与垄断，形成了洛克菲勒、摩根、梅隆、杜邦、库恩—罗比、芝加哥、克利夫兰和波士顿财团所谓的 8 大财团。1904 年，各行业 4 家最大企业分别控制了钢铁生产的 78.8%、运输的 57.3%、机器制造业的 41.4%。占工业企业总数 0.4% 的大企业，占工业总产值的 38%。到 20 世纪 20 年代，产业资本与金融资本的合并成为新的特点。1919—1929 年，美国银行总数减少至少 4000 家，但总资产却从 476 亿美元增至 720 亿美元，增长 66% 以上。到 1929 年，占银行总数 1% 的 250 家银行，控制了美国 40% 的金融资源。第二次世界大战后，美国经济实现了进一步

---

① 所谓业主型企业，是指企业的所有者同时也是企业的经营管理者的企业。这种企业是由一个人出资和经营，业主对企业债务负无限清偿责任，所有权与经营控制权高度统一于业主的企业。美国绝大多数的企业属于这种"单人业主制"的小企业，在数量上占绝对优势的企业组织形式。有资料显示，2007 年，美国的业主制企业有 2312 万家，约占企业总数的 76%。

② 合伙制企业主要是指其投入品或产权的所有者至少在两人以上，企业的控制权也会在两人之间进行分配。有资料显示，目前，美国合伙企业共有 310 万家，占企业总数的比重不足 8%。

③ 目前，在美国企业结构中公司制企业共有 597 万家，占企业总数的 16%，但公司的资产与销售额居于首位，分别占全部企业的 84% 和 89%，是合伙制企业总收入的 6.8 倍，是业主制企业总收入的 21.7 倍。

的持续增长。1955—1968 年，美国的国内生产总值以每年 4% 的速度增长，出现了连续 106 个月持续增长的记录。与此同时，美国的大公司也获得了很大发展。如 1973 年，美国资产在 1 亿美元以上的大公司有 3500 家，占公司总数的比重不到 0.2%，但其资产达到 25650 亿美元，占美国公司总资产的 70.35%；美国三个最大汽车公司生产的汽车，占美国汽车生产总量的 95% 以上。

21 世纪头十年，美国大企业得到了进一步的发展。以 2011 年美国企业 500 强为例，企业营业收入总额达到了 107844 亿美元，增长率达到 10.5%，利润总额为 7086 亿美元，增幅高达 81.4%。这些大企业在制造、公共服务、金融等领域占据控制地位。

第一，大企业控制着工业制造领域。从 2011 年美国 500 强企业看，汽车与零部件行业有 17 家，营业收入总额同比增加 33.39%，利润同比增长了近 360 倍；半导体与其他电子部件行业的企业有 9 家，营业收入总额增加 38.19%，利润增长 6 倍多；建筑和农业设备行业中企业的营业收入总额增加 19.38%，利润增长两倍多；木制品和纸制品行业的企业营业收入总额增加 9.30%；计算机与办公设备行业，科研、摄影、控制设备行业，网络和其他通信设备行业，工业设备行业等利润都有一定的增长。

第二，大企业在消费产品和传统服务业领域具有一席之地。2011 年美国 500 强企业中，消费食品行业的企业有 14 家，营业收入总额增加了 15.99%，利润增长 12.60%；服饰行业的企业有 5 家，营业收入总额增加了 29.69%，利润增长 34.58%。娱乐业、食品与药品商店行业、汽车零售与服务业、普通商品经销行业、航空运输业等营业收入总额、利润都有所增加。

第三，金融服务业是大企业聚集的领域。2011 年美国的 500 强企业中，J.P. 摩根、伯克希尔·哈撒韦、富国银行、通用电气、花旗集团、高盛集团 6 家企业分别以 173.7 亿美元、129.7 亿美元、123.6 亿美元、116.4 亿美元、106 亿美元、83.5 亿美元的净利润跻身最赚钱公司 20 强。分行业看，人寿与健康保险行业有 17 家，营业收入总额却增加了 10.78%，利润增长近 3 倍；财产与意外保险行业的企业有 19 家，营业收入总额却增加 4.39%，利润增长两倍多；商业银行的利润增长 93.81%；证券行业的企业有 5 家，营业收入总额增加 83.57%，利润增长 75.42%；

金融数据服务行业的企业营业收入总额增加 9.80%，利润增长 54.45%；多元化金融行业的企业有 8 家，营业收入总额增加 60.49%。

第四，公共服务领域中的大企业。公共服务行业的大企业的经营范围主要集中在美国国内，它们的经营情况与美国国内需求具有更高的相关性。从 2011 年的情况看，铁路运输行业中的大企业有 3 家，营业收入总额减少 17.83%；能源行业的大企业有 9 家，营业收入总额减少了 3.66%。

第五，大企业拥有核心技术和全球知名品牌。美国的大企业拥有核心技术和全球品牌，它们独特的优势经历金融危机的洗礼不仅没有削弱，反而更加明显。从盈利能力看，2011 年美国 500 强企业中有 22 家收入利润率超过 20%，最高达 62.15%；有 4 个行业整体收入利润率超过 20%，最高达 25.22%。

第六，美国大企业营业收入的行业分布。从营业收入的行业分布看，2011 年美国 500 强企业中，营业收入最高的前 10 个行业依次是炼油、商业银行、普通商品经销、财产和意外保险、多元化金融、汽车与零部件、专业零售商、电信、食品与药品商店、航天与防务。从营业收入的行业占比看，营业收入最高的前 10 个行业的营业收入占美国 500 强企业营业收入总额的 39%，营业收入最高的前 10 个行业营业收入占 40%，从行业利润占比分布看，行业利润占比的分布区间为 −1.86%—10.29%，利润总额最高的前 10 个行业的占 53%。从上述数据看，美国大企业的利润行业分布更加均衡。

(二) 美国的小企业

根据美国小企业管理局的规定，所谓小企业，是指雇员不超过 500 人的企业。其中，服务业中的小企业雇员不超过 100 名，制造业的小企业雇员为 500 人以下。小企业是美国微观经济中的重要组成部分，同时也是最有活力和创新精神的部分。大批小企业的存在，弥补了大企业创新活力不足的弱点，保证了美国的科学技术进步与经济的不断成长始终处于世界领先的地位。

美国小企业是伴随着美国经济的不断壮大而逐步发展起来的。早在 1947 年，美国小企业总共不超过 806 万家，而到 1970 年增加到 1118 万家，1985 年已超过 1500 万家，平均年增长 2%—4%，其总量占美国全部企业数量的 98% 左右，特别是服务业中高达 98.7%。2008 年，美国的小企业进一步发展到 2310 万家。小企业创造的产品和劳务的价值，第二次世界大战后一直保持在占美国 GDP 的 50% 左右，20 世纪 80 年代以后有所下降，但也在 40% 以上。从 20 世纪 90 年代中期到 2009 年，小企业创造的就业数量在美国新增就业中所占比重高达 60%—80%。① 小企业还在技术革新和发明创造方面具有优势：自 20 世纪初至 70 年代，美国科技发明的一半以上是由小企业完成的；20 世纪 80 年代以后，大约 70% 的创新来自小企业。再从出口来看，小企业参与出口的数量在 2007 年达到 25.6 万家，占美国出口商总数的 97.3%，占当年美国国际交易总额的 30.2%。②

（三）小结

从对美国企业制度与结构的分析可以看出，首先，自由企业制度即以产权明晰和自由竞争为特点的企业制度，是比较有效率的微观结构；其次，即使像美国这样的超级经济大国，小企业仍然是一支不可忽视的力量。尽管大企业在现代经济中无疑起着骨干作用，但如果没有千千万万个小企业与之配合，整个经济体系的正常运转就会受到严重影响。

四　国有经济与非国有经济的协调

国有经济与非国有经济是两类性质不同的经济，但它们又共处于同一经济结构之中，两类经济的竞争与合作是不可避免的。然而，在不同的经济体制背景下，两者的地位和功能受制于不同经济体制的要求而被预先内生性地确定下来。唯有在经济转轨过程中，背景性经济体制也处于不断转变之中，这也使国有经济、非国有经济的地位和功能始终处于变动状态。如何处理转轨中两者之间的关系、如何发挥其各自的比较优势，并促使其向合理的目标转化确实是一个不小的课题。这里将重点探讨国有经济与非国有经济在功能定位、产品提供和产业分布三方面的关系问题。

（一）公共产品、私人产品与国有、非国有经济之间的协调

我们知道，国有经济的主要功能在于弥补市场失灵，其所提供的产品和服务必定是公共产品或准公共产品；对应的非国有经济向社会提供的产品和服务就是私人产品。这种理想状态果真得以实现，国有经济与非国有

---

① 陈宝森、王荣军、罗振兴主编：《当代美国经济》，社会科学文献出版社 2011 年版，第 241 页。

② 同上。

经济也就实现了协调。然而，实践中，由于种种原因往往难以达成这种理想状态，通常是国有经济过于强大，不仅生产公共产品、准公共产品，而且还大量生产私人产品，尤其在经济转轨体中，这一问题十分突出。有许多西方学者（布坎南，1965；斯蒂格利茨，1997；萨缪尔森等，1999）对纯公共产品、准公共产品与私人产品特性进行过精辟的论述。这里，我们借助他们的理论编制了不同产品之间的基本关系（见表3-8）。

表3-8　　　　　　纯公共产品、准公共产品和私人产品的比较

类型	特征	举例
纯公共产品	受益难以排他、消费非竞争，外部性强	国防、义务教育、城市道路
准公共产品	受益可以排他、消费非竞争，外部性较强受益难以排他、消费有竞争，外部性较强	铁路、公路、电网、自来水、煤气管网
私人产品	受益可以排他、消费有竞争，外部性弱	粮食、衣物、汽车等

资料来源：笔者根据相关理论自己编制。

由于国有经济承担了提供过多的纯公共产品和准公共产品，尽管这使社会的分配更公平，但这是以牺牲社会效率为代价的。由于投资生产公共产品的资金必须从社会中的经济组织或个人通过税收获得，而税收存在效率的替代效应，如果税收过高，整个社会生产的效率就会降低。[①] 政府通过征税以提供更多的公共产品，就会减少人们的收入和消费，也会减少私人投资，最终也会影响到政府的税收水平。因此，随着社会资源被越来越多地配置到公共产品的生产上，社会的生产可能性边界就会向内收缩，社会的配置效率受到了损害。相反，如果假定国有经济的投资为零，公共产品完全由非国有经济生产。可分为两种情况：如果是纯公共产品，由于这类产品不具有竞争性而无法定价，也无法实现消费的排他，私人生产无法实现投资的效率，投资不可能收回，私人资本最终肯定选择退出，最终就会出现公共产品的供给不足；如果是准公共产品，由于这类产品要么不可以定价，但受益不具排他性，要么不受益可以排他，但价格无法确定，在

---

① 据世界银行对几十个人均收入相仿的国家所进行的对比分析，每增加1%的税率，经济增长率下降0.36%，投资增长率下降0.66%，生产率的增长率下降0.28%。转引自王丽娅《民间资本投资基础设施领域研究》，中国经济出版社2006年版，第218页。

这种情况下，会出现效率不足问题。假定私营企业对可定价的准公共产品实施了定价，保证了企业效益，具有积极的一面，并且通过人为方式限制人们的消费，以最小化社会受益，然而，从全社会角度看却是一种效率减损；如果私营企业针对社会受益可排他而确定了受益人群，保证了企业支出，也具有积极意义，但在难以定价的情况下，社会上必定有一定数量的人无法享受到这一廉价甚至是免费产品的好处，社会的不公平程度就会增加，社会资源的配置效率也会因此而下降。

（二）社会福利最大化、利润最大化与国有、非国有经济之间的协调

汪立鑫和付青山（2009）通过建立模型，讨论了在经济增长与经济转轨条件下国有资本与非国有资本的功能转换及协调问题。其模型是按照柯布—道格拉斯生产函数构建的，模型如下：

$$\max U = A[K + sK^{\pi}(1-\theta) + (1-s)Kv]^{\alpha}L^{1-\alpha} + \varphi sK\pi\theta$$
$$\text{s. t. } 0 \leq \theta \leq 1 \tag{4.1}$$

式中，A 为常数；$sK^{\pi}(1-\theta)$ 为国有资本收益用于再投资的数量；K 为社会资本总量，s 为其中国有资本所占比例，$0 < s < 1$，π 为国有资本的利润率，$0 < \pi < 1$，θ 为国有资本收益中用于公共福利的比例，相应地用于经营性投资的比例为 $(1-\theta)$；$(1-s)Kv$ 为非国有资本收益用于再投资的数量，v 为非国有资本总量的增长率，$0 < v < 1$，L 为社会总劳动力；φ 为国有资本收益中公共福利性支出对增加社会福利的影响因子，$\varphi > 0$。

他们证明了社会福利最优的存在性[①]，并得出社会福利最大化情况下的 θ^* 值，即：

$$\theta^* = 1 + \frac{1 + (1-s)v}{s\pi} - \frac{1}{s\pi K}\left(\frac{A\alpha}{\varphi}\right)^{\frac{1}{1-\alpha}} \tag{4.2}$$

通过对式（4.2）的进一步数学分析，可以得到以下四个结果和结论：

（1）$\frac{\partial \theta^*}{\partial \varphi} > 0$，表明在经济快速增长与经济转轨情况下，国有资本的收益更多地用于社会公共福利是合理的；

（2）$\frac{\partial \theta^*}{\partial K} > 0$，表明随着人均资本量的提高，国有资本收益更多地用于社会公共福利，而减少用于经营性的比例是合理的；

[①] 具体的证明过程请参见汪立鑫、付青山《转型期国有资本收益的公共福利性支出》，《财经科学》2009 年第 1 期。

(3) $\frac{\partial \theta^*}{\partial \pi} > 0$，表明随着国有企业经营状况的改善，国有资本增益中更多地用于社会公共福利也是合理的；

(4) $\frac{\partial \theta^*}{\partial \nu} > 0$，表明非国有资本的增长率较高时，将国有资本的增益更多地用于社会公共福利也是合理的。

这些结论很好地说明了在经济较快增长和经济转轨的前提下，如果国有经济、国有资本与非国有经济、非国有资本在功能上实行合理分工，即国有经济的功能和目标要逐步地转移到服务于社会公共服务方面，而非国有经济则应专注于经营性目标，并成为直接推动经济增长的主力，是可以实现两类经济的协调发展。而社会公共福利对应在产品和产业上，就是公共、准产品或公共服务和带有自然垄断性质的社会公益性产业。因此，该模型也隐含着国有经济与非国有经济在产品提供、产业分布上的分工。

（三）垄断产业、竞争性产业与国有、非国有企业的协调

产品是有形的或总能被人们所感知，在有形的产品背后对应着的是产业。生产纯公共产品的产业是社会公益性产业；生产准公共产品的产业多数是自然垄断产业；生产私人产品的产业就是竞争性产业。然而，就世界范围来看，产业的所有制形式，即某种所有制在产业中的比重却很复杂。在多数市场经济国家中，社会公益性产业由政府举办的国有组织来维持，竞争性产业是私营经济的天下，这一点具有普遍性；而不同的是在自然垄断产业，美国主要采取私营为主、政府规制的模式，而在20世纪80年代民营化以前的英国、法国和德国，主要采取国有制为主，再加一定的政府规制的模式。80年代以后，欧洲的这些国家也开始逐步采取美国模式。在计划经济体制下，所有产业都是国有制的，最典型的就是苏联，这种模式已经被证明是没有效率的。进入经济转轨时期，许多实行计划经济的国家首先将竞争性产业实施了民营化，然而，在自然垄断产业、社会公益性产业中，依然保持着国有制模式，最典型的就是目前的中国。

国有制对应社会公益性产业、私有制对应竞争性产业似乎已经没有什么疑义，最有争议的是垄断产业的所有制问题。前面我们已经分别讨论了国有经济、非国有经济的功能及其产业分布的问题，假如将两者结合起来分析，我们将会得出什么样的结论呢？

王劲松、史晋川、李应春（2005）针对中国经济转轨的现实，提出

了一个国有经济、民营经济和外资经济的均衡理论。他们基于三类经济的比较优势，进一步讨论了在转轨背景下对应的产业分布问题（见表3-9）。

表3-9　民营经济与国有国营经济、外资投资经济的竞合关系

类别	竞争优势
国有经济	政府权威、政策优先、市场垄断、资本和技术优势
外资经济	资本、技术、管理、市场的优势；全球化的竞争优势
民营经济	低劳动力等要素成本、企业家精神、硬预算约束、与本土市场的亲和力、灵活的生产规模调整和市场退出
类别	产业分布
国有经济	基于行政许可和市场规模的垄断，分布于原材料能源等基础工业、基础设施和垄断性服务业；日益从丧失竞争力的一般竞争性产业退出
外资经济	基于资本、技术、市场的垄断和垄断竞争，分布于资本、技术密集型产业或有出口优势的产业；有选择地开拓国内市场或国际市场
民营经济	以低要素成本、高效率为基础，参与完全竞争市场，推动市场开放；从手工业、简单加工业、贸易流通业开始，逐步向资本密集、技术密集型产业升级；从当地市场向全国市场、国际市场扩散

资料来源：王劲松、史晋川、李应春：《中国民营经济的产业结构演进——兼论民营经济与国有经济、外资经济的竞争关系》，《管理世界》2005年第10期。

（四）几点结论

从以上分析我们即可得出这样的结论：

首先，即便是在市场经济体制下，国有经济也不能没有，但又不能太大，不能光顾国有经济的扩大而挤压了非国有经济的空间。如果国有经济过度扩张，超越了提供公共产品、准公共产品的边界，社会效率反而受损；反过来，如果非国有经济过度扩张，深入到公共产品领域，尽管这会使企业效率得以提高，但它是以牺牲社会福利为代价的。因此，通过产品生产上的合理分工或分层生产，国有经济和非国有经济就能协调发展，从而实现社会福利的最大化。

其次，从表3-9中可以看出，民营经济、国有经济和外资经济三类经济都有各自的比较优势，在经济转轨的背景下，在过去、现在以及未来的发展趋势上，三类经济如果在产业分布上实现了分工，就能够发挥出自身的比较优势，否则，各类经济就会发生冲突，导致社会福利的减损。

五 中国经济的市场化与市场机制

中共十八届三中全会《关于经济体制改革的决定》指出："紧紧围绕使市场在资源配置中起决定性作用深化经济体制改革，坚持和完善基本经济制度，加快完善现代市场体系……。市场决定资源配置是市场经济的一般规律，健全社会主义市场经济体制必须遵循这条规律，着力解决市场体系不完善、政府干预过多和监管不到位问题……。建设统一开放、竞争有序的市场体系，是使市场在资源配置中起决定性作用的基础。"在计划经济时期，我们一味地强调政府的作用，极力排斥和打击市场机制。改革开放以来，我们始终坚持市场化的改革取向，中国的市场体系逐步形成，市场在资源配置方面所起的作用不断增强。但中国经济的市场化程度仍然与大国经济的要求不相适应，我们必须通过深化改革，扩大市场规模，完善市场体系，将经济运行建立在市场调节的基础之上。

（一）中国经济的市场化进程

现代经济中，资源配置或者通过市场自动调节，或者通过政府行政干预来完成。所谓市场化，是指经济体中资源由市场配置的程度。通常，市场化程度高的经济就是市场经济，而政府配置资源程度高的经济就是统制经济，或称"计划经济"。改革之初，由于长期实行计划经济体制模式，中国经济的市场化程度十分低下。有人估计，1979年，中国的市场化指数只有24.9%。然而，经过不断的市场化取向改革，中国市场化指数在不断提升，顾海兵（1995）的研究认为，到20世纪90年代初期，中国的市场化程度总体上为35%左右。其中，劳动力的市场化程度低于30%；资金的市场化程度不足40%；生产的市场化程度不足50%；价格的市场化程度不足60%。常修泽和高明华（1998）从产品的市场化（包括农副产品、工业品和服务产品的市场化）、要素的市场化（包括资本、土地和劳动力的市场化）、企业的市场化（包括国有企业、集体企业和非公有企业的市场化）、政府对市场的适应程度（包括政府从微观经济领域退出的程度和宏观调控方式由直接调控向间接调控转变的程度等）以及经济的国际化程度（包括贸易依存度、资本依存度和投资结构水平）五个方面研究中国的市场化状况。他们得到的结论是：到1997年，中国经济的市场化程度达50%左右，其中，产品的市场化为61.71%，要素的市场化为

36.57%，企业的市场化为51%，政府对市场的适应程度为36.6%，经济的国际化程度为21.3%。陈宗胜（1999）从企业、政府和市场三个方面研究了当时中国的市场化程度。有关企业方面主要从各项自主权是否落实、经营体制、企业家的选择机制是否改变、所有制形式的选择度以及各种所有制的比重等方面衡量企业的市场化程度；有关政府方面主要从其在多大程度上退出直接生产领域而转移到宏观管理领域，多大程度上采用间接的经济手段管理经济，以及政府机构的精简程度；有关市场方面主要从商品市场和要素市场的价格、价格形成机制、管理体制的改革程度。得到的结论是：1997年中国市场化程度为60%，这比常修泽和高明华的估计高出10个百分点。北京师范大学课题组（2003）从政府行为规范化、经济主体自由化、生产要素市场化、贸易环境公平化和金融参数合理化五个方面的因素测算了中国当时市场化程度，得到的结论是，2001年中国市场化程度为69%。樊纲等（2001，2003，2005，2007，2009，2011）从政府与市场关系、非国有经济的发展、产品市场的发育、要素市场的发育和市场中介和法律制度环境五个方面，运用主成分分析法对中国2001年以后各年市场化得分状况进行了测算（见表3-10）。

表3-10　　　　　　　　中国经济市场化进程

年份	2001	2002	2003	2004	2005	2006	2007
指数	4.64	5.02	5.50	6.10	6.52	7.06	7.50

资料来源：根据樊纲、王小鲁、朱恒鹏《中国市场化指数》，经济科学出版社2007年版、2009年版的数据整理而得。

从以上学者对中国经济市场化程度的研究可以看出，改革开放以来，中国经济的市场化程度是在不断提高的；早期学者主要从产品市场、要素市场来考察市场化程度的，后期学者进一步探讨了企业和政府的行为，甚至还关注了制度环境因素，对中国经济市场化程度估计得更准确，也使人们对市场经济的内在结构与机制认识得更深入。

（二）中国各类市场发展状况

市场经济具体体现为日趋细分的各类市场。简单而言，我们可将市场分为消费品市场和要素市场两大类。截至2012年年末，中国拥有亿元以上的商品交易市场5194个，成交总额达到93023.8亿元。① 中国的消费品市场基本上实现了市场调节，而要素市场的市场化程度则参差不齐。这里，我们主要考察中国的资金市场、劳动力市场、技术市场和房地产市场的市场化程度。

1. 资金市场

资金市场是要素市场的重要组成部分，主要包括股票市场和货币市场。

（1）股票市场。1990年12月，上海证券交易所成立；1991年4月，深圳证券交易所正式营业，这标志着中国规范的股票市场正式诞生。经过20多年的发展，中国上市公司的数量由初期的10家发展到2012年的2494家。股票发行量由最初的5亿股增加到2012年的299.81亿股，股票筹资额由初期的5亿元扩大到2012年的4134.38亿元。中国股票市场的规模已经与20多年前不可同日而语（见表3-11）。

表3-11　　　　　　　　中国股票市场发展概况

年份	上市公司数量（家）	股票发行量（亿股）	股票筹资额（亿元）
1990	10	—	—
1991	14	5.0	5.0
1997	745	267.63	1293.82
2001	1160	141.48	1252.34
2006	1434	1287.77	5594.29
2010	2063	920.99	11971.93
2011	2342	272.36	5814.19
2012	2494	299.81	4134.38

资料来源：根据《中国统计年鉴（2013）》（中国统计出版社2013年版）第671页的数据整理而得。

从股票市场的结构看，继上海和深圳交易所诞生后，2004年5月，经国务院批准，深圳交易所在主板市场内设立了中小企业板块，并于同年5月启动运行。2009年3月，《首次公开发行股票并在创业板上市管理暂

---

① 《中国统计年鉴（2013）》，中国统计出版社2013年版，第633页。

行办法》正式通过，并于 2009 年 5 月 1 日起施行，表明中国的创业板市场正式设立。此外，中国还在主板市场之外设立了所谓的"三板市场"。三板市场经历了老三板市场和新三板市场两个阶段。老三板市场即代办股份转让系统，由证券公司以其自有或租用的业务设施依法为非上市股份公司进行股份转让提供相应服务的平台。2006 年年初，为促进科技含量较高、自主创新能力较强企业的发展，中国证监会协同有关部门在"老三板"市场的基础上推出了"新三板"市场。全国中小企业股份转让系统于 2012 年 9 月注册成立。在该系统挂牌上市企业不设地域、园区、所有制限制，也不限于高新技术企业，境内所有符合条件的股份公司均可通过主办券商申请在全国股转系统挂牌，公开转让股份，进行股权融资、债权融资、资产重组等。这标志着中国继上海证券交易所、深圳证券交易所之后，第三家全国性的场外证券交易场所的正式诞生。

从股票市场制度角度看，早期（1990—2001 年）实行股票发行核准制，中国证监会行使审核权，对每年发行的额度，则经国家计委平衡后以计划指标的形式下发给各地和各部委，这足见行政配置的重要性；从 2001 年 3 月起实行了改革，新股发行实施核准制，确立了以强制性信息披露为核心的事前问责、依法披露和事后追究的责任机制。同时，股票发行定价制度由过去行政主导转变为市场主导。然而，中国的股票发行仍然没有彻底实行完全市场化的注册制，证券管理当局依然在企业股权上市方面握有终极决定权。

（2）货币市场。改革开放以来，中国的金融业获得了巨大发展，特别是经受住了 2008 年国际金融危机的严峻考验。然而，中国金融业的市场化程度还远远不足。2009 年 10 月，达沃斯世界经济论坛公布了 2009 年《世界金融发展报告》，对全球 55 个国家和地区的金融系统稳定性等指标进行综合评估排名。通过对金融监管、商业环境、稳定性等 7 个领域的 120 多个项目进行评分和比较，中国在 55 个国家和地区中仅排在第 26 位。最突出的是金融市场定价机制的行政干预色彩浓重，利率和汇率形成机制还不完善，可运用的金融工具不多，旧体制的行政管理手段对一些领域和环节干预和管制仍然大量存在。

在货币市场中，利率市场化最能反映其市场化的状况。长期以来，货币的借贷是由政府控制的。随着改革的深入，利率市场化的主张逐步被政府所采纳。早在 1993 年党的十四大《关于金融体制改革的决定》中就提出了利率市场化改革。1996年6月1日，人民银行放开了银行间同业拆借利率，此举被视为利率市场化的突破口；1997年6月，银行间债券回购利率放开。1998年8月，国家开发银行在银行间债券市场首次进行了市场化发债，1999年10月，国债发行也开始采用市场招标形式，从而实现了银行间市场利率的市场化。1998年、1999年，人民银行连续三次扩大金融机构贷款利率浮动幅度。2004年1月1日，人民银行再次扩大金融机构贷款利率浮动区间。同年10月，取消贷款上浮封顶。与此同时，允许银行的存款利率下浮，下不设底。2012年6月，人民银行进一步扩大利率浮动区间。自2013年7月20日起，全面放开金融机构贷款利率管制。然而，目前存款利率市场化仍然没有推开，行政控制仍然发挥重要作用。

2. 劳动力市场

根据王亚柯、罗楚亮（2012）的研究结论，目前，中国劳动力的资源配置方式由计划分配转向了市场化。劳动力市场更多地以非政府配置的方式来分配劳动力资源，社会关系或社会资本的重要性也逐渐上升。在就业的所有制结构方面，劳动力就业单位的所有制结构趋于多样化，传统国有或集体经济体制下的就业比重显著下降。1978—2012年，国有单位雇用的劳动力比重从占城镇全部就业的78.31%下降到18.43%；城镇集体单位就业比重从21.46%下降到1.58%。但是，其他城镇非公有企业等单位的就业则从无到有，2012年占全部城镇就业的79.98%，1990—2012年，城镇个体私营经济组织的从业人员从671万人，上升到13200万人，占城镇就业人数的35.58%。标志着中国就业结构已经实现了多样化。然而，尽管中国劳动力市场已经初步形成，但计划经济时期遗留的制度分割问题在转轨过程中仍趋于固化，最为突出的是，由于户籍分割和行业分割而造成的城乡劳动力就业的"双轨"状态。城镇地区的农民工很难进入比较正规的就业部门，即使从事相同的工作，农民工所获得的工资和福利也比城镇职工低得多。在行业分割方面，城镇劳动力市场上，不同行业尤其是垄断行业与竞争行业之间存在比较严重的市场分割。从就业的城乡结构看，1978年，城镇就业人数占全部就业人数的23.69%，而农村地区非农产业就业人数为76.31%。到了2012年，前者上升到48.37%，后者则下降到41.63%，城镇就业人数已经超过农村非农产业的就业人数。从不同产业的就业结构看，第三产业成为劳动力需求增长的主要来源。1990—

2003年，第三产业从业人员所占比重由18.15%提高到29.13%；第二产业从业人员所占比重稳定在21.16%；第一产业从业人员所占比重有所下降，由60.11%下降到49.11%。到2004年年末，第三产业就业人员占全国城乡就业人员的比重上升到30.16%，第二产业占22.15%，第一产业继续下降到46.19%。到了2012年，第三产业就业人数进一步上升到33.6%，第二产业占30.3%，而第一产业则大幅下降到36.1%。[①]

3. 技术市场

改革开放以来，中国的技术市场规模不断扩大，技术合同成交总额持续快速增长。根据张江雪（2010）的研究，中国技术市场的合同成交额从1988年的72.5亿元提高到2008年的2665.23亿元，年均增长率达13%。"十五"时期，年均增速为15.2%，超出同期GDP增长率（9.6%）近6个百分点。同时，技术市场成交额与GDP的比值总体保持稳定增长态势，1991年为0.44%，1993年上升至0.59%，2008年达到0.89%。从中国技术市场管理体系方面看，已经初步建立了一套监管体系。截至2007年年底，已建立国家、省、市（地）、县四级1000多家技术市场管理机构，管理人员3000名左右；共有技术合同认定登记机构1200家左右，从业人员2000多名；信息网络服务体系方面，已经形成由国家有关部门主办和由省市政府部门主办的技术交易网站的全国性网上技术市场。然而，中国技术市场发展存在市场化程度低的问题。据测算，2003年，中国技术市场的发展程度为73.8%，2006年又下降到57%（张江雪，2010）。此外，中国技术市场政策法规与监管体系不完善。中国还没有一部专门针对技术市场的法律规章，技术市场的政策法规在国家层面上缺位，导致各地的技术市场监管不统一、交易行为不规范，技术交易人的权益无法得到有效保护，增加了技术交易的风险成本，影响了技术市场的进一步规范与发展。

4. 房地产市场

中国房地产业从20世纪80年代开始兴起，1998年，国家停止福利分房实行住房货币化后，房地产业及房地产市场开始真正发展起来。20世纪90年代发展壮大，在国家积极的财政政策刺激下，全国固定资产投资快速增长，房地产投资占GDP比重逐渐增加。表3－12反映了1998年

---

① 《中国统计年鉴（2013）》，中国统计出版社2013年版，第122、123页。

之后中国房地产市场的发展状况。

表 3-12　　　　　　　　　中国房地产市场的发展概况

年份	房屋竣工面积（万平方米）	本年完成投资（亿元）	住宅（亿元）	办公楼（亿元）	商业营业用房（亿元）	商品房平均售价（元/平方米）
1998	17566.6	3614.23	2081.56	433.80	475.83	2063
2001	29867.36	6344.11	4216.68	307.95	755.30	2170
2006	55830.92	19422.92	13638.41	928.06	2353.88	3367
2010	78743.90	48259.40	34026.23	1807.38	5648.40	5032
2012	99424.96	71803.79	49374.21	3366.61	9312.00	5791

资料来源：根据《中国统计年鉴（2013）》（中国统计出版社2013年版）第201、205、207页的数据整理而得。

随着城镇居民的收入水平不断提高，购房需求不断增长，房地产业得到飞速发展，近20年的发展取得了令人瞩目的成就。全国城市人均住房面积达到20平方米，农村达到25平方米，住宅成套率达到70%。住宅业增加值占GDP比重：城市达4%，城乡合计达7.5%，房地产业已上升到支柱产业的地位。近两年来，住宅建设对经济增长的贡献率均在1.5个百分点左右。

尽管房产市场已经在很大程度上实现了市场化，然而，从1982年国务院发布的《国家建设征用土地条例》、1998年颁布的《土地管理法》及其《实施条例》，以及近几年来出台的相关政策，使中国的土地市场形成了"双轨制"格局。一方面，城镇土地的所有权属于国家，不可以流动、转让，城镇土地的使用权可以转让并形成了城镇土地使用权市场；另一方面，农村农用土地所有权属于农村集体组织，农村集体范围内的农民可享有对农村土地的承包权，同时政府也鼓励土地承包权的转让，从而形成农村土地承包权转让市场。然而，按照《土地管理法》的规定，农村土地与城镇建设用地之间是不可以自由转化的，城镇的土地使用权市场与农村的土地承包权转让市场是分割的。两类土地之间的转化需要经过政府土地管理部门的审批。这种双轨制导致一些地方滥占土地现象屡禁不止。

综上所述，尽管中国各类市场的市场化程度与改革初期有了明显提升，但一些市场尤其是要素市场的市场化程度仍然不尽如人意，各种行政性行为随处可见，甚至一些行政官员出于"寻租"目的而人为地修改市场规则为行政规则。

(三) 美国经济的市场化考察

美国是世界上市场经济最为发达的国家之一,其市场体系经过长期的发展,已经十分完善。它既包括一般商品市场,如生产资料市场和消费品市场,也包括各种特殊的商品市场,如劳动力市场、金融市场、房地产市场、技术市场、信息市场等。其中,商品市场、劳动力市场和金融市场是美国市场体系中的三大重要组成部分。可以说,美国作为头号经济大国,其一切行为都已经市场化了,而一切市场行为又都被法制加以规范化(陈宝森等,2011)。

1. 美国的商品市场

美国的商品市场包括销售市场和交易市场,现货市场又可分为批发市场和零售市场,批发商是连接生产部门的企业和零售商及政府部门的中心环节,批发商之间也互相进行交易。从就业人数看,美国的批发商和零售商之间的比例大约为1:3,从销售额看,比例大约为1:1,少数生产部门的企业拥有自己的批发及零售机构,向消费者直销自己的产品,以减少流通费用,提高产品的竞争能力。生产部门之间相互供货的情况也很普遍。美国市场的商品流通渠道是因部门、因产品而异的,是在竞争中逐步形成的。

商品交易市场以商品交易所为主要形式,主要从事全国性和国际性的初级产品拍卖、现货或期货买卖。美国现有规模大小不等的11个期货交易所,其中有9个设在芝加哥和纽约两个城市。美国的期货交易所一般都拥有法定数额的会员,这些会员直接进行期货经营或作为代理人、经纪人代客从事交易。从交易的商品看,期货市场过去主要是经营农产品、畜产品,后来非农产品交易逐步有所增加。20世纪70年代后,金融期货交易得到迅速发展,金融期货品种不断增加,期货市场的主要功能在于:①影响长期供求,减少价格波动;②提供长期保值机会,为生产者经营者转移风险;③提供远期供求及价格信息,指导生产,促进流通,引导消费。

2. 美国的资金市场

金融市场是美国市场体系的重要组成部分。美国最大的股票、债券等证券交易市场是纽约股票交易所(NYSE),其次是美国股票交易所(AMEX)。地区性的证券交易所有波士顿交易所、费城交易所、辛辛那提交易所、中西部交易所和太平洋交易所。此外,美国还有全国证券交易商自动报价系统(NASDAQ),即纳斯达克。除这三个市场之外,美国的金融体系还包括许多金融中介,如商业银行、共同基金、投资公司、保险公司等。这些金融中介的主要功能是为人们将储蓄转移到企业提供渠道,也帮助那些没有时间或没有相关知识的投资者经营管理他们的资金。与其他国家相比,美国资本市场及运行机制主要有市场竞争激烈、市场上融资手段日益先进、证券交易市场发达等特点。

3. 美国的就业与劳动力市场

劳动力市场是美国市场经济体系的主体构件,也是最能体现美国市场经济实质的组成部分。它基本上是一个自由的市场体系,其运行的动力来自劳动力的价格,在这样的自由劳动力市场基础上形成的美国就业制度。有资料显示,2005年、2010年,美国三次产业的就业结构如表3-13所示。从表中不难看出,近年来,美国第一产业的就业人数没有太大变动,第二产业的就业比重有所下降,第三产业的就业比重有所增加,超过了80%。

表3-13   2005年和2010年美国就业的产业分布

年份	第一产业		第二产业		第三产业	
	2005	2010	2005	2010	2005	2010
就业比例(%)	1.6	1.6	20.6	16.7	77.8	81.2

资料来源:《中国统计年鉴(2013)》,中国统计出版社2013年版,第954页。

根据陈宝森等(2011)的研究,在美国的劳动力市场上,存在大量公办和私办的职业介绍所,目前,美国联邦和州举办的职业介绍所共有2600多家;私人举办的职业介绍所数量不多,但要收费,主要提供较好的职业机会。此外,工会组织等对失业人员的择业提供帮助。而需求方多主动采取供需见面,在学校特别是大学中寻找择业者,也有需求方通过在媒体登广告等方式招聘择业者;择业者则也通过毛遂自荐方式寻找就业机会。

4. 美国的技术市场

在美国的技术市场上,科技的供给者主要有联邦政府的科研机构、企业、高等院校和其他非营利性科研机构四类。美国联邦政府举办的科研机构主要是国家实验室。其中,著名的有新墨西哥州的洛斯阿拉莫斯国家实验室、田纳西州的橡树岭国家实验室、佛罗里达州的肯尼迪航天中心等。据不完全统计,目前美国大约有800个国家实验室,年度经费约占政府研发经费的 1/3。美国的企业在美国科技供给方面占有举足轻重的地位。大约 75% 的研发工作是企业部门完成的，75% 的科研人员分布在企业科研单位，美国 60% 以上的研发总经费是在企业中完成的。在企业研发工作中，大型和中小型企业都发挥着不可或缺的作用。20 世纪 70 年代以来，中小企业的科技开发及其成果对美国科技市场的影响越来越大。大学是美国从事基础研究的主要基地。现在，美国有 3000 多所高等院校，拥有研究生院的综合性大学有 300 多所，其中，以所谓的"常春藤"名校为代表的美国研究型大学更是科技成果的重要提供者。美国政府十分重视各类科技提供者的科技成果转化，通过各种法案鼓励技术成果向产业界转移。在技术交易市场上，主要受美国《专利法》调节，一项发明创造的专利权属于创新者，在 17 年内，他人使用这种专利必须付费，购买其使用权，否则就要受到法律惩处。通常，技术转让是与出售生产设备、工艺流程、产品设计一起进行的。此外，在美国的技术市场上，各类中介咨询机构对推动技术交易起着十分重要的作用。这些机构包括受国会、总统和政府委托进行活动的机构，各类科技情报机构，以及以企业法人资格建立的咨询公司。另一类是企业法人形式从事的包括机械、电气、土木建筑、市政设施、环保，以及各种工矿业的咨询服务。[①] 美国的科技不仅高度市场化了，而且，其科技产业与风险投资、资本市场相联结，为美国技术市场的健康、快速发展提供了很好的资金和制度保障。

5. 美国的房地产市场

美国房地产市场的市场化程度非常高，这主要体现在其完善的金融体系和以市场为主的产业特色。所谓完善的金融体系，是指在美国已经形成了多层次的房屋抵押贷款市场，政府主要通过利率、租金补贴等手段保障中低收入者的住房需求。与此同时，完善的税收体制保障了美国房地产市场的有序运行。美国房地产市场的核心机制是采取抵押贷款方式以解决居民的购房和建房。20 世纪 60 年代后，美国房地产金融的最大创新就是抵押贷款证券化，把抵押市场和资本市场连接起来。这一举措解决了一级市场的资金和风险管理问题，让购房者更多、更有效地利用购房抵押贷款，住宅的拥有量因此大幅增加。

---

① 陈宝森、王荣军、罗振兴主编：《当代美国经济》，社会科学院文献出版社 2011 年版，第 266 页。

在美国房地产市场中，房地产代理商发挥着不可替代的作用。而如今，美国的房地产代理商已经发展到高度专业化的地步，如住房经纪商行、商业投资经纪商行、评估商行、农场和土地商行、注册财产经理人等。它们为了获取佣金而代理从事房地产的各种交易行为。[①]

美国政府对中低收入者住房的保障模式主要有建设公共住房、吸纳私宅供租赁、鼓励私人购房和提供房租代金券等。美国政府1961年推出了一系列优惠政策，鼓励私有房主为中低收入者提供低租金住房。政府以吸纳私宅的方式进一步增加廉租房供给。通过税收和贷款优惠，政府不用直接资金投资，也无须专项财政划拨，极大地减轻了负担。美国政府也积极鼓励中低收入者中收入相对高些的群体购买自己的住房。美国政府为中低收入阶层买房主要采取利息补贴、贷款担保和直接提供贷款三种方式。美国是西方国家中房地产税制最完善的国家，其房地产税收的特点是：宽税基、少税种。美国房地产税收体系已经过200多年的发展与实践，体制比较完善。在美国，房产占居民家庭资产的30%左右。此外，由于美国实行土地私有制，土地进入市场是按其位置、环境、资源蕴藏量以及供求状况形成价格，基本没有土地的无偿使用。

六　中国的政府及其职能

在市场经济模式下，政府是重要的参与方，它对经济的正常运行发挥着不可或缺的作用。从目前中国政府的职能来看，与社会主义市场经济体制的要求仍有一定的距离。为此，党的十七届二中全会审议通过了《关于深化行政管理体制改革的意见》和《国务院机构改革方案》，提出要通过改革，实现政府职能向创造良好发展环境、提供优质公共服务、维护社会公平正义的根本转变。2013年11月12日，党的十八大三中全会通过的《关于全面深化改革若干重大问题的决定》指出："政府的职责和作用主要是保持宏观经济稳定，加强和优化公共服务，保障公平竞争，加强市场监管，维护市场秩序，推动可持续发展，促进共同富裕，弥补市场失灵。"进一步明确了到2020年建立起比较完善的中国特色社会主义行政管理体制，明确了中国政府职能转变的大趋势和总方向。

（一）关于政府及其职能的文献讨论

西方学术界对市场经济体制下政府职能和角色进行了深入的研究，已

[①] 陈宝森、王荣军、罗振兴主编：《当代美国经济》，社会科学院文献出版社2011年版，第256—257页。

经形成若干种理论，比如"守夜人"理论、干预主义理论，以及有选择地干预"市场失败"的理论等。

1. "守夜人"的政府角色理论

政府的"守夜人"角色理论源于洛克的自由主义政府观。300 年多前，洛克在他的《政府论》中提出，政府的主要任务是通过立法保护个人的自由和财产，对外防止或索偿外国造成的损害，保障社会不受入侵和侵略。"人们联合成为国家和置身于政府之下的重大的和主要的目的，是保护他们的财产；在这方面，自然状态有着许多缺陷"。[1]

1776 年，现代经济学的开山鼻祖亚当·斯密继承了洛克的思想，并在其著名的《国民财富的性质和原因的研究》中，首次研究了政府在近代市场经济中的角色问题。斯密认为，市场机制或"看不见的手"可以保证个人利益与社会利益的完美结合，政府没有必要操心和插手经济生活，政府在社会中的角色只是充当"守夜人"。在斯密的模型中，政府应主要做好三项事情：一是保护国家安全，使其不受外来侵犯；二是保护社会上的个人安全，使其不受他人的侵害和压迫；三是建设和维护某些私人无力办或不愿办的公共事业和公共设施。[2] 显然，亚当·斯密强调了政府对经济发展的"保护"而非"干预"的职能。

政府"守夜人"角色理论尽管后来不断受到种种责难，但其影响深远。时至今日，新古典主义和新自由主义经济学家都将其奉为信条，并形成了当代的政府"守夜人"理论。

20 世纪六七十年代，发达资本主义国家的经济普遍出现了因"滞胀"和高福利政策带来的一系列问题，使人们对凯恩斯主义主张的政府干预学说产生了怀疑。以美国经济学家弗里德曼为代表的一批西方学者重新回到自由主义的立场上，自此，新自由主义的政府职能理论也再度在学术界兴起。弗里德曼主张政府的干预必须减少而不是增多，它的主要职能在于"防御外来敌人的侵略，确保我们的每一个同胞不受其他人的强迫，调节我们内部的纠纷，以及使我们能一致同意我们应遵循的准则"。[3]

与此同时，一些西方的政治学家、哲学家也从各自的角度支持自由主

---

[1] 洛克：《政府论》（下篇），商务印书馆 2004 年版，第 77 页。
[2] 亚当·斯密：《国民财富的性质和原因的研究》（下），商务印书馆 1988 年版，第 252—253 页。
[3] 米尔顿·弗里德曼等：《自由选择：个人声明》，商务印书馆 1982 年版，第 13 页。

义经济学家的政府职能理论。他们认为,政府职权的不断扩大将会损害公民个人的权利与自由。美国学者罗伯特·诺齐克从政治伦理学的角度指出,个人权利是不可侵犯的,"最弱意义上的国家"体现了全部的正义;国家职能应当仅限于"防止暴力、盗窃、欺诈及保证契约履行"等方面;任何企图超越最弱国家的政治行为都将因为侵犯公民不做某些事情的权利而得不到道德上的证明。①

2. 干预主义的政府角色理论

20世纪30年代前后,西方发达国家相继爆发的经济大危机,使人们认识到市场机制并不是万能的,市场这只"看不见的手"本身也会失灵,政府干预经济和社会事务存有很大的必要性。英国经济学家约翰·梅纳德·凯恩斯于1936年出版的《就业、利息和货币通论》(以下简称《通论》)顺应了当时这一经济学思潮。他在著名的《通论》中明确地否定了"守夜人"理论,认为政府不应该仅仅扮演社会秩序消极保护者的角色,而且还应该成为社会秩序和经济生活的积极干预者,特别是要熟练地、有效地利用政府的财政职能影响经济的发展。② 凯恩斯从而成为干预主义政府角色理论的先驱。他的这一理论主张对后来绝大多数西方国家政府的职能设置与行为同样产生了直接而深远的影响。

由于政府干预在实践中的成功,政府干预主义在西方经济理论界至今被奉为主流,并得到不断完善和充实。美国经济学家保罗·萨缪尔森在其不断再版的《经济学》中对政府干预主义做了完整的表述,他指出:"在一个现代的混合经济中,政府执行的主要经济职能是什么?实际上,有四种职能:确立法律体系;决定宏观经济稳定政策;影响资源配置以提高经济效率;建立影响收入分配的方案。"③

3. 有选择干预的政府角色理论

尽管"守夜人"理论与干预理论各有所执,但在实施过程中都暴露出诸多不足。正因如此,西方学术界在批判的基础上又发展出另外一种政府角色理论,即有选择的干预理论。这一理论又可分为以"市场失灵"为基础的产权学派和以"政府失灵"为核心的公共选择学派。

---

① 罗伯特·诺齐克:《无政府、国家与乌托邦》,中国社会科学出版社1991年版,第1页。
② 凯恩斯:《就业、利息和货币通论》,商务印书馆1996年版。
③ 保罗·萨缪尔森:《经济学》,中国发展出版社1992年版,第1170页。

科斯作为现代产权理论的创始人于1960年提出了著名的"科斯定理",其基本含义是:如果产权关系是明晰的,市场的交易费用就十分低下(甚至为零),市场就能自动使资源得到最优配置;假如产权关系尚未明晰,交易费用就会十分高昂(甚至高到交易无法进行),市场配置资源的效率就不可能达到最优。由于市场本身会出现"失灵",政府就有发挥其职能的空间,政府不仅在于维护已有的产权关系,也在于弥补市场或企业本身无法界定产权关系的领域,这样就可以最大限度地节约交易费用,使资源配置效率得以提高。

以詹姆斯·布坎南为代表的公共选择理论则认为,政府干预同样存在"政府失灵"问题,这包括行政效率低下、行政费用高昂、机构自我膨胀、财政赤字不断膨胀、官僚主义和政府"寻租"等。因此,政府干预也并不总能使资源配置达到最优,即使需要政府干预,也只能限制在市场长久失灵之处,对市场的短期失灵则无须政府介入。[①]

此外,德国的"社会市场经济"理论也认为,社会市场经济中的政府已不再扮演"守夜人"的角色,其职能是制定秩序政策,确定市场经济活动的全体参加者都应遵守的法律和社会总体条件,防止国民经济从繁荣转为萧条,负责实现宏观经济目标(维利·克劳斯,1990)。

由此可见,有选择的政府干预理论既不完全接纳"守夜人"理论,也不完全否定"干预"理论,而是圈定了政府行为的范围或原则:首先,承认市场调节和政府干预都会存在失灵,一方面,市场失灵需要政府干预;另一方面,政府失灵又需要约束政府的干预。其次,政府干预应限制在市场长期失灵的领域,而不应干预市场短期的或暂时的失败。最后,利用市场机制来实现干预的目的是政府行为的最好方式。

4. 不同政府理论的共同之处

对这些政府理论的进一步研究发现,无论哪种理论都有一些共同的主张。第一,在市场经济体制中,政府边界的界定是建立在市场在资源配置中发挥决定性作用的基础上的,政府与市场边界的某些重大调整,都在于暂时性地解决特定的问题,而不是从根本上否定市场的地位。第二,政府的作用不是替代市场,而是弥补市场的不足,市场经济不是不要政府,而恰恰是不能没有政府。第三,政府管理经济的模式通常是对"负面清单"

---

① 布坎南:《自由市场和国家》,北京经济学院出版社1988年版,"译者前言",第3页。

管理。所谓"负面清单"管理就是为了实现政府管制的规范、透明、稳定、可预期,政府把所有管制措施列入清单,清单之外的事项则取消一切政府审批,由企业和个人自主决策、自主投资经营,即"法无禁止即允许"的管制模式。我们认为,这些理论对认识中国在市场经济建设过程中,如何确定政府的职能和角色都有一定的启发意义。

(二) 中国政府职能的现状及其问题

整体而言,中国属于政府主导型经济模式,政府在经济运行中发挥着重要作用。毫无疑问,这种模式在特定条件下会促进经济的进步,但伴随着经济的日益市场化,强政府模式的弊端会不断显露,转变政府职能的要求日益迫切。

1. 大一统、多层次,导致过度强势的政府

计划经济时期,为了实现行政统一的资源配置方式,我们逐步建立起一个无所不包、无所不能的庞大的政府体系。实践证明,这种大一统的体制无法实现资源的有效利用。改革开放后,伴随着企业及其他方面的体制改革,政府管理体制的改革也在陆续展开。中国先后经历了6次较大的行政管理体制改革[1],然而,研究发现,政府改革的效果并不理想,改革并未有效地削弱政府的作用,而总是得到进一步强化。这主要体现在政府的组织结构几乎没有受到影响。从横向来看,目前中国的政府是一种超广义的政府[2],不仅包括所谓的狭义上政府的部分,同时党组织、人大、政协、武装、工会、团组织,甚至各种民主党派都具有一定的管理社会的政府职能,从而形成了"大一统"的总体结构。这种结构不仅需要巨额的财政支持,同时,各个政府和"准政府"部门总是难以准确行使其职能,结果市场的运行总会受到它们的干扰。从纵向来看,中国的政府机构采用直线职能式的结构,划分为:中央为第一层级;省、自治区、直辖市、自治州为第二层级;县、自治县、市为第三层级;乡、民族乡、镇为第四层级;在试行市领导县体制的地方则为第五层级,在省与县之间增加了地级

---

[1] 这6次改革就是1982年、1988年、1993年、1998年、2003年和2008年的改革。

[2] 所谓政府有广义和狭义之分,广义上泛指所有行使公共权力的机关,类似于公共部门、国家机关等概念,包括国家行政机关(政府)、国家权力机关(人大)、国家司法机关(法院、检察院)等;狭义上则仅指国家行政机关,依据《宪法》规定,中华人民共和国国务院,即中央人民政府是最高国家权力机关的执行机关,是最高国家行政机关。地方各级人民政府是地方各级国家权力机关的执行机关,是地方各级国家行政机关。

市这个层级。这种多层及政府结构形成了多级的委托—代理关系，使政府运行付出了巨大的代理成本，政府运行效率受到很大影响（剧锦文，2010）。

在中国这一政府模式下，必然导致政府规模不断扩大。根据方福前（2007）的研究，1978—2002 年，中国党政机关人数增长比同期人口增长快了 2.9 倍。这也意味着，1978 年平均每 206 人供养 1 名公务员，而到 2002 年则需要 119 人供养 1 名公务员。从政府机构改革的角度看，1982 年的机构改革，使国务院的部门数量从 100 个减为 61 个，人员编制从原来的 5.1 万人减为 3 万人。1988 年的机构改革，国务院部委由原有的 45 个减为 41 个，直属机构从 22 个减为 19 个，非常设机构从 75 个减到 44 个，国务院人员编制比原来减少了 9700 多人。1993 年的机构改革，国务院的组成部门、直属机构从原有的 86 个减少到 59 个，人员减少 20%。1998 年的机构改革，使国务院的组成部门由原有的 40 个减少到 29 个，全国党政群机关共精减行政编制 115 万人。但是，就全国的情况看，党政机关的人数仍然在不断增加。

这种既强又大的政府模式，不仅运行效率十分低下，而且成为政府与市场边界模糊的重要根源。

2. 政企不分、政事不分、政资不分问题依然突出

目前，中国行政审批制度改革还没有完全到位，存在政府职能转变不彻底、行政审批设定管理不严、监督机制不健全等问题（李林，2012）。一些应该由市场和社会管的事情依然掌握在政府手里，政企不分问题十分突出。如前所述，政府在市场资源配置中依然具有主导权，起着分配者的决定性作用。根据李林（2012）的研究，在 2001 年启动行政审批改革之前，中国有近百部法律、400 多部行政法规涉及行政许可。如果加上大量的地方性法规和部门规章，行政许可的项目就更多。据不完全统计，全国性行政许可事项最多时达 4100 余项，各省级行政许可一般也在 2000 项以上。进入 21 世纪以来，特别是中国加入世界贸易组织以后，中国政府迫于承诺不得不对行政审批进行清理，仅对国务院审批的项目先后组织了五次大规模的清理，在清理审核的基础上取消 2167 项行政审批项目，占原有总数的 60.6%；地方各级政府也在中央的统一部署下，依法取消和调整了 77629 项行政审批项目，占原有审批项目总数的一半以上。即便如此，中国的行政审批制度改革还没有到位，存在的主要问题包括：首先是

政府职能转变不到位，不该管的事还没有完全放开，该管的事没有认真管好，特别是公共产品和服务提供不足。政府还集中了过多的公共资源和社会资源，权力部门化、利益化的问题依然存在，造成行政审批事项仍然较多，清理不彻底，一些应该取消的审批事项被合并或调整为审核、事前备案等，一些审批事项程序烦琐、时限长、办事效率低下。据不完全统计，目前国务院各部委正在行使的各类审批权还有1700项左右，地方政府的各种审批还有1.6万项左右。其次是对行政审批设定管理不严，特别是对非行政许可审批项目，管理不规范、随意性大。一些部门和地区利用"红头文件"、规章等，以登记、备案、年检、监制、认定、审定以及准销证、准运证等形式，变相设置审批事项。再次是对行政权力的监督机制还不健全，一些部门权力过于集中，同时承担审批、执行、监督、评价职能，权力滥用、权钱交易、官商勾结等腐败现象屡有发生。最后是未从法律上明确实施行政审批制度改革的牵头部门和责任主体，致使该项改革因缺乏统筹协调的"主心骨"而难以深入。此外，政事不分、政资不分、政府与市场中介组织不分，政府的越位、错位、缺位等体制问题还没有得到解决。一些原本属于市场主体和社会组织的权力没有实现有效的下放，行政审批项目仍然很多。同时，市场监管不到位，在营造市场环境和市场秩序、公平准入、公平竞争、市场执法，以及涉及人民生命财产安全领域的监管等方面，政府却没有发挥应有的作用。

3. 中央政府与地方政府间关系并未理顺

计划经济下，中央与地方的关系是控制与被控制的关系，地方政府是中央政府的分支，中央基本上控制了物资、财政和资源，地方政府基本上没有自主权。但是，计划经济内在的上下信息传输渠道不畅通与监督费用高昂，致使国民经济到了崩溃的边缘[①]，政府财政也是连年赤字。为了缓解中央所面临的财政困难，缓解中央与地方之间信息传输与监督的困境，中央政府改变原来计划经济下对地方政府的强力控制，开始向地方政府分权。然而，分权主要是在经济领域内，在政治领域内却不明显，中央依然控制着地方官员的任免。这样，就形成了中央、地方政府间关系在经济与政治方面的两大特征：财政分权和政治集权，同时也改变了地方政府的行

---

① 胡书东：《经济发展中的中央与地方关系——中国财政制度变迁研究》，上海三联出版社、上海人民出版社2001年版。

为特征。

  首先是财政分权。随着财政体制的改革，中国的财政体制先后经历了两次大的变革。第一次是财政包干制，主要施行期间是从改革开放伊始到1994年，目的是刺激地方政府努力发展地区经济。就调动地方政府发展经济的积极性方面而言，财政包干制成功地做到了这一点，但是，这种体制也导致了不良后果，那就是中央财政和国家财政的汲取能力不断下降，财政分权过度，中央逐渐丧失了对经济的调控能力。[①] 为了提高中央财政和国家财政的汲取能力，中国在1994年实施了一项新的财政制度——分税制。分税制按不同的税种将税收划分为中央税、地方税和中央与地方共享税，将税收征收机构由原来的地方代征代收改为两套税务机构同时征收。虽然分税制带有一定的集权色彩，但是这并没有改变改革开放以来中央与地方之间的财政分权的实质，它本质上是对中央对地方过度分权的一种回调。财政分权给予地方政府很强的财政激励，地方政府的身份也发生了改变，它不再是改革开放前中央在地方的分支机构，逐渐成为一个相对独立的经济利益主体，并开始对地方经济的发展拥有重要的甚至决定性的影响。财政分权在刺激地方政府发展经济的同时，也塑造了地方政府的经济人特征，其主要表现为地方政府行为的公司化。

  其次是政治集权。中央在政治上，尤其在人事上对地方政府的控制依然十分牢固，中央可以通过对地方党委和政府主要领导人的政绩考核来决定地方政府领导人的政治前途，以此达到控制地方政府的目的。政治集权对地方政府行为也产生了很大的影响。因为政治集权实际上是中央政府与地方官员之间所签订的一个契约，中央政府通过考核地方官员的政绩来决定地方官员晋升与否。虽然地方官员所承担的责任不止经济建设一项，但是在实际的操作中，由于考核指标的测度问题，中央往往只偏重于易于测度的GDP指标，这就造成了地方官员把更多的资源和精力投入到地方的经济建设中，从而塑造了地方政府的"经济建设型政府"的性质。

  4. 政府承担了过多的经济建设职能

  有研究表明，美国在国家经济建设方面的职能占财政支出的5.01%，而中国则高达25.94%。虽然中国的市场经济发展程度不如美国的完善，相对于美国政府，中国政府仍需要投入更多的社会资源来发展经济，调整

[①] 王绍光：《分权的底限》，中国计划出版社1997年版，第37页。

经济结构，促进产业结构优化升级和优化经济发展环境。但是，过高的经济建设支出比重反映出中国政府对市场活动的过多干预，政府在经济活动中的"越位"现象大量存在，政府与市场的边界难以清晰地划分。

5. 政府在社会各领域的职能既缺位又错位

有研究表明，美国政府在社会保障、文教卫生方面的支出占财政总支出的比重高达36.77%，而中国仅为10.88%。这反映出中国财政支出用于社会保障的份额水平较低。中国社会保障体系仍然存在覆盖范围比较窄、制度不够健全、管理基础比较薄弱、资金支付压力大、部分社会群体社会保障待遇不合理等一系列亟待解决的突出问题。在文化教育领域，尽管中国政府近年来的总投入远远高于美国，但结构并不合理。中国政府这项职能占财政支出的27.49%，美国仅为3.47%。可见，中国政府对教育的重视程度，中国的教育支出占财政支出的比重也高于其他许多国家。虽然文化教育支出已经成为中国财政支出的第一大项，但是，在教育支出结构内部仍然存在不合理的地方。诸如对高等教育投入过多，基础教育、义务教育和科研投入相对不足；东部投入过多，而中西部地区却呈现梯级递减的趋势。这些都不利于中国国民整体文化素质的提高，也加剧了社会不公平现象的蔓延，不利于国民经济长期稳定的发展。

（三）美国政府职能考察

作为当今世界上超级经济大国和市场经济最为发达的国家，美国的经济体制在配置资源、鼓励创新和发展等方面都有明显优势。但是，市场经济本身固有的"市场失灵"在美国同样存在，包括公共品的供给、外部性的消除、维护社会公平和经济稳定等。正因如此，美国政府的职能在其经济体制运行中同样发挥了十分重要的作用。尽管政府从20世纪30年代开始在较大的范围介入经济生活并对经济活动进行干预和调节，但与欧洲、日本等国家和地区相比，政府干预程度相对低，市场调节的作用更大。当然，政府干预少并不等于没有干预，事实上，美国政府对经济的干预有着自身的演变轨迹和特色的。

美国政府对经济活动的干预和调节，主要是通过各种法律法规的制定和实行，通过财政政策、货币政策、收入政策、社会保障与福利政策、对外经济政策等的贯彻执行，通过为社会提供一系列公共物品和服务来实现的。尽管历届政府在使用这些干预调节手段上有着一定的差别，但从总的情况看，这种差别主要是表现在使用财政政策和货币政策的松紧程度及两类政策的搭配组合上有所不同。

1. 政府与市场的关系

政府介入市场的活动主要是提供基础设施及公共服务。比较而言，美国政府直接介入市场经济活动的比重很小，而且经营活动大多限于不适合由私人经营的一些基础设施及公共服务，甚至在军需物资武器装备的生产上，政府所属的兵工厂也只是生产一些常规武器，大多数武器装备都是向私营公司订货。美国政府直接经营并向社会提供的基础设施及公共服务主要有：道路设施、机场设施、城市供水排水设施、电力供应、邮政、国家公园、教育、卫生、国防、治安、消防、环保、公共图书馆、博物馆等。

2. 政府管理经济的方式

概括起来，美国政府对经济的影响主要表现在以下四个方面：

（1）直接服务。所谓直接服务主要是指政府向社会直接提供公共产品和服务。就美国政府提供的直接服务的现状来看，美国联邦政府负责的邮政系统和国防；各州政府负责的大部分公路的建筑和保养；地方政府负责的警察、消防队和卫生设施；以及由联邦政府拨给大笔经费，但主要由州和地方政府出钱的公共教育事业。为社会提供市场不能提供的公共品，包括国防、基础科研、公共设施等。像所有的政府一样，美国政府投资修建了大量的高速公路，供排水系统，以及电力、天然气和公共交通等，这一类的支出大约要占美国州和地方政府的50%。美国的土地和许多自然资源都是私人拥有的，但也有许多公园、森林是国家的。国家还投资兴建了许多博物馆，供公众免费参观游览。

（2）调节和控制。为了保证私人企业最好地为公共利益服务，政府通过许多方式对它们进行调节和控制。在私人企业已达到垄断的领域里，诸如电话、电报、电力、无线电、电视广播公司；或者是在竞争性较小的其他领域里，如铁路、公路和航空，政府予以调节，通过制定政策允许上述公司谋取合理的利润，但限制它们"不公平地"抬高价格，而损害经济效率和消费者的利益。对于消费者难以判断、竞争者容易忽略的食品、药品、环境污染等影响人们健康的领域，政府则实行直接管制，制定严格的质量标准。在其他工业部门，政府靠制定一些规范来保障公平竞争，而不是实行直接的管制。

（3）纠正外部性。对于有正外部性的事业如教育和研发（R&D）等，政府通过直接拨款或补贴的方法给予支持。美国的教育主要由州和地方负责,这方面的支出大约占州和地方政府总支出的25%。对于有负外部性的行为如环境污染、传染病等,政府不仅通过政策进行管制和控制,有时还直接出资改善条件以消除这些负外部性。这些工作多由地方政府负责。

(4) 直接援助。政府为企业和个人提供多种多样的帮助,例如,通过征收关税使某些本国产品可以相对地避免外国的竞争,保护国内企业和幼稚工业;通过农产品价格补贴维护农民的利益;对贫困家庭、老人、失业者和残废者提供各种救济、补助以及社会保险和医疗照顾。政府通过失业救济、贫困救助、老年医疗保险、穷人医疗救助等转移支付的方式将富人的一部分收入再分配给穷人。为了解决贫困人的基本生活问题,联邦或地方政府有时还提供低租住房,免费发放食品券。对贫困家庭的儿童提供免费牛奶,中小学还为贫困学生提供免费午餐,公立医院也为穷人提供一些基本的医疗和防疫。

整体而言,美国政府对经济的管理和参与体现出这样一些特点:第一,政府对市场干预程度较低,同时直接参与市场活动范围较小;第二,联邦和地方政府包括州政府和地区政府之间的经济职权划分得较清楚,有利于实行宏观经济调控;第三,与欧洲特别是北欧一些国家相比,美国政府提供的社会保障程度相对较低,取得社会福利及救济的条件较严格。

第二节 走向经济强国的体制选择

中国已经成为世界第二大经济体,并以不可阻挡之势继续快速前进,有望在不远的将来超越美国而成为世界头号经济大国。那么,我们应当构建怎样的经济体制以保证能够有效地配置更大规模、更多类型的资源呢?我们认为,建立能够自我调整、自我完善和自我演进的成熟的市场经济体制是重要的制度保障。成熟市场经济体制的标志主要体现在七个方面:社会主义基本经济制度定型,微观基础充满活力;现代市场体系形成,市场在资源配置中的决定性作用并充分发挥其功能;具有完备的与社会主义市场经济相适应的法律体系,以法治为基础的市场经济制度形成;政府与市场的边界清晰,服务型政府形成;利益分配格局和社会福利制度充分体现社会公平和正义;建成和谐的公民社会;改革和开放相互协调、形成相互促进的新格局。

一　国有经济的改革与重构

关于国有经济的改革有多种思路或方案，我们的主张强调问题导向和远景导向，即从目前国有经济存在的问题和保证实现经济强大国家目标为出发点的。依照这两个原则，我们提出如下对策建议。

（一）转换功能、压缩规模和调整结构

从前面的论述中，我们已经清楚地看到，中国国有经济存在规模过大、产业分布过于分散和功能不合理的问题。我们的对策建议是：

第一，重新调整国有经济的功能。我们要国有经济做什么？国有经济的运营目标到底是什么？这是我们必须回答的关于国有经济功能的问题。计划经济时期乃至改革开放初期，国有经济一直承担着提供几乎所有社会产品、主力推动经济发展的重任。伴随着改革的深入，非国有经济的快速发展，中国的经济结构已经发生巨大变化，重新界定国有经济的功能并做出调整，已经成为国有经济改革的基本问题。我们认为，逐步缩减国有经济功能，将其限定于提供公共产品是大势所趋，也符合经济合理的原则。

第二，进一步压缩竞争性领域国有经济的总体规模。目前，中国国有工业的产值仍然占工业总产值的30%以上，国有资本占社会总资本的50%左右，国有经济对GDP的贡献在40%左右，尽管这些比值与改革开放初期相比已有大幅下降，但与市场经济发达国家相比，显然仍高出20个百分点以上。因此，在未来若干年内，我们需要在压缩国有经济规模上下功夫。根据改革开放以来国有工业经济占工业总产值逐年下降的历史数据和国有经济对GDP贡献逐年下降的速度，我们建议，可按照国有经济的规模占经济总规模每年减少1个百分点的状态进行控制。一方面，通过减持竞争性领域的国有产权，如出售、租赁、托管等方式，绝对地减少国有资本的数量以及弱化其经营能力；另一方面，通过大力发展非国有经济的方式，使竞争性国有经济实现"相对退出"（剧锦文，1999）。

第三，继续推进国有经济的战略性重组。从前面的研究可知，自20世纪90年代中期我党提出对国有经济实施战略性重组以来，国有经济的产业分布已经发生了很大变化，但我们同时又看到，近年来，国有经济并未完全集中于基础产业和社会公益性部门，甚至又出现了向竞争性领域扩张的所谓"国进民退"的苗头。我们主张国有经济应主要集中于那些难以市场定价的社会公益性领域，比如各类公共场所、基础设施等。属于自然垄断和行政垄断领域的，则应按照党的十八届三中全会《关于经济体

制改革的决定》指出的,要促使"国有资本继续控股经营的自然垄断行业,实行以政企分开、政资分开、特许经营、政府监管为主要内容的改革,根据不同行业特点实行网运分开、放开竞争性业务,推进公共资源配置市场化。进一步破除各种形式的行政垄断"。对处于竞争性产业的国有经济应尽快采取"绝对"和"相对"退出的战略,使广大竞争性领域成为非国有经济的生存空间。

(二) 积极发展混合所有制经济

党的十八届三中全会《关于经济体制改革的决定》指出:"国有资本、集体资本、非公有资本等交叉持股、相互融合的混合所有制经济,是基本经济制度的重要实现形式,有利于国有资本放大功能、保值增值、提高竞争力,有利于各种所有制资本取长补短、相互促进、共同发展。允许更多国有经济和其他所有制经济发展成为混合所有制经济。国有资本投资项目允许非国有资本参股。允许混合所有制经济实行企业员工持股,形成资本所有者和劳动者利益共同体。"这为国有企业产权制度改革指明了方向,我们的政策建议是:

第一,加快推进国有企业的公司制改造,实现企业产权的多元化。国有企业的公司化改造可以采取以下四种形式:一是涉及国家安全和主要从事社会公益性产品与服务的国有企业、国有资本投资公司、国有资本运营公司,可以采用国有独资公司的形式。二是极少数涉及国民经济命脉和重要行业和关键领域的国有企业,在近期可以保持国有绝对控股,但要逐步向非国有资本开放,在中长期也要转变成非国有控股公司。三是涉及支柱产业、高新技术产业等行业的重要国有企业,要尽快实现民营化,保留少数的国有相对控股。四是国有资本不需要控制可以由社会资本控股的国有企业,可以采取国有参股的形式,或者可以全部退出。

第二,改革和完善国有资产管理体制,改革国有资本授权经营体制,国资委要尽快地从目前以管理企业为主转换为以管理资本为主。组建若干国有资本运营公司,支持有条件的国有企业改组为国有资本投资公司。国有资本投资运营要服务于国家战略目标,更多地投向关系国家安全、国民经济命脉的重要行业和关键领域,重点提供公共服务,发展重要前瞻性战略性产业,保护生态环境,支持科技进步,保障国家安全。

(三) 推动国有企业完善公司治理结构和治理机制

党的十八届三中全会对国有企业完善公司治理结构和治理机制提出了

很好的建议。我们认为，国有企业应当在股权的多元化基础上，要健全协调运转、有效制衡的公司治理结构和治理机制。

第一，推动董事会的建设。要逐步引入独立董事制度并增加独立董事在董事会中的比例；要界定董事长与总经理之间的职责权限及其关系，要逐步改革现行的公司法定代表人的"独任"制度，由公司根据自身情况自由选择公司的代表人；董事长主要以董事会召集人的身份行使《公司法》及公司章程赋予的权力，要确保董事会对公司的战略控制和对公司经营层的充分放权；要在公司内部形成顺畅的报告制度，即总经理向董事会负责，可以探索实行由股东或股东会直接委派财务总监的做法。

第二，建立职业经理人制度，更好发挥企业家作用。要大力发展经理人市场，要让更多的国有企业经理人通过市场竞争产生。国有企业管理人员的薪酬水平、职务待遇、职务消费、业务消费不仅要规范化，而且要通过市场竞争使其逐步降低。要深化企业内部管理人员能上能下、员工能进能出、收入能增能减的制度改革。建立长效激励约束机制，强化国有企业经营投资责任追究。探索推进国有企业财务预算等重大信息公开。

第三，创新对经营管理者的激励约束机制。在进一步完善年薪制的基础上，应区分企业不同类型，制定出台增量资产奖励股权、股票期权激励等政策。重点推开上市公司股权激励试点，在此基础上，条件成熟的非上市公司股权激励也可以试水起航。对有突出贡献的科研设计人员、项目负责人及管理、技术骨干，实现扭亏为盈或大幅度减亏的企业负责人和其他有功人员，同样应给予奖励。同时，为了避免和防止国企内部高发的管理腐败，要强化以财务监督为重点的审计制度建设，加大监督和惩罚力度。

第四，深化企业用工制度和内部收入分配制度改革。所有企业都应遵循《劳动合同法》，与员工签订劳动合同，建立新型劳动关系。要充分发挥劳动力市场价格的调节作用，合理确定职工工资水平。坚持按劳分配与按知识、能力、技术、管理等要素分配相结合，对关键岗位、关键人才加大分配的倾斜力度。推进工资总额预算管理试点，根据企业效益、人工成本承受能力和劳动力市场价位，对企业职工工资总额和员工工资水平及增长实行预算安排和规范管理，确保职工工资收入随企业经济效益提高而正常增长，分享经济发展成果。

二 促进非国有经济的全面发展

改革开放以来，我们对非国有经济地位和作用的认识不断深化，对发展非国有经济的政策更加积极。尤其是从 2000 年以后，相关政策更为系统和更有针对性。2005 年，国务院首次颁布了《关于鼓励支持和引导个体私营等非公有制经济发展的若干意见》（以下简称"非公经济 36 条"）；2007 年党的十七大报告进一步明确提出了"坚持平等保护物权，形成各种所有制经济平等竞争、相互促进新格局"的政策主张；2009 年国务院颁布了《关于进一步促进中小企业发展的若干意见》（以下简称"中小企业 29 条"）；国务院于 2010 年 5 月再次发布了《关于鼓励和引导民间投资健康发展的若干意见》（以下简称"新 36 条"）。关于鼓励非国有经济发展的国家政策已经十分明确。那么，我们应当采取哪些具体措施促进非国有经济的发展呢？

（一）扩大规模、调整结构和强化功能

伴随着国有经济的全面退出，非国有经济必须尽快弥补由此留下的空间。目前，非国有经济创造的价值占 GDP 的 60% 以上，我们建议应当按照每年提升 1.5 个百分点的速度扩大非国有经济的规模，力争到 2020 年前后，其对 GDP 的贡献率达到 80% 左右。

在扩大非国有经济规模的同时，要进一步调整其产业分布的状态，在鼓励非国有企业在竞争性领域继续做大做强的同时，要着力打破垄断，放宽市场准入，消除政策掣肘，在一些垄断产业中实现投资主体的多元化，形成多种所有制公平参与的良性竞争格局。把非国有制经济的更大发展与垄断行业改革结合起来，按照非禁即入的原则，允许非国有经济进入教育、文化、卫生、供水、石油、电力、电信、航空、燃气、市政、交通、银行等公共领域，尽快使垄断行业和领域形成规模经济与生产经营效率内在统一的有序竞争、健康发展新格局。鼓励和支持非国有制企业参与国有企业兼并、改造与重组，对大多数一般性国有企业不必局限于国有控股地位，通过产权交易市场，向民营企业出售。对上市的国有公司，在股价合适时，通过二级市场，出售国有股权，引入非国有企业合作者。

关于非国有经济的功能定位，我们是伴随着对市场经济的认识深化而不断改变的。1987 年 10 月，党的十三大报告明确提出："私营经济一定程度的发展，有利于促进生产，活跃市场，扩大就业，更好地满足人民多方面的生活需求，是公有制经济必要的和有益的补充。"1997 年 9 月，党的十五大报告进一步指出："非公有制经济是中国社会主义市场经济的重要组成部分。"党的十八大三中全会确立了市场在配置资源上的决定性作用，那么，就应该进一步重新评价非国有经济的功能定位。我们主张全面强化非国有经济的功能，使其成为中国社会主义市场经济的最主要的参与者。

（二）进一步解放思想，为非国有经济创造公平的发展环境

1. 进一步解放思想

目前，对非国有经济的歧视已经由过去的政治因素转变为经济上的考量。许多地方不是不敢去发展非国有经济，而是国有经济特别是引进一些大型国有企业能给当地带来更大的投资和税收等经济利益。我们认为，这是一种短视行为，如果一地非国有经济不发达，市场就难以活跃，经济的长期发展就谈不上。因此，我们建议，要充分认识非国有经济在社会主义市场经济中重要性，进一步解放思想，应该给予各种非国有经济体"平等准入""平等竞争"和"平等保护"的市场主体身份和权利。

2. 优化发展环境

首先，维护非国有企业的产权利益。通过强化法律执行，对涉及非国有企业的产权利益，社会各方要公平、公开、公正地处理，加强对非国有企业的专利权、商标权的保护。

其次，创新企业的融资机制。通过建立多层次的股票市场，为非国有公司上市融资提供更多机会；通过组建民营银行、小额贷款公司、担保公司、租赁公司等，创新非国有经济的金融扶持方式；各级政府应深化与企业、银行的战略合作，尤其要加大对小微企业的信贷支持。

最后，强化政府的服务意识。在当前推进行政审批改革的同时，加强政策信息服务，通过网站、报刊、电视等媒体及时向广大非国有企业提供各类政策信息。以企业为主体，自觉、自愿围绕产业加快组建相关行业协会，形成与政府、相关部门沟通的平台与渠道。加快非国有企业服务体系建设，鼓励采用现代互联网等技术和服务模式，促进公共服务平台网络的互联互通、资源共享。

（三）促进企业向现代企业制度转型

鼓励企业特别是那些条件较好的家族企业建立现代企业制度，逐步实现股权的多元化。对那些仍然没有实行股份制的企业，要创造条件使它们首先转型为有限责任公司；对那些规模较大的有限责任公司，通过企业在境内外资本市场挂牌上市，成为公众上市公司。在此基础上，使企业建立以董事会为核心的公司治理结构，鼓励企业引入职业经理人。

总之，到 2020 年，我们的企业制度应更加灵活、更加自主。无论是国有企业还是私营企业都能够自负盈亏、自担风险；企业拥有自由的注册和注销权以及各种决策权。

三 强化市场功能，健全市场体系

中国的商品和服务市场虽然已经有所发展，但总体来说，还是一个不完全的不完善的市场。说它不完全，是因为受旧体制影响，市场在很大程度上还是一个部门分割、地区分割、尚未形成统一价格体系、竞争不充分的市场。说它不完善，是因为市场运转的规则还未健全、交易秩序尚不规范、法律法规体系尚未形成。而在这方面，美国等发达的市场经济模式有许多规则、法律和做法值得学习和借鉴。

（一）构建内外统一的市场制度体系

成熟的市场经济体制是一个统一和开放的运行体系，它同封闭、分割和垄断是格格不入的。我们建立市场经济体制就应按照这些原则进行全方位改革。

第一，打破各种垄断。打破包括行政性垄断、行业垄断和经济性垄断的各种壁垒。尤其要通过制定保护和促进公平竞争的法律法规，提高市场准入程序的公开化和准入的透明度，重点破解各种行政性垄断壁垒。

第二，打破地区樊篱。这包括废止妨碍公平竞争、排斥外地产品和服务进入的各种区域性壁垒。

第三，发展现代流通产业及网络系统。通过发展电子商务、连锁经营、物流配送等，促进商品和各种要素在全国范围自由流动和充分竞争。

第四，提升市场的对外开放度。市场的开放性必然是既对国内开放又对外开放的，因此，我们始终要坚持开放战略，促进资源在国家间自由流动并积极参与国际竞争和国际分作，充分利用国际国内两个市场、两种资源，做到在更广阔的空间范围组织商品流通和合理配置资源。

（二）让市场成为价格形成的主要机制

市场经济的核心是价格由市场中的供需双方通过竞争而产生，资源由价格引导而实现最终配置。因此，我们要最大限度地降低政府对价格形成的干预，逐步将绝大多数商品和服务的价格交由市场来产生，建立能有效反映资源稀缺程度的价格体系，形成能够反映市场供求状况和资源稀缺程度的价格形成机制，并使国内价格逐步同国际市场价格接轨。对于某些确实难以实现市场定价的公共品、准公共品和公共服务，其价格可仍由政府直接控制或规制，比如水、电、油、气和运输等基础性资源品，以及教育、卫生、文化及污水垃圾处理等公共服务。同时，鉴于中国要素市场化程度低的事实，要积极探索土地等要素价格的市场化形成机制。

（三）强化市场监管，促进市场有序性运行

市场体系有其内在的运行规律，但这并不等于说政府完全没有必要发挥作用；相反，政府在市场监管和保证市场的有序性等方面是不可或缺的。

第一，完善市场运行的法治体系。通过制定包括规制市场主体的基本规则、市场调控与监督主体的行为规范，以及劳动和社会保障等方面的规则，同时，要制定和完善保证司法公正的程序，将市场运行建立在法治基础上。

第二，通过建立健全灵活、高效和规范的市场监管制度，强化质量、环保、土地、矿产开采、安全、税务、劳动保护等监管及检测，加大对违规企业的惩处力度。同时，要明确相关监管部门的职责并建立职务问责制，提高失信预警和处置能力。

第三，努力构建诚信体系。主要从市场信息的公开、失信惩戒、信用风险管理、守信的道德彰扬等方面着手，建立信用信息共享机制，建立失信严惩机制和守信褒扬机制，从而营造良好的诚信市场环境。

（四）提升要素市场的市场化程度

为了提高目前中国要素市场的市场化程度，我们主张针对各要素市场的特点及存在的问题，通过去行政化的方法，提升其市场化的程度。

第一，资本市场。中国目前的资本市场上的资金供给主要还是由政府举办的银行提供，财政资金、信贷资金仍然在很大程度上受政府控制，作为资金价格的利率对资金供求的调节作用还很有限。在证券市场特别是股票市场上，股票上市仍然需要政府管理当局审批。因此，推进资本市场的市场化改革，首先要放开资本市场的准入门槛，允许符合条件的民间资本创办银行，真正形成银行间的竞争，同时，我们可以学习美国的经验，积极发展非银行金融组织。要积极推进利率的市场化改革，让利率能够反映资金市场的供求状况，并通过利率引导资金的合理配置。要加快证券市场的市场化进程，改革现行股票上市的核准制，逐步实行备案制，建立上市公司的退出制度。要加快场外市场的建设，为达不到主板条件的中小型公司提供上市场所。

第二，劳动力市场。目前中国劳动力市场的主要问题是城乡分割和行业分割，因此，我们应当针对造成这种分割的各种因素进行大胆改革，通过废除户籍制度、行业的进入限制，探索多样化的劳动力流动渠道，形成以市场为导向的劳动力自由流动、自由竞争的格局；要打破人才的单位所有制，允许人们自由选择职业，通过在劳动力市场上的竞争来实现按劳分配。此外，针对中国的劳动力市场存在的结构性问题，即一方面是专业人才、技术人才、熟练工人等的短缺；另一方面是大量的普通劳动力、非熟练劳动力的过剩和失业，我们需要在积极发展国民基础教育的同时，做好职业教育、在职培训等工作，以解决中国劳动力市场中的结构性矛盾。

第三，技术市场。要加快技术市场制度建设，通过深入贯彻《科技进步法》《科技成果转化法》《合同法》《专利法》等法律法规，以及完善有关技术市场的政府条例，健全技术市场的制度体系。政府应按照"转变职能、理顺关系、提高效率"的原则，明确技术市场监管、行业管理部门职责，加强技术市场管理队伍建设，建立分工明确、办事高效、运转协调、行为规范、富有活力的技术市场管理体制和运行机制。一是加大技术市场监管力度，严厉打击技术市场中的违法违规行为，对以非法手段侵害知识产权、科技成果权和以假冒伪劣技术欺骗社会弱势群体的行为进行重点整治。二是进一步完善技术合同登记制度，强化监督机制，规范技术交易行为，加强技术市场运行中的知识产权保护，维护技术交易当事人的合法权益，维护国家技术安全。为建立公平、竞争、有序的技术市场提供制度保障；构建技术市场与资本市场的互动机制，尤其要完善风险投融资机制。通过拓宽风险资金来源，将政府和企业投入建立的风险基金、国外风险资本和国内民间闲置资金汇集起来。同时要完善风险投资资金的退出机制，完善技术产权交易市场建设，为创业风险资本提供进入与退出的通道；构建技术市场与劳动力市场的互动机制，吸纳高素质技术人才，创新人事人才工作机制，促进各种形式的专业人才的合理流动；完善技术市场价格机制，建立适应市场需求和遵循国际惯例的技术市场价格机制与服务体系。要逐步完善技术评估机制，制定完善、科学的技术评估方法，保证技术商品价格能灵敏地反映市场供求。要增加技术评估的公开性和透明度，建立完善的公示制度，充分发挥社会团体和公众的监督力量，建设功能齐全的技术商品价格服务网络，为技术市场主体获取信息提供便利，也为技术评估提供良好的基础条件。

第四，房地产市场。由于房产市场已经高度市场化了，这里我们主要针对中国的土地市场提出一些对策建议。介于目前中国由于土地制度的"双轨制"而导致的"不完全"土地市场，我们认为，改革现行土地制度是繁荣中国土地市场的根本选择。一是在当前情况下，最大限度地实行国有土地和集体土地的"同地、同权、同价"的体制并轨。按照《宪法》和其他相关法律的要求，平等保护国家土地所有权和集体土地所有权。二是改革现行征地制度，打破政府对土地一级市场的垄断，缩小征地范围，规范征地程序，坚决遏制日益扩大的建设用地国有化趋势。要扩大国有土地有偿使用范围，减少非公益性用地划拨，要追究突破、随意修改土地利用总体规划和城市建设规划，防止地方利用各种名目变相圈占农地。三是开放农村集体建设用地直接进入市场，建立城乡统一的建设用地市场。在符合土地规划的前提下，允许农民直接将集体建设用地以出租、出让、转让等方式供应给各类企业，这样，既可降低企业的用地成本，又可保证农民可以分享土地增值收益，地方政府也可获得企业税收和土地使用费等，这是一项能够满足激励相容原则的好选择。此外，要严禁地方政府征收集体土地，增加土地储备，限定地方的储备土地为存量土地；还要防止村庄建设中侵害农民宅基地权利，建立兼顾国家、集体、个人的土地增值收益分配机制，合理提高个人收益，完善对被征地农民合理、规范、多元保障机制。我们认为，推行农民宅基地的商品化势在必行。我们应当以法律形式赋予农民宅基地使用权的交易权，按照市场化原则修改相关法律和政策条例中有关宅基地使用权的取得规则，明确宅基地使用权的出租、转让、买卖、抵押规则，促进农民宅基地的商品化和资本化。

四 推进政府职能转变

转变政府职能，建立与市场经济相一致的行政管理体制是市场经济体制的内生要求。尽管我们很早就提出并实施了行政管理体制的改革，但总体而言，由于这项改革具有很强的综合性或交叉性，它不仅牵扯到经济体制，同时会涉及政治体制等多个维度，是经济体制改革和政治体制改革的交叉点和结合部（常修泽，2012），所以，改革的难度和改革的成本异常巨大。因此，中国行政管理体制和政府职能的转变步履艰难，远远落后于经济体制改革，加大改革力度、加快改革步伐是实现经济转轨目标、支撑中国经济持续增长的一项艰巨任务。

（一）党对转变政府职能的认识和变化

在1987年党的十三大报告中，由于当时改革的重点是党政分开和简政放权，所以，尽管已经提到要转变政府职能，但其含义并不明确，也不是改革的重点；1992年10月，党的十四大报告提出，政府行政管理体制改革要"切实做到转变职能、理顺关系、精兵简政、提高效率"，显然，这个时期仍然没有将政府职能转变放在突出位置。1997年9月，党的十五大报告则比较明确地提出："要按照社会主义市场经济的要求，转变政府职能，实现政企分开，把企业生产经营管理的权力切实交给企业；根据精简、统一、效能的原则进行机构改革，建立办事高效、运转协调、行为规范的行政管理体系，提高为人民服务水平；把综合经济部门改组为宏观调控部门，调整和减少专业经济部门，加强执法监管部门，培育和发展社会中介组织。"2002年11月，党的十六大报告指出，要"进一步转变政府职能，改进管理方式，推行电子政务，提高行政效率，降低行政成本，形成行为规范、运转协调、公正透明、廉洁高效的行政管理体制。依法规范中央和地方的职能和权限，正确处理中央垂直管理部门和地方政府的关系"。2007年10月，党的十七大报告首次提出要建设"服务型政府"的目标，要健全政府职责体系，完善公共服务体系，推行电子政务，强化社会管理和公共服务。2012年12月党的十八大报告进一步强调了政府职能转变的几个原则，并提出：要正确处理政府与市场的关系；要强化政府公共服务职能，建设服务型政府；要强化政府社会管理职能。2013年11月，党的十八届三中全会通过的《中共中央关于全面深化改革若干重大问题的决定》（以下简称《决定》）明确指出："政府的职责和作用主要是保持宏观经济稳定，加强和优化公共服务，保障公平竞争，加强市场监管，维护市场秩序，推动可持续发展，促进共同富裕，弥补市场失灵。……必须切实转变政府职能，深化行政体制改革，创新行政管理方式，增强政府公信力和执行力，建设法治政府和服务型政府。"不难看出，关于政府在市场经济体制中的位置、应当承担什么样的职能、如何发挥这些职能等重大问题上，我党经过长期的探索已经由过去的自发状态走向了自觉状态。党已经清醒地认识到，我们的改革目标就是要建成一个"小政府、大市场"，"小政府、大社会"的基本结构，我们必须深入进行行政体制改革和转变政府职能，并依照这些基本原则，大胆探索，全力推进。

（二）重新界定政府角色，建设服务型政府

依照市场经济体制要求的"小政府"目标，以及长期以来形成的大包大揽的"大政府"模式，我们提出如下改革建议：

第一，确立"服务"这一政府角色的基本要求，努力建立服务型政府。从根本上说，市场经济体制中，政府就是向社会提供服务。具体而言，政府就是要为国家提供安全保障；为社会提供明晰的产权制度和维护各产权主体的利益；提供良好的市场环境和社会环境；提供一个合理可行的经济社会发展目标，而不是直接参与市场运营和社会的运行。由于长期以来中国政府凌驾于社会之上，担当社会管控者的角色，我们必须首先对政府的角色进行重新定位，并按照"服务社会"的基本要求转变观念，构建政府的职能与结构以及政府的运行机制。

第二，弱化经济调节功能。通过推进政企分开、政资分开、政事分开、政府与市场中介组织分开，通过实施"负面清单管理"模式把过去政府管理过多的经济性事务不断地转移出去，从制度上保证更好地发挥市场的主体调节作用。当然，这并不是说完全不需要政府的作用了，政府要更多地运用信贷、税收、利率、汇率、价格等经济手段，以及法律手段实行间接调控，突出强调对宏观经济的调控功能。

第三，强化公共服务功能。提供公共服务是政府的主要职能，政府首先要通过对公共服务领域的投入切实履行这一职能。所谓公共服务就是由政府提供公共产品和服务，包括加强城乡公共设施建设，发展社会就业、社会保障服务和教育、科技、文化、卫生、体育等公共事业，发布公共信息等，为社会公众生活和参与社会经济、政治、文化活动提供保障和创造条件。其次要努力建设服务型政府的运行机制。通过为社会提供快捷、方便的信息服务渠道，构建简约的公共服务程序，降低公共服务成本，推行公共服务的市场化和社会化，逐步建立统一、公平、公开透明的现代公共服务体制。为此，要重视做好一些基础性工作，包括：各类产权的界定，制定基本公共服务国家标准；建立个人收入集成信息系统，准确识别应该更多享受社会保障的低收入人群；建立健全社会保障信息公开制度，等等。此外，政府要提供市场监管方面的服务。包括：打破各种形式的市场垄断与行政垄断，加强对企业的社会规制与经济规制，确保产品质量与安全；推进公平准入，规范市场执法，加强对涉及人民生命财产安全领域的监管；要打击制假售假、商业欺诈、非法传销等问题；要在商品和服务市场、要素和产权市场等领域提供公平准入服务；要提供规范的行政执法服务，纠正各种过头的执法行为。

第四，加强政府社会管理职能。政府的主要职责在于社会管理。当然，社会管理也不能越位。凡是公民、行业组织、中介组织通过自律能够解决的事项，除法律、法规另有规定的外，政府不应过多干预。同时也不能缺位，要确实负担起政府应尽的责任，要正确处理政府与社会的关系、公民参与与社会协调的关系。一是完善社会政策，维护社会公平正义。要加强包括法律在内的制度建设，逐步建立以权利公平、机会公平、规则公平为主要内容的社会公平保障体系，特别是构建维护社会公正的收入分配制度，完善初次分配机制，加快健全再分配机制，努力扭转收入差距扩大的趋势。二是加快构建政社分开、权责明确、依法自治的现代社会组织体系。坚持政事分开、管办分开、事业和产业分开、营利性与非营利性分开，完善社会发展政策。三是要全面推进依法行政，把政府工作纳入法治化轨道，建立健全社会建设和管理的政策法规，依法管理和规范各类社会组织、社会事务、社会事业。四是健全社会风险管理体系，提高应急管理能力。明确政府、社会力量及各方面的风险管理责任，强化公共安全体系建设，制定自然灾害、事故灾害、公共卫生和社会安全等方面的应急预案，建立公共突发事件的应急机制，提高保障公共安全和处置突发事件的能力。五是加大反腐败力度，加强对行政权力的监督。

（三）进一步压缩政府规模，提高政府运行效率

第一，大幅度压缩"大政府"的人员。"精兵简政"一直是中国政府改革的重点之一，然而，改革的效果并不理想，甚至越改规模越大。尽管我们一直没有透露过财政供养的公职人员准确的数目，但多数人认为，它是在不断扩大的。因此，我们必须采取强力的举措压缩包括党、政、工、团、人大、政协甚至包括各党派在内的"大政府"的人数，降低财政用于"大政府"人员方面的开支，提高"大政府"的人工效率。

第二，深化"大政府"机构的改革。在压缩"政府"人员的基础上，要从体制上削减"大政府"的机构。要积极探索各党派、工会、团组织乃至政府举办的事业单位自我生存的可能途径，争取在若干年内实现财政仅供给行政部门正常运转的费用。对于行政部门，要遵循职能与机构配套的原则，将政府的经济调节、市场监管、社会管理和公共服务职能科学、

合理地配置到政府各职能部门。要继续推行宽职能、少机构的大部门体制。通过大部门体制着力解决机构重叠、职责交叉、政出多门等问题，精简和规范各类议事协调机构及其办事机构，减少行政层次，健全部门间协调配合机制，降低行政成本，提高行政效率。

第三，推行政府绩效管理和问责制度。在"精兵简政"的基础上，还要推行政府绩效管理和行政问责制度。这主要从考核、评价、激励等各个方面增强导向和约束，促进政府职能部门高质量地履行服务职责。要建立以公共服务为取向的政府业绩评价体系，以失业率、社会保障、生态环境、社会治安、教育卫生等公共服务指标考核干部政绩；要建立科学合理的政府绩效评估指标体系和评估机制，除改进上级对下级政府的评价机制外，还应积极建立由公民自下而上的评价机制。要实行政府支出绩效审计制度，压缩和控制行政事业费支出占政府总支出的规模，确保政府支出更多地用于公共产品和公共服务的提供上。要建立公共服务责任机制，追究政府官员在公共服务方面失职的责任。特别要健全以行政首长为重点的行政问责制度。明确问责范围，规范问责程序，加大责任追究力度，提高政府执行力和公信力。

第四，构建顺畅的政府运行机制。顺畅的政府运行机制是转变政府职能、提高行政效率的重要环节。要按照科学执政、民主执政和依法执政的原则，构建政府的运行机制，通过对政府的决策权、执行权、监督权之间构建相互制约和相互协调的权力结构，进一步建立健全政府的运行机制。为此，我们必须坚持用制度管权、管事、管人，健全监督机制，切实做到有权必有责、用权受监督、违法要追究。

（四）正确处理中央与地方的关系

与成熟的市场经济国家相比，中国的中央政府所要承担的职能不仅在于配置职能、收入再分配职能和稳定经济职能，还要承担对地方政府的激励机制设计和监督职能，以及作为制度供给者的职能，这是由中国中央政府与地方政府间关系的性质和中国社会主义市场经济体制的发育程度所决定。对于中国的中央政府与地方政府该如何转变职能，我们提出如下建议。

对中央政府而言，由于中央政府是处于委托人的地位，地方政府处于代理人的地位，地方政府所面临的激励体制是由中央政府所设计的，因此，中央政府重新设计地方政府所面临的激励体制是实现地方政府的职能转变的核心。

第一，重塑政治激励体制。中国地方政府作为多任务代理人，其行为会因不同任务的衡量指标的可测程度不同而不同。因此，要实现地方政府重视公共服务职能的目标，就需要重新设计公共服务领域内的指标衡量体系，构建教育、医疗和社会保障等领域内可以清晰度量的指标体系。

第二，重塑财政激励体制。财政激励体制的重塑在于财政体制的改革。分税制虽然在一定程度上适应了社会主义市场经济体制的要求，但是，由于改革的不彻底性，也带来了一些问题，地方政府提高征税效率和地方政府行为的公司化都是其外在表现。因此，要实现地方政府的职能转变就需要对现有的财税体制进行改革。首先，要重新划分中央与地方的财权范围，增加地方的税收自主权，使地方政府拥有稳定的税收来源，可以考虑征收财产税等流动性较差的税种并将其作为地方的主体税种。其次，根据中央与地方的收入水平和中央与地方需要承担的事权特点，重新划分中央与地方的事权范围，把外部性较大、受益范围大的事权上收到中央等。最后，对省级以下政府间财政关系进行改革。地方政府出现财政困难的一个重要原因是"财权层层上收，事权层层下放"，也导致了地方政府的行为出现异化，因此，重新设计省级以下地方政府的财政关系，明确省级以下地方政府事权范围以及与其相匹配的财权是重塑财政激励体制的重要内容。

第三，重塑个人利益激励体制。绝对权力导致绝对腐败。目前，中国的中央政府拥有的审批权限有 1700 多项[1]，地方政府拥有更是不计其数，如此多的政府审批带来了政府官员的腐败，也因此干扰了市场经济的正常运行，压缩了市场可以发挥作用的空间，并导致了特殊利益集团的出现。因此，清理并减少政府的行政审批权限，限制政府对市场的干预程度，将市场能够发挥作用的都交给市场，市场失灵的地方交给政府，而且还应防止政府失灵。

（五）大力推进电子政务，提高政务的信息化水平

信息化是当今世界的发展潮流，中国政府工作必须适应信息化的基本要求，大力发展电子政务，以应对日益复杂化的各种社会经济关系，促进市场经济体制的完善，促进政府职能的转变和提高行政效率。为此，发展

---

[1] 转引自 2013 年 3 月 15 日李克强总理答记者问。

电子政务应将重点面向社会服务上，最大限度地发挥公共服务职能的电子政务系统，重点支持那些直接关系企业或公众利益的跨部门、跨行业的公共服务项目。同时，建立完善的法律制度是发展电子政务的重要保障，将依法行政落实到电子政务系统建设之中，明确信息公开的法律框架，最大限度地促进政务信息在网上即时公布，促进政务信息资源在全社会范围的开发利用。

参考文献

1. 保罗·萨缪尔森：《经济学》，中国发展出版社1992年版。
2. 布坎南：《自由市场和国家》，北京经济学院出版社1988年版。
3. 常修泽：《改革大局与政府职能转变》，《宏观经济管理》2012年第5期。
4. 陈宝森、王荣军、罗振兴主编：《当代美国经济》，社会科学文献出版社2011年版。
5. 陈鸿：《国有经济布局》，中国经济出版社2012年版。
6. 陈宗胜、吴浙、谢思全等：《中国经济体制市场化进程研究》，上海人民出版社1999年版。
7. 代琳：《关于市场经济条件下政府职能转变的思考》，《今日南国》2008年第7期。
8. 方福前：《中国政府规模增长及其原因》，《学术月刊》2007年第10期。
9. 顾海兵：《中国经济市场化的程度判断》，《改革》1995年第1期。
10. 顾海兵：《30年来中国经济市场化程度的实证考量》，《中外企业家》2009年第1期。
11. 江小涓：《推进职能转变，全面正确履行政府职能》，《求是》2008年第9期。
12. 剧锦文：《非国有经济进入垄断产业研究》，经济管理出版社2009年版。
13. 凯恩斯：《就业、利息和货币通论》，商务印书馆1996年版。
14. 李林：《中国法治政府建设实践及完善路径——以行政审批制度改革为视角》，《人民论坛·学术前沿》2012年第12期（上）。
15. 李晓西：《中国市场化进程》，人民出版社2009年版。
16. 李亚平、雷勇：《建国以来中国所有制结构的演变及效率研究》，《经济纵横》2012年第3期。
17. 刘厚俊：《20世纪美国经济发展模式：体制、政策与实践》，《南京大学学报》（哲学·人文科学·社会科学版）2000年第3期。
18. 卢中原：《经济转型的新形势与政府职能转变》，《决策探索》2012年第2期（下）。
19. 洛克：《政府论》（下篇），商务印书馆2004年版。

20. 米尔顿·弗里德曼等：《自由选择：个人声明》，商务印书馆1982年版。

21. 陶坚：《美国自由市场经济》，时事出版社1995年版。

22. 王亚柯、罗楚亮：《经济转轨背景下的中国劳动力市场发育》，《中国人民大学学报》2012年第3期。

23. 汪玉凯、张勇进：《电子政务与政府职能转变》，《电子政务》2005年第1期。

24. 魏长学：《美国、日本、德国市场经济体制对中国的启示》，《广东青年干部学院学报》2000年第2期。

25. 吴林军：《中国经济市场化进程测度研究综述》，《经济纵横》2003年第9期。

26. 项卫星：《美国市场经济体制模式初探》，《世界经济》1996年第8期。

27. 维利·克劳斯：《只有竞争才能带来繁荣》，《经济社会体制比较》1990年第5期。

28. 亚当·斯密：《国民财富的性质和原因的研究》（下），商务印书馆1988年版。

29. 张江雪：《中国技术市场的发展现状、问题及对策分析》，《科学管理研究》2010年第4期。

30. 中国证券监督管理委员会：《中国资本市场发展报告》，中国金融出版社2008年版。

31. 邹东涛主编：《中国改革开放30年（1978—2008）》，社会科学文献出版社2008年版。

Chapter 3　Institutional Optimization and Economic Development of Large Country

Abstract：Starting from the analysis of the current situation of China's economic system, and on the basis of the historical experience references on American economic development, Chapter 3 analyzes and expounds the current situation and relationship of China's state–owned and non–state–owned economy, China's economic reform and the role of market mechanism, as well as the functions of the government. Moreover, the chapter puts forward some policy suggestions on building a mature market economy system with self adjustment, self improvement and self evolution, deepening China's economic system reform, improving market mechanism, and promoting the long–term and sustainable development of national economy.

Key Words: Large Country Economic Model, Reform of Economic System, Government Role, Market Mechanism

(执笔人：剧锦文　司光禄　凌士显　李　斌)

第四章 大国经济发展与政府规制

党的十八届三中全会提出,经济体制改革的核心问题是处理好政府和市场的关系。在强调市场决定性作用的同时,也提出要更好地发挥政府的作用。因此,如何做好政府规制,发挥好政府的作用,是建立良好的社会主义市场经济体制、践行大国发展战略、实现国家繁荣民族复兴所需要解决的一个重大理论和实践问题。

第一节 大国发展战略下政府规制的必要性

一 政府规制的主要内涵

"规制"一词对应于英文概念 regulation,在学术界又被称为"管制",与中国政府部门习惯使用的"监管"(如金融监管、电力监管等)一词同义。

关于"政府规制"的内涵,学者尚没有明确的统一界定。根据规制对象的范围不同,大致可以分为两类:

第一类把管制对象限定为企业。如植草益(1992)认为,政府规制是社会公共机构依照一定的规则限制企业活动的行为。① 萨缪尔森等(1992)的观点也基本类似,认为管制是政府通过命令的方式改变或控制企业的经营活动而颁布的规章或法律,以控制企业的价格、销售或生产决策。② 国内学者中比较有影响的说法认为,政府规制主要是具有法律地位的、相对独立的规制者(机构),依照一定的法规对被规制者(主要是企

---

① [日]植草益:《微观管制经济学》,朱绍文等译,中国发展出版社1992年版,第1—27页。

② [美]保罗·萨缪尔森、威廉·诺德豪斯:《经济学》,高鸿业译,中国发展出版社1992年版,第864—865页。

业）所采取的一系列行政管理与监督行为（王俊豪，2007）。①

第二类将个人或者消费者包含在规制对象中，例如，艾伦·斯通将规制定义为，"政府以法律强制对个人和组织的自由选择的限制"②；丹尼尔·F. 史普博提出，规制是由行政机构为直接干预市场机制或间接改变企业和消费者供需决策而制定并执行的一般规则或特定行为。③

根据是否强调政府规制的终极目标或价值诉求，关于政府规制的定义也存着应然与实然的区别，强调规制目标的是应然类定义，不强调的归为实然类定义。据此，植草益（1992）、萨缪尔森（1992）、王俊豪（2007）以及艾伦·斯通（1982）的定义都属于实然类，均没有阐述政府限制、干预市场主体行为的目标。在应然类定义中，比较有代表性的，如文学国（2012）认为，政府规制是政府为了维护不同市场参与者之间的利益均衡与利益分配的公平合理，依照法律法规，对市场参与者实施的干预措施。④ 实际上，各种定义还存在是否将规制立法包含在内的区别。袁明圣（2007）认为，广义的政府规制包括立法规制、行政规制和司法规制。⑤ 笔者认为，在立法机关参与规制或者规制活动需要以立法为前提的意义上，确实存在立法规制。但是，在通常情况下，只要规制立法由立法机关来实施，那么立法机关就会参与任何一种政府规制，而且立法必然意味着执法，或者是行政执法，或者是司法部门执法。所以，立法规制不是一种独立的规制形式，而只是任何规制中的一个环节。

本章认为，政府规制既包含规制法规的执行活动，也包含规制立法；规制对象既包括企业，也包括消费者。换言之，包含所有市场主体。所以，在本章中，政府规制是指政府为了维护本国的经济安全、经济效率及利益分配的公平合理而建立、执行规则，限制市场主体自由的行动的体系。这一行动体系往往还包括对规则执行情况的监督和评估，从而为发展新规制或调整现有规制提供依据。

---

① 王俊豪编：《管制经济学》，高等教育出版社2007年版，第4页。
② Alan Stone, *Regulation and Its Alternatives*, Washington D. C.：Congressional Quarterly Press, 1982, p. 10.
③ ［美］丹尼尔·F. 史普博：《管制与市场》，余晖等译，上海三联书店、上海人民出版社1999年版，第45页。
④ 文学国：《政府规制：理论、政策与案例》，中国社会科学出版社2012年版，第5页。
⑤ 袁明圣：《政府规制的主体问题研究》，《江西财经大学学报》2007年第5期。

二 政府规制理论基础

(一) 公共利益规制理论

公共利益规制理论认为,政府规制的必要性建立在两大基础之上。其一是市场失灵理论,即存在各种由于市场机制内在的缺陷或者特定市场的缺陷(包括公共品、外部性、自然垄断、信息不对称、收入不平等、经济周期性波动等)所导致的不合意的结果;其二是关于政府有能力矫正市场失灵、提升公共利益的信念。根据这种信念,政府是公共利益的代表,有能力和意愿实现公共利益最大化。在公共利益规制理论中,两者缺一不可。在早期阶段,基于公共利益的规制理论长期处于正统地位。

(二) 利益集团规制理论

利益集团规制理论是共享同一种理论范式的各种规制理论构成的集合,包括所有以利益集团行动来解释政府规制的动因、形成机制以及其所造成的利益分配格局的理论和模型。具体而言,这一理论范畴包括先后产生的规制俘获理论、规制经济理论、新规制经济理论、内生规制变迁理论、利益集团政治的委托—代理理论等诸多理论形态。[1] 其中,利益集团政治的委托—代理理论实际上是激励性规制理论与利益集团范式的融合。从更为基础的层面看,所有这些理论都是公共选择理论范式的运用。从总体上讲,利益集团规制理论认为,规制并非总是有效的[2];规制的动因并不是总是市场失灵[3];无论是企业还是代表消费者的利益集团,都可能"俘获"规制者[4];政府并不是一个以公共利益为唯一诉求的有机整体,而是由追求个人利益最大化的个人所组成的复杂网络;政治家不仅作为财富再分配的中间人满足自身利益,而且还主动通过发出消灭私人租金的威胁来抽取租金[5];被规制者在规制对他们的利益影响不低于俘获规制机构

---

[1] 张红凤:《利益集团规制理论的演进》,《经济社会体制比较》2006年第1期。

[2] Stigler, George J. and Friedland, Claire, "What Can Regulators Regulate? The Case of Electricity" [J]. *Journal of Lawand Economics*, 1962, 5 (Oct.), pp. 1 – 16.

[3] Posner, R. A., "Theories of Economic Regulation" [J]. *Bell Journal of Economics & Management Science*, 1974, 5 (2), pp. 335 – 358.

[4] Pelzman, S., P., "Toward a More General Theory of Regulation" [J]. *Journal of Law and Economics*, 1976, 19 (2), pp. 211 – 241.

[5] MeChesney, F. S., "Rent Extraction and Rent Creation in the Economic Theory of Regulation" [J]. *Journal of Legal Studies*, 1987, 16 (1), pp. 101 – 118.

的成本时，寻求影响政治决策。①

（三）激励性规制理论

激励性规制理论的独特之处在于强调信息不对称对政府规制的影响，将规制理论建设的重心从为什么规制转移到怎样规制问题上。研究者注意到了两个关系层面的信息不对称，即规制者与被规制者之间和作为委托人的立法机构与作为代理人的规制机构之间信息的不对称。在单独研究规制者与被规制者之间的信息不对称的影响时，研究者假设规制者是社会福利最大化者；在加入立法机构与规制机构之间的信息不对称后，立法机构被视为社会福利最大化者，而规制机构为了谋取自身利益最大化，可能与被规制者合谋。

激励性规制提供了关于规制的一系列重要观点：①激励措施应遵循激励相容原则。②由于信息的高度分散，应分散价格决定权，尽可能赋予企业自主定价权。③激励措施必须在效率与信息租金之间进行权衡。④在存在严重的信息不对称，并且利益集团与规制者合谋的情况下，激励强度不能过大，以免被规制产业获得巨额租金以及整个社会的资源配置遭到扭曲。⑤为防止利益集团与规制者之间的合谋或将合谋降到最低程度，首先，要降低利益集团的切身利益，这个目标的实现有赖于降低激励的强度；其次，要提高规制者与利益集团之间开展私人交易的机会成本，为此，委托机构提高对规制者的转移支付是一个可行的办法；再次，要缩小规制者的自由裁量空间，而这就要求规制权在不同政府部门之间尽可能地分散，从而实现多元利益集团之间的相互制衡；最后，规制不应过分依赖于规制者拥有的会为利益集团带来切身利益的私人信息。⑥应采取一切措施，减少规制机构与委托机构之间的信息不对称。②

（四）规制框架下的竞争理论

规制框架下的竞争理论是在对传统政府规制反思基础上发展起来的。由于施蒂格勒和弗里德兰、阿弗奇和约翰森发现了规制失灵③④，为了改

---

① 张红凤：《利益集团规制理论的演进》，《经济社会体制比较》2006年第1期。
② 张红凤：《简论中国特色规制经济学的构建》，《光明日报》2006年1月24日第10版。
③ Stigler, George J. and Friedland, Claire, "What Can Regulators Regulate? The Case of Electricity" [J]. *Journal of Law and Economics*, 1962, 5 (Oct.), pp. 1-16.
④ Averch Harvey and Johnson Leland, "Behavior of the Firm under Regulatory Constraint" [J]. *American Economic Review*, 1962, 52 (5), pp. 1053-1069.

善规制的成效，人们考虑在不放弃规制的同时，将竞争引入规制中。由此产生了特许权竞标理论、可竞争市场理论、标尺竞争理论和直接竞争理论等，这些理论被统称为规制框架下的竞争理论。①

1. 特许权竞标理论

在被理论界长期忽视之后，特许权竞标被德姆塞茨（Demsetz，1968）重新引入政府规制领域。② 通过在竞标环节引入竞争，特许权竞标实际上发挥了发现合理价格的作用，而不要求政府掌握相关信息，从而部分地解决了政府定价的难题及对垄断企业的激励难题。但是，特许权竞标的有效性依赖于竞争的存在和对胜出者的产品或服务质量的监管，进而要以政府对私人产权的控制或集中为基础，所以，它仅仅是规制的一种形式，而不能取代规制。

2. 可竞争市场理论

可竞争市场理论由鲍莫尔等于1982年提出，是西方国家在反思凯恩斯主义理论和政策背景下产生的。该理论认为，厂商行为并不唯一地取决于本产业中实际运营的厂商的数量，同时也受到潜在竞争的影响。在一个进入和退出都完全自由的市场中，不可能存在超额垄断利润。因为这种利润的存在会吸引潜在竞争者的进入，它们的竞争会使超额垄断利润趋于消失。所以，在可竞争市场中，在位企业只能遵循可维持定价原则，并保持高效率的生产组织。这意味着，在可竞争市场中，即便市场被一家企业所垄断，也无须予以规制。进一步而言，该理论意味着政府在考虑是否有必要对某个产业实施规制时，应该关注的不是市场结构，而是是否存在潜在竞争压力。虽然遭到了一些批评，但可竞争市场理论对政府规制实践的影响仍然不可低估。

3. 标尺竞争理论

施莱弗（Shleifer，1985）最早提出"标尺竞争"概念并将之应用于政府管制领域。③ 与特许经营竞标一样，标尺竞争的主要作用在于在信息

---

① 张红凤：《自然垄断产业的治理：一个基于规制框架下竞争理论的视角》，《经济评论》2008年第1期。

② Demsetz, Harold, "Why Regulate Utilities?" [J]. *Journal of Law and Economics*, 1968, 11(1), pp. 55–65.

③ A. Shleifer, "A Theory of Yardstick Competition" [J]. *Rand Journal of Economics*, 1985(16), pp. 319–327.

不对称背景下，帮助规制机构发现垄断行业的合理价格或成本。该理论所建议的方法是同类企业之间的比较。具体而言，在存在多家区域性垄断企业的产业（这种区域垄断格局可能是政府刻意拆分全国性垄断企业所造成的）中，为制定 L 地区的规制价格，规制机构以所有其他地区垄断企业的平均成本为基础，并根据 L 地区的经营环境差异对该平均成本做出调整，从而形成 L 地区的规制价格。这种定价模式促使同类企业为降低成本、增加利润而间接地展开竞争，从而能不断地提升产业技术水平和效率。标尺竞争的前提是企业之间不存在合谋以及企业之间即便存在异质性，这种异质性也可以得到分析处理。

4. 直接竞争理论

直接竞争理论认为，既然垄断企业会放松内部管理，丧失技术创新动力，导致低效率，那么自然垄断行业直接引入竞争即便会造成资源浪费，也可能比维持垄断格局更有效率，更能维护消费者利益。实际上，有实证研究发现，一家企业供电比两家企业供电更具效率的观点并不成立。[1] 另外，自然垄断行业并非所有业务都具有自然垄断特征，对于不具有自然垄断性质的业务，引入直接竞争就可能提高效率。不过，欧美国家放松规制、引入竞争的实践表明，直接竞争的结果并不如理论研究所展示的那样美好，它虽然提升了经济效率，但也带来一些或大或小的问题。

三 政府规制与大国发展

（一）政府规制与经济效率

第一，政府对垄断行为的有效规制可以减少垄断导致的效率损失。政府规制的一个重要领域是反垄断。行业垄断往往会侵占消费者剩余，而且垄断者缺乏提高服务质量、开展技术创新的动力，从而阻碍经济效率的提升。有充分的证据表明，通过强制引入竞争或者实行激励性规制措施，政府可以减少垄断行业中存在的这些问题，从而提升经济效率。[2]

第二，有效的政府规制与市场开放相互支持[3]，而市场开放将会扩大

---

[1] Jr. Primeaux, Walter J., "Electricity Supply: An End to Natural Monopoly". In Cento Veljianovski (ed.), *Privatization and Competition: A Market Prospectus*, Billings and Sons Limited, 1989, pp. 129 – 134.

[2] OECD, *Regulatory Policy in Mexico: Towards a Whole of Government Perspective to Regulatory Improvement.* OECD Publishing, 2014, p. 29.

[3] Ibid., p. 28.

市场规模，进而促进分工与专业化。市场的封闭常常是政府对市场缺乏有效的过程规制造成的。中国改革过程中经常发生"一管就死，一放就乱"的怪圈，就是这方面的典型表现。通过监管生产环节而非简单的市场准入管理，有效的政府规制将会营造良好的市场氛围，从而使政府无须关闭市场。按照斯密定理，市场的发展和分工与专业化相互促进，而分工与专业化的推进将提高经济效率。

第三，对竞争性行业的规制有助于提升竞争质量，促进创新。中国很多行业都存在恶性竞争现象，诸多企业制定低于合理水平的产品价格，以求维持或扩大市场份额。恶性竞争会导致资源浪费，阻碍更高效率的集约化生产方式的采用，削弱企业技术创新的动力，从而抑制行业整体效率的提高。通过政府规制来抑制恶性竞争，可以将企业引导到依靠提升服务质量或品牌实力、实施技术创新的轨道上来，从而能够提高行业生产率。

第四，不仅良好的经济性规制有助于提升经济效率，而且社会性规制也具有同样的作用。就社会性规制的经济意义而言，安全监督、卫生监督和环境监督都能直接保护社会的人力资本，减少了人力资本损失，提高了人力资本的投资回报率；而作为这种人力资本效应的外部效应，通过保护人力资本，社会性规制将缓解人力资本投资对金融资本投资的挤出效应，从而间接地增加金融资本投资。社会性规制的这两种经济作用都将对经济效率的提高产生积极影响。

总体上看，政府规制包含一套制度及对这套制度的执行。如果沿用诺思（1993）的制度概念——制度由正式约束、非正式约束以及其执行特征所构成[1]，那么政府规制实际上就是一种制度。一般而言，与组织惯例一样，制度包含两个维度：在治理维度上，制度是一种"休战决定"[2]；在能力维度上，制度是一种群体记忆的表现形式。作为休战决定，有效的政府规制可以减少群体内部（主要是企业之间、企业与客户之间以及企业与政府之间）无谓的竞争与博弈，降低或避免租值耗散；作为一种群体记忆的表现形式，政府规制凝结了经济体的历史经验与教训，构成经济体的知识资本，从而是经济体能力的一个组成部分。所以，无论在哪个维

---

[1] Douglass C. North, "Prize Lecture: Economic Performance through Time", http://www.nobelprize.org/nobel_prizes/economic-sciences/laureates/1993/north-lecture.html, 1993.

[2] [美]理查德·R.纳尔逊、悉尼·G.温特：《经济变迁的演化理论》，胡世凯译，商务印书馆1997年版，第121—125页。

度上，有效的政府规制都可以提升整体经济效率。换个角度来看，尽管在缺乏规制的情况下，市场竞争也可能对企业构成约束，使企业行为向有利于社会福利的方向演进，但是，竞争约束作为一种事后奖惩机制，不能避免经济主体的机会主义行为以及这种行为造成的社会福利损失；而政府规制则能够介入企业进入生产环节，能够在机会主义行为实施之前予以阻止，从而避免了社会福利代价。

（二）政府规制与社会公平

第一，社会性规制对维护和促进社会公平具有直接的意义。实际上，社会性规制存在的价值就是维护和促进社会公平，这是毋庸置疑的。张红凤等（2011）也指出："特别是在社会领域内，政府规制的目标是确保公众安全、防止公害和保护环境。"[1] 虽然政府规制在某些条件下会被被规制者所俘获，制定对企业有利的制度，从而违背规制的初衷，但是，政府规制也确实在很多情况下维护社会公平。汉克·多马斯（Hanke Domas, 2003）的实证研究发现，20世纪六七十年代，美国的政府规制倾向于保护消费者。[2]

第二，经济性规制往往有提升消费者福利水平的意义。经济性规制不仅以经济安全和效率为导向，而且社会公平也是它的一项重要目标。例如，反垄断一方面可以提升经济效率，另一方面可以减少消费者的福利损失，而且还能促进产品和服务的多样化，从而为消费者提供更多的选择。

第三，经济性规制可以降低失业率。研究发现，产品市场上的竞争对于降低结构性失业具有重要意义，这种作用主要是通过加大竞争压力，从而消除租金和扩大潜在产出来实现的。[3]

第四，政府规制目标的多元化为促进公平正义提供了新的途径和机制。除提升经济绩效外，政府规制早已开始支持更广泛的社会目标，不仅包括国民的生活质量，还包括社会凝聚力和法治等。虽然各国政府规制在非经济目标上各有侧重，而且采取不同的形式，但是，目标的多元化正在

---

[1] 张红凤、杨慧：《政府微观规制理论及实践》，《光明日报》2011年4月22日第11版。

[2] Hanke‐Domas, M. P., "The Public Interest Theory of Regulation: Non‐Existence or Misinterpretation?" [J]. *European Journal of Law and Economics*, 2003, 15 (2), pp. 165–194.

[3] OECD, *Regulatory Policy in Mexico: Towards a Whole of Government Perspective to Regulatory Improvement*. OECD Publishing, 2014, p. 28.

迅速成为OECD国家政府规制的显著特征。① 而目标的多元化实际上为政府规制促进社会公平提供了间接的渠道。例如，法制的建设和完善是促进社会公平正义的基本保证。

(三) 国际化与政府规制

首先，政府规制是规范境外企业在中国的经营活动，维护中国经济利益和社会福利的必要手段。随着中国经济国际化水平的不断提高，境外企业不仅在中国市场上销售越来越多的产品，而且有些企业还将生产转移到中国。境外企业在中国的经营虽然有利于中国经济发展，但若其行为得不到有效规制，它们也会损害中国经济的公平、效率、安全和国内民众的福祉。实际上，与本土企业相比，在中国市场上开展业务的境外企业大多数都具备突出的技术优势和强大的资金力量，加之中国长期的招商引资的优惠政策，使它们很容易在中国市场上获得垄断地位；而且企业技术先进、竞争力强、市场地位高并不意味着它们就遵从商业伦理。如商务部研究院（2006）的统计调查显示，在中国开展业务的境外企业中，有一些涉嫌市场垄断，有一些劳工标准偏低，还有一些产品安全不达标；② 2013 年，在执行中国《反垄断法》的过程中，国家发改委对联合操纵液晶面板价格的韩国三星、LG、中国台湾的奇美、友达等 6 家国际大型面板生产商处以总额 3.53 亿元的罚金。在这种情况下，政府规制仍然是防止境外企业损害中国经济与社会利益的必要手段，而且这种必要性还因为境外企业在中国的优势地位而更加凸显。

其次，政府规制是威慑、反击国际贸易保护主义行为的重要手段。一些国家在发生经济危机或者其政府成为某个行业或企业的利益代表时，很可能采取贸易保护主义措施，通过反倾销行动来维护本土企业的市场地位。实际上，环保标准、卫生标准、劳工标准等也可能成为贸易保护主义的工具。在这种情况下，为了维护中国企业的利益，我们也有必要采取反制措施。政府规制既可以构成一种威慑，使其他国家出于忌惮而不敢贸然提高贸易壁垒，也可以作为一种惩罚措施而得到实际运用，起到惩前毖后的效果。

---

① OECD, *Regulatory Policy in Mexico: Towards a Whole of Government Perspective to Regulatory Improvement*. OECD Publishing, 2014, p. 29.

② 刘世昕：《跨国公司中国报告：部分跨国公司在华逃避社会责任（2006）》，《人民日报》（海外版）2006 年 2 月 20 日第 2 版。

另外，政府规制是一种规范本土跨国企业行为、承担国际经济责任的手段。在发达国家，其本土跨国公司被要求履行与企业社会责任有关的信息公开义务。比如，美国2002年颁布的《萨班斯—奥克斯利法案》，要求公司披露和遵守道德准则；英国2003年颁布的《企业责任法案》详细规定了透明规则，并要求企业对利益相关者负责。在经济国际化过程中，中国有越来越多的本土企业到境外开展业务，为了维护中国企业的形象和声誉，同时切实履行一个负责任的大国的责任，中国也必然要对本土跨国企业的境外行为实行规制。

第二节 大国发展战略下中国政府规制存在的主要问题

多年来，加强政府规制，建设有效的监管体系和体制是中国政府改革与建设的一个重要目标。中国在深化政府改革、完善政府规制方面也确实取得了显著进步，政府运行的效率和职能的发挥均得到了很大提高。但是，与中国经济社会发展的需要，特别是与建设世界大国和经济强国的要求相比，中国政府规制仍然存在较多问题。

一 政府基本规制职能建设滞后

第一，经济性规制过度与缺失并存。与西方国家政府规制的起点是自由市场经济不同，中国经历的是从计划经济体制向市场经济体制的转变。所以，中国政府规制演化的方向是从全面管控向有限管控推进。换言之，中国政府规制演化的初始状态是政府掌握全部经济权力。这种与发达国家截然相反的进程使制度、法规在发达国家和中国发挥明显不同的作用。具体而言，由于自由市场经济下，权利的默认归属是公民，存在"法无禁止即可为"的现象，法律制度所起的作用是逐步限制个人和组织的自由。而中国的法律制度建设所起的作用则是逐步放松管控，还权于民。虽然目前中国已经初步建立了市场经济体制，但是，经济生活中仍然存在政府管控过多的情形。另外，在政府规制过多的背景下，由于中国政府规制制度建设的滞后，与市场经济实践的发展以及新的经济形态和领域的不断出现引致的规制需求相比，还存在诸多规制缺失的问题。如对一些领域不公平竞争、市场退出等缺乏规制，扭曲了资源配置，降低了中国资源的使用效率,也损害了国家和消费者的利益;再如中国缺乏对经营过程的规制,造成了"一管就死,一放就乱"的现象。

第二,社会性规制缺失。中国的社会性规制的缺失具体体现在四个方面:一是社会性规制法制建设滞后,技术标准体系不完善,不少行业或产品仍没有相应的技术标准。例如,在煤炭安全生产方面,《煤炭法》《矿山安全法》《煤矿安全监督条例》均长期未做修订,滞后于现实需要。二是对于诸多社会性规制领域,中国普遍存在规制职能分散在多个政府部门的现象,却没有在多头管理的基础上建立起联合执法机制,从而无法化解多头执法所造成的问题。三是社会性规制目标基本未纳入政绩考核体系,得不到地方政府官员的重视。四是违法处罚力度偏低,主要表现为安全事故的赔偿金设定过低,案件处理中又存在结案迟缓等问题,由此造成了违法成本过低,刺激了违法行为。

二 规制制度不完善

第一,一些规制领域制度不完整。例如,在住房改建领域,虽然政府规定,涉及拆改房屋主体结构或明显加大房屋荷载的房屋装饰装修必须向鉴定管理机构报告,并委托鉴定单位鉴定。但是,还没有法律法规明确安全鉴定之后规制部门的治理措施。中国 P2P 领域自出现以来大多数时间都是没有监管的地带,直到 2014 年,中国才明确了银监会作为监管主体,而至今还没有形成完善的监管法规。实际上,某些方面的规制制度不完整是中国政府规制职权过度分散的结果,规制职权分散容易造成规制漏洞,而规制漏洞与部门立法相结合,就造成制度漏洞。例如,中国食品经营环节的监管依据是《食品卫生法》。畜牧业的监管依据是《农业法》。生产和销售领域的监管依据则是《产品质量法》。这种法规的分散使中国食品安全领域长期缺乏覆盖整个食品产业链的监管法律体系,结果造成了某些环节规制的无法可依,进而出现了规制缺失,使不法分子有机可乘。例如,2011 年沈阳市发现了"毒豆芽",但是,负责食品安全监督的诸政府部门均称"毒豆芽"不在本部门监管范围之内。

第二,一些规制制度相互冲突。在缺乏协调的情况下,对同一领域拥有规制职权的不同规制部门各自订立法规,就难免造成制度冲突。例如,2004 年卫生部、国家中医药管理局颁布的《处方管理办法》与中国当时的《药品管理法》在关于根据处方能否用于异地购药这一问题上相互冲突;《执业医师法》与《献血法》关于在危急关头,医师是否可以在没有采血许可证的情况下抢救病患的规定相互冲突；《广告法》与《消费者权益保护法》在发布虚假广告的连带责任、责任主体和承担责任范围的规定上也存在冲突。

第三，一些规制制度不合理。例如，中国至今仍然在实施 1992 年颁布的《矿山安全法》和 1996 年颁布的《煤炭法》，落后于实践需要，以至于各个地方不得不自行另制地方性法规。再如中国 20 世纪 90 年代制定的商业银行存贷比考核指标已经失去意义，但是，它的继续存在使商业银行的资产负债管理自主权受到侵蚀，成为商业银行行为扭曲的一个重要原因。①

另外，违法处罚力度过小是中国规制法规中很普遍的现象，在生产安全、食品安全和环境保护的规制法规方面都存在。有些违规行为——例如针对药品生产商未赋码或故意毁坏电子监管码的行为——甚至只有责令改正，没有明确的处罚规定。

三　规制的方式不完善

中国政府规制的方式仍然不完善，突出表现在以下四个方面：

第一，行政性手段的规制使用过多。受计划经济传统的影响，中国的规制机构，特别是基层规制机构，大多采取行政检查、行政许可、行政处罚、行政强制等规制方式。依靠行政命令和行政措施进行规制，必然导致政府规制的任意性和不可预期性，违背了制度的稳定预期的基本功能，直接损害了中国的商业环境。

第二，价格规制不完善。某些垄断行业（如电信行业等）存在价格过高，损害消费者利益的现象；而另一些垄断行业（如成品油等）的政府定价过低，又造成了资源浪费。这都反映出中国的价格规制并没有发挥出应有的作用。实际上，即便是针对一般领域的价格规制，长期以来，也存在多种问题。例如，对价格违法行为的处罚规定比较笼统，打击重点不够突出，处罚力度总体偏轻，对严重的价格违法行为尚不足以充分发挥应有的警示、震慑和惩治作用。②

第三，重准入规制，轻过程规制。"一管就死，一放就乱"的现象在

---

① 转引自 2013 年 9 月 5 日吴晓灵在"第二届金融街论坛"上的发言。详见 http://finance.sina.com.cn/money/bank/bank_hydt/20130905/115116674230.shtml。

② 《国家发展改革委、国务院法制办负责人就新修改的〈价格违法行为行政处罚规定〉答记者问》，《中国价格监督检查》2011 年第 1 期。

中国的各个经济领域频繁发生，很大程度上正是中国政府重准入规制、轻过程规制，将"管""放"简单地理解为提高和降低行业准入门槛，而对企业运营过程限制与监督较为缺失的结果。实际上，重准入规制、轻过程规制会激励道德风险行为，而且在腐败比较严重和人情社会特征很强的情况下，这种规制模式会强化不公。不仅使规制异化为规制者谋取个人利益的工具，而且使市场被与规制者关系密切的社会成员所控制，对公平竞争和消费者权益都构成损害。

第四，部分行业规制依赖于所有权规制。国有企业可以视为最高形式的规制手段，它可以提高政府对企业、行业乃至整体经济的管控程度。但是，国有企业经营效率低下在全球范围内是较为普遍的情形；而且中国存在政企不分的现象，这使国有企业往往能够得到政府的优待，导致不公平竞争，也使原本具有很强的创新活力的行业失去创新动力。

四 规制机构的设置仍不合理

第一，规制职能高度分散于多个机构。在中国的规制体制中，职权往往分散于众多机构之中，诸如"九龙治水"之类的现象突出。仅仅以水污染领域管理为例，根据《水污染防治法》，管理部门涉及环保部门、交通主管部门、水务部门、国土资源部门、卫生部门、建设部门、农业部门、渔业部门以及江湖流域水资源保护机构9家。一般来说，向新成立的行政机构赋权容易，但让旧机构失去权力却很难。在这种情况下，想改革之前对某些领域拥有权力的机构就非常难，这导致了中国规制职能的分散。规制职能分散会弱化监管责任，淡化监管的重心，而且还容易造成监管漏洞和重复规制。因为经济实践模式是无穷多样的，如果对规制机构的职权划分极其明确，那就难免挂一漏万，产生规制漏洞；如果对规制职权的界定过于宽泛，就容易产生职能交叉，即不同规制部门的重复规制。

第二，规制机构之间缺乏协调。规制部门之间存在职能分散和交叉原本可以通过规制机构之间的协调来解决，然而，在中国规制机构之间协调仍然不够此种情况下，很容易出现要么重复执法，执法过度；要么执法冲突，造成混乱；再或者相互推诿卸责，执法不力。

第三，规制机构权威性不足。中国规制机构在体制中的地位比较低而且模糊。在行政体制中，很多规制机构的地位都与没有正式权力的机构一样，例如，证监会、保监会、银监会以及前不久被归入能源局系统的电监会都属于事业单位。对规制机构角色和责任的这种界定会模糊它们的权威性，进而损害它们的效力。以电监会为例，虽然是正部级单位，但定位不准，只监管电力行业的部分内容，也没有价格制定和投资审批等权力，所以，常常会陷入监管乏力的窘境。①②

五　规制机构缺乏独立性

中国政府虽然已经意识到赋予规制机构独立性的重要意义，而且已经在这方面采取了一些行动，显著地提升了规制机构的独立性，但规制机构的独立性仍然是一个问题。中国国家级的规制机构属于国务院的组成部门，或者属于中央部委的组成部门（如之前的电监会被整合进国家能源局，交由国家发改委管理），这意味着它们都由国务院授权，从而与发达国家的由法律授权的独立规制明显不同。这使中国规制机构往往需要承担专门职能之外的任务，如支持少数民族地区发展、救灾、维护社会稳定等。在某些非常时期，中国规制机构甚至可能被要求放松监管，来达到上级部门确定的某些目标。在没有实行垂直监管的领域，地方规制部门的职权不仅同样不是法律授予的，而且它们还要受到地方政府的约束，因为它们的人事权力掌握在当地政府手中，经费也来源于地方政府，难以获得独立性。

六　规制者行为不规范

在中国建立市场经济体制的过程中，规制者行为不规范的现象频繁发生，这不仅可能导致规制形同虚设，甚至会导致规制权力被滥用，成为规制者和得到规制者庇护的对象谋取私利的手段，使规制本身成为诸多问题的根源。例如，在煤炭安全生产领域，一些地方就存在"官煤勾结"的现象。经常出现监管者自办煤矿、入股煤矿或包庇亲属办矿，或者收受矿主的贿赂，暗中予以庇护的案例。规制者行为不规范，既与中国规制体制内部治理机制不完善有关，也与中国整体法制建设不完善有关。就规制体制内部而言，OECD（2009）调查发现，中国的被规制者往往对自己应遵守哪些监管规则了解不多。③ 就中国整体法治环境而言，规制者行为不规范不过是法治建设还不够完善的诸多结果之一。实际上，在良好的整体治理环境还未形成的情况下，规制领域很难独善其身。

---

①　敖晓波、张然：《新闻出版总署与广电总局合并以加快构建现代传播体系增强文化整体实力和竞争力》，《京华时报》2013 年 3 月 11 日第 14 版。
②　戴小河：《中编办官员揭秘大部制改革》，《证券市场周刊》2013 年第 12 期。
③　OECD, *OECD Reviews of Regulatory Reform – China*：*Defining the Boundary between the Market and the State*, OECD, May, 2009, pp. 15 – 16.

第三节 发达国家政府规制的做法与启示

发达国家在政府规制方面有一些成功的做法,特别是在处理政府与市场的关系、如何发挥好政府作用方面的做法,对于中国政府规制的实践具有很重要的借鉴意义。

一 规制改革由放松规制转变为提高规制质量

20世纪70年代的经济滞胀触发了发达国家放松政府规制的潮流,然而,放松规制却造成了一系列灾难性事件。例如,2000—2001年的加利福尼亚能源危机、2003年纽约等城市的大停电事故等,从而使人们认识到,不充分监管与过度监管一样会危害社会。于是,放松政府规制逐渐转变为提高规制质量。在这种情况下,OECD理事会(1995)发布了《关于改善政府监管质量的建议》,这套旨在确保监管质量的原则被国际社会广泛接受。

二 引入并完善规制影响评估程序

从20世纪70年代开始,美国实行规制影响评估(Regulatory Impact Assessment,RIA)。该制度要求政府向国民说明每一项规制的成本和收益,主要分为事前分析和事后分析两种。事前分析是在颁布规制法规之前的成本收益分析,实际上是一种规制可行性报告,内容包括政府关于规制的必要性的认知和政策准备以及政府对拟实行规制的成本和收益的预期,是决定规制能否通过的关键;事后分析是对既存规制的成本收益评估,这是发展新规制或改革既有规制的基础。成本收益分析的引入强化了对规制的约束,可以减少规制的主观性和和盲目性。实际上,美国对规制影响分析的要求已经变得日益详细,使它成为一项内容非常广泛的研究。[1] 英国1988年开始进行规制影响评价。在其他OECD国家,RIA也得到了越来越多的运用。[2] 2000年年底,28个OECD成员国中有14个成员国采用RIA。

---

[1] W. 基普·维斯库斯等:《反垄断与管制经济学》(第四版),中国人民大学出版社2010年版,第20页。

[2] OECD, *OECD Reviews of Regulatory Reform – China*:*Defining the Boundary between the Market and the State*, OECD, May, 2009, pp. 112 – 113.

三 以激励性规制取代传统的回报率规制

在经济性规制领域,传统的回报率规制越来越多地被激励性规制所取代。回报率规制建立在完全信息假设基础之上,没有考虑规制者与被规制者之间的信息不对称问题,从而激励被规制企业夸大成本,最终导致规制失效。激励性规制理论的兴起导致激励性规制逐步取代传统规制方式。例如,价格上限规制得到广泛应用。1985 年,美国所有州都采用回报率规制,但是,到 1999 年,已经有 35 个州采用价格上限规制,采用回报率规制则下降到 12 个州。另外,社会性规制也越来越侧重于激励机制的使用,具体激励性工具包括收益分享、排污权交易、激励性合同、组合税收等。[①]

四 强化信息披露

作为激励性规制理论的一项重要政策含义,减轻和消除信息不对称在发达国家的政府规制中得到了越来越多的应用。而减轻和消除信息不对称的主要方法便是:立法规定拥有信息优势的一方公开披露信息。同时,规制机构也会就可能存在未公开信息的情况提醒消费者或投资者,或者向利益相关方宣传企业已经公布的信息。信息披露在食品安全、环保等领域被发达国家的政府广泛采用。例如,法国政府要求肉制品上市要携带标明其来源的标签。日本各类农产品的生产者、农田所在地、农药和肥料使用品种和次数、收获和出售日期等信息都要记录在案。日本农协将这些信息整理成数据库,并为每种农产品分配一个编号,开设网页供消费者查询。[②] 荷兰给产品贴上"环保标签",向消费者提供关于产品的生产、使用、回收等问题的相关信息。

五 以自愿规制补充政府规制

自愿规制是以行业组织为依托的行业自治,通常由行业从业者自行组织,自行制定行业规则,并由行业组织执行规则。例如,日本农协收集农产品的生产信息,供消费者查询。行业自愿规制可以发挥道德性、效率性、灵活性、专业性和低成本性等优点。在全球范围内,存在规范自律、分散自律、授权自律和法定自律四种基本自律规制形式。[③] 其中,授权自律是指政府选择自律组织并授予其规制权;法定自律模式则是指国家法律

---

① 张红凤、杨慧:《政府规制的变革方式:国际经验及启示》,《改革》2007 年第 12 期。
② 王丽娜:《中外食品安全多维监管模式比较与启示》,《南京大学法律评论》2013 年第 2 期。
③ 韩丹、李强:《证券市场自律规制的特征及模式选择》,《经济研究导刊》2007 年第 1 期。

授予自律组织以必要的规制权。

六 规制方式以绩效标准规制取代技术标准规制

技术标准是规制机构规定企业必须采用某种技术或购买某种技术设备；绩效标准则对特定的绩效指标设定上限或下限，并允许企业自由选择达到绩效标准的技术。技术标准不利于降低规制成本，更是不利于生产技术进步，而且还可能刺激某些企业寻求俘获规制者，借规制之手建立、巩固它们的市场地位。因此，发达国家规制改革的一个方面就是实施绩效标准规制。美国于1993年颁布《政府绩效和成果法》，该法案从法律形式上确立了绩效标准，并规定所有行政部门必须执行。在OECD国家，绩效规制得到了迅速发展，统计显示，近年来，有数十个OECD国家扩大了对绩效管理的运用。

七 严厉处罚违法行为

对违反法规的企业，发达国家一般都给予严厉的处罚。在食品安全领域，美国对明知故犯的企业管理人员和个人判处最高十年徒刑和无上限数量的罚款。在英国，违反法规的企业不仅要赔偿受害者，还要承受相应的行政处罚乃至刑事责任。例如，英国的《食品安全法》对一般违法行为处以5000英镑以下罚款或3个月以内监禁；对出售不达标食品或有损消费者健康的食品者，处以最高两万英镑罚款或6个月以内监禁；对违法后果十分严重者，处以上不封顶的罚款或两年以内监禁。在日本，违反食品安全法规的企业不仅面临经济罚款和刑法处罚，而且还将进入社会道德体系黑名单，最终往往会破产。韩国的《食品卫生法》规定，违法者不仅面临高额罚款，还将被判处若干年的徒刑，而且判刑者10年内将被禁止在《食品卫生法》所管辖的领域从事经营活动。[1]

八 建立对整体规制质量负责的专门机构

很多OECD国家建立了负责确保整体规制质量的专门机构。这类机构往往尽可能地靠近政府核心部门。职责上，它们负责规制影响评估，对规制政策的制定和执行做最终权衡。实践证明，这一机构是治理规制的一项非常有价值的安排，已成为很多OECD国家规制改革成功的有效催化剂。[2]

---

[1] 燕凌：《国外在食品安全监管方面有什么经验？》，《红旗文稿》2011年第10期。

[2] OECD, *OECD Reviews of Regulatory Reform – China: Defining the Boundary between the Market and the State*, OECD, May, 2009, pp. 112 – 113.

第四节　完善中国政府规制的相关政策建议

一　厘清政府与市场职能的边界，明晰政府规制的范围

按照党的十八届三中全会提出的让市场在资源配置中起决定性作用和更好发挥政府作用的总体要求，并且根据全会决定中提出的"政府的职责和作用主要是保持宏观经济稳定，加强和优化公共服务，保障公平竞争，加强市场监管，维护市场秩序，推动可持续发展，促进共同富裕，弥补市场失灵"，进一步厘清政府与市场的边界。凡是市场绩效并不比政府规制的绩效差的业务，都取消政府规制，特别是行政审批。凡是地方政府能做好的业务，规制职权特别是行政审判权均下放给地方政府；对于由于市场体制不完善而造成的市场机制尚无法有效执行的功能，应加速完善市场体制并逐步取消相应的政府规制，而不能以市场失灵为由，维系政府规制。此外，还要提高审批门槛，缩小政府的规制范围；完善对过度竞争的规制，提升竞争质量，促进技术创新；不断扩大社会规制的范围，提高社会规制的力度。

二　完善政府规制机构建设，提升政府规制质量

为了更好地发挥政府规制的效能，特别是针对中国政府规制中经常存在的职能交叉问题，必须进一步加强规制职能整合，统一规制职权，避免规制漏洞和职权交叉；同时，提高规制机构的行政地位，增强某些规制机构的独立性；重要监管机构之间建立制度化的联席会议或协调网络，以提高政府规制的质量。另外，必要时可以借鉴其他国家的经验，设立一家独立机构或授权某个机构，专门负责开展规制影响评估，为国务院提供削减规制成本的建议，提高和维持中国政府规制的整体质量。

三　完善政府规制的法律法规体系，提高规制效率

要根据不同的情形，对中国政府规制的法律法规进行完善。比如，针对一些领域法律法规缺失的情形，应加快建立、健全规制法律法规；对于法律法规落实存在困难的领域，应及时颁布实施细则，确定绩效标准或技术标准，对相关法规予以明确的说明；针对一些领域，法律法规相对分散和混乱的局面，应对现有的法律法规进行清理，形成更为完善合理的法律法规体系。同时，为提升规制效率，要大力简化监管规则，尽量以明白易

懂的语言进行表述和阐释，并建立具体机制，以促进简化和完善监管规则，如通过"一站式"服务窗口合并申请与审批。

四 不断完善政府规制的方式，更好发挥政府规制职能

针对现有规制方式中出现的问题，借鉴国外一些国家的成功经验，不断完善中国政府规制的方式。具体而言，不断健全市场机制，从根本上减少对价格规制的依赖，必要的价格规制也要考虑投资回报和资源使用效率；降低对所有权规制的依赖，同时强化对经营行为的法律约束；探索自愿规制，促进行业自治能力的提升；弱化准入规制，强化事中和事后规制，凡是可以事后监管的项目，坚决取消和禁止准入规制；建立强制企业进行信息披露的法律法规，强化信息披露；尽可能以绩效标准取代技术标准，赋予企业灵活选择技术的权利，促进技术创新；提高违法处罚力度，杜绝以罚代刑，大幅度提高违法成本，增强处罚的威慑力；不断探索有效的激励性规制方法，扩大激励性规制的运用范围。

五 加强对规制行为的监督，规范规制者行为

加强对规制行为的监督，对提升中国政府规制质量具有根本性的意义。具体来看，可以采取以下措施：加强行政程序和行政诉讼立法，尽快出台《行政程序法》；努力降低针对规制机构的诉讼成本；建立并贯彻立法公开原则；坚决推进电子政务建设，提高规制规则、规制进展信息的网络获取的便利性，实现政府规制的透明化，并方便对规制行为的监督；简化规制程序，消除复杂的规制程序为规制机构创造的自由裁量空间；强化人大和纪检监察系统对规制机构的监督职能，提高对规制行为的检查力度；充分发挥新闻媒体、社会团体、个人等对规制权力运行的监督作用；完善针对滥用规制权力的责任追究机制，对规制决策的失误、过错，坚决进行追究和问责，并且大幅度提高对滥用规制权力的行为的处罚力度，避免以罚代刑，对滥用规制权力的行为形成强大的威慑力。

六 完善规制立法及规制制度的退出机制

将规制影响评估整合进规制制度建设过程，并将其作为决定规制立法申请能否通过的关键。要求规制影响评估报告清楚地识别和界定制度目标，评估规制的必要性和效力、效率，比较和权衡规制与替代方案的利弊；更重要的是，要求规制影响评估报告开展并不断完善规制的成本收益分析。以事后的规制影响评估作为完善既有规则和订立新规则的依据。通过"日落"条款，规定某些规则必须定期得到审查，以确定是否应加以修改或废除。建立相关程序,要求规制机构界定利益相关者,并将关键利益相关方引入规则制定过程中。建立和完善立法咨询程序,提高社会咨询和专家咨询在规制立法中的地位。

七 适当放松对外资进入服务业的限制

幼稚产业论一般是限制外资企业进入本国服务业的理论基础。实践中,这个理论对本土企业的发展能力有点担忧过度。实际上,与外国企业相比,本土企业往往更了解市场与客户,更熟悉本国商业文化。虽然外国企业可能会在刚开始时大举进入技术密集型或其他需要专业知识的、利润率比较高的领域,但随着本土企业能力的发展,外国企业很可能逐步丧失优势。中国银行业、电子商务企业的发展历史就印证了这一点。在加入世界贸易组织以前,人们普遍担心外资银行的进入会给本土银行带来巨大的压力,但 2001 年以来,外资银行市场份额的增加非常有限,而本土银行的生存状况远好于当年。在国际著名电商 ebay 已经进入中国的情况下,阿里巴巴还是后来居上。所以,为了提高中国的经济效率,促进经济转型升级,我们很有必要适当放松对外资企业进入服务业的限制,强化竞争,并促进国外技术与专业知识向中国企业的转移、传播,改善服务质量。

参考文献

1. A. Shleifer, "A Theory of Yardstick Competition" [J]. *Rand Journal of Economics*, 1985, 16, pp. 319 – 327.

2. Alan Stone, *Regulation and Its Alternatives*. Washington D. C.: Congressional Quarterly Press, 1982.

3. Averch Harvey and Johnson Leland, "Behavior of the Firm under Regulatory Constraint" [J]. *American Economic Review*, 1962, 52 (5), pp. 1053 – 1069.

4. Demsetz, Harold, "Why Regulate Utilities?" [J]. *Journal of Law and Economics*, 1968, 11 (1), pp. 55 – 65.

5. Douglass C. North, "Prize Lecture: Economic Performance through Time" [J]. http://www.nobelprize.org/nobel_prizes/economic-sciences/laureates/1993/north-lecture.html, 1993.

6. Hanke – Domas, M. P., "The Public Interest Theory of Regulation: Non – Existence or Misinterpretation?" [J]. *European Journal of Law and Economics*, 2003, 15 (2), pp. 165 – 194.

7. Jr. Primeaux, Walter J., "Electricity Supply: An End to Natural Monopoly" [J]. in Cento Veljianovski (ed.), *Privatization and Competition: A Market Prospectus*. Billings

and Sons Limited, 1989, pp. 129 – 134.

8. McChesney, F. S. , "Rent Extraction and Rent Creation in the Economic Theory of Regulation"［J］. *Journal of Legal Studies*, 1987, 16（1）, pp. 101 – 118.

9. OECD, *OECD Reviews of Regulatory Reform – China：Defining the Boundary between the Market and the State*, OECD, May, 2009.

10, OECD, *Regulatory Policy in Mexico：Towards a Whole of Government Perspective to Regulatory Improvement*, OECD Publishing, 2014.

11. Pelzman, S. P. , "Toward a More General Theory of Regulation"［J］. *Journal of Law and Economics*, 1976, 19（2）, pp. 211 – 241.

12. Posner, R. A. , "Theories of Economic Regulation"［J］. *Bell Journal of Economics & Management Science*, 1974, 5（2）, pp. 335 – 358.

13. Stigler, George J. and Friedland, Claire, "What Can Regulators Regulate? The Case of Electricity"［J］. *Journal of Lawand Economics*, 1962, 5（Oct.）, pp. 1 – 16.

14. World Bank, *Doing Business：2008*, World Bank Publications, 2007.

15. 敖晓波、张然：《新闻出版总署与广电总局合并以加快构建现代传播体系增强文化整体实力和竞争力》，《京华时报》2013 年 3 月 11 日第 14 版。

16. 戴小河：《中编办官员揭秘大部制改革》，《证券市场周刊》2013 年第 12 期。

17. ［美］保罗·萨缪尔森、威廉·诺德豪斯：《经济学》，高鸿业译，中国发展出版社 1992 年版。

18. ［美］丹尼尔·F. 史普博：《管制与市场》，余晖等译，上海三联书店、上海人民出版社 1999 年版。

19. 韩丹、李强：《证券市场自律规制的特征及模式选择》，《经济研究导刊》2007 年第 1 期。

20. ［美］理查德·R. 纳尔逊、悉尼·G. 温特：《经济变迁的演化理论》，胡世凯译，商务印书馆 1997 年版。

21. 刘世昕：《2006 跨国公司中国报告：部分跨国公司在华逃避社会责任》，《人民日报》（海外版）2006 年 2 月 20 日第 2 版。

22. 王俊豪主编：《管制经济学》，高等教育出版社 2007 年版。

23. 文学国：《政府规制：理论、政策与案例》，中国社会科学出版社 2012 年版。

24. 袁明圣：《政府规制的主体问题研究》，《江西财经大学学报》2007 年第 5 期。

25. 《国家发展改革委、国务院法制办负责人就新修改的〈价格违法行为行政处罚规定〉答记者问》，《中国价格监督检查》2011 年第 1 期。

26. ［美］W. 基普·维斯库斯等：《反垄断与管制经济学》（第四版），中国人民大学出版社 2010 年版。

27. 王丽娜：《中外食品安全多维监管模式比较与启示》，《南京大学法律评论》

2013年第2期。

28. 燕凌：《国外在食品安全监管方面有什么经验？》，《红旗文稿》2011年第10期。

29. 张红凤：《利益集团规制理论的演进》，《经济社会体制比较》2006年第1期。

30. 张红凤：《简论中国特色规制经济学的构建》，《光明日报》2006年1月24日第10版。

31. 张红凤：《自然垄断产业的治理：一个基于规制框架下竞争理论的视角》，《经济评论》2008年第1期。

32. 张红凤、杨慧：《政府规制的变革方式：国际经验及启示》，《改革》2007年第12期。

33. 张红凤、杨慧：《政府微观规制理论及实践》，《光明日报》2011年4月22日第11版。

34. ［日］植草益：《微观管制经济学》，朱绍文等译，中国发展出版社1992年版。

Chapter 4　Government Regulation and Economic Development of Large Country

Abstract：Starting from summarizing the theory of modern government regulation, combining with the practice of China, Chapter 4 analyzes and clarifies the significance of strengthening government regulation to the development of the great power from the perspective of improving economic efficiency, maintaining social equity and promoting economic internationalization. Furthermore, the chapter summarizes the practice and experience of the developed countries on establishing government regulation and playing the role of the government. Finally, the chapter analyzes the main problems existing in the construction and operation of Chinese government regulation at present stage, and puts forward some policy recommendations on the scope of regulation, regulation institutions and laws construction of regulations.

Key Words：Government Regulation, Scope of Regulation, Regulation Institutions, Regulatory Pattern

（执笔人：张　亮　江庆勇）

第五章　大国经济发展与市场竞争

当今时代是一个市场化、全球化时代，也是一个竞争时代。在这样的时势下，一个国家要立足于世界就必须具有竞争力，要想成为大国就更应具有强大的竞争力。

目前，中国经济已经取得了巨大成就，成为世界第二大经济体，但中国还不是经济大国。中国要想成为经济大国，必须采取一系列的大国经济发展战略，竞争政策就是其重要内容之一。这是因为，竞争是市场经济的基本属性，是市场经济的根本优势，是市场经济的主要运行机制，是全球化战略的核心，是日益深入人心的重要观念之一。欧洲委员会里斯本小组指出："竞争成为工业家、银行家、政府商业贸易与产业行政机构最重要的目标。工业家、政治家、经济学家、金融经理、技术人员、工会都把竞争作为他们的信条。竞争的无上命令是他们辩论与建议的焦点。在政治讲话、报纸、书籍、管理讲座与研讨会上，'竞争'这个词汇的使用频率超过了所有词汇。"① 竞争的重要性由此可见一斑，"竞争的不可避免性是时代最重要的主题"。②

这就决定了竞争是经济分析的一个基本范畴，竞争政策是经济政策的一个重要内容。"竞争在经济学中占有如此重要的地位，以至于难以想象经济学没有它还能是一门社会科学。"③ 研究大国经济发展战略的经济学，不研究竞争和竞争政策，是不可想象的。

---

① 欧洲委员会里斯本小组：《竞争的极限》，张世鹏译，中央编译出版社1999年版，第136页。
② ［美］哈罗德·德姆塞茨：《竞争的经济、法律和政治维度》，陈郁译，上海三联书店1992年版，第12页。
③ 同上书，第1页。

第一节 大国经济与竞争政策

经济发展史表明，发展市场经济是取得经济发展的必由之路，是一国经济成为大国经济的不二法门，大国经济必然是市场经济，这是由市场经济的竞争属性所决定和造就的。市场经济的竞争属性是市场经济的优越之处。亚当·斯密指出："竞争和比赛往往引起最大的努力"①，马克思断言：自由竞争是"资产阶级经济的重要推动力"②，列宁也认为，自由竞争"在相当广阔的范围内培植进取心、毅力和大胆首创精神"。③ 市场经济孕育着、激发出、保持着竞争，竞争是经济发展、社会进步和人类文明的基本动力。所以，大国经济必须是以竞争为核心的市场经济，竞争政策是其大国经济发展战略的核心政策内容。

竞争政策之所以能够促进经济发展，是由以下几个方面决定的：一是竞争是一切生物的本性，也是一切生物进化的规律。达尔文告诫人们："观察'自然'的时候……切勿忘记每一种生物在生命的某一时期，依靠斗争才能生活"，并认为："自然选择学说是建立在以下的信念上的：各个新变种，最终是各个新物种，由于它的竞争者占有某种优势而被产生和保持下来；而且较为不利的类型的绝灭，几乎是不可避免的结果。"④ 达尔文的进化论揭示：优胜劣汰、适者生存是一切生物生存发展的基本规律，也是人类生存发展的基本规律。二是竞争给人以自由。自由人才有生产的主动性、积极性和创造性，它们构成经济发展的原动力。市场经济之所以优越于其他经济形式，就是因为市场经济是最尊重人的自由的经济形式⑤，而其他经济形式都不同程度地限制人的自由，是奴役经济。亚当·斯密指出："一切时代、一切国民的经验，都证明了一件事，即奴隶劳动，虽表面上看来，只需维持他们生活的费用，但彻底通盘计算起来，其

---

① ［英］亚当·斯密：《国民财富的性质和原因的研究》（下卷），王亚南等译，商务印书馆1983年版，第320页。
② 《马克思恩格斯全集》第46卷（下），人民出版社1980年版，第47页。
③ 《列宁选集》第3卷，人民出版社1995年版，第375页。
④ ［英］达尔文：《物种起源》，叶笃庄等译，商务印书馆2009年版，第81、392页。
⑤ ［德］艾哈德：《社会市场经济之路》，于安新译，武汉大学出版社1998年版，第271页。

代价是任何劳动中最高的。"① 相反，"征之一切时代和一切国民的经验，我相信，由自由人作成的作品，归根到底比由奴隶作成的作品低廉。"② 三是竞争与自由是一致的。"自由的原则与竞争的原则是同生共死的"③，既没有无自由的竞争，也没有无竞争的自由。竞争是实现自由的重要方式，无竞争即无自由。四是市场瞬息万变。一切经济问题归根结底都是因应市场变化而灵活应对的问题，这就需要自由，也只有自由才能如此。五是自由包括职业自由。职业自由使人能够选择最适合自己的职业，人尽其才，物尽其用，事尽其功，这样才能促进经济发展。六是竞争是一种发现方法。发现谁是最优者然后把有限的资源配置给他（她）以实现效益极大化，这是经济发展的核心问题。这里涉及信息成本和资源配置的问题，竞争是解决这些问题最便捷有效和最客观公正的方法。哈耶克认为："竞争主要是一个形成意见的过程：通过传播信息，它带来了经济体系的统一和连贯，而这是我们把它作为一个市场的先决条件；它创造出人们对于什么是最好的和最便宜的看法，而正是由于它，人们所了解的可能性和机会至少像现在了解的那样多。"④ "竞争的作用正好告诉我们谁为我们服务得更好。"⑤ 七是竞争是一种激励机制。市场竞争，优胜劣汰，它给人们以巨大的压力，人们为了不被激烈的市场竞争所淘汰，必然竭尽全力，力争上游，"个人必然受刺激的驱使去从事合乎社会需要的活动"，从而促进经济发展。"如果一个社会没有经济增长，那是因为没有为经济创新提供刺激"⑥，其中就包括没有提供竞争激励。八是竞争是平等竞争，没有上下隶属关系；是自由竞争，打破各种束缚限制，人们凭借自己的能力和努力竭力向各个方面进取，向科技进军，这必然导致科技发展。有人认为："科学知识的发展肯定与教堂减少对关于人类与自然环境关系的思想的垄

---

① ［英］亚当·斯密：《国民财富的性质和原因的研究》（上卷），王亚南等译，商务印书馆1983年版，第354页。
② 同上书，第74页。
③ ［德］艾哈德：《社会市场经济之路》，于安新译，武汉大学出版社1998年版，第88页。
④ ［奥］哈耶克：《个人主义与经济秩序》，贾湛等译，北京经济学院出版社1989年版，第98—99页。
⑤ 同上书，第91页。
⑥ ［美］道格拉斯·诺思、罗伯特·托马斯：《西方世界的兴起》，厉以平、蔡磊译，华夏出版社1999年版，第6、7页。

断有关。"① 这样，伽利略、哥白尼和牛顿等才能领导一场人类世界观的革命，科学知识沿着广泛而不同的道路发展，并得到了广泛的运用，并引发了英国的工业革命。经济革命源于科学知识的发展。

纵观历史上的一些大国，如西班牙、葡萄牙、荷兰、英国、法国、德国、日本和美国等，虽然它们的崛起历程和原因各有不同，如自然条件、文化传统、政治革命（民主化）、工业革命（工业化）、殖民扩张等，但在这些不同因素当中也有共同的东西，那就是自由竞争或市场竞争。如其中的政治革命就是如此，英国的宪章运动、法国的大革命、美国的独立运动、日本的明治维新等，都是反对封建束缚实行民主革命的政治运动，革命后它们分别颁布了《权利法案》《人权宣言》和《独立宣言》等彪炳史册的法律文件，确立了"权力分立""人民主权"和"平等、自由、博爱"的立国原则，赋予人们以生命权、自由权和追求幸福的权利，等等。政治革命为工业革命扫清了政治障碍，为市场竞争铺平了道路，最终促进了经济发展。如英国的工业革命，经济史学家卡洛·M. 奇波拉总结道：工业革命之所以首先发生在英国，主要是由于该国的社会和政治结构、人民的精神面貌以及价值标准已经发展到适合于工业化的程度，工业革命在漫不经心的观察者看来仅仅是经济和技术问题，实际上它是可怕的非常复杂的政治、社会和文化的大变动问题。② 道格拉斯·诺思也指出：到 1700 年，英国的制度框架为经济增长提供了一个适宜的环境，也许最重要的是，国会至上和习惯法中所包含的所有权将政治权力置于急于利用新经济机会的那些人手里，并且为司法制度保护和鼓励生产性的经济活动提供了重要框架。③ 产业革命是人类历史的分水岭，始于 1750—1830 年的持续经济增长，出现了英国等大国。对于产业革命的发生有许多解释，其中，汤因比指出："产业革命的实质就是用竞争取代以前控制生产和财富分配的中世纪规则。"④ 又如美国，"200 年以来，美国人宁愿冒着失

---

① [美] 道格拉斯·诺思：《经济史的结构与变迁》，陈郁、罗华平等译，上海三联书店、上海人民出版社 1995 年版，第 193 页。
② 参见 [意] 卡洛·M. 奇波拉主编《欧洲经济史》（第 3 卷），商务印书馆 1988 年版，第 302 页。
③ 参见 [美] 道格拉斯·诺思、罗伯特·托马斯《西方世界的兴起》，厉以平、蔡磊译，华夏出版社 1999 年版，第 192 页。
④ 转引自 [美] 道格拉斯·诺思《经济史的结构与变迁》，陈郁、罗华平等译，上海三联书店、上海人民出版社 1995 年版，第 187 页。

败的风险，他们一直坚持不懈地热爱极富竞争性的个人主义。这种思想意识能极大地释放经济能量，使企业生产取得绝好的经济效益。"[1] 再如德国，第二次世界大战后的德国一片废墟、满目疮痍、百业凋零，当时有人估计，"在这个时期，人们在德国预计每个德国人每5年会得到一个碟子，每12年得到一双鞋子，每50年才能得到一件西服，所以只有1/5的婴儿才能睡到襁褓中，1/3的德国人有可能安葬在棺木中。"[2] 看来前景十分悲观，毫无希望。可是，德国却在短短的时间内取得了经济奇迹，根本原因在于德国采取了具有竞争内容和性质的社会市场经济政策。艾哈德认为："竞争是提高生产率的最理想的手段"[3]，"竞争是获致繁荣和保证繁荣最有效的手段"[4]，"凡没有竞争的地方，就没有进步，久而久之就会陷入呆滞状态"。[5] 据此，他把第二次世界大战后德国的经济奇迹归因于"来自竞争的繁荣"。历史雄辩地证明，大国是在市场竞争的基础上崛起的。

当然，什么事物都是有利有弊的，竞争亦然。空想社会主义者就特别关注竞争的弊端，如蒲鲁东就曾指出：竞争，是"力求不断地摄取最大限度的净产值，为了这个目的，即使灭绝人类也在所不惜"[6]，竞争"是在屠杀俘虏"[7]，"它经常夺取了整个劳动阶层的面包"，"竞争具有杀人的本能"。[8] 马克思主义也深刻地揭示了竞争的弊端，如竞争激化资本主义社会矛盾，并演化为阶级斗争和社会革命。鉴于此，过去的一些社会主义国家为了避免竞争的弊端干脆拒绝市场经济而选择计划经济。尽管如此，这些国家并不能完全否定竞争的价值，于是企图用社会主义竞赛来代替市场经济的竞争。但两者毕竟有着巨大的差别，市场体制下的竞争与计划体制下的竞赛不能相提并论，后者无法充分发挥前者的功能和价值。这直接导致社会主义国家的经济缺乏活力和效率不高，这也是过去社会主

---

[1] 参见［美］托马斯·麦格劳《现代资本主义——三次工业革命中的成功者》，赵文书、肖锁章译，江苏人民出版社1999年版，第387页。
[2] ［德］艾哈德：《大众的福利》，于安新译，武汉大学出版社1995年版，第9页。
[3] ［德］艾哈德：《来自竞争的繁荣》，祝世骧等译，商务印书馆1983年版，第154页。
[4] 同上。
[5] 同上书，第153页。
[6] ［法］蒲鲁东：《贫困的哲学》（第1卷），余叔通译，商务印书馆1998年版，第258页。
[7] 同上书，第248页。
[8] 同上书，第204页。

国家经济落后于资本主义国家经济的重要原因。如第二次世界大战后的德国被一分为二，实行社会市场经济的联邦德国取得了"来自竞争的繁荣"，而实行计划经济的民主德国却发展缓慢，以至于被前者统一了。特别是一些社会主义国家，不仅没有市场竞争，而且大搞政治斗争，如苏联的"肃反运动"和中国的"文化大革命"。但政治斗争只会消耗社会财富，只有经济竞争，才能创造社会财富。过去许多社会主义国家的经济增长缓慢，有的甚至滑到了崩溃的边沿，一个根本的原因就是否定和排斥了市场竞争。

为什么市场经济成为人类不可逾越的普遍的最先进的经济形式？为什么世界上的发达国家都是一些市场经济国家？为什么社会主义国家搞了几十年的计划经济还要回过头来搞它们过去一直反对的市场经济？上述正反两方面的实践已经回答了这些问题，即是否实行竞争政策是一国经济能否发展、一国经济能否强大的根本原因。

考量一个国家是否大国有许多标准，如国土面积、人口数量、经济实力、国防力量、文化制度、世界影响等。但其中一个重要标准是其有无国际竞争力以及有多大国际竞争力，而且上述各种标准最终都要归结为竞争力、体现为竞争力，只有那些具有国际竞争力的国家，才能成为大国，才是真正的大国。

当前，增强国家的核心竞争力，已经成为各国发展战略的核心内容。但一国的国际竞争力不是凭空产生的，而是由其竞争政策造就和维持的，竞争政策关系到国家的强弱和成败，一国只有长期贯彻实施有效的竞争政策才能成为大国。历史和现实一再证明，凡是不实施竞争政策、不倡导竞争的国家成不了大国，即使曾经是大国也会衰落下去，这是物竞天择的铁律。诺思指出："政治和经济组织的结构决定着一个经济的实绩及知识和技术存量的增长速率。人类发展中的合作与竞争形式以及组织人类活动的规则的执行体制是经济史的核心。这些规则不仅造就了引导和确定经济活动的激励与非激励系统，而且决定了社会福利与收入分配的基础。"[①]

经济发展史揭示，资源、资本、技术等在不同的历史时期分别是经济增长的主要因素。但制度经济学研究表明，制度因素才是经济增长的关

---

① [美]道格拉斯·诺思：《经济史的结构与变迁》，陈郁、罗华平等译，上海三联书店、上海人民出版社1995年版，第17、19页。

键,一种能够提供激励机制的有效制度是促使经济增长的决定性因素。因此,竞争政策不能仅仅停留在政策层面上,而应制度化,成为一项国家的基本制度。

但制度也是存在竞争的。当前是一个全球化和国际竞争的时代,中国的周围强国林立、虎视眈眈。一国制度的构建必须放在全球化的背景下和国际竞争的舞台上进行,要与别国相比较,看看其有无国际竞争力。如果中国的制度没有国际竞争力,就有被强国所淘汰,甚至有亡国的危险。诺思认为:"当一个政治经济单位生存在一个由竞争的政治经济单位所组成的世界里的时候,如果增长是不稳定的,那么不增长也是如此。在与更有效率的邻邦相处的情形下,相对无效率的产权将威胁到一个国家的生存,统治者面临着或者灭亡或者修改基本的所有权结构以使社会降低交易费用和提高增长率的选择。"① 今天世人所热议的"中国模式",不管人们赞不赞成,但有一点应当指出,那就是,如果"中国模式"没有制度因素,不能制度化,缺乏普适性,没有国际竞争力和影响力,那么"中国模式"就没有意义。真正的竞争是制度的竞争,制度的竞争是其他竞争的基础,而且从根本上决定着其他的竞争。

目前,中国已从以经济建设为中心过渡到以制度建设为中心,中国的竞争政策也应从一般的经济竞争政策过渡到国家的竞争制度。竞争是该制度的核心内容,因为"制度提供了人类相互影响的框架,它们建立了构成一个社会,或更确切地说一种经济秩序的合作与竞争的关系"②,"一个有秩序的社会的必要条件集中体现为一组成文的或不成文的竞赛规则"③。只有建立了一套完善的竞争规则和竞争制度,才能说建立了良好的制度,才能说为大国经济发展提供了制度保障。

第二节 中国竞争政策的具体内容

长期以来,人们把竞争仅仅视为价格竞争,但竞争远不仅如此,竞争

---

① [美]道格拉斯·诺思:《经济史的结构与变迁》,陈郁、罗华平等译,上海三联书店、上海人民出版社1995年版,第29页。
② 同上书,第225页。
③ [美]道格拉斯·诺思、罗伯斯·托马斯:《西方世界的兴起》,厉以平、蔡磊译,华夏出版社1999年版,第12页。

的内容十分广泛丰富。"通过产品质量、契约安排和制度创新以及策略灵活应变,所有的竞争活动都变得富有意义。除这些竞争的经济渠道之外,还有立法机关和政府。"总之,竞争具有"经济、法律和政治等多种维度",是"多维竞争"。① 因此,中国竞争政策的构建要多维地进行,特别是要为竞争政策的实施进行经济、政治、社会和文化等方面的制度性、系统化的改革,这样,才能全方位地在中国开展和促进竞争。

一 完善市场经济体制

人类生活在一个"僧多粥少"的困境中,必然会展开对有限资源的各种争夺,竞争由此而来,也无处不在。但真正孕育、激发和维持竞争的还是市场经济,市场经济是竞争的基础,市场与竞争不仅不可分离,而且互为一致。因此,要促进竞争,就必须大力发展市场经济,完善市场经济体制,否则就没有真正的竞争。另外,竞争是市场经济的本质属性和主要优势,也是检验市场经济的根本标准。看一种经济是否是市场经济,就看其是否竞争、有无竞争。艾哈德指出,保持自由竞争,乃是任何市场经济的基础,只要哪里的自由竞争不受任何限制,哪里的自由竞争得到法律保障,哪里的市场经济基础就能存在,也会受到社会上的极端重视。② 反之,"一旦竞争受到排斥,市场经济便丧失了维持经济秩序和保障自由的力量。"③ 中国已经初步建立了社会主义市场经济体制,市场竞争正在逐步开展,但目前仍然存在许多限制市场竞争的因素和现象,有的还是体制性的。如市场不够开放、准入门槛过高、市场竞争不公、国家干预过多、行政垄断严重、经济垄断初现,等等。这些问题的解决,从根本上取决于中国的经济、政治和社会体制改革,其中,完善市场经济体制,是促进市场竞争的根本举措。

二 竞争模式的选择

这是竞争政策所要选择的重要内容。竞争模式多种多样,人们对于竞争模式的认识也是见仁见智。起初,许多人崇尚完全竞争模式,因为这种模式最完善、最理想,它以"自然优势"和"分散化"为基础,以价格

---

① [美] 哈罗德·德姆塞茨:《竞争的经济、法律和政治维度》,陈郁译,上海三联书店1992年版,第13页。

② 参见 [德] 艾哈德《来自竞争的繁荣》,祝世骧等译,商务印书馆1983年版,第101页。

③ [德] 艾哈德:《社会市场经济之路》,于安新译,武汉大学出版社1998年版,第232页。

竞争为中心。它为构建竞争模式提供了明确的指导和努力的方向，但理想与现实总是存在相当的差距。由于完全竞争模式"说明的是价格体制而不是竞争活动"，它是一种静态均衡模式，"忽略了竞争过程中时间、不确定性和交易费用的重要性"，它"假定忽略了权威、垄断、外部性和无知"①，也"将法律体制和政府抛至九霄云外"②，以至于这种竞争模式只能在"理想国"中存在，在现实中难以运行。而且，"完全竞争实际上意味着没有一切竞争活动"，"其结论很少能用来指导政策的制定"。③ 所以，人们开始从"完全"转向"不完全"，选择"可行性竞争模式"。这种竞争模式认为，由于不存在完全竞争的基础和条件，所以，竞争是不完全的，但竞争"完全"或"不完全"并不重要，竞争远非只有在"完全"时才是有益的，竞争"不完全"也不是否定竞争的理由，就像健康难以"完全"就否定健康一样，恰恰相反，竞争所处的环境越"不完全"，说明竞争越有必要，也更加重要。④ 因此，人们应更少操心竞争是否"完全"，而应更多地操心有无竞争，为更有效地促进竞争去创造条件，排除竞争被压制的各种情况，如国家压制、各种垄断等，力求在"不完全"的环境中最有效地促进竞争。

三 国家的定位

在竞争政策中，国家如何定位是一个充满争论的问题。许多人把国家与竞争对立起来，认为国家管制是限制竞争的重要因素，要促进市场竞争就必须放松甚至取缔国家管制。我们认为，这种认识和做法是错误的、有害的。这是因为，必要的国家管制不仅与市场竞争不对立，而且是市场竞争的基础条件，因为国家既是竞争规则的制定者，也是竞争秩序的维护者，没有国家管制，市场竞争就无法生成，也难以持久地进行。在诺思看来，国家理论是"理解制度结构"的三个（国家理论、产权理论和意识形态）主要基石之一，诺思用国家理论对经济史的制度变迁进行了解释，揭示了不同的国家理论在经济史的制度变迁（制度创立、变更及随着时

---

① ［美］哈罗德·德姆塞茨：《竞争的经济、法律和政治维度》，陈郁译，上海三联书店1992年版，第7、19页。
② 同上书，第5页。
③ ［奥］哈耶克：《个人主义与经济秩序》，贾湛等译，北京经济学院出版社1989年版，第87、91页。
④ 同上书，第97页。

间变化而被打破的方式)① 过程中所起的不同作用和导致的不同结果。经济史的变迁其实是具有不同性质的国家之间的竞争,是更有效率的国家取代没有效率的国家。他还总结道:"国家的存在是经济增长的关键,然而国家又是人为经济衰退的根源。但即使是坏政府也比无政府要好。"② 这为经济发展史所证明。伊曼纽尔·沃勒斯坦在接受中央电视台《大国崛起》摄制组的采访时再次表明一个重要的观点:迄今为止,世界上先后出现的三个大国,如17世纪的荷兰、19世纪的英国、20世纪的美国,这三个国家的国名都包含了"联合",即联省共和国的荷兰、联合王国的英国、合众国的美国(其实还应包括俾斯麦统一的德国),这里已经涉及国家的政体的结构。③ 即政府的权威、民族的统一和国家的稳定,借此才有统一的市场和稳定的秩序,进而才有市场经济的发展和自由竞争的开展,最终才促成了这些国家的崛起。因此,不能简单地否定国家管制。在历史和现实中,必要、恰当且合法的国家管制不但不与市场竞争相对立,而且是促进市场竞争的重要保障。比如反垄断法的执行机关就是如此,它的存在不是为了限制市场自由竞争,而是为了促进市场自由竞争,这正如艾哈德在论及德国卡特尔局时所指出的:"自由是每个公民的权利,任何人都不能侵犯……卡特尔局并不想束缚自由,而完全相反,它唯一的宗旨就是保障自由。"④

当然,由于国家天生是一个垄断组织、一种强权机构、具有官僚作风,国家管制不可避免地会限制竞争,应该承认,国家管制是限制市场竞争的主要原因,因为"只要竞争没有在国家的帮助或纵容下受到完全的压制,一般来说,它总是在起作用"。⑤ 因此,对于国家管制,人们应时刻抱有高度的警惕之心,应力求依法加以规制。

四 市场竞争与政府规制

一方面,由于以下原因市场竞争内在地需要政府管制:一是私人自治

---

① [美]道格拉斯·诺思:《经济史中的结构与变迁》,陈郁、罗华平等译,上海三联书店、上海人民出版社1995年版,第225页。
② 同上书,第20页。
③ 参见王加丰等《强国之鉴》,人民出版社2007年版,第71页。
④ [德]艾哈德:《社会市场经济之路》,于安新译,武汉大学出版社1998年版,第102页。
⑤ [奥]哈耶克:《个人主义与经济秩序》,贾湛等译,北京经济学院出版社1989年版,第98页。

和契约自由的不足。哈耶克指出:"从来就不存在,也许不可能存在这样一种法律制度:它把作为社会秩序基础的契约债务完全交由合同当事人来决定。"① 它们之间的不足,需要政府规制予以弥补,如需要政府界定保护产权和督促契约的履行等。一是团体权力的膨胀,需要政府规制予以抑制。哈耶克认为,一般来说,个人的自由没有必要扩及由个人组成的团体,而且政府有时甚至有责任保护个人来对付有组织的团体,把公司视为虚构的人或法人,就会造成自然人的所有权利都被自动地扩至公司,公司法领域的立法大大助长了垄断。② 一些垄断组织富可敌国,势不可当,支配其他弱者,而弱者又根本无力反抗,只有借助国家的力量,以强权对强权,反垄断才能成功,所以,国家是实施反垄断(法)的中坚力量。二是专业化分工需要政府规(管)制予以协调。社会化分工和社会化大生产虽然自身具有一定的自我协调能力,但并不能完全解决问题,还需要政府规制予以协调,这就犹如乐队需要指挥一样,所以,"管制是专业化分工与生俱来的附属物"。③ 三是维护社会公共利益需要政府规制。1877年美国"芒恩诉伊利诺伊州案",法庭依据"影响公共利益"支持伊利诺伊州有权对私人所有的谷物收割机收税,并固定最高的税额。这个判决消除了政府干预经济事务的所有法律方面的限制因素,并表明"影响公共利益"的私人工商业要受到伊利诺伊州政府的管制,政府规制开始得到司法支持。四是竞争的界限需要政府规制,保障社会领域免予竞争是政府的固有责任。"就竞争而言,国家的作用可区分为三类。第一类属于社会性,这类措施、劳动立法、社会保险、集体设备的发展,全无损害竞争之意,而是现代竞争经济的一部分,德国人称作社会市场经济。只有当大家的劳动成果公正地得以均分,竞争实际上才可接受。在这一方面,国家干预错在它的不足而非过度。"④ 五是市场经济本身的异化,如盲目无序、形成垄断等,都需要政府规制予以控制和矫正,否则市场经济会蜕变为洪水猛兽。卡尔·波兰尼在《大转变》一书中指出:"的确,容忍市场机制

---

① [奥]哈耶克:《个人主义与经济秩序》,贾湛等译,北京经济学院出版社1989年版,第107页。
② 同上。
③ [美]哈罗德·德姆塞茨:《竞争的经济、法律和政治维度》,陈郁译,上海三联书店1992年版,第84页。
④ [法]贝尔纳·克莱芒:《自由竞争》,黄传根译,商务印书馆2001年版,第4—5页。

成为人类命运及其自然环境,甚至购买力数量和使用的唯一主宰者,将会导致社会的毁灭。"① 为避免之,政府必须对市场机制进行有意识的控制。总之,"作为第二次经济革命的结果,所有西方世界的经济都经历了深刻的结构变迁,尽管最初的政治经济结构各不相同,但接踵而来的变化却提高了政府的作用"。② 从历史发展来看,政府管制的范围和程度是不断扩大和加强。"虽然转向更大程度的政府干预开始于 19 世纪最后 25 年,但重要的是要注意其漫长的历史前提。在殖民时代,就存在对工商业的州和地方的管制。19 世纪最后 25 年,出现了从州管制向联邦管制和从鼓励、促进向控制的转变。"③ 如美国的政府管制就是如此,其中,具有里程碑意义的事件包括 1877 年"芒恩诉伊利诺伊州案"的判决;1887 年商业管制法开创了管制的先河;《格兰其法》要求对不同利益集团的商业交易活动进行管制;为了管理铁路,成立了联邦州际商业委员会,3 年后颁布了《谢尔曼反垄断法》。1903 年建立了商业劳工部,10 年后分解为商业部和劳工部,1906 年又通过了《纯净食品与药物法》,1914 年成立了联邦贸易委员会,其目的是在更广泛的基础上处理不公平竞争和价格歧视,1939 年"合众国诉洛克·罗亚尔公司案",使农业部长有权限定牛奶的最低价格。④ 当资本主义发展到垄断阶段以后,政府规制就进一步加强了,这是市场自由放任的后果。"第二次经济革命在西方世界展现了一个前所未有的繁荣时代,也导致了大规模的反抗市场经济和资源配置的市场形式的行动。"⑤

另一方面,政府规制也会限制市场竞争,特别是当政府规制的范围过大、程度过重时尤其如此。1500—1700 年,法国与西班牙的经济之所以陷入了停顿,是因为在法国,由于政府管制过多,如劳动和资本的流动性到处受到限制,那些禁令烦琐的生产过程条例使创新到处受到限制,固定物价等使法国的产业经济效率降低,行会控制加王室检查制度以及王室承

---

① [美]道格拉斯·诺思:《经济史的结构与变迁》,陈郁、罗华平等译,上海三联书店、上海人民出版社 1995 年版,第 202 页。
② 同上书,第 207 页。
③ 同上书,第 213 页。
④ [美]哈罗德·德姆塞茨:《竞争的经济、法律和政治维度》,陈郁译,上海三联书店 1992 年版,第 84 页。
⑤ [美]道格拉斯·诺思:《经济史的结构与变迁》,陈郁、罗华平等译,上海三联书店、上海人民出版社 1995 年版,第 201 页。

办和资助的产业，抑制了经济的增长。①

所以，我们要辩证地处理市场竞争与政府规制的关系，既要认识到没有恰当的政府规制，市场竞争就会扭曲泛滥，成为无序竞争。同时也要认识到，政府规制必须有一定的限度，超过一定的限度，政府规制就会限制市场竞争。为此，我们要恰当地界定市场竞争与政府规制的边界，让其互不干扰，各司其职，各负其责，同时又要把它们统一起来，"竞争与管制如同一枚硬币的两面。在理论上，都是旨在同一目标：资源的有效利用和保护消费者免受剥削"。② 政府管制不但要以市场竞争为目的，而且本身也要贯彻和实施竞争原则，这样才有利于克服官僚主义，保证政府规制优良。如果"统治者总存在对手：与之竞争的国家或本国内部的潜在统治者。哪里不存在势均力敌的替代者，哪里现存的统治者就好似一个暴君、一个独裁者或一个专制君主。替代者越是势均力敌，统治者所拥有的自由度就越低，选民所保留的收入增长的份额也越大。"③

五 培植市场主体

竞争的主体是市场主体，其中主要是各类企业，可以说，有什么样的企业就有什么样的竞争，要促进竞争必须培植具有竞争理念、竞争结构和竞争能力的企业，有了竞争性企业，才能促进市场竞争，进而才能促进经济增长。所以，诺思等认为："有效率的经济组织是经济增长的关键；一个有效率的经济组织在西欧的发展正是西方兴起的原因所在。"④ "除非现行的经济组织是有效率的，否则经济增长不会简单地发生。"⑤

在中国培植市场主体主要包括改革和规范国有企业、发展和引导民营企业。

（一）改革和规范国有企业

由于中国的社会主义经济制度的基础是生产资料的社会主义公有制，这就决定了国有企业在中国经济中的主导地位，这种主导地位很容易蜕化

---

① [美] 道格拉斯·诺思、罗伯特·托马斯：《西方世界的兴起》，厉以平、蔡磊译，华夏出版社1999年版，第158页。

② Block, Elzinga, *Antitrust, the Market, and State*, M. E. Shrpe Inc., 1991, p. 85.

③ [美] 道格拉斯·诺思：《经济史的结构与变迁》，陈郁、罗华平等译，上海三联书店、上海人民出版社1995年版，第27页。

④ [美] 道格拉斯·诺思、罗伯特·托马斯：《西方世界的兴起》，厉以平、蔡磊译，华夏出版社1999年版，第5页。

⑤ 同上书，第7页。

为垄断地位，当国有大中型企业享有资源、资金、财政和信贷等方面的优惠和特权时，尤其如此。目前，中国的一些国有企业就处于这种垄断地位，如中石化、中石油、中国移动、中国电信等，这些大型国有企业在保障国计民生、维护国泰民安等方面发挥着重要作用，但也存在因其垄断而必然具有的各种弊端，如效率较低、服务较差、价格较高、交易不公等。这些弊端必须通过改革国有企业体制和规范国有企业经营去解决。

(二) 发展和引导民营企业

目前，中国私营企业已达 900 多万家，个体工商户已超过 3600 万户。非公有制经济固定资产投资已经超过全国的 50%，占国内生产总值的比重已经超过一半，税收贡献不断增长，出口贸易占全国的 60%，还提供了 80% 以上的城镇就业岗位和 90% 以上的新增就业岗位，成为社会主义现代化建设中一支不可或缺的重要力量。① 经过 30 多年的发展，中国的民营企业已经得到了巨大发展，涌现了许多富有竞争力的民营企业，如三一集团收购世界混凝土机械第一品牌的德国普茨迈斯特公司。② 但中国目前对民营企业的发展还有各种疑虑和偏见，还在进行一场新的"国进民退"的运动，一些民营企业的发展步履艰难，有的甚至纷纷倒闭。如果民营企业没有竞争力，那么中国的企业就没有竞争力，"半壁江山"都没有了，大国经济就要大打折扣。为了发展和引导民营企业，2005 年，国务院发布了《关于鼓励支持和引导个体私营等非公有制经济发展的若干意见》，明确指出，中国个体、私营等非公有制经济不断发展壮大，已经成为社会主义市场经济的重要组成部分和促进社会生产力发展的重要力量。积极发展个体、私营等非公有制经济，有利于繁荣城乡经济、增加财政收入，有利于扩大社会就业、改善人民生活，有利于优化经济结构、促进经济发展，对全面建成小康社会和加快社会主义现代化进程具有重大的战略意义。2009 年 9 月 22 日，国务院发布了《国务院关于进一步促进中小企业发展的若干意见》提出，要进一步营造有利于中小企业发展的良好环境，完善相关政策法律体系，完善政府采购支持中小企业的有关制度，加强中小企业权益保护。2010 年 5 月 13 日，国务院发布了《关于鼓

---

① 参见 2011 年 12 月 3 日《人民日报》。

② 2012 年 1 月 31 日下午，在三一集团位于长沙的总部，三一集团与拥有世界混凝土机械第一品牌"大象"的德国普茨迈斯特公司联合举行新闻发布会，正式宣布三一重工将在今年一季度末完成对普茨迈斯特 100% 股权的收购。

励和引导民间投资健康发展的若干意见》，具体包括：放宽非公有制经济市场准入；加大对非公有制经济的财税金融支持；完善对非公有制经济的社会服务；维护非公有制企业和职工的合法权益；积极引导非公有制企业提高自身素质；改进对非公有制经济的监管；加强对非公有制经济的指导和政策协调。所有这些都旨在清理和修订限制非公有制经济发展的法律、法规和政策；深化体制改革，消除限制民营企业发展的体制性障碍，鼓励和支持民营企业的发展，为民营企业的发展提供有效服务；允许非公有资本进入垄断行业和领域，使国有企业与民营企业享受同等待遇，实现公平竞争；推动各种所有制经济平等竞争、共同发展。

六 改革产权制度

人们竞争是为了争夺有限的资源，只有当人们对竞争所得能够享有所有权时，人们才会主动、积极和创造性地进行竞争。就此而言，所有权是竞争的动力和目的所在，要有效地开展和促进竞争，必须完善和保护所有权。制度经济学派认为，制度是决定经济发展的重要因素，而在制度因素中，最核心的又是产权制度。法国与西班牙的经济发展史表明，"在这两个国家，持久的经济增长都起因于一种适宜所有权演进的环境，这种环境促进了从继承权完全无限制的土地所有制、自由劳动力、保护私有财产、专利法和其他对知识财产所有制的鼓励措施，直到一套旨在减少产品和资本市场的市场缺陷的制度安排。"[①] 1500—1700年，"法国经济未显示长期稳定的经济增长是由于法国没有发展有效率的所有权的缘故。"[②] "1476年前后，在西班牙大部分地区，没有一个人能够说，'这是我的''那是你的'，因为一场战斗的运气、君主的好恶，甚至某些情况的变化都可能使一个人的财产遭到没收和出让给别人。西班牙是一个普遍混乱、毫无秩序的国家。"[③] 相反，同一时期的荷兰和英国却实现了成功的经济增长，是因为它们"建立了一个有效的经济组织的政府"，"发展了一套有效的所有权"，而"管制的衰败和行会权力的下降使劳动得以流动和经济活动得以创新"，"商业贸易的发展"，以及"商业技术的创新"，这一切都是

---

① [美] 道格拉斯·诺思、罗伯斯·托马斯：《西方世界的兴起》，厉以平、蔡磊译，华夏出版社1999年版，第23—25页。
② 同上书，第159页。
③ 同上书，第160页。

"由有效的所有权的发展决定的"。①

所有权为竞争提供了有效的激励,激励出了各种发明创造。如历史上,"航运者不能确定他们的实际位置是海洋运输和国际贸易发展的主要障碍",这需要经度和纬度两个坐标的知识,其中确定纬度的知识早就具备了,但是测定经度就比较困难了,这需要一台在远洋期间保持精确度的计时钟,为此西班牙、荷兰和英国等国纷纷悬赏发明这种计时钟,但直到18世纪才由约翰·哈里森获得这笔奖金。对此,诺思等总结道:"付给数学家报酬和提供奖金是刺激努力出成果的人为办法,而一项专为包括新思想、发明和创新在内的知识所有权而制定的法律规则可以提供更为经常的刺激。没有这种所有权,便没有人会为社会利益而拿私人财产冒险。"②也可以说,无产权即无竞争,不保护产权也就无竞争。

保护产权是国家责无旁贷的。这是由政府的性质和职责决定的。国家提供的基本服务是博弈的基本规则,无论是无文字记载的习俗,还是用文字写成的宪法演变,其中一个目的是界定形成产权结构的竞争与合作的基本规则。③"我们可以把政府简单看成是一种提供保护和公正而收取税金作为回报的组织。即我们雇政府建立和实施所有权。"④维护公正和保护所有权是政府提供的公共产品。这也是由于政府能够更有效地保护产权。"我们应当看到,政府能够确定和实行所有权,费用低于自愿团体的费用;还要看到随着市场的扩大,这些收益会更为显著。因此,便有一种刺激(除'搭便车'以外)促使自愿团体用岁入(税金)来交换政府对所有权的严格规定和实施。"⑤

"私有财产神圣不可侵犯"或"所有权绝对",这是西方许多国家的宪法和法律所确立的基本原则。但人们不能走极端,不能扩大化,否则就会物极必反。哈耶克指出,简单地机械地扩大私有财产权的概念,如把在有形物上发展起来的产权概念盲目地使用到发明专利、版权和商标等权利

---

① [美]道格拉斯·诺思、罗伯斯·托马斯:《西方世界的兴起》,厉以平、蔡磊译,华夏出版社1999年版,第165—193页。
② 同上书,第8—9页。
③ 参见[美]道格拉斯·诺思《经济史的结构与变迁》,陈郁、罗华平等译,上海三联书店、上海人民出版社1995年版,第24页。
④ [美]道格拉斯·诺思、罗伯斯·托马斯:《西方世界的兴起》,厉以平、蔡磊译,华夏出版社1999年版,第11页。
⑤ 同上书,第12页。

和专用权上，已在很大程度上促使了垄断的产生，促成了垄断状况。① 保护产权与促进竞争是互为目的的，保护产权的目的是促进竞争，当产权妨碍竞争时，国家应该依照法治原则对产权予以重新界定或者进行调整。

对比之下，中国过去之所以经济效率低下和经济增长缓慢，一个重要的原因是缺乏竞争，而缺乏竞争又缘于产权制度不完善，对产权保护不力。公有制有其存在的合理性，但"一大二公""越公越好"导致产权不明晰；私有财产被当作资本主义的尾巴割掉，"狠斗私字一闪念"，导致对私有财产的任意侵犯。在这种情况下，谁还有竞争的主动性、积极性和创造性呢？而"大公无私""公而忘私"，又脱离了人们现有的道德水平，人们为大家或公家竞争远没有为自己私人竞争那样来得更具主动性、积极性和创造性。"一个不能获得一点财产的人，食必求其最多，作必望其最少，除此之外，什么也不关心。他的工作，够他维持生活就行了，你要从他身上多榨出一些来，那只有出于强迫，他自己决不会愿意的。"② 这从反面说明，没有有效的产权制度就无法为竞争提供有效的激励，进而也就无法促进经济增长。

为了有效地促进竞争，必须改革中国现有的产权制度。一是改革公有产权。改革公有产权不是要否定公有产权，而是要使其产权清晰，要与人们的私人利益紧密关联起来，公中有私，私中有公，公私合一，真正实现公有的是大家的，人们为公家努力就像为自己努力一样，"大公无私"的公，是与广大人民群众没有任何利益关系的公，其实是最大的私，对之人们应高度警惕和坚决纠正。二是尽量缩小公有制的范围，除少数关系国计民生、影响国泰民安的领域和产业以外，其他领域和产业可以私有化。三是依法保护各种财产权，真正贯彻实施宪法和法律有关财产权的规定，如中国《宪法》第十二条规定，"社会主义的公共财产神圣不可侵犯。国家保护社会主义的公共财产。禁止任何组织或者个人用任何手段侵占或者破坏国家的和集体的财产"，第十二条规定，"公民的合法的私有财产不受侵犯"。如果人们的财产得不到法律的严格保护，这是对竞争的釜底抽薪。四是尽量避免"搭便车"现象。"为了使个人收益接近社会收益，保

---

① [奥]哈耶克：《个人主义与经济秩序》，贾湛等译，北京经济学院出版社1989年版，第105、106页。

② [英]亚当·斯密：《国民财富的性质和原因的研究》（上卷），王亚南等译，商务印书馆1983年版，第354页。

密、报酬、奖金、版权和专利法在不同的时代被发明出来了，但使局外人不得受益的技术直到今天仍一直是代价很高和不完善的。"① 可见，解决"搭便车"是很难的。但如果"搭便车"现象普遍存在，就会"鞭打快牛"，鼓励懒惰，结果会损害竞争。

七　健全反垄断法制

市场经济作为一种竞争经济，受竞争铁律的支配，优胜劣汰，不断集中，最后形成垄断，垄断是市场竞争的必然产物。所以列宁说，"集中发展到一定阶段，可以说就自然而然地走到垄断"②，"从竞争到垄断的转变，不说是最新资本主义经济中最重要的现象，也是最重要的现象之一"③，是"现阶段资本主义发展的一般的和基本的规律"。④ 现实中的竞争模式多是一种垄断竞争模式，即垄断与竞争并存，既有竞争又有垄断，垄断夹杂着竞争，竞争伴随着垄断。

但垄断是对竞争的限制，导致许多严重的弊端：一是限制经济发展。自由竞争是促进经济发展的不二法门，"自由和普遍的竞争，势必驱使每个人，为了自卫而采取良好经营方法。"⑤ 而垄断（独占）"乃是良好经营的大敌"⑥，"一旦竞争受到排斥，市场经济便丧失了维持经济秩序和保障自由的力量"。⑦ 二是阻碍科技进步。市场竞争给生产经营者以压力，不优则汰，这迫使他们不断地改进科技，科技竞争成为市场竞争的关键所在和制胜法宝，市场竞争促进科技进步。但垄断的存在，垄断者仅凭其垄断地位就能获得超额垄断利润，因为科技创新的动力和压力就大大减少了。为了防止和消除科技创新对自己垄断地位的挑战，垄断者还把新技术发明创造收购过来闲置不用，垄断阻碍科技进步，阻碍历史进步。正是在这个意义上，列宁称垄断资本主义（帝国主义——"帝国主义最深厚的

---

① ［美］道格拉斯·诺思、罗伯斯·托马斯：《西方世界的兴起》，厉以平、蔡磊译，华夏出版社1999年版，第9页。
② 《列宁选集》（第2卷），人民出版社1995年版，第585页。
③ 同上。
④ 同上书，第588页。
⑤ ［英］亚当·斯密：《国民财富的性质和原因的研究》（上卷），王亚南等译，商务印书馆1983年版，第140页。
⑥ 同上。
⑦ ［德］艾哈德：《社会市场经济之路》，于安新译，武汉大学出版社1998年版，第232页。

经济基础就是垄断"①）是开历史的倒车，是停滞的、腐朽的②和垂死的。③ 一是垄断损害消费者权益。市场竞争的本质是生产经营者争夺消费者，生产经营者只有以最低的价格、最高的质量、最好的服务和最佳的信誉才能赢得消费者的青睐，生产经营者为此所做出的不懈努力，最终造福消费者。但垄断的存在，造成"独此一家，别无分店"的市场格局，形成卖方市场，消费者既没有其他选择的余地，也没有讨价还价的可能，必然损害消费者权益。"独占给唯一阶级带来的唯一利益，在许多不同方面妨碍国家的一般利益。"④ 二是垄断腐蚀政治民主。垄断是经济集中，经济集中往往导致政治专制，"垄断既然形成……它就绝对不可避免地要渗透到社会生活的各个方面去"⑤，如在美国，"那些新兴的大公司在政治上的权力也是史无前例的。他们的游说人员在华盛顿比比皆是，无论是国会山的哪个大厅都能见到他们的身影。对当时的许多人而言，这些'托拉斯'代表着与美国民主纲领相对抗的势力，是一把对准了美国国家核心的匕首。"⑥

正因如此，世界上先进国家在发展市场经济的同时都注重反垄断法制的建设。美国于 1890 年颁布了《谢尔曼法》，该法的全名是"保护贸易与商业不受非法限制与垄断的危害"。该法的倡议者美国俄亥俄州参议员谢尔曼为此而指出，如果我们不能容忍政治上的专制国王，我们也同样不能容忍控制生产、运输、销售生活必需品的专制国王。⑦ 美国最高法院布莱克法官在北方太平洋铁路公司诉美国一案中断言："无限制的竞争力的相互作用将产生最佳的经济资源配置、最低的价格、最高的质量和最大的物质进步。由此所提供的环境将有助于保持我们民主的政治和社会制

---

① 《列宁选集》（第2卷），人民出版社 1995 年版，第 660 页。
② 同上书，第 661—662 页。
③ 同上书，第 686 页。
④ ［英］亚当·斯密：《国民财富的性质和原因的研究》（下卷），王亚南等译，商务印书馆 1983 年版，第 184 页。
⑤ 《列宁选集》（第2卷），人民出版社 1995 年版，第 623 页。
⑥ 参见 ［美］托马斯·麦格劳《现代资本主义——三次工业革命中的成功者》，赵文书、肖锁章译，江苏人民出版社 1999 年版，第 364 页。
⑦ A. D. Neale and D. G. Goyder, *The Antitrust Laws of the U. S. A*, Cambridge University Press, 1980, p. 16.

度。"① 艾哈德也反复申明："在一个以自由社会制度为基础的国家里，最重要的一件工作是保证自由竞争……一项反垄断的法案是非常重要的，应当把它看作是一条不可缺乏的'经济原则'。"② 时至今日，不要说世界上市场经济发达的国家都颁布了反垄断法，就连许多发展中国家也是如此：泰国1979年就制定了《反垄断法》，1998年进行了修订；巴西于1994年制定了《竞争法》；南非于1998年制定了《竞争法》；印度尼西亚于1999年制定了《禁止垄断行为和不公平商业竞争法》；印度2002年制定了《竞争法》，2007年进行了修订；越南于2004年制定了《竞争法》；埃及于2005年制定了《保护竞争及禁止垄断行为法》；中国于2007年颁布了《反垄断法》，中国的反垄断法制基本建立。有无反垄断法以及是否贯彻实施反垄断法是检验市场经济体制是否健全完善的重要标准。

八 反行政垄断

由于一地不能有二府，行政的性质决定了行政必然是垄断的，行政机关滥用行政权力能最有效地限制市场竞争。许多经营者仅凭自己的实力难以获得垄断地位，即使一时获得了垄断地位也会丧失。于是它们就与行政结盟，搞行政垄断，依靠行政权力来限制市场竞争，这成为许多经营者获得和维持垄断地位最有效的途径。行政垄断有以下各种表现：一是行政机关和法律、法规授权的具有管理公共事务职能的组织滥用行政权力，限定或者变相限定单位或者个人经营、购买、使用其指定的经营者提供的商品。二是行政机关和法律、法规授权的具有管理公共事务职能的组织滥用行政权力，实施下列行为，妨碍商品在地区之间的自由流通：①对外地商品设定歧视性收费项目，实行歧视性收费标准，或者规定歧视性价格；②对外地商品规定与本地同类商品不同的技术要求、检验标准，或者对外地商品采取重复检验、重复认证等歧视性技术措施，限制外地商品进入本地市场；③采取专门针对外地商品的行政许可，限制外地商品进入本地市场；④设置关卡或者采取其他手段，阻碍外地商品进入或者本地商品运出；⑤妨碍商品在地区之间自由流通的其他行为。三是行政机关和法律、法规授权的具有管理公共事务职能的组织滥用行政权力，以设定歧视性资

---

① 参见［美］霍华德《美国反托拉斯法与贸易法规》，孙南申译，中国社会科学出版社1991年版，第1页。

② ［德］艾哈德：《来自竞争的繁荣》，祝世骧等译，商务印书馆1983年版，第11—12页。

质要求、评审标准或者不依法发布信息等方式,排斥或者限制外地经营者参加本地的招标投标活动。四是行政机关和法律、法规授权的具有管理公共事务职能的组织滥用行政权力,采取与本地经营者不平等待遇等方式,排斥或者限制外地经营者在本地投资或者设立分支机构。五是行政机关和法律、法规授权的具有管理公共事务职能的组织滥用行政权力,强制经营者从事本法规定的垄断行为。六是行政机关滥用行政权力,制定含有排除、限制竞争内容的规定。这些行政垄断行为,是当前中国存在最普遍、影响最持久、危害最严重的垄断行为,严重地限制了市场公平自由竞争,必须依法予以反对。

九 竞争政策与产业政策

市场竞争的基本形式表现为企业之间的竞争,高级形式表现为产业之间的竞争。竞争政策与产业政策关系密切:一是产业应该通过市场竞争去发展,该发展什么产业?不该发展什么产业?应由市场竞争去决定,不宜搞计划指令。制定产业组织政策,其根本宗旨是培植有竞争力的企业,然而一个企业是否具有竞争力,只能通过市场竞争去培植、去检验,而不能由谁去指定。二是产业政策是对市场竞争过程的某种替代,为市场竞争提供指导,对于产业规划和产业调整具有指导意义。如对于那些高投入、高能耗、高污染和低产出、低质量、低效益产业的退出可以责令其限期整改或退出,不必经由市场竞争去淘汰;对于那些具备产业发展条件、符合产业发展规律、发展前景广阔的产业不必通过竞争按部就班地发展,可以直接予以各种政策支持。这样,既可以缩短过程,减少浪费,也不会多走弯路,贻误时机。如中国的"863"计划就是如此,邓小平同志一接到王大珩、王淦昌、杨嘉墀和陈芳允四位科学家"关于跟踪研究外国战略性高技术发展的建议",立即做出"此事宜速作决断,不可拖延"的重要批示,后来又做了"发展高科技,实现产业化"的题词。三是竞争政策可以落实到产业政策,通过产业政策的实施去实现。如中国的《文化产业振兴规划》就是如此,它在要求"坚持把社会效益放在首位,努力实现社会效益和经济效益的统一"的同时,也要求"完成经营性文化单位转企改制","按照创新体制、转换机制、面向市场、增强活力的原则,基本完成经营性文化单位转企改制",要形成"以企业为主体、市场为导向、产学研相结合的文化创新体系",使"市场在文化资源配置中的基础性作用得到更好的发挥"。① 总之,应该把竞争政策与产业政策结合起来,一方面竞争政策产业化,唯有当竞争政策落实到产业政策中,通过产业竞争才能真正实现市场竞争和竞争政策的目的。另一方面产业政策竞争化,从广义上说,一切市场政策都应是竞争政策,因为竞争是市场的核心和灵魂,一切市场政策都服务于市场竞争;产业政策亦然。产业政策应该贯彻竞争政策,实施竞争性的产业政策,通过实施产业政策实现竞争政策。

十 区域市场竞争政策

竞争是市场的产物,有市场才有竞争,市场促进竞争;市场有多大,竞争就有多大,竞争随着市场的扩大而加强。所以,要促进竞争必须发展市场、开放市场、扩大市场、统一市场,诸侯割据、地区封锁、市场分割都会限制竞争。为此,竞争政策应包括区域市场竞争政策,它必须注意以下四个方面:一是维护中央权威,包括必要的中央集权,反对和防止地方割据,缔造全国开放统一的大市场;二是统一法制,政令畅通,反对法出多门,上有政策下有对策,在此基础上才会有统一的市场;三是坚决打击各种形式的地方保护主义,实行公开竞争,取缔各种形式的地区差别政策,维护公平竞争;四是敢于和善于参与国际市场的竞争,并由此来培育和提高自己的国际竞争力。目前,中国企业在国际竞争中存在自相残杀的现象,导致中国出口什么,什么就降价;中国进口什么,什么就涨价,这不利于中国企业的国际竞争,中国企业应团结一致,协调行动,统一对外。

十一 体现竞争政策的特性

竞争政策具有灵活性,要具体问题具体分析,而不能"一刀切"。如要根据本国的国际竞争力来决定采取何种贸易政策以及怎样开放国内市场。如英国,从1846年开始直至1931年大萧条最严重时止,一直奉行自由贸易政策,于1846年废除《谷物法》、1849年废除《航海条例》、1853年取消沿海贸易限制,等等。英国之所以最大限度地降低关税、开放市场,是因为英国人认为,贸易是国家的命脉,并且当时的英国也是世界上最为强大、最有效率的生产者,几乎没有竞争对手,自由贸易政策有利于它开拓殖民地和海外市场。而同一时期的美国和德国,由于还处于弱势,缺乏国际竞争力,因而都采取提高关税以限制进口、保护国内市场,从而

---

① 参见中国《文化产业振兴规划》(2009年9月26日颁布)。

发展国内生产的办法。① 美国从詹姆斯·麦迪逊总统（1809—1817 年）到林肯总统（1861—1865 年）再到威廉·麦金利总统（1897—1901 年）都提倡关税保护政策，以至于"关税保护是美国制度的基本原则"，"历史上的美国政策曾与自由贸易大相径庭，完全属于贸易保护主义"。② 直到今天，它也没有完全放弃其贸易保护主义政策。

又如，要按照本国的文化传统来对待卡特尔等垄断现象。从 19 世纪 70 年代到 1945 年，德国资本主义在合作化方面的重要特征是卡特尔的形成。当时德国的经济学家对亚当·斯密的学说持怀疑态度，不相信无序的个人竞争会自动生成良好的经济秩序，反而认为卡特尔是一种"协调性竞争形式"，可以避免经营者之间的过度竞争，有利于达到供求平衡，也有利于维护整个产业的利益。加上当时德国的企业规模和其所占市场份额都不大，卡特尔协定类似于中小企业的联合，与美国的企业垄断有着本质的区别。③ 因此在德国，卡特尔协议不仅是合法的，而且得到了大力提倡。1897 年帝国法庭使卡特尔有了合法地位，它指出："假如产品的价格降得太低以至于影响到了贸易的正常运作，那么这一结果不仅对个人是灾难性的，而且对于整个经济领域也是毁灭性的。因此，从整体利益来看，产品的价格持续走低对产业部门并没有好处。有效的对策是立法部门通过施行诸如保护性关税等措施使物价回升。所以，我们不能简单地将企业联合起来阻止价格持续回落的做法看成是违背了公众利益。另外，假如价格持续保持低位、经济危机威胁到企业的生存，那么企业组织不仅有权进行自我保护，而且这也是为了保护大众的利益。（卡特尔协定）并没有违背自由贸易的原则，因为我们理应保护整体利益，而不是个人利益……只有当企业联合的目的确实是为了垄断、为了压榨消费者，或是企业间的协定确实造成了这种后果时，我们才应该反对这种形式的联合。"④ 但在美国，由于信奉个人主义，崇尚权力分散，对权力集中有极强的不信任感。人们把洛克菲勒、卡耐基、杜克、古尔德等说成是"强盗资本家"，视"托拉

---

① 参见[美]托马斯·麦格劳《现代资本主义——三次工业革命中的成功者》，赵文书、肖锁章译，江苏人民出版社 1999 年版，第 74 页。
② 同上书，第 345、348 页。
③ 同上书，第 168 页。
④ 同上书，第 167 页。

斯"为"一把对准了美国国家核心的匕首"①，因而积极推行反垄断法。第二次世界大战以后，美英等同盟国对联邦德国在政策上采取了3D方针，即分散化（非卡特尔化）、非纳粹化和民主化，在联邦德国实行社会市场经济，"社会市场经济必须从德国资本主义大厦上抽掉的一根支柱是卡特尔体系"，经过长期激烈的斗争，1957年联邦德国制定实施《反限制竞争法》，大部分卡特尔被宣布为非法，成立联邦卡特尔局来引导联邦德国经济秩序。② 艾哈德认为，这是联邦德国取得经济奇迹的根本原因。

再如对待大企业问题。一般来说，只有大企业，才能占有市场支配地位，才能实施垄断行为并达到垄断目的，所以大企业从来就是竞争政策关注的重点。但大企业之所以能够做大做强，是由于其自身的优势，是市场竞争优胜劣汰的结果。同时，由于存在信息成本、欺诈行为和机会主义等无法彻底根除的情况，通常在人们眼里，大企业比小企业更有信誉，欺诈行为和机会主义更少。所以，"从消费者主权角度看，选择并不是看卖主是否在竞争，而是强调竞争是在价格基础上现存的物品之间的竞争，或者，竞争是创新和声望基础上不同的和正在出现的物品之间的竞争"③，"竞争在很大程度上是信誉和善意的竞争"。④ 这就说明，大的未必恶，小的也未必善。所以，反垄断法并不盲目地反对大企业，而只是反对滥用市场支配地位的大企业。

在实践中，竞争政策的适用要综合考量经济、政治、社会、文化和法律等种种情况，许多国家的反垄断法实施机构都是由各方面的专家综合构成的。如美国联邦贸易委员会法规定，联邦贸易委员会下设竞争处和经济处，竞争处由法学家组成，经济处由经济学家组成；德国《反限制竞争法》第24条第2款规定，德国的垄断委员会是一个专家鉴定机构，"它由五名成员组成，他们必须具有专门的国民经济学的、企业经济学的，社会政治学的，技术的或经济法方面的知识及经验"；日本《禁止私人垄断及确保公正交易的法律》第19条规定，日本的公正交易委员会由委员长

---

① 参见［美］托马斯·麦格劳《现代资本主义——三次工业革命中的成功者》，赵文书、肖锁章译，江苏人民出版社1999年版，第364页。
② 同上书，第194页。
③ ［美］哈罗德·德姆塞茨：《竞争的经济、法律和政治维度》，陈郁译，上海三联书店1992年版，第33页。
④ ［奥］哈耶克：《个人主义与经济秩序》，贾湛等译，北京经济学院出版社1989年版，第91页。

和委员四人组成,"委员长和委员……从年龄在三十五岁以上并有关于法律或经济的学识经验的人中,予以任命";法国的竞争委员会由十六名委员组成,其中七名委员必须从行政法院、审计总署或法官中选任,四名委员必须是在经济、竞争法或消费者保护问题方面有专门知识和经验的专家,其余五名委员必须从事过工业、商业、手工业、服务业或自由职业。这些都是为了保证反垄断法实施的专业性、综合性,以及在它们基础上的灵活性和艺术性。

十二 突出竞争政策的创新性

真正的竞争是创新,优胜劣汰的核心是新旧更替,新新不已,不断进步,否则竞争就会沦为陈陈相因,"换汤不换药",并无进步,甚至可能是重复建设。因此,竞争政策实质上是创新政策。

为此,要改变人们对于竞争的观念,所谓的价格竞争、产品竞争等都是竞争的表象,并非竞争的实质。熊彼特说:"经济学家现在终于从只见到价格竞争的阶段摆脱出来",在资本主义的现实中,"有价值的不是那种竞争,而是新商品、新技术、新供应来源、新组织形式(如巨大规模的控制结构)的竞争,也就是占有成本上或质量上决定性优势的竞争,这种竞争打击的不是现有企业的利润边际和产量,而是它们的基础和生命。这种竞争比其他竞争具有大得多的效率,犹如炮轰和徒手攻击的比较。"① 有无创新是考量竞争质量的实质性标准,无创新即无竞争。

创新是竞争的目的,也是竞争保持活力的根由。熊彼特认为:"资本主义本质上是一种经济变动的形式或方法,它不仅从来不是而且也永远不是静止的","开动和保持资本主义发动机运动的根本推动力,来自资本主义企业创造的新消费品、新生产方法或运输方法、新市场、新产业组织的新形式",这是一个"不断地从内部使这个经济结构革命化,不断地破坏旧结构,不断地创造新结构的过程","这个创造性破坏的过程,就是资本主义的本质性的事实"。② 不过,新旧更替、动态竞争、创造进化,不仅是资本主义的竞争性精神,也是一切市场经济的基本精神。

十三 大力培植竞争文化

诺思等的制度经济学用国家理论、产权理论和意识形态来构建经济史

---

① [美]约瑟夫·熊彼特:《资本主义、社会主义和民主主义》,吴良健译,商务印书馆1992年版,第149页。

② 同上书,第146—147页。

的结构并解释经济史的变迁，它们是三位一体的。他们认为，为了使"人们相信这些制度的合法性，政治和经济制度的结构与变迁理论一定要与意识形态理论相结合"。① 意识形态是经济结构的重要因素，也是影响经济变迁的重要动因。②

同样，要促进竞争，竞争也应该成为一种意识形态、一种精神理念、一种文化传统。

竞争精神是资本主义精神的重要内容。"资本主义带动了一种充满活力的、灵活的、面向未来的思维方式，把永不停息的残酷竞争注入了生活的每一个方面，政治、军事甚至宗教也紧紧跟随在经济体系之后变得更有竞争性。"③

竞争是市场经济的基本属性，也是市场经济的主要优势，因此，竞争精神不仅是资本主义的精神，也应是社会主义的精神。但相比之下，我们还缺乏竞争精神，如许多人不愿通过竞争去谋利而喜欢"寻租"活动，特权意识强烈而竞争意识淡漠，不愿公平竞争而偏好政策优惠，只能赢不能输，不正当竞争普遍存在等。文化是经济发展的软实力，我们要大力培植竞争文化，让竞争文化根深蒂固，蔚然成风，深入人心，使其成为人们的精神理念和行为准则。今天我们正在开展社会主义文化的大繁荣和大发展，市场文化、竞争文化是其中应有之义。只有受竞争文化熏陶、具有竞争精神理念、按竞争规则行事的人，才能开展和从事竞争，并进而促进经济发展。

十四　注意竞争的限度

综上所述，都在阐述竞争的重大意义、重要价值和实施政策。但必须指出的是，竞争也有限度，不能一切都竞争，或一切都化为竞争，"把人类全部状况简化为人的经济主义立场与行为方式……对于它来说，知识、信仰、行为方式只要不隶属于竞争能力，没有被竞争能力合理认同，就会变得毫无价值，对于经济界来说，就是无关紧要的"。④ 这是十分危险的。

---

① ［美］道格拉斯·诺思：《经济史的结构与变迁》，陈郁、罗华平等译，上海三联书店、上海人民出版社1995年版，第17、19页。

② 同上书，第49—64页。

③ 参见［美］托马斯·麦格劳《现代资本主义——三次工业革命中的成功者》，赵文书、肖锁章译，江苏人民出版社1999年版，第7页。

④ 欧洲委员会里斯本小组：《竞争的极限》，张世鹏译，中央编译出版社1999年版，第147页。

一个极度竞争的社会，是一个经济化、金钱化的社会，也是一个片面化、极端化的社会，这是一个不可欲的社会。极度竞争，"仅仅关注人文社会历史的一个范畴——竞争精神，否定和贬低同样是人类历史范畴的协调合作、团结互助精神"。① 结果它使社会关系紧张，人情冷漠，人与人之间的关系犹如"狼与狼"之间的关系，残酷血腥地进行着竞争，它使人的世界非人化。极度的竞争导致优胜劣汰、弱肉强食、两极分化，竞争成为强者掠夺弱者、强者排挤弱者的主要的、公开的、合法的武器，"这是每个人都在反对所有人的竞争"，"大家都要除去那些无法抵制强大竞争的对手"，因而"它加强了社会排挤过程：没有竞争能力的个人、公司企业、城市、民族就会被抛在后面。它们不再长期地充任历史活动主体"。结果必然使人的主体性消失，使人类退化，社会萎缩，因为"人类的继续生存要依靠多种多样的活动主体"。②

竞争曾被自由主义经济学奉若神明，如"传统的自由主义经济理论声称，在所有经济主体同时攫取紧缺资源的情况下，竞争是为了更好地保证资源的优化利用"，"可惜现实从来没有证明这个理论是完全正确的"。③恰恰相反，极度的竞争导致物事频仍，过快折旧，未尽其用，实属浪费。极度竞争使人们压力巨大，惶恐不安，关系紧张，生活乏味。极度竞争是"一个危险的迷恋"。④ 我们应该充分地认识到，竞争不能解决一切，竞争也不是一切，"竞争并不是能够造福于世界共同体所有国家的唯一价值，竞争市场并不是一切。不能把它的逻辑强加到人与社会的所有范畴，特别是在运用竞争逻辑的时候，不能对人与社会的具体状况置之不理。并不是任何价值都是从竞争市场上得到的"，因此，要"反对过分膨胀的竞争意识形态，这种意识形态把所有其他形式的经济、政治、社会的生活组织全部排除在外"。⑤ 竞争的根本目的是为人服务，而不是适得其反。因为"竞争本来的意思是'一起赛跑'（拉丁文 CONCURRERE）。在这里，最

---

① 欧洲委员会里斯本小组：《竞争的极限》，张世鹏译，中央编译出版社1999年版，第146页。
② 同上书，第145—146页。
③ 同上书，第134—135页。
④ 同上书，第149页。
⑤ 同上书，第8—9页。

佳选择并不限于唯一的一个",而是多多益善。① 鉴于此,我们应该调整竞争政策,保持有理有节、适度有序的竞争。

为此,在某些方面还应取消竞争,如在劳工方面就不宜实行竞争。尽管哈耶克认为,要使竞争有效,劳工也应竞争,如何适当地在法律上和事实上限定工会的权力,是我们必须加以注意的一个最重要的问题。② 在现实中也是如此。"最近十年以来,国际经济竞争变成了围绕减少劳动岗位、降低生活标准而进行的竞争。"③ 这是对竞争原则的误用和滥用,是十分可怕的,必须予以纠正。"毋庸置疑,在任何一个国家,竞争法都不适用于工薪阶层。相反,工会法和结盟法也没有明确地赋予企业运用这一法律形式进行不正当竞争的可能性。"④

参考文献

1. A. D. Neale and D. G. Goyder, *The Antitrust Laws of the U. S. A*, Cambridge University Press, 1980.

2. Block, Elzinga, *Antitrust, the Market, and State*, M. E. Sharpe Inc., 1991.

3. [德] 艾哈德:《来自竞争的繁荣》,祝世骧等译,商务印书馆1983年版。

4. [德] 艾哈德:《大众的福利》,于安新译,武汉大学出版社1995年版。

5. [德] 艾哈德:《社会市场经济之路》,于安新译,武汉大学出版社1998年版。

6. [法] 贝尔纳·克莱芒:《自由竞争》,黄传根译,商务印书馆2001年版。

7. [英] 达尔文:《物种起源》,叶笃庄等译,商务印书馆2009年版。

8. [美] 道格拉斯·诺思:《经济史的结构与变迁》,陈郁、罗华平等译,上海三联书店、上海人民出版社1995年版。

9. [美] 道格拉斯·诺思、罗伯特·托马斯:《西方世界的兴起》,厉以平、蔡磊译,华夏出版社1999年版。

10. [美] 哈罗德·德姆塞茨:《竞争的经济、法律和政治维度》,陈郁译,上海三联书店1992年版。

11. [奥] 哈耶克:《个人主义与经济秩序》,贾湛等译,北京经济学院出版社1989年版。

---

① 欧洲委员会里斯本小组:《竞争的极限》,张世鹏译,中央编译出版社1999年版,第135页。

② [奥] 哈耶克:《个人主义与经济秩序》,贾湛等译,北京经济学院出版社1989年版,第198—199页。

③ 欧洲委员会里斯本小组:《竞争的极限》,张世鹏译,中央编译出版社1999年版,第144—145页。

④ [法] 贝尔纳·克莱芒:《自由竞争》,黄传根译,商务印书馆2001年版,第6页。

12. ［美］霍华德：《美国反托拉斯法与贸易法规》，孙南申译，中国社会科学出版社 1991 年版。

13. ［意］卡洛·M. 奇波拉主编：《欧洲经济史》（第 3 卷），商务印书馆 1988 年版。

14. ［法］蒲鲁东：《贫困的哲学》（第 1 卷），余叔通译，商务印书馆 1998 年版。

15. ［托］托马斯·麦格劳：《现代资本主义——三次工业革命中的成功者》，赵文书、肖锁章译，江苏人民出版社 1999 年版。

16. ［英］亚当·斯密：《国民财富的性质和原因的研究》（上卷），王亚南等译，商务印书馆 1983 年版。

17. ［美］约瑟夫·熊彼特：《资本主义、社会主义和民主主义》，吴良健译，商务印书馆 1992 年版。

18. 欧洲委员会里斯本小组：《竞争的极限》，张世鹏译，中央编译出版社 1999 年版。

19. 《列宁选集》（第 2 卷），人民出版社 1995 年版。

20. 《列宁选集》（第 3 卷），人民出版社 1995 年版。

21. 《马克思恩格斯全集》第 46 卷（下），人民出版社 1980 年版。

22. 《强国之鉴》，人民出版社 2007 年版。

23. 《人民日报》2011 年 12 月 3 日。

24. 《文化产业振兴规划》（2009 年 9 月 26 日颁布）。

Chapter 5 Market Competition and Economic Development of Large Country

Abstract：On the basis of the explanation of the basic connotation of the competition policy, taking the practice of major great powers as a model, Chapter 5 reveals the importance of competition on the economic development and the prosperity of the market. Furthermore, on the basis of an objective examination of the many disadvantages of the competition process, the chapter puts forward the policy recommendation that competition policy should be institutionalized and systematically reformed at the national basic economic system level. Finally, the chapter clarifies the basic contents of competition policy suitable for China's practice from the perspectives of competition mode, competition subject, the relationship between competition and government regulation, and the culture.

Key words: Competition Subject, Competition Policy, Multi-dimensional Competition Market

(执笔人：邱　本)

第六章 大国经济发展与低碳绿色经济

第一节 引言

人类社会任何政治、经济活动都离不开能源的支撑，因此，所有与此有关的活动都可以寻找到二氧化碳的痕迹，这就是人们通常所说的"碳足迹"。由于碳元素是可以计量的，所以，所有的人类活动都可以还原为一定数量的二氧化碳排放。[①] 狭义的低碳经济说的就是"一国经济发展的同时尽可能减少二氧化碳的排放"。碳排放的降低可以减少温室气体排放，克服能源危机，并为减少污染做出贡献。从这个意义上说，人们又将低碳经济上升为一次建立在技术进步基础上的生产方式、生活方式的社会变革，是对传统发展方式的扬弃。

然而，具体到一国制定经济发展战略时，上述一般性的理解还是很肤浅的。20世纪80年代以来，面对人类社会发展的共同难题，不同的研究领域几乎同时关注了碳排放问题。气象学者从防止地球变暖的角度提出了人类社会必须共同采取行动，减少温室气体排放；环境学派则从治理污染的角度提出了降低二氧化碳排放的政策主张；政治家则从国家竞争战略出发，将低碳经济看作是继工业革命之后，一国经济在经济全球化时代占据优势地位的重要战略举措。

本章从三个方面回答大国经济的发展为什么必须走低碳之路。第一，从经济学视角给出人类社会追逐低碳发展的战略意义。第二，大国经济的

---

① 例如，家用电器的二氧化碳排放量（千克）＝耗电千瓦时×生产每千瓦时电所排放的二氧化碳。以此类推，人们日常消耗的产品和劳务、旅行乘坐的交通工具、各种政治文化活动等均可以准确地计算出它们所排放的二氧化碳。

成本与收益。第三，发展低碳经济的路径。

人类社会自出现了国家起，衡量一个国家大小和强弱的最基本指标就是它的经济总量。随着社会的发展，一国扩大其经济总量的方式不断演化。已有经验表明，在人类社会不同的发展阶段，劳动、资本分别扮演过主导角色。在依靠劳动和资本积累扩大一国经济总量的时代，人类社会的发展是缓慢的。只是到了以科技发展为主要推动力的时代，世界的经济总量才开始随着科技水平的提高以几何级数增长，因此真正的大国必须是科技强国。

衡量一个国家科技水平的高低可以有很多指标，在不同的领域有着不同的标准。但是，有一个指标却可以像一般等价物一样通行于所有领域，借助这个指标，我们可以衡量一国总体科技能力的高低，这就是碳排放量。

以尽可能少的碳排放，产出尽可能多的财富总量就是低碳经济的实质。正是在这个意义上，我们说碳排放量与一国科技的实力成反比。因此，作为一个大国、一个强国，必须是一个低碳经济国家。这正是为什么我们在讨论大国经济发展战略时，将低碳经济作为国家战略进行研究的基本原因之一。

尽管不同研究领域的人对低碳经济有各自的理解和诉求，但这并不妨碍经济学家对什么是低碳经济、人类社会为什么要走低碳经济之路，以及如何在世界范围内实现低碳发展模式给出自己独特的解释。就像在人类社会各个领域中"经济是基础"一样，对于低碳经济，经济学家给出的解释同样具有基础性作用。换句话说，只有从经济学角度，才能对低碳经济的实质给出统领全局的解释，并在解释的基础上给出可操作性的实现路径。

第二节　低碳经济研究文献

涉及低碳经济的文献浩如烟海，在引言中我们已经指出，与其他学科对低碳经济的研究相比，经济学的解释具有基础性作用，因此，我们这里只在经济学的范围内对低碳经济的研究文献进行梳理。

学术界明确提出"低碳经济"的概念，最早可以追溯到1998年

（Ann P. Kinzig and Daniel M. Kammen，1998）。① 但是，国际社会首次以官方文件形式提出"低碳经济"的是英国的《能源白皮书》。在这个官方文件中，低碳经济首先从经济学角度被定义为"通过尽可能少的自然资源消耗和尽可能轻的环境污染，获得尽可能多的经济产出"。当然，作为国家战略文件，《能源白皮书》看重的是"低碳经济是英国追求更高生活标准和更好生活质量的手段，也是英国在经济全球化中保持竞争优势，为其发展、应用和输出先进技术创造机会的途径"，同时为了解决英国居高不下的失业率，英国政府希望"通过发展低碳经济为英国创造新的商机和更多的就业机会"。按照《能源白皮书》的设想，到2050年，英国将在1990年的基础上，将温室气体排放量降低60%，"从根本上把英国变成一个低碳经济的国家"。②

世界银行前首席经济学家斯特恩和他的团队在低碳经济的研究上做出了世人公认的贡献，著名的《斯特恩报告》从经济学角度研究了气候变化对未来世界经济发展的影响。他们认为，气候变化为经济学发展提出了重大的挑战。因为气候变化是迄今为止人类社会面临的范围最广、规模最大的市场失灵现象。该报告给出的忠告是：如果人类社会不尽快采取行动控制温室气体排放，整个世界的GDP将遭受5%—10%的损失，其中穷国的损失会更大（Stern，2007）。③ 斯特恩团队给出的研究报告还描绘了整个世界碳排放问题的路线图。按照这个路线图，要使大气的温室气体浓度在50年后不超过550ppm，所有国家，无论是发达国家还是不发达国家，都必须一起做出努力，令全球的温室气体排放在2023年之内达到拐点，在这个拐点之后，全球的碳排放应该以每年1%—3%的速率下降。只有如此，全球的碳排放规模才能在2050年之内达到比现在的水平降低约25%的目标。斯特恩报告给出的政策含义是，各国必须立即采取行动，尽早向低碳经济转型。

经济学作为一门人文科学，为什么会关注碳排放问题呢？在这个问题

---

① Ann P. Kinzig and Daniel M. Kammen，"National Trajectories of Carbon Emissions：Analysis of proposals to Foster the Transition to Low Carbon Economies" [J]．*Global Environmental Change*，Vol. 8，No. 3，1998，pp. 183 – 208.

② DTI（Department of Trade and Industry），Energy White Paper：Our Energy Future—Create a Low Carbon Economy，London：TSO，2003.

③ Stern Nicolars，*Stern Review on the Economics of Climate Change*，Cambridge University Press，2007.

上，诺德豪斯教授做出了自己的贡献。他认为，"任何国家减少温室气体排放的政策都必须借助经济系统才能发挥作用，而气候变化也会反过来对经济系统形成反作用，例如，极端天气会影响粮食的产量"。诺德豪斯1982年在《美国经济评论》上发表的文章虽然不长，但却被西方经济学界认为是开创了"气候变化经济学"的权威教科书。在他的论文中，温室气体排放的特征、世界范围内减排的国际合作、减排中政府的角色等问题都有所论述。诺德豪斯的重要贡献是将经济系统和生态系统整合在了一个模型中，即人类的经济活动产生碳排放，碳排放使生态系统发生变化，生态系统的变化再反过来影响人类的经济活动。目前，学术界广为推崇的研究气候变化的主要工具，即"气候变化综合评估模型"（IAM）就是他在1982年《美国经济评论》上的论文基础上发展而来的。除此之外，诺德豪斯对温室气体排放问题研究的贡献还在于他将边际分析引入了"气候变化经济学"领域（Nordhaus，1991）。① 图6-1有助于我们理解诺德豪斯的基本思想。

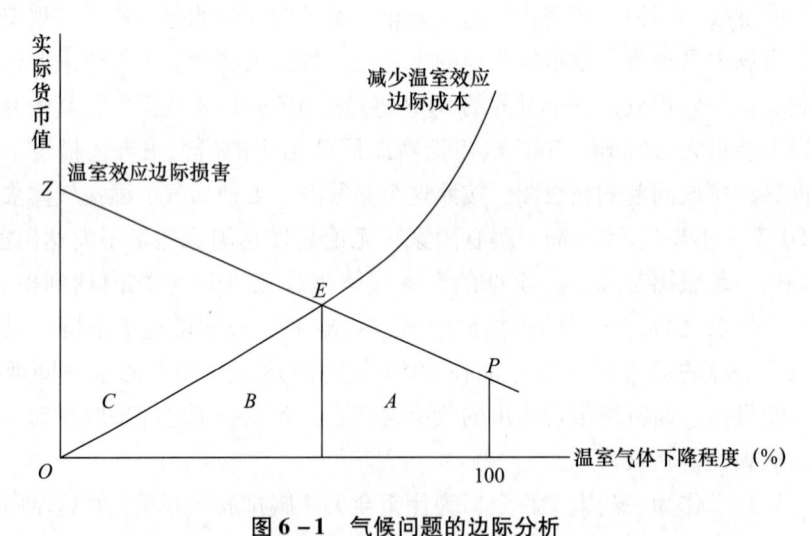

图6-1 气候问题的边际分析

图6-1的纵轴为实际货币值，横轴代表温室气体下降程度。如果不减少温室气体排放，那么社会因温室气体导致的损害程度为Z点，当社

---

① Nordlhuas, W. D., "To Slow or not to Slow: The Economics of the Greenhouse Effect" [J]. *Economic Journal*, 1991, 101 (407), pp. 920–937.

会付出努力降低温室气体时，虽然边际成本是递增的，但温室效应的边际损害是逐步降低的，也可以反过来说，社会的减排收益是逐步增大的。E点为 MR = MC 的均衡点。在这一点上，社会总收益是区域 C + 区域 B，社会总成本只是区域 B，因此，区域 C 是社会净收益。

经济学在研究低碳经济的问题时，关注的一个重要问题是哪些因素决定了碳排放量的规模。在这方面，日本学者 Kaya Yoyichi 提出了自己的计算碳排放的"Kaya 公式"。该公式解释了二氧化碳排放量与人口、人均GDP、单位产值能耗，以及单位能耗排放因子之间的关系，即碳排放量 = 人口 × 人均 GDP × 单位 GDP 能源消耗量 × 单位能耗排放量。在这里，不仅人口的数量会影响碳排放量，即人口越多，碳排放量越多，人口的结构也会对碳排放量发生影响。例如，有的学者利用 Lotka – Volterra 模型对GDP、人口、能源消耗与碳排放进行了相关分析。他们的研究发现，人口老龄化会降低碳排放（Salvador，2008）。[1] 自 Kaya 公式提出后，很多学者努力通过实证分析检验了这一公式的合理性。例如，有的学者利用VAR 模型对美国能源消耗进行了实证研究，分析了 GDP 与碳排放量之间的因果关系。研究结果发现，"碳排放量的格兰杰成因不是 GDP 增长，而是能源消耗的增加"（Soytas，2007）。[2] 碳排放在空间上是可以转移的，有的学者从国际贸易角度观察了碳排放规模在各国间的分布。以 1989—2003 年全球 169 个国家的面板数据为样本，保罗·斯特里特斯基和迈克尔·林奇（Paul B. Stretesky and Michael J. Lynch）研究了这 169 个国家的人均碳排量与它们向美国提供产品与服务之间的关系。在他们的计量分析中，采用的是固定效应模型，各国对美国的出口量被作为解释变量，各国的人均二氧化碳排放量为被解释变量，在控制了人口密度、FDI 和 GDP 等变量后，分析得出的结果是，"总体上看，人均碳排放量与出口有着显著的关系。特别是考虑了行业的差异后，在与美国贸易中，石油、煤炭、天然气、重化工和再进口产品四个行业对人均碳排放量的影响最为显著"。因此他们得出结论："在控制了人口密度、FDI 和 GDP 的情况下，

---

[1] Salvador Enrique Puliafito, José Luis Puliafito, Mariana Conte Grand, "Modeling Population Dynamics and Economic Growth as Competing Species: An Application to CO_2 Global Emissions" [J]. *Ecological Economics*, 2008 (65), pp. 602 – 615.

[2] Ugur Soytas, Ramazan Sari, Bradley T. Ewing, "Energy Consumption, Income, and Carbon Emissions in the United States" [J]. *Ecological Economics*, 2007 (62), pp. 482 – 489.

一国出口的越多，人均碳排放量也就越大，出口产品中石油、煤炭、天然气、重化工和再进口产品所占的比重越大，出口国的人均碳排放量就越大。"（Paul and Michael，2009）①

在这里，碳足迹的常识得到体现。例如，那些向美国提供出口货物的国家通过碳排放的增加提供了美国居民的必需品，如果这些国家不向美国出口，为满足国内的需求，美国人就必须自己生产这些物品，那么生产这些物品所产生的碳排放就留在了美国国内。因此，向美国出口产品，特别是出口石油、煤炭、天然气和重化工产品的国家应该将由此产生的碳排放算在美国的人均碳排放上，而不是为自己人均排放量的增加而感到自责。国际贸易产生了一种机制，在这里，不仅产品在世界各国间流动，碳排放也可以自由转移（Yan Yunfeng and Yang Laike，2010）。② 这里给出的政策含义是：既然温室气体的排放是带有全球范围的"外部性"难题，那么就不能就一国的碳排放高低讨论碳排放的控制问题。

考虑到低碳经济模式存在的前提并不是让人类社会倒退，事实上，没有哪个国家会牺牲现有的福利换取碳排放的降低。那么在保持经济增长的同时，二氧化碳排放能否不断降低就成为人们关注的重点。在这里，具有重大影响的是"脱钩理论"。这一理论认为，"只要政策有效，一国经济完全可以实现增长与碳排放下降并存"（Sturluson，2002）。③ 坚持脱钩理论的学者试图建立起一系列有效的脱钩指标，并借助这些指标检验一国气候变化政策的有效性，并努力发现可能造成"脱钩的因素，用以指导一国政府制定脱钩政策的依据"。考虑到动力、压力、影响、反应等因素，Tapio（2005）④ 设计了一套指标体系用于反映经济增长与环境压力的关系，他认为，当一国的碳排放增长率与 GDP 增长率呈现出不平行的现象

---

① Paul B. Stretesky, Michael J. Lynch, "A Cross–national Study of the Association between Per Capita Carbon Dioxide Emissions and Exports to the United States" [J]. *Social Science Research*, 2009 (38), pp. 239–250.

② Yan Yunfeng, Yang Laike, "China's Foreign Trade and Climate Change: A Case Study of CO_2 Emissions" [J]. *Energy Policy*, 2010 (38), pp. 350–356.

③ Sturluson, J. T., "Economic Instrument for Decoupling Environmental Pressure from Economic Growth" [J]. *Project Escription*, August 13, 2002.

④ Tapio, P., "Towards a Theory of Decoupling: Degrees of Decoupling in the EU and the Case of Road Traffic in Finland between 1970 and 2001" [J]. *Journal of Transport Policy*, 2005 (12), pp. 137–151.

时，该国便发生了脱钩现象。21世纪初，经合组织（OECD）国家通过研究经济增长和环境压力之间的关系，力求发现究竟哪些国家可以做到经济增长与碳排放下降同时并存。他们的研究发现，"环境与经济脱钩的现象普遍存在于工业发达国家，并存在进一步脱钩的可能"。所以，OECD得出结论："在经济发达的国家，环境保护与经济发展已经实现了双赢，以往彼此间的冲突已经得到有效的控制，而且在这些国家脱钩的积极效应还在扩大。他们的研究做出的展望是，随着经济的发展，OECD国家以往存在的环境与经济的冲突，完全可以得到有效的解决。"（OECD，2002）①

碳排放具有典型的外部性特征。按照科斯的理论，只要产权的界定是清晰的，通过碳排放权的交易，人类社会是可以消除碳排放过程中出现的负"外部性"。目前，国际上最大的碳排放权交易项目就是想通过《京都议定书》明晰的排放权（即产权），在国与国之间进行碳排放交易。在《京都议定书》发挥作用的过程中，各国初始排放权的分配是一个极为敏感的问题。原因很简单，一国排放权的大小直接影响其国民福利水平的变化。特别是对资本存量尚不充足、人文发展水平不高的国家，碳排放权的减少意味着发展速度的降低。因此，碳排放权分配的研究，特别是关于如何界定初始排放权的基数，既体现公平性，又有可操作性的研究，吸引了大量的学者。根据文献的梳理，我们发现，这一研究领域的学者对"公平分配排放权"的主张可分为三大类，其分配原则分别是："继承祖父式""历史责任制"和"天赋人权制"。第一种观点主张维持现有排放规模的现状，排放多的国家继续享有较多的排放权，原因是它们的经济总量大，需要更大规模的能源消耗。显然，这种观点会受到发展中国家的反对。因为发展中国家的经济总量通常小于发达国家，如果按照这种既得利益的原则，发展中国家将丧失发展机会，显然是不公平的。事实上，由于各国经济存在差异，即便是发达国家之间，"继承祖父式"的主张也存在重大争议。按照"历史责任制"的主张，以往过多的碳排放是由发达国家造成的，发达国家应该为此承认历史责任，从而应该得到较少的排放权，并且应该为以往过多的温室气体排放承担历史责任，即向发展中国家提供技术和资金上的支持，以帮助发展中国家减少温室气体排放。"天赋

---

① OECD, Indicators to Measure Decoupling of Environmental Pressure from Economic Growth [R]. *Summary Report*, OECD SG/SD, 2002.

人权制"说的是排放权应该按人口分配,其理论依据就是"人人享有同等环境与发展的权利"。上述三种观点可谓针锋相对。在激烈的争论中,有的学者提出了折中方案,"即碳排放权的分配原则既要考虑到人口规模的因素,也要顾及现有排放规模和已有的经济总量"(Smith,Swisher,1993)。[①]

如果说减少碳排放的目的只是顾忌资源的稀缺性(主要是能源的短缺),那么问题还算简单。重要的是,当人们还在为能源的短缺困扰时,同样是基于碳排放引发的污染问题也出现了,即二氧化碳在大气层中的累积所形成的温室效应,能够导致气候发生变化,进而给人类的生存带来更大的灾难。或许正是因为碳排放问题与环境保护高度相关,因此,在研究低碳经济问题时,国外的研究文献经常会提及环境库兹涅茨曲线(Environmental Kuznets Curve,EKC)。20世纪50年代,在收入分配研究领域出现了轰动整个经济学界的一个假说,即库兹涅茨倒"U"形曲线。1955年,美国经济学家西蒙·库兹涅茨(Simon Kuznets)从发展经济学角度研究效率与公平之间关系的时候提出了一个假说,在他的《经济增长与收入不平等》论文中,他提出了一个让后来的学者争论不休的话题[②],即"收入不均现象会随着经济增长先升后降,呈现倒"U"形曲线关系"。后来的环境经济学家利用这一假说,直接演绎出了环境库兹涅茨曲线,即环境的污染程度与一国经济发展的水平成反比。当一个国家处在较低的经济发展水平时,例如,早期的农业社会,由于能源消耗,特别是化石能源的消耗规模不大,所以,环境污染的程度较轻。但是,随着工业化的加速,大量的化石能源被使用,重化工行业的发展,自然环境的净化能力逐渐下降,环境恶化程度会伴随着工业的发展不断加剧。"但是,一国工业化程度达到一定水平后,会出现一个拐点。在这个拐点上随着人均收入的进一步增加,环境污染的程度会逐渐下降,并最终得到有效治理。"(Panayoton,1993)[③] 对这个倒"U"形曲线假说,一些学者给出的解释是,

---

① Smith, K. P., Swisher, J., D. R. Ahuja, "Who pays (to solve the problem and how much)?" In P. Hayes and K. Smith, eds., *The Global Greenhouse Regime—Who Pay? Science, Economic and North-South Politics in the Climate Change Convention*, London: United Nations University Press, 1993.

② Kuznets, S., "Economic Growth and Income Inequality" [J]. *American Economic Review*, 1955, 45 (1), pp. 1–28.

③ Panayotou, T., 1993, "Empirical Tests and Policy Analysis of Environmental Degradation at Different Stages of Economic Development" [D]. *World Employment Programme Research Working Paper* WEP2–22/WP 238.

"收入的增加导致人们对环境要求的提高,同时收入的增加也会导致产业和消费结构的变化,即重化工产业的比重会明显下降,这些均会引起污染的降低和碳排放的减少"(Selden et al.,1994)。①

库兹涅茨曲线理论假说提出后,吸引了很多学者进行实证研究,但结论却是多样化的,有的研究支持了这一假说,也有大量的文献对这一假说提出了挑战。Huang(2008)② 分析了21个发达国家的温室气体排放与人均收入的关系,发现只有7个国家符合库兹涅茨假说。从国际分工角度出发,有学者认为,即便存在污染与收入间的库兹涅茨关系,那在很大程度上也是国际贸易导致的污染产业分配效应。发达国家环境的改善是以低等收入国家环境的恶化为代价的。一旦国际产业转移完毕,即便发展中国家在收入提高后,也无法像发达国家那样从其他国家进口污染密集型产品。因此,库兹涅茨曲线实际上是一个政治经济学过程(Deacon et al.,2005)。③ 鉴于低碳经济的提出源自发达的工业化国家,因此,中国学术界对中国是否应该发展和倡导低碳经济有过激烈的争论。例如,有的学者从政治经济学角度出发,认为低碳经济只是西方国家的一种恶意炒作,炒作的目的在于挽救它们逐渐失去的竞争优势。他们给出的证据是:发达国家希望从"碳关税"和"碳减排"入手,在经济全球化过程中设立"绿色贸易壁垒"。有的学者甚至指出,西方国家推崇低碳经济的目的在于"借助气候问题扼杀发展中国家生存空间,继续通过国际贸易盘剥发展中国家的一种手段,目的在于持续地维持两极世界的格局"(勾红洋,2010)。④ "发达国家在出口技术和设备的同时,一定会制定一套全球最为严格的低碳标准,要想达标,你必须购买它们的技术和设备。今后碳排放标准极有可能成为新的绿色贸易壁垒。发达国家竭力推动节能减排,背后隐藏的'小算盘'不容忽视。哥本哈根谈论环境问题,表面是为了保护

---

① Selden, T. M., Song, D., "Enviromnenmi Quality and Development: Is There a Kuznets Curve for Air Pollution Emissions" [J]. *Journal of Environmental Economics and Management*, 1994, 27 (1), pp. 162 – 168.
② Huang, "GHG Emission, GDP Growth and the Kyoto Protocol: Arevisitof Environlnental Kuznets curve Hypothesis" [J]. *Energy Policy*, 2008, 36, pp. 239 – 247.
③ Deacon, Robert T. and Catherine S. Norman, 2004, Is the Environmental Kuznets Curve an Empirical Regularity? http:www. econ. ucsb. edu papers pwp22 – 03. pdf.
④ 勾红洋:《低碳阴谋:中国与欧美的生死之战》,山西经济出版社2010年版。

环境,而背后的实质是在争夺经济发展和对外贸易的主导权"(郎咸平,2010)。①

当然,国内更多的学者对中国发展低碳经济还是持肯定态度的。关于中国发展低碳经济的意义和必要性,多数学者主张,低碳经济是 21 世纪人类社会最本质的变革,将比以往的工业革命意义更为重大(冯之浚等,2009)。② 还有的学者从宏观、中观和微观三个层次论证了低碳经济的发展模式,认为应该将低碳战略上升为基本国策,把实现低碳发展作为实现中国和平发展的一次重要契机(付允、马永欢,2008)。③ 从长远来看,减少温室气体排放符合中国当前和长远利益(孟德凯,2007)。④ 作为一个负责任的大国,发展低碳经济是实现中国和平崛起和可持续发展的必然选择(宋德勇,2009)。⑤ 与发达国家相比,中国发展低碳经济有着自己的优势,例如,减排空间大,减排成本低等(金乐琴,2009)。⑥

至于什么是低碳经济的内涵,国内不同学科的学者有着各自的解释,即便同在经济学界,人们的理解也不尽相同。但多数学者还是认同低碳经济是一种发展模式,是一场涉及生产方式、生活方式的革命。即"低碳经济指的是通过建立低能耗、低排放的经济模式,达到社会经济可持续发展,低碳经济的实质就是提高能源效率和能源技术创新"(张坤民,2008)。⑦ 随着研究的深入,一些学者强调了从动态角度界定低碳经济。他们指出,低碳经济与人类社会的发展阶段密不可分。"在农业社会,煤炭和石油等化石能源消费的规模很小,尽管社会总产出的规模不大,但可以忽略不计的碳排放使碳生产率很高,即能源强度极低,可这不是人们理想的低碳经济状态。传统的工业化阶段,大规模能源的消耗,碳排放强度急剧升高,当然更不是人类社会追求的低碳经济模式。只有到了以知识密集型为特征的后工业化阶段,整个产业结构中服务业的比重超过第二产业(工业),

---

① http://blog.163.com/tzxwang@126/blog/static/370959942010225914.
② 冯之浚等:《低碳经济的若干思考》,《中国软科学》2009 年第 12 期。
③ 付允、马永欢:《低碳经济的发展模式研究》,《中国人口·资源与环境》2008 年第 18 期。
④ 孟德凯:《关于中国低碳经济发展的若干思考》,《综合管理》2007 年第 9 期。
⑤ 宋德勇:《中国发展低碳经济的政策工具创新》,《华中科技大学学报》2009 年第 23 期。
⑥ 金乐琴:《中国如何理智应对低碳经济的潮流》,《经济学家》2009 年第 3 期。
⑦ 张坤民:《低碳世界中的中国:地位、挑战与战略》,《中国人口·资源与环境》2008 年第 18 期。

人文发展水平、碳生产率都非常高，才进入低碳经济的形态。"（潘家华、郑艳，2008）①

考虑到低碳经济追求的是通过提高资源效率，以极可能少的资源消耗获得尽可能多的经济产出，中国有的学者将低碳经济归纳为"以更多的经济产出为目标函数，以最小的二氧化碳排放为约束条件的一种新型经济形态"（程恩富、王朝科，2010）②，并且将这一经济形态与传统的"以更多的经济产出为目标函数，以私人成本最小化为约束条件"的高碳经济形态相对立。在究竟什么是低碳经济的问题上，何建坤（2009）③给出了自己的观点：低碳经济是继农业革命、工业革命、信息革命以后发展模式的巨大变革，它要求用尽量少的能源消费和二氧化碳排放，来保证经济社会的持续发展。从这个角度来讲，低碳经济的本质要求是提高碳的生产力，每单位二氧化碳的排放要产生更多的 GDP。当然，分母究竟是否用 GDP 还可以继续讨论，但用尽可能少的能源提供尽可能多的产品和劳务这一思路是符合经济学基本教义的。因此，从资源稀缺角度看，与其说低碳经济追求的是碳排放的减少，还不如说它追求的是资源的节约。

中国的学者也从资源短缺角度介入了低碳经济的研究，有的研究文献甚至得出了比斯特恩报告更为令人担忧的结论。例如，有学者称，如果中国不采取严厉的温室气体减排措施，到 2050 年，中国能源需求总量将达到 67 亿吨标准煤，温室气体排放将达到 122 亿吨，环境污染和生态破坏带来的经济损失会相当于 GDP 的 7%—20%，如果不能改变现有的高碳经济模式，最终将导致 GDP 总量积累为零，甚至整个经济体出现崩溃（陈剑锋，2010）。④ 当然，这种危言耸听的结论并没有得到主流学派的认同。

国内学术界大量的学者参与了"碳排放权分配机制"问题的研究，针对发达国家的立场，中国的学者更看重碳排放权与人的生存权之间的关系。在他们给出的解决方案中，都加入了人口数量的参数，例如，有的学者提出了"碳排放权不能只按 GDP 界定，应该根据人口指标决定一国的碳排放数量"，"至少也应该按人口和 GDP 组合指标来分配碳排放权"。例如，有的学者提出，"从公平与效率综合考虑，碳排放权的分配首先应

---

① 潘家华、郑艳：《碳排放与发展权益》，《世界环境》2008 年第 5 期。
② 程恩富、王朝科：《低碳经济的政治经济学思考》，《海派经济学》2010 年第 31 辑。
③ 何建坤：《发展低碳经济，关键在于低碳技术创新》，《绿叶》2009 年第 1 期。
④ 陈剑锋：《低碳经济：经济社会发展方式的全新变革》，《求是》2010 年第 2 期。

该顾及的是人人都应有的体面的生存权,其次才是在保证体面生存的前提下追求碳排放效率。因此,世界范围内的排放权分配应该采用人均碳排放量和 GDP 碳排放强度(单位 GDP 碳排放量)的加权平均"。在这里,主张加权平均的学者首先看重的是"以人均碳排放量为基准",然后在此基础上兼顾 GDP 碳排放强度(陈文颖、吴宗鑫,1998)。[①] 有的学者基于人际公平的角度,通过对发达国家人均碳排放与经济发展之间的关系的回顾,首先计算了这些发达国家人均累积碳排放在世界温室气体排放史上的"贡献";其次按照既定的发展轨迹预测了这些国家在未来排放总量中可能占有的比重。在这个基础上,提出了温室气体减排责任的分担必须遵循一个基本原则,这就是碳排放机制的设定必须综合考虑"各国的历史责任、现阶段的经济规模和未来的发展需求"。也就是说,历史责任要求发达国家率先减排,已经实现了工业化的事实要求发达国家深度减排,未来的发展需求要求发达国家协助发展中国家减排。因为发展中国家仍然处于工业化进程之中,随着工业化进程的加速,碳排放量的绝对值是不可避免的,所以,给予发展中国家一定规模的碳排放是生存与发展的需求。为了在发展中国家工业化提速中尽可能少地排放温室气体,发达国家有义务,也有必要协助发展中国家通过技术进步减少温室气体排放(潘家华、郑艳,2009)。[②]

在讨论低碳经济发展的必要性时,国内学术界有一种"无悔减排论"观点:无论国家是否发达,无论资源禀赋多么不同,人们减少碳排放的努力都是有益的。例如,中国有的学者就认为,"不花钱也能实现减排,或者因为减排支付的成本可以由节能的收益而弥补。广义地说,不需要投入,只需要改变一些规则就可以收到回报的减排就是无悔减排"(樊纲,2011)。[③] 全球是不是正在变暖,人类的碳排放是不是造成地球变暖的主要原因,这是一个由自然科学家说清楚的问题。对经济学家来说,不管你是否相信气候在变暖,不管你是否相信气候变暖是因人类的排放所致,只要你否定的东西不能令多数人信服,你就只能承认存在风险,经济学就必

[①] 陈文颖、吴宗鑫:《碳排放权分配与碳排放权交易》,《清华大学学报》(自然科学版)1998 年第 38 期。

[②] 潘家华、郑艳:《基于人际公平的碳排放概念及其理论含义》,《世界经济与政治》2009 年第 10 期。

[③] 樊纲:《通过制度改革实现无悔减排》,《开放导报》2011 年第 4 期。

须在这种风险存在的前提下，以一个概率为基础，进行深入研究，把风险考虑到经济政策与行动中来。

国内学术界在中国发展低碳经济的动力机制方面也做了较多的研究。走低碳经济之路的最终动力究竟是来自外部还是内部？这是一个目前尚未充分讨论的问题。碳排放的外部性特征使人们更多地强调外部压力对碳排放实体的作用，而忽视了对排放者本身的研究。蔡昉等人的研究对此给出了一个重要的结论，即国际社会对中国碳排放的关注，并由此产生的压力是有目共睹的。然而，如果驱动中国低碳战略的动力主要是来自国外的压力，地方政府的节能压力主要来自中央政府，那么中国实现节能减排的目标就会遇到巨大的困难。换句话说，如果中国经济发展自身没有内在的要求，节能减排就会遇到严重的激励问题（蔡昉、都阳、王美艳，2008）。[①] 在这里，我们进一步引申他们的结论，即如果企业的节能减排压力主要来自政府，那么同样也会遇到严重的激励问题。来自国家环境保护部的一份研究报告利用"重点企业的监控资料"，构建了企业节能减排的五种驱动力量模型，分析了现阶段影响企业节能减排意愿的相关因素。该报告得出的结论是：现阶段中国企业更多的还是依靠外部的强制力进行节能减排，而并非是企业的内在要求（但智钢等，2010）。[②]

第三节　发达国家的低碳经济战略及对中国的启示

众所周知，首先提出气候问题会威胁人类生存，进而倡导低碳经济的是已经完成了工业化和城市化进程的欧洲。虽然最初倡导低碳经济的力量来自民间组织，但在选票的压力下，民间的诉求逐渐演变为政府的行为。当然，作为民间组织，它们提出低碳经济的概念主要是出于减缓气候变暖的考虑；而作为政府行为，它们除迎合选民的意愿外，最初更多的还是希望借助低碳经济的理念提高能源利用效率，开发可再生能源，保护它们的

[①] 蔡昉、都阳、王美艳：《经济发展方式转变与节能减排内在动力》，《经济研究》2008年第6期。

[②] 但智钢、段宁、于秀玲等：《重点企业监控资料》，《环境科学研究》2010年第2期。

能源安全。当然，政府在低碳经济上的行动客观上是有利于减少温室气体排放的。

一 欧盟诸国

无论是民间倡导还是政府推动，低碳经济的兴起之所以源自欧洲，而不是其他地区，绝不是偶然的。欧洲是地球上地势最低的洲，海拔在200米以下的平原占其总面积的60%，整个欧洲的平均高度也只有海拔340米。欧洲的气候温和，绝大部分为海洋性气候，因此，和其他洲相比，它对气候的变化更为敏感。根据政府间气候变化委员会（IPCC）第四次评估报告估计，"气候变化会扩大欧洲在自然资源上的地区差异，增大欧洲大陆出现洪水的风险，至于欧洲海岸带洪水的发生概率会变得更加显著。气候变化会加重欧洲地区的海水侵蚀，整个山区将面临冰川退缩的威胁，大范围的物种消失（在高排放情景下，某些地区的物种将减少60%）；在欧洲南部，气候变化会使生态环境脆弱的地区条件更加恶劣，淡水会减少，水力发电的潜力降低，农作物的产量会普遍降低；同时，气候变化也会加大人们健康的风险"（IPPC，2007）。[①]

欧盟2007年通过了"欧盟战略能源技术计划"，该计划的主要内容是大幅削减温室气体排放量。2008年12月，欧洲议会又通过了欧盟能源气候"一揽子"计划。这个计划包括：欧盟成员国配套措施的决定、碳捕捉和储存的法律框架、欧盟碳排放交易机制修正案等内容。这个"一揽子"计划最具实质性的内容就是："到2020年，欧盟要在总体上将温室气体的排放量在1990年的基础上降低20%。"换句话说，在能源消耗上，将煤、石油、天然气等化石能源的消费量减少20%。根据欧盟委员会2010年给出的低碳路线图，40年后欧盟要实现减排25%，温室气体的排放要在1990年的基础上减少80%。为发展低碳经济，今后40年，欧盟平均每年需要增加2700亿欧元的投资，这相当于其成员国GDP的1.5%。

欧盟成为低碳经济的倡导者和先行者除其特有的地理特征外，还与它的能源禀赋密切相关。西欧各国的能源分布很不平衡。德国与英国的煤炭

---

① 政府间气候变化专门委员会（IPCC）：《气候变化2007：综合报告》，政府间气候变化专门委员会第四次评估报告第一、第二和第三工作组的报告，Pachauri, R. K. 和 Reisinger, 第11页。

资源较为丰富，而法国和意大利则相对贫乏。至于石油和天然气资源，整个西欧的储量严重不足。《BP 世界能源统计》显示，到 2009 年，欧盟探明的石油、天然气和煤炭的储量分别为 8 亿吨、2.42 万亿立方米和 295.7 亿吨，它们分别占全球已探明储量的 0.5%、1.3% 和 3.6%。按照 2009 年的化石能源产量计算，欧盟的石油开采剩余时间还不到 9 年，天然气开采的形势也不容乐观，剩余的时间也只有 14 年。煤炭曾经是欧洲的主要矿产资源，但经过 300 多年的开采，所剩储量已经不多（BP，2010）。[1] 在以煤为主要能源的时代，西欧的能源尚能自给，但 20 世纪 50 年代后，石油取代煤炭成为主要能源后，西欧就成为世界上最大的能源进口地区。来自北非和中东的廉价石油曾经是该地区经济高速增长重要原因之一，但随着 20 世纪 70 年代第一次石油危机的到来，西欧的能源安全问题就变得越来越突出，特别是第二次石油危机，给西欧的经济发展带来了严重的冲击。[2] 2007 年，欧盟的能源对外依存度已经达到 50%。如果按照目前的能源强度，到 2030 年，欧洲能源对外依存度将达到 65%，其中石油的对外依存度将高达 93%。[3]

随着能源安全问题的日趋严峻，大多数欧洲国家开始考虑可再生能源的利用问题。显然，可再生能源的开发和使用不仅能够缓解其能源安全的难题，而且与其应对气候问题的目标是吻合的。政府间气候变化专门委员会的报告指出："降低温室气体排放，应对气候变化的关键在于减少化石燃料的燃烧。欧盟的能源结构中 80% 来自化石能源，而温室气体排放中又有 80% 来自能源的使用。"（欧盟气候委员会，2009）[4] 因此，对欧盟来说，发展低碳经济可以在降低能源对外依存度的同时，进一步实现应对气候变化的远期目标。

希腊、葡萄牙、荷兰、丹麦和瑞典等一些欧洲国家低碳经济的发展是非常先进的。例如，荷兰是应对气候变化最为积极的国家之一。人们曾比喻，"上帝创造了地球，而荷兰人创造了陆地"。迄今为止，世界上还没

---

[1] BP Statistical Review of World Energy, June 2010.
[2] 于开祥、洪文达等主编：《欧洲共同体——体制、政策、趋势》，复旦大学出版社 1989 版，第 224 页。
[3] Commission of the European Communities, "An Energy Policy for Europe", Brussels, 10/1/2007, COM (2007) 1 final, p.3.
[4] Commission of the European Communities, "Investing in Development of Low Carbon Technologies" (SET - Plan), Brussele, 7/10/2009, COM (2009) 519 final.

有哪个国家能够像荷兰一样通过大规模围海造田，人为地扩大陆地面积。由于大量的土地是通过围海得到的，世界上还没有哪个国家有如此多的人口生活在海平面之下（荷兰60%的人口、55%的土地和65%的GDP处于海平面之下）。当一些发展中国家通过搬迁来躲避海平面的上升时，荷兰人却勇敢地筑起大坝与大海抗争。出于对气候问题的高度敏感，荷兰人制定了更为激进的减排目标，到2020年，温室气体排放量要比1990年减少30%。[①] 为了完成减少温室气体排放的目标，荷兰的能源公司、建筑部门、制造业、交通运输业、农业，几乎所有部门都必须与政府签订减少碳排放的协议。瑞典是有效脱离化石能源路径依赖最为成功的国家之一，该国甚至提出了到2020年成为世界上第一个没有石油的国家这一宏伟目标。丹麦在低碳经济上最突出的就是能源结构的改善。经过30多年的努力，丹麦的风电已经占全部电力的20%。然而，上述国家毕竟面积较小，其减排成效对欧盟整体的碳排放量影响有限。因此，重点还是应关注欧洲那些重量级的经济体。

二 英国

无论是在研究领域还是在政策层面，英国都算得上是低碳经济的先行者和倡导者。为什么在低碳经济领域是英国而不是其他国家扮演如此重要的角色？这里的原因很复杂，但有一些因素是肯定的，即英国在工业革命史上的地位和其特殊的资源禀赋，以及它的地理环境与欧洲其他国家有着明显的差异。众所周知，第一次工业革命造就了一个强盛的大英帝国。然而，就像人们熟知的工业化的推进难免会以环境伤害为代价一样，英国在工业化过程中也对其本来就很脆弱的环境资源造成了伤害。大量的能源消耗，高浓度的二氧化碳排放使工业革命时期的伦敦获得了"雾都"的称号就是有力的证据。

作为早期的老牌资本主义国家，英国依靠其实力掠夺世界资源维持了其发展。但是，当德国、美国、日本等新兴的资本主义国家兴起后，国际市场的竞争日趋激烈。此时，各国之间的竞争主要仰仗的是各国工业体系的技术和资本的实力，而不仅仅是炮舰了。在这个时候，英国开始落伍了。以往对国家强盛起着重要作用的工业落在了其他强国之后，大量的资

[①] New Energy for Climate Policy: The Clean and Efficient Programme, Available at http://www.2.vrom.nl/docs/niternationaal/new%20ennergy%20for%20climate%20policy.pdf.

本外流到殖民地导致国内工业资金短缺，技术无法更新，工业体系也逐渐趋于老化。与此同时，德国、美国、日本等新兴的资本主义国家由于没有那么多的殖民地，通过努力更新技术，以更多地占有市场，获取超额利润。更糟糕的是，两次世界大战的打击极大地消耗了英国的国力。第二次世界大战后，大量的殖民地宣布独立，使本来自然禀赋就不占优势的英国又失去了依靠掠夺世界资源维持其发展的基础。例如，石油危机的冲击让英国人明白了以往的高能耗生产方式已经不可持续。

海平面的上升也一直困扰着英国。英国南部地区近百年来海平面不断上升，大大增加了沿海地区洪涝灾害的风险。英国南安普顿大学的学者收集了100多年来有关英吉利海峡海平面的数据。他们的研究结果显示，英国本土南部的海平面平均高度和最大高度同时上升，上升的速率每年平均在1.2—2.2毫米。一个世纪前，英国百年一遇的洪涝灾害，现在已经发展到25年甚至10年一次。

早在欧盟将低碳经济上升为政府行为之前，学术界已经意识到了支撑人类300年工业文明的碳基能源具有不可再生性，并由此引发了对碳基能源的有限储量与耗竭的忧虑。人们曾担心，这些不可再生资源的枯竭之日就是经济增长的停滞之时。20世纪70年代的石油危机促使当时的罗马俱乐部做出了上述悲观判断。这一担忧也触发了大量的后续研究，推动了环境与资源经济学的发展。然而，随着研究的深入，人们发现，碳基能源的不可再生性还只是人类社会发展面临的问题之一，由碳基能源引发的气候问题似乎更为严重，这就是人类社会关于低碳经济讨论大背景。尽管在英国的能源白皮书发表之前，学术界就已经提出了低碳经济的概念（Ann P. Kinzig and Daniel M. Kammen, 1998）[①]，但人们还是倾向于将英国能源白皮书的发表作为低碳经济理念产生的标志，因为它在国际社会首次以官方文件的形式提出了低碳经济的概念。2003年，英国以政府文件形式正式提出了低碳经济概念，并通过能源白皮书的形式向世界宣布："到2050年从根本上把英国变成一个低碳经济国家。"在发展低碳经济方面，英国的作用是不可低估的。英国政府颁布的《气候变化法案》是世界上第一

---

① Ann P. Kinzig, Daniel M. Kammen, "National Trajectories of Carbon Emissions: Analysis of Proposals to Foster the Transition to Low Carbon Economies" [J]. *Global Environmental Change*, Vol. 8, No. 3, 1998, pp. 183–208.

个以温室气体减排为目标的法律文件。其实，英国发展低碳经济的举措早在20世纪80年代撒切尔夫人对能源行业实施调整时就开始了。鉴于北海油田的发现和煤炭企业的效率低下，1988年撒切尔夫人决定关闭大量煤矿。从那以后，英国的煤炭产量从8400万吨减少到目前的1700万吨。撒切尔夫人还对大型国有能源垄断企业进行了私有化改造，提高了这些企业的能源利用效率，对降低温室气体排放量的贡献率为40%。①

英国是一个风力资源丰富的国家。它的第一个海上风力发电站在21世纪初得到政府批准开始建设，短短不到9年的时间，英国已成为世界海上风力发电站最多、总装机容量最大的国家，风力的利用使英国的能源结构得到明显改观。据统计，来自陆地和海上的风力发电站所提供的电量足够满足英国150万个家庭使用（2010年英国的人口总数为6200万）。其中，海上风力发电量占总发电量的20%。目前，还有5所在建发电站，2009年年末，英国的海上装机容量已经增加到了80亿瓦。英国风能协会发布的一份报告显示："到2015年，英国计划再增加250亿瓦的海上风能发电设备；到2020年，英国风力发电总量预计将达330亿瓦。如果英国的计划得以实现，那么它在2015年后建成的海上风力发电能力就是全球市场的一半。为了到2020年实现欧盟所定下的再生能源目标，英国政府计划将陆上风电场的发电量增加到目前的6倍。"

为了实现能源白皮书规定的目标，2006年，英国更新了《气候变化规划》，制定了详细的减排措施。这些包括：与世界银行合作，进行可再生能源的投资；与汽车制造商合作，提高燃油效率；建立一个2000万英镑的基金，通过《清洁能源投资框架》支持有关能效提高、可再生能源和适应气候变化的项目；采用提供信息和气候变化税的手段，促进工业提高能源效率；为低收入家庭提供能源效率措施的"暖风宜居"计划；对25万个家庭安装隔热层提供补贴等12项措施。2007年，英国发布了修订的《能源白皮书》。新的白皮书将采取以下4项措施确保降低温室气体排放：扩大能源效率承诺计划，制定2008—2011年的减排目标；对大型商业机构制定强制性的减排目标；加强能源监测，促进企业和个人的节能信息传播，以及能源法案必须包括上一年的分季度能源对照表。

---

① 安东尼·吉登斯：《气候变化的政治》，曹荣湘译，社会科学文献出版社2009年版，第91—92页。

2008年，英国政府通过了《气候变化法案2008》，该计划要求英国到2020年降低34%的温室气体排放，而保证这一目标实现的具体途径是：首先是创造120万个绿色就业岗位；其次是实现超过150万个家庭可以自我利用可再生能源；再次是实现40%的电力来自可再生能源，汽油进口量减少50%；最后是对700万户家庭进行节能改造和减少汽车的二氧化碳排放量。截至2009年，英国已经降低了21%的温室气体排放。目前，英国已经形成了以政府推动为主导、以市场激励为基础、以微观部门为主体的互动减排体系。已有的事实表明，英国在低碳技术的研发和推广、制度创新的执行等方面走在了世界的前列。正如布莱尔在《能源白皮书》中表述的那样，对英国政府来说，低碳经济包含着深远的战略意义，"低碳经济是英国追求更高生活标准和更好生活质量的手段，也是英国在经济全球化中保持竞争优势，为其发展、应用和输出先进技术创造机会的途径"。此外，低碳经济也是英国政府摆脱经济衰退的一剂良药。为扭转居高不下的失业局面，英国政府希望"通过发展低碳经济为英国创造新的商机和更多的就业机会"。目前，低碳产业已经成为英国经济新的增长点。如果说欧盟是低碳经济的领导者，那么英国在欧盟发展低碳经济中就是"领头羊"（何毅亭等，2010）。[①]

三 德国

以技术创新引领低碳经济是德国的基本特征。第二次世界大战结束后，德国国力被极大地削弱，但仅仅过了两年该国的工业就凭着雄厚的底蕴在"马歇尔经济计划"的支持下重新崛起。到20世纪60年代，距第二次世界大战后不到20年，德国已经成为世界第三大经济体。但在工业化成功的同时，德国国民也为此付出了沉重的环境代价。该国空气、水土和森林资源受到了严重的污染，莱茵河一度成为鱼类的坟墓，大型工业区的呼吸道疾病蔓延。随着工业化对环境的破坏越来越严重，人们开始走上街头，要求政府给予环境有效的保护（绿党时代）。德国政府顺应民众的要求，制定了严格的排放标准，最终取得了明显的效果。

德国是绿色运动的发源地。从20世纪80年代开始，德国各党派就在降低温室气体排放问题上达成一致。1984年，德国议会发布了《地球大

---

① 何毅亭、陶良虎编：《中国低碳经济：面向未来的绿色产业革命》，教学与研究出版社2010年版，第57页。

气层保护》的报告，呼吁进行实质性减排。① 为了应对气候的变化，2000年德国制订了《国家气候保护计划》，并于 2002 年批准了《京都议定书》。按照《京都议定书》中的规定，德国必须在 2008—2012 年大幅度降低温室气体排放，即在 1990 年的水平减少 21% 的排放。这远远超出了英国的努力（英国政府这一期间的承诺是降低 8%）。发展可再生能源和提高能源使用效率是德国能源政策的基本内容。为发展可再生能源，德国制定了《可再生能源法案》（Renewable Energy Sources Act, EEG）。该法案的目标是：到"2020 年将可再生能源的比重提高到 20% 以上"。德国还制定了《可再生能源发电并网法》《热电联产法》和《可再生能源供暖法》，这些法律对可再生能源的利用和发展起到了明显的促进作用（徐汉国、杨国安，2010）。②

截至 2010 年 12 月，德国太阳能发电累计装机容量达到 2860 万千瓦，德国太阳能发电峰值占电力消费平均比重达 15% 左右，在太阳能装机密集地区比重则达到 30% 左右。德国政府设定的 2020 年太阳能发电装机目标为 5200 万—7000 万千瓦，届时太阳能发电峰值占电力消费比重将接近 50%。

为了提高能源利用效率，德国目前正尝试着与企业签订协议，将企业是否得到税收优惠与企业是否实现现代化能源管理捆绑在一起。特别是考虑到中小企业能源效率提高的困难性，德国政府与复兴信贷银行建立了节能专项基金。该基金的使命是为中小企业采取节能改造提供资金。通过《热电联产法》的实施，政府给予热电联产产生的电能给予财政补贴。例如，2005 年以前更新的热电联产设备产生的电能每千瓦时可获得 1.65 欧分的政府补贴。德国政府计划每年提供两亿欧元用于地方基础设施改造，以挖掘公共设施的节能潜力；每年提供 7 亿欧元用于现有民用建筑的节能改造（邢继俊等，2010）。③

德国工业技术领先世界是举世公认的，通过技术创新降低碳排放是德国在低碳经济领域领先他国的基本特征。例如，德国的汽车工业以技术精

---

① http//www: protection of the earth's atmosphere low carbon world/data/country/united kingdom/232.

② 徐汉国、杨国安：《绿色转身——中国低碳发展》，中国电力出版社 2010 年版，第 52—56 页。

③ 邢继俊、黄栋、赵刚编：《低碳经济报告》，电子工业出版社 2010 年版，第 55 页。

湛、质量可靠、舒适豪华著称。让汽车摆脱，至少是减轻对石油的依赖，一直是德国政府追逐的目标。目前，德国正依靠在可再生能源开发中的技术优势，大力发展新能源汽车。奔驰在不牺牲环境的前提下，拥有豪华、舒适和安全的品牌属性；通过"零排放"之路，奥迪 E1 全新的电动汽车就是一个有力的证据。目前，在所有的汽车中，德国新开发的 E 级 Coupe 轿车的风阻系数只有 0.24，这在全球汽车工业中处于绝对领先地位。在未来 5—7 年，德国制造的柴油发动机可以降低 30% 的油耗，而汽油发动机可以降低 25%。[①]

四 法国

法国缺乏石油、天然气和煤炭，但铀矿资源丰富。法国在核电技术上拥有优势，除在诺曼底正在建设的一座核电站外，法国现在已经拥有核电站 58 座。法国的能源生产与消费以核电为主，因此，它的一次能源碳排放较低，该国人均温室气体排放量比欧盟的平均水平低 21%。法国统计及经济研究所（INSEE）公布的一份报告显示，由于法国大力发展核电，并使核电在国家能源中的比重较高，与其他发达国家相比，法国的温室气体排放较低。法国电力产能的 90% 依赖于低碳技术，其中，75%—78% 来自核电，11%—13% 来自水电。法国人口占世界人口的 1%，GDP 占全球的 3%，碳排放量占全球的 1.3%。在法国人看来，尽管他们人均碳排放量高于全球平均水平，但是却低于大多数发达国家。

尽管法国在欧盟中的温室气体排放是较低的，但这并没有影响它在推动全球应对气候变化进程中的积极态度。1989 年，正是在法国与荷兰和西班牙的倡导下，第一次在海牙召开了有 80 个国家参加的关于全球气候变化的国际会议。[②] 2000 年 1 月，法国政府发布的《国家应对气候变化计划：2000—2020》包括两项主要措施：按照严格标准对能源排放征税；通过发展可再生能源降低温室气体排放，建立供暖和隔热层建筑规范减少能源消耗。2002 年，法国批准了《京都议定书》，按照《京都议定书》

---

① 在高档微型轿车上，奔驰的 Smart Fortwo、宝马的 MINI、福特的 Ka、丰田的 iQ 和菲亚特 500 一直受到消费者的青睐。为与这些车型抗衡，德国大众最新推出的一款微型高档轿车，即奥迪 E1。该车设计为三门四座，动力使用 600CC 的涡轮增压发动机。虽然这款发动机不会胜任高速行驶，但在城市内行驶则游刃有余。特别值得关注的是，这款车的二氧化碳排放会控制在 100 克/千米，其油耗百千米仅为 2.9 升。

② 徐汉国、杨国安：《绿色转身——中国低碳发展》，中国电力出版社 2010 年版，第 15 页。

的要求，法国要在2008—2012年将温室气体排放的水平降低到1990年的水平。为了超额完成目标，法国政府制订了《气候计划2004》。该计划承诺投入9000万欧元以期每年减少7200吨二氧化碳的排放。9000万欧元的支出主要用于降低交通运输部门温室气体排放，增加生物燃料的使用，鼓励购买更加节能的电器和房屋，鼓励空调的可持续使用，增加用于交通和建筑部门节能项目的研究经费。

目前，法国政府已经承诺的发展低碳经济的目标主要有以下6个：2008—2012年，将低温室气体排放水平降低到1990年的水平；2008—2016年至少节省能源9%；到2015年，降低能源强度5%；到2020年，降低能源消费20%；到2020年，交通运输部门降低温室气体排放20%；到2020年，可再生能源的比例达到23%。2007年，法国政府重新定义了它的环境政策，提出在未来的四年内投资10亿欧元用于清洁能源的研发，并征收生态税以减少温室气体排放。

五　意大利

按照欧盟2008年减少温室气体排放的"一揽子"计划，意大利需要在2020年内将二氧化碳排放量降低13%，使用可再生能源的比例从2005年的5.2%增加到17%。这对意大利来说是非常艰巨的任务。意大利80%以上的能源需要进口，在欧盟重量级的经济体中，该国能源的对外依存度最高。意大利本国只产出少量的石油和天然气，绝大多数依靠从俄罗斯、北非等国家进口。2009年，该国进口石油总额为241.28亿欧元，进口天然气为172.32亿欧元，合计占其进口总额的14%。各类能源的进口量为1.49亿油当量吨，其中，固体能源94%依赖进口，天然气的88.6%、石油的93.1%依赖进口。

特殊的资源环境使意大利更重视可再生能源的开发和利用。"绿色证书"制度就是该国政府开发和利用可再生能源的主要政策措施。"绿色证书"说的是电力供应企业在利用太阳能、风能、生物质能等可再生能源发电后，向国家电网管理局提出认证申请，由国家电网管理局核准后颁发的证书。这个证书具有强制性，不能得到证书的企业可以通过市场向有富余证书的企业购买，购买的"绿色证书"同样可以视为企业完成了自己的减排任务。与"绿色证书"同时存在的还有一个"白色证书"。如果说前一个证书的目的在于开源（增加新能源的供给），那么后一个证书的目的在于节流，即减少能源的消耗。企业获得了"白色证书"就意味着它实现了政府对能源效率提高的要求。因此,"白色证书"实际上就是政府对能源消耗企业提高能源效率的一种认证。与"绿色证书"一样,该证书也可通过市场进行交易。"因节能表现突出的企业可以在市场上出售富余的证书,完不成节能任务的企业则需要购买'白色证书',否则将受到政府规制的处罚。政府可以根据能效管理的需要,根据市场行情调整这些证书价格,引导整个社会朝着低碳经济方向运行。"(张安宁、唐在富,2009)[①] 事实上,由于意大利在国内的减排成本不断上升,意大利的企业已经将这种"白色证书"制度应用于国外市场。例如,意大利国家电力公司与中国的武汉钢铁公司就在清洁发展机制(CDM)项目上进行着合作。武汉钢铁公司从 2006 年开始介入 CDM 项目。目前,该公司共有 5 个项目通过了国家发改委和联合国权威机构的认证。其中,包括燃气蒸汽联合循环发电工程、两个干熄焦发电工程、220 吨锅炉发电工程和烧结低温余热发电工程。这 5 个项目总投资 30 多亿元,项目达到设计水平后,每年可减排 316 万吨的二氧化碳。意大利国家电力公司与武汉钢铁公司签署了购买减排指标的合同,从而从中国得到"白色证书"的额度。在合同期内,武汉钢铁公司每年可从意大利国家电力公司获得近 3 亿元人民币的收益。

六 日本

在低碳经济领域,日本享有若干个之最。例如,日本是世界上公认的节能效果最为突出的国家。从 20 世纪 70 年代到 21 世纪初,在短短的 30 年时间,日本的单位 GDP 能源强度下降了 37%。自 1973 年以来,日本的工业产量增长了 3 倍,但生产部门的能源消耗却实现了"零增长"。长期引领世界新能源开发技术是日本的又一特征,它的太阳能发电量居世界第一位,同时,在风能、海洋能、燃料电池、地热等新能源领域均处于世界顶尖水平(中国环保网,2011)。[②] 日本是能源使用最为有效率的国家,人均消耗的石油只有美国的一半。

日本成为世界上发展低碳经济最为先进的国家是有原因的。日本是一个能源极度贫乏的国家,95% 的能源供应依赖进口。20 世纪 60 年代,日

[①] 张安宁、唐在富:《发达国家发展低碳经济的实践与启示》,《中国财政》2009 年第 4 期。

[②] 中国环保网(http://www.cnep001.com/detail-5034798.html)。

本因环境污染导致的公害在发达国家中最为突出。公害问题引起的民怨导致政府颁布了很多法规，加上20世纪70年代的石油危机使对石油高度依赖的日本企业有了迫切节约能源和经济转型的动力。20世纪90年代，日本经历了严重的金融危机，银行接连倒闭。正是在这个大背景下，日本政府提出了"循环经济""环境立国"和低碳经济的国策。1995年，日本出台了《科学技术基本法》，其主要意图在于以金融危机为契机，通过技术进步和低碳发展，占领未来世界经济发展的制高点。

2008年5月，日本环境省向国会提交的一份《面向2050日本低碳社会情境》研究计划。该计划设定了日本在发展低碳经济和温室气体排放领域中的长期目标。按照这一目标，日本的温室气体排放量在2050年要比2008年降低60%—80%。环境省提出，计划的直接目的是获得财政资助用于低碳技术的研发。日本政府一向注重对这一领域技术研发的资助，据日本内阁2008年公布的数据，每年政府支出的环境能源技术开发费用为100亿日元。为了推动能源和环境技术发展，日本的《建筑循环利用法》对居民新建或改建房屋时建筑材料的使用做出了严格的规定："房屋所有人有义务循环利用所有建筑材料。"正是这项法律的推动，让日本的企业发明了世界先进的混凝土再利用技术（吴志忠，2008）。[①] 符合法律要求的企业会得到政府提供的财政资助，达不到要求的企业会受到处罚。此外，日本政府还对家庭和中小企业购买太阳能发电设备、对购买清洁柴油车的企业和个人支付补助金。

日本政府按照企业能源消费总量不同，对他们的能源消费行为实行了严格的分类管理制度。按照分类管理原则，所有企业都被依据能耗的多少分为两类。通常能源消耗超过3000千升以上油当量，或者耗电超过1200万千瓦时以上的企业被作为"第一类能源管理单位"。对这些能耗大户，日本政府的监管力度是很大的。例如，按照法规的要求，这些企业必须设立专门节能减排职能部门，任命这个部门的责任人必须向政府备案，因为日本政府规定，企业的节能减排管理人是有资质要求的，只有通过国家的统一考试，才能作为节能减排管理人员上岗。作为企业节能减排部门的负责人，他们必须定期向政府呈送企业的节能减排计划，并定期将企业的能耗统计数据报告政府。对于能耗在1500千升油当量，或者耗电600万千

[①] 吴志忠：《日本能源安全的政策、法律及对中国的启示》，《法学评论》2008年第5期。

瓦以上的企业，政府将其作为"第二类能源管理单位"。对于第二类企业，政府的监管要求虽没有第一类那么严格，但这类企业每年也必须完成降低1%能耗的硬性任务。在日本，根据2011年3月《日本产经新闻》报道，日本经济产业省将扩大碳足迹制度的内容。例如，过去日本政府规定了74种产品必须贴上二氧化碳排放量的标签，而且今后还必须贴上与过去相比该商品二氧化碳排放量变动的信息。

作为《京都议定书》的倡导和发起国，日本政府十分重视能源的多样化。目前，日本已经投入巨资用于太阳能、氢能、风能、潮汐能、光能、水能、生物质能和燃料电池等可再生能源的开发。最近，日本政府又重启了太阳能鼓励政策，首次将光伏产业列入新经济刺激计划，力争到2020年将太阳能的发电量提高20倍，将太阳能发电的价格降低到目前一半。2009年，日本选择了大城市横滨和九州，小城市带广和富山，以及村镇北海道的下川町作为低碳社会转型的试点，创造世界上的"环境模范城市"建设"健康长寿社会"，以显示日本的魅力。

七 美国

在发展低碳经济上，美国的情况比较特殊。无论是历史上还是目前的情景，作为世界上碳排放量最多的国家，美国最初对低碳经济理念是持排斥态度的。最初美国国会的政客认为，实行低碳经济模式会阻碍美国经济发展，因为美国的碳排放总量不仅是世界之最，而且它的人均排放量也远超世界平均水平。美国世界资源研究所的统计资料显示，"从19世纪50年代到21世纪初的155年间，全球共排放二氧化碳11222亿吨，其中美国的排放就高达1100亿吨，全球排放量的10%来自美国。在这期间，发达国家排放的总量是8065亿吨，美国在发达国家中也占将近14%的份额。美国的排放量之大，以至于作为世界性的低碳经济模式如果没有美国的参与，那是不可想象的。因此，在气候问题的国际谈判中，美国始终是世界关注的焦点。美国政客在碳排放问题上的敏感程度超出了大多数国家的预料，早在《京都议定书》谈判之前，美国参议院就提前采取行动，以95票对0票通过了"伯德·哈格尔决议"，这项决议的意图在于阻止美国政府在任何情况下接受发达国家与发展中国家区别对待的减少碳排放条约。即便是大多数发达国家已经意识到"区别对待"的原则是在必需的情况下，美国国会还是坚持认为"区别对待"的碳减排一定会对美国经济产生严重的危害。在参议院之后，美国政府也给出了反对"区别对待"的理由,他们认为,如果按照《京都议定书》的减排路线图,美国将损失掉490万个就业岗位,由此带给美国经济的直接损失是4000亿美元。基于这个判断,小布什政府单方面退出了《京都议定书》。

尽管布什政府拒签《京都议定书》,但这并不意味着美国人会从根本上抵制低碳技术在未来世界经济竞争中的重要作用。事实正好相反,美国政府始终没有放弃它的"实用主义"战略,这就是依托它在节能效率与可再生能源开发上的技术优势,实实在在地开发低碳技术,继续追求主导世界经济发展的领袖地位,一直是美国政府关注的重点。例如,2005年美国发布的《能源政策法》就涉及145亿美元的各种激励措施,用于奖励普通消费者与中小企业的节能行为。

出于竞选的需要,奥巴马在竞选期间提出了到2050年美国应减少80%的温室气体排放的主张。竞选演说中,奥巴马承诺建立1500亿美元的"清洁能源研发基金",据说这些基金能够为美国人创造500万个"绿领"的就业岗位。民主党胜选后,在奥巴马政府的推动下,美国国会通过了《低碳经济法案》。在这个法案中,从美国能源结构的调整,到美国中长期碳减排的目标均有涉及。例如,在能源结构调整方面,美国政府提出的短期目标是:"到2012年美国的清洁电力要由目前的8%提高到10%,到2025年将提高到25%。"美国的《低碳经济法案》设定的减排目标是:到2020年,美国碳排放量要与2006年的排放持平;到2030年,碳排放总量要与1990年的排放相等。大力发展可再生的新能源,降低国内能源对海外石油的依赖是这一法案的宗旨。目前,美国政府正在考虑通过立法加大对国内发展低碳经济的补贴和投资、建立碳排放交易市场,同时在建筑业强制执行更加节能的建筑规范(周丹,2011)。①

为应对世界性的经济危机,2009年,美国政府提出的《美国复苏与再投资法案》再次将低碳经济政策取向放了明显的位置。提供绿色的就业岗位,确保美国产业的国际竞争力,为出口低碳技术和应对气候变化,美国政府决定投资7870亿美元用于支持美国经济在上述四个方面有所作为。《美国复苏与再投资法案》的出台可以看作是美国改变了最初恐惧低碳经济的态度,开始转向追求低碳经济的标志。2009年,美国众议院还通过了《美国清洁能源安全法案》,加上上述两个法案,至此美国发

---

① 周丹:《哥本哈根世界气候大会》,《中外能源》2011年第12期。

展低碳经济的法律框架已经基本确立（潘家华、庄贵阳等，2010）。①

尽管小布什政府与奥巴马执政时期对低碳经济的态度截然不同，但在实际操作层面上，两者没有实质性的区别。例如，小布什政府在拒绝签署《京都议定书》的同时，却积极推动国内有关低碳经济的立法，并通过积极的财政政策刺激低碳技术的发展。美国政府鼓励技术创新，发展风能、太阳能、生物质能等可再生能源。小布什执政时期美国的行动表明，在低碳技术和新能源技术的研发和推广上，美国政府的干预力度是往届政府难以比拟的。通过技术创新降低可再生能源的成本始终是小布什政府追逐的目标，从研发到快速推广使用，美国政府不但在财政上给予支持，还通过国家的力量为这些技术商品化建立了示范工程。小布什执政期间，美国政府制定了众多的强制促进可再生能源开发与使用的政策。例如，从联邦政府到各州政府先后出台了《能源税法》《能源政策法》《大气清洁法修正案》《公共事业管制政策法》等一系列与发展低碳经济密切相关的法案。除了立法，在政策层面政府还采取减税、绿色电价、投资补贴等激励措施，提高可再生能源的市场认知度。美国向来以自由的市场经济制度展现自己的魅力，但在发展低碳经济问题上，美国政府对市场的干预程度一点也不比其他国家逊色。从财政到金融、从资源的调查和评价、从制定市场规范、从建立绿色发电配额等方方面面，到处都可以发现美国政府的存在（陈柳钦，2010）。②

奥巴马政府尽管在宣传上力挺低碳经济，但哥本哈根会议上却极为吝啬，其提出的4%的减排目标使低碳领域的国际合作步履艰难。2011年，《京都议定书》第7次缔约方会议在南非德班举行。出席会议的美国代表声称："只有在中国、印度等新兴经济体在2020年后也接受有强制力的减排指标的前提下，美国才考虑强制减排。"事实上，无论是从现有的碳排放总量，还是追溯历史责任，美国都应该对世界环境的改善承担更加负责任的义务。但是，历届美国政府面对世界气候问题，首先考虑的是美国利益集团的利益。例如，以前的布什政府之所以拒绝签署《京都议定书》，是因为如果美国按《京都议定书》要求履行强制减排的义务，美国的汽

---

① 潘家华、庄贵阳、郑艳等：《低碳经济核心要素分析》，《国际经济评论》2010年第7期。

② 陈柳钦：《低碳经济：一种新的经济发展模式》，《节能与环保》2010年第5期。

车和石油工业将为此付出代价。奥巴马政府倡导低碳经济，同样是考虑到美国的现实利益。例如，现任的美国政府就在积极推动向发展中国家出口低碳技术，美国的政治家已经意识到低碳技术的出口能够为美国的经济复苏和中长期增长注入新的动力。在美国商务部长访华期间就公开表示，"美中双方在清洁能源领域存在巨大的合作空间"。美国的政治家和企业界精英已经从中国政府应对气候变化的策略中看到了巨大的商机，美国的绿色科技企业已经做好准备进军中国市场。

八　中国高碳经济模式反思

在人类发展史上，特别是工业革命以后的数百年，人们一直认为，自然资源的供给是无穷的。因此，通过资源的超长投入来获得更高的产出，获得更高的生活水平和积累更多的财富是大多数国家经济发展的基本路径。人们将在这种观念指导下的经济模式称为"高碳经济模式"。

在高碳经济模式下，一国经济要发展的主要问题是尽可能地获取资源。例如，早期的列强通常都是一些工业技术发达，但资源相对贫乏的国家，正是为了攫取更多的资源以支持它们的"高碳经济模式"，老牌的列强到处发动战争，抢占殖民地。第二次世界大战以后，早期的殖民体系土崩瓦解，殖民地和半殖民地国家纷纷宣布独立。这就使依靠传统高碳发展模式的国家，如英国、法国等遇到了巨大的挑战。然而，这并没有对资本主义发达国家高碳生产模式造成根本性冲击。第二次世界大战后形成的资本主义体系超越了以往的殖民主义格局，建立在高度发达技术基础上的现代资本主义国家不再主要依靠炮舰来攫取维持高碳发展模式的资源，而是通过一个更具全球性的、由主权国家构成的世界市场体系，即通过国际贸易来获得他们需要的资源。20世纪40年代后期出现的《关税及贸易总协定》（General Agreement on Tariffs and Trade）就是世界市场体系形成的标志性事件。通过不断扩大的国际贸易规模，发达国家倚仗科学技术的比较优势，长时期在国际分工中占有高端地位，发展中国家提供的廉价石油、煤炭、矿石及其他战略资源继续维持着发达国家的"高碳经济模式"。导致发达国家反思"高碳经济模式"，并采取行动转变经济增长方式的直接原因是不断发生的能源危机。1973年至今，石油价格从每桶3.011美元升至100美元以上，不断高企的能源价格严重地打击了发达国家的经济增速。今天，我们认真反思一下发达国家工业化和城市化的过程，对中国的可持续发展是有益的。

自中国改革开放以来，特别是 21 世纪最初的十年，我们抓住了经济全球化的历史机遇，中国的经济发展取得了举世瞩目的成就。中国一些发达的省份在人均 GDP 上已经与发达国家相差无几。然而，在获得这一成就的同时，我们也付出了相应的代价。中国作为全球最大的加工厂，担负着全球相当一部分人口，特别是发达国家居民的工业品供应。① 近年来，国际大宗商品的价格持续攀升，"中国买什么，什么就涨价，卖什么，什么就跌价"，这已经是不争的事实。2005 年，中国成为全球最大的铜、镍和锌的消耗国，中国的企业买走了世界铁矿石的一半，世界铁矿石的价格翻了一番；中国已经成为世界第二大石油进口国，作为一个产煤大国，中国从 2009 年开始成为煤炭净进口国，尽管进口量只占世界煤炭贸易的12%，但已经对国际煤炭价格产生了重大影响。摩根大通的一份报告曾设想，如果没有中国和印度，国际煤炭的价格会跌去一半。总之，我们的工业原材料消耗增长相对于世界其他地方的增长要快得多。美国地球政策研究所的一份报告宣称："如果每个中国人都像美国人那样生活，到 2031 年，中国人将拥有 11 亿辆汽车，而今天全球只有 7.95 亿辆汽车，中国公路和停车场的数量将会达到天文数字！如果其能源消耗量赶上美国，那他们的日产油量必须达到 9900 万桶！而现在全球石油的日产量才只有 7900 万桶。煤也一样，中国现在煤炭的消耗量已经超过美国，照此速度，2031 年中国煤的需求量可能会明显高于现在全球的煤炭供应量！到那时，仅中国一个国家排出的二氧化碳就相当于世界其他国家排出量的总和，如果中国的人均肉类消耗量也像美国人一样，那么全球 1/5 的肉产量将被中国人吃掉。"②

事实上，自工业革命以来，技术上的路径依赖就将人类社会绑定在了化石能源基础之上。中国目前的工业化模式，基本上是在复制西方发达国家"高碳模式"的老路。但是，作为一个最大的发展中国家，如果我们模仿发达国家的老路，用高碳模式发展经济，我们会遇到不可逾越的障

---

① 在世界经济全球化和国际产业结构调整过程中，一些高消耗、资源性的产业转移到中国，加大了中国的资源消耗总量。例如，许多国家已不再生产焦炭，但并未因此就不再消费该产品。中国的焦炭出口从 1991 年的 108 万吨已经增加到目前的 1450 万吨。有统计资料显示，目前中国净出口煤炭 2500 多万吨，粗钢 3400 多万吨，未锻轧铝 70 万吨，彩电及整套散件 1.04 亿台，机电产品 1217 亿美元。

② 《中国的资源消耗量太大》，（法国）《解放报》2005 年 3 月 18 日。

碍。更重要的是，21世纪以来，中国的高碳发展模式与以往发达国家高碳模式有一个重要的区别，这就是以往发达国家高碳发展主要用于了本国资本和财富的积累，而中国的高碳模式却未能有效地积累国内的财富。作为"世界工厂"，中国优质价廉的产品间接地补贴了发达国家国民的福利。① 与那些经济总量无足轻重的小国家不同的是，作为一个庞大的经济体，中国的生产方式会对整个世界经济运行产生较大的影响。例如，当我们以大规模消耗的方式推动经济运行时，世界大宗商品市场一定会出现较为明显的波动。发达国家的国民已经拥有了雄厚的物质财富，国家的资本存量也已经足够大，而我们的国民远没有享受到同等的资源，我们的国家还面临着艰巨的工业化和城市化的过程。欧美国家用了200年左右的时间完成了其工业化进程，而中国在不到50年的时间就走到了工业化的中期。为此，我们付出了沉重的资源和环境代价。实践表明，继续维持大规模消耗的生产方式已经失去了可持续性，中国必须审时度势，寻求新的增长方式，走出一条具有中国特色的富国、强国之路，即低碳之路。低碳之路，既可以帮助中国突破增长的极限，也有助优化人类的生存环境，从而提升中国的国际地位。

第四节　中国实施低碳战略应避免的误区及发展路径

通过文献梳理，我们发现，在中国无论是学术界还是决策层，中国作为一个负责任的大国，实施低碳经济战略已成为主流的观点。但是，在中国究竟如何发展低碳经济，政府应该采取什么样的产业政策？这是我们必须认真讨论的问题。

---

① 摩根士丹利的一个研究报告表明："自中国改革开放以来，美国从中国的进口使美国消费者节省了6000亿美元。1998—2003年，仅童装一项，美国家庭就因购买中国货而节省了4亿美元。"美国智库兰德公司的报告也指出："虽然还没有明确的研究结论，但是，有迹象表明，由于能够购买中国低价的出口货物，低收入美国人的生活水平可能提高了5%—10%。毫无疑问，影响还不止这些。中国的竞争使其他国家为我们的消费者生产出更加便宜的货物。沃尔玛在最近在不到10年中能够成为世界最大零售商，在很大程度上是中国制造的贡献。世界范围内向它供货的6000家企业中，4800家来自中国。来自中国的商品还降低了美欧国家的通货膨胀率，如果没有中国制造，整个世界都有可能陷入严重的通货膨胀。"

发达国家的经验对中国具有一定的借鉴意义,但简单地照搬他国的经验肯定会犯教条主义的错误。一国发展低碳经济离不开其具体国情,同样是走低碳之路,国与国之间所处经济发展阶段的不同、资源禀赋的差异都会导致特定国家的低碳战略具有自身的特色。因此,从方法论角度看,当我们努力寻找适合本国国情的低碳发展模式时,一定要具体问题具体分析。尽管低碳经济作为一种生产方式有着超越国界的共同特征,但这种共同的特征只有借助具体的实践才能得以展现。那么中国的低碳之路究竟有哪些特点呢?依据这些特点,我们又应该走什么样的低碳之路呢?

低碳经济的国别特征主要来自两个方面,即一国特定的资源禀赋和经济发展所处的阶段。例如,与发达国家相比,中国的能源结构中煤炭占有的比重要高得多。众所周知,煤炭燃烧所释放的二氧化碳要比石油和天然气高得多。据测算,1吨煤炭燃烧会释放4吨二氧化碳,分别较石油和天然气多出35%和75%。1978年,中国能源消费中煤炭占70.3%,30多年后,2012年这一比例不仅没有降低,反而提高了6.2个百分点(见表6-1)。长期以来,煤炭始终是中国的主体能源,而且今后的很长时期内也不会发生实质性改变。

表 6-1　　　　　　　　中国能源生产总量及构成　　　　单位:万吨、%

年份	标准煤	原煤	原油	天然气	核电及其他
1978	62770	70.3	23.7	2.9	3.1
1980	63735	69.4	23.8	3.0	3.8
1985	85546	72.8	20.9	2.0	4.3
1990	103922	74.2	19.0	2.0	4.8
1991	104844	74.1	19.2	2.0	4.7
1992	107256	74.3	18.9	2.0	4.8
1993	111059	74.0	18.7	2.0	5.3
1994	118729	74.6	17.6	1.9	5.9
1995	129034	75.3	16.6	1.9	6.2
1996	133032	75.0	16.9	2.0	6.1
1997	133460	74.3	17.2	2.1	6.5
1998	129834	73.3	17.7	2.2	6.8
1999	131935	73.9	17.3	2.5	6.3

续表

年份	标准煤	原煤	原油	天然气	核电及其他
2000	135048	73.2	17.2	2.7	6.9
2001	143875	73.0	16.3	2.8	7.9
2002	150656	73.5	15.8	2.9	7.8
2003	171906	76.2	14.1	2.7	7.0
2004	196648	77.1	12.8	2.8	7.3
2005	216219	77.6	12.0	3.0	7.4
2006	232167	77.8	11.3	3.4	7.5
2007	247279	77.7	10.8	3.7	7.8
2008	260552	76.8	10.5	4.1	8.6
2009	274619	77.3	9.9	4.1	8.7
2010	296916	76.5	9.8	4.3	9.4
2011	317987	77.8	9.1	4.3	8.8
2012	331848	76.5	8.9	4.3	10.3

资料来源：《中国统计年鉴（2013）》。

此外，一国经济所处的发展阶段不同，所具有的碳排放特征也不同。例如，发达国家在完成了工业化和城市化进程后，资本存量已经满足了社会经济持续发展的基本需求，产业结构逐步转向轻型化，因此，碳排放的绝对量就会持续下降。毫无疑问，随着碳排放量的绝对下降，发达国家的生态环境会不断得到改善，其国民的生存条件也会不断优化。在这种情况下，发达国家通常的做法是将高排放的产业向发展中国家转移，然后再通过国际贸易，一方面继续从发展中国家进口必需的高能耗产品，用于本国居民的消费；另一方面向发展中国家出口自己的低碳技术，这就是发达国家的低碳经济战略。该战略的基本特征是：追求"碳排放数量"的持续降低。而中国的情况正好相反，由于工业化和城市化的任务还未完成，高能耗的重化工产业还是中国必须拥有的产业。所以，对中国来说，如果一味地追求"碳排放数量"的降低，就会陷入发展的误区。因为碳排放数量的多少与一国特定发展阶段的产业结构直接相关。

在这里，我们给出两个基本概念，即"碳排放质量"和"碳排放数量"。在发展低碳经济的过程中，如何协调"碳排放质量"和"碳排放数量"之间的关系是问题的关键。对发展中国家来说，特别是像中国这样的巨大经济体，低碳经济战略的基本特征应该是追求"碳排放的质量"的提高，而不是"碳排放数量"的降低。在碳排放问题上，究竟是关注它的"数量"还是"质量"是个原则性问题。一些发达国家在这个原则问题上就犯了常识性的错误，它们希望发展中国家和它们也一道追求"碳排放数量"的降低显然是不现实的，遭到发展中国家的抵制当然也在情理之中。就中国的国情来看无论是从现有发展阶段来看，还是站在资源禀赋角度看，我们都与发达国家没有可比性。如果我们没有认清这一点，盲目地顺应发达国家的思路，一味地追求"碳排放数量"的减少就会掉入"碳数量陷阱"。

提出关注碳排放的"质量"，而不是它的"数量"在中国发展低碳经济过程中具有深远的理论和实践意义。例如，如果不顾中国的发展阶段，在产业结构调整上一味地效仿发达国家的做法，盲目地削减高排放产业就会严重阻碍中国经济的发展。今后一段时期，中国还将有大量的人口从农村转移到城镇，由此产生的城市基础设施建设，其规模是可以想象的。大规模的建设一定会对重化工产业提出巨大的需求。与那些经济总量无足轻重的小国不同，中国的经济总量如此之大，很难想象将我们的重化工产业移出国门，由其他国家通过国际贸易向我们提供那些高耗能的产品。一国经济的发展具有阶段性，并将强制地体现在一国的产业结构上。因此，不切实际地进行产业结构调整并非明智之举。中国的产业门类齐全，又处在工业化和城市化加速阶段，产业结构调整一定要尊重经济发展阶段的客观要求，切不可只为追求碳排放量的减少而不切实际地调整产业结构。所以，在发展低碳经济过程中，我们更应该看重的是"碳排放的质量"，而不是它的数量。

当我们说产业结构的调整必须尊重一国经济发展阶段的要求时，还有一层更深刻的经济学含义，这就是防止一国经济因产业"空心"化引发的衰退。在这方面，老牌的资本主义强国给我们提供了有益的教训。19世纪中期，英国之所以能成为日不落的经济强国，与门类齐全的产业结构密不可分。作为"世界工厂"的英国从世界各地攫取资源，再向全世界提供制成品。当时英国之所以能成为世界的金融中心，成为世界经济的引擎，正是得益于它当时的"世界工厂"地位。然而，20世纪初，英国开始了产业转移过程，以至于到20世纪中期其在本土的投资远低于海外的规模。最终英国的制造业强国地位被美国和德国取代，随着制造业的萎缩，它的世界金融中心地位也逐渐被他国取代。与英国所走的弯路一样，欧洲的大部分国家也在20世纪中期开始了产业转移过程，大量的产业资本流向发展中国家，由此带来的是制造业萎缩和应对周期波动能力的下降。欧洲的债务危机，表面上看，是由一些偶发因素导致的，但从本质上看，还是产业"空心化"的结果。世界经济发展的历史表明，保持一个完整的产业体系是一国技术进步的物质基础，技术创新、科技进步绝非只依靠现代化的实验室就能够实现。

作为一个大国，对经济全球化的把握是需要战略眼光的。一些小国的确可以通过国际贸易得到自己所需的战略物资，并借助自己的比较优势游弋于大国经济之间，而且这些国家常常会为生活的舒适度高于他国感到自豪。但是，这绝不是大国经济效仿的模式。作为负责任的大国，我们有必要对老牌列强的教训引以为戒。在这方面，发展中大国有必要借鉴一下美国的经验。同为工业强国，美国并没有简单地将"夕阳产业"转移出国外。在美国人看来，没有夕阳的产业，进入夕阳的只能是企业。对一些传统的产业，美国更注重通过技术进步将其升级换代。在发达的工业化国家里，美国抗击经济周期波动的能力较强与此不无关系。

从"碳足迹"角度看，地球是一个整体，发达国家将重化工业、劳动密集型产业移出国外，并不代表它们已经不需要这些产业所提供的产品了。例如，欧盟为开发可再生能源电力需要大量的太阳能发电与风力发电设备，而这些设备的制造均来自重化工产业，因此，它们只能依靠从发展中国家进口。既然这些重化工产业的产品还是人类社会必需的，我们就不能将其看作是"高碳产品"而加以限制。西方发达国家如果还想通过国际贸易得到这些产品和劳务，就应该尽可能帮助发展中国家通过技术进步来降低生产这些产品的碳排放，而不是一边享用着这些产品，一边指手画脚，埋怨发展中国家排放了过多的二氧化碳。作为发展中国家，只要我们能够通过技术进步，不断降低生产这些产品的能源消耗，就没有必要顾忌发达国家的压力，不切实际地迎合发达国家的需要去调整自己的产业结构。保持一个完整的产业结构体系，是我们的立国之本、是维护国家经济安全的战略之举，也是我们技术进步与科技发展的物质基础。

站在国家经济长期发展战略的角度，强调"碳排放质量"，避免陷入"碳数量陷阱"的重要性还在于，"碳足迹"不仅可以在国与国之间转移，它还可以在"代际"转移。目前,中国正在大规模地进行工业化和城市化建设,大量的固定资产形成,大量的基础设施的修建难免会增加当前的温室气体排放,但目前的排放在很大程度上是为将来经济的发展准备的,即这里的碳排放会发生"代际"转移。"与发达国家相比,中国目前的人均资本存量还不及它们的5%,我们在资本积累上的任务还很繁重,因此万万不可为了暂时的排放控制延缓了我们资本积累的速度。"(郑玉歆,2011)①

在这里,我们发展低碳经济有两个前提:一是低碳经济的推进不能影响中国工业化和城市化的进程。国际经验显示,工业化与城市化是一国居民摆脱农业社会走向高度文明的必由之路。13亿中国人和发达国家的居民一样,也有权利分享工业化和城市化所带来的国民福利,也就是说,发展权是不能动摇的。二是中国的工业化和城市依托的物质基础只能以自力更生为主。城市化与工业化所需的资本品既不能靠武力掠夺,也不可能全部依靠国际贸易交换而来。

根据这两个前提,我们得出的基本结论是:中国发展低碳经济的路径不仅与发达国家有着重大区别,与那些经济总量无足轻重的发展中国家也不尽相同。与发达国家相比,我们已经失去了将重化工产业转移出国门,进而通过贸易获得廉价资源的机会,中国经济总量之大,以至于没有哪个国家能够为我们提供城市化和工业化进程中所需的资本品;与大多数发展中国家相比,出于国家经济安全的考虑,我们也不可能只在国际分工中承担某些产品的制造,我们需要一个完整的产业体系,这样做的结果远非只是我们自己的经济安全,对国际市场的稳定也承担着一个大国不可推卸的责任。

既要拥有完整的重化工产业体系,又要步入低碳社会,这就是我们这样一个大国在推行低碳经济战略时必须解决的问题。有证据显示,解决这一难题的途径只有一条,就是通过技术进步来提高资源效率。在经济学家看来,任何技术上的进步最终都会导致资源效率的提高,借助技术进步,人类可以实现用尽可能少的投入产出尽可能多的产品和劳务,即用尽可能少的碳排放提供尽可能多的产出。

---

① 郑玉歆:《不能过分追求能源消耗强度大幅下降》,《中国社会科学报》2011年3月8日。

经济学所说的"技术进步"与自然科学中的"发明创造"有着本质的区别。自然科学中的"发明创造"往往借助于科学家的个人灵感和研究偏好,具有偶发性;而经济学中的"技术进步"首先是一种商业活动,追逐市场利益是引发技术进步的持久动力,通过技术创新占有更大的市场份额、获得更多的利润是"技术进步"唯一的目标。经济学中的"技术进步"包括新技术的开发、新工艺的采用、新产品市场的开拓等一系列活动。总之,"技术进步"是一种商业活动,与"发明创造"相比是一个大概率事件。经济学中的"技术进步"与自然科学中的"发明创造"还有一个重大区别,这就是后者的主体通常是科学家的个体行为,而前者是从事商业活动的企业,作为技术进步的主体企业获得市场利润是唯一目的。在创新过程中,企业既是创新投资决策的主体,也是创新风险的承担者。

科技发展、技术进步是一个累积的过程。随着量变的增加,一旦发生质变就会给人类社会带来意想不到的惊喜。尽管这个道理不难理解,但累积过程的持续性(漫长且孤独,只有投入,没有产出),以及结果的不确定性,并非所有国家、所有民族都能够承受。事实上,相当多的国家没有这个毅力和决心,只有少数国家坚持下来,最终成为世界的领跑者,这样的国家就是"创新型国家"。广义的创新可以看作是一种民族文化底蕴,在这个文化背景下,学习的重要性不言自明,知识得到应有的尊重,发明创造被鼓励,创新中的失败被包容,并得到应有的尊重。

因创新导致的技术进步可以分为不同种类。英国经济学家希克斯指出,按照发明对资本的边际生产力和劳动的边际生产力的影响,可以把技术进步分为节约资本的技术进步、中性技术进步和节约劳动的技术进步三种模型。如果包含技术进步后的劳动边际生产力的提高大于资本边际生产力的提高,这是节约资本的技术进步;如果包含技术进步后的劳动边际生产力的提高小于资本的边际生产力的提高,这是节约劳动的技术进步;如果包含技术进步后的资本和劳动的边际替代率不变,表现为既节约劳动,又节约资本,则这种技术进步叫作中性技术进步(J. R. Hicks, 1932)。技术进步就是在原有任何一种生产要素的组合下生产出比没有技术进步时更多的产品。或者说,比以前用更少的生产要素生产出同样多的产品,于是资源效率提高了。

无论是劳动节约,还是资本节约,都可以看作是资源效率的提高。面对资源效率的问题,大国经济容易掉入一个陷阱,由于大国通常具有地大物博的特征,因此,无休止地、大量地、低效率地使用资源,往往会成为大国发展的首选路径。中国近几十年的发展除极大地消耗了本土资源外,还借助于经济全球化获取了全球的资源。然而,这不是一条可持续发展的道路。提高资源效率是大国不可推卸的责任和义务。有证据证明,资源效率的提高可以从根本上解决困扰人类社会资源短缺的"瓶颈"。"资产阶级在它的不到一百年的阶级统治中所创造的生产力,比过去一切世代创造的全部生产力总和还要多,还要大"①,依靠的就是技术进步所带来的资源效率的提高。美国经济学家索洛曾计算出1909—1949年美国私人非农业企业的人均产出,在40年里,人均产出增长了104.6%,其中技术进步的贡献是85.3%。

在普通人的眼中,低碳经济中的"碳"是化石能源燃烧时产生的一种无色、无味的气体,但在经济学家看来,它就像货币一样,是一般等价物。人类所有的经济活动最终都可以找到"碳"的踪影。而且它可以分割,并便于计量。按照经济学关于稀缺资源配置的原理,用尽可能少的资源提供尽可能多的产品和劳务,那么我们也可以说用尽可能少的碳排放,提供尽可能多的产品和劳务。因此,从这个意义上说,只要人类经济活动的碳排放减少了,就是资源效率提高了。所以,低碳经济并不是某类特定产品的专利,任何产品都可能成为低碳产品,也可能成为高碳产品,问题的关键只在于它的碳排放效率究竟处在什么水平上。

第五节 基本结论与政策建议

一 基本结论

(一) 现阶段碳排放绝对量的降低不是中国低碳经济战略的目标

在现有的技术水平下,如果要求中国的碳排放绝对量不断降低就意味

---

① 卡尔·马克思可以被认为是最早认识到技术创新是经济发展与竞争的重要推动力的经济学家。因创新而引发的技术进步对一国经济的增长所起的作用,无论怎么估计也不过分。用美国学者F.M.谢勒的观点,马克思不同于19世纪中期其他经济学家,他察觉到资本主义基本的天才在于它能够把资本积累和不断的技术创新结合起来。内森·罗森伯格在《技术进步的历史编年学》一文中也指出,熊彼特正是在马克思有关技术进步在长期增长中的核心作用和有关技术进步的连续性质以及演进性的发现中得到了有关技术创新的最初启示。

着抑制了中国的发展权。中国的城市化和工业化还将面临一个高速发展的过程，此时碳排放量的绝对减少将意味着我们与发达国家的国民福利差距不是缩小，而是继续扩大。在发达国家国民享有富裕生活的同时，要求我们的国民依靠节俭为人类气候的变化做出贡献是缺乏理论根据的。在世界范围内，20%的富人每年消耗着全球82.7%的资源，占全球人口20%的最富人群和20%的最穷人群，收入之比已由1960年的30∶1，扩大到了目前的60∶1。在这种情况下，节俭究竟是富国的责任，还是全人类的义务？显然，解决这个问题要涉及的变量太多，甚至多到了无解的地步。要想让富人、富国为减少碳排放而放弃已有的生活方式，降低已有的效用水平是不现实的。一国之内，贫富差距的不断扩大，容易引发社会动荡，世界范围内，富国与穷国也不可能长期相安无事。穷人有追求富裕的权利，穷国也有发展和追赶愿望。既保持富人已有的高质量生活，又不断提高穷人的福利，穷人福利的改善并不损害富人的利益，追求帕累托改进始终是学术界关注的问题。这里结论很明显，发展中国家在实现城市化和工业化过程中，碳排放绝对量的增加是不可避免的。但是，这并不意味着中国低碳化的战略取向会发生动摇。我们的出路是提高资源效率，通过"资源效率革命"（魏茨察克，2001）[1]，完全可以在资源消耗减少的同时，使一国财富迅速增加。

(二) 技术进步是实现低碳经济的基本途径

如前所述，技术进步可以促进资源效率的提高，而提高资源效率正是经济学所追求的基本目标。"因为短缺，我们不得不节约"（L. 雷诺兹，1982）[2]。当然，这里的节约与人们通常理解的节俭有着明显的差异。在经济学家看来，节俭提倡的是在现有的物质存量下尽可能地减少支出，而节约则更加强调效率，即资源效率的提高。按照中国科学技术名词审定委员会给出的定义，衡量资源效率的标准就是"单位资源所产生的经济、社会、生态和环境等有益效果的相对数量"；而按照经济学的理解就是用尽可能少的投入得到尽可能多的产出。提高资源效率是人类社会缓解资源约束困境的基本途径。这里需要指出的是，技术进步的作用绝不仅仅是直

---

[1] ［德］冯·魏茨察克：《四倍跃进》，北京大学环境工程研究所译，中华工商联合出版社2001年版。

[2] ［法］L. 雷诺兹：《微观经济学：分析和政策》，商务印书馆1982年版，第8页。

接导致碳排放的减少，例如，技术进步可以提高传统化石能源利用效率，降低单位能源消费的碳排放；技术进步可以优化能源消费结构，增加新型可再生能源在能源消费总量中的比重；技术进步可以促进二氧化碳的捕捉和封存，减少二氧化碳的直接排放；等等。事实上，任何技术进步，最终都可以促进资源效率提高，只要资源效率提高了，单位产出的碳排放自然就降低了，这就是我们低碳经济战略的终极目标。

技术进步对碳排放的减少可以通过直接或间接的途径来实现。直接的途径指的是通过技术进步使能源消费的效率提高，从而用较少的能源消耗提供人类社会所需的动力；通过技术进步开发更多的非化石能源，从而减少碳排放。间接的途径指的是在所有的生产、消费领域，由于技术进步引起的资源节约，在同等效用的前提下，资源效率的提高间接地降低了为获取这些资源的碳排放。研究显示，人类的研发活动可以导致实际的二氧化碳减排的 GDP 成本降低（Goulder and Schneider，1999）。[1] 而一项专利在使用三年后，它对能源消费和碳排放的降低作用达到最大值（Popp，2001）。[2]

经济学研究的是在资源约束条件下的选择问题。在有限的资源和无限的欲望之间，经济学家的使命就是找到约束条件下的最优解。然而，由于社会发展阶段的不同，经济学家关注的资源也不同。回顾经济学说史，在劳动力极度短缺的时代，劳动生产率的提高成为经济学关注的主要问题，劳动价值论、分工理论的盛行有其自身的逻辑。在古典经济学的视野中，除土地之外，自然资源的供给似乎是无穷大的。劳动是财富之父，土地是财富之母，剩下来的问题就是父母怎么结合、如何提高效率创造财富了。进入工业化时代，新古典学派奉行资本强权逻辑，以边际生产力和均衡价格为理论基础，重点讨论的是资本效率提高。新增长理论注意到了，无论是古典学派的劳动要素决定论还是新古典的资本要素决定论都不可避免地陷入边际收益递减的困境，都会导致经济收敛，而只有知识和人力资本具有报酬递增的特征。但是，无论是古典还是新古典和新增长理论，自然资源都被当作外生变量，并被假定为取之不尽、用之不竭的，显然这与经济

---

[1] Goulder, H., Schneider, S., "Induced Technological Change and the Attractiveness of CO_2 Abatement Policies" [J]. *Resource and Energy Economics*, 1999 (21), pp. 211–253.

[2] Popp, D., "The Effect of New Technology on Energy Consumption" [J]. *Resource and Energy Economics*, 2001 (23), pp. 215–239.

的现实不符。

二 政策建议

建立发展低碳经济的长效机制，推动社会经济朝着低碳方向转型，是实现可持续发展的必由之路。从发达国家经验来看，中国要成功发展低碳经济，就应将低碳经济战略上升为国家战略，需要国家（政府）、企业、居民的全方位积极参与。具体政策从两个方面出发：一是制度建设；二是技术创新。

（一）加强低碳经济制度建设

尽管存在一些争议，有关低碳经济的法律制度已在各个发达经济国家普遍开展。例如，欧盟在2007年就通过了《欧盟战略能源计划》，英国政府颁布了世界上第一个以温室气体减排为目标的法律文本《气候变化法》，德国制订了《国家气候保护计划》，法国政府发布了《国家应对气候变化计划：2000—2020》，日本出台了《科学技术基本法》等。虽然美国政府对外拒绝签署《京都议定书》，但事实上对内制定了多部与发展低碳经济有关的法律制度，如2005年的《能源政策法》、奥巴马政府时期通过的《低碳经济法案》以及2009年推出的《美国清洁能源安全法案》等。中国应借鉴它们的经验，逐步完善适合中国国情的低碳经济法律制度和政策框架。

建议尽快出台《气候变化应对法》。《气候变化应对法》是控制和减少温室气体排放，科学应对全球和区域气候变化，促进中国经济和社会可持续协调发展的重要法律，其制定与出台既是中国发展低碳经济所需，也是符合国际发展趋势的选择。《气候变化应对法》一方面有利于统领中国应对气候变化的各项立法，进一步完善现有的应对气候变化的法律体系；另一方面也有利于树立中国在国际碳减排领域的形象与威信，是大国战略的一项重要内容。从目前各界学者达成的普遍共识来看，《气候变化应对法》的内容至少应当包括以下几个方面：一是自愿减排目标，中国将碳强度目标法律化；二是将一些有利于低碳发展的基础性、综合性制度加以明确，建立健全的体制和机制；三是将一些成熟有效的制度和措施系统化、法定化；四是提供财税、信贷与投资方面的支持，积极调动微观企业参与减排的积极性，奖励创新，惩罚减排不力的企业；五是加大公众舆论宣传，树立低碳生活新风气。此外，需尽快完成《能源法》《原子能法》的立法工作，全面修改《煤炭法》《电力法》；积极贯彻实施《温室气体自愿减排交易管理暂行办法》，进一步完善可再生能源发展政策，出台低碳产品认证政策。

(二) 推动低碳经济技术创新

创新理论认为，经济增长源于技术性和制度性因素两大动力，技术创新和制度创新是创新的两大体系。科技管理制度的创新是实现低碳技术的根本性保障，技术创新是经济发展的源泉和动力，发展低碳经济需要技术创新及其相应的科技政策法规加以支持，建立低碳经济架构则必须依靠技术创新。目前，世界主要发达国家围绕低碳经济技术创新主要采取了以下措施：一是政府提供资金支持能源技术研发。如英国政府在 2008—2009 年提供 8.08 亿美元财政预算，用于清洁能源技术的开发、投资和企业发展；德国政府于 2009 年先后推出多项能源研究计划，提供资金用于提高能源效率和可再生能源的开发。二是运用财税政策支持新能源技术研发。如欧盟于 2010 年提出拍卖 3 亿份碳排放许可权，筹资 45 亿欧元支持欧盟低碳和可再生能源项目的研发；美国运用税收补贴经过示范验证的先进能源技术，提高市场竞争力，加快商业化进程。三是构建碳金融服务体系，支持能源技术创新。

建议从以下几个方面通过技术创新发展中国低碳经济。

一是为科技创新建立制度保障。建议政府部门从科技投入、激励机制、制度环境和人才培养等方面，构建低碳科技创新政策体系。具体包括：在低碳技术的研发投入、技术投入和市场化运作过程中，政府部门提供体制和机制支持，形成低碳经济发展长效机制；建立与企业激励机制相适应的科技政策，引导企业增加对低碳技术的研发投入；研究制定保护和促进新能源技术开发的知识产权保护制度，综合运用财政、金融、税收等政策杠杆支持低碳技术创新；制定和实施国家层面的低碳人才培养战略，培养和造就一大批高素质的创新型科技人才。

二是优化经济结构。通过产业优化升级，逐步降低第二产业的能耗强度和碳排放强度，对高碳产业特别是"重化工业"，采取扶持高效、淘汰"三高一低"的手段，加速优胜劣汰，优化产业结构；通过对传统产业的高新技术改造，逐步提高装备制造业的技术水平，加快低碳装备制造业的发展，提升传统能源如煤炭的利用效率；通过发展信息技术、生物技术和新材料技术等知识密集型与技术密集型的低碳产业，带动中国经济发展。

三是优化能源结构。围绕调整优化能源结构，解决创建新能源和可再生能源利用系统过程中的重大科学问题，探索非化石能源规模化利用的可能途径，为开发具有中国自主知识产权的能源技术和能源设备制造业提供理论依据。整合市场现有的低碳技术，加速科技成果的转化和应用。大力推进太阳能、生物质能、风能、海洋能、地热能、核能、水电等清洁能源产业化，构建低碳能源体系，逐步实现能源结构低碳化。

四是创新低碳技术。中国发展低碳经济，既要立足于研发具有自主知识产权的能源技术，更要尽可能地开展对外合作与交流，发挥后发优势，掌握低碳核心技术。一方面，应理顺企业风险投融资体制，建立和完善税收优惠、融资优惠等激励机制，让企业能够通过自主研发，在短期内获取低碳技术效益，并建立起自己的低碳技术创新体系；另一方面，在积极引进和消化国外先进技术过程中，应注重与发达国家在关键技术领域的交流合作，掌握发达国家转让的核心技术和关键技术，不断提高自身核心竞争力。

参考文献

1. Ann P. Kinzig and Daniel M. Kammen, "National Trajectories of Carbon Emissions: Analysis of Proposals to Foster the Transition to Low Carbon Economics" [J]. *Global Environmental Change*, Vol. 8, No. 3, 1998, pp. 183 – 208.

2. *BP Statistical Review of World Energy*, June 2010.

3. Commission of the European Communities, "An Energy Policy for Europe", Brussels, 10/1/2007, COM (2007) 1 final, p. 3.

4. Commission of the European Communities, "Investing in Development of Low Carbon Technologies (SET – Plan)". Brussele, 7/10/2009, COM (2009) 519 final.

5. Deacon, Robert T., Catherine S. Norman, 2004, Is the Environmental Kuznets Curve an Empirical Regularity? http://www.econ.ucsb.edu/papers/wp22 – 03.pdf.

6. DTI (Department of Trade and Industry), Energy White Paper: Our Energy Future—Create a Low Carbon Economy, London: TSO, 2003.

7. Goulder, H., Schneider, S., "Induced Technological Change and the Attractiveness of CO_2 Abatement Policies" [J]. *Resource and Energy Economics*, 1999 (21), pp. 211 – 253.

8. http://blog.163.com/tzxwang@126/blog/static/37095994201022010225914.

9. http://www: protectionoftheearth'satmospherelowcarbonworld/data/country/unitedkingdom/232.

10. Huang, "GHG Emission, GDP Growth and the Kyoto Protocol: Are Visit of Environlnental Kuznets Curve Hypothesis" [J]. *Energy Policy*, 2008, 36, pp. 239 – 247.

11. Kuznets, S. , "Economic Growth and Income Inequality" [J]. *American Economic Review*, 1955, 45 (1), pp. 1 – 28.

12. New Energy for Climate Policy: The Clean and Efficient Programme, Available at http://www. 2. vrom. nl/docs/niternationaal/new% 20ennergy% 20for% 20climate% 20policy. pdf.

13. Nordlhuas, W. D. , 1991, "To Slow or Not to Slow: The Economics of the Greenhouse Effect" [J]. *Economic Journal*, 101 (407), pp. 920 – 937.

14, OECD, "Indicators to Measure Decoupling of Environmental Pressure from Economic Growth" [J]. *Summary Report*, OECD SG/SD, 2002.

15. Panayotou, T. , 1993, "Empirical Tests and Policy Analysis of Environmental Degradation at Different Stages of Economic Development" [D]. *World Employment Programme Research Working Paper* WEP2 – 22/WP 238.

16. Paul B. Stretesky, Michael J. Lynch, "A Cross – national Study of the Association Between per Capita Carbon Dioxide Emissions and Exports to the United States" [J]. *Social Science Research*, 2009 (38), pp. 239 – 250.

17. Popp, D. , "The Effect of New Technology on Energy Consumption" [J]. *Resource and Energy Economics*, 2001 (23), pp. 215 – 239.

18. Salvador Enrique Puliafito, José Luis Puliafito, "Mariana Conte Grand, Modeling Population Dynamics and Economic Growth as Competing Species: An Application to CO_2 Global Emissions" [J]. *Ecological Economics*, 2008 (65), pp. 602 – 615.

19. Selden, T. M. , Song, D. , "Enviromnenmi Quality and Development: Is There a Kuznets Curve for air Pollution emissions" [J]. *Journal of Environmental Economics and Management*, 1994, 27 (1), pp. 162 – 168.

20. Smith, K. P. , Swisher, J. , D. R. Ahuja, "Who Pays (to Solve the Problem and How Much)?", In P. Hayes, Smit, H. eds. , *The Global Greenhouse Regime—Who Pay? Science, Economic and North – South Politics in the Climate Change Convention*, London: United Nations University Press, 1993.

21. Stern Nicolars, *Stern Review on the Economics of Climate Change* [D]. Cambridge University Press, 2007.

22. Sturluson, J. T. , "Economic Instrument for Decoupling Environmental Pressure From Economic Growth" [J]. *Project Escription*, August 13, 2002.

23. Tapio, P. , "Towards a Theory of Decoupling: Degrees of Decoupling in the EU and the Case of Road Traffic in Finland between 1970 and 2001" [J]. *Journal of Transport Policy*, 2005 (12), pp. 137 – 151.

24. Ugur Soytas, Ramazan Sari, Bradley T. Ewing, "Energy Consumption, Income,

and Carbon Emissions in the United States" [J]. *Ecological Economics*, 2007 (62), pp. 482 – 489.

25. Yan Yunfeng, Yang Laike, "China's Foreign Trade and Climate Change: A Case Study of CO_2 Emissions" [J]. *Energy Policy*, 2010 (38), pp. 350 – 356.

26. [英] 安东尼·吉登斯:《气候变化的政治》,曹荣湘译,社会科学文献出版社 2009 年版。

27. 蔡昉、都阳、王美艳:《经济发展方式转变与节能减排内在动力》,《经济研究》2008 年第 6 期。

28. 陈剑锋:《低碳经济:经济社会发展方式的全新变革》,《求是》2010 年第 2 期。

29. 陈柳钦:《低碳经济:一种新的经济发展模式》,《节能与环保》2010 年第 5 期。

30. 陈文颖、吴宗鑫:《碳排放权分配与碳排放权交易》,《清华大学学报》(自然科学版) 1998 年第 38 期。

31. 程恩富、王朝科:《低碳经济的政治经济学思考》,《海派经济学》2010 年第 31 辑。

32. 但智钢、段宁、于秀玲等:《重点企业监控资料》,《环境科学研究》2010 年第 2 期。

33. 《中国的资源消耗量太大》,(法国)《解放报》2005 年 3 月 18 日。

34. 樊纲:《通过制度改革实现无悔减排》,《开放导报》2011 年第 4 期。

35. [德] 冯·魏茨察克:《四倍跃进》,北京大学环境工程研究所译,中华工商联合出版社 2001 年版。

36. 冯之浚等:《低碳经济的若干思考》,《中国软科学》2009 年第 12 期。

37. 付允、马永欢:《低碳经济的发展模式研究》,《中国人口·资源与环境》,2008 年第 18 期。

38. 勾红洋:《低碳阴谋:中国与欧美的生死之战》,山西经济出版社 2010 年版。

39. 何建坤:《发展低碳经济,关键在于低碳技术创新》,《绿叶》2009 年第 1 期。

40. 何毅亭、陶良虎编:《中国低碳经济:面向未来的绿色产业革命》,研究出版社 2010 年版。

41. 金乐琴:《中国如何理智应对低碳经济的潮流》,《经济学家》2009 年第 3 期。

42. [法] L. 雷诺兹:《微观经济学:分析和政策》,商务印书馆 1982 年版。

43. 孟德凯:《关于中国低碳经济发展的若干思考》,《综合管理》2007 年第 9 期。

44. 潘家华、郑艳:《碳排放与发展权益》,《世界环境》2008 年第 5 期。

45. 潘家华、郑艳:《基于人际公平的碳排放概念及其理论含义》,《世界经济与政治》2009 年第 10 期。

46. 潘家华、庄贵阳、郑艳等：《低碳经济核心要素分析》，《国际经济评论》2010 年第 7 期。

47. 宋德勇：《中国发展低碳经济的政策工具创新》，《华中科技大学学报》2009 年第 23 期。

48. 吴志忠：《日本能源安全的政策、法律及对中国的启示》，《法学评论》2008 年第 5 期。

49. 邢继俊、黄栋、赵刚编：《低碳经济报告》，电子工业出版社 2010 年版。

50. 徐汉国、杨国安：《绿色转身——中国低碳发展》，中国电力出版社 2010 年版。

51. 于开祥、洪文达等主编：《欧洲共同体——体制、政策、趋势》，复旦大学出版社 1989 年版。

52. 张安宁、唐在富：《发达国家发展低碳经济的实践与启示》，《中国财政》2009 年第 4 期。

53. 张坤民：《低碳世界中的中国：地位、挑战与战略》，《中国人口·资源与环境》2008 年第 18 期。

54. 政府间气候变化专门委员会（IPCC）：《气候变化 2007：综合报告》，政府间气候变化专门委员会第四次评估报告第一、第二和第三工作组的报告，Pachauri R. K 和 Reisinger，第 11 页。

55. 郑玉歆：《不能过分追求能源消耗强度大幅下降》，《中国社会科学报》2011 年 3 月 8 日。

56. 中国环保网：http://www.cnep001.com/detail-5034798.html。

57. 周丹：《哥本哈根世界气候大会》，《中外能源》2011 年第 12 期。

Chapter 6 Green Low Carbon Economy and Economic Development of Large Country

Abstract：Chapter 6 analyzes and reveals the strategic significance of the human society's pursuit of low carbon development from the perspective of modern economics. By reviewing the literature on low carbon economy, drawing lessons from the experience on developing low carbon economy in developed countries, the chapter analyzes and discusses the cost, income, and misunderstanding of China's implementation of low carbon strategy. Moreover, the chapter argues that reducing the absolute amount of carbon emission at the present stage is not the strategic target of China's low carbon economy, and the technology is the basic way to realize the low carbon economy. Finally, the chapter puts forward the theoretical proposition that the development of low carbon economic strategy into national strategy needs to formulate policies from both institution construction and technological innovation.

Key words: Low – carbon Economic Strategy, Carbon Emission, Economic Development and Technological Innovation

(执笔人:王红领 管建强)

第七章 大国经济发展与工业强国建设

在全球舞台上，国家无论大小都必须有自己的发展战略，大国战略与小国战略有着本质的区别。对于大国而言，不能采取寄生战略，只能有条件地采用强国战略，这是社会进化的基本法则。从历史经验看，一个世界强国首先是一个工业强国，工业强则国家强，工业兴则国家兴。当前，中国虽然已经成为世界大国，但离世界强国还有很长的距离，根本原因是中国工业竞争力总体不强，中国还仅仅是一个工业大国，而远非工业强国。面对以新能源、新一代信息技术、新材料、智能制造等为标志的新科技和产业革命浪潮，对于处于追赶型的广大发展中国家，特别是像中国这样的发展中大国，面临着诸多机遇和严峻挑战。在经历了30多年的快速、持续发展后，中国特色社会主义进入了新时代，在新时代，中国如何在新科技和产业革命浪潮中真正实现大国崛起，如何实现从"世界大国"向"世界强国"的完美蜕变，根本出路在于工业竞争力的提升。基于此，本章从工业强国角度探讨大国经济发展与大国产业崛起。

第一节 导论

工业强国，是指在世界工业发展中具有重要地位和影响力，在国际产业竞争中相对处于强势地位，在产业创新和产业竞争中能够发挥引领作用的国家。它强调的是与其他国家的横向比较，反映的是一个国家当前工业的竞争实力与发展水平，表达的是工业发展的后劲与潜力。工业强国是一个国家工业的强盛，而不仅是工业规模的巨大。工业强国不同于工业大国。大并不一定意味着强，大国不一定是强国。"强"意味着内在的能力和素质，"大"只是外在的形体和规模，"强"强调质，"大"侧重量。从某种意义上说，"强"比"大"更重要。"强"而不"大"，则没有足够的影响力，但不至于垮；"大"而不"强"，迟早要垮，而且垮的影响也许会更大（李荣融，2009）。因此，工业强国比工业大国更难实现，工业大国只需要规模取胜，工业强国却需要技术、管理、品牌、创新等方面都具有优势。工业强国是相对的，在任何一个历史时期，只能有少数几个国家是世界工业强国。工业强国的成功之路是其他竞争者难以模仿和学习的，其发展是一个循序渐进的过程。同时，工业强国不一定意味着在工业各领域全方位都处于世界领先地位，只要有几个领域在全球处于领先地位，也可以称为世界工业强国。工业强国是发展的，不同的历史时期，其概念、内涵和特征是发展变化的。如在工业化初期，劳动密集型产业为主导产业；工业化中期，资金、技术密集型产业为主导产业；到了工业化后期，知识密集型产业为主导产业，人才、知识、创新能力等成为决定一国工业是否强大的主导因素。在信息化席卷全球的今天，工业和信息化融合为工业强国注入了新的要素。

从一定程度上说，大国要成为工业强国需要注意以下四个方面的问题：

第一，必须从战略高度重视对制造业发展的规划和部署。美国、日本、德国等工业强国都非常重视从战略高度支持制造业发展，出台了一系列促进制造业创新发展的措施和法令。如为了占领制造业信息化技术制高点，美国提出了跨世纪的研究计划，如"美国国家关键技术""先进制造技术计划""敏捷制造技术计划""下一代制造（NGM）"等计划，帮助美国在20世纪末期实现了长达十年之久的黄金发展。进入21世纪以来，为复兴美国制造业，继2009年颁布《重振制造业政策框架》以来，美国先后于2011年6月和11月及2012年2月和7月，发布《先进制造业伙伴计划》《制造业复兴计划》《先进制造业国家战略计划》和《获取国内先进制造业竞争优势》等一系列新举措，试图促进美国制造业全面复兴。

第二，自主创新是世界工业强国不断兴盛的不懈动力。科学技术作为生产力，大大促进了工业的发展，现代经济增长的理论与实践表明，科技创新已经成为经济增长的必要条件。发达国家在工业发展过程中不断加大对科技创新的投入，为技术进步和劳动生产率提高做出了重要贡献。

第三，跨国公司是发达国家主导全球化生产方式的重要载体。在全球市场上，国家之间的竞争往往表现为跨国公司之间的竞争。一个国家拥有的跨国公司往往决定了其在全球产业分工体系中所处的地位和角色。跨国公司对关键领域的行业垄断使其掌握着国际投资的主导权,并通过制定技术标准、控制核心技术、加强产业链整合,不断巩固在全球竞争中的主导地位。跨国公司凭借其领先的技术和产品优势、强大的研发能力和人才基础、卓越的品牌形象、全球化的物流网络、巨大的资金规模、丰富的管理经验,在全球范围内配置、整合和利用资源,成为全球产业国际分工的主导力量。相关研究表明,跨国公司由于进行超越国家和地区界限的生产要素和资源优化组合,使目前世界总产值的约 1/3 由跨国公司所占有,其中 90% 以上由少数巨型跨国公司控制。跨国公司凭借其在规模、科技、人才、范围、无形资产、融资、内部化、管理、与国家政权相结合等方面的优势,引领全球产业的发展。如 IBM 始终以超前的技术、先进的理念、出色的管理和独树一帜的产品领导着全球信息产业的发展。

第四,重视对知识产权、标准等的掌控。专利、知识产权和标准是激励创新的重要制度保障,也是决定企业发展成败的重要因素。目前,国际上有一个很明显的趋势,就是发达国家将技术标准和知识产权作为保持其技术垄断地位的重要手段。一些大型跨国公司在扩张自身技术专利的同时,不断收购具有专利技术的小企业,以保持自身竞争优势,有的还联手形成知识产权和专利互换联盟,以期主导产业发展方向。

第二节 建设工业强国是实现大国崛起的必由之路

一 世界工业强国的类型及特征

如果从基于产业优势的大国来看,我们可以依据工业竞争优势对工业强国做一个初步的分类,主要可以包括三个层次:第一层次是世界一流工业强国,如美国、日本、德国等,它们在整个工业领域表现出了非常突出的产业优势及国际市场定价权。第二层次是整体处于世界前列、同时局部优势明显的工业强国,如英国、法国、意大利等,它们在工业部门的相当范围内拥有明显的竞争优势和定价能力。第三层次是局部优势突出的工业强国,如瑞士、瑞典、韩国等,这些国家在某些工业领域内的优势非常突出,并在这些工业中掌握了相当强的定价能力。

(一) 世界一流工业强国

1. 美国

美国本土位于北美洲中部，东濒大西洋，西临太平洋，北靠加拿大，南接墨西哥及墨西哥湾，国土面积约963万平方千米，位居世界第三。人口约3.16亿，位居世界第三。美国经济高度发达，产业规模巨大，经济总量长期居世界首位，是当今世界最为重要的经济体之一。2013年，美国国内生产总值（现价美元）为16.8万亿美元，位居世界第一；人均GDP为53143美元，位居世界第九；货物出口总额为15927.8亿美元，进口总额为22944.5亿美元；制造业增加值为20795.2亿美元，占美国GDP的12.4%。① 美国工业门类齐全且生产技术先进。传统工业部门有钢铁、汽车、化工、石油、飞机、机械、造船、电力、采矿、冶金、印刷、纺织、制药、食品、军火等。新兴工业部门有电子信息、光电、激光、机械设备制造、航天航空、核能、新能源、机器人、新型材料、生物制药、高速铁路系统、尖端武器等。其中，化工、电子信息、机械设备制造、航空航天、汽车、生物医药等产业则是美国制造业的支柱。

（1）化学工业。美国是全球最大的化学品生产国，化学品产量约占全球的20%。化工产业一直是美国最大的制造业部门之一，也是最大的出口部门之一。经过多年发展，美国化学工业涌现出了陶氏化学、埃克森美孚、杜邦、PPG工业公司等全球知名化工企业。美国化学协会（American Chemistry Council）数据显示，2013年，美国化学工业发货金额（the value of shipment）为8120亿美元，同比增长66%；雇员人数为7.93万人；研发经费为560亿美元，同比增长51%；出口额为1891亿美元，同比增长13.9%，占美国出口总额的12%。技术创新是推动美国化学工业发展的动力源泉，目前美国化学工业专利数占全部专利的17%。经过100多年的发展，美国化学工业形成了自身鲜明的技术创新特点。美国政府的科技政策和宏观调控等外部因素，对化学工业的发展起着至关重要的作用。20世纪，美国成为世界化学的研发中心，化学成果和获奖人数居全球首位。截至2014年，在总数106次（不包含未颁奖的年份）诺贝尔化学奖中，美国科学家共获奖45次。

（2）电子信息产业。美国是全球电子信息产业发展的领导者，拥有

---

① 数据来源于美国商务部经济分析局网站（www.bea.gov）。

一批诸如微软、IBM、英特尔、惠普、甲骨文、脸书（Facebook）、思科、苹果、谷歌、戴尔等知名企业，在软件和集成电路行业长期处于垄断地位，操作系统、数据库、开发工具等核心软件在全球市场的占有率高达80%以上，通用处理器、高端网络芯片、高端模拟芯片和可编程逻辑芯片、半导体加工设备等集成电路产品和设备在全球市场中居领先地位。根据《世界电子数据年鉴（2013）》统计，2013年，美国电子信息产业产值为2385.2亿美元，同比增长0.4%，较上年增速增加0.3个百分点。其中，无线通信与雷达设备产值为713.3亿美元，占产值总额的30.0%；其次是电子元器件，产值为568.8亿美元，占产值总额的24.0%；最后是控制与仪器设备，产值为412.1亿美元，占产值总额的17.3%（见图7-1）。

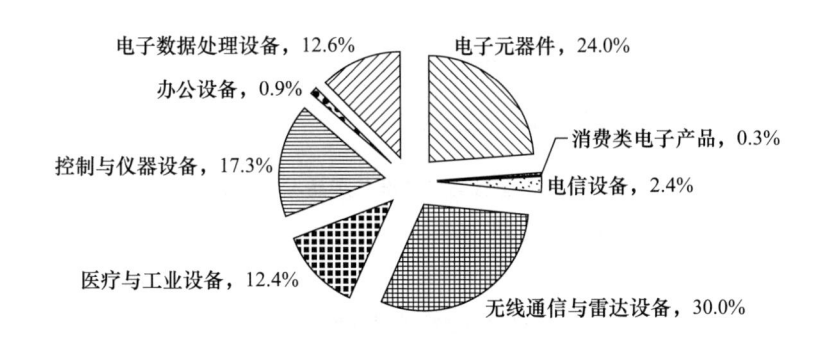

图7-1 2013年美国各类电子产品产值份额情况

注：2013年数据为预测值。

资料来源：*The Yearbook of World Electronics Data* 2013。

（3）机械设备制造业。机械设备制造业是美国的传统优势产业。美国是全球最大的机械设备市场，也是全球第三大机械设备供应商（中国、日本分别位居全球第一和第二，德国排名第四）。据美国商务部经济和统计管理局数据，2013年，美国机械设备制造产业发货金额约为4112.1亿美元，占整个制造业发货金额的7.1%。其中，建筑机械，汽轮机、发电机及其他输变电设备，工业机械，通风、加热、空调及制冷设备，金属加工机械，物料搬运设备，油气田开采机械，农业机械，摄影器材9类机械设备产品的发货金额分别为549.0亿美元、469.5亿美元、452.3亿美元、435.7亿美元、367.8亿美元、341.4亿美元、262.1亿美元、254.7亿美元、80.9亿美元，分别占机械设备制造业发货总额的17.0%、14.6%、14.1%、13.6%、11.4%、10.6%、8.2%、7.9%、2.5%（见图7-2）。① 美国拥有一大批世界知名的机械设备制造商，其中包括全球最大的机械设备制造商卡特彼勒（Caterpillar）公司，以及特雷克斯（TEREX）、约翰迪尔（John Deere）、豪士科（Oshkosh）、爱斯太克工业（ASTEC Industries）、马尼托瓦克等（见表7-1）。

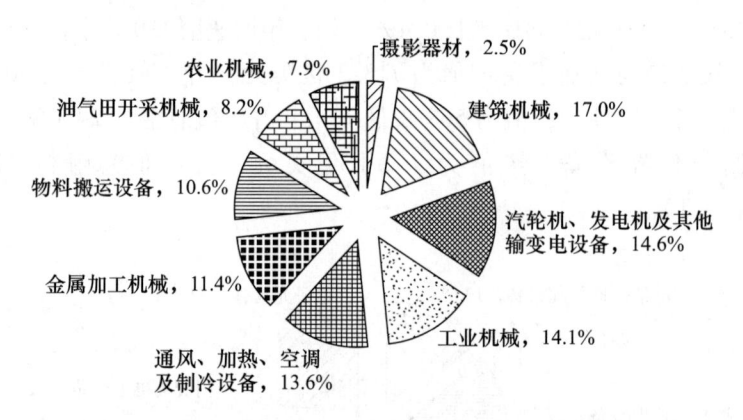

图7-2 2013年美国各类机械设备产品发货金额份额情况

资料来源：美国商务部经济和统计管理局。

表7-1　　　　　　　　美国代表性机械设备制造商

	公司名称	基本情况	2013年销售额（亿美元）	全球排名
1	卡特彼勒	总部位于美国伊利诺伊州皮奥里亚的重型工业设备制造公司，主要产品包括农业、建筑及采矿等工程机械和柴油发动机、天然气发动机及燃气涡轮发动机	317.15	1
2	特雷克斯	主要生产高空作业平台、起重机、非公路自卸车、挖掘机、挖掘装载机、破碎筛分设备、钻机、高空作业车等	70.84	7
3	约翰迪尔	主要生产农业机械、工程机械、草坪设备及林业设备等	58.66	12

---

① 工业机械主要包括电动马达、泵、阀、压缩机、工业控制设备等。

续表

	公司名称	基本情况	2013年销售额（亿美元）	全球排名
4	豪士科	世界上规模最大和技术最领先的特种车及卡车车身生产商	38.88	16
5	马尼托瓦克	主要生产履带式起重机、波坦塔式起重机、格鲁夫液压移动式起重机以及万国随车式起重机等	25.06	20
6	爱斯太克工业	全球最大的沥青搅拌设备制造商，主要产品涵盖岩石破碎机，沥青搅拌设备，混凝土搅拌机，水、天然气和石油钻机，地钻，铣刨机，沥青摊铺机，物料输送车，木材加工设备等	9.33	36

注：2013年销售额和全球排名数据均来自国际权威媒体 International Construction 杂志发布的2014年度全球工程机械50强排行榜。

资料来源：International Construction "2014年度全球工程机械50强排行榜"。

（4）航空航天产业。美国是世界第一大航空航天工业强国，航空航天是美国工业发展的重要基石。2013年，美国航空航天产业销售收入为2235.5亿美元，同比增长2.6%，雇员总数高达61.82万人。其中，民用飞机、军用飞机、导弹、航天产业、相关产品及服务等的销售收入分别为674.8亿美元、568.1亿美元、218.4亿美元、456.0亿美元、318.2亿美元，依次占美国航空航天产业销售总额的30.2%、25.4%、9.8%、20.4%和14.2%（见图7-2）。2013年，美国航空航天产业出口额为1119.4亿美元，同比增长12.6%；进口额为384.7亿美元，贸易顺差为734.7亿美元。其中，民用出口额为988.3亿美元，军用出口额为131.0亿美元，其中，整机，飞机发动机，飞机和发动机零配件，导弹、火箭及其配件，飞船、卫星及其配件的出口额分别为23.6亿美元、6.5亿美元、68.7亿美元、31.0亿美元、2.1亿美元。从主要企业看，美国波音公司（世界第一大航空航天企业）、洛克希德·马丁公司（世界第三大航空航天企业）、通用动力公司（世界第四大航空航天企业）、美国联合技术公司（世界第六大航空航天企业）、诺斯罗普·格鲁曼公司（世界第七大航空航天企业）、雷神公司（世界第八大航空航天企业）、GE航空集团、

L-3通信公司、霍尼韦尔航空航天集团、美国科学应用国际公司（SA-IC）、德事隆集团（Textron）、古德里奇（Goodrich）等都是世界知名的航空航天企业。

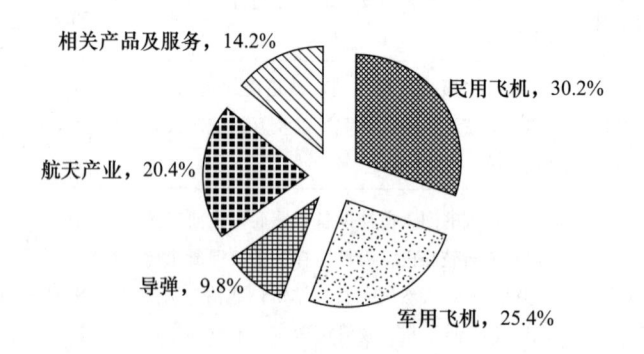

图7-3　2013年美国航空航天产业各类产品销售份额

资料来源：美国航空航天工业协会（US Aerospace Industries Association）。

（5）汽车产业。汽车产业是美国工业的重要支柱产业。2009年，美国汽车产业遭遇到前所未有的寒冬，汽车销量急剧下降，汽车工人纷纷失业，克莱斯勒和通用汽车申请了破产保护，福特也仅仅依靠巨额的借贷才渡过难关。进入2010年以后，受益于经济发展形势的改善及政府的扶持，美国汽车行业持续复苏。美国商务部经济和统计管理局数据显示，2011年，美国汽车产业发货金额为1810.7亿美元，占制造业发货金额的3.4%。其中，汽车、轻型卡车和多功能车、重型卡车的发货金额分别为639.4亿美元、944.3亿美元、227.0亿美元，依次占美国汽车产业总发货金额的35.3%、52.2%、12.5%。进入2013年，美国汽车产业继续蓬勃发展，发货总金额达到3077.6亿美元，是2011年的1.7倍，占全美制造业发货金额的5.3%。其中，轿车、轻型卡车和越野车、重型卡车的发货金额分别为1262.5亿美元、1543.9亿美元、271.2亿美元，同比增长分别为18.0%、14.4%、-6.8%。2013年，美国汽车及零部件产业出口额为1521.0亿美元，同比增长4.1%；汽车产量为1104.6万辆，同比增长6.9%，占全球汽车总产量的12.7%，是仅次于中国的世界第二大汽车生产国，其中，乘用车产量为434.7万辆，商用车产量为669.9万辆；汽车销量为1588.4万辆，同比增长7.4%，是仅次于中国的世界第二大汽车销售国。通用（GM）、福特（Ford）、克莱斯勒（Chrysler）是美国三大汽车制造商，在美国汽车市场的占有率高达50%左右。

（6）生物医药产业。经过几十年的发展，美国在生物医药产业及其产业化方面占据着世界领先地位（见表7-2），生物医药产业已成为美国高技术产业发展的核心动力之一。2013年，美国生物医药产业发货金额为1871.4亿美元，同比增长0.9%，占整个制造业发货金额的3.2%。作为全球生物医药发展中心，美国已形成了波士顿、圣地亚哥、旧金山、华盛顿和北卡三角园五大生物医药产业基地。其中，新泽西州集中了默克（Merck）、罗氏（Roche）、诺华（Novartis）、百时美施贵宝（Bristol - Myers Squibb）、强生（Johnson & Johnson）等世界著名制药企业的主要生产基地，是世界闻名的药谷；马萨诸塞州拥有世界一流大学，是全球最具创新优势的地区，几乎所有的著名生物医药公司都在此设立了研发中心；加利福尼亚州旧金山地区依靠政府和大学联合规划，将高校、医院、企业、风险投资高度集中，发挥资源整合的优势，围绕生物医药产业发展进行基础研究；圣地亚哥地区是全美生物医药产业发展速度最快的地区，汇集了辉瑞（Pfizer）、强生、先灵葆雅（Schering - Plough）、百时美施贵宝等跨国制药巨头的研发机构，还有超过600家生物医药公司在此落户，成为新兴的生物谷。

表7-2　　　　　　　2013年全球生物医药企业研发投入排名

	公司名称	研发支出（亿美元）	研发支出占销售收入比重（%）
1	瑞士罗氏	96.3	19.8
2	瑞士诺华	96.2	17.0
3	美国默克	82.5	14.1
4	美国强生	80.0	11.5
5	美国辉瑞	79.0	13.0
6	法国赛诺菲	67.6	14.5
7	英国葛兰素史克	58.2	12.8
8	美国礼来	55.0	23.8
9	英国阿斯利康	52.0	18.8
10	美国艾伯维	45.0	15.2
	平均值	71.2	16.1

资料来源：各大上市公司年报。

2. 德国

德国位于欧洲中部，面积仅为35.7万平方千米，人口只有8080万。2013年，德国国内生产总值为3.73万亿美元，位居世界第四；人均GDP为45085美元，排名世界第18位；货物和服务出口总额为17001.4亿美元，进口总额为14833.2亿美元；工业增加值为8754.4亿美元（其中，制造业增加值为7454.4亿美元），占德国GDP的23.5%。德国是自然资源较为贫乏的国家，除硬煤、褐煤和盐的储量丰富之外，在原料供应和能源方面很大程度上依赖进口，2/3的初级能源需要进口。虽然地域狭小、人口不多、能源和自然资源较为贫乏，然而，德国却是当今欧盟最大、世界第四大经济体。和英国、法国等老牌资本主义国家相比，德国在进行工业革命和实现现代化方面是相对滞后的，而且在半个世纪内发动和经历两次世界大战之后还能重新崛起，靠的是发展经济和强化国力，汽车制造、机械设备、电子电气、化学工业、食品饮料等是德国的支柱产业（见表7-3）。

表7-3　　　　　　　　　德国制造业的主要支柱

	产业类别	企业数量（2012年）	雇员数量（2013年）	营业收入（亿欧元）	
				2012年	2013年
1	机械设备	6393家	98.6万人	2069	2058
2	电子电气	4452家	84.1万人	1700	1670
3	汽车制造	1008家	71.9万人	2740	2760
4	化学工业	1187家	28.8万人	1130	1110
5	食品饮料	5309家	43.3万人	1360	1390
	合计	37092家	511.0万人	13650	13590

资料来源：德国机械设备制造商协会（VDMA），"Mechanical Engineering: Figures and Charts 2014"。

（1）汽车产业。汽车产业是德国第一支柱产业，2013年，德国汽车产业销售额高达4804.6亿美元[1]，同比增长1.3%，就业人数约为75.6万。[2] 其中，汽车整车制造业销售收入为3759.4亿美元，同比增长1.0%，

---

[1] 2013年欧元兑美元平均汇率为1.3281。
[2] 德国自动化工业联合会（Verband der Automobilindustrie）。

雇员人数为43.3万人；汽车零配件制造业销售收入为931.5亿美元，同比增长2.6%，雇员人数为29.1万人。德国是世界汽车制造强国，拥有奔驰、宝马、大众、奥迪、保时捷等国际知名品牌。在全球高档汽车市场上，德国汽车品牌也占有重要地位，迈巴赫等更成为身份高贵的象征。汽车产业之所以能以较多的优势领先于其他产业，长期保持德国第一的产业地位，展现超群的实力和强劲的发展势头，研发投入的不断加大是其关键所在。2013年，德国汽车产业研发投入高达242.6亿美元，同比增长5.2%。德国工业领域28%的研发人员从事汽车的研发工作，而汽车产业1/9的员工供职于研发部门。德国汽车产业平均每十天就有一项专利产生，每年获得专利3650项，是名副其实的世界冠军。所有这些都确保了德国汽车产业在全球的技术领先优势，凸显了德国汽车工业在德国经济中的核心地位。德国汽车产业研发工作的重点是提高汽车质量、改善安全性能、降低能耗。德国主要整车制造商为奔驰（Daimler Benz）、大众汽车（Volkswagen）、奥迪（Audi）、宝马（BMW）、保时捷（Porsche）、欧宝（Opel）、曼（MAN）等，主要汽车配件生产企业有博世集团、大陆、ZF、蒂森·克虏伯、西门子VDO、巴斯夫以及Hella等。2013年，德国汽车产量达571.8万辆，同比增长1.2%，其中，乘用车544.0万辆，商用车27.8万辆；销量为325.8万辆，同比下降4.0%。在全球汽车生产量排名中，德国位列中国、美国和日本（963.0万辆）之后，排名世界第四。

（2）机械设备制造业。机械设备制造业是德国工业的第二大支柱产业。德国机械设备制造商协会（VDMA）数据显示，2013年，德国机械设备制造业就业人数高达98.6万人，企业数超过6000家，行业企业以中小型企业为主，87%的企业员工人数不足250人，只有2%的企业员工数超过1000人。2013年，德国机械设备制造业销售额为2733.2亿美元，同比下降0.5%；研发支出为70.4亿美元，同比增长1.9%。德国是世界上重要的机械设备制造强国。目前，在全球机械设备业的31个产品领域中，德国产品在21个领域占据世界出口第一的位置，在其余领域内也几乎全部位列世界前三。2013年，德国机械设备制造业出口额为1490亿美元，同比下降0.3%，贸易顺差为910亿美元。其中，动力传输设备、物料搬运设备、机床、农业机械、空气处理技术与设备、建筑设备和建材机械、食品加工和包装机械、阀门及配件等是德国出口排名前列的机械设备产品（见图7-4和图7-5）。

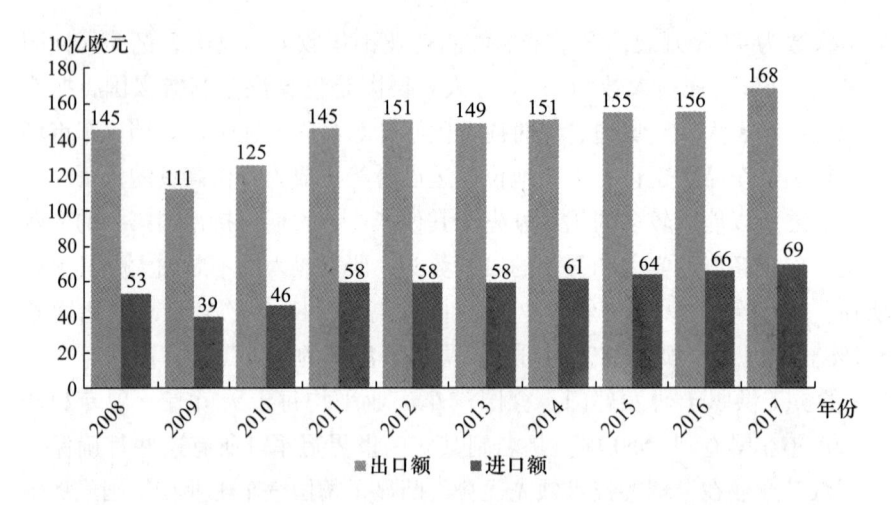

图 7-4　2008—2017 年德国机械设备制造业进出口额（单位：10 亿欧元）

资料来源：德国机械设备制造商协会（VDMA）"Mechanical engineering: figures and charts 2018"。

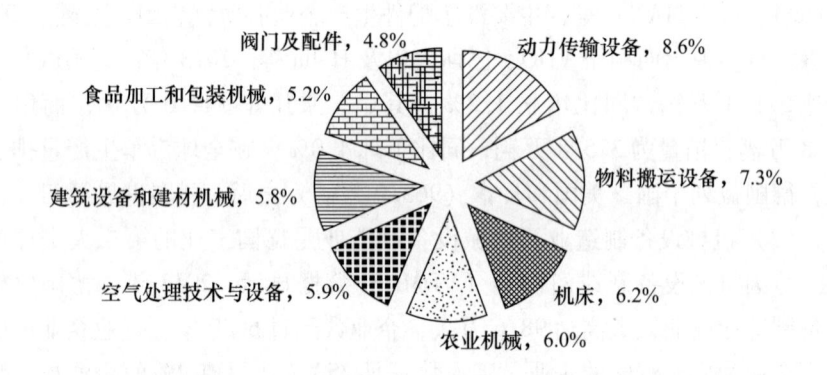

图 7-5　2013 年德国机械设备制造业主要出口产品及所占比重

资料来源：德国机械设备制造商协会（VDMA），"Mechanical Engineering: Figures and Charts 2014"。

（3）电子电气制造业。电子电气制造是德国重要的支柱产业，半导体产品（集成电路、高度保真分立元件）、电阻器、电容器、缩合器、感应器、无源及混合微电路、电子机械元件（连接器、开关）和印刷或混合电路板等电子电气产品享誉全球，拥有西门子、凯士林（KISSLING）、MR 集团、德国通用电气、西蒙电气等一批世界知名企业，2013 年，行业销售额达2204.7亿美元，从业人员约有84.2万人。传统上，德国电子电气制造业一直以出口为导向，行业营业收入的75%—80%来自出口。德国电子电气制造商协会（ZVEI）数据显示，2013年，德国电子电气制造业出口总额为2123.6亿美元，同比增长2.0%，贸易顺差为300.2亿美元，前四大出口目的国分别是美国、中国、法国和意大利，占比分别为8.3%、7.5%、7.2%和5.2%；研发支出为187.3亿美元，约占德国工业总研发投入的20%，这确保了德国多年来拥有世界技术领先的电气设备制造业。图7-6为2008—2014年德国电子电气制造业销售额情况。

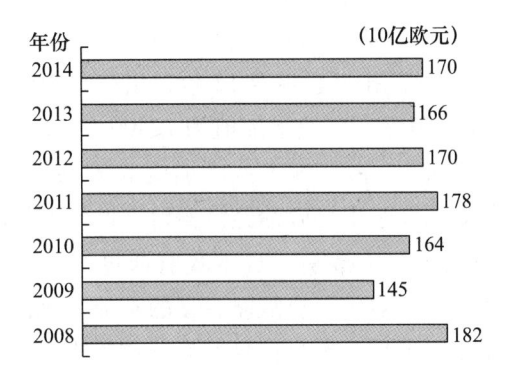

年份	(10亿欧元)
2014	170
2013	166
2012	170
2011	178
2010	164
2009	145
2008	182

图7-6　2008—2014年德国电子电气制造业销售额

注：2014年数据为预测值。

资料来源：德国电子电气制造商协会（ZVEI），"German Electrical & Electronic Industry – Facts & Figures"。

（4）化学工业。德国是世界第四大化学工业强国，在1811—2014年的200多年发展岁月里，德国化学工业逐步成为世界化学工业界的中坚力量。德国化学工业协会（VCI）[①] 数据显示，2013年，德国化学工业销售额为1952.3亿美元。其中，最大的产业门类是石油化工和聚合物，合计占销售总额的55%左右；基础化学品、颜料、涂料及其他专业消费化学品等紧随其后。化学工业是德国第五大制造业，占德国制造业产值的7.2%，位居汽车、机械设备、金属制品和电气设备等制造业之后。德国是目前世界上最大的化工产品出口国，2013年，出口额达到1540.6亿美

---

① 德国化学工业协会网站：www.vci.de。

元，贸易顺差为 66.4 亿美元。德国拥有为数众多的世界级大型化工企业，其中，BASF（巴斯夫）公司是世界最大的化工企业，拜耳（Bayer）公司也在世界大型化工企业中名列前茅，德固萨（Degussa）公司是世界最大的精细化工品生产商，汉高（Henkel）公司是世界第三大日用化工品生产商，Boehringer Ingelheim 公司是世界顶级的植物药生产商。

3. 日本

日本由数千个岛屿组成，国土面积狭小（仅有 37.78 万平方千米），人口众多（人口达 1.28 亿，是世界人口第十大国），自然资源匮乏，但这并不能阻止日本成为全球经济最发达、生活水平最高的工业强国之一。2012 年，日本国内生产总值（GDP）为 5.96 万亿美元，位居世界第三；人均 GDP 为 46837 美元，排名世界第 12 位；出口总额为 7985.7 亿美元，进口总额为 8858.5 亿美元；工业增加值为 12400 亿美元（其中，制造业增加值为 11080 亿美元），占全球工业增加值的 7.48%，占日本 GDP 的 20.9%。日本多年来活跃于世界政治经济舞台，得益于其作为工业强国的重要影响力。第二次世界大战后，日本政府通过实施"倾斜生产方式"政策，优先支持钢铁、煤炭等具有战略意义的基础工业，促进日本工业从战争的打击中走出来。此后，经过信息技术革命的洗礼，日本工业经历了连续的快速发展期和结构调整期，技术水平和整体素质逐渐达到全球一流水平，并在不少领域的核心技术、关键装备、高精尖产品加工能力等方面都对美国形成了巨大的挑战。当前，日本的工业结构已超越重工业时代，以附加值高、消耗能源少的技术密集型产业为主导。目前，日本的汽车、电子信息、化学、钢铁等行业在全球产业分工体系中居于至关重要的地位。

（1）汽车产业。日本是位居世界第三的汽车生产大国，汽车产业是支撑日本经济的重要支柱产业之一。汽车产业是与生产、销售、维修、运输等行业密切相关的综合性产业，2010 年，日本汽车产业总产值高达 1917.8 亿美元，同比增长 29.5%①，产值占制造业总产值的 17% 左右，占整个机械工业总产值的 37% 左右，直接和间接就业人数约占日本总就业人口的 8%。受日本大地震、泰国洪水的影响，2011 年，日本汽车产量出现下滑，下降为 839.87 万辆，同比下降 12.8%，位居世界第三，其

---

① 日本汽车工业协会网站。2010 年美元兑日元的汇率按照 1 美元 = 87.75 日元换算。

中，乘用车产量为715.85万辆，货车产量为113.60万辆，客车产量为10.41万辆。2011年，日本汽车出口量为446.44万辆（其中，乘用车出口量为392.99万辆，货车为42.38万辆，客车为11.07万辆），占总产量的53.2%，出口总额为1421.3亿美元（其中，整车出口额为1018.9亿美元，零部件为402.4亿美元）。日本汽车产业在全球分工体系中占据重要地位，一大批汽车生产商如丰田、本田、日产、马自达、三菱、五十铃、铃木等成为世界级龙头企业，其中，丰田公司的JIT生产模式被看作是全球制造业的典范，并被国际各大企业竞相效仿。日本一直走在世界汽车产业的前沿，为顺应新能源汽车的发展趋势，日本政府在2010年发布了下一代汽车发展战略，以保持日本在未来汽车产业国际竞争格局中的领先优势。2011年日本主要汽车生产商汽车出口量情况如表7-4所示。

表7-4　　　　2011年日本主要汽车生产商汽车出口量

名次	汽车公司	出口数量（万辆）
1	丰田	156.89
2	日产	71.64
3	马自达	65.06
4	三菱	43.80
5	富士重工	29.83
6	铃木	24.90
7	本田	23.51
8	五十铃	15.19
9	日野	7.35
10	三菱扶桑	4.72
11	大发	2.17
12	UD Trucks	1.38

资料来源：日本汽车工业协会（IAMA）。

（2）电子信息产业。日本处于全球电子信息产业的核心圈和产业链的高端，在无源元件（电容、电阻、电感、晶振等）、精密光学仪器和元件、新型平板显示、数码产品、汽车电子、白色家电、半导体等领域处于世界领先地位，涌现出了索尼、松下、东芝、夏普、佳能、NEC、富士通、三洋、日立、尼康、村田、TDK、爱普生等国际知名企业。根据《世界电子数据年鉴》统计，2011年，世界电子产品市场规模约为1.79万亿美元，其中，美国、中国和日本分别占世界电子信息产业市场的23.01%、19.92%和9.47%，日本是仅次于美国和中国的全球第三大电子信息产业大国。此外，从电子信息产业产值规模看，日本仍居第三位，位列中国和美国之后。2011年，日本电子信息产业总产值达到1634.7亿美元，其中，集成电路、消费电子产品、通信设备、液晶器件（LCD）、计算机和相关设备、分立半导体等行业产值位居前列，占日本电子信息产业总产值的比重分别为17.1%、12.1%、11.2%、11.1%、9.6%、8.4%。2011年，日本电子信息产业出口总额高达1134.1亿美元，其中，集成电路、分立半导体、消费电子产品、连接组件、无源器件、计算机和相关设备、无线通信设备等位居出口前列，占电子信息产业全部出口额的比重分别为25.7%、8.9%、8.3%、6.6%、6.2%、4.7%、3.5%。但是，当前日本电子信息产业竞争力不断下降，日本总务省2012年8月公布的日本信息通信技术（ICT）相关产品国际竞争力的调查结果显示，与2008年相比，日本只有极少数ICT产品出口额占世界相应产品出口额的比重呈现上升趋势，其余大部分产品都呈下降趋势，日本ICT产业中具备较强出口竞争力的产品（出口额占世界相应产品出口额的比重在10%或以上）只有数码相机（占24.6%）和分立半导体（占11.4%）两项产品，而保持一定出口竞争力的产品（出口额占世界相应产品出口额的比重在10%左右）只有打印机（占8.6%）、广播设备（占9.4%）和其他半导体设备（占8.3%）三项产品，其他产品如智能手机（2011年日本企业全球市场份额仅为3.7%，同比下降6.5%）等，日本企业均已不再具备竞争优势。再以半导体产业为例，半导体产业曾经是日本电子信息产业中引以为傲的支柱产业，20世纪80年代中期，日本在半导体产业技术方面超过美国，赢得了全球半数以上的市场份额，雄踞世界第一。但是，近年来，受制于日元升值、劳动力成本上涨、公司结构等多方面制约，日本半导体产业国际竞争力日趋下滑，日本半导体产业总产值占世界的比重也从最高时的53%下降到2011年的16.4%，在全球半导体行业排名前十的企业中，日本只有东芝和瑞萨两家企业上榜。2011年日本电子信息产业主要行业总产值情况如表7-5所示。

表7-5　　2011年日本电子信息产业主要行业总产值

行业	子行业	总产值（亿美元）
消费电子产品		197.2
工业电子设备		517.0
	通信设备（包括电信系统和无线通信系统）	182.3
	计算机和相关设备	157.3
	电子应用设备	111.3
	电子测量仪器	54.2
	电子商务机	11.9
电子元器件和设备		920.5
	无源元件	100.3
	连接组件	96.9
	电路板	77.3
	传感器	2.5
	电子管	22.8
	分立半导体	136.8
	集成电路	279.4
	液晶器件（LCD）	182.1
	其他	23.0

注：2011年，日元兑美元的汇率按照：1美元=79.76日元换算。无源元件是指在不需要外加电源的条件下，就可以显示其特性的电子元件。无源元件主要包括电阻类、电感类和电容类元件。

资料来源：日本电子信息技术产业协会JEITA。

（3）化学工业。日本是一个资源贫乏的国家，化工原料90%依赖进口。目前，大宗型基础化工产品占年产量的40%，而技术含量高的精细化工产品大约占60%（由表7-6所列精细化工产品加总得出），日本化学工业的这种产品结构说明，日本化学工业始终以获取最大附加值为最终追求，不断进行产品深加工，从而使日本由一个资源小国迅速崛起成为令人瞩目的世界化工强国。从化学产品发货金额看，2009年，日本化学产品发货金额为2859亿美元，占世界的8.3%，仅次于美国（6741亿美元）和中国（6353亿美元），是世界第三大化学工业国。化学工业是日本的重要支柱产业，目前日本化学工业企业数有4831家，就业人数约为34.71万人，2010年，日本化学工业发货额为2916亿美元，是仅次于日本交通运输设备产业的第二大产业。化学工业是典型的研发驱动型产业,2010年,日本化学工业增加值高达1109.2亿美元,占整个制造业的17.1%左右,位居制造业所有行业首位;累计研发投入高达253.8亿美元,占整个制造业的21.3%,同样位居制造业榜首。2010年,日本化学工业出口额高达789.2亿美元,同比增长19.8%,占日本货物出口总额的9.6%,贸易顺差达176.2亿美元。从产品出口结构看,塑料,其他有机化学品,药物和药品,无机化学品,染料及颜料,精油、香水与化妆品等位居出口前列,占日本化学品出口额的比重分别为33.7%、27.0%、5.5%、5.5%、4.7%、3.6%。从出口市场看,亚洲、西欧、北美洲、拉丁美洲是日本化学品的主要出口市场,分别占出口总额的74.8%、10.2%、9.9%、2.6%。从日本化学工业产品构成看(按照产品发货金额占化学工业的比重),化学肥料约占1.4%,无机化学品约占7.2%,有机化学品约占36.6%,最终产品约占54.9%。从日本各区域看,千叶市、大阪、神奈川、山口、静冈、兵库县、琦玉县、茨城县、爱知县、三重县等是其化学工业的主要集聚区,2009年,化学工业产品发货金额分别占日本全国的10.3%、8.1%、7.0%、6.1%、6.0%、5.9%、5.9%、4.7%、4.4%、4.3%。从日本主要化学公司看,在世界前30大化工企业中,日本企业有6家,分别是三菱化学、日本住友化学、三井化学、东丽工业、信越化学和朝日化工。

表7-6　　2008年和2009年日本化学工业主要产品所占比重

产品	子产品	按照产品发货金额所占比重(%)		按照产品增加值所占比重(%)
		2008年	2009年	2009年
化学肥料		1.2	1.4	0.8
无机化学品		7.8	7.2	5.3
有机化学品		42.1	36.6	23.3
	基本石化产品	7.4	4.4	1.0
	脂肪中间体	7.4	5.1	2.9
	循环中间体、染料、颜料	6.9	6.6	5.7
	塑料	12.8	12.8	8.2
	合成橡胶	2.1	2.0	1.7
	其他有机化学品	5.5	5.6	3.9

续表

产品	子产品	按照产品发货金额所占比重（%）		按照产品增加值所占比重（%）
		2008年	2009年	2009年
化学纤维		—	—	—
最终产品		48.9	54.9	70.7
	油和油脂、肥皂、洗涤剂、表面活性剂	3.5	4.0	4.6
	油漆	3.9	3.8	3.5
	药物和药品	25.1	30.5	44.8
	农药	1.1	1.1	1.2
	化妆品、牙粉、其他化妆品	5.2	5.8	9.0
	胶与胶粘剂	1.0	1.1	1.1
	光敏材料	2.0	1.7	0.8
	其他化工最终产品	7.1	6.8	5.7

注：以相应产品发货金额占整个化学工业发货金额的比重作为表中数据。1990年，化学纤维占整个化学工业的4.4%，此后，逐年下降，到2007年，所占比重仅为1.5%，2008年和2009年占化学工业的比重已经为零。

资料来源：日本化学工业协会（Chemical Industry of Japan 2011）。

（4）钢铁工业。2011年，日本粗钢产量为1.076亿吨，同比下降1.8%（主要是因为日本大地震使汽车产业及其他钢铁消费产业对钢铁的需求下滑），占世界粗钢产量的7.1%，仅次于中国（2011年粗钢产量为6.833亿吨），是世界第二大钢铁生产国。2010年，日本钢铁产业产品发货金额为2348.5亿美元，是仅次于汽车产业和化学工业的第三大产业，企业数有4588家，就业人数约为22.1万人。从日本粗钢产品结构看，按炉种分，转炉钢、电炉钢的产量为8274万吨和2486万吨，分别占粗钢产量的76.9%和23.1%；按品质分，普通钢、特殊钢的产量为8322万吨和2438万吨，分别占粗钢产量的77.3%和22.7%。其中，热轧普通钢产品产量为7449万吨（主要品种为宽钢带、厚钢板、钢棒、钢型材和薄板桩），同比下降3.6%；热轧特殊钢产品产量为2034万吨（主要品种为高拉伸强度钢、碳素钢、合金钢、不锈钢和轴承钢），同比下降0.8%。2011年，日本钢铁出口量为4123万吨，同比下降5.0%，出口金额为496.2亿美元,是世界第二大钢铁出口国(中国是世界第一大钢铁出口国,2011年,出口钢铁4790万吨);其中,普通钢出口量为2737万吨,特殊钢出口量为1386万吨,主要出口产品为热轧薄板和钢带、镀锌板、冷轧钢板,占日本全部钢铁出口量的比重分别为21.3%、12.0%和9.2%;主要出口市场为韩国(占21.5%)、中国(占16.7%)、泰国(占11.2%)和中国台湾(占8.6%)。从钢铁人均消费量看,2011年,日本为人均506.7千克,排名世界第四。① 从区域看,日本钢铁产业生产基地主要集中在东京湾、大阪湾和九州岛的博多湾。从企业看,日本主要的钢铁生产企业包括新日本制铁公司(2011年粗钢产量排名世界第六)、JFE公司(2011年粗钢产量排名世界第九)、住友金属(2011年粗钢产量排名世界第二十七)等。2011年日本热轧普通钢和特殊钢产品产量如表7-7所示。

表7-7　　　　2011年日本热轧普通钢和特殊钢产品产量　　　　单位:万吨

	热轧普通钢产品	产量	热轧特殊钢产品	产量
1	轨条	58	工具钢	25
2	钢型材和薄板桩	601	机械构造用碳素钢	462
3	钢棒	959	构造用合金钢	404
4	钢盘条	181	弹簧钢	43
5	厚钢板	1230	轴承钢	112
6	中板和薄板	21	不锈钢	293
7	宽钢带	4265	易切削钢	74
8	窄钢带	62	钢琴丝杆	75
9	轮管、轮胎和车轮	73	高拉伸强度钢	538
10	—	—	其他特殊钢	8
	合计	7449	合计	2034

资料来源:日本钢铁工业协会,网址为:www.jisf.or.jp。

---

① 2011年,世界钢铁人均消费量排名前十位的国家依次是韩国(1156.6千克/人)、中国台湾(784.4千克/人)、捷克(595.7千克/人)、日本(506.7千克/人)、德国(479.6千克/人)、奥地利(473.1千克/人)、中国(459.8千克/人)、意大利(459.5千克/人)、瑞典(424.5千克/人)和比利时(422.5千克/人)。数据来源于世界钢铁工业协会(www.worldsteel.org)《2012年世界钢铁统计数据》。

（二）整体处于世界前列，同时局部优势明显的工业强国

1. 英国

英国（UK）也称为大不列颠及北爱尔兰联合王国（简称联合王国），是由大不列颠岛上的英格兰、苏格兰和威尔士，以及爱尔兰岛北部的北爱尔兰和一系列附属岛屿共同组成的一个西欧岛国，国土面积为24.361万平方千米，人口约为6370万。英国是一个在世界范围内拥有强大影响力、举足轻重的经济、文化、军事和科技强国。2012年，英国GDP总量达到2.472万亿美元，排名世界第6位；人均GDP为39374美元，排名世界第22位；出口总额为4763.2亿美元，同比增长0.7%；进口总额为6486.2亿美元，同比增长2.7%；工业增加值为3180亿美元（其中，制造业增加值为2200亿美元），占全球工业增加值的1.92%，占英国GDP的14.5%。制造业是英国经济的重要组成部分，食品和饮料、汽车、航空航天、化工等行业是英国制造业的主要支柱。2012年英国制造业主要产点销售收入排名情况如图7-7所示。

（1）食品和饮料工业。食品和饮料工业是英国最大的制造业部门，根据英国国家统计办公室公布的数据，2012年，英国食品和饮料工业的销售收入高达985.9亿美元，同比增长2.8%，占英国制造业销售收入的18.2%。① 2012年，英国食品和饮料工业出口额高达288.5亿美元，同比下降2.7%。其中，小麦、葡萄酒、威士忌和牛肉等主要产品的出口额高达86.6亿美元，占出口总额的30.0%。2011年，英国食品和饮料工业增加值总额（GVA）为412.2亿美元，就业人数为40万人，企业数量7472家。② 其中，饮料行业（包括软饮料和矿泉水）是英国食品和饮料工业中最大的部门，2011年，增加值总额达到101.1亿美元，占24.5%；酒精饮料行业（包括威士忌和啤酒等）增加值总额为83.4亿美元，占20.2%；面包等食品制造行业的增加值总额约为61.0亿美元，占14.8%；肉和肉类产品的增加值总额约为40.1亿美元，占9.7%；水果和

---

① 数据来源于英国国家统计办公室（The office of National Statistics）网站：www.ons.gov.uk/ons/index.html。2012年，英镑兑美元的平均汇率为1.5851。2011年平均汇率为1.6039，2010年为1.5456。数据来源于英国国家统计办公室于2013年6月27日发布的 UK Manufactures' Sales by Product (PRODCOM) for 2012 统计报告。

② 增加值总额（Gross Value Added，GVA）是一个估计国内生产总值的重要方法，GVA - 生产的税收 - 生产的补贴 = GDP。

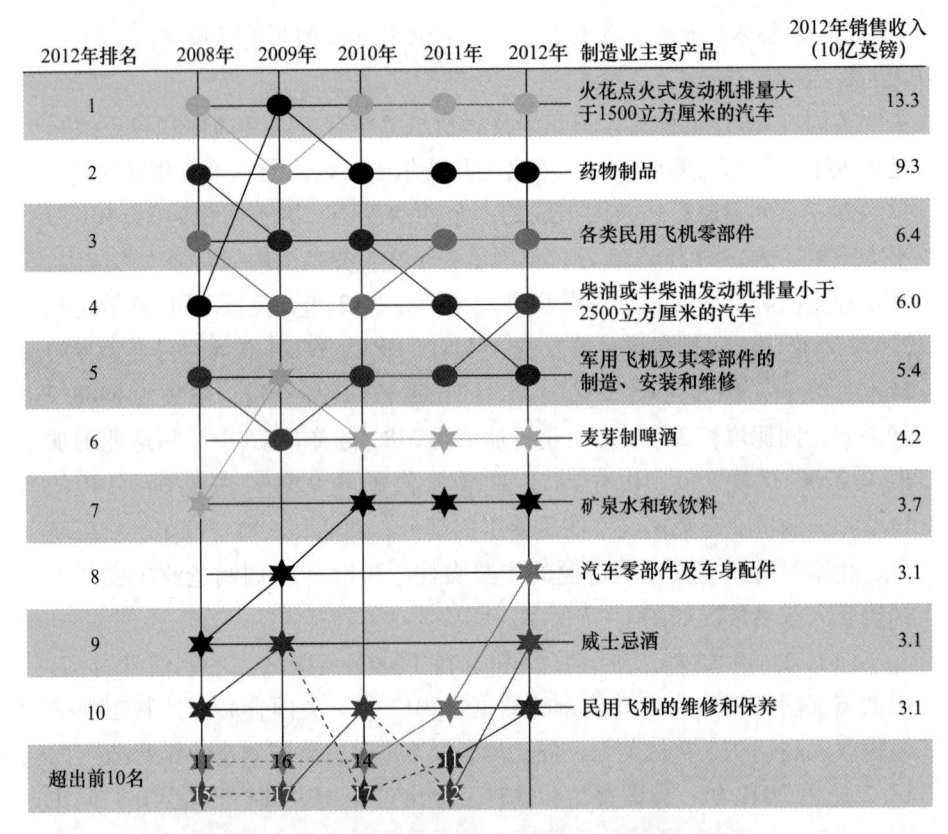

2012年排名	2008年	2009年	2010年	2011年	2012年	制造业主要产品	2012年销售收入（10亿英镑）
1						火花点火式发动机排量大于1500立方厘米的汽车	13.3
2						药物制品	9.3
3						各类民用飞机零部件	6.4
4						柴油或半柴油发动机排量小于2500立方厘米的汽车	6.0
5						军用飞机及其零部件的制造、安装和维修	5.4
6						麦芽制啤酒	4.2
7						矿泉水和软饮料	3.7
8						汽车零部件及车身配件	3.1
9						威士忌酒	3.1
10						民用飞机的维修和保养	3.1
超出前10名	11	16	14	12			
		7	7	12			

图 7-7　2012 年英国制造业主要产品销售收入排名

资料来源：UK Manufactures' Sales by Product (PRODCOM) for 2012, Office for National Statistics, 27 June 2013。

蔬菜产品的增加值总额约为 32.1 亿美元，占 7.8%。① 英国食品和饮料工业具有许多世界知名的跨国企业，包括联合利华（Unilever）、吉百利（Cadbury Schweppes）、帝亚吉欧（Diageo）酒业集团、联合多美酒业集团（Allied Domecq）、英联食品（Associated British Foods）、泰莱糖业（Tate & Lyle）、北方食品（Northern Foods）和 Diary Crest 奶制品集团等，以及来自国外的跨国集团，如雀巢、家乐氏（Kellogg's）、卡夫、玛氏（Mars）、亨氏（Heinz）以及可口可乐、百事可乐等。

（2）汽车工业。汽车工业是英国主要产业部门之一，在欧洲乃至全

---

① 数据来源于英国环境、食品和农村事务部发布的 Food Statistics Pocketbook 2013。

球都占有一席之地。2012 年，英国汽车产量达到 158 万辆，同比增长 7.7%，其中，81.4%用于出口；发动机产量达到 250 万台。① 英国已经成为欧洲第四、世界第十四大汽车生产国。② 2011 年，英国汽车产业就业人数达到 12.9 万人，占制造业就业人数的 5.2%，有 2700 多家企业，增加值为 112 亿英镑，同比增长 11.0%，占制造业产值的 7.3%。经过多年发展，英国已经成为当之无愧的世界汽车工业强国。英国有许多世界知名的汽车整车和发动机制造商。其中，包括阿斯顿·马丁、劳斯莱斯（现隶属于宝马公司）、沃克斯豪尔（现隶属于通用汽车公司）、莲花汽车（现隶属于马来西亚宝腾集团）、名爵（MG）（现隶属于上海汽车集团）、捷豹（Jaguar）（现隶属于印度塔塔公司）、路虎（现隶属于印度塔塔公司）、宾利（现隶属于大众汽车公司）、迈凯轮（McLaren）汽车、摩根（Morgan）汽车、凯旋摩托车等世界知名的英国本土汽车品牌，以及宝马（MINI）、福特、本田、日产和丰田等一些国际品牌。正是因为英国有如此强大的高档（Premium）和特种车辆生产商，才使其成为仅次于德国的世界第二大高档汽车生产地。此外，英国也同时拥有一些重要的商用车制造商，如卡车制造商 Leyland Trucks、垃圾拖拉车制造商 Dennis Eagle、巴士车制造商 Wright 集团③、Optare 客车、巴士底盘和巴士车身制造商 Alexander Dennis 等。在汽车零部件领域，英国同样具有一批世界级企业，如德尔福（Delphi，汽车电子）、博世（Bosch，汽车电子、零部件及服务）、伟世通（Visteon，汽车空调、内饰及电子系统）、天合（TRW，汽车制动系统、转向系统、电子及安全系统）、GKN（汽车传动系统）、皮尔金顿（Pilkington，汽车玻璃）、康明斯（Cummins，发动机）、康奈克（Calsonic，汽车模块、空调、消音器、仪表）、电装（Denso，汽车动力传动系统、空调、电子及安全系统）、庄信万丰（Johnson Matthey，汽车触媒转化器）等。英国境内也拥有一批世界知名的建筑、农业和其他专用设备制造商，如英国第一大、欧洲第一大工程机械设备制造商 JCB 公司，全球领先的发动机制造商英国铂金斯（Perkins），知名的翻斗车制造商斯蒂茨（Thwaites）等。目前，英国已经成为世界上第四大建筑设备生

---

① Motor Industry Facts 2013, Society of Motor Manufacturers and Traders, March 2013.
② 2012 Production Statistics, International Organization of Motor Vehicle Manufacturers (OICA), 2013.
③ www.wrightbus.com.

产国、第二大建筑设备净出口国。英国除拥有世界前十大汽车制造商的9个生产供应基地外，一批世界级的汽车工程设计咨询企业也驻扎在英国，如世界著名的工程咨询公司里卡多（Ricardo）、莲花工程（Lotus Engineering）、Zytek工程（Zytek Engineering）、全球最大的独立赛车和车辆技术服务商Prodrive等。同时，英国也有两处世界上著名的汽车产业开发设施和机构，即米尔布鲁克（Millbrook）国家汽车试验场和汽车研究咨询机构米拉（MIRA）公司。目前，全球11个F1车队有8个总部设在英国。2011年，英国各类汽车制造商的研发投入超过15亿英镑。

（3）航空航天工业。英国航空航天工业具有较高的研发及制造水平，是世界上使用航天数据和技术最多的国家之一。英国航空航天工业在设计和制造大型飞机的机翼、飞机发动机、直升机和先进系统，包括起落架、燃油、机械、航空电力电子设备等领域具有较强的竞争优势。目前，英国占据着全球航空航天工业17%的市场份额，仅次于美国，排名世界第二。英国航空航天工业遍布各地区的2600多家企业，提供了10.1万个直接就业机会。2011年，英国航空航天工业销售收入高达387.5亿美元，同比增长4.7%。其中，民用航空航天、国防航空航天部门销售收入所占比重分别为48.7%、51.3%。从英国航空航天工业的主要产品看，2011年，机身和系统（主要包括机身、尾翼、机翼、整流罩等，以及航空电子设备液压系统、起落架、推进器等）、飞机发动机和设备（主要包括风扇/低压风机外壳、压缩机、涡轮机、传送结构、机舱等）、飞机设备（主要包括执行器、泵、阀、"黑匣子"等）等销售收入所占42%、32%、26%；从主要业务看，飞机和旋翼、航天、导弹等业务的销售收入占92.5%、4.0%和3.5%。2011年，英国航空航天工业的出口额为289.1亿美元，占销售收入的74.6%。其中，民用出口额占43.0%，同比增长13.1%，主要得益于单通道飞机销量的大幅上涨；国防出口额占31.6%，同比增长5.2%，主要受益于美国和欧洲飞机需求的增长以及"旋翼计划"的支持。从主要出口地区看，欧盟是英国航空航天工业出口的最大目的地，2011年，对欧盟出口额高达122.6亿美元，同比增长16.9%；美国是第二大出口目的地，2011年，出口额高达55.8亿美元，同比增长13.3%。2011年，英国航空航天工业研发支出为31.6亿美元，同比增长11.3%，主要受益于新的民用飞机项目（如A350/787和C系列）研发投入的增加。其中，民用及国防航空航天工业的研发支出所占比重分别为

44%、56%;机身和系统部门、发动机部门及设备部门的研发支出所占比重分别为50%、27%和23%,同比分别增长12%、45%及下降14%。[①] 英国航空航天工业具有一些世界知名的跨国公司,如BAE系统公司(全球第五大航空航天企业)、罗尔斯—罗伊斯(Rolls - Royce)公司(欧洲最大的航空发动机生产企业)、GKN宇航公司(全球航空航天复合材料和金属结构件制造的领导者)、Cobham公司(主要研发和生产民用和军用通信产品,如天线、通信系统和组件等)、Meggitt公司(设计和制造应用于航空航天及防卫系统的高精度元件和系统,以及航空航天等领域所需的先进传感器件)、Ultra电子(全球航空航天产业主要的IT服务和系统集成方案供应商)等。

(4)化学工业。化学工业是英国制造业最大的部门之一。2010年,欧洲化学工业销售收入为6290.6亿美元,英国所占13.5%,位居德国、法国和意大利之后,是欧洲第四大化学工业国。2010年,英国化学工业销售收入约为848.8亿美元,占制造业产值的16%,约占GDP的1.4%。其中,制药,有机基础化学品,初级形状塑料,油漆和涂料,香水和花露水,无机基础化学品,肥皂、洗涤剂和清洁产品,工业气体,染料和颜料,农用化学品,人造纤维等产品的销售收入所占比重分别为34.4%、18.4%、8.8%、6.5%、3.8%、3.7%、2.7%、2.2%、2.1%、1.4%和0.9%;2010年,英国化学工业从业人数高达28.2万人,占英国产业部门就业人数的4.8%。2011年,英国化学工业出口额高达846.0亿美元,同比增长4.5%,占英国出口总额的17.9%。其中,化工产品出口额为469.5亿美元,占55.5%;制药行业出口额为376.5亿美元,占44.5%。化学工业是英国制造业行业贸易顺差最大的部门,2011年,贸易顺差为96.5亿美元。[②] 英国化学工业有许多全球知名的跨国公司,这主要包括帝国化学工业集团(ICI)(主要生产用于个人护理产品的特种聚合物、用于电子及包装行业的胶黏剂、装饰涂料和家庭及建筑业特化产品)、特种化工企业Johnson Matthey(专注于催化剂、贵金属和精细化学品核心技术,是全球最大的铂族金属生产商)、葛兰素史克(Glaxo Smith Kline)

---

① ADS发布的 *UK Aerospace Survey* 2012,ADS集团的网站为www.adsgroup.org.uk。
② Tyndall Manchester 2013年5月发布的 *The Chemical Industry in the UK - Market and Climate Change Challenges*。

(2012年处方药销售收入达到331.07亿美元,居全球制药公司第6位,研发投入52.6亿美元)和阿斯利康(Astra Zeneca)(2012年处方药销售收入达27.06亿美元,居全球第7位,研发投入为44.52亿美元)等制药企业。

2. 法国

法国国土面积55.16万平方千米,人口约6543.3357万,位于欧洲西部,与比利时、卢森堡、德国、瑞士、意大利、摩纳哥、安道尔和西班牙接壤,与英国隔英吉利海峡相望。法国是在政治、经济、军事、科技以及文化等诸多领域对世界拥有巨大影响力的世界第五大强国和欧盟第二大经济体。2012年,法国国内生产总值(GDP)总量达到2.611万亿美元,位居世界第五;人均GDP为39614美元,排名世界第21位;出口总额为5695.3亿美元;进口总额为6743.2亿美元;工业增加值为2930亿美元(其中,制造业增加值为2330亿美元),占全球工业增加值的1.77%,占法国GDP的12.5%。在法国,制造业是一个高度多元化的行业,并作为国家出口创汇收入的主要来源。汽车、航空航天、食品加工、造船、电气设备、机械设备及机床、冶金、生物医药、纺织服装等是法国制造业的主要行业。

(1)汽车制造业。汽车制造业是法国工业的重要支柱产业。目前,法国在世界范围内拥有51个汽车生产基地(国内有15个,西班牙有5个,俄罗斯有4个),2012年,汽车产量高达196.7765万辆,成为仅次于德国和西班牙的欧洲第三大汽车生产国。其中,乘用车产量为168.2814万辆,商用车产量为28.4951万辆。2012年,法国汽车产业销售收入为1119.01亿美元,从业人数为30.4万人;出口总额为529.3亿美元,同比下降5.2%。法国拥有世界知名的两大汽车制造商,PSA标致雪铁龙和雷诺汽车(旗下三大品牌:雷诺、达契亚和雷诺三星)。2012年,PSA标致雪铁龙公司和雷诺汽车公司汽车产量分别为291.1万辆、267.6万辆,排名世界第9位和第11位;销售收入分别为712.4亿美元、530.2亿美元;在全球分别拥有员工20.4287万人、12.7086万人。[①] 此外,以法雷奥(Valeo)(主要产品包括启动—停止系统、交流发电机、

[①] 数据来源于法国汽车制造商协会(CCFA)发布的 The French Automotive Industry Analysis and Statistics 2013,网址:www.ccfa.fr。

离合器等)、佛吉亚(Faurecia)(世界第六大汽车零部件供应商,在汽车座椅、排放控制系统、汽车内饰和外饰四大业务领域居业界领先地位)等为代表的法国汽车零配件制造商是法国乃至欧洲汽车行业的重要支柱。

(2)航空航天产业。法国是欧洲第一大航空航天工业强国。2012年,法国航空航天产业销售收入为546.0亿美元,其中,民用和军用领域销售收入所占比重分别为74%、26%。2012年,法国航空航天产业总销售收入的75%来自出口,贸易顺差达到259.5亿美元。2012年,法国航空航天产业研发支出为76.4亿美元,占销售收入的14.0%。航空航天产业也是法国就业人数规模较大的一个产业,2012年,就业人数约为48万人。①法国拥有诸多世界知名的航空航天企业,主要包括EADS(是仅次于波音公司的、全世界第二大航空航天及防务公司,其著名品牌包括商用飞机制造商空中客车、世界最大的直升机制造商欧洲直升机公司及合资的世界第二大导弹制造商MBDA公司②)、赛峰集团(Safran Group)(世界领先的航空发动机和设备制造商,旗下Turbomeca是全球领先的直升机发动机制造商,SNECMA是世界领先的航空航天器动力装置制造商)、达索航空(法国第二大飞机制造公司,世界主要军用飞机制造商之一)、阿丽亚娜空间(Arianespace)公司(在发射地球同步轨道卫星方面处于世界领先地位)、泰雷兹集团(Thales Group)(全球领先的生产航空、防御及信息技术服务产品的电子高科技公司,旗下Thales Alenia Space是欧洲领先的通信、防卫、导航及对地观测卫星设计与制造厂商)等。

(3)农业食品产业。法国是欧洲排名第一、世界排名第二(仅次于美国)的农业食品(Agri-food)生产大国,约占国际食品销售收入总额的8%。在法国,农业食品产业是最大的产业部门,2008年,销售收入高达2397.4亿美元,年均增长率为5%—7%;员工人数超过41.25万人,拥有超过1万家公司。2008年,法国农业食品产业出口加工产品514.8亿美元,贸易顺差高达97.1亿美元。③ 法国农业食品产业中小企业的数

---

① 数据来源于法国航空航天产业协会(Gifas):www.gifas.asso.fr/en/。
② 在EADS的股权结构中,22.46%由法国拉加德尔(Lagardere)媒体集团和法国政府共同持有,22.46%由德国戴姆勒公司及德国政府共同持有,5.47%由西班牙SEPI控股公司持有,0.06%由法国政府独自持有,其他由投资机构、个人、财政部门持有。因此,从股权结构看,法国(含法国政府和企业)是其第一大股东,德国是其第二大股东。虽然出于财务上的原因,EADS总部设在荷兰。但考虑到股权结构,我们在此把其归属为法国企业。
③ 2008年欧元兑美元平均汇率为1.4708。

量约占97%，遍布全国各地。此外，在农业食品领域，法国还拥有一批世界知名的跨国公司，包括达能（Danone）集团（世界著名的食品和饮料集团之一）、拉克塔利斯（Lactalis）公司（世界第三大奶制品制造商）、百吉福（Bongrain）（全球知名的奶酪制品制造商）、LVMH（是由全球著名的皮件公司路易威登与酒业家族酩悦轩尼诗于1987年合并而成的当今世界最大的精品集团）、贝勒（Bel）集团（全球知名的奶酪制造商）、保乐力加（Pernod Ricard）（排名世界第二的葡萄酒和烈性酒制造商）等。

（4）生物医药产业。法国拥有欧洲最大的生物制药市场，使其成为全球医药市场的领导者。2008年，法国生物医药产业销售收入约为580亿美元，超过德国成为世界第三大生物医药市场；雇员人数高达10.4万人。在法国，生物医药是一个研发密集型行业，2008年研发投入高达60.5亿美元，占销售收入的10.4%，并拥有2.2万名研究人员。法国医药产业在世界占有重要位置，其代表性企业是2004年合并而成的赛诺菲—安万特集团，该公司是世界第三大制药公司，在欧洲排名第一，其业务遍布世界100多个国家，现拥有约11000名科学家和科研人员，分布在三大洲的20多个研发中心以及拥有10万名员工。2013年，赛诺菲—安万特集团销售收入高达329.51亿欧元，其中，生物医药业务销售收入高达272.5亿欧元。赛诺菲—安万特集团依靠其世界级的研发组织，开发创新的治疗方案，在心血管疾病、血栓形成、肿瘤学、糖尿病、中枢神经系统、内科学和疫苗七大治疗领域居领先地位。赛诺菲—安万特上市的产品在各自的治疗范围都属世界领先的药物，如在治疗血栓、心血管疾病、睡眠障碍、癫痫、糖尿病和癌症等领域。

（5）纺织服装业。法国是一个拥有悠久历史的纺织服装业大国，是欧洲第三大纺织服装制造国，排名仅次于意大利和德国。法国纺织服装业以知名的品牌、卓越的质量、良好的口碑而闻名于世。2010年，法国纺织服装产业销售收入约为243.4亿美元，同比增长7.8%[①]；从业人数近10.3万人，企业约有8000家，其中，99%以上为不到40人的小企业。

---

① 我们是根据法国纺织服装业销售收入约占欧盟27国纺织服装业销售收入总额的12%估算的。在欧盟统计局网站有欧盟27国历年纺织服装业销售收入，比如，2007年、2009年和2010年，欧盟纺织服装业销售收入分别为1976亿欧元、1420亿欧元和1530亿欧元。2010年欧元兑美元平均汇率为1.3257。

经过多年发展，法国已经形成了两大纺织服装产业集群，即东南部以里昂（Lyon）为中心的 Rhone – Alpes 地区（旨在帮助纺织商了解最新的纺织科技，开发功能性纺织品，成为欧洲最佳的纺织、布料品生产基地）以及北部以里耳（Lolle）为中心的 Nord – Pas – de – Calais 地区（旨在培训法国 2/3 的工程师，进行纺织材料的研发，以用于医疗、卫生、建材、运动、休闲、工业、服饰、交通运输等领域，并通过制造流程的改善、表面处理加工工艺的发展，提升高品质成品的生产速度），涌现出了 Dim、小帆船（Petit Bateau）、鳄鱼（Lacoste）、仙黛尔（Chantelle）、Deschamps、Armor Lux 等世界知名的法国自有品牌。此外，法国还是世界第六大纺织机械出口国，2012 年，纺织机械销售总收入为 13 亿美元，在长纤维纺纱、捻线和纹理、提花和多臂机、染色、织造和回收等领域处于世界领先地位。

3. 意大利

意大利位于欧洲南部，人口 6034 万，国土面积 30.1 万平方千米。意大利北部的阿尔卑斯山地区与法国、瑞士、奥地利以及斯洛文尼亚接壤。罗马是意大利的首都和政治中心，米兰是世界时尚之都，也是意大利的经济和工业重心，都灵是意大利工业之都。意大利是一个民主共和国，也是一个高度发达的工业化国家。2012 年，意大利 GDP 总额约为 2.0112 万亿美元，居世界第 9 位；人均 GDP 为 33054 美元，排名世界第 26 位；出口总额为 5005.1 亿美元；进口总额为 4863.9 亿美元；工业增加值为 3290 亿美元（其中，制造业增加值为 2800 亿美元），占 GDP 的 16.4%。机械设备制造、纺织服装、汽车、航空航天等是意大利制造业领域的优势产业。

（1）机械设备制造业。意大利是全球第五大机械设备制造国，仅次于中国、日本、美国和德国。机床、纺织机械、包装机械、塑料机械、木工机械等是意大利机械设备制造领域的代表性行业。

第一，机床。意大利是世界第五大机床制造国，排名仅次于中国、日本、德国和韩国之后。2012 年，意大利机床产业产值约为 56.7 亿美元。意大利是位居日本、德国之后的世界第三大机床出口国；2012 年，机床出口额为 44.4 亿美元，贸易顺差为 34.96 亿美元。柯马（Comau）是意大利排名第一的机床制造商，也是欧洲机床制造行业的领导者。

第二，纺织机械。意大利大约有 300 家企业生产纺织机械及其配件，拥有超过1.24万名员工。2012年，意大利纺织机械产业产值约为34.7亿美元，其中出口额为27.8亿美元，约占销售总额的80%。意达（Itema）集团是意大利纺织机械制造龙头企业，也是全球纺织机械制造的领军企业，旗下有舒美特（Somet）、范美特（Vamatex）和苏尔寿纺织（Sulzer Textil）三大著名品牌。

第三，包装机械。包装机械是意大利制造部门最主要的行业之一，2012年，该行业产值约为70.7亿美元，其中出口额约占行业销售总额的83%。意大利自动化机械产业有200—250家大中型工业企业。意大利萨克米（Sacmi）集团是全球领先的包装机械制造商，其产品主要包括制盖设备、PET瓶坯和吹瓶设备、灌装设备、贴标机、后段包装设备等。

第四，塑料机械。意大利塑料机械工业，无论是在产值还是出口规模上都在世界上占据前列。2012年，意大利塑料机械工业产值约为51.4亿美元，其中出口额为33.4亿美元，同比增长6.0%。德国、法国、美国是意大利塑料机械的主要进口国，占意大利出口总量的32%。SIPA公司（意大利ZOPPAS集团下属子公司，主要生产塑料包装设备和加热元件设备）、Negri Bossi（萨克米集团子公司，主要生产注塑机）、GEFRAN集团（从事自动化配件、传感器的生产，以及系统整合业务）等是意大利乃至全球范围内领先的塑料机械制造商。

第五，木工机械。木工机械是意大利重要的出口创汇产业，2012年，该行业产值约为20.2亿美元，同比下降7.5%；出口额为15.8亿美元，同比下降3.7%；贸易顺差为14.2亿美元，同比下降78.3%。SCM集团（生产木材加工和铣削设备）、BIESSE集团（生产木材加工和铣削设备、窗口和框架加工设备、绝缘子、钉珠机等）、CMS集团（生产铣削和钻孔设备）等是意大利知名的木工机械制造商。

（2）纺织服装业。纺织服装业是意大利历史悠久的传统产业，也是意大利位居机械设备制造业之后的第二大制造业。经过多年发展，凭借高品质的纺织品和多品牌的成衣服装，意大利成为仅次于中国的全球第二大纺织服装生产和出口强国。意大利纺织服装业内知名品牌林立，不仅拥有众多顶级奢侈品牌，如范思哲、普拉达（Prada）、华伦天奴、古琦（Gucci）等，更拥有许多二、三线品牌，以创新的设计和高品质引领全球时尚潮流。纺织服装业是意大利国民经济的支柱产业，并拥有极为完善的产业链，从原材料加工、纺纱、织布、染色后整理，到针织、家纺、袜类和成衣类，品种齐全，上下游配合协调。2012年，意大利纺织服装业销售收入为656.4亿美元，同比下降3.2%；产值为456.4亿美元，同比下降2%；出口总额为342.9亿美元，同比下降0.8%；进口总额为230.5亿美元，同比下降11.8%；贸易顺差为112.4亿美元，同比增长33.3%；拥有企业数量50039家，同比下降3.5%；从业人数高达42.33万人，同比下降5.3%。① 意大利一直是世界纱线和呢绒面料的主要出口国，占全球出口份额的28.6%，位居全球第一。此外，意大利在真丝面料（占全球出口总额的14.1%）、服装（占全球出口出口额的6.7%）和针织品（占全球出口总额的10.7%）等领域，也一直稳居全球第二大出口国地位。法国、德国、西班牙、美国、日本、中国大陆、中国香港、土耳其和俄罗斯等地区是意大利纺织服装制品的主要出口市场。意大利比较著名的纺织服装产业基地有：米兰（Milano），时尚之都，以设计、展示、商店、时装节等闻名全球，引领时尚潮流；比耶拉（Biella）地区，以毛纺业为主；普拉托（Prato）地区，以毛纺业为主；科莫（Como）地区，以丝绸业为主；卡尔皮（Carpi）地区，以针织毛衣为主；特雷维索（Treviso）地区，以针织产品为主。

（3）汽车工业。汽车工业是意大利制造业的重要组成部分。2011年，意大利汽车制造业销售收入为500.4亿美元，其中皮埃蒙特（Piemonte）地区是意大利汽车制造业的中心，2011年，该地区汽车制造业销售收入占43.1%。2012年，意大利汽车产量为67.1768万辆，排名世界第21位。其中，乘用车产量为39.6817万辆，同比下降18.3%，出口量为17.4514万辆，占产量的44.0%；商用车产量为27.4951万辆，同比下降9.8%，出口量为23.2867万辆，占产量的84.7%。从主要汽车制造商来看，菲亚特（Fiat）是意大利第一大汽车制造商，2012年，汽车产量为38.5724万辆，其中乘用车、轻型商用车（LCV）的产量分别为26.2041万辆、12.3683万辆；阿尔法·罗密欧（Alfa Romeo）是意大利第二大汽车制造商，2012年，乘用车产量为9.2053万辆；法国标致雪铁龙（PSA）集团是意大利第三大汽车制造商，2012年，轻型商用车的产量为9.0726万辆；依维柯（IVECO）公司是意大利第四大汽车制造商，2012年，汽车产量为5.7593万辆，其中，卡车、轻型商用车、公共汽车的产量分别

---

① 数据来源于意大利时尚协会Sistema Moda Italia（SMI）。

为3.3267万辆、2.3859万辆和458辆；蓝西亚（LANCIA）是意大利第五大汽车制造商，以生产豪华轿车为主，2012年，乘用车产量为2.6659万辆。① 此外，意大利还有法拉利（Ferrari）（世界知名的赛车和运动跑车制造商）、玛莎拉蒂（Masserati）（世界知名的豪华汽车制造商）、兰博基尼（Lamborghini）（世界知名跑车制造商）、比亚乔（Piaggio）（世界第四大摩托车生产商）等一批世界知名的本土汽车和摩托车制造商。意大利汽车零部件生产历史悠久，特别是轮胎与精密机械、器具机械、齿轮、连接件和模具的生产在世界名列前茅。2012年，意大利汽车零部件产业销售收入高达487.7亿美元②，拥有员工约17.9万人；出口额达232.6亿美元；德国、法国、波兰、英国、西班牙、美国、土耳其、巴西等是零部件的主要出口目的地，所占比重分别为20.6%、11.7%、7.2%、7.0%、6.2%、6.0%、4.2%和3.7%。在欧洲，意大利是排在德国、法国之后的第三大汽车零配件生产国。

（4）航空航天产业。意大利是欧洲第四大（排名位居法国、德国和英国之后）、全球第七大航空航天产业强国。意大利在运载火箭结构、固体助推器、燃料泵、卫星天线、空间试验室压力舱、温控系统、密封系统等方面均具有较高的技术水平。2010年，意大利航空航天产业销售收入为171.5亿美元，同比增长8.3%；出口额为75亿美元；研发投入占销售收入的12%；从业人数约为6.4万人。芬梅卡尼卡（Finmeccanica）（意大利最大的工程及航空航天与防御集团，也是世界前十大航空航天企业集团，主要从事飞机、直升机、卫星、导弹系统、雷达等的设计和生产）、阿维奥（Avio S.P.A）（航空发动机制造商）、SELEX通信（军用和民用通信系统供应商）、阿莱尼亚航天（Alenia Spazio）（欧洲电信、遥感、轨道系统和科学卫星领域的领先者）、空间通信（Telespazio）（全球卫星服务领域的领先企业）、阿古斯塔—韦斯特兰（主要从事直升机和垂直起落固定翼飞机的研发与制造）等是意大利具有代表性的航空航天企业。

（三）局部强势突出的工业强国

1. 瑞士

瑞士（Switzerland）是一个位于欧洲中部的联邦制国家，人口约

---

① 数据来源于意大利汽车工业协会（ANFIA）发布的 *The Italian Automotive Industry*（2003 - 2012）、*Observatory Report on the Italian Automotive Sector* 2012。

② 2012年，欧元兑美元平均汇率为1.2848。

795.5万，国土面积4.1285万平方千米。瑞士是全球最富裕、经济最发达和生活水准最高的国家之一。2011年，瑞士GDP为6360.59亿美元，居世界第19位；人均GDP为81161美元，排名世界第4位。工业是瑞士国民经济的主体，工业产值约占国内生产总值的50%。瑞士的主要工业部门包括钟表、机械、化学、食品等。

（1）机电金属业。机械、电子和金属业（以下简称机电金属业）在瑞士统称为MEM工业，是瑞士制造业中最大的部门。瑞士MEM工业主要由四个部门组成：冶金业、机械工程和车辆制造、电子工程及电子工业、机械零部件等。瑞士机械、电子和金属行业协会（SWISSMEM）的数据显示，2011年，瑞士MEM产业总产值为1011.1亿美元，同比增长3.0%；增加值为585.2亿美元，占GDP的9.2%，占工业增加值的48%，占制造业增加值的57%以上。

2011年，瑞士MEM工业出口额为772.5亿美元，同比增长1.4%，占瑞士货物出口总额的34.7%。[①] 其中，机械工程、精密仪器和设备、金属加工、电子电气工程、交通工具制造等行业的出口额分别为282.6亿美元、157.9亿美元、146.8亿美元、132.8亿美元和52.4亿美元，占瑞士MEM产业出口额的比重分别为36.6%、20.4%、19.0%、17.2%和6.8%。

从具体子行业看，金属加工用机床工具，泵、压缩机及风机，半导体装置和设备，涡轮机等发电设备，绘图机械，纺织机械，加热和制冷设备，家用电器，包装和灌装机械，办公机械，起吊和搬运设备，塑料机械，食品加工机械等机械工程产品占瑞士MEM产业出口额的比重分别为5.6%、3.6%、3.0%、2.8%、2.2%、2.2%、1.9%、1.5%、1.4%、1.3%、1.2%、1.1%和1.1%；医疗仪器和设备、测量测试用机械设备、光学设备、测量仪器精密仪器和设备产品等分别占12.6%、5.5%、1.6%和0.8%；有色金属、机器零部件、工具和模具等金属加工产品分别占3.6%、3.5%和3.0%；电气设备和电缆，发电装置，磁铁、电池等电气设备，电气和电子元件，控制、信号和测量仪器，通信设备等电子电气工程产品分别占5.3%、4.3%、3.0%、2.6%、1.0%和0.9%；道路车辆、飞机和航天器、铁道车辆等交通工具分别占3.1%、2.3%和

---

① 2012年，瑞士法郎兑美元平均汇率为：1瑞士法郎=1.0669美元。2011年，瑞士法郎兑美元平均汇率为：1瑞士法郎=1.127美元。

1.3%。2011 年，瑞士 MEM 工业从业人数高达 33.78 万人，同比增长 2.5%，占瑞士总就业人数的 11%。瑞士 MEM 工业的产品主要包括生活用品、机械工具、建筑机械设备及高效专用的微电子仪器等，将近 80% 的产品出口海外。

从出口区域看，2011 年，欧盟、亚洲、北美洲、拉丁美洲、非洲、大洋洲等地区是瑞士 MEM 工业产品的主要出口地，分别占瑞士 MEM 工业出口额的 60%、20%、11%、2%、2% 和 1%。从出口国家看，德国、美国、中国、法国、意大利、荷兰、英国、奥地利等是瑞士 MEM 工业产品的主要出口目的地，2011 年占瑞士 MEM 工业产品出口额的比重分别为 26.9%、9.6%、7.0%、6.2%、4.9%、3.8%、3.5% 和 3.4%。

从 MEM 工业的研发支出看，2008 年 MEM 工业研发支出为 35.0 亿美元，占瑞士全国研发总支出的 28.5%。① 瑞士机电行业既有闻名遐迩的大公司（大公司数量约占 2%），也有为数众多的中小企业（中型、小型和微型企业的数量占比分别为 8%、22% 和 68%），如 ABB 公司的电站和输配电设备、迅达公司的电梯、欧瑞康（Oerlikon）集团的纺织机械（纺纱、络筒、加捻和刺绣设备）、苏尔寿纺织（Sultex）公司的纺织机械（剑杆织机、片梭织机、喷气织机等）②，法因图尔公司的万用冲床、阿奇夏米尔公司的电火花机床以及布勒公司的食品加工设备等都是国际同类产品中的精品，为全世界众多专业厂商和客户所钟爱。

（2）化工医药业。瑞士是全球领先的化工医药（Chemical and Pharmaceutical）生产大国，具有罗氏（Roche）、诺华（Novartis）等一批世界 500 强知名化工医药企业。根据世界贸易组织（WTO）发布的《国际贸易统计（2012）》，瑞士是世界第五大化工产品出口国（欧盟 27 国、美国、中国、日本是前四大出口国和地区，所占比重分别为 48.7%、10.4%、5.7%、4.2%），占全球化工产品出口额的 4.2%；是世界第二大医药产品出口国（欧盟 27 国是第一大医药产品出口地区，占世界的 65.6%，美国、中国和印度分别位居第三、第四和第五，所占比重分别为

---

① 2008 年，瑞士法郎兑美元平均汇率为：1 瑞士法郎 = 0.943 美元。
② 2003 年，苏尔寿纺织（Sultex）公司从苏尔寿（Sulzer）集团脱离出来，以独立经营的方式并入意大利意达（ITEMA）集团。现在苏尔寿（Sulzer）公司包含苏尔寿泵业（生产工业泵）、苏尔寿美科（提供涂层解决方案、设备、材料、服务和专业组件）、苏尔寿化工（为分离和混合技术提供产品和服务）和苏尔寿涡轮服务 4 个子公司。

8.6%、2.4%和1.9%），占全球医药产品出口额的11.6%。2009年，瑞士化工医药业增加值占瑞士国内生产总值（GDP）的4%以上，是仅次于机电金属产业的瑞士第二大支柱产业。

多年来，瑞士化工医药业增加值占GDP的比重呈现不断增加趋势，1998年该比值约为3%，此后逐年上升，到2009年已超过4%。2011年，瑞士化工医药业的总就业人数为6.5万人，占瑞士总就业人数的10.3%，是仅次于数据处理设备及钟表业（2011年就业人数占瑞士总就业人数的16%）、金属加工业（2011年占15%）、工程业（2011年占13%）、木材造纸及印刷业（2011年占11%）行业的第五大产业。

从出口额看，首先，2011年，瑞士化工医药业出口额为746亿瑞士法郎，占瑞士出口总额的35.9%，是瑞士第一大出口创汇产业；其次，为机电金属业，出口额为686亿瑞士法郎，占瑞士出口总额的33.0%；钟表制造，食品、饮料及烟草，纺织服装等行业紧随其后，出口额分别为193亿瑞士法郎、74亿瑞士法郎、32亿瑞士法郎，占瑞士出口总额的比重分别为9.3%、3.6%和1.5%。2011年，瑞士化工医药业净出口额（即贸易顺差）为372亿瑞士法郎，位居瑞士所有产业之首，其次是钟表制造业（2011年净出口额为163亿瑞士法郎）、机电金属业（2011年净出口额为-560万瑞士法郎）。目前，瑞士化工医药业的出口可以看作是公司内部国际化网络（internal international network）的背景：超过75%的出口额来自瑞士主要化工医药企业的子公司。自1980年以来，化工医药业出口额占瑞士出口总额的比重不断增加，到2011年所占比重已经超过1/3。1980—2011年，瑞士化工医药业出口额年均增长25.4%。与此同时，瑞士所有产业部门的年均增长率为13.5%。与世界主要化工医药强国相比，瑞士化工医药业贸易顺差额位居世界第二，仅次于德国。但从化工医药业人均贸易顺差额来看，瑞士高居世界第一（比利时位居世界第二），2011年，人均贸易顺差额超过3600欧元，是德国的7倍多。

从产品类别看，瑞士化工医药产品包含种类繁多，并在很多类别上居世界领先地位，产品大类主要包括农用化学品、香精香料、诊断技术、精细化学品、制药、特种化学品、维生素等诸多领域。在上述产品类别中，瑞士具有先正达（Syngenta）、奇华顿（Givaudan）、芬美意（Firmenich）、罗氏（Roche）、DSM Nutrition Products、龙沙（Lonza）、西格弗里德（Siegfried）、Dottikon Exclusive Synthesis、诺华（Novartis）、默克雪兰诺

（Merck Serono）、科莱恩（Clariant）、汽巴（Ciba）等一批世界知名跨国公司。

重视研发与创新是瑞士化工医药业取得成功并保持世界领先地位的决定性因素。2011年，瑞士化工医药业在全球范围内（包括本土+境外）的研发支出总计达207亿瑞士法郎，其中，本土研发支出约为69.6亿瑞士法郎，占瑞士总研发支出的44%左右，是瑞士第一大研发密集型产业。

（3）钟表制造业。钟表制造业是瑞士的传统优势产业。瑞士钟表业最早出现于16世纪中叶的日内瓦，到16世纪末，日内瓦制表业就以其质量而闻名全球，1601年创建的日内瓦制表协会，是世界首家钟表行业协会。从20世纪初到现在，瑞士钟表制造业以其稳定的质量和可靠的性能，一直牢牢占据世界钟表制造业"领头羊"地位，并涌现出了诸如斯沃琪集团（Swatch Group）、劳力士集团、历峰（RICHEMONT）集团等一批世界知名企业。瑞士钟表产业协会（Federation of the Swiss Watch Industry）的数据显示，瑞士是世界第一大钟表出口国，2011年，钟表出口额约为218亿美元，中国香港、中国大陆、法国和德国分别位居全球第二、第三、第四和第五。2011年，瑞士钟表出口额的93.4%是手表（wristwatch），达到181亿瑞士法郎，与2010年相比，增长29亿瑞士法郎，数量达2980万块，是近十年来最大的出口数。手表材质方面，2011年，瑞士钢表出口额为70亿瑞士法郎，占瑞士手表出口总额的39%，同比增长13.9%；贵金属（Precious metals）表出口额为67亿瑞士法郎，占出口额的37%。其中，金表出口额为60亿瑞士法郎，占手表出口额的33.2%，年均增长率高达26.5%；双金属（钢和金）表出口额为31亿瑞士法郎，占17.1%。从出口数量看，2011年，瑞士钢表出口数量为1540万块，占手表出口数量的52%，同比增长12.8%；贵金属表出口数量为59.6万块，占2%；双金属（钢和金）表出口数量为119.2万块，占4%。从机械和电子表来看，2011年，瑞士机械表出口额约为140亿瑞士法郎，电子表出口额约为41亿瑞士法郎。2011年，中国香港、美国、中国大陆、法国、新加坡等国家和地区是瑞士钟表的主要出口目的地，出口额分别为40.86亿瑞士法郎、19.85亿瑞士法郎、16.36亿瑞士法郎、12.96亿瑞士法郎、11.46亿瑞士法郎，同比分别增长28.3%、18.4%、48.7%、10.9%、27.5%，占瑞士钟表出口总额的比重分别为21.2%、10.3%、8.5%、6.7%、5.9%。从手表出口平均价看，瑞士为688美元，中国香港为15美元,中国大陆仅为2美元。

2. 瑞典

瑞典(Sweden)位于北欧斯堪的纳维亚半岛的东南部,首都在斯德哥尔摩,是北欧最大的国家,人口963.97万,国土面积约45万平方千米,海岸线长7624千米。瑞典在19世纪和20世纪从以农业为根本转型到以重工业为中心。如今,瑞典是世界上最富裕和科技水平最高的国家之一。凭借稳定的政治制度、言论自由的强大公民社会、良好的教育和医疗卫生体系、个人自由和安全感,瑞典在2012年列格坦全球繁荣指数(Legatum Prosperity Index)排名中,位居挪威和丹麦之后,成为世界上最繁荣、最幸福的三个国家之一。2012年,瑞典GDP约为5242.9亿美元,排名世界第21位;人均GDP为55054.0美元,排名世界第8位;工业增加值为759.4亿美元(其中制造业增加值为721.1亿美元),占瑞典GDP的14.5%。2013年,瑞典货物出口总额为1659.7亿美元,进口总额为1569.3亿美元,贸易顺差为90.4亿美元。[①] 瑞典尽管按人口计算相对而言是小国,但诞生了一批国际知名公司,如ABB电气集团(总部在瑞士苏黎世,是全球电力和自动化技术领域的领导企业。1988年,瑞典阿西亚公司与瑞士布朗勃法瑞公司合并,组建ABB集团)、爱立信公司(全球领先的提供端到端全面通信解决方案以及专业服务的供应商)、沃尔沃(Volvo)集团[②]、斯堪尼亚(瑞典的货车及巴士制造商之一)、阿斯利康(Astra Zeneca)(全球第九大制药公司,由瑞典阿斯特拉公司与英国捷利康公司于1999年合并而成)、SKF轴承公司、阿法拉伐集团(全球领先的换热器、分离设备、流体处理设备制造商)、阿特拉斯科普柯(Atlas Copco)工业集团(全球领先的压缩空气设备、建筑和采矿设备、工业装配流水线制造商)、伊莱克斯电器公司等。

(1)信息技术产业。瑞典是信息及通信产业高度发达的国家。2004年,国际数据公司对55个国家的23项指标(包括计算普及程度、基础设

[①] 数据来源于瑞典统计局网站:www.scb.se。2012年,瑞典克朗兑美元平均汇率为0.1477。2013年瑞典克朗兑美元平均汇率为0.1522。

[②] 如今,沃尔沃分拆为沃尔沃汽车公司和沃尔沃集团两家。其中,沃尔沃汽车公司曾经是沃尔沃集团的部分家用轿车业务,目前已经由中国吉利集团控股;沃尔沃集团独立运营。沃尔沃集团包括沃尔沃卡车、雷诺卡车、马克卡车、UD卡车、沃尔沃客车、沃尔沃建筑设备、沃尔沃遍达公司、沃尔沃航空航天公司及沃尔沃金融服务。

施、互联网应用和教育水平等）进行综合评比，瑞典连续五年荣登榜首，成为全球信息社会最成熟的国家。瑞典从事电信产业的企业约1.7万家，其中，94%为IT服务业，65为电子工业，从业人员25万。瑞典出口的电信产品75%是通信设备，中国是瑞典重要的信息和通信技术产品出口国，也是业务量增长最快的市场之一。近年来，瑞典的软件公司发展较快，特别是在金融机构和证券交易软件比较突出。在通信技术发展方面，以无线电、通信软件、汽车电子通信、光电、嵌入式系统芯片为主。其主要企业之一：爱立信公司（Ericsson），在世界140多个国家和地区拥有5万名员工，世界最大移动网络设备供应商之一。在世界上率先开发GPRS系统，大幅度提高了无线网络的数据容量，在第三代移动通信（3G）处于世界领先地位，在3G技术最重要的172项专利中，爱立信占45项。主要企业之二：IBS公司，该公司成立于1978年，1986年，在斯德哥尔摩证交所上市。该公司是世界领先电子商务软件，供应链管理软件的制造商，主要帮助企业实现商务过程的有效管理，包括订货、销售支持、客户管理、分拨、购货、仓储、按需制造、经济及商务分析等。该公司在22个国家设有子公司。

（2）生命科学产业。瑞典生命科学产业发达，其生物技术、制药和医疗设备等在国际上占有重要地位。瑞典拥有影响世界的医学发明，如心脏起搏器、呼吸器、人造肾、超声波、伽马刀、局部麻醉等。此外，在系统技术、非扩散测量技术以及生物材料的研究方面，瑞典也同样处于世界领先地位。目前，瑞典是欧洲第四大生物技术国，按人均拥有企业数量和产业占国民生产总值比重统计，瑞典居全球之冠。瑞典以占全球1.4‰的人口，占据全球医药行业市场份额的0.7%。2013年5月，《科学美国人》（Scientific American）发布了新一年度的全球生物技术竞争力排行榜，瑞典高居全球第三，仅次于美国和丹麦。目前，瑞典约有800家公司从事生命科学产业，雇员超过3万人，大部分从事研发和市场工作，还有大量专业咨询和分包公司，形成了完整的产业链。瑞典生命科学产业主要集中在三个地区，斯德哥尔摩—乌普萨拉地区，这是欧洲领先的生命科学产业带之一，拥有世界知名大学和研究机构，如卡罗林斯卡医学院、乌普萨拉大学、皇家理工学院等，该地区聚集了全国54%的生命科学企业，如法玛西亚（现已被辉瑞公司并购）、阿斯利康（Astra Zeneca）、通用医疗等知名跨国公司。另外，两个产业带主要集中在瑞典南部，一个在哥德堡附近,以药物研发和临床为主,聚集了全国17%的生命科学企业;另一个在隆德—马尔默地区,以生物技术为主,拥有全国20%的生物技术企业。从行业分布来看,瑞典的生命科学产业以药物研制为主,占行业总量的54%;其次是生物技术器材等,占21%,这两个行业可作为中瑞合作的主要领域。

(3) 汽车产业。瑞典拥有强大的汽车制造工业,重型卡车和大型客车占其生产的绝大部分。瑞典汽车制造业同时也是以出口为导向的产业。每年生产的商用车中,超过90%出口,全球市场占有率在20%以上。沃尔沃和斯堪尼亚是国际知名的瑞典商用车制造商,历史悠久,技术雄厚,市场占有份额大。瑞典在汽车安全技术方面世界闻名,汽车安全带是瑞典人发明的,瑞典Autoliv公司是享誉世界的汽车安全企业。目前,瑞典正在开发汽车主动安全系统。其主要企业之一:沃尔沃汽车集团(Volvo),1999年,沃尔沃收购法国雷诺公司重型汽车业务,同时将轿车出售给福特汽车公司。重组完成后,沃尔沃成为世界第二大重型汽车制造商,目前,该公司在世界上100多个国家设有销售网点。该公司的主要产品有中型卡车、巴士和建筑设备。主要企业之二:斯堪尼亚公司(Skania),该公司在斯德哥尔摩和纽约股票交易所上市,目前是世界领先的重型卡车和大型巴士以及发动机制造商,有"重卡之王"之称。该公司主要产品有重型卡车和大型客车及底盘。主要企业之三:萨伯公司(SAAB),萨伯公司是世界领先的高技术企业,业务主要涉及国防、航空、航天及民用安全方面的产品。公司在系统整合方面也有很强的竞争力。萨伯公司生产的轿车因动力性能和安全性能在国际上具有很高的知名度,2002年,该公司的轿车业务被美国通用公司兼并。主要企业之四:奥托立夫汽车安全公司(Autoliv),1997年,瑞典奥托立夫公司和北美摩顿汽车安全系统公司合并成立奥托立夫汽车安全公司。目前,该公司是世界领先的汽车安全领域企业。主要产品包括汽车安全带、安全气囊在内的安全设备。世界上所有知名汽车公司都是其客户。

3. 韩国

韩国位于东北亚朝鲜半岛南部,三面环海,西南濒临黄海,东南是朝鲜海峡,东边是日本海,北面隔着三八线非军事区与朝鲜相邻,领土面积占朝鲜半岛总面积的4/9,人口5000万,国土面积10万余平方千米。韩国是OECD成员之一,也是亚太经合组织(APEC)和东亚峰会的创始国，自20世纪60年代以来，韩国政府实行了"出口主导型"开发经济战略，推动本国经济的飞速发展，缔造了举世瞩目的"汉江奇迹"。2011年，韩国GDP为1.164万亿美元，同比增长3.6%，是世界第15大经济强国；人均GDP 22778美元（排名世界第35位），出口额5550亿美元，进口额5240亿美元，外汇储备3060亿美元。此外，韩国也是世界上最具创新力的国家之一，据德国科隆经济研究所（IW）统计，韩国在技术创新方面，继芬兰和瑞士之后，排名世界第三。韩国以创新为本的社会和企业氛围成就了很多外国企业在韩国的蓬勃发展，现已有众多跨国企业集团在韩国设立了研发中心，其中包括微软公司移动创新实验室、IBM公司普适运算实验室、谷歌工程研发中心、金佰利亚洲研发中心、西门子医疗研发中心、杜邦纳米研发中心等，而世界著名的生物工程研究所——巴斯德研究所也从2004年开始在韩国积极开展研发活动。韩国经济实力雄厚，汽车、显示器、造船、通信设备、半导体、化学、钢铁等已成为韩国的重要支柱产业，并享誉世界。大企业集团在韩国经济中占有十分重要的地位，三星电子、LG电子、现代汽车、起亚汽车、浦项制铁集团、现代重工和SK电讯等都是全球闻名的韩国企业。

（1）汽车产业。汽车产业是韩国的重要支柱产业，2010年，韩国汽车产业总产值达到980.0亿美元，占制造业的10.1%；增加值为304.7亿美元，占制造业的9.4%；就业人数为26万人，占制造业的10.6%；出口额为552.28亿美元，占制造业出口总额的11.9%；贸易收支为456.3亿美元。2011年，韩国汽车产业的贸易收支已高达583.0亿美元，相对于船舶海洋构造物与配件（2011年贸易收支为522.3亿美元）、石油产品（贸易收支为287.2亿美元）、半导体（贸易收支为176.6亿美元）等支柱产业，对推动韩国国民经济发展做出了巨大贡献。韩国汽车产业的规模位居世界第五，2011年，总产量达465.7万辆（海外生产量高达314.1万辆，占总产量的67.5%），位居中国、美国、日本和德国之后；出口量为315.1万辆，同比增长13.7%。2011年，韩国市场上的汽车销售量为147.5万辆，其中包括11.8万辆进口汽车。目前，韩国有现代（Hyundai）、起亚（Kia）、韩国通用（GM Korea）、雷诺三星（Renault Samsung）和双龙（Ssangyong）五大汽车生产商。其中，现代和起亚集团更是在全球多个国家建立了生产基地。比如，韩国现代在中国、印度、土耳其、美国、捷克和俄罗斯6个国家建立了诸多生产基地，2011年，现代的销售额达到 386.1 亿美元,汽车产量为 189.2 万辆,出口量为 120.4 万辆;起亚在中国、斯洛伐克和美国等国家也建立了许多生产基地,2011年,起亚销售额达到 250.4 亿美元,汽车产量为 158.4 万辆,出口量为 107.6 万辆;韩国通用、雷诺三星和双龙则没有在海外建立生产基地,2011 年,上述企业的销售额分别为 136.0 亿美元、45.0 亿美元和 24.7 亿美元,产量分别为 78.1 万辆、24.4 万辆和 11.3 万辆,出口量分别为 65.6 万辆、13.8 万辆和 7.4 万辆。① 近年来,随着成品车组装企业的发展,韩国汽车配件产业也取得了突飞猛进的发展。2011 年,韩国汽车配件产业销售收入达到 612.1 亿美元,同比增长 15.2%;就业人数为 16.6 万人,出口额为 230.9 亿美元,贸易收支为 172.5 亿美元。

(2) 显示器产业。韩国是世界上第一大显示器生产国。2011 年,韩国显示器产业总产值达到了 512.3 亿美元,占全球市场的 47.1%,而同期中国台湾和日本的总产值分别为 312 亿美元(占全球的 28.7%)、206.6 亿美元(占全球的 19.0%)。在显示器的细分领域,如 LCD、PDP、OLED 等领域,韩国企业的市场占有率分别高达 45.1%、57.6% 和 89.0%。2000 年,韩国的大型液晶显示屏产量为 1100 万件,而同年日本年产量已达到 1500 万件。仅仅十年后的 2010 年,日本生产了 4000 万件大型液晶显示屏,而韩国生产了 33000 万件,相当于日本的 8 倍多。2011 年,韩国的大型液晶显示屏在全球市场的占有率超过了 51%,而 OLED 电视的全球市场份额更是达到了 87%。韩国显示器产业自 2002 年超越日本以来,连续多年持续保持世界第一大生产国的地位。这主要是具备世界最高水平的平板量产技术、三星电子和 LG 电子等实力派企业带头实施大规模投资所带来的结果。虽然韩国已经是世界上第一大显示器生产国,但其显示器产业发展仍然存在两个方面的劣势:首先是韩国显示器产业上游产业(核心配件及材料)的生产基础薄弱,主要依赖对日本进口;其次是韩国生产显示器的核心设备的国产化程度较低。

(3) 造船业。造船业是韩国重要支柱产业之一。进入 21 世纪以来,韩国船舶工业加速发展,稳居世界造船业主导地位。2011 年,韩国造船完工量、新接订单量、手持订单量分别为 5291 万载重吨、2656 万载重

---

① 2010 年美元兑韩元汇率:1 美元 = 1156 韩元;2011 年美元兑韩元汇率:1 美元 = 1108 韩元。数据来源于韩国汽车工业协会发布的《2011 年韩国汽车产业》。

吨、11070万载重吨，依次占世界的31.1%、38.3%和32.0%，仅次于中国（同期中国造船完工量、新接订单量、手持订单量分别占全球的45.1%、52.2%和43.3%），位居世界第二。虽然在造船业三大指标上落后于中国，但是，得益于韩国造船业持有在深海钻井船、液化天然气（LNG）船、钻井船等高技术、高附加值船舶的订单，而中国造船业主要集中在散货船、中小型集装箱船等低附加值船舶领域，2011年，韩国造船业以接单总额481.6亿美元，超过中国（192亿美元）1倍以上，成为世界第一大造船国。2012年上半年，两国之间造船业接单总额的差距更加明显，韩国造船业接单总额为140亿美元，中国仅为59亿美元。韩国知识经济部发布的《2012年上半年造船海洋产业动向报告》显示，上半年韩国造船业界获得了20亿美元的1艘FPSO（全世界订单量为1艘，括号数字为全球世界订单量）及1艘2.8亿美元的LNG－FSRU（1艘）订单，获得了约达44亿美元的7艘钻井船（8艘）、7.7亿美元的1艘LNG－FPSO（2艘）、约31亿美元的15艘LNG船（16艘）、约为8亿美元的16艘LPG船（23艘），约19亿美元的30艘油轮（64艘）订单。从中可知，韩国在油船、超大型集装箱船、大型液化天然气船（LNG）、浮式生产储油船（FPSO）、钻井船、成品油船等高附加值船舶领域具备绝对优势的竞争力。目前，韩国共有造船企业130余家。2011年，韩国前七大造船厂，即三星重工巨济造船厂、大宇造船海洋株式会社的玉浦造船厂、现代重工的蔚山造船厂、STX镇海造船厂、现代三湖重工、现代尾浦造船和城东造船厂（2011年按照手持订单排名，分别位居全球第一、第二、第三、第四、第五、第六和第十），拥有全国95%的造船能力，全面主导韩国造船业的整体生产，同时七大造船厂95%的所造船只出口海外，是典型的出口主导型产业。

（4）通信设备产业。韩国是世界上第四大通信设备制造国，位居中国、美国和日本之后。2009年，韩国通信设备产业总产值为523.4亿美元，同比增长12.3%；增加值为236.5亿美元，同比增长12.6%；从业人员7.7万人；出口额为308.7亿美元，其中手机出口额为286.8亿美元。2009年，韩国通信设备产品的发货金额为522.5亿美元，其中无线（手机的发货金额为437.7亿美元，占无线通信设备产品发货金额的87.2%）和有线通信设备产品的发货金额分别为502.1亿美元、20.4亿美元。韩国通信设备企业以手机产业为中心，主要分布在首都圈区域和大庆地区。其中,首都圈地区以位于平泽、金浦的 LG 电子和泛泰(PANTECH)集团的手机及其配件企业为主;国内主力企业与中小通信设备企业大体上分布在城南、首尔、安阳等地区;在大庆的龟尾地区有三星电子及其相关合作企业,大邱有手机配件和系统设备企业;庆尚南道的马山有诺基亚集团的"诺基亚 TMC",该企业在诺基亚全球生产网中起着重要作用。自 1984 年成立以来,该工厂共生产了 4 亿部手机。通信设备产业是深受通信服务业发展影响的产业。近年来,韩国在 3G 等新一代移动通信领域中,领导世界先进技术。多年来,韩国在手机制造方面已实现世界最高水平的技术和质量竞争力,但在通信设备方面,与国际先进企业相比,竞争力和市场占有率相对处于较低的地位。但继 2005 年在世界领先实现 DMB 服务之后,2006 年在全世界又最先开始 HSDPA 和 WiBro 等新业务。2009 年,由于韩国国内智能手机需求的增加,至今运作比较保守的无线互联网(WiFi)部分开始迅速普及,同时通信量也随之增加,因此出现有关通信器材升级的新投资需求。随着结合性商品的扩大,WiBro 和 WiFi 等多种通信网正在大幅度扩大。此外,提升通信业务处理量与传输速度所需的高端化、频率再分配及新分配将需要更多新的网络设备投资。今后,韩国通信设备产业也将不断创造出高增长和高市场占有率。

(5) 半导体产业。半导体产业是韩国的重要优势产业。2011 年,韩国半导体产业产值为 432 亿美元,占全球半导体产业总产值的 13.8%,居美国(产值为 1582 亿美元,占世界的 50.6%)和日本(产值为 582 亿美元,占世界的 18.6%)之后,位列世界第三;出口额为 500 亿美元,占韩国出口总额的比重为 9.0%。在半导体产业世界市场(2011 年规模约为 3456 亿美元)中,存储器约占 49.9% 的世界市场份额,而韩国的动态随机存储器(DRAM)的世界市场占有率高达 49.5%,位居世界第一,成为其半导体产业最具有竞争力的领域。三星电子和 SK 海力士(SK Hynix)正以它们在半导体内存领域的超强竞争力(内存领域的工程加工技术已经实现 20 纳米微小化),在全球同行业中显示出举世瞩目的实力。除半导体内存外,韩国企业在非内存部门和功率分离元器件领域的竞争实力也在不断加强。韩国半导体行业韩国半导体产业由 370 多家大中小型企业组成,涵盖设计、元件、设备、材料等领域,产业结构比较均匀。诸如半导体设计产业由安太科技(Mtekvision)、科络捷(Corelogic)等 150 家企业组成，半导体制造产业由东部高科（DongbuHitek）、美格纳半导体（Magnachip）等企业组成，包装产业主要由外资企业（Amkor、Stats ChipPac）和 ASE（中国台湾半导体企业）等组成。

（6）化学工业。韩国的化学工业始于 20 世纪 60 年代后半期。1968 年，韩国政府将蔚山石泊化工基地的 13 家企业整合重组，予以重点扶植。1972 年，蔚山石油化工联合企业建成。韩国的化学工业获得迅速发展，石化工业产品的自给率达 47%。自 1976 年开始，韩国着手兴建丽川石化基地的十大系列化工厂，该工程于 1979 年 12 月全部竣工投产，从而使韩国石油化工产品的自给率提高到 64%，乙烯的年生产量达到 50 多万吨，从世界第 24 位跃至第 14 位。第二次石油危机使韩国的石化工业受到极大冲击，石化工业面临原料供应不足、生产效率低、自给率下降等诸多问题。1983 年后，由于原油市场的稳定及世界经济的恢复，石化工业产品的需求量不断增长，韩国的石化工业产品的生产能力大大提高。到 20 世纪 80 年代末，其生产能力提高到世界第五位。目前，韩国的石化工业中心集中分布在沿海地带。丽川为韩国最大的石化工业中心，其次是蔚山、瑞山。韩国统计厅的数据显示，2011 年，韩国化学工业产品发货金额为 1406.5 亿美元，同比增长 33.2%；增加值为 386.6 亿美元，同比增长 41.4%。近年来，全球多家化工企业已开始不断扩大在韩国的投资，尤其以高端产品和研发为重点？全球 25 强化工生产企业中，包括 LG 化工（LG Chemical）和 SK 能源（SK Energy）在内的 21 家公司在韩国都有生产基地。

（7）钢铁产业。作为韩国主导产业的钢铁产业，在过去的半个世纪中，一直保持着快速增长，并在推动韩国经济的繁荣中做出了巨大贡献。据韩国钢铁产业协会数据统计，2011 年，韩国粗钢产量为 6851.9 万吨，同比增长 16.3%，位居中国（6.83 亿吨）、日本（1.08 亿吨）、美国（8624.7 万吨）、印度（7220 万吨）和俄罗斯（6874.3 万吨）之后，是世界第六大钢铁生产国。其中，碱性氧气转炉（B.O.F）工艺粗钢产量为 4214.2 万吨；电弧炉（E.A.F）工艺粗钢产量为 2637.7 万吨。2009 年，韩国钢铁产业增加值为 157.8 亿美元，占韩国制造业的 7.6%，占韩国 GDP 的 2.1%；出口额为 221 亿美元，占韩国出口总额的 6.1%；进口额为 234 亿美元，占进口总额的 7.2%；从业人数有 7.8 万人，占整个制造业的 3.2%。从主要钢铁企业看，浦项制铁是韩国第一大钢铁企业,2011年,粗钢生产量为3910万吨,位居世界第四;现代制铁是韩国第二大钢铁企业,2011年,粗钢产量为1610万吨,位居世界第二十。

二 世界工业强国的基本特征总结

工业强国是产业结构、发展方式、运行模式、组织形式、制度环境等多种因素长期综合作用的结果,任何一个单一的指标都不能作为工业强国的唯一指标。整体上看,世界工业强国有以下几个方面的特征:

(一)拥有一批具有较强国际竞争力的著名企业和品牌

拥有一批具有较强国际竞争力和资源整合能力的大型企业集团是一个国家工业强大的外在体现。龙头企业和自主品牌决定着不同国家在世界产业价值链所处的地位,一个国家拥有的跨国企业和世界知名品牌越多,其价值链所处地位及主导力就越强,在全球市场竞争中就越能够占领先机。一个世界工业强国要在竞争中处于优势,关键还是要有一批竞争力强的大企业和集团。比如,在2013年财富世界500强排行榜中,美国企业有132家,日本有62家,法国、德国、英国、瑞士、韩国等国家分别有31家、29家、27家、14家和14家。上述工业强国中世界500强企业数量占全世界的61.8%。从全球范围看,工业强国均拥有一批在世界市场上具有重要影响力的品牌。例如,在2011年世界品牌500强排行榜中,美国占据500强中239席,其中工业领域入选品牌数量高达103个,位居第一,仍然是当之无愧的世界工业品牌强国;法国以43个品牌数位居第二,其中工业领域品牌数为21个;日本以41个品牌入选席位排名第三,其中工业领域品牌数为31个;紧随其后的是,英国39个(工业领域品牌数有14个)、德国25个(工业领域有15个)、瑞士21个(工业领域有13个)、中国21个(工业领域有11个)、意大利14个(工业领域有13个)、荷兰10个(工业领域有5个)、瑞典8个(工业领域有5个)(见表7-8)。① 在工业领域前20大品牌中,除德国奔驰、日本索尼和瑞士雀巢外,其余均为美国企业。

(二)拥有世界一流的自主创新能力

自主创新能力是国家竞争力的核心,也是一个国家获取竞争优势的最

---

① 根据世界品牌实验室发布的2011年《世界品牌500强》排行榜数据,归纳整理得出工业领域的世界品牌排行。

表 7-8　　2011 年世界品牌 500 强入选数最多的国家（以工业领域品牌数排序）

名次	国家	工业领域入选数量	代表性品牌
1	美国	103	苹果公司、脸书（Facebook）、微软、IBM、可口可乐、英特尔、通用电气、惠普、思科、甲骨文、百事、宝洁等
2	日本	31	索尼、佳能、本田、松下、花王、丰田、日立、新日铁、NEC、东芝、爱普生、日产、三菱电机、马自达、富士通等
3	法国	21	路易威登、迪奥（Dior）、欧莱雅、香奈儿、轩尼诗、爱马仕、达能、卡地亚、标致汽车、泰雷兹（Thaies）、达索等
4	德国	15	奔驰、宝马、大众、西门子、思爱普（SAP）、阿迪达斯、保时捷、妮维雅、博世、巴斯夫等
5	英国	14	联合利华、尊尼获加、百加得、英国石油、捷豹汽车、吉百利、力士（LUX）、登喜路、芝华士、锐步（Reebox）等
6	瑞士	13	雀巢、斯沃琪（Swatch）、劳力士、江诗丹顿、欧米茄、伯爵（钟表）、爱彼（钟表）、罗氏制药、ABB、诺华制药等
7	意大利	13	古琦（Gucci）、迪赛（服装）、贝纳通（服装）、普拉达（Prada）、菲亚特汽车、麦丝玛拉服装（MaxMara）、宝格丽（钟表）、阿玛尼、法拉利、芬迪（FENDI）、华伦天奴（服装）等
8	中国	11	中国移动、联想、海尔、华为、长虹、中国石油、中国石化、青岛啤酒、中国中化、中国联通、中国电信等
9	荷兰	5	壳牌石油、欧洲宇航防务（EADS）、飞利浦、喜力（食品与饮料）、阿克苏诺贝尔（化工）等
10	瑞典	5	H&M（服装）、绝对伏特加（食品与饮料）、沃尔沃、伊莱克斯、爱立信等
11	韩国	4	三星、现代汽车、LG、SK 电讯等

资料来源：世界品牌实验室（World Brand Lab）。

重要源泉。一个国家只有拥有强大的自主创新能力，才能在激烈的国际竞争中赢得先机，把握主动。例如，美国之所以能引领全球电子信息产业发展的潮流，与其在集成电路、PC、互联网、智慧地球等领域层出不穷的重大原始创新是分不开的。从发展实际看，世界工业强国无一不拥有强大的自主创新能力。

从创新能力看，2013 年 7 月，欧洲工商管理学院（INSEAD）与世界知识产权组织（WIPO）联合发布的《2013 年全球创新指数（GII）报告》显示：2013 年，全球创新整体指数排名前十位的国家（地区）分别是瑞士、瑞典、英国、荷兰、美国、芬兰、中国香港、新加坡、丹麦和爱尔兰。其中，瑞士、瑞典、英国、美国等是典型的世界工业强国。从重点产业看，根据美国 Batelle 研究院的调查，在全球汽车、航空航天、新材料、新能源、信息和通信技术等领域，美国、日本、德国等世界工业强国仍然保持着全球研发创新领导者地位。而中国在创新能力相对较强的 ICT 领域，也仅有中兴、华为等少数企业拥有世界一流的研发创新能力，绝大多数企业处于跟随模仿阶段。

从研发支出（见表 7 - 9）看，2011 年，美国研发支出达 4272 亿美元，占 GDP 的 2.81%，占全球研发投入的 32.0%，牢牢占据全球第一研发投入大国地位；日本研发支出达 1521 亿美元，占 GDP 的 3.47%，占全球研发投入的 11.4%，是全球第三大研发投入大国；德国研发支出为 879 亿美元，占 GDP 的 2.85%，占全球研发支出的 6.8%，是全球第四大研发投入大国；韩国研发支出为 527 亿美元，占 GDP 的 3.40%，占全球研发投入的 4.1%，是全球第五大研发投入大国；法国研发支出达 492 亿美元，占 GDP 的 2.21%，占全球研发投入的 3.8%，是全球第六大研发投入大国；英国研发支出为 407 亿美元，占 GDP 的 1.81%，占全球研发投入的 3.1%，是全球第七大研发投入大国。其他工业强国，诸如瑞典、瑞士、荷兰、芬兰等国家，由于经济总量的原因，虽然研发支出并不高，但其占 GDP 的比重却非常高，2011 年，瑞典、瑞士、荷兰、芬兰等国家研发投入占 GDP 的比重分别高达 3.62%、3.00%、1.87% 和 3.83%。由此可见，美国、日本、德国等国家之所以能成为世界工业强国，并在全球保持领先地位，研发投入的不断加大、自主创新能力的不断增强是其重要手段。2011 年全球主要国家（地区）研发支出及科学家和工程师人数情况如图 7 - 8 所示。

342 / 走向经济强国之路

图 7-8 2011 年全球主要国家（地区）研发支出及科学家和工程师人数情况

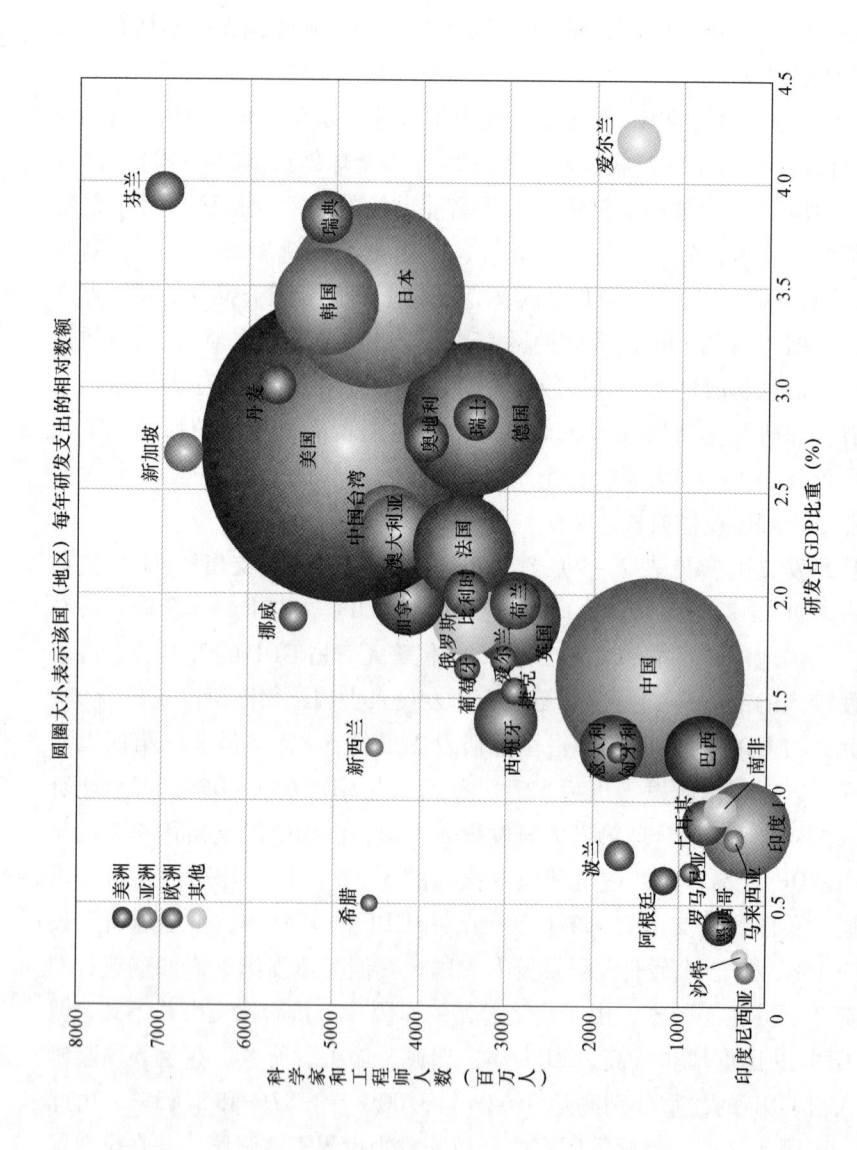

资料来源：美国 Battelle 研究院、R&D 杂志、国际货币基金组织、世界银行、CIA 世界各国概况和经济合作与发展组织。

表7-9　　　　2010—2012年世界主要工业国家国内研发支出

排名	国家	2010年		2011年		2012年	
		研发支出（亿美元）	研发占GDP比重（%）	研发支出（亿美元）	研发占GDP比重（%）	研发支出（亿美元）	研发占GDP比重（%）
1	美国	4151	2.83	4272	2.81	4360	2.85
2	中国	1493	1.48	1749	1.55	1989	1.60
3	日本	1483	3.44	1521	3.47	1576	3.48
4	德国	829	2.82	879	2.85	906	2.87
5	韩国	490	3.36	527	3.40	564	3.45
6	法国	474	2.21	492	2.21	511	2.24
7	英国	393	1.81	407	1.81	424	1.84
8	印度	325	0.80	380	0.85	413	0.85
9	巴西	239	1.10	275	1.20	300	1.25
10	加拿大	259	1.95	270	1.95	286	2.00

资料来源：美国Battelle研究院、R&D杂志、国际货币基金组织、世界银行、CIA世界各国概况和经济合作与发展组织。

从创新成果看，2011年，PCT国际专利申请量排名前15位的国家（见表7-10），大多数是世界工业强国，诸如美国、日本、德国、法国、英国、瑞士、瑞典、韩国、荷兰等国家。其中，2011年美国PCT国际专利申请量高达48596件，占世界的26.7%，连续多年保持世界第一；日本申请数量为38888件，占世界的21.4%，连续多年保持世界第二；德国申请量为18568件，占世界的10.2%，连续多年保持世界第三；韩国申请量为10447件，占世界的5.7%，仅次于中国，保持世界第五。

（三）拥有国际领先的规模影响力

具有一定的产业规模和生产能力，是工业强国之所以强大的重要基础。世界工业强国如果没有一定的产业规模特别是出口规模，就不可能具有较大的影响力。世界上的工业强国首先是工业出口大国。例如，2011年，日本汽车出口446.44万辆，占国内产量的53.2%；德国出口450万辆，占国内产量的71.3%；韩国出口315.2万辆，占国内产量的67.7%。表7-11显示，2011年，德国工业制成品出口额约为1.4万亿美元，仅

表7–10　　2009—2011年世界主要国家PCT专利申请量　　单位：件

排名	国家	2009年	2010年	2011年	2011年占世界比重（%）
1	美国	45627	45008	48596	26.7
2	日本	29802	32150	38888	21.4
3	德国	16797	17568	18568	10.2
4	中国	7900	12296	16406	9.0
5	韩国	8035	9669	10447	5.7
6	法国	7237	7245	7664	4.2
7	英国	5044	4891	4844	2.7
8	瑞士	3672	3728	3999	2.2
9	荷兰	4462	4063	3494	1.9
10	瑞典	3568	3314	3466	1.9
11	加拿大	2527	2698	2923	1.6
12	意大利	2652	2658	2671	1.5
13	芬兰	2123	2138	2080	1.1
14	澳大利亚	1740	1772	1740	1.0
15	西班牙	1564	1772	1725	0.9

资料来源：世界知识产权组织（WIPO）。

次于中国，是世界第二大工业制成品出口国；美国工业制成品出口额约为1.3万亿美元，占世界的8.1%，是世界第三大工业制成品出口国；日本约为7983亿美元，占世界的4.5%，是世界第四大工业制成品出口国；荷兰为5676亿美元，占世界的3.6%，是世界第五大工业制成品出口国。值得注意的是，俄罗斯虽然货物出口总额为5220亿美元，位居世界第九，但其工业制成品仅占其出口总额的40%左右，约为2080亿美元，而同期瑞士工业制成品出口额却高达2186亿美元。这充分说明，世界上的货物出口大国并不意味着就是工业强国，但世界上的工业强国却必然是工业制成品的出口大国。

表7-11　　2011年世界主要国家货物出口额及工业制成品出口额

排名	国家	货物出口总额（亿美元）	占世界比重（%）	工业制成品出口额（亿美元）
1	中国	18990	10.4	18144
2	美国	14810	8.1	12737
3	德国	14740	8.1	13856
4	日本	8230	4.5	7983
5	荷兰	6600	3.6	5676
6	法国	5970	3.3	5433
7	韩国	5550	3.0	5384
8	意大利	5230	2.9	4916
9	俄罗斯	5220	2.9	2080
10	比利时	4760	2.6	4332
11	英国	4730	2.6	4115
12	瑞士	2350	1.3	2186
13	瑞典	1870	1.0	1777

注：表中1—11的排名是按照货物出口总额的顺序按降序排列，瑞士和瑞典数据是为研究需要而加入的，实际上，瑞士和瑞典在2011年全球货物出口总额中排名分别位于第23名和第28名。由于世界贸易组织报告中没有工业制成品出口额数据，我们对其进行估算，其中，中国工业制成品出口额按占货物出口总额的96%测算，美国按照占86%测算，德国按照占94%测算，日本按照占97%测算，荷兰按照占86%测算，法国按照占91%测算，韩国按照占97%测算，意大利按照占94%测算，俄罗斯按照占40%测算，比利时按照占91%测算，英国按照占87%测算，瑞士按照占93%测算，瑞典按照占95%测算。

资料来源：世界贸易组织：《世界贸易报告（2012）》。

（四）拥有结构优化、技术先进、附加值高的现代工业体系

结构优化、技术先进、附加值高的现代工业体系，越来越成为工业强国获取竞争优势的重要环节。如美国的化工、电子信息、机械设备制造、航空航天、汽车、生物医药等产业；德国的汽车、机械设备制造、电气设备制造、化学工业等产业；日本的汽车、电子信息、化学、钢铁等产业；韩国的汽车、显示器、造船、通信设备、半导体、化学、钢铁等产业。

（五）拥有国际领先的产业基地和产业集群

实践表明，产业集聚能够强化产业分工，降低创新成本，优化生产要

素配置，既是提高国家产业竞争力的重要途径，也是世界先进制造业和高端服务业发展的重要趋势。目前，世界上许多工业强国都拥有强大的产业集聚区作为支撑，诸如，美国五大湖地区的汽车产业集聚区、西雅图的航空产业集聚区、硅谷的 IT 产业集聚区；日本的京滨工业区、九州半导体产业集聚区；德国的慕尼黑高科技产业区、法兰克福化工产业集聚区；英国剑桥工业园生物技术产业集群、苏格兰"硅谷"；法国里昂的生物工程产业集群、图卢兹航空航天产业集群、巴黎时尚产业集群；瑞士汝拉地区的钟表产业集群、巴塞尔的化工产业集聚区①；瑞典斯科耐的"医药谷"、乌普萨拉生物科技园、哥德堡地区的汽车产业集群；意大利诺瓦拉的金属阀门制造业集中区、比埃拉纺织工业区；韩国釜山、庆尚南道地区的造船产业集聚区、大德研究开发特区；加拿大蒙特利尔航空航天产业集群、多伦多航空航天工业中心等。这些产业集聚区不仅是国家重大产业布局的重要承载地，也是国家产业竞争力的重要体现。

（六）拥有雄厚的文化、制度等软实力

文化、制度等软实力是世界工业强国获取竞争优势的重要方面。软实力是一种无形的影响力，软实力就是导向力、吸引力和效仿力。软实力主要体现在企业文化、品牌战略、行为规范、价值理念、管理科学、法律政策、人才队伍等方面。实践表明，企业之间的竞争除硬实力的较量外，软实力也是根本的要素，甚至比硬实力更具持久性和影响力。全球各个工业强国得益于与其主导产业相适应的文化，创造了源源不断的灵感，也培育了忠实的消费者以及发展主导产业的人才，如德国的制造业文化、法国的航空文化、底特律的汽车文化、米兰的服装文化等。以德国制造业文化为例，目前，在机械制造业的 31 个部门中，有 17 个居世界领先地位，处于前 3 位的部门共有 27 个。德国制造业的强势崛起有其深刻的文化原因，无论是百年前的教堂大钟、酿酒设备、地下排水系统、建筑与家具，还是今天的奔驰、宝马、大众、双立人刀具，"德国制造"具备了如下四个基本特征：耐用（Haltbarkeit）、可靠（Zuverlaessigkeit）、安全（Sicherheit）

---

① 瑞士钟表业主要分布在汝拉地区，覆盖范围从日内瓦直至沙夫豪森，称为"钟表制造带"，其中，日内瓦、比尔和拉夏德芬 3 个城市是瑞士钟表制造中心。斯沃琪集团（Swatch Group）、劳力士公司等总部就坐落于此。瑞士巴塞尔称为"化工之都"，因为汽巴—嘉基（瑞士最大的化工公司和世界重要的精细化工企业）、罗氏、诺华、山德士等全球知名化工医药公司的生产基地坐落于此。

和精密（Praezision）。这些可触摸的特征，是德国文化在物质层面的外显，而隐含其后的则是"德国制造"独特的精神文化。德国人"理性严谨"的民族性格，是其精神文化的焦点和结晶，更是德国制造业的核心文化，这种文化在制造业的具体表现可归纳为专注精神、标准主义、精确主义、完美主义、程序主义和厚实精神六大类。

上述几大特征是世界工业强国获取竞争优势的主要基础，使这些国家能够多层次、多角度、多方位参与到并影响到全球工业的市场竞争格局，进而形成较强的综合竞争力。由此可见，工业大国主要靠规模取胜，而工业强国必须要在技术、品牌、管理、创新等方面同时具备综合竞争优势。

第三节　工业强国的关键指标体系构建

一　工业竞争力是国家竞争力的本质基础

中国用 60 多年的时间实现了从弱国到大国的转变。新中国成立以来，中国经济实现了跨越式发展，国内生产总值从 1952 年的 679 亿元增长到 2011 年的 47.23 万亿元，增长了 696.4 倍，经济总量跃升至世界第二位；谷物、肉类、棉花等主要农产品及钢铁、煤炭、水泥、化肥等工业产品产量居世界首位；货物进出口总额从 1950 年的 11.35 亿美元提高到 2011 年的 3.64 万亿美元，成为世界货物贸易第一出口大国和第二进口大国；外汇储备由 1950 年的 1.57 亿美元增加到 2011 年的 3.18 万亿美元，位居世界首位。在经济发展的基础上，城乡居民收入持续增长，消费支出稳步扩大，家庭财产包括金融资产迅速增长。居民消费结构显著改善，食品、衣着和基本生活用品占消费支出的比重大幅度下降，住房、交通通信、医疗保健、文教娱乐等项支出的比重迅速上升，生活质量得到提高。同时，政治建设、文化建设、社会建设也取得举世瞩目的成就，综合国力显著增强，国际地位不断提升，在全球顶级智库美国兰德（RAND）公司 2012 年世界主要国家综合国力排名中，中国列第 5 位。毋庸置疑，中国已经成为世界大国。

实现世界强国是比世界大国更艰难、更漫长的过程。主要表现在：一是世界强国包含的内容比世界大国要宽得多，在经济方面体现为由量到质的提升，同时，在政治、文化、社会、军事、科技等方面都要强大，而这些方面问题的解决往往比经济本身更为复杂。二是在世界大国向世界强国迈进的过程中,由于新的强国崛起会对发达国家的利益形成冲击,发达国家往往会利用经济、贸易、气候等各种手段压制一国向强国迈进的步伐,因此,强国之路面临的发展阻力较大。三是发展中国家在进入全球价值链过程中,以发达国家为核心建立的产业标准体系往往成为后发国家的标杆,发展中国家由于后发比较优势往往被锁定在产业链的低端。因此,中国实现世界强国目标任重道远,选择一条适应中国现实国情的实现路径至关重要。

1. 国际经验彰显:工业强大是国家强大的根本支撑

第一,从世界工业发展史看,主要发达国家成长为世界强国无一不是靠工业的强大。毋庸置疑,英国、美国、德国、日本等世界强国都是通过发展强大的工业走上强国之路的。英国是世界上首个实现工业化的国家,到18世纪末,英国工业遥遥领先于其他国家,使英国成为当时世界上当之无愧的强国。美国在建国之初就提出了"工业立国"的思想,到1880年,美国工业产值超过英国和德国,在成为世界第一工业强国的同时,也成为屈指可数的几个世界强国之一。从德国来看,1870—1913年,德国在世界工业总产量中的比重上升到15.7%,居世界第二位,成为公认的世界强国。日本作为一个后起的资本主义国家,利用后发优势,通过实施"赶超"战略,大力发展工业,终于跻身于世界强国之林。这四个在不同历史阶段成为世界强国的国家经济发展历程表明:发展本土强大的工业才是国家富强的根基。

第二,世界强国虽然已经进入后工业化社会,工业占本国经济的比重不断下降,但仍牢牢掌控世界工业的核心地位。近年来,特别是国际金融危机发生以来,发达国家通过实施"再工业化"及"制造业回归",并颁布了一系列措施和计划,来推动工业的发展。当前,发达国家制造业总产值仍在全球制造业中占有最大份额,2010年,全球制造业增加值为7.39万亿美元。其中,美国制造业增加值占全球的24.0%,仍是全球最大的制造国;中国制造业增加值占全球的15.4%,成为仅次于美国的第二工业大国;日本的汽车、造船、机床、半导体、电子信息等领域在全球产业分工体系中居于至关重要的位置,2010年,日本制造业增加值占全球的14.4%,位居世界第三;德国在机械、汽车、化工新能源等领域积累了长期优势,2010年,德国制造业增加值达到了6101.8亿美元,占世界的

8.3%，位居世界第四。另外，发达国家将工业的一些生产制造环节转移到发展中国家，但这种产业转移和国际分工为这些国家的高端产业腾出了发展空间，工业地位不但没有削弱，其在全球价值链中的地位反而不断强化，为这些国家继续保持世界强国地位，奠定了坚实的实体经济基础。

第三，世界整体上仍处于工业时代这一客观事实是中国发展强大工业的重要支撑。中国已经成为世界经济发展不可或缺的重要力量，这一成就不仅是中国几十年来以经济建设为中心的丰硕成果，从历史来看，也有其深刻的必然性。首先，从国际经验来看，一个国家工业在世界经济中地位越来越重要的过程，往往就是该国成长为世界经济发展重要力量的历程，因此，中国在世界经济中的崛起必然伴随工业的大发展，这一发展既体现于工业在国内经济中地位的提升，也体现于在世界经济中地位的增强。其次，工业是当前世界经济最重要的支柱。目前，世界80%以上的人口上仍处于工业化甚至前工业化过程中，世界总体仍处于工业社会。即使发达国家已经步入后工业社会，然而，其在世界工业中仍具有举足轻重的作用，如美国一直保持着以20%的份额，居世界工业生产总值第一位，因此，目前工业仍是世界经济中最重要的部门。最后，世界经济和社会发展对工业产品形成持续的巨大需求。工业是满足人类需求的重要部门，世界经济不论发展到什么阶段，都对工业产品有着巨大的需求，即使全世界进入后工业社会，世界经济对于工业产品的需求也仍然强劲，这也是世界工业和中国工业持续发展的最强劲、最持久的动力。

2. 国内现实表明：工业是推动中国实现大国崛起的必然选择

着眼于三次产业的角度，只有工业才是推动中国实现大国崛起的核心力量。从农业来看，农业是中国国民经济的基础，对于我们这样一个发展中的人口大国，其重要性不言而喻。但需要指出的是，农业的重要性主要是体现于国内发展基础层面，对于实现"世界强国"这样的战略目标而言，需要的是一个国际化的、在国民经济中处于主导地位的产业，充当其先锋力量。当前，农业在中国国内生产总值中的比例为10%左右，国际化程度不高，因此，农业就其本质特点而言难当这一重任。从服务业来看，服务业是中国国民经济的重要组成部分，服务业的发展水平是衡量现代社会经济发达程度的重要标志，但对于大国来说，服务业的发展必须有一个前提，就是工业部门的强大。从世界强国成长史来看，只有强大的物质生产部门才能成为强国的支撑。因此，对于实现"世界强国"的战略目标来说，服务业不能成为最重要的推动力。从工业来看，工业是中国国民经济的主导，是重要的物质生产部门，国际化程度相对较高，虽然中国工业仍然存在很多问题，发展质量有待提高，但不可否认的是，与农业和服务业相比，中国工业的发展程度更为成熟，加之当前世界总体上仍处于工业社会，工业仍是世界经济发展的火车头。因此，从三次产业的角度来说，农业和服务业都不足以满足实现世界强国所需的、经济社会发展对物质生产的极大需求，发展强大的工业是中国实现世界强国的唯一选择。

二 中国工业最基本的一个特征是大而不强

改革开放以来，特别是进入21世纪以来，中国工业综合实力显著提升。2011年，实现增加值超过17万亿元，占国内生产总值的40%。根据联合国工业发展组织《2011年工业发展报告》，中国工业竞争力全球排名由2000年的第31位上升到2009年的第五位。工业的快速发展带动中国综合国力显著提升，2010年中国经济总量跃升到世界第二位。近年来，有境外媒体评论，在1850年的160年后，中国又重新成为世界制造业第一大国。这种评价从一个侧面说明了中国制造业实现了历史性的跨越。但中国工业最基本的一个特征是大而不强。

第一，自主创新能力不强。中国发明专利数量增加较快，2011年，中国PCT专利申请量达16406件，约为美国的1/3，但质量有待进一步提高；关键技术自给率低，高技术含量、高附加值的重大装备和关键材料等仍需大量进口。2011年，进口的机电产品7532.9亿美元，其中高新技术产品4629.9亿美元，大部分是中国不能制造或不具有优势的机电产品。中国已成为世界第一大机床生产国，但2011年中国进口金属加工机床132.4亿美元，高档机床数控系统基本依赖进口。

第二，大企业综合实力不强，国际化能力较弱。2012年，世界500强企业中，共有79家中国公司入围，其中，大陆企业69家、台湾地区6家、香港特别行政区4家。大陆地区入围企业比上年净增加12家。大企业往往决定着技术标准和行业发展的方向，但中国内地入围的69家企业分布在23个行业，这些行业的竞争力更多地体现为资源垄断、规模经济和政府主导下的松散型企业整合上，比如，"三桶油""四大行""三个电信""两张电网"等企业；另有23个行业中国没有企业入围，这些行业的竞争力更多地体现为对消费者的深入研究、全球品牌、核心技术、全球供应链整合、长周期高强度的研发投入等，如创新药物、日化产品等领域中国没有一家企业入围。在竞争性行业方面的不足，体现了中国大企业核心竞争力的缺失，是中国大企业迈向世界一流企业行列的最大挑战。另外，中国大企业的国际经营能力明显不足。2011年，中国企业500强中申报了跨国经营数据的272家大企业，跨国经营收入仅占8.1%左右，而联合国公布的全球跨国公司100强的跨国收入平均占64.7%，发展中国家与地区跨国公司100强的跨国收入平均占52.1%，都远高于中国大企业的跨国化指数。2011年，中国500强企业中海外收入比例高于30%的企业只有25家，多数以贸易或中间产品为主，而不是以跨国研发和生产制造为主。

第三，自主品牌建设滞后。中国出口产品以低附加值、低技术含量产品为主，且大多为贴牌方式，自主品牌不足10%，对外依存度偏高。中国主要工业产品设计较为落后，具有国际影响力的著名品牌还十分缺乏。2011年，世界品牌500强排行榜入选国家和地区共计26个，其中，美国占据239席，仍然是当之无愧的品牌强国。法国以43个品牌位居第二，日本以41个品牌排名第三。中国有21个品牌入围，位居第六，其中，CCTV排名第五十，在入选的中国企业中排名居首，中国移动排名第六十五，制造业中仅有联想（第121位）、海尔（第127位）、华为（第275位）、浪潮（第298位）入围，品牌影响力还有待进一步增强。在全球知名品牌顾问公司美国Interbrand评出的2012年全球百大品牌中，美国有58家，德国有8家，日本有6家，法国有6家，中国没有一家品牌入围。

第四，生产效率和效益不高。目前，中国制造业增加值率仅为26.6%左右，较美国、日本及德国分别低23个、22个和12个百分点，制造业劳动生产率与国际先进水平差距更大。

第五，工业结构不合理。从行业结构看，一般加工工业和资源密集型产业比重过大，生产性服务业发展滞后，高新技术产业发展不足。据统计，目前中国钢铁产能在8.5亿吨左右，其中，落后产能近1.4亿吨；铜铝铅锌等主要有色金属冶炼落后能力约占全部产能的20%。目前，中国生产性服务业占服务业比重不足40%，比发达国家平均水平低20个百分点以上。从技术结构看，2009年，中国规模以上工业企业研发经费内部支出仅占主营业务收入的0.69%，跨国公司一般在3%以上，有的能达到10%以上。例如，2010年，微软公司研发投入达86亿美元，英特尔公司84亿美元，而中国当年电子信息百强企业全部研发经费仅737亿元，约合113亿美元。从能耗水平看，2011年，中国万元国内生产总值能耗降至0.80吨标准煤，但仍是发达国家的3—4倍，中国吨钢能耗、水泥综合能耗高于国际先进水平10%—25%。从组织结构看，有很多行业产量已居世界第一，但产业集中度相对偏低。据统计，目前全国粗钢生产企业523家，平均规模不足100万吨；汽车行业前十强产业集中度达82.2%，而美国、韩国等国前三家企业就已超过90%；医药制造企业7215家，前十家企业销售收入占比不足10%。其他重要行业，如水泥、农药、电解铝等，产业组织结构分散的现象也很突出。

中国工业结构的不合理、产业层级低导致资源环境约束不断强化。一是进口能源资源的代价越来越大。目前，主要能源资源严重依赖进口，原油、铝土矿、铜矿等大宗商品的进口依存度均超过50%。据中国钢铁协会估计，2011年，进口铁矿石多支付了250亿美元。二是资源能源保障的战略风险加大。中国长期进口能源的中东、北非等地区政治形势不稳定，美国等西方国家干预的程度越来越深，可能会对中国能源安全战略有较大制约。根据北京大学国家发展研究院的研究，1980—1990年，中国石油消费增量占世界消费增量的14.9%；1990—2000年，消费增量比重提高到24.8%；2001—2010年，这一比重已提高到43.8%。2001—2010年，中国铁矿石、铜矿、铝土矿消费增量占全球增量比重分别达到105.1%、149.5%和78.1%。这也是为什么近年来国际大宗商品价格上涨的重要原因，即所谓"中国买什么，什么就涨；卖什么，什么就跌"。三是高消耗对生态环境构成很大压力。中国二氧化硫排放量位居世界第一，二氧化碳排放量占世界的23%。目前，全国1/5的地表水为劣V类，京津冀、长三角、珠三角等城市灰霾天气增多，农村面源污染严重，土壤污染严重影响食品安全，长期下去将严重超出生态环境的承受极限。

值得关注的是，今后一个时期，我们还将面临劳动力、原材料、土地、燃料动力等要素价格快速上升的问题。随着人民币升值步伐加快、人口老龄化问题凸显（2011年，中国15—64岁劳动年龄人口占74.4%，这是自2002年以来出现的首次下降，表明中国的"人口红利"正在消退），主要依靠低成本要素参与国际竞争、通过消耗大量不可再生资源来实现工业增长的局面将越来越难以为继。当前，全球正在进入一个创新密集和新兴产业快速发展的新时代，国际科技创新和产业竞争十分激烈。谁能在前沿技术和新兴产业中处于引领地位，谁就能占据发展主导权。面对日趋激烈的国际竞争，中国必须抓住机遇、赢得主动，抢占未来产业发展的制高点，并以此为突破口，尽快提高中国产业的国际分工地位。这是推动中国工业实现由大变强的根本途径。

三　工业强国的关键指标体系设计

工业强国应当具备"以强大制造业为中心，形成优质上下游协同产业体系，同时具备先端技术引领优势"的产业基本特征。同时，根据产业评价的统计学规律，一个完整的产业评价一般由产业当前运行要素评价和产业未来驱动要素评价两部分组成。因此，将需要评价的产业特征和需要遵循的统计学规律相结合，本书所构建的评价指标体系的基本构建思想为：用产业当前运行要素评价反映一国工业发展的静态水平（当前强大程度），用产业未来驱动要素评价反映一国工业发展的动态水平（上下游产业体系优质协同水平和技术引领先端优势水平）。

由此出发，在具体操作层面上，工业强国的评价内容就应当包括产业基础实力评价和产业潜力要素实力评价两部分，而工业强国的整体实力通过这两部分的发展水平和系统协调水平共同体现出来。

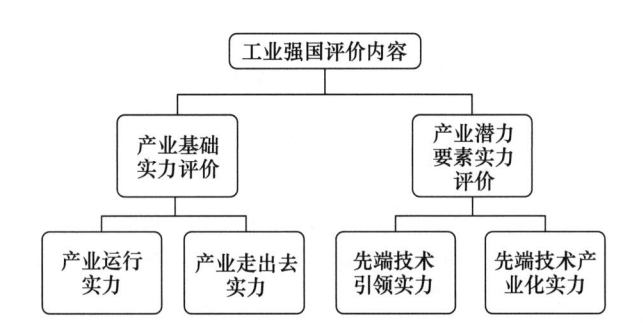

图 7-9　工业强国评价内容示意

一是产业基础实力评价。该部分是整个工业强国评价体系的"产业运行实力+产业走出去实力"评价部分。本书从一国产业演进的普遍规律出发，清晰地展现一国产业演进的共性路径，客观地反映了中国工业强国之路的进程现状及与当今世界工业强国的实际差距。同时，通过核心表征要素的深层次研究，明确当前中国发展工业的优势与劣势，从中探究未来中国制造业发展的潜力点和培育方向。

二是产业潜力要素实力评价。该部分是整个工业强国评价体系的"先端技术引领实力+先端技术产业化实力"评价部分。本书从未来工业技术的发展导向出发，立足于国际工业科技引领的前沿和国内工业转型升级的实际需求，将工业领域先端技术的掌握能力和应用水平作为工业强国实现程度的重要体现，并将其作为工业强国进程整体层次提升的主要标志。

由于本书设定的两项具体评价内容存在显著差异，因此，不能采用同一种评价方法进行简单处理，必须根据各评价模块的特性，选取适当的评价方法。同时，由于两项具体评价内容分别居于不同的评价层次，因此，整个评价体系呈现出立体评价结构，不能将两者简单地置于一个评价维度，必须对其分别进行评价得分测算，然后通过两项评价内容的关系集成，测算合成工业强国综合评价得分。本书采用定性与定量相结合的方法，通过国际对标，测算工业强国各级评价综合得分。

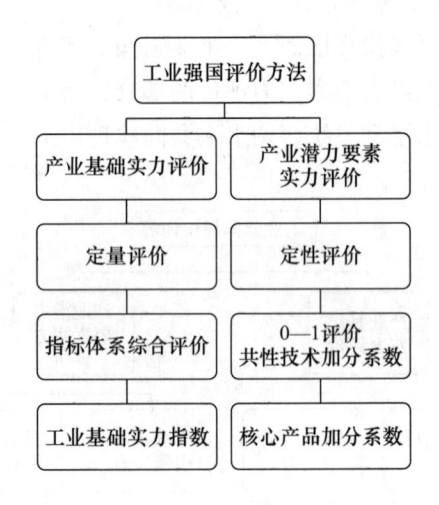

图 7-10　工业强国评价方法示意

特别需要指出的是，在产业潜力要素实力评价部分，采用 0—1 定性评价方法进行系数测算，具体做法是：当一国具备某项工业先端技术和产业化实力时，在其综合得分上直接进行技术和产品加分；当一国不具备某项世界工业强国已掌握的工业先进技术和产业化实力时，在其综合得分上直接进行技术和产品减分。

最后，工业基础实力指数、共性技术加分系数和核心产品加分系数三项得分集成为工业强国发展综合指数，集成公式为：

工业强国发展综合指数＝工业基础实力指数＋共性技术加分系数＋核心产品加分系数

本书从评价的实用性和敏感性出发，采用"少而精"的指标设置导向，对各项模块分别进行具体指标选择。

工业基础实力指数评价指标体系见表7-12。

表7-12　　　　　　工业基础实力指数评价指标体系

具体指标	与工业强国特征的对应关系	评价角度	权重
国民人均制造业增加值	拥有国际领先的规模影响力	走出去实力	0.2305
一国制造业拥有世界知名品牌数	拥有一批具有较强国际竞争力的著名企业和品牌		0.1779
单位制造业增加值的全球发明专利授权量	拥有世界一流的自主创新能力		0.1471
制造业全员劳动生产率	拥有结构优化、技术先进、附加值高的现代工业体系；拥有国际领先的产业基地和产业集群	运行实力	0.1610
单位制造业增加值能耗			0.1340
工业制成品占全球比重			0.1496

采用内实力—外实力结合评价的思路，组织构建工业基础实力评价指数，具体指标说明如表7-13所示。

在产业潜力要素实力评价部分，从共性技术和高技术产品中选择具有产业发展引领作用的核心技术或高端技术产品，将某一国是否具备该技术或产品以及与他国的比较优势作为综合指数加分的依据，从而组建技术加分系数评价指标体系。该部分数据主要来源于《国际工业统计年鉴》《中国工业经济统计年鉴》《中国海关年鉴》《中国科技年鉴》及联合国工发组织数据库、世界贸易组织商贸统计数据库。

共性技术选择方面，生产技术、过程监控与诊断技术、管理技术是当今工业国际竞争力的基础，其水平直接决定着重大装备和主机产品的性能、质量和可靠性。本书充分运用前期研究成果，将以石油化工为基础的三大合成材料生产技术、智能建模与仿真技术、工业数据采集与管理技术、企业级管理决策系统四项技术设置为本指标体系的共性技术（见表7-14）。

表 7-13　　　　　　　工业基础实力指数具体指标说明

具体指标名称	计算公式	说明
国民人均制造业增加值	一国制造业增加值（现价美元）/总人口数	—
一国制造业拥有世界知名品牌数	一国制造业拥有世界知名品牌数	数据来源于世界品牌实验室（World Brand Lab.）发布的世界品牌500强企业中中国制造业企业数（不包括港澳台）
单位制造业增加值的全球发明专利授权量	当期一国制造业全球发明专利授权量/当期制造业增加值	全球发明专利授权量为累计授权量次
制造业全员劳动生产率	制造业增加值（现价美元）/全部从业人员年底总人数	—
单位制造业增加值能耗	当期制造业增加值（现价美元）/当期一国制造业能源消耗总量（千克石油当量）	为便于测算过程中指标导向性的设置，该指标在具体测算过程中进行了倒数处理，该指标的内涵解释为：每千克石油当量的能源所能创造的制造业增加值
工业制成品占全球比重	当期一国工业制成品总产值/全球工业制成品总产值	

核心产品选择方面，根据当前中国制造业的发展现状，选择若干已具有一定发展优势的行业核心产品，在继续发展并保持该行业技术优势的前提下，促进并带动相关行业的技术发展，以形成以点带面的全面发展格局，夯实相关产业基础。本书充分运用前期研究成果，将传感器和控制系统、重大产品和成套装备两方面产品设置为本指标体系的共性技术。该部分数据主要来源于加分系数设定方面，分四种情况讨论：

第一种：当一国具备且其他工业强国基本上均具备该项核心技术或者高端技术产品时，在指数综合得分上直接进行技术/产品加分；

第二种：当一国具备且超过半数的工业强国均不具备该项核心技术或者高端技术产品时，在指数综合得分上直接进行双倍技术/产品加分；

表 7-14　　　　　　　共性技术加分系数评价指标体系

共性技术重点选择领域	当前选择的技术点	选取角度	加分标准
以石油化工为基础的三大合成材料生产技术	塑料、合成橡胶、合成纤维技术自给率超过80%	生产技术	单项技术加2分
智能建模与仿真技术	建模仿真平台、下一代制造决策软件与计算架构工具箱、能源决策工具	过程监控与诊断技术	单项技术加3分
工业数据采集与管理技术	数据处理方法、数据采集架构		单项技术加5分
企业级管理决策系统	供应链性能、产品和制造工艺模型	管理技术	单项技术加4分

第三种：当一国不具备且超过半数的工业强国也不具备该项核心技术或者高端技术产品时，在指数综合得分上加分为0；

第四种：当一国不具备且超过半数的工业强国具备该项核心技术或者高端技术产品时，在指数综合得分上直接进行技术/产品减分。

核心产品加分系数评价指标体系如表7-15所示。

表 7-15　　　　　　　核心产品加分系数评价指标体系

重点领域	重点产品类型	当前选择的重点产品	加分标准
传感器、控制系统	新型传感器及其系统	色标传感器、纺织机械用CV值传感器、高精度称重传感器、高分辨率视觉传感器及其系统、巨磁阻电流/传感器、分布式光纤传感器、MEMS压力/差压传感器、MEMS多功能/多维传感器、30位以上绝对编码器、汽车及冶金行业用传感器系列、有毒有害气体传感器、无线传感器及其网络、智能传感器	$TC<0$，加0分 $0<TC<0.3$，加0.5分 $0.3<TC<0.6$，加1分 $0.6<TC<1$，加2分
	控制系统	石油化工流程安全紧急停车系统；石油化工流程火灾与有毒气体监控系统；基于自主操作系统的大型PLC控制系统；安全PLC系统；核电站安全级与非安全级监控系统；燃气轮机控制系统；高速铁路综合监控系统；纺织机械、塑料机械、印刷机械、包装机械、风电专用控制器；工业用片上控制系统（CMC）	

续表

重点领域	重点产品类型	当前选择的重点产品	加分标准
传感器、控制系统	智能仪器仪表	多声道超声波液体/气体流量计；高精度压力/差压变送器；在线质谱仪/色谱—质谱联用仪；面向钢铁制品智能化无损检测大型仪器；智能电网先进量测系统（AMI）；三维表面检测装置（复杂型面三维尺寸、表面质量）；长距离油气管线内检装置（内径变形、腐蚀裂纹、冰堵定位）；用于超常态环境的测量仪表（超低温、超高温、核辐射、高磨损等环境）；用于数字集成电路、SOC、SIP的高端测试仪器（包括高端逻辑电路测试仪、RF和混合信号测试仪、存储器测试仪等）	TC<0，加0分 0<TC<0.3，加0.5分 0.3<TC<0.6，加1分 0.6<TC<1，加2分
	工业机器人	用于汽车生产线的焊接、喷涂、搬运机器人；用于数字化车间的装卸、搬运、码垛机器人；用于电子产品装配生产线的装配机器人（手）；具有视觉信号处理功能的机器人（手）；危险工况作业机器人；矿下救援机器人；RV减速器、伺服驱动机构与伺服电机、控制器等关键功能部件；面向智能制造的机器人解决方案	
	伺服变频	大功率、高减速比伺服系统；高性能变频调速设备；数位伺服控制系统；网络分布式伺服系统	
	液压气动	轨道交通用气动元件；智能化阀岛；透平式气动马达；150赫兹以上高频响电磁换向阀；智能定位气动执行系统；柔性抓取气动系统及元件；工程机械用高压液压元件；农机用静液压驱动装置（HST）；高压液压阀	
重大产品和成套装备	石油石化智能成套设备	油气勘探开发智能化钻井装备、油气勘探开发智能化压裂装备、大口径油气输送管智能化生产线	
	冶金智能成套设备	RH真空精炼装备、大型板坯连铸成套装备、热带钢连铸连轧成套装备、短流程冷连轧板成套装备、精整剪切线成套设备	
	智能化成形和加工成套设备	细长轴类零件智能加工成套设备、特殊轴类零件智能加工成套设备、盘类零件智能加工成套设备、箱体类零件智能加工成套设备、机械基础件智能加工成套设备、齿轮智能加工成套设备、特种加工智能加工成套设备、智能柔性装配生产线、智能熔炼与铸造成型设备、智能化锻压成套设备、智能化高效焊接成套装备、智能化热处理与表面工程成套设备、复合材料智能成形成套设备、智能化复合成形成套设备	

续表

重点领域	重点产品类型	当前选择的重点产品	加分标准
重大产品和成套装备	自动化物流成套设备	自动化立体仓库、物流（配送）中心自动化仓储与分拣系统、车间物流自动化成套设备与系统	TC<0，加0分 0＜TC＜0.3，加0.5分 0.3＜TC＜0.6，加1分 0.6＜TC＜1，加2分
	建材制造成套设备	水泥散装计重一体化智能装备、智能化水泥窑处置城市生活垃圾成套技术装备、智能化建筑陶瓷生产成套技术装备、智能化优质浮法玻璃生产线成套技术装备	
	智能化食品制造生产线	智能化高黏度流体灌装成套设备、智能化多功能PET瓶饮料吹灌旋一体化成套设备、智能化液态食品无菌包装（灌装）设备、智能化禽畜屠宰及深加工成套设备与多品种肉制品成套生产线、家禽屠宰技术装备	
	智能化纺织成套装备	智能化棉纺成套设备、筒子纱/经轴纱智能化染色成套设备、化纤长丝智能生产成套设备、经编智能成套设备、智能化编织地毯柔性生产系统、智能化服装集成铺裁与缝制成套设备	
	智能化印刷装备	智能化平版印刷成套装备、智能化喷墨数字印刷成套设备、柔版智能化印刷装备生产线	

（一）评价指标体系试测算

本书选择美国、德国、日本、中国和印度五个国家进行评价，客观地反映各国工业强国的发展进程，同时，进一步验证指标体系的可行性和适宜性，本书采用1970—2012年的具体指标数据，对美国、德国、日本、中国和印度的指标体系各分项得分进行试测算，结果如表7-16表示。

表7-16　　　　1970—2012年度数据指标体系试测算结果

年份	工业基础实力指数	共性技术加分系数	核心产品加分系数	综合指数
美国				
1970	80.76009	27	66.5	174.2601
1971	80.59631	27	65.0	172.5963
1972	81.31744	27	69.5	177.8174

续表

年份	工业基础实力指数	共性技术加分系数	核心产品加分系数	综合指数
1973	80.8097	27	66.0	173.8097
1974	82.67119	28	67.5	178.1712
1975	81.76038	29	61.5	172.2604
1976	83.05789	31	62.5	176.5579
1977	84.24563	32	64.0	180.2456
1978	86.05556	33	65.0	184.0556
1979	86.8077	34	68.5	189.3077
1980	84.30621	30	69.5	183.8062
1981	83.27747	28	64.0	175.2775
1982	83.43869	27	68.5	178.9387
1983	83.70532	27	64.0	174.7053
1984	83.75351	27	68.5	179.2535
1985	83.73477	27	66.0	176.7348
1986	83.70565	26	66.0	175.7057
1987	83.68149	26	63.0	172.6815
1988	84.61155	26	67.5	178.1116
1989	84.71975	26	65.0	175.7198
1990	85.07231	25	65.0	175.0723
1991	84.63426	25	66.5	176.1343
1992	85.59796	25	66.0	176.598
1993	85.91218	24	66.5	176.4122
1994	86.11189	24	64.0	174.1119
1995	87.03248	24	66.0	177.0325
1996	88.35061	24	69.5	181.8506
1997	88.39575	24	66.0	178.3958
1998	89.31184	25	66.5	180.8118
1999	90.44177	25	69.5	184.9418
2000	91.57715	26	67.5	185.0772
2001	90.65661	26	62.5	179.1566
2002	91.28387	25	65.0	181.2839
2003	92.26061	25	68.5	185.7606

续表

年份	工业基础实力指数	共性技术加分系数	核心产品加分系数	综合指数
2004	91.4784	24	66.5	181.9784
2005	92.89838	24	64.0	180.8984
2006	94.60767	25	66.5	186.1077
2007	95.55883	25	67.5	188.0588
2008	96.56446	26	68.5	191.0645
2009	96.91248	27	62.5	186.4125
2010	97.81715	27	65.0	189.8172
2011	98.75496	27	68.6	194.355
2012	100.00	27	69.5	196.5
德国				
1970	95.95065	19	52.0	166.9507
1971	97.93773	20	54.0	171.9377
1972	97.78314	20	52.5	170.2831
1973	96.69936	21	50.0	167.6994
1974	96.51451	22	50.5	169.0145
1975	95.66638	22	54.0	171.6664
1976	94.68195	22	52.0	168.682
1977	94.63568	23	52.5	170.1357
1978	94.95523	22	53.5	170.4552
1979	93.96884	20	49.0	162.9688
1980	94.19448	21	52.5	167.6945
1981	92.17671	21	50.0	163.1767
1982	92.98981	22	50.5	165.4898
1983	92.92402	23	54.5	170.424
1984	92.43187	23	52.0	167.4319
1985	91.93694	23	52.5	167.4369
1986	92.31359	23	55.5	170.8136
1987	89.75835	23	54.5	167.2584
1988	88.26974	23	52.5	163.7697
1989	88.91302	24	57.5	170.413
1990	89.16826	24	56.0	169.1683

续表

年份	工业基础实力指数	共性技术加分系数	核心产品加分系数	综合指数
1991	91.5455	25	59.0	175.5455
1992	93.70234	26	58.0	177.7023
1993	95.38709	27	57.0	179.3871
1994	96.44547	27	57.5	180.9455
1995	97.43315	27	59.5	183.9332
1996	96.22026	21	61.5	178.7203
1997	96.59486	21	61.0	178.5949
1998	97.44682	21	58.0	176.4468
1999	99.01227	23	59.5	181.5123
2000	99.19871	23	57.5	179.6987
2001	97.73147	23	61.5	182.2315
2002	99.0839	23	57.0	179.0839
2003	100.0364	24	57.5	181.5364
2004	98.90989	23	56.0	177.9099
2005	98.28837	23	60.0	181.2884
2006	99.53888	24	59.5	183.0389
2007	100.5911	24	60.0	184.5911
2008	102.3031	25	57.5	184.8031
2009	102.3855	27	60.0	189.3855
2010	103.4042	27	61.5	191.9042
2011	105.3473	27	59.0	191.3473
2012	107.3623	27	60	194.3623
日本				
1970	94.8544	23	30.5	148.3544
1971	95.08487	22	31.5	148.5849
1972	94.71384	22	30.0	146.7138
1973	94.29819	22	29.5	145.7982
1974	94.12119	23	32.0	149.1212
1975	94.59552	24	31.0	149.5955
1976	94.86525	25	31.5	151.3653
1977	94.51719	26	33.5	154.0172

续表

年份	工业基础实力指数	共性技术加分系数	核心产品加分系数	综合指数
1978	94.51835	27	34.5	156.0184
1979	94.38531	27	32.0	153.3853
1980	93.07465	25	34.0	152.0747
1981	91.63769	23	32.5	147.1377
1982	90.98186	23	34.0	147.9819
1983	91.09184	22	36.0	149.0918
1984	89.98699	22	35.0	146.987
1985	90.73918	22	39.0	151.7392
1986	90.121	22	38.5	150.621
1987	89.69039	22	36.5	148.1904
1988	89.80063	22	38.0	149.8006
1989	89.37038	21	35.5	145.8704
1990	89.28952	21	35.0	145.2895
1991	89.67565	21	39.0	149.6757
1992	89.62444	21	36.0	146.6244
1993	90.25169	20	39.5	149.7517
1994	89.57942	20	38.0	147.5794
1995	89.59037	20	37.5	147.0904
1996	90.27201	19	42.0	151.272
1997	91.32388	20	45.5	156.8239
1998	91.66239	21	41.0	153.6624
1999	92.56611	21	42.5	156.0661
2000	93.5301	21	44.5	159.0301
2001	94.43122	22	41.5	157.9312
2002	95.23844	22	45.0	162.2384
2003	96.33156	22	42.5	160.8316
2004	95.69529	22	44.5	162.1953
2005	94.91706	23	43.0	160.9171
2006	94.50868	23	45.0	162.5087
2007	94.54467	24	46.5	165.0447
2008	94.3291	24	48.5	166.8291

续表

年份	工业基础实力指数	共性技术加分系数	核心产品加分系数	综合指数
2009	93.90614	24	49.0	166.9061
2010	93.96487	24	47.0	164.9649
2011	94.33161	24	48.5	166.8316
2012	94.2831	24	50.5	168.7831
中国				
1970	9.120466	0	18.0	27.12047
1971	9.310411	0	18.0	27.31041
1972	9.735208	0	18.0	27.73521
1973	9.851946	0	18.0	27.85195
1974	9.010325	0	18.0	27.01033
1975	10.42054	0	18.5	28.92054
1976	10.40043	0	18.5	28.90043
1977	10.52229	0	18.5	29.02229
1978	9.014031	0	19.0	28.01403
1979	9.104951	0	19.0	28.10495
1980	9.615334	0	19.5	29.11533
1981	10.98534	0	22.0	32.98534
1982	12.63117	0	24.5	37.13117
1983	10.7435	0	21.5	32.2435
1984	9.521783	0	18.5	28.02178
1985	8.460645	0	12.5	20.96065
1986	10.36951	0	16.5	26.86951
1987	11.83874	3	20.0	34.83874
1988	12.24979	3	20.0	35.24979
1989	12.81163	3	21.0	36.81163
1990	16.15872	3	24.5	43.65872
1991	16.43173	3	24.5	43.93173
1992	16.6679	3	24.0	43.6679
1993	16.13304	3	22.0	41.13304
1994	17.81085	3	24.0	44.81085
1995	19.05852	3	26.0	48.05852

续表

年份	工业基础实力指数	共性技术加分系数	核心产品加分系数	综合指数
1996	19.73023	4	25.5	49.23023
1997	22.33413	4	28.0	54.33413
1998	22.40838	4	28.0	54.40838
1999	23.05723	5	26.5	54.55723
2000	27.03882	6	26.5	59.53882
2001	29.36224	6	26.0	61.36224
2002	32.33996	7	26.0	65.33996
2003	35.55231	7	26.0	68.55231
2004	39.58073	8	26.5	74.08073
2005	44.09153	8	28.0	80.09153
2006	48.86475	9	29.0	86.86475
2007	55.396	9	29.5	93.896
2008	59.8715	9	30.5	99.3715
2009	61.98139	9	29.5	100.4814
2010	63.65711	9	29.0	101.6571
2011	65.17888	10	29.5	104.6789
2012	66.7247	10	30	106.7247
印度				
1970	9.378279	0	13.0	22.37828
1971	10.43795	0	13.0	23.43795
1972	10.67303	0	13.0	23.67303
1973	11.22542	0	13.0	24.22542
1974	11.2757	0	13.0	24.2757
1975	10.20357	0	13.0	23.20357
1976	11.858	0	13.5	25.358
1977	11.85612	0	13.5	25.35612
1978	12.30022	0	13.5	25.80022
1979	10.73259	0	14.0	24.73259
1980	10.90733	0	14.5	25.40733
1981	11.50925	0	16.0	27.50925
1982	12.52155	0	17.5	30.02155

续表

年份	工业基础实力指数	共性技术加分系数	核心产品加分系数	综合指数
1983	13.90631	0	16.0	29.90631
1984	12.22552	0	14.0	26.22552
1985	10.91179	0	9.5	20.41179
1986	9.696004	0	12.5	22.196
1987	10.96365	0	15.0	25.96365
1988	12.20609	0	15.0	27.20609
1989	12.58982	0	15.5	28.08982
1990	13.21498	3	17.0	33.21498
1991	16.46137	3	17.5	36.96137
1992	16.49927	3	17.5	36.99927
1993	17.07087	3	16.0	36.07087
1994	17.16797	3	18.0	38.16797
1995	18.90166	3	19.5	41.40166
1996	20.12933	3	19.0	42.12933
1997	20.82468	3	21.0	44.82468
1998	22.59516	3	21.0	46.59516
1999	23.61903	3	20.0	46.61903
2000	24.1677	4	20.0	48.1677
2001	27.40118	4	19.5	50.90118
2002	29.28045	5	19.5	53.78045
2003	32.03003	5	19.5	56.53003
2004	34.713	5	20.0	59.713
2005	38.19143	6	21.0	65.19143
2006	41.15724	6	21.5	68.65724
2007	44.43552	6	22.0	72.43552
2008	48.71763	6	23.0	77.71763
2009	50.9352	7	22.0	79.9352
2010	51.45529	7	22.0	80.45529
2011	52.76095	7	22.0	81.76095
2012	53.1916	7	22.5	82.6916

(二) 评价指标体系测算结果说明

根据指标体系试测算结果可以看出，工业强国的成长历程是一个充满艰辛的漫长过程，其间，需要不断夯实基础实力、不断挑战技术"瓶颈"、不断突破国际产业利益封锁。就世界一流工业强国来看，美国、德国和日本已经全面占据了工业发展的先端优势，居于全球工业价值链的顶端。而中国、印度等后起工业国家的工业赶超空间正在被逐步压缩，今后的工业强国之路难上加难。本书遵从指标体系的研究逻辑，从综合指数、工业基础实力指数、共性技术加分系数和核心产品加分系数四个方面，比较剖析中国工业强国进程的问题所在。

1. 综合指数的国别比较分析

图 7-11 给出了工业强国综合指数，美国基本居于 174—196 之间，极差为 22；德国基本居于 166—194 之间，极差为 28；日本基本居于 148—168 之间，极差为 20；中国基本居于 27—106 之间，极差为 99；印度基本居于 22—82 之间，极差为 60。可以看出：首先，40 多年来，世界工业强国格局基本上没有发生质变。美国、德国、日本等先行工业强国保持了工业高国际竞争力的平稳发展，中国、印度等后发工业国家呈现出快速赶超的发展态势。当前，后发工业国家与先发工业强国之间仍然存在不小差距。其次，后发工业国家近年来逐步呈现出赶超后劲乏力的趋向。受国际金融危机影响，2008 年以后，中国和印度的综合指数曲线斜率均出现了明显降低，工业强国进程受到世界经济环境和先发国家利益压制的双重打击，应当引起高度重视。

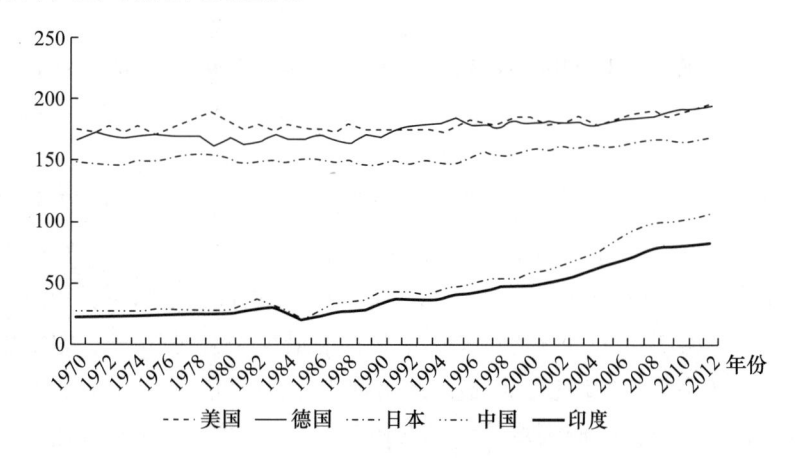

图 7-11 工业强国综合指数各国比较

2. 工业基础实力指数的国别比较分析

从图 7-12 可以看出，工业基础实力指数美国基本居于 80—100 之间，极差为 20；德国基本居于 95—107 之间，极差为 12；日本基本居于 94 左右，极差几乎为 0；中国基本居于 9—66 之间，极差为 57；印度基本居于 9—53 之间，极差为 44。可以看出，首先，40 多年来，全球大规模工业基础建设已经由先发工业强国转向后发工业国家。美国、德国、日本等先行工业强国基本上维系着稳定的工业基础建设实力，既没有大规模的扩张，也没有轻率地放弃工业领域；而中国、印度等后发工业国家的工业基础建设令人瞩目，其平均增速为先行工业强国的近 5 倍。其次，国家政策起到了重要的推动作用。受国家产业政策的影响，美国、德国在世界一流工业强国中仍然保证了工业的持续发展，中国在后发工业国家中的基础发展水平明显高于印度。

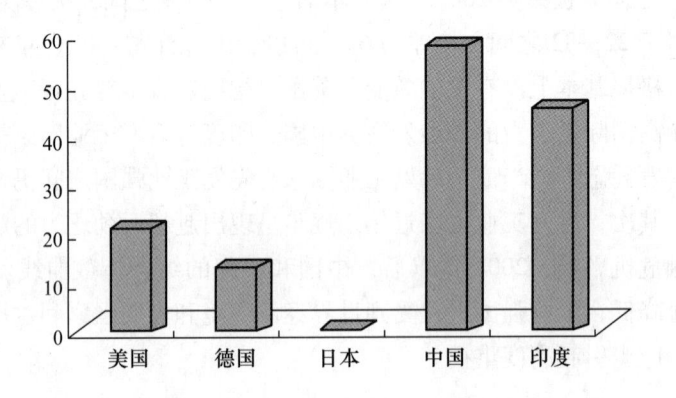

图 7-12　1970—2012 年工业基础实力指数各国极差比较

3. 共性技术加分系数的国别比较分析

从图 7-13 可以看出，共性技术加分系数美国一直保持了 27 分以上的高技术水平，最高达到 34 分；德国一直保持了 20 分以上的高技术水平，最高达到 27 分；日本一直保持了 20 分以上的高技术水平，最高达到 27 分；中国实现了技术水平的持续增长，但最高才达到 10 分；印度也实现了技术水平的持续增长，但最高才达到 7 分。可以看出：首先，在共性技术领域，世界已经形成差异显著的水平层次。美国一枝独秀地居于世界工业共性技术的最高层次，德国和日本尚处于世界共性技术的第二梯队，而中国、印度等后发工业国家仍然处于共性技术的低级水平。其次，共性技术水平层次的差异突破异常艰难。在40多年的发展历程中，虽然后发工业国家在工业基础水平方面取得了长足发展，但先进共性技术水平并没有形成质的飞跃。先进共性技术的缺失已经成为后发工业国家实现工业强国的"瓶颈"。

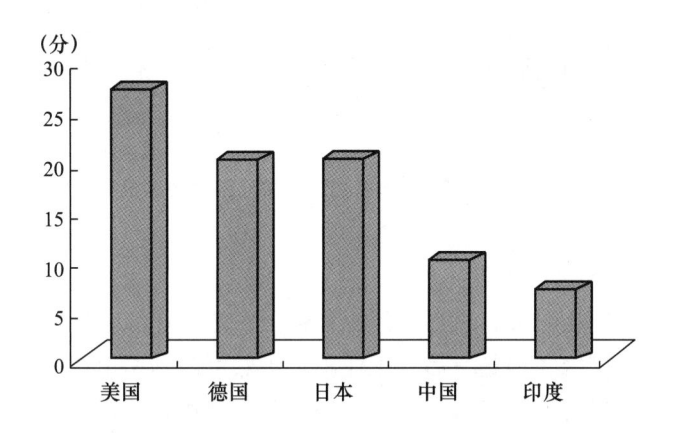

图7–13　1970—2012年共性技术加分系数各国水平比较

4. 核心产品加分系数的国别比较分析

从图7–14可以看出，核心产品加分系数美国一直保持了66分以上的高技术产品生产能力，最高达到69分，极差为3分；德国一直保持了50分以上的高技术产品生产能力，最高达到60分，极差为10分；日本一直保持了30分以上的高技术产品生产能力，最高达到50分，极差为20分；中国一直保持了18分以上的高技术产品生产能力，最高达到30分，极差为12分；印度一直保持了13分以上的高技术产品生产能力，最高达到22分，极差为9分。可以看出：首先，在高技术产品生产能力方面，世界已经形成差异显著的水平层次。美国一枝独秀地居于世界高技术产品生产能力的最高层次，德国和日本尚处于世界高技术产品生产能力的第二梯队，而中国、印度等后发工业国家仍然处于高技术产品生产能力的低级水平。其次，高技术产品生产能力的发展受到国家产业政策的高度影响。在40多年的发展历程中，美国仅仅只是保持自身的高技术产品生产能力，并没有大规模拓展生产。而日本却在世界一流工业强国中最重视高技术产品生产能力的拓展。

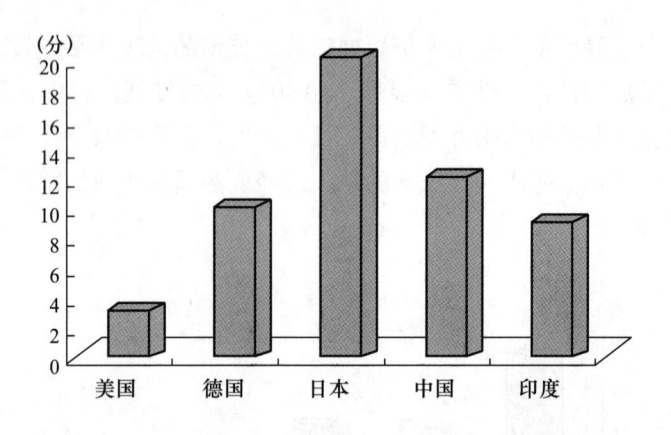

图 7-14　1970—2012 年核心产品加分系数各国极差比较

5. 国别综合比较分析

综合前文分析可知，世界一流工业强国虽然工业综合发展水平远远领先于后发工业国家，但是，后发工业国家仍然可以利用工业先发强国产业政策调整的契机，抓住机遇，实现质的飞跃。现将各工业强国的国别综合比较汇总如表 7-17 所示。

表 7-17　国别综合比较

国别	工业基础实力		先端共性技术水平		核心产品生产能力	
	水平层次	发展力度	水平层次	发展力度	水平层次	发展力度
美国	第一层次	稳定推进	第一层次	稳定推进	第一层次	基本维持
德国	第一层次	稳定推进	第二层次	稳定推进	第二层次	稳定推进
日本	第二层次	基本维持	第二层次	稳定推进	第三层次	快速推进
中国	第三层次	快速赶超	第三层次	低速提升	第四层次	稳定推进
印度	第三层次	快速赶超	第四层次	低速提升	第五层次	稳定推进

可以看出，当前美国采取的是"技术引领"的工业强国战略，德国采取的是"技术—生产平衡发展"的工业强国战略，日本采取的是"高端生产"的工业强国战略。同时，虽然当下印度仍然与中国在工业强国实力方面存在层次性差距，但先端共性技术水平低下已经成为中国工业强国进程的发展桎梏。

第四节 建设工业强国的主要载体

改革开放以来,中国工业竞争力不断增强,已成为世界制造业第一大国,工业增加值从改革开放之初的 1607 亿元,增加到 2011 年的 18.86 万亿元,占 GDP 比重长期保持在 40% 左右,对经济增长的贡献率接近 50%,既是推动经济增长的重要动力,也是促进经济社会发展的基石。与此同时,中国产业体系不断完善,形成了覆盖能源、原材料、装备、消费品、电子信息、国防工业等众多领域、门类齐全的现代工业体系。在 500 多种主要工业产品中,有 220 多种产量居世界第一位。2011 年,粗钢、水泥、原煤、汽车产量分别达 6.8 亿吨、20.9 亿吨、35.2 亿吨和 1842 万辆,分别占全球的 45%、50%、46% 和 23%。但是,不可否认的是,中国工业竞争力总体不强仍然是我们面临的一个重大难题。在国际金融危机的影响和冲击下,中国工业发展的内在动力、比较优势和外部环境正在发生深刻变化,既对我们转变传统发展模式提出了紧迫要求,也为我们加快推动工业转型升级带来了历史性机遇。我们必须准确把握时代特征,深刻认识中国国情,着力提升中国工业竞争力,加快实现中国由工业大国向工业强国的跨越。但是,如何提升中国工业竞争力?这是我们所需要首先解决的问题,本节主要是从建设工业强国的主要载体方面来加以研究和论述。所谓主要载体,是指支柱产业(以装备制造业为例)、战略产业(以航天产业为例)、新兴产业(以 OLED 产业为例)、生产性服务业(以云计算服务业为例)和基础设施产业(以现代物流业为例)等领域。

支柱产业是指在国民经济体系中占有重要战略地位、产业规模在国民经济中占有较大比重、对整个经济起引导和推动作用的先导性产业。一般而言,如果一个产业增加值占 GDP 比重超过 5 个百分点即为支柱产业,超过 10% 即为重要支柱产业。支柱产业是大国崛起的根本支撑,综观美国、日本等世界主要工业强国,无一不是通过实施支柱产业振兴计划而跻身世界强国之林的。在此,我们以支柱产业中重要门类——装备制造业为例,来对大国崛起中支柱产业发展进行阐述和分析。

一 装备制造业

装备制造业是典型的支柱产业。2013 年,中国装备制造业产值规模突破20万亿元，是2008年的2.2倍，年均增长17.5%，占全球装备制造业的比重超过1/3，稳居世界首位；增加值约为5.2万亿元，占GDP的比重高达9.2%，是重要的支柱型产业。目前，中国多数装备产品产量位居世界第一。2013年，发电设备产量1.2亿千瓦，约占全球的60%；造船完工量4534万载重吨，占全球的41%；汽车产量2211.7万辆，占全球的25%；机床产量95.9万台，占全球的38%。

装备制造业是强国之重器，也是强国之根本。实践证明，世界上的工业强国无一不是装备制造业强国。实际上，无论是装备一个国家，提高工业化水平和层次；还是武装一个国家，提高自卫能力，大国都必须是装备制造业大国。比如美国、日本、德国，其工业的一般部门可能很容易被追上，但装备制造业却被远远拉开。可见，现代装备制造业依然是强国的核心产业和支柱产业。装备制造业是为整个国民经济提供技术手段和装备的战略性产业，无论中国的农业、工业，还是其他产业发展，都离不开装备制造业发展。装备制造业增加值约占整个制造业的1/3，可以说制造业当中最核心、技术要求最高的就是装备制造业。何为装备制造业？这是我们所必须首先回答的问题。我们认为，装备制造业是反映人类社会发展的科学技术水平、工业文明程度、消费质量等级等方面的综合载体，包括为满足国民经济发展、国防建设需要而提供投资类技术装备产品，为满足部分消费需要而提供具有投资、消费双重属性产品的各制造行业及相关生产性服务业。

一般而言，装备制造业的规范分类包括机械、汽车、船舶、轨道交通设备、航空航天、电子工业中投资类产品的制造业及相关生产性服务业。其中，机械行业包括仪器仪表、农业机械、工程机械、基础零部件、电工电器、食品包装机械、石化通用机械、重型矿山机械、机床工具、环保设备、文化办公用机械、医疗设备、轻工机械、纺织机械及其他民用机械制造业（见图7-15）；相关生产性服务业是指与装备制造业相关的研发，设计，系统集成，工程总承包，备品备件供应，零部件定制服务，设备安装、运行、保养及维修，远程监控与服务，软件开发与应用，二手设备翻新，旧设备回收，设备租赁等。

经过几十年发展，中国装备自主化已迈上新台阶。载人航天与探月工程、"蛟龙"载人深潜器取得重大突破，大型运输机和大型客机已完成布局，研制工作取得重要进展。百万千瓦级核电机组、百万千瓦级水电机组等一大批重大技术装备研制成功，并在市场上得到应用。同时，中国装备制造领域新兴产业发展取得重大突破，智能制造装备、海洋工程装备、先进轨道交通装备、新能源汽车等新兴产业发展取得明显成效。据统计，目前中国高端装备制造业产值占装备制造业比重已超过10%。2013年，海洋工程装备接单量占世界市场的29.5%，新能源汽车累计生产3.5万辆，智能化仪器仪表、工业机器人、增材制造等新兴产业快速发展。此外，装备制造业产业聚集迈出新步伐。目前，工业和信息化部已授牌装备制造领域的77个国家级新型工业化产业示范基地，占全国示范基地总量的29%。若干具有重要影响力的产业聚集区初步形成。

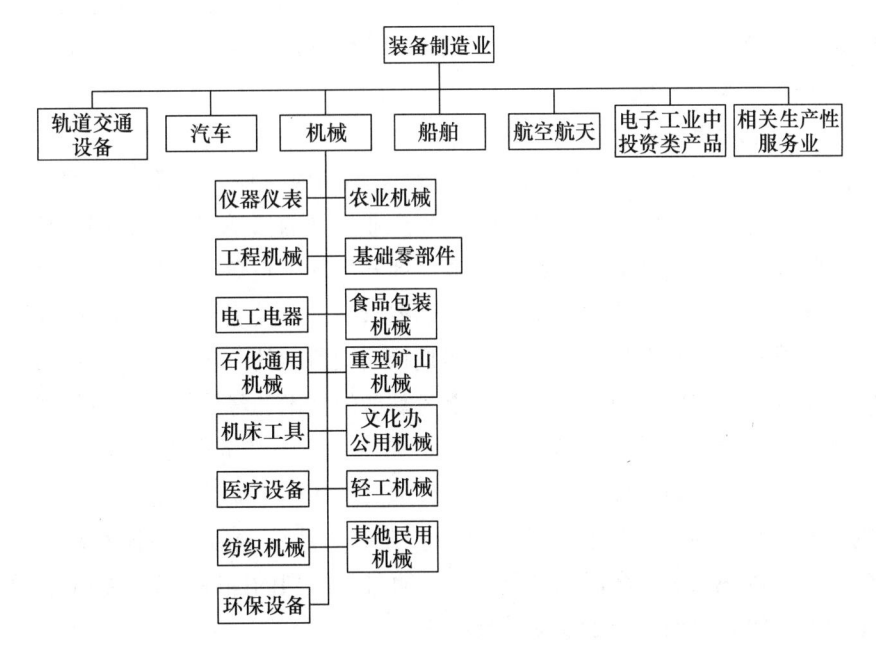

图7-15 装备制造业的规范分类

资料来源：中国机械工业协会。

虽然中国已成为装备制造业大国，但还不是装备制造业强国，与先进国家相比，还有较大差距。主要表现在：一是自主创新能力薄弱，研发设计水平较低，试验检测手段不足，关键共性技术缺失；二是基础配套能力不足，核心零部件受制于人，基础制造工艺落后，关键材料依赖进口；三是产业结构不合理，低端产能过剩，高端产能不足，生产性服务业发展滞后；四是发展质量效益不高，目前中国装备工业增加值率为26%，低于发达国家平均水平6—8个百分点。

当前，世界经济竞争格局正在发生深刻变革和调整。加速培育和发展装备制造业，既是构建国际竞争新优势，掌握发展主动权的迫切需要，也是转变经济发展方式、推进产业结构升级的内在要求。新时期中国装备制造业必须坚持贯彻落实科学发展观，坚定不移地走中国特色新型工业化道路，以促进发展方式转变和产业结构调整为主线，以技术进步和创新为支撑，以提升"四基"产业（关键基础材料、核心基础零部件和元器件、先进基础工艺和产业技术基础）发展水平为重点，以培育发展战略性新兴产业为契机，以提高发展质量和效益为主攻方向，加强装备制造业原始创新、集成创新及引进消化吸收再创新三个创新的有机结合，加快推动中国装备制造业由大变强。

二 战略产业

在国际金融危机和"欧债"危机影响不断深化的背景下，美国、日本、德国等发达国家为抢占未来科技和产业发展的战略制高点，围绕掌握战略性关键技术，培育发展战略产业，展开了新一轮角逐。当发达国家通过技术领先日益控制更多全球资源、掌控未来产业发展制高点时，中国原有的经济技术结构和发展思路，显然是缺乏竞争力的。客观上讲，中国作为一个大国，应该具有比一般国家更为复杂的技术和经济结构，并保持产业体系的相对独立性和完整性。因此，那些在国民经济中占有重要地位、能够体现国家战略意图、对经济社会长远发展和国家安全有着重要影响力的产业，是中国必须拥有的战略产业。在战略产业领域保持技术领先地位，是中国积极参与国际产业分工，应对日趋激烈的国际经济、技术、政治及军事等诸方面竞争的迫切需要。

何为战略产业？我们认为，战略产业是指那些具有战略技术特征的产业，它是指一国为实现产业结构的高级化目标，根据不同的经济技术发展水平和对未来经济技术发展的预见所确定的、对于国民经济发展具有重要战略意义的产业。由于战略产业是具有战略技术特征的产业，这里提及"战略技术"的概念。什么是战略技术呢？这是我们首先需要回答的问题。战略技术有可能是高技术、新兴技术或新技术，也有可能是已经成熟的现有技术或使用范围扩大的技术。而新技术既包括现代新兴技术（一般指高技术），也包括一般新兴技术（一般指非高技术），高技术隶属于新兴技术领域。当然，战略产业是一个相对的概念，一个产业在某一特定历史阶段有可能是战略产业，但当逾越该阶段后就有可能退出战略产业的范围。考虑到战略产业发展对中国实现大国崛起的重要性，以及为深入理解战略产业的基本内涵和特征，我们以航天产业这个国家典型的战略产业为例加以阐述。

当前，在世界各国都忙于"自救"的这一特殊时代，大国的发展战略都在不断调整，其中有两大战略最为显著：一是海洋战略；二是航天战略。在地球陆地资源已经被最大化利用甚至过度承载人类活动的背景下，向其他领域拓展以构建多维生存空间，成为大国发展的必然选择，海洋和外层空间的战略地位日益凸显。与海洋战略相比，大国的航天战略更为重要，堪称战略的重中之重，也是世界大国未来的核心竞争领域之一，因为它不仅关系到尖端技术创新、产业结构调整、经济可持续发展，更是大国核心竞争力的主要标志，在一国综合国力的计算中几乎可以赋予最大的权重。

什么是航天产业？这是我们必须要首先回答的问题。航天产业与航空航天产业是不同的产业，一般来说，航天产业是航空航天产业的重要组成部分。近些年来，当提及航天产业时，人们总是把航天产业认为是航空航天产业，这就使航天产业包括许多本应不属于航天产业的行业和企业，从而产业规模不断放大。美国《航天评论》编辑杰夫·福斯特（Jeff Foust, 2003）认为，航天产业是指研制与生产航天器、航天运载器及其所载设备和地面保障设备的产业，它既是国防科技工业的重要组成部分，也是国家综合性的战略产业之一。一般来说，航天产业主要包括卫星制造业、卫星发射业、地面设备制造业和商业航天运输服务业四类行业。其中，卫星制造业包括卫星整星制造和卫星零部件及分系统制造；卫星发射业包括发射服务、运载火箭制造等；地面设备制造业包括网络设备和消费设备。网络设备包括网关、控制站、卫星新闻采集设备和微型孔径终端（VSATs）等；消费设备占主要份额，包括卫星电视、卫星宽带、移动卫星终端和独立 GPS 设备。航天产业具有技术密集、高度综合、广泛协作、研发周期长和投资费用大等诸多特征。因此，航天产业的上述定义就使我们对该产业的认识更加清晰，这有助于我们对航天产业进行分析和阐述。

航天产业代表着一个国家的经济、军事和科技水平，是一个国家综合国力、国防实力的重要标志。近年来，伴随着世界科技水平的不断提高，航天技术也发生着新的变革，小卫星的研制和卫星星座应用成为新的发展趋势。由于在通信、导航和对地观测等方面具备的天然优势，卫星和卫星星座的研制及应用正在快速发展，航天相关产业的发展前景广阔。世界航天产业发展较为成熟的国家和地区主要是美国、欧洲和俄罗斯，日本、中国、加拿大、印度等国的航天工业都有一定的能力与水平。

从全球航天产业发展现状看，2011年，全球航天产业销售收入约为696.1亿美元，同比增长4.4%。其中，卫星制造业销售收入为119.0亿美元，占全球航天产业销售收入的17.1%；卫星发射业销售收入为48.0亿美元，占6.9%；地面设备制造业销售收入为529.0亿元，占76.0%；商业航天运输服务业销售收入为0.1亿美元，占0.01%。

从全球主要航天工业强国看，美国是当之无愧的世界头号航天强国，2011年，航天产业销售收入达到445.9亿美元，同比下降1.8%，占全球航天产业销售收入的64.1%；法国是世界第二大航天强国，2011年，航天产业销售收入为56.4亿美元，占全球航天产业销售收入的8.1%；德国是世界第三大航天强国，2011年，航天产业销售收入为31.0亿美元，占全球的4.5%；日本位居世界第四，2011年，航天产业销售收入约为31.0亿美元，占全球的4.5%；中国位居世界第五，2011年，航天产业销售收入约为16.4亿美元，占全球的2.4%；英国位居世界第六，2011年，航天产业销售收入为15.6亿美元，占全球的2.3%；俄罗斯位居世界第七，2011年，航天产业销售收入约为13.9亿美元，占全球的2.0%；加拿大位居世界第八，2011年航天产业销售收入约为9.1亿美元，占全球的1.3%。紧随其后的是欧洲的意大利和西班牙，分别位居世界第九和第十。

从全球航天发射统计看，2011年，全世界运载火箭发射次数达84次，同比增长14%，其中6次发射失利（俄罗斯4次，美国和中国各1次）。2011年，俄罗斯为发射火箭次数最多的国家，发射31次，其中在哈萨克斯坦的拜科努尔发射场及本土共发射了30次。另外，海射公司①于2011年9月在太平洋海上平台发射了1次。其他国家和地区发射的次数，中国和美国分别为19次和18次发射，欧洲发射了9次（含"联盟"火箭在法属圭亚那库鲁航天中心发射了2次、在拜科努尔发射场发射了2

---

① 目前，海射公司隶属于俄罗斯能源公司（Energia）。

次），日本和印度各发射了3次，伊朗发射了1次。2011年，美国发射收入占全球发射产业收入的39%，其发射收入的70%来自美国政府合同。欧洲、俄罗斯和亚洲的发射收入分别占全球发射产业收入的25%、19%和17%。2011年，新公布的商业发射订单从2010年的49份下降到30份，其中，美国获得3份订单，欧洲获得14份订单，俄罗斯获得8份，中国长城工业总公司获得3份，其余2份由海射公司获得。从全球主要商业发射服务提供商看，美国波音、洛克希德·马丁①、法国阿丽亚娜空间公司、俄罗斯国际发射服务公司（ILS）、美国轨道科学公司（OSC）、海射公司、美国太空探索公司（SpaceX）、中国长城工业总公司（隶属于中国航天科技集团公司）等企业掌控全球商业发射市场。

2002—2011年全球卫星及应用产业销售收入和各子领域占比情况如表7-18所示。

表7-18　2002—2011年全球卫星及应用产业销售收入和各子领域占比

销售收入（亿美元）	2002年	2003年	2004年	2005年	2006年	2007年	2008年	2009年	2010年	2011年
卫星制造业	110	98	102	78	120	116	105	135	108	119
卫星发射业	37	32	28	30	27	32	39	45	43	48
卫星服务业	356	399	469	528	626	739	840	930	1013	1077
地面设备制造业	210	215	228	252	288	343	460	499	516	529
合计	713	744	827	888	1061	1230	1444	1609	1681	1773
占比（%）	2002年	2003年	2004年	2005年	2006年	2007年	2008年	2009年	2010年	2011年
卫星制造业	15.4	13.2	12.3	8.8	11.3	9.4	7.3	8.4	6.4	6.7
卫星发射业	5.2	4.3	3.4	3.4	2.5	2.6	2.7	2.8	2.6	2.7
卫星服务业	49.9	53.6	56.7	59.5	59.0	60.1	58.2	57.8	60.3	60.8
地面设备制造业	29.5	28.9	27.6	28.4	27.1	27.9	31.9	31.0	30.7	29.8
合计	100	100	100	100	100	100	100	100	100	100

资料来源：美国卫星工业协会（US The Satellite Industry Association）。

近年来，中国航天产业实现了快速发展，取得了一系列新成就。建成

---

① 美国波音公司和洛克希德·马丁公司通过其合资公司美国联合发射联盟（ULA），为美国国防部和民用组织提供太空发射服务。

了一批具有世界先进水平的研制和试验基地，进一步完善研究、设计、生产和试验体系，航天科技基础能力显著提高；空间技术整体水平明显提升，攻克了一批重大关键技术，载人航天取得历史性的突破，月球探测工程全面启动；微小型卫星应用模式日渐清晰，产业规模不断扩大，空间应用体系初步形成，应用领域进一步拓展，应用效益显著提高；空间科学实验与研究取得了不少重要成果。这些都为中国航天产业的快速发展奠定了坚实的技术基础。

三 新兴产业

新兴产业是相对传统产业而言的，它是指随着科技的发展和生产力水平的提高而出现的新产业。目前，世界上的新兴产业主要是指电子、信息、生物、新材料、新能源、海洋、空间等伴随新技术的出现而产生和发展起来的一系列产业。需要明确的是，新兴产业是一个动态概念，即某产业可能在某一时间段内（如几年或十几年）属于新兴产业，但当该产业应用的技术进入成熟期、不再出现大的突破后，该产业则不再属于新兴产业，而进入其他产业范畴。在这里，为全面理解新兴产业，我们举有机发光显示器（OLED）产业的例子来加以阐述。这是基于在新型显示产业中，虽然液晶显示技术已经牢牢占据主导地位，并且在可预见的十年内，仍没有一种显示技术在应用领域的广泛性（尺寸从1英寸到超过100英寸）、产业化投资力度上（全球对电视用薄膜晶体管液晶显示面板的投资已超过1000亿美元）、参与市场竞争和推广普及（全球超过800家制造企业）等方面可与电视用薄膜晶体管液晶显示（TFT-LCD）产业相抗衡，但OLED作为新型显示技术未来的发展方向，具有典型的新兴技术特征，仍然值得我们深入研究和分析。

OLED是继CRT、LCD、LED及PDP（等离子显示屏）之后的新一代平板显示技术，具有显著的新兴产业特征。OLED是利用有机半导体材料在电场作用下发光的显示技术，是一种新型的纯固体（CRT和PDP等离子都拥有真空技术，LCD液晶则拥有液态技术）显示技术，兼具CRT和LCD两种显示技术的优势，具有自发光（无须背光源）、结构简单、超轻薄、响应速度快、宽视角、低功耗及可实现柔性显示等优点，被誉为"梦幻般的显示技术"。按驱动方式分类，OLED器件又可分为无源驱动（又称被动驱动，PMOLED）和有源驱动（又称主动驱动，AMOLED）两种。PMOLED器件不采用薄膜晶体管（TFT），一般适用于中小尺寸显示。

AMOLED 器件适用于中大尺寸显示，特别是大尺寸全彩色动态图像显示。

根据 OLED 的技术原理和制备工艺，通常把 OLED 产业链划分为设备制造、材料制备、驱动模块、面板和器件制造以及下游应用等几个部分，其中，设备制造、材料制备和驱动模块属于上游材料设备，面板器件以及模组制造属于中游制造，各种应用则属于下游应用（见图 7-16）。

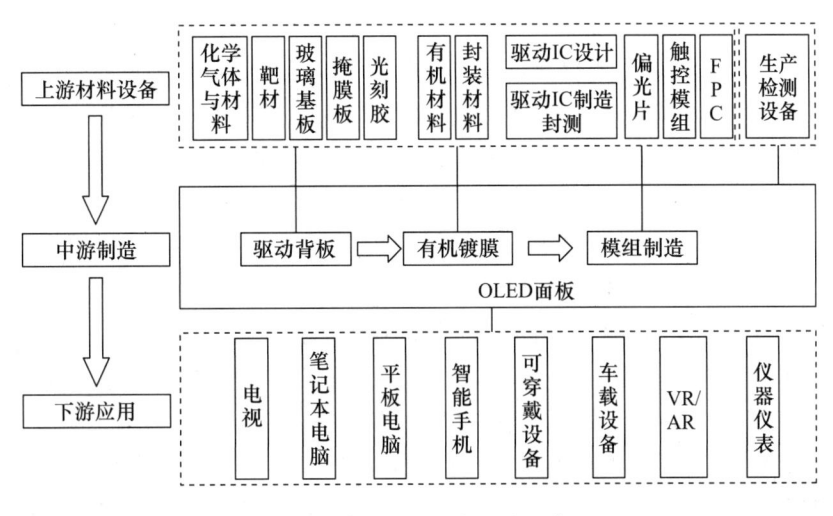

图 7-16　OLED 产业链示意

资料来源：中国 OLED 产业联盟。

（1）OLED 制造设备。一般而言，OLED 制造设备主要包括：有机蒸镀和封装等无源有机发光显示（PMOLED）用关键设备，溅镀台、等离子体增强化学气相沉积（PECVD）系统，真空热蒸发系统（VTE）等 AMOLED 用薄膜晶体管（TFT）薄膜沉积设备，涂胶机、曝光机、干湿法刻蚀机等 AMOLED 用 TFT 图形制作设备，退火炉、退火气体管道、激光退火设备等 AMOLED 用 TFT 退火设备，TFT 电学测试设备，OLED 光学测试设备等 AMOLED 用检测设备，激光修补机等 AMOLED 用缺陷检测修补设备等。全球 OLED 设备制造商主要包括日本的 Tokki、Ulvac、Evatech 公司、Anelva Technix、岛津（Shimadzu）公司、精工爱普生（Seiko Epson）、凸版印刷（Toppan Printing）、大日本印刷（DNP），韩国的 Sunic system、Advanced Neotech System（ANS）、Doosan Engineering & Construction（斗山工程建筑公司）、Digital Optics & Vision（DOV）、Viatron 科技（ViatronTechnologies）、STI 公司、周星工程（Jusung Engineering）、Mc-

Science 公司，美国的科特·莱思科（Kurt J. Lesker）、Rolltronics 公司、整体视觉（Integral Vision）公司、MicroFab 公司，德国的爱思强股份有限公司（Aixtron AG）、M 布劳恩（Mbraun）公司，荷兰的 OTBv 公司等。

（2）OLED 发光材料。OLED 发光材料的特性会极大地影响 OLED 器件的性能，对于 OLED 发光材料，固态下有较强荧光、载子传输性能好、热稳定性和化学稳定性强、量子效率高且能够真空蒸镀或可很好地溶解等特性是非常必要的，全球各公司和研究机构一直在材料规模制备等方面做了很多研究性工作。目前，OLED 所采用的有机发光材料大致上可以分为以美国柯达、美国环宇显示技术公司（Universal Display Corporation）、日本出光兴产等为首的小分子发光材料和以英国剑桥显示技术（CDT）、日本住友化学等为首的高分子发光材料两大类。

（3）OLED 驱动模块。与液晶显示器（LCD）相比，OLED 显示屏无需使用背光和 LED 驱动电路，典型的 OLED 驱动模块厚度为 1—1.5 毫米，而 LCD 的厚度则一般为 3 毫米。一般而言，一枚高整合度的 LED 驱动电路主要包含行驱动器、列驱动器、直流—直流转换器、时间控制、图像显示数据记忆体和微控制单元（MCU）界面等。目前，全球 OLED 驱动模块制造商主要包括美国的 IXYS 集成电路部门、Next Sierra 公司（2007 年被英国剑桥显示技术公司兼并）、立迪思科技（Leadis Technolgy），中国台湾的凌阳科技（Sunplus）、中国香港的晶门科技（Solomon Systech），韩国的 Elia Tech、DisplayChips 等企业。

（4）OLED 面板制造。目前，全球 OLED 面板生产厂商主要集中在韩国、日本和中国台湾三个地区。从 OLED 面板供货量来看，韩国三星移动显示器公司（SMD）、中国台湾铼宝科技、日本先锋和 TDK 公司、中国大陆维信诺等是全球排名前五大的 OLED 面板供应商，上述五大公司的 OLED 面板出货量约占全球的 98.7%。

（5）OLED 应用。目前，OLED 的应用主要在智能手机、掌中娱乐设备、车载音响、数码产品等，尤其在智能手机上的应用使 AMOLED 在中小尺寸面板上的渗透率快速提升。随着 OLED 技术的不断进步，无论是其面积尺寸、发光效率还是寿命都在不断提升。与之相对应，OLED 的应用领域也从小尺寸应用的便携终端显示向中大尺寸应用的电脑屏幕和电视发展，近年来，也开始向通用照明领域渗透。除此之外，在军工、航天等领域的应用也非常具有前景。根据市场研究机构 NPD DisplaySearch 的统计，2010

年，全球 AMOLED 面板的出货量为 4532.4 万片，市场产值达到 12.5 亿美元；PMOLED 面板的出货量为 6593.7 万片，市场产值为 3.3 亿美元。2011 年，全球 AMOLED 面板的出货量高达 1.07 亿片，市场产值快速增至 33.6 亿美元；PMOLED 面板的出货量为 7252.4 万片，市场产值为 6.4 亿美元。

据全球知名市场研究机构 NPD DisplaySearch 分析，2011 年，OLED 面板产值约为 40 亿美元，约占全球平板显示器产业产值的 4%；2018 年创造超过 200 亿美元的产值，约占全球平板显示器产业产值的 16%。目前，OLED 已在中小尺寸领域实现量产并应用于智能手机等领域，一旦韩国三星移动显示器公司（SMD）和 LGD（LG 显示器公司）OLED 8.5 代线在两年内开始量产，也就代表着 AMOLED 即将在大尺寸应用如平板电视、笔记本电脑等平板领域与 TFT—LCD 展开竞争。

由于近年来经济不景气，再加上韩国、中国台湾等企业的竞争，使日本厂商在 OLED 面板生产线的投资并未有显著提升，日本的 OLED 产业发展滞后于韩国。但是，日本在 OLED 战略技术储备方面，仍然领先于韩国，走在世界前列。在 OLED 有机发光材料方面，日本的出光兴产、住友化学等企业都是世界有机发光材料制造的领导者。在 OLED 关键设备制造方面，日本的 Tokki、Ulvac 等设备供应商同样引领世界前沿技术的发展。

经过多年的技术积累和创新，中国 OLED 产业得到了长足发展，产业布局逐步形成，中国的京东方、维信诺、彩虹、天马等企业均已建立了 OLED 实验线或中试线。除维信诺之外，还有汕尾信利、上海天马、佛山彩虹等多家企业从事小尺寸 PMOLED 的研发和生产。此外，维信诺、京东方、长虹、TCL 等显示终端厂商也开始涉足 AMOLED 产业。比如，京东方开始筹建的内蒙古鄂尔多斯 5.5 代 AMOLED 生产线，TCL 旗下的华星光电已经建立了一条 4.5 代 LTPS/OLED 面板试验性生产线。在全球面板企业都在加速布局 OLED 产业时，中国大陆企业也希望借助新技术占据战略高地。然而，中国高世代液晶面板生产线才刚刚起步，国内企业 OLED 的研发也大多集中在中小尺寸，在大尺寸 OLED 方面还没有形成有效产能。

中国 OLED 产业虽然发展前景广阔，目前国内相关企业也进行和正在进行着相应的技术积累，但是，对国内厂商来说，仍有比较大的发展障碍，主要表现在以下两个方面：

首先，国内 OLED 产业链还不完善，行业的配套能力欠缺，中国

OLED 企业主要集中在产业链下游面板制造环节，上游设备和原材料制造环节比较薄弱。在制造设备方面，国内虽然已经有企业生产相关设备，但是，由于设备的制造水平与日本、韩国等企业相比还有较大差距，因此，国内化学气相沉积设备、准分子激光晶化、离子注入、溅射、等离子刻蚀、涂胶机、显影机、曝光机等关键设备还基本依赖从日本、韩国等国家进口。在上游原材料制造环节，由于中国 OLED 材料的研发和生产脱节，研发机构虽有很多，但是，OLED 材料的生产厂商却较少，更缺少 OLED 材料的下游厂商，材料评估和产业化有明显障碍，光刻胶、紫外光固化胶（UV 胶）等关键原材料基本依赖进口。当前，全产业链建设是中国 OLED 产业发展所面临的紧迫问题。以韩国三星为例，全产业链策略是三星做大 OLED 面板业务的有力支撑。

其次，中国 OLED 产业知识产权布局工作滞后，侵权风险和准入难度巨大。与国外相比，中国大陆 OLED 企业研发力量相对薄弱，专利申请量仅为全球总量的 5%，远远落后于日本的 56%、韩国的 12% 和美国的 11%，全球 OLED 专利申请排名前 20 的企业中没有中国大陆企业。全球 OLED 基础专利由美国、日本等国家的少数企业掌握，一旦产业化进程开始，中国企业很难绕过这些专利布局，侵权风险和准入难度巨大，处于非常被动的局面。从专利质量来看，中国 OLED 专利技术的专利权人主要为科研院所，大部分仍处于实验室阶段，难以实现产业化。

从全球以及国内新型显示产业发展的现状可以看出，在 LCD（包括 PDP）这些成熟的平板显示技术方面，中国在产业规模、产业链配套、技术积累、研发实力、融资环境、人才队伍等方面与国外水平相比差距较大，短期内难以形成具有国际竞争力的 LCD 面板企业，而在 OLED 新型显示技术方面，世界 OLED 产业还处于产业化初期，中国拥有良好的 OLED 产业发展基础，整体上与国外水平相差不大。可以说，发展 OLED 新型显示技术是中国摆脱目前平板显示技术发展的被动局面、实现跳跃式发展目标的非常有效的途径。因此，应集中各种优势资源，积极参与国家 OLED 产业联盟建设，设立 OLED 产业发展基金，引进国内外 OLED 研发和生产机构，完善 OLED 全产业链建设，高度重视发展 AM - OLED 技术和 OLED 照明，推动中国 OLED 产业实现跨越式发展。

四 生产性服务业

生产性服务业是中国实现大国崛起的重要驱动力。生产性服务业是面向生产、具有专业性和高知识含量的中间需求性服务业，其主要包括运输和物流业、信息服务业、金融服务业、科技服务业、商务服务业和商贸流通业等。在信息技术应用日益广泛和深入的背景下，制造业价值链各环节发生重大变化，制造业竞争力越来越依赖于企业所提供的服务。没有高水平的生产性服务业，就没有现代化的高端制造产业。从发达国家近年来经济发展的实践看，生产性服务业作为现代服务业中最具活力的部门，其发展速度已超过了制造业，许多传统的制造企业也正在向服务企业转型。越来越多的国家及其企业重视通过发展生产性服务业来提升产业竞争力和全球经济的控制力。如美国 IBM（国际商业机器公司），过去是以"硬件制造商"的形象来给自己定位。但是，进入 20 世纪 90 年代，随着硬件等 IBM 传统的支柱产品进入衰退期，IBM 陷入了前所未有的困境，1993 年的亏损就高达 81 亿美元，公司濒临破产边缘。IBM 被迫转型，即从硬件制造商转为提供软件和信息服务，公司重新焕发出活力，成功地实现了产业转型升级，成为世界上规模最大、最具影响力的信息技术和业务解决方案公司。再如，世界著名的飞机发动机制造商英国罗尔斯—罗伊斯公司，目前围绕发动机全生命周期的服务收入已占总收入的 52%，超过了发动机自身产品的销售收入。

为全面了解生产性服务业，我们以云计算服务业（隶属于生产性服务业中的信息服务业领域）为例，对生产性服务业进行深入分析。云服务是一类快速发展的产业，是当前生产性服务业领域中发展的最新热点，世界各国政府积极通过政策引导、资金投入等方式加快本国云服务的战略布局和产业发展；国际 ICT 产业巨头加快技术研发、企业转型和联盟合作以抢占云服务发展的主导权和新兴市场空间。中国在云服务领域已具备了一定的技术和产业基础，并拥有巨大的潜在市场空间，存在抓住机遇实现局部突破的机会，但当前发展过程中的产业技术差距、规划布局和制度环境等问题也日益显现。因此，在新时期新背景下，深入研究和分析云计算服务业，对推动中国生产性服务业加快发展具有重要意义。

云计算服务业，是一种通过网络统一组织和灵活调用各种 ICT 信息资源，实现大规模计算的信息服务方式。云计算服务业主要包括基础设施即服务（IaaS）、平台即服务（PaaS）和软件即服务（SaaS）。IaaS 服务最主要的表现形式是存储服务和计算服务，主要服务商如美国亚马逊、Rackspace、Dropbox 和 Limelight 等公司。PaaS 服务提供的是供用户实施开发的平台环境和能力，包括开发测试、能力调用、部署运行等，提供商包括微软、谷歌等。SaaS 服务提供实时运行软件的在线服务，服务种类多样、形式丰富，常见的应用包括客户关系管理（CRM）、社交网络、电子邮件、办公软件、OA 系统等，服务商有 Salesforce、GigaVox、谷歌等。

当前，世界各国如美国、日本、欧洲等国家和地区都把云计算服务业作为未来重点发展的战略领域，无论是美国的 Apps.gov、星云，还是英国的 G–cloud 和日本的霞关云计划，都剑指云计算，争先投入巨资，力图在第三次 IT 变革中占据优势地位。虽然目前全球云计算服务业处于发展初期，市场规模并不大，但必将会引领传统 ICT 产业向社会化服务转型，未来发展空间十分广阔。全球最权威的 IT 研究与顾问咨询公司美国 Gartner 指出，2011 年，全球云计算服务业规模约为 900 亿美元，美国云服务市场规模约占全球的 60%，远高于欧洲（24.7%）和日本（10%）等国家和地区。云计算服务市场规模总量目前仅占全球 ICT 市场总量的 1/40，但增长迅猛，未来几年，年均增长率预计将超过 20%。全球云计算服务市场规模到 2012 年预计将达到 1072 亿美元，2015 年将达到 1768 亿美元，发展空间十分广阔。

当前，中国云计算服务市场处于起步阶段，云计算技术与设备已经具备一定的发展基础。中国云计算服务市场总体规模较小，但追赶势头明显。据 Gartner 估计，2011 年，中国在全球约 900 亿美元的云计算服务市场中所占份额不到 3%，但年增速达到 40%，预期未来中国与国外在云计算方面的差距将逐渐缩小。大型互联网企业是目前国内主要的云计算服务提供商，业务形式以"IaaS + PaaS"形式的开放平台服务为主，其中，IaaS 服务相对较为成熟，PaaS 服务初具雏形。中国大型互联网企业开发了云主机、云存储、开放数据库等基础 IT 资源服务，以及网站云、游戏云等"一站式"托管服务。一些互联网公司自主推出了 PaaS 云平台，并向企业和开发者开放，其中，数家企业的 PaaS 平台已经吸引了数十万开发者入驻，通过分成方式与开发者实现了共赢。互联网数据中心（IDC）企业依托自己的机房和数据中心，将 IaaS 作为云服务切入点，目前已能提供弹性计算、存储与网络资源等 IaaS 服务。少数 IDC 企业还基于自己的传统业务，扩展到提供 PaaS 服务和 SaaS 服务，如应用引擎、云邮箱等。

但是，到目前为止，国内云计算服务业发展仍存在一些亟待解决的问题：第一，中国云计算数据中心规模结构和空间布局不合理，技术水平相对落后。规模结构方面，中国大规模数据中心比例偏低，仅占数据中心总量的1‰，为美国这一比例的1/7，未能充分利用大规模数据中心的集约化优势。中国数据中心设计、建设和运维水平较低，导致平均能耗较高，电能利用效率（PUE）普遍在2.2—3，而发达国家多为1.5—2，谷歌数据中心甚至能够达到1.1甚至更低。第二，中国公共云服务能力与国际先进国家相比差距较大，配套环境建设滞后。中国公共云计算服务业的规模相对较小，业务较为单一，随着谷歌、亚马逊等企业加快在全球和中国周边布局，云计算服务向境外集中的风险将进一步加大。此外，国内云计算标准规范、第三方评估认证审计等配套支持环节明显不足。第三，中国云计算核心技术亟待突破。中国企业在大规模云计算系统管理、支持虚拟化的核心芯片等一些制约发展的关键产品和技术方面仍亟须突破。第四，中国云计算信息安全法律法规和监管体系不够健全。中国在与云计算安全相关的数据及隐私保护、安全管理、网络犯罪治理方面均有较大缺失。例如，2012年6月，商业软件联盟（Business Software Alliance）发布《BSA全球云计算计分卡》报告，对占全球经济总量的80%的24个国家的云计算实力进行了评估。该报告从七个方面评估了一个国家与全球化市场的接轨程度，分别是数据隐私、信息安全、网络犯罪、知识产权、技术互操作性、法律环境、自由贸易和IT基础设施。日本、澳大利亚、德国、美国和法国分列前五，中国排名第21位（位居倒数第四），俄罗斯、印度、巴西等"金砖国家"排名分别为第16位、第19位和第24位。

基于当前中国云计算服务业的发展现状，未来中国云计算服务业如果要保持快速健康发展，必须通过优化布局云计算基础设施，突破云计算关键技术，大力发展公共云计算服务，构建适应云计算发展的制度环境。[①]

五 基础设施产业

对任何一个国家而言，电信、电力、公共交通、燃气、供水与污水处理等城市基础设施产业的重要性都是不言而喻的。基础设施产业关系到国计民生，一方面为广大居民提供日常生活必不可少的水、电、通信和交通出行等产品和服务；另一方面还为国民经济发展提供基本保障和支撑。2008年国际金融危机发生以来，加强基础设施产业投资成为各国应对目

---

① 资料来源于工业和信息化部电信研究院《云计算白皮书（2012）》。

前经济危机的重要举措。据国际货币基金组织匡算，2009年，世界主要经济体为支撑本国经济相继推出的财政刺激规模占全球GDP的1.5%左右，其中基础设施产业成为刺激计划的主要受益行业。在中国，超过50%的刺激性经济支出投资于基础设施建设，而美国、法国、英国、瑞士、澳大利亚和其他主要亚洲经济体经济复苏计划中的头一年投资基本上都以基础设施建设为主。基础设施产业既是决定一个国家竞争力的主要因素，也是促进本国经济发展和融入全球经济的关键所在。当前，中国工业化、城市化、信息化、市场化及国际化发展迅速，对基础设施服务的需求也急剧增加。"十二五"时期，着力改善基础设施条件，大力发展基础设施产业，是推动中国大国经济发展、全面实现大国崛起的必由之路。

由于基础设施产业涵盖范围比较广，全面阐述基础设施产业难度比较大，在此，我们选择基础设施产业的重要组成部分——现代物流业加以研究和深入分析。传统物流产业一般指产品出厂后的包装、运输、装卸、仓储，而现代物流产业则是以现代运输业为重点，以信息技术为支撑，以现代制造业和商业为基础，集系统化、信息化、仓储现代化为一体的综合性产业。现代物流是基础设施产业的重要组成部分，是融合运输业、仓储业、货代业和信息业等的复合型、基础性、先导性产业。

"现代物流"最早在1927年由美国学者提出，第二次世界大战期间，美军运用物资管理的理念和方法解决军用物资供应，取得良好效果。故战后这一管理模式被推广到商界并逐渐普及。日本在20世纪60年代从美国引进物流概念，并迅速发展形成自己的特色；欧洲国家的物流业也是在美国、日本影响下发展起来的，也已达到较高水平。总体上讲，美国和日本的物流发展无论在规模总量、企业能力和先进技术应用上都代表了世界的较高水平。当前，在国际金融危机和能源环境问题引起广泛关注的背景下，低碳物流、面向高附加值和优质服务的物流以及信息化和智能化物流成为国外现代物流业的发展趋势，现代物流业发展水平已成为衡量一个国家和地区综合竞争力的重要标志。

据国际知名的咨询机构美国Armstrong和Associates统计，2010年，全球物流业市场规模[①]约为7.01万亿美元，其中，美国物流业市场规模

---

① Armstrong和Associates采用物流总费用或物流总成本（Logistics Cost）的概念对全球物流业市场规模进行估计。在国际上，Armstrong和Associates物流业数据是极具权威性的。

高达 1.21 万亿美元，占全球的 17.3%，位居世界第一；其次是中国，物流业市场规模约为 1.07 万亿美元，占全球的 15.2%；日本物流业市场规模约为 4749 亿美元，占全球的 6.8%，位居世界第三；德国物流业市场规模约为 2752 亿美元，占全球的 3.9%，位居世界第四；巴西、法国、印度、意大利、英国、加拿大等国物流业市场规模分别为 2424 亿美元、2376 亿美元、1999 亿美元、1932 亿美元、1910 亿美元和 1558 亿美元，依次位居世界第五、第六、第七、第八、第九和第十。

从物流运输方式看，公路运输物流是全球物流业最主要的组成部分，2010 年，全球公路运输物流产业市场规模约为 4.73 万亿美元，约占全球物流行业的 67.4%。其次是铁路、海洋和航空运输物流产业。

从物流业主要行业看，根据市场调研机构 Datamonitor 的统计，在以零售业、消费电子工业、汽车产业、高新科技产业和医药业五个行业为代表的全球现代物流市场总额中，目前，零售业占据了物流市场的主体，份额约为 64.0%，其次是汽车、消费电子工业、高新科技产业和医药业，份额分别为 13.0%、13.0%、7.0% 和 4.0%。

世界银行 2012 年最新发布的全球物流业竞争力排行榜显示，在全球主要工业强国中，德国排名第四位，日本居第八位，美国列第九位，英国列第十位，法国居第十二位，瑞典居第十三位，加拿大居第十四位，瑞士列第十六位，韩国列第二十一位，意大利列第二十四位。高居该排行榜榜首的是新加坡，中国香港、芬兰、荷兰、丹麦、比利时分列第二、第三、第五、第六、第七位。南非和中国排名分别为第二十三位和第二十六位，在发展中国家中位居前列。该排行榜是世界银行会同国际运输代理协会等机构对全球 155 个国家和地区物流业进行的分析评估，对上述国家和地区的清关效率、基础设施、国际运输、物流能力、货物跟踪追查、交货及时性等指标进行数量化评分，继而取平均值得到全球物流业表现指数（The Logistics Performance Index，LPI），利用 LPI 指数对各个国家的物流业竞争力进行综合排名。新加坡在清关效率、交货及时性两个领域均列第一位，尤其是在清关效率方面远远领先于其他国家。中国香港在国际运输能力方面远远领先于其他国家。芬兰在物流能力和货物追查跟踪方面均列第一。德国在物流基础设施建设方面位居第一，在交货及时性方面位居第二。

从全球物流业主要企业来看，主要集中在美国、欧洲和日本等发达国家和地区，排名世界前 27 位的物流企业分别是德国邮政 DHL 集团、美国邮政服务公司（USPS）、美国联合包裹（UPS）公司、美国联邦快递（FedEX）集团、丹麦马士基（Maersk）集团、德国 DB Schenker 集团、法国邮政（La Poste）集团、瑞士德迅集团（Kuehne + Nagel）、日本邮船（NYK）集团、日本邮政（Japan Post）集团、日本通运公司（NipponExpress）、法国达飞海运集团（CMA – CGM）、中国远洋运输集团、荷兰 TNT 快递公司（现为美国 UPS 子公司）、法国乔达（Geodis）集团、荷兰 CEVA 物流集团、美国 C. H. 罗宾逊全球物流有限公司、德国赫伯罗特集团（Hapag Lioyd）、丹麦 DSV 集团、中国外运股份有限公司、意大利邮政集团（Poste Italiance）、瑞士泛亚班拿（Panalpina）集团、中国邮政集团、美国康捷（Expeditors）公司、荷兰邮政（Post Netherlands）集团、德国超捷智能物流（Dachser Intelligent Logistics）、美国莱德系统（Ryder system）公司。其中，美国企业有 6 家，欧洲企业有 15 家（德国 4 家、法国 3 家、荷兰 3 家、丹麦 2 家、瑞士 2 家、意大利 1 家），日本企业有 3 家，中国企业有 3 家。

进入 21 世纪以来，中国物流业总体规模快速增长，服务水平显著提高，发展的环境和条件不断改善，为进一步加快发展奠定了坚实基础。

第一，物流业规模快速增长。2011 年，中国社会物流总额达 158.4 万亿元，同比增长 12.3%，比 2000 年增长 7.4 倍，年均增长 18.2%；物流业实现增加值 3.2 万亿元，同比增长 13.9%，比 2000 年增长 3.0 倍，年均增长 9.7%。2011 年，中国物流业增加值占全部服务业增加值的 15.7%，占 GDP 的 6.8%。与此同时，中国全社会物流总费用占 GDP 的比重由 2000 年的 19.4% 下降到 2011 年的 17.8%，物流费用成本呈下降趋势，促进了经济运行质量的提高。

第二，物流企业群体快速成长。当前，中国物流企业快速发展，形成了多种所有制、多种服务模式、多层次的物流企业群体，涌现出了中远集团、中外运、中铁快运、中邮物流、宝供物流、顺丰速运、北京宅急送等一大批具有一定规模和实力的物流企业。中国物流企业市场集中度不断提高。中国物流与采购联合会发布的"2011 年度中国物流企业 50 强排名"显示，按照主营业务收入排名的 50 强物流企业，超过 100 亿元的有 12 家，超过 50 亿元的有 21 家。

第三，物流基础设施条件逐步完善。中国交通设施规模迅速扩大，为物流业发展提供了良好的设施条件。到 2011 年年底，中国公路总里程达

410.64万千米，比 2002 年增长 1.3 倍；其中，高速公路 8.5 万千米，比 2002 年翻了两番多。全国铁路营业里程增加到 9.3 万千米，比 2002 年增长 29.6%。内河航道通航里程 12.46 万千米，比 2002 年新增 3000 千米。全国港口拥有生产用码头泊位 3.2 万个，其中，万吨级及以上泊位 1762 个，比 2002 年增长 1.5 倍。民用航空机场 180 个，比 2002 年新增 39 个。此外，中国物流基础设施投资较快增长。2003—2011 年，中国物流基础设施投资累计超过 15 万亿元，年均增长 24.4%。2008 年下半年以来，为应对国际金融危机的冲击，国家加大对铁路、公路、水路、机场等交通基础设施的投入，建设速度明显加快。2009 年，物流基础设施投资达到 2.6 万亿元，同比大幅增长 46.7%。中国物流园区建设开始起步，仓储、配送设施现代化水平不断提高，一批区域性物流中心正在形成。物流技术设备加快更新换代，物流信息化建设有了突破性进展。

第四，物流信息化和技术应用取得实效。中国大部分物流企业建立了管理信息系统，大型企业信息化率达到 90% 以上。仓储管理、运输管理、财务管理系统得到普遍应用，企业资源计划（ERP）和供应链管理（SCM）系统逐步推广。企业借助信息化实现业务流程优化与再造，加快搭建新的业务模式和服务方式。钢铁、汽车、医药、烟草、石化、零售等行业物流信息化走在前列，上下游信息共享和信息对接，逐步向供应链管理转型发展。中国行政性物流信息平台稳步推进。从 2006 年开始实施的中国电子口岸建设，整合海关、交通、税务、工商、质检等多项电子政务服务，取得良好的社会效益。中国行业性物流信息平台全面发展。以钢铁、公路货运、医药行业为代表，打造线上物流服务平台，融合多种信息技术，推动"有形市场"向"无形市场"延伸。

中国物流业发展虽然取得重大进展，但仍然处于初级阶段，还不能够完全适应国民经济发展的需要。物流业整体竞争力不强，发展方式比较粗放，不平衡、不协调和不可持续的问题仍然存在，主要表现在以下三个方面：

第一，中国物流业竞争力不强。首先，全社会物流运行效率偏低。衡量物流业运行效率的指标——物流总费用占 GDP 的比重，2011 年，中国社会物流总费用占 GDP 的 17.8%，该比重高出发达国家 1 倍左右（同期美国社会物流总费用占 GDP 的 8.5%），表明中国社会经济运行的物流成本仍然较高。其次，国内领先的物流企业与跨国企业相比，无论是规模、品牌、盈利能力、国际市场份额，还是物流服务能力、供应链管理能力等，均有较大差距。最后，中国物流行业集中度较低，第三方物流发展滞后。

第二，物流业结构性失衡依然存在。首先，供需结构不平衡。2011年，中国工业品物流总额高达143.6万亿元，同比增长13.1%，占社会物流总额的90.2%，是社会化物流需求的主要来源。而"大而全""小而全"的企业物流运作模式还相当普遍，对社会化的物流需求增长缓慢。其次，行业发展不平衡。汽车、家电、电子等先进制造业，需要现代物流业相配套，社会化程度比较高；烟草、医药等集中度和附加价值较高的行业，一体化运作、供应链管理等现代物流管理模式发展较快；与消费市场紧密相连的连锁零售、网上购物、城市配送、快递服务等行业物流需求旺盛，供给能力较强。处于产业链上游、资本密集型的钢材、煤炭、矿石等大宗物资物流发展相对滞后；农产品生产和流通的集中度低，季节性和保鲜度要求高，受自然条件影响大，农产品物流发展相对滞后，也是中国物流业发展的"短板"。再次，区域发展不平衡。东部沿海地区经济发展较快，特别是以外向型经济为主导的格局带动了旺盛的物流需求，物流基础设施相对发达，物流管理水平相对较高。同时，受国际金融危机的冲击较大。而中西部地区经济以区域内生性需求为主，跨区域物流需求较低，物流基础设施和管理水平相对落后。随着城镇化的推进，城乡之间物流发展不平衡的问题也日益显现，城乡一体化的物流服务体系应加快筹划。最后，产业发展不平衡。传统物流服务业发展较快，但第三方物流、应急物流、逆向物流、绿色物流、精益物流等物流新理念发展缓慢。

第三，物流企业生存和发展环境没有根本性好转。当前，土地、燃油、人力成本等各项物流要素普遍短缺，成本持续攀升，而物流服务价格上升空间有限。国内多数物流企业在高成本、低收益、微利润状态下运行，缺乏发展后劲。近年来，高昂的油费和路桥费、难以避免的超载超限罚款、不同环节的重复纳税、仓储难与仓库租金不断上涨等问题一直阻碍着中国物流业的快速发展。

"十二五"时期，是中国现代物流业发展的关键时期，为此，必须加快建立社会化、专业化、信息化的现代物流服务体系，大力发展第三方物流，优先整合和利用现有物流资源，加强物流基础设施的建设和衔接，提高物流效率，降低物流成本，推动农产品、大宗矿产品、重要工业品等重点领域物流发展，优化物流业发展的区域布局，支持物流园区等物流功能集聚区的有序发展，推广现代物流管理，提高物流信息化、智能化和标准化水平。

第五节 建设工业强国的基本路径

改革开放30多年来，中国经济增长与发展的成就令世人瞩目。但是，自主标准、自主知识产权、自主设计、自主集成制造、自主品牌、自创模式和自控商业渠道的缺失已经成为中国经济健康可持续发展的"瓶颈"。作为大国的中国，若想在全球"第三次工业革命"浪潮中实现崛起，就必须立足原始创新，通过自主设计、自主集成制造，打造具有自主标准、自主知识产权的自主品牌，并通过自创模式和自控商业渠道，把中国的自主品牌真正推向世界。所谓基本路径，是指自主标准、自主知识产权、自主设计、自主集成制造、自主品牌、自创模式和自控商业渠道等方面。

一 自主标准

长期以来，标准作为国际交往的技术语言和国际贸易的技术依据，在保障产品质量、提高市场信任度、促进商品流通、维护公平竞争等方面发挥了重要作用。标准是一种产业和经济的秩序，在构建沟通网络、减少产品差异化与降低成本、增加互补性产品供应、促进学习行为与技术扩散等方面都起着不可或缺的作用。[①] 按照标准化对象，通常把标准分为技术标准、管理标准和工作标准三大类。技术标准是指对标准化领域中需要协调统一的技术事项所制定的标准，主要包括基础标准、产品标准、工艺标准、检测试验方法标准，以及安全、卫生、环保标准等；管理标准是指对标准化领域中需要协调统一的管理事项所制定的标准；工作标准是指对工作的责任、权利、范围、质量要求、程序、效果、检查方法、考核办法所制定的标准。

随着经济全球化进程的不断深入，标准在国际竞争中的作用更加凸显，继产品竞争、品牌竞争之后，标准竞争成为一种层次更深、水平更

---

① Rosen, B.N., 1994, The Standard Setter's Dilemma [J]. *Industrial Marketing Management*, 23, pp. 181–190.

高、影响更大的竞争形式。标准相对于专利而言，其影响面更加广泛，可以影响到整个产业的发展路径。技术标准在产业竞争中的根本作用是制定游戏规则，控制市场力量，控制竞争的主动权，特别是在高新技术领域，一个产业往往是围绕一个或几个标准建立起来的，并且，标准还成为产业进入的壁垒，对国际贸易产生重大影响。比如，近期，一些发达国家凭借其技术领先优势，力图推动形成"碳交易""碳关税"等准则，主导国际节能环保标准的制定，确保其在国际竞争中的优势地位。20 世纪 90 年代以来，标准更是在客观上显示出促进产业链形成的重大作用，"专利＋标准"模式也成为大国间产业竞争的出发点。因此，世界各国越来越重视标准化工作，纷纷将标准化工作提到国家发展战略的高度。

改革开放以来，中国的标准化工作取得了令人瞩目的成绩，对于推动技术进步、规范市场秩序、提高产品竞争力和促进国际贸易发挥了重要作用。研究表明，改革开放以来，中国技术标准对 GDP 增长的年度贡献率为 0.79%，即年均 GDP 增长率中，有 0.79 个百分点源于技术标准的增长。但是，目前中国标准化工作仍然存在总体水平低、制定速度慢、高技术标准缺乏、安全标准体系不健全、资源节约标准滞后等诸多问题，已经无法适应中国经济社会可持续发展的要求。资料显示，在现行国际标准化组织（ISO）以及国际电工委员会（IEC）诸多国际标准中，99.8% 是由国外机构制定的，中国参与制定的不足 2%，这是造成中国目前许多中高端产业发展受制于人的主要原因。

当前和今后一个时期，中国若想在国际竞争中摆脱价值链低端锁定，并发挥大国应有的作用，就必须拥有自主标准，而自主技术标准则是重中之重。自主标准就其实质而言就是国家的自主，是站在整个国家利益上的自主，代表国家屹立于世界民族之林上的自主。拥有自主技术标准，是全球化背景下中国大国崛起的重要基石。通常而言，自主标准是指那些体现中国国家利益，具有商业化应用价值，并能连续不断创造新的市场价值的中国标准。目前，中国的产业结构中，高端产业正在迅速崛起，这也成为主要发达国家及发展中国家竞相争夺的目标。从实际看，西方国家主要是依靠其控制的国际标准组织所制定的技术标准来掌控产业发展主导权，谋划中国产业的发展走向，以期通过渐进式的标准渗透来实现最终控制中国产业发展路径的目标。当前，全球正在进入一个创新密集和新兴产业快速发展的新时代，标准竞争十分激烈。谁能在标准竞争中处于引领地位，谁就能占据发展主导权。对此，我们必须要以自主标准来增强国家产业发展的系统性，提高国家产业发展的自主性，在自主的前提下，提高产业的兼容能力、开放能力和延伸能力。

技术标准是标准的最重要类型。在当今经济全球化的格局下，技术专利化—专利标准化—标准产业化，已成为世界各国积极采用的竞争战略。世界主要发达国家纷纷在产品生产和国际贸易中，使用具有知识产权的技术制定了大量的产品和服务标准，这些标准对中国的产品出口和服务产生了巨大的技术壁垒，严重制约了中国产业发展，如数字电视 ASTC（美国先进电视系统联盟）标准和 DVD 标准等专利收费事件，这些都给我们敲响了警钟。中国只有拥有自主知识产权的技术标准，才能获取核心竞争优势，进而让国外的产品和服务适应中国的自主标准。当前，面对激烈的技术标准竞争，中国积极参与国际标准制定及相关活动，在标准化领域获得了较多的发言权，尤其是把具有自主知识产权的技术纳入国际标准方面，技术的深度和广度都有很大提高，已经成为国际标准化舞台上一支不可或缺的重要力量，为相关产业进军国际市场创造了有利条件。如中国通信业领域的一些企业已逐渐成为技术创新的主体，如华为、中兴、联想、大唐电信等，虽然在某些关键技术和共性技术上处于劣势，但是，在众多以中国为主导的技术标准制定方面仍然取得了较好的成绩，如时分—同步码分多址存取（TD‐SCDMA）、分时长期演进（TD‐LTE）、音视频编码标准（AVS）、闪联 IGRS、中国移动多媒体广播（CMMB）等标准，为推动中国走向信息产业强国奠定了坚实基础。

在经济全球化的背景下，全球市场份额的扩张已经演变成以产品为载体的产品专利与技术标准的扩张。标准控制已成为国际竞争最强有力的武器，掌控标准的国家必然成为世界经济的领跑者。当前，中国的产业结构正处在一个调整变迁时期，产业内部的深层次发展既面临着"天花板效应"，又面临着欧美等发达国家设置的各种标准壁垒，进一步影响了产业的优质发展。因此，面对严峻的国际国内形势，培育发展具有国际影响力的中国自主标准，是推动中国自主创新能力的战略性提升、促进中国产业跨越式发展、保障国家经济安全的战略选择。

二　自主知识产权

自主知识产权是指在一国疆域范围内由本国公民、企业法人或非法人机构作为知识产权权利主体，对其自主研制、开发、生产的知识产品

（如计算机软硬件、网络信息产品等），以及获得许可购买他国或他人专利、专有技术、商标、软件等所享有的一种专有权利。当今世界，知识创新、技术创新已成为国家之间竞争的核心。目前，国际上有一个很明显的趋势，就是发达国家将知识产权作为保持其技术垄断地位的重要手段。一些大型跨国公司在扩张自身技术专利的同时，不断收购具有专利技术的小企业，以保持自身竞争优势，有的还联手形成知识产权和专利互换联盟，以期主导产业发展方向。美国是世界上实行知识产权制度最早的国家之一。绝大多数国家都采用"申请优先原则"，而美国却采用"发明优先原则"，即只要申请人能通过实验记录和其他证据，证明自己是专利的第一发明者，就可得到专利授权。因此，美国专利的授权保护范围，通常要大于世界上绝大多数国家的专利保护范围。日本早在 2002 年就正式宣布把"知识产权立国"作为基本国策，不仅相继出台一系列相关政策和法规，全面规范知识产权的创造、保护、利用和知识产权人力资源发展等方面，而且逐步建立和健全与知识产权相关的法律制度，如税收制度、教育制度等。

改革开放以来，中国科学技术飞速发展，经济建设也取得了巨大成就，但是，随着全球一体化进程的日趋加快，随着以创新和技术升级为主要特征的国际竞争愈加激烈，掌握大量自主知识产权，提高自主创新能力，提升国家核心竞争力，已成为我们迫切需要解决的问题。近些年来，中国知识产权事业发展取得了显著成就。2008 年，国务院印发了《国家知识产权战略纲要》，使知识产权战略成为中国经济社会发展的一项基本战略。当前，中国知识产权制度日趋完善，《专利法》及其实施细则、《著作权法》等进行了修改完善，《展会知识产权保护法》《关于在打击侵犯商标专用权违法犯罪工作中加强衔接配合的暂行规定》《国家科技重大专项知识产权管理暂行规定》等规范性文件相继颁布，网络著作权案件审理、驰名商标司法保护、专利侵权判定标准等司法解释先后出台。中国知识产权创造能力快速提高。2011 年，中国专利申请量和授权量为 163.3 万件和 96.1 万件，分别是 2007 年的 2.5 倍和 2.7 倍，位居世界第一。其中，发明专利申请量达到 52.6 万件，跃居世界首位，国内有效发明专利拥有量首次超过国外。中国提交的《专利合作条约》（PCT）国际申请数量达到 16406 件，升至世界第四位，是 2007 年的 3 倍，其中，中兴和华为公司分列全球 PCT 国际申请量的第一位和第三位。2011 年，受理商标注册申请141.68万件,同比增长32.14%。截至2011年年底,中国商标累计申请量971.15万件,累计注册量665.07万件,有效注册商标551.01万件,均居世界第一位。2011年,中国计算机软件著作权年登记量从2.57万件增加到10.93万件,软件产业收入从5800亿元增加到18400亿元;植物新品种权申请量达到1392件,位居世界第二,相比2007年提高近60%。中国企业知识产权主体地位逐步确立,2011年,中国国内发明专利申请量为41.6万件,其中企业申请23.2万件,占全部申请量的55.8%,21个企业品牌入选2011年世界品牌500强,企业的主体地位得到巩固。与此同时,中国知识产权运用水平也明显提升。2011年,中国发明专利实施率为57.9%,比2007年增加6个百分点。2007—2011年,中国专利、集成电路布图设计技术合同申请登记数量从3194件增加至6924件,合同金额从174.3亿元增至408.5亿元。知识产权质押融资工作广泛开展,专利质押合同登记连续五年保持高速增长,质押金额平均年增长率近70%,累计超过300亿元;商标质押金额2011年超过110亿元。

虽然中国知识产权工作取得了突出成绩,但与发达国家相比,中国在专利质量、结构等方面,还存在诸多差距,主要表现在以下五个方面。

第一,从发明专利申请量和授权量看,在中国专利申请量和授权量中所占比重较低。发明专利申请量和授权量标志着一国在该技术领域话语权的强弱。2011年,中国专利申请量和授权量为163.3万件、96.1万件。其中,发明专利申请量和授权量分别为52.6412万件和17.2113万件,占中国专利申请量和授权量的比重分别为32.2%和17.9%。此外,2011年,中国发明专利授权量占发明专利申请量的比重仅为32.7%;而2011年,日本发明专利申请量为34.261万件,授权量为23.8323万件,授权量占申请量的比重高达69.6%。① 可见,日本发明专利授权量占申请量的比重是中国的2.13倍,发明专利授权量是中国的1.4倍。

第二,从发明专利的有效性和稳定性看,中国企业发明专利的有效性和稳定性很低。国家知识产权局数据显示,中国企业发明专利维持时间超

---

① 数据来源于日本特许厅网站。值得我们注意的是,中国的知识产权制度与国外的知识产权制度略有不同,中国现有"专利",是三个知识产权品种的合称,即中国专利包括外观设计、实用新型和发明专利三个品种。但在国外,发明专利对应着 Patent,外观设计专利对应着工业设计(Industry design),实用新型对应 Utility Model。并且在有些国家,并不把外观设计的数据统计为专利。可见,与国外相比,中国庞大的专利申请量和授权量在可比性上较差。

过五年的有 46.4%，而国外企业达到 81.2%。维持时间超过十年的中国企业仅有 4.5%。就技术而言，中国企业真正拥有的发明专利很少，如国内部分汽车企业，发明专利仅占 5%，外观设计占 60%；而国外同类企业，发明专利达到了 60%。

第三，从确定发明创造保护范围的权利要求看，平均每件国内发明专利申请仅有 6 项权利要求，而国外平均有 17 项。从反映发明创造技术复杂程度的说明书看，平均每件国内发明专利申请有 9 页说明书，而国外平均有 29 页。

第四，从发明专利申请和授权技术领域看，中国在传统技术领域保持优势，关键技术领域仍待突破。国家知识产权局发布的《2011 年中国发明专利申请和授权年度报告》数据显示，2011 年，在 35 个技术领域中，食品化学、土木工程和药品等传统优势技术领域，国内发明专利申请和授权优势继续扩大，但是，在国内发明专利申请量所占比重逐渐超过国外来华申请量的普遍趋势下，国外在光学、医药技术和音像技术等领域的专利布局仍相对具有较高强度。从发明专利授权量来看，国外在光学、运输、音像技术、医药技术、半导体、发动机、泵、涡轮机六个技术领域中仍保持优势。数据同时显示，中国电气工程领域的技术创新持续活跃，特别是在半导体领域，国内外专利申请量均呈现高速增长态势，表明行业竞争持续白热化。

第五，从 PCT 国际专利申请来看，2011 年，中国 PCT 专利申请量为 16406 件，位居世界第四，但中国 PCT 国际专利申请量仅占世界的 9.0%，远低于中国全部专利申请量占世界的份额，这表明中国的对外专利布局意识仍然相对薄弱。此外，在 2011 年世界 PCT 国际专利申请前 50 强企业中，日本企业有 21 家，美国企业有 13 家，德国企业有 5 家，而中国企业仅有 3 家（中兴通讯、华为技术、华为终端），且全部来自数字通信领域的部分专利密集型企业，优势企业数量明显不足。在 2011 年 PCT 国际专利申请量排名前 50 位的大学中，中国仅有清华大学入围（排名第 44），而美国有 30 所大学，日本和韩国各有 7 所院校；在排名前 30 位的科研机构中，中国仅有电信科学技术研究院（大唐电信，排第 6 位）和中科院微电子研究所（排第 13 位）入围，而韩国有 6 所，美国、法国和日本各有 4 所。

"十二五"时期是世界大发展、大变革、大调整的重要时期，全球主要发达国家进一步强化知识产权保护，竭力将创新优势转化为市场竞争优势，中国产业发展面临更多国际挑战和更大的外部压力。面对新的发展形势和要求，如果要摆脱上游国外专利技术对中国产业发展的重重束缚，我们必须在若干领域掌握一批关键核心技术，拥有一批自主知识产权，造就一批具有国际竞争力的企业，加快从知识产权大国向知识产权强国迈进，为真正实现大国崛起提供有力支撑。

三 自主设计

设计是集成科学技术、文化艺术与社会经济要素，基于智力和创意，利用现代科技手段，提升生产、生活价值和品质的创新活动。设计产业是生产性服务业的重要组成部分，大力发展设计产业是推动生产性服务业与国际接轨的重要途径。20世纪60年代以来，全球许多工业化国家都将创新设计作为国家创新战略的重要内容，扶持创新设计，培养设计人才，振兴设计产业，创建设计文化，借助创新设计整合科技、制造、商业、文化等资源，提升产品竞争力和附加值，创建国际知名品牌，打造世界设计强国。英国、荷兰、丹麦等国家先后设立国家设计委员会，制定"国家设计振兴政策"；德国、美国、日本等国家设立专门奖项用于表彰世界工业设计领域杰出产品，如德国的红点设计奖（Red Dot Design Award）、IF设计奖（IF Design Award）和德国设计奖（Germany Design Award）、美国工业设计优秀奖（IDEA）、日本优良设计奖（Good Design Award，通常称为G-mark）等；日本、韩国等国家也通过设立专门机构，如日本通产省的设计促进厅、设计政策厅及产业振兴会，韩国政府的设计振兴院等，拨付专项经费着力扶持设计产业发展。在上述政策及保障措施支持下，世界各国设计产业迅速发展，可以说，当今世界上的工业强国，如美国、德国、日本、英国、意大利、瑞士、韩国等国家，无一不是世界设计强国。当前和今后一段时期，全球传统加工制造业逐渐失去竞争力，单纯靠扩大加工规模来降低成本的空间不断缩小，产品附加值越来越有限，利润空间也不断萎缩。对于"世界工厂"的中国而言，自主设计无疑为从"中国制造"到"中国创造"开辟了一条充满价值的捷径，中国要摆脱全球价值链低端锁定，应当更加强调自主设计在生产过程中的重要性，以自主设计为重要手段，促进引领创新制造、创新服务、创新品牌和创新价值，促进产业结构优化升级和经济发展方式转变，推动中国从"制造大国"向"设计强国"和"制造强国"跨越。

一般而言，设计产业主要包括工业设计、建筑设计等诸多领域。在现阶段，研究设计产业的全部领域意义并不大，考虑到我们本篇的研究内容，在此，我们以工业设计产业为重点，加以阐述和分析。工业设计是以工业产品为主要对象，综合运用科技成果和工学、美学、心理学、经济学等知识，对产品的功能、结构、形态及包装等进行整合优化的创新活动，主要包括产品外观设计、结构设计、功能设计、包装设计、环境设计、广告设计、展示与陈列设计等服务形态。工业设计是设计产业的重要组成部分，其发展水平是衡量企业和工业竞争力的重要标志之一。发达国家的实践表明，工业设计已成为制造业竞争的核心动力之一。美国工业设计协会的调查统计显示，美国企业工业设计平均每投入 1 美元，带来销售收入 2500 美元；在年销售额达到 10 亿美元以上的大企业中，工业设计每投入 1 美元，带来的销售收入高达 4000 美元。上述数据背后隐含着一个结论即工业设计能力最终会演变成企业的竞争力。正因如此，工业设计也被认为是企业竞争的一张王牌。以全球工业设计领域的典范苹果公司为例，当竞争对手将产品设计这一环节尽可能外包给第三方，借以节约成本支出时，苹果却一如既往地保持着自己作为一家设计型公司的本色。综观苹果公司的诸多产品，如 iMac 电脑、iPod 音乐播放器及 iPhone 系列手机等，苹果总是将产品的设计权牢牢地把握在自己手里，从而在全球掀起一次次的苹果风暴。可见，设计创新才是苹果成就当今地位的关键所在。

当前，中国正处在经济、科技与文化深度融合发展的关键时期，加快推进设计产业发展，是推动产业转型升级、拓展现代服务业发展领域的重要举措，对增强国家综合竞争力、推动大国经济发展具有重要意义。改革开放以来，特别是进入 21 世纪以来，中国工业设计产业取得了长足发展。具体来看，主要表现在以下四个方面。

第一，中国工业设计产业规模不断扩大。目前，中国工业设计已初步形成规模性产业，特别是在上海、深圳、北京等经济发达地区已初具规模，据初步估算，2011 年，中国工业设计产业产值约为 2700 亿元。[①] 数据显示，2011 年，上海市工业设计产业产值为 685.7 亿元，增加值为

[①] 按照上海、深圳和北京三市工业设计产业产值约占全国的 60% 进行测算。上海工业设计产业产值数据来源于《2012 年上海市文化创意产业发展报告》，北京工业设计产业产值数据来源于《北京统计年鉴（2012）》，深圳工业设计产业产值是按照占 GDP 的 5% 测算的。2011 年，深圳 GDP 为 11502.06 亿元。

189.5 亿元，增加值同比增长 37.6%；深圳市工业设计产业产值约为 575.1 亿元，同比增长 32%；北京市工业设计产业产值为 369.9 亿元，增加值为 90.6 亿元，增加值同比增长 7.6%。

第二，中国一批制造业企业高度重视和广泛应用工业设计，取得明显成效。如联想集团成立联想创新设计中心，负责集团产品工业设计战略的制定、全线消费产品等设计开发和设计推广，包括台式电脑、笔记本电脑、服务器、小型手持类产品、外设产品等。经过多年发展，联想创新设计中心已经成为联想全球创新体系的重要组成部分，所设计的各类联想产品（如联想天逸 F20 笔记本、ThinkPad 系列笔记本电脑、联想手机 ET 960 等）囊括全球所有著名设计奖项，如美国 IDEA 金奖、德国红点至尊奖和 IF 设计奖、日本 G‐mark 国际工业设计大奖等，展示了中国企业世界级的工业设计实力。

第三，中国专业从事工业设计的企业发展迅速，设计服务水平逐步提高，一批优秀设计成果已经走向国际市场。比如，国内工业设计领域的领军企业北京洛可可（LKK）科技有限公司，曾 7 次获得德国红点产品设计大奖，2 次获得德国 IF 奖，1 次获得美国 IDEA 奖，是国内获得上述国际知名奖项最多的企业。洛可可成立八年来，已为诺基亚、西门子、三星、壳牌、松下、GE、联想、美的等众多国际国内知名企业成功开发上千款产品，荣获十多项设计发明。

第四，中国工业设计产业集聚区不断发展。当前，中国设计产业集群发展态势日趋显著，涌现出了一批诸如江苏无锡国家工业设计园、深圳设计之都创意产业园、上海国际工业设计中心、北京 DRC 工业设计创意产业基地等国际知名的产业园区和基地。比如，深圳设计之都创意产业园作为国内规模最大、龙头企业数量最多的工业设计产业园，2011 年，该产业园区产值高达 50.8 亿元。截至目前，产业园共入驻以工业设计为主的创意设计企业 221 家，其中创意设计企业占 85% 以上，包括洛可可、心雷、中世纵横等中国工业设计领军企业以及靳与刘设计等 30 多家中国香港及欧美龙头设计企业中国总部和机构代表处。

虽然中国工业设计产业发展已取得突出成绩，但是，中国工业设计发展仍处于初级阶段，与工业发展要求和发达国家水平相比，还有很大差距，在发展过程中还存在许多突出矛盾和问题，主要表现在以下几个方面。

首先，自主设计能力弱。当前，大量的贴牌生产（OEM）使中国企业不断丧失创新设计能力，而满足于跟踪模仿。在引进外资中，大量OEM生产虽然使中国产品出口总量大幅度上升，GDP总量迅速增长，但同时也使中国企业在产品设计中形成对国外的路径依赖。在一些产品中，即便是中国自主知识产权，但核心设计仍然是从国外购买的，这在中国汽车、机械以及计算机等高技术产业领域很普遍。

其次，中国工业设计产业还存在对工业设计作用认识不足，重视不够；缺乏高水平的专门人才，自主设计能力弱等问题。中国目前工业设计公司有几千家，但普遍总体规模小，基本处于散乱经营状态，且设计产品基本处在低端，缺乏具有世界影响的设计公司和设计师；政策支持、行业管理和知识产权保护亟待加强等诸多困难和问题。总体而言，与世界设计强国相比，中国工业设计发展仍处于起步阶段，与工业发展的要求还有很大差距，工业设计的发展水平和服务能力都迫切需要提升。

当前，中国工业大而不强，粗放型发展模式尚未根本转变，迫切需要走出一条具有中国特色的新型工业化道路。工业设计产业是实现科技成果转化为现实生产力，提高企业自主创新能力，提升制造业核心竞争力，推动产业结构优化升级和转变发展方式的关键环节和有效手段。对此，我们必须要着力提升自主设计能力，加快建立工业设计创新体系，引导工业设计企业专业化发展，发展工业设计产业集聚区，为工业设计产业发展营造良好的市场环境，使工业设计成为提升工业发展水平和竞争力的有力支撑。

四 自主集成制造

信息技术发展引起的革命使我们进入了信息时代。信息革命不仅引起人们的思想观念、生活方式的变化，而且导致了生产方式和制造哲理的巨大变化，可以说，近年来提出的新的制造理念都离不开信息技术提供的支撑，以信息化制造技术为代表的先进制造技术（Advanced Manufacturing Technology，AMT）正使全球制造业处于重要的历史性变革时期。当前，现代集成制造（Contemporary Integrated Manufacturing，CIMS）是计算机集成制造（Computer Integrated Manufacturing，CIM）新的发展阶段，在继承计算机集成制造优秀成果的基础上，它不断吸收先进制造技术中的成功经验和先进思想，从信息集成、过程集成向企业集成方向迅速发展，在先进制造技术中处于核心地位。具体来说，现代集成制造（CIM）是将传统的制造技术与现代信息技术、管理技术、自动化技术、系统工程技术进行有机的结合，通过计算机技术使企业产品在全生命周期中有关的组织、经营、管理和技术有机集成和优化运行，在企业产品全生命周期中实现信息化、智能化、集成优化，达到产品上市快、服务好、质量优、成本低的目的，进而提高企业的柔性、成长性和敏捷性，使企业在激烈的市场竞争中立于不败之地。从集成角度看，早期的计算机集成制造侧重于信息集成，而现代集成制造的集成概念在广度和深度上都有了极大的扩展，除信息集成外，还实现了企业产品全生命周期中的各种业务过程的整体优化，即过程集成，并发展到企业优势互补的企业集成阶段。当前，面对以数字化制造等现代集成制造技术为标志的第三次工业革命浪潮，对于处于追赶型的广大发展中国家，特别是像中国这样的发展中大国，面临着诸多机遇和严峻挑战。

当前，加快发展并行工程、虚拟制造、敏捷制造、数字化制造等现代集成制造技术已成为美国、德国、日本等世界主要国家抢占新一轮经济科技制高点的战略选择。面对日趋激烈的国际竞争，中国必须着力发展现代集成制造技术，提升自主集成制造能力，抢占未来先进制造业发展的制高点，并以此为突破口，尽快提高中国产业的国际分工地位。

改革开放以来，中国制造业保持长期快速增长，取得了举世瞩目的发展成就。来自美国经济咨询公司环球通视（IHS Global Insight）的数据显示，2000年，中国在全球制造业产出中所占比重为7%。2005年，该比例上升至9.8%。2010年，中国在全球制造业产值中的比重上升到17.7%，而美国下降到19.2%。2011年，中国在全球制造业产值中所占比重进一步上升到19.9%，而美国则进一步下降到18.0%，中国正式超过美国，成为世界制造业第一大国。这是一个历史性的变化，2011年是美国在超过一个世纪的时间里首次失去全球制造业产出第一的桂冠。可见，中国制造业已经站在了一个新的历史起点上。但是，不可否认的是，中国制造业最基本的一个特征就是大而不强，长期处于全球产业价值链低端。核心技术受制于人，自主集成制造能力低下，是中国制造业大而不强的症结所在。虽然中国已有220余种工业产品产量位居世界第一，但是，光纤制造装备的100%、集成电路芯片制造设备的85%和石油化工装备的80%都不得不依赖进口。

"十二五"时期是中国实现从制造大国向制造强国转变的关键时期。

加快建设制造业强国，必须着力提高自主集成制造能力，加快形成新竞争优势，不断增强中国制造业核心竞争力和可持续发展能力。但自主集成制造并不是要封闭制造，在推进原创性制造的同时，我们必须充分利用全球创新要素和资源，深化国际科技合作与交流，大力推进引进消化吸收再制造。以高端装备制造业为例，在其某些领域可采取引进消化吸收再制造的方式，如中国的国产化和谐号动车组就是采用了该种制造方式。但有的领域我们必须树立原创性制造的理念，因为真正的核心技术是买不来的。如航空发动机被誉为制造业"皇冠上的明珠"，可以说是一个国家制造业技术水平最综合、最集成的体现，世界上主要工业强国都将其列为战略发展重点，并严格禁止发动机关键技术出口。目前，世界涡轮风扇发动机的主要生产商只有3家，也就是美国通用电气、英国罗尔斯·罗伊斯和美国普拉特·惠特尼。航空发动机研究和发展工作的特点是技术难度大、耗资多、周期长，是一项难度极大的系统工程。因此，掌握航空发动机的核心技术，需要我们立足原创性制造，通过持续的创新投入和扎实的研发工作才能取得实质性进展。

五 自主品牌

自主品牌决定着不同国家在世界产业价值链所处地位，一个国家拥有的世界知名品牌越多，其价值链所处地位及主导力就越强，在全球市场竞争中就越能够占领先机。如美国、日本、德国等国之所以被称为汽车强国，主要在于它们均拥有自己的强势自主品牌，如美国的通用汽车、福特，日本的丰田、本田、日产、马自达、三菱，德国的奔驰、宝马、大众、奥迪、保时捷等。同时，从全球范围看，工业强国均拥有一批在世界市场上具有重要影响力的品牌。比如，2011年《世界品牌500强》中，位列第一的美国品牌数占全部品牌总数的将近50%，前五位国家（美国、法国、日本、英国和德国）的品牌数合计占全部品牌总数的77.4%。经过多年发展，中国也涌现出了诸如中国移动、联想、海尔、华为、长虹、中国石油、中国石化、青岛啤酒、中国中化、中国联通、中国电信等一批世界知名品牌，但是，与发达国家相比，中国在品牌建设上仍处于比较落后的状态，突出表现在：国际知名品牌的拥有量仍然很少，品牌的价值低，品牌的科技含量低和市场地位低，竞争力差。2012年10月2日，在全球知名品牌顾问公司美国Interbrand评出的2012年全球百大品牌中，美国有58家，德国有8家，日本有6家，法国有6家，中国没有一家品牌入围。

当前，在全球价值链分工中，中国工业企业多数处于加工制造环节，不涉及或很少涉及产品概念、产品设计、品牌经营、销售及售后服务等，致使中国的高档产品主要是外国品牌、中国制造，结果是我们得到了GDP，但外资分去大部分利润；中档产品多数是自有品牌、外国核心技术，结果是中国人赚取小部分利润，外国人赚取大部分利润；低档产品基本是没有品牌、忽视质量，结果是全球贸易壁垒重重，还要面对环保、反倾销等方面的巨大压力。在全球经济一体化的背景下，世界各国之间的经济合作不断加强，同时竞争也空前激烈，创建和拥有自主品牌成为一个企业、一个国家在世界经济体系中拥有一席之地的重要砝码。对此，国家应继续强化品牌意识，加大对自主品牌的扶持、国际推广和保护力度，鼓励企业进行自主品牌建设，引导企业推进品牌的多元化、系列化、差异化，鼓励有实力的企业积极收购国外品牌，不断提升自主品牌创建水平，真正培育一批具有国际影响力的自主品牌。

六 自创模式和自控商业渠道

模式是指解决某一类问题的方法论。把解决某类问题的方法总结归纳到理论高度，那就是模式。我们这里所讲的自创模式主要包括两类：一类是自创商业模式，也即商业模式创新；另一类是自创管理模式，也即管理模式创新。在现代市场经济条件下，商业模式创新与技术创新、产品创新、服务创新、管理创新同等重要。事实上，真正的变革并不局限于伟大的技术发明和商业化，它们的成功在于把新技术和恰到好处的强大商业模式相结合。而美国苹果公司则是把新技术、新产品和新商业模式完美结合的典范，它在不断推进技术创新的同时，突破了以往电子产品单独作为商品出售的模式，通过自建 iTunes 平台开创了全新的"终端＋软件＋应用＋内容"的商业模式，不断扩大"忠实"用户群体，持续引领全球电子消费热潮。反观之，世界消费电子产品市场曾经的巨头诺基亚、摩托罗拉却逐渐沉沦，其被市场淘汰的根本原因在于没有自创商业模式。可见，自创商业模式确实可以改变整个行业格局。这种创新由来已久，无论是沃尔玛和百思买，还是美国西南航空和亚马逊，都是商业模式创新造就成功的典型案例。当前，中国战略产业、新兴产业等诸多产业的技术和市场仍然存在较大的不确定性，如何寻找合适的商业模式，并将技术和市场需求紧密联系，实现技术的潜在经济价值，这是中国产业发展所面临的一个很大挑战。在某些情况下，现有商业模式可以满足新技术的要求。但在另一些情况下则需要依赖商业模式创新。从一定意义上说，中国产业的发展过程也是一个商业模式创新的过程，这需要将技术创新和整个商业模式创新有机结合起来，才能做大做强，才能形成产业化。长期以来，中国之所以在国际产业分工中扮演的大多是"打工者"的角色，只能获得如刀片一样薄的利润，关键在于始终处于"微笑曲线"中游的加工、组装和制造环节，既没有向研发、设计拓展，也未向品牌建设、渠道创新等下游环节要效益。这既暴露出了中国制造业在商业模式创新领域的薄弱，更说明只有依靠商业模式的拓展和创新，制造业才能走得更远。就中国制造业而言，商业模式创新的空间广阔，要加快发展节能环保领域的能源管理、现代废旧商品回收再制造、各种基于制造的专业服务和增值服务等。因此，中国企业应该加强人才培养，以更具全球化视野的商业理念来构建符合国际竞争需求的商业模式，不断提升"中国制造"的知名度、美誉度和影响力，培育一批具有国际竞争力的大企业和大集团。

管理模式创新是自创模式的另一重要组成部分，是提升企业竞争力的重要手段。当前全球产业界正掀起第三次工业革命，在新的时代背景下，企业要想实现可持续发展就必须跟上时代节拍，加快管理模式创新。中国海尔集团的"人单合一"模式正是企业管理模式创新的代表。"人单合一"体现的是订单与员工之间的对应关系。即每位员工都有自己的订单，并且要对自己的订单负责，而每一张订单都有员工对其负责。员工与订单的合一，实际上就是员工与市场的结合。由于员工和订单之间的对应关系，可以最大限度地减少库存成本、生产成本和应收账款数量，使每位员工都成为创造市场价值的战略事业单位（Strategic Business Unit，SBU），每位员工都参与市场营销。该模式紧跟互联网时代发展步伐，通过让用户全流程参与实现了与用户的"零距离"。在这一模式下，海尔集团8万名员工变成2000多个自主经营团队，每个员工动态地根据用户需求灵活应变，实现自驱动、自运转、自创新。在全球领先的自创管理模式推动下，海尔在过去五年间保持了两倍于行业利润复合增长率的高速增长，实现了全球白色家电品牌的"三连冠"。

一般而言，一个典型的商业渠道是由上游供应商、制造商和下游分销商、终端用户组成的一个利益共享的双向链条。当前，越来越多的企业发现，在产品、价格乃至广告同质化趋势加剧的今天，单凭产品的独立优势赢得竞争已非常困难。正如整合营销传播理论创始人、美国西北大学教授唐·舒尔茨指出的，在产品同质化的背景下，唯有"渠道"和"传播"，才能产生差异化的竞争优势。商业渠道创新已成为当今企业关注的重心，并日渐成为获取企业竞争优势的有效手段。在市场经济日益发达、企业的市场营销环境不断变化和竞争日趋激烈的今天，重视商业渠道创新是企业成功的重要条件。根据麦肯锡咨询公司的分析，新兴的商业渠道往往会带来全新的顾客期望值，并且会影响到成本，甚至可节省成本10%—15%，从而创造成本优势。新渠道会给厂商带来意想不到的价值，诸如为顾客提供购买的便利、为厂商节省分销成本等。如宝洁—沃尔玛协同商务模式就是一种非常成功的商业渠道创新模式。宝洁是全球最大的日用品制造企业，而沃尔玛是全球最大的商业零售企业。经过多年发展，宝洁和沃尔玛在信息管理系统、物流仓储体系、客户关系管理、供应链预测与合作体系、零售商联系平台以及人员培训等方面进行了全面、持续、深入而有效的合作，宝洁公司甚至设置了专门的客户业务发展部，以项目管理的方式密切与沃尔玛等合作伙伴的关系，以求最大限度地降低成本，提高效率。宝洁—沃尔玛协同商务模式的形成和实施，最终给双方带来了巨大的收益，并极大地提升了双方的市场竞争能力，巩固和增强了双方的战略联盟关系。再如，美国苹果公司 iPhone 手机和 iPad 电脑进入市场时，AT&T 都是其唯一的服务供应伙伴。无独有偶，Google 公司推出 GPhone 时与 T-Mobile 公司共同建立了独立的销售渠道。上述企业通过自控商业渠道，双方都获得了最大的商业利益。

  2008年国际金融危机发生以来，原有的世界经济循环体系被打破，对出口导向特征明显的中国制造业形成较大的结构性制约。长期以来，全球经济循环的主要特征是：欧美等国的赤字财政和高消费带动中国等新兴发展中国家的制成品出口，中国等国的高储蓄高出口，形成巨额外汇储备，大量购买欧美国家主权债券，为其高消费进行融资。国际金融危机发生后，这一循环出现了"短路"，突出表现在两个"难以为继"上：一个是欧美等国的高消费、高负债模式难以为继；另一个是中国长期依赖出口带动制造业和经济增长的模式也到了必须改变的地步。后国际金融危机时代发达国家消费模式的调整，必将对中国出口产生极大的制约，曾延续多年的发达国家强劲的消费拉动制造业增长的格局在较长时期内难以恢复，全球贸易格局也随之发生变化，贸易壁垒将呈现出形式多样和频率高发的态势。在这样的发展背景下，中国制造业必须依靠自控模式和商业渠道，通过更有效的模式创新和商业渠道设计降低成本，利用更有效的服务赢得持续获利的竞争优势。

第六节　建设工业强国的核心工具

未来十年，是建设工业强国、实现大国崛起的攻坚时期，必须依靠产业政策、技术进步、财税金融、体制改革、人才培养等核心工具，加快培育发展支柱产业、战略产业、新兴产业、生产性服务业、基础设施产业等升级载体，着力实现自主标准、自主知识产权、自主设计、自主集成制造、自主品牌、自创模式和自控商业渠道，这样，才能真正在全球新一轮科技和产业革命浪潮中实现大国崛起。

一　产业政策

当前，中国工业发展的动力和环境正在发生深刻变化，转型升级已经成为新时期推动中国工业又好又快发展的核心任务。产业政策是引导、保障和促进产业健康发展的重要手段。促进产业发展的产业政策，其实质是政府对产业活动的一种干预，即政府通过对产业推行一系列政策、措施来干预资源在产业间和产业内的配置，扶持和加快产业发展。为推动工业强国建设，我们必须加强产业政策的顶层设计，进一步加强工业发展战略研究，通过制定产业技术创新路线图、实施若干前沿领域基础研究和应用研究推进计划、开展工业软实力提升战略研究等，强化对产业未来发展的宏观指引和顶层设计。

第一，制定实施重点产业创新路线图，完善产业技术创新网络。通过制定实施技术路线图，明确技术演进趋势和路径，合理配置和集成科技创新资源，提高技术创新及成果转化效率。围绕可再生能源、信息网络、智能制造、生物技术等重点行业和重点领域发展需求，国家相关部门应抓紧制定和实施20个左右国家科技与产业创新路线图，建立长期持续的跟踪研究和投入机制，集中力量突破高端通用芯片、基础软件和核心电子器件、深海运载和探测技术装备、航空发动机和大型汽轮机、深部矿产资源探测装备、工业机器人、汽车动力电池等关键核心技术和设备。

第二，实施若干前沿领域基础研究和应用研究推进计划。充分利用好国家骨干科研院所、国家重点实验室、国家工程实验室、国家工程研究中心等资源，开展前沿技术和竞争前共性技术的攻关，为新兴产业培育提供支撑。建立企业主导产业技术研发创新的体制机制，完善科技、产业与金融有效结合的创新机制，促进基础研究、应用研究、成果转化和产业化紧密结合、协调发展。

第三，组织开展中国工业软实力提升的战略研究。当前，我们在推动工业转型升级中，对自主创新、节能环保、品牌质量、工业基础能力等硬实力提升的关注较多，对如何提升中国工业软实力还缺乏系统深入的战略研究和顶层设计。因此，在迈向工业强国进程中，我们亟须加强工业软实力的研究，围绕构建中国工业软实力的内涵、目标、重点、路径等，进行系统的研究和设计，提出具体可行的行动方案。

二 技术进步

长期以来，中国产业发展被锁定在全球价值链低端，主要原因就是自主创新能力十分薄弱。当前所处的历史阶段决定了我们已经不能单纯地依靠技术引进，来实现工业强国的目标，必须在发展理念、政策措施、保障机制等方面把技术进步放到更加突出的位置，着力增强中国工业发展的内生动力与活力。

第一，组织实施一批国家重大产业创新发展工程，突破一批关键核心技术。重点实施六大工程：一是核心技术突破工程。借鉴美国、欧盟的做法，面向行业共性技术需求，统筹技术开发、标准制定、市场应用和规模产业化等创新环节，启动实施碳纤维等复合新材料、超高压输变电、钻井平台应用、宽带中国、北斗二代导航等示范工程，促进重点产业跨越发展。通过建立高性能集成电路集成试验平台等重大工程，集中力量突破关键环节束缚。二是知识产权创造和标准创制工程。开展重点关键技术领域知识产权战略研究、布局分析与评估，加紧知识产权创造和专利池构建。加快制定重大技术标准，及时将自主创新技术成果，高新技术、高附加值产品的关键技术纳入标准。通过完善国家、企业现有实验条件，搭建与国际接轨的技术标准综合试验环境，实施标准符合性认定和标准实施评估等手段，积极开展自主知识产权标准的研发、评估和试验验证工作。三是工业强基工程。日本、德国等工业强国的发展经验表明，没有强大的工业基础能力的支撑，工业就难以实现全面转型升级的目标。工业强基工程的重点是每年实现若干基础材料的产业化及应用、若干项先进基础工艺的推广应用，突破若干基础零部件（关键元器件）的技术"瓶颈"，提升若干个领域技术基础能力。四是共性技术平台建设工程。对于若干关键领域，可借鉴美国的做法，设立新的国家共性技术研发机构。以转制科研院所为基础，分离其中少数从事共性技术研究的力量，建立以共性技术研究为重点、以集成创新和原始创新为手段、涵盖技术开发、技术转移、科技资本运作的国家共性技术研发平台。五是"两化"深度融合和智能制造示范工程。着力攻克3D打印、工业机器人、智能控制系统、精密传动装置等智能化技术与装备，推动智能制造装备集成创新和应用示范。组织开展数字化工厂试点。全面评估国家科技重大专项、国家科技计划等实施情况，创新组织模式和资金分配方式，提高技术创新成效和财政资金使用效率。六是制造服务化工程。制造业服务化转型是全球产业发展的大趋势。为此，在建设工业强国进程中，引导国内重点装备制造企业由提供设备向提供系统总集成总承包服务转变，鼓励制造企业面向行业提供专业化服务。在互联网、物联网、云计算、大数据等泛在信息的强力支持下，推行小批量定制生产模式，推进企业商业模式和营销模式的创新，促进企业由生产型制造向服务型制造转变。

第二，壮大一批中国自己的跨国公司，支持发展一批产业创新联盟、产业技术研究院与企业总部研究院。一个工业大国如果没有一批具有全球竞争力和影响力的大企业，只依靠低劳动力成本和低附加值产品来获得国际市场的话，那么永远不可能成为具有全球影响力的工业强国。通过壮大主业、资源整合、业务流程再造、资本运作等方式，壮大一批具有竞争优势的大企业、大集团：一是发展一批重点领域产业创新联盟。推动建立一批由企业、科研院所和高校共同参与的产业创新战略联盟，支持创新战略联盟承担重大研发任务，发挥企业家和科技领军人才在科技创新中的重要作用。二是发展一批新型产业技术研究院。以高端应用人才的吸纳、引进为抓手，以政、产、学、研一体化为目标，推动政府与高校、企事业单位共同打造新型产业技术研究院，共同建设具有国际影响力的高端应用人才引进和培养基地、先进技术成果转化基地、高技术产业孵化基地和战略性新兴产业高地，走出一条社会参与、开放联合、协同创新的新路子。三是发展一批大型企业总部研究院。从全球创新体系看，企业总部研究院发挥着举足轻重的作用，如微软、GE、西门子、英特尔、NEC研究院等，也是国家创新体系的重要组成部分。企业总部研究院是大型企业基于区域研发优势资源，具有创新资源集聚和优化配置效应的技术创新组织形态和协同创新网络体系。近年来，中国大型企业也开始成立中央研究院，如海尔、上海电气、美的、南车、中国建材等。优先在具备条件的企业研究院布局科研基础设施，促进创新要素向企业集聚，走出一条产学研结合的新路。四是在海外设立一批研发中心。支持中国企业和研发机构积极开展全球研发服务外包，在境外开展联合研究和设立研发机构，在国外申请专利，参与国际标准制定。同时，着力培养一大批竞争力强、"专精特"高成长性、科技型中小企业，增强应对技术路线多变、抵御系统风险的能力。

三　财税金融

财税金融政策作为现代经济发展的核心，在产业的培育、发展与升级过程中起着基础性的核心支撑作用。财税金融政策是推进产业深化创新，提升中国工业核心竞争力的重要手段。当前，中国现行财税金融政策存在一些亟待解决的问题，主要表现在：税收扶持政策零散，适用范围较窄，缺乏目标和系统性；缺乏清晰的产业导向优惠政策，税收优惠方式单一；对科技基础研究、风险投资、产学研联合开发、中小科技企业等的税收优惠政策支持力度不够，存在一定的缺位现象；金融业科技贷款对创新性产业的支持力度逐渐下降，投放结构不均衡；资本市场对产业深化创新的支持度有限等方面。"十二五"期间，要充分发挥财税金融政策体系对中国工业发展的支撑作用，必须采取以下几方面的措施。

第一，设立产业投资基金，创新政府资金支持方式。整合利用国家各类专项资金和国有资本收益金等，引导社会资金投入，设立产业投资基金，支持重大工程的组织实施和关键共性技术研发、公共创新平台建设、新兴产业发展示范。扩大创投引导基金规模，重点针对先导产业进行定向、滚动式支持。探索通过后补助、资本金注入、股权投资、保险补偿等方式为企业研发设计、投资并购等提供支持。

第二，完善和落实研发费用加计扣除、股权激励等税收政策。进一步制定完善奖励发明创造、知识产权评估作价、知识产权收益分配等相关政策。研究完善重大装备的首台套政策，鼓励和支持重大装备出口；完善进口促进政策，扩大先进技术装备和关键零部件进口。稳步扩大中小企业发展专项资金规模。发挥关闭小企业补助资金作用。制定政府采购扶持中小企业的具体办法，进一步减轻中小企业社会负担。

第三，引导和支持金融创新，构建与工业紧密结合的融资体系。鼓励更多的民间资本进入金融领域，支持战略重点领域大型制造企业集团探索设立金融机构，为产业链相关企业提供融资服务。大力发展新三板市场，降低对创新性、成长型企业的准入门槛，推动区域性股权市场规范发展，推进符合条件的资产证券化。引导风险投资基金、创业投资基金和私募投资基金等支持工业企业发展。

四　体制机制改革

深化体制机制改革，培育市场应用，突破新兴领域产业化"瓶颈"，是建设工业强国的必然选择。

第一，深化体制机制改革。进一步深化国有企业改革，优化国有资本配置效率，发挥关键领域国有资本的主导作用，健全鼓励创新的国有企业考核机制，发展混合所有制。坚持正向引导和负向倒逼相结合，实施负面清单管理，将资源节约、环境保护、质量安全、劳动者权益保护为主的标准上升为行政性法规，建立产业转移、搬迁改造和淘汰落后三项长效机制，倒逼转型发展。建立覆盖全过程的质量监管制度、产品安全事故强制报告、污染防控监管机制和生态红线管理制度，推进节能量、碳排放权、排污权、水权交易发展。加强诚信体系建设，推进监管措施的协同联动，构建全社会共治机制。

第二，构建开放的市场体系。利用本土市场需求带动关键领域技术突破和产业化进程是国际上的通行做法，也是提升中国企业在全球价值链分工地位的重要举措。要充分发挥重大应用示范工程的引领和带动作用，利用政府首台套政策，并制定有效的产业化补贴政策，促进高端装备、智能终端等企业开拓市场。加强标准体系建设和完善市场准入制度，打破地区封闭，减少行业壁垒，形成全国性或区域性的统一大市场。

第三，大力完善新兴领域配套设施。要重点加强新能源并网及储能、通用航空、新能源汽车等产业的市场应用基础设施建设，支持企业在物联网、节能环保服务、新能源应用、信息服务、新能源汽车推广等领域大力发展专业服务、增值服务等新业态。

五　人才培养

培育发展高素质的人才队伍是提升中国工业竞争力的重要手段，为此，必须构建先进制造业多层次人才体系。依托重大科研项目和建设项目，加大学科带头人和领军人才的培养力度。积极搭建技能人才培养平台，鼓励职业技术院校与企业合作培养高素质技能型技术工人，强化在职技术技能人才培训，逐步构建劳动者终身职业培训体系。营造有利于企业家大量涌现、健康成长的良好环境，鼓励更多的人才创业。

第一，加强工程技术领域创新人才队伍建设和加快工程科技教育体系改革。一个国家只有以全球视野谋划和推进科技创新，以国际化的理念制定政策，才能吸引全球优秀科技人才，聚集全球创新资源。我们必须进一步依托国家重大工程项目和重大科技项目，培养工程科技领军人才。

第二，组织实施新兴领域"创新人才推进计划"。积极推动在装备制造、航空航天、电子信息等重点领域，组织实施人才推进计划，培养一大批面向生产一线的实用工程人才、卓越工程师和技能人才，造就一批产业技术创新领军人才和高水平团队。依托国家科技重大专项和重大工程，加强战略性新兴产业等领域紧缺人才的引进和培养。

第三，深化工程科技教育体系改革。构建工程教育专业认证—技术资格认证—继续教育的职业工程师培养链。完善工程教育专业认证体系，建立面向中国工程人才的能力与质量评价标准，并构建工程人才培养的质量保障体系和评价机制。加强职业技术教育和职业培训，加强高等教育的工程实践环节，建立企校联合培养人才的新机制。

参考文献

1. 2012 Production Statistics, "International Organization of Motor Vehicle Manufacturers (OICA)", 2013.

2. Motor Industry Facts, "Society of Motor Manufacturers and Traders", 2013.

3. Rosen, B. N., "The Standard Setter's Dilemma" [J]. *Industrial Marketing Management*, 1994, 23, pp. 181–190.

4. 德国化学工业协会网站：www.vci.de。

5. 法国航空航天产业协会（Gifas）：www.gifas.asso.fr/en/。

6. 法国汽车制造商协会（CCFA），*The French Automotive Industry Analysis and Statistics* 2013，网址：www.ccfa.fr。

7. 公司网站：www.wrightbus.com。

8. 工业和信息化部电信研究院：《云计算白皮书（2012）》。

9. 美国商务部经济分析局网站：www.bea.gov。

10. 瑞典统计局网站：www.scb.se。

11. Tyndall Manchester, *The Chemical Industry in the UK – market and Climate Change Challenges*, 2013.

12. UK Aerospace Survey 2012, ADS 集团网站: www. adsgroup. org. uk。

13. UK Manufactures' Sales by Product (PRODCOM) for 2012, 英国国家统计办公室 (The office of National Statistics) 网站: www. ons. gov. uk/ons/index. html。

14. 意大利汽车工业协会 (ANFIA): *The Italian Automotive Industry* (2003 – 2012)。

15. 意大利汽车工业协会 (ANFIA): *Observatory Report on the Italian Automotive Sector* 2012。

16. 英国环境、食品和农村事务部: *Food Statistics Pocketbook* 2013。

Chapter 7   Construction of Industrial Power and Economic Development of Large Country

Abstract: By using the method of historical analysis, Chapter 7 analyzes and expounds the empirical conclusion that a world great power must be an industrial power. Then the chapter analyzes and discusses the main problems encountered by China's industry and its development. Finally, according to the analysis of key indicators of industrial power, the chapter systematically analyzes and clarifies the necessary path to push China's economy from a large country to a great power through core tools such as industrial policy, technological progress policy, fiscal and financial policy, deepening system reform and personnel training.

Key Words: Industrial Competitiveness, Independent Innovation, Industrial Power

(执笔人: 顾 强 董瑞青)

第八章　大国经济发展与区域经济布局

第一节　大国经济发展的空间要求：区域协调发展

一　大国区域协调发展内涵

从世界各国的经验看，区域经济发展总是不均衡的，总有一些区域经济发展较快，而另一些地区发展较慢。尤其是面积广阔、人口众多、区域差异性比较突出的大国，区域经济失调更为明显。随着世界政治、经济形势的变化，国家竞争、区域竞争、企业竞争日益激烈，影响区域经济协调发展的因素也日益复杂化，怎样从不均衡达到相对均衡，实现区域经济协调发展，乃是中国落实区域发展总体战略、实现大国经济发展的难题。

落实好区域发展总体战略，一个重要的前提是准确把握区域协调发展的内涵。当前社会上对区域协调发展的内涵有着不同的理解。比如，对衡量区域差别的主要标志问题，有人认为，主要应看各地区的经济总量；有人则认为，主要应看人均生产总值；还有人认为，公共服务是区域协调发展的重要内容。衡量区域间是否协调发展，不仅要看经济发展的总量和人均水平，更重要的是看基本公共服务均等化程度。我们认为，这些看法都有一定道理，但都不够完整、准确。根据科学发展观的要求，全面把握区域协调发展的内涵，必须坚持以人为本，必须体现全面协调可持续发展，必须有利于构建社会主义和谐社会。因此我们认为，区域协调发展至少应包括以下四个方面：

第一，地区间人均生产总值差距保持在适度的范围内。地区人均生产总值是衡量地区之间发展差距的重要指标，在一定程度上反映着地区间发展的协调性。不能把促进区域协调发展，简单地理解为缩小地区间生产总值的差距，这实际上也是做不到的。随着人口的流动和欠发达地区的经济发展，各地区人均生产总值的差距是可以缩小的。现阶段中国在这方面的主要任务是，遏制地区间人均生产总值扩大的趋势，使之保持在一定的限度内。

第二，各地区的人民都能享有均等化的基本公共服务。基本公共服务主要是指义务教育、公共卫生和基本医疗、社会保障、社会救助、促进就业、减少贫困、防灾减灾、公共安全、公共文化等。提供这些服务是政府义不容辞的责任。这种服务不应因地区的不同、人群的不同而有明显的差异。

第三，各地区的比较优势能得到合理有效的发挥。不同地区有着不同的比较优势，只有各地区的比较优势充分发挥了，才能实现全国整体利益的最大化。消除区域间的利益冲突，实现区域间的优势互补，互利互惠，既是促进区域协调发展的重要内容，也是衡量区域协调发展程度的重要标志。因此，在实际工作中，应努力促进各地区特色经济的发展，提高地区竞争力，加强区域合作。

第四，各地区人与自然的关系处于协调和谐状态。各地区的经济发展，必须充分考虑本地区的资源环境承载能力，以不破坏生态环境为前提。中国生态环境整体上比较脆弱，许多地区的经济和人口承载能力不强，既要促进欠发达地区的经济发展，努力缩小地区差距，同时也要做到开发有度、开发有序、开发可持续，切实保护好生态环境。

二 世界大国区域协调发展特征比较

（一）世界主要国家发展过程中出现的区域问题

区域问题的产生与四个方面的因素有关：一是区域的自然条件和资源，包括区位、地形、水文、气候等自然条件，土地、矿产、水和生物等资源禀赋。这些因素短期内不会发生显著变化，对区域问题的产生具有基础性影响。二是区域的劳动力、资本、技术、创新能力以及交通等基础设施。这些因素具有较强的流动性和可变性，对区域问题的产生有着直接而又快捷的影响。三是区域的民族、宗教和文化等。这些因素在深层次上影响着区域问题的产生。四是发展阶段和体制。这些因素具有时代和国别特征，决定着区域问题的类型和表现形式。

归纳起来，世界主要国家面临的区域问题有以下五类：

1. 地区差距问题

区域发展差距,既是区域协调发展的核心问题,也是多种区域问题的综合反映。

世界各国普遍存在地区差距。从人均国内生产总值水平看,2001年,美国除华盛顿特区外,最高的特拉华州是最低的密西西比州的2.32倍;巴西最发达的东南部地区是最落后的东北部地区的4.75倍;土耳其最高的科杰礼地区是最低的哈卡里地区的13倍;印度尼西亚最富裕的东加里曼丹省是最贫困的哥伦打洛省的17倍。

发达国家的地区差距相对较小。由于发展阶段和国情不同,地区差距的程度、持续时间和演变轨迹也不同,但总体上看,发展中国家的地区差距相对较大。从各地区人均国民收入(GNI)的基尼系数看,2001年,印度尼西亚的基尼系数为0.40,土耳其为0.32,墨西哥为0.27,波兰为0.21,比利时为0.19,韩国为0.18,英国和美国分别为0.18和0.13(见图8-1)。

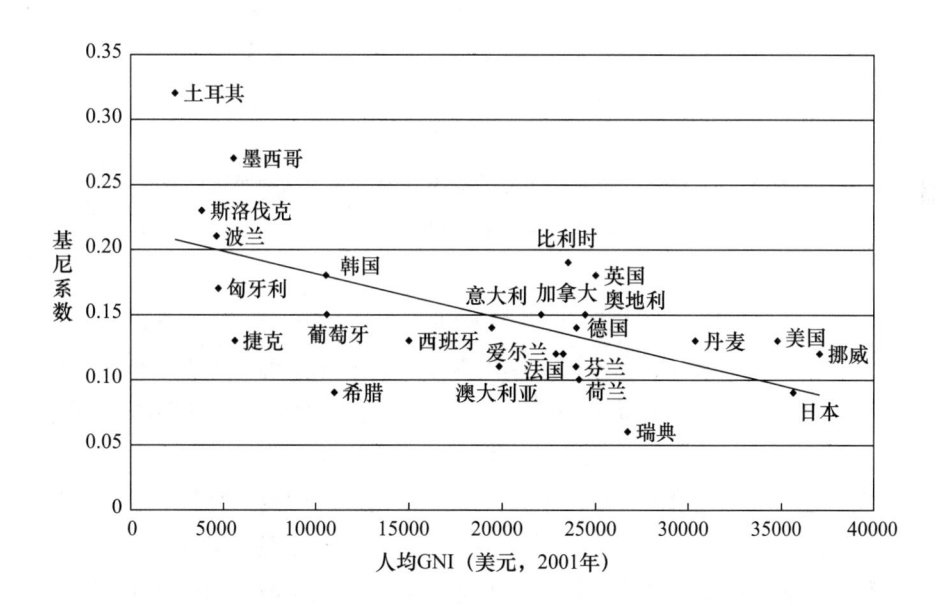

图8-1 2001年经济合作与发展组织国家人均国民收入的基尼系数

从发展历程看,一些国家的地区差距呈现较明显的倒"U"形变化轨迹。如1840—1960年,美国、加拿大和瑞典等国的地区差距都呈现"先扩大后缩小"的变化过程。美国 20 世纪 30 年代初期、加拿大 30 年代中期、瑞典 20 年代末期的地区差距最大（见图 8-2）。当然，也有一些国家的地区差距没有显著的规律性变动。

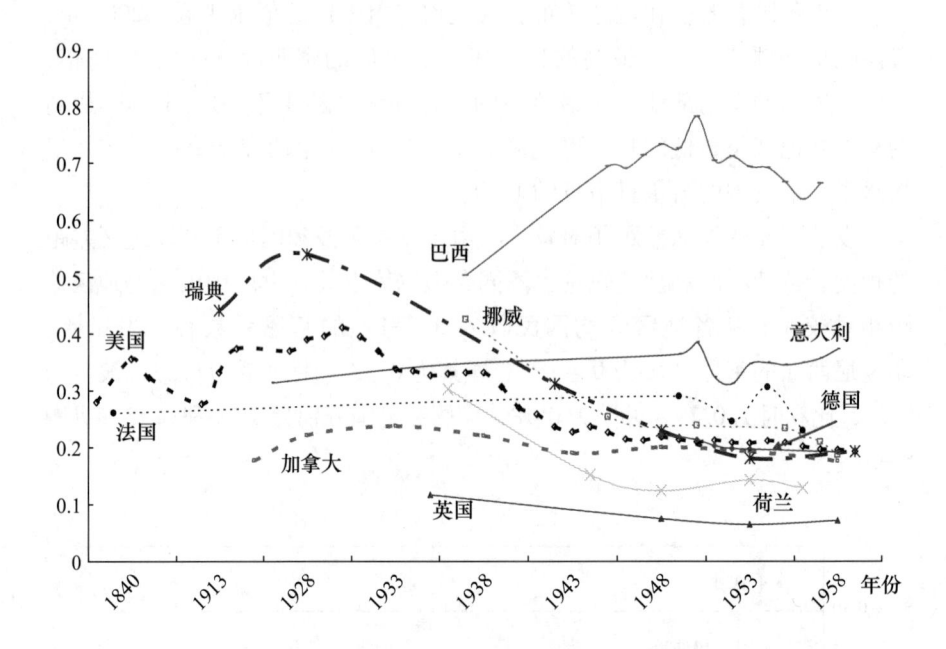

图 8-2　英国、美国、意大利等 10 国地区差距长期变化趋势
（加权变异系数，1840—1960）

值得注意的是，20 世纪 80 年代以来，美国、欧盟、日本等国家和地区，本已缩小的地区差距再次呈现扩大趋势。对此，一些学者又提出了倒"U"形 +"U"形的理论，认为地区差距经过一个从扩大到缩小的变化以后，还会再次扩大（见图 8-3 和图 8-4）。其主要原因有三个：一是在经济全球化的背景下，传统制造业大规模向发展中国家转移，从而使以传统制造业为主的地区出现衰退；二是高技术产业、现代服务业成为发达国家经济增长的主要动力，而这些产业更适合在相对发达的地区集聚，从而成为推动地区差距再次扩大的新因素；三是一些发达国家弱化了政府对经济的干预，缩小了区域政策的实施范围，减弱了区域政策的实施力度。

2. 落后地区发展问题

落后地区大多出现在传统农业地区、少数民族地区、边远地区、自然条件恶劣地区等。许多大国，甚至是富裕的大国也都存在落后地区。

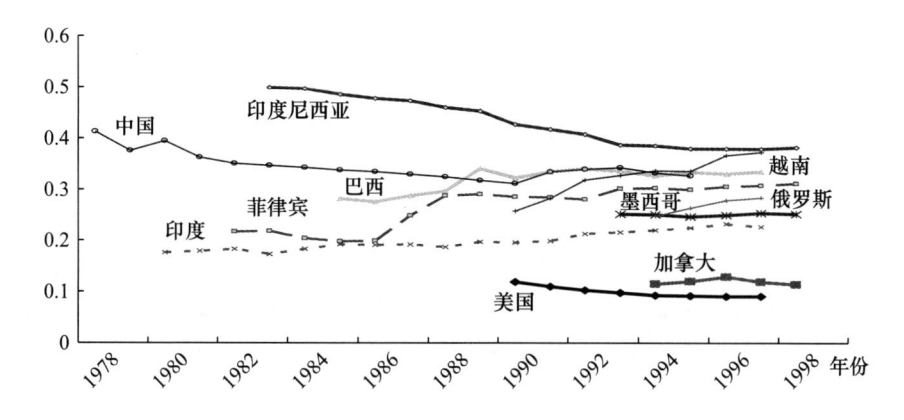

图 8-3 部分国家地区差距（基尼系数）变化

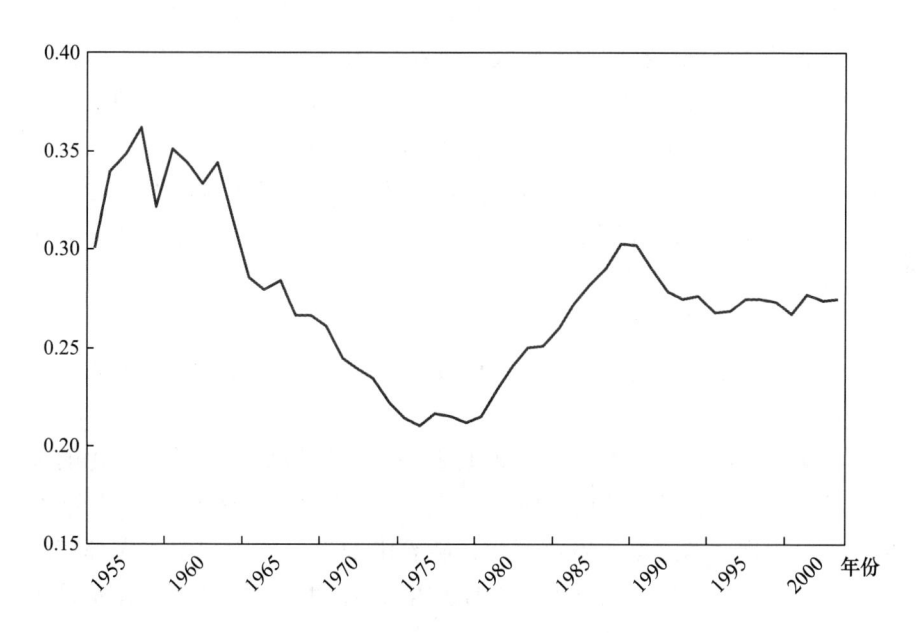

图 8-4 1955—2003 年日本地区人均 GDP 差距变化趋势

美国比较典型的落后地区是阿巴拉契亚地区。该地区是美国东部沿阿巴拉契亚山脉形成的一个带状区域。包括美国 13 个州的 399 个县，面积 50 万平方千米，人口占美国的 8%。1965 年，该地区人均收入相当于美国平均水平的78%，是当时美国最为贫困的地区之一。20世纪60年代，美国政府将阿巴拉契亚地区的开发提上了重要日程。经过几十年的开发，尽管取得了一些成效，但是，目前这一地区仍比较落后，2002年其人均收入仍然不到美国平均水平的80%。

欧盟成员国之间以及成员国内的落后地区问题比较突出。20世纪七八十年代，落后地区主要是欧盟的农业地区和边境地区，如南欧的西班牙、葡萄牙，巴尔干半岛的希腊以及爱尔兰等地区。即使在较发达的成员国内部，也存在落后地区问题，如荷兰的北部、法国的西部和意大利的南部。这些落后地区的共同特点是：土地资源少而贫瘠，基础设施落后，居民受教育程度较低，生产效率低下，隐性失业率高，人均收入低于全国平均水平。

巴西的中西部、北部和东北部经济落后。中西部和北部地广人稀，1990年，面积占全国的64%，人口占13.4%，国内生产总值占11.2%。其中，亚马孙流域所在的北部地区，面积占全国的42%，人口占7%，国内生产总值占5.5%。东北部地区人口密集，旱灾频发，贫困严重。1990年，其面积占全国的18.2%，人口占28.9%，国内生产总值仅占15.9%。20世纪30—70年代，东北部地区人均收入仅为东南部地区的1/3左右，到1989年，人均收入提高到东南部地区的40%，但城市居民中仍有40%属于贫困人口。

3. 产业转型和资源枯竭地区问题

传统产业地区的经济衰退及其转型困难，是一些国家发展中面临的一个较难解决的区域问题。

英国面临的主要是北部地区的衰退问题。作为最早开始工业化的国家，英国北部的钢铁、造船、棉纺、采矿等传统工业地区，从20世纪20年代就已出现衰退迹象。40年代后，随着南部以伦敦为中心的大都市地区机械、化学、航空、汽车等工业的快速兴起，生产要素不断向南部地区集中，进一步加剧了北部地区的衰退。

德国面临的主要是鲁尔工业区问题。在德国工业化的起步阶段，位于西部的以煤炭、钢铁为核心的鲁尔工业区，依靠资源优势成为德国工业化早期的核心区。第二次世界大战结束以后，机械、电子工业在南方快速兴起，而鲁尔工业区则结构转变缓慢，加之资源趋于枯竭，鲁尔工业区的发展陷入了困境，成为德国经济衰退最严重的地区。

美国的"锈带"问题也非常具有典型性。"锈带"主要是指美国北部的老工业区,包括汽车城底特律、钢都匹兹堡、重工业城市克利夫兰和芝加哥。随着资源枯竭和制造业在经济中所占比重急剧下降,20世纪70年代后,这些地区开始走下坡路。企业倒闭,工人失业,城市人口锐减,社会问题丛生,遗弃的工厂设备锈迹斑斑,成为美国经济衰退最严重的地区,"锈带"之称由此而来。

4. 过度开发地区问题

经济活动在空间上的集聚和扩散是最重要的区域发展形态。一般来说,高速增长时期,经济活动更多地表现为向特定区域的快速集聚。发展到一定阶段,当少数区域的经济活动过度集聚时,就会超出其资源环境承载能力,带来交通紧张,用地困难,人口过密,环境恶化,基础设施建设成本和商务成本过高等"膨胀病"。这时,要解决这些问题,继续提高国家的综合国力,就必须调整经济活动的空间结构,促进经济活动的适度扩散。发达国家在经历经济高速增长阶段后,大多遇到过部分区域过度开发问题。

日本的过度开发问题主要是指其太平洋沿岸地区。从1955年起,日本经济进入高速增长阶段,京滨、阪神、中京和北九州四大工业地带,因其有利的自然条件和较为雄厚的物质技术基础,经济活动快速集聚,以钢铁、汽车、化工为代表的重化工业快速发展。到20世纪70年代初期,形成了经济活动高度密集的太平洋沿岸带状工业区,其中的东京圈、关西圈和名古屋圈密度最高,1975年,三大经济圈的人口占日本的47.6%,工业产品出口占53.7%。经济活动的过度集聚带来了一系列的资源环境问题。20世纪70年代以来,日本一直把解决过密问题作为其区域政策的重点。目前,正在编制的第六个国土综合开发规划,拟再次把解决过度开发问题作为一项重要内容。

20世纪50年代以后,法国大巴黎地区急剧膨胀,人口、工业和服务业过度集中。该地区面积只占法国的2%,人口却占19%,就业占29%,而法国西部的乡村地区面积占55%,人口只占37%,就业占24%,区域发展很不平衡。为此,法国在1960年出台了大巴黎区域规划,提出了防止巴黎大都市区过度增长和密集的具体方案。

5. 全球化背景下发达地区的竞争力问题

随着经济全球化进程的加快,提高发达地区竞争力,对带动落后地区发展和促进国家整体经济发展日益重要。因此，各国开始重视提高发达地区的竞争力，并将其作为区域政策的一项重要内容。欧盟 2000 年制定的"里斯本战略"，就非常重视提高德国、法国、英国等发达国家的竞争力，并要求每个成员国都要选择一些地区作为提高竞争力的重点支持对象。

区域问题对一国的经济发展、社会稳定、可持续发展和国家整体竞争力有着直接的影响，因此，世界各国均比较重视并采取措施解决区域问题。

（二）世界主要国家促进区域发展的做法

尽管世界主要国家在不同发展阶段面临的区域问题不同，解决问题的方式方法也有所不同，但也有一些共性的做法。概括起来，可以归纳为立法为本、规划先行、机构健全、政策倾斜和投资促进。

1. 立法为本，保障区域战略的权威性、规范性和连续性

促进区域发展需要强有力的法律保障。世界主要国家都将立法作为落实区域发展战略的先行性措施和制度性前提。

英国较早就制定了专门针对欠发达区域开发的法律。1934 年颁布了《特别区域法》，以后又调整为《工业布局法》《工业法》。美国 20 世纪 30 年代颁布了《田纳西河流域管理法》，60 年代又颁布了《地区再开发法》《公共工程与经济开发法》《阿巴拉契亚地区开发法》等一系列法律。

日本构建了比较完备的地区开发法律体系。既有国家层面的法律，又有地方性的法律，既有产业法，又有特定地区法。1950 年，日本制定了《国土综合开发法》，作为地区开发的基本法，以此为基础，陆续制定了一系列地区开发法律，如《土地利用计划法》《北海道开发法》《偏僻地区振兴法》《振兴地区法》等。

各国关于地区开发的法律，主要是对开发地区的选定方式、开发的内容和程序、区域开发机构的设置、各级政府在地区开发方面的职责、优惠措施等做出明确详细的规定，从而为区域开发活动规范、有序进行提供了法律保障。

2. 规划先行，引导区域有序发展

区域规划是对特定区域经济社会发展和环境保护的战略部署及总体设计。尽管有关国家对区域开发规划定义的名称不同，有的称空间规划，有的称国土规划，但就其规划对象来说，都是针对特定区域的规划，规划内容大同小异。依法编制区域规划，并作为区域开发的依据，是许多国家的

基本做法。

德国早在1923年就编制了《鲁尔工业区的区域规划》。1974年编制了第一个全国性的《联邦国土规划》，各州和许多工业集聚区都相应编制了《区域整治规划或区域发展规划》。

日本1940年编制了《国土开发纲要》，1946年又编制了《复兴国土新规划纲要》。随着日本经济从复兴走向繁荣，根据不同时期的发展目标和任务，日本先后编制了五个全国国土综合开发规划，目前正在着手编制第六个全国综合开发规划。

巴西根据不同时期经济发展实际和各地区的特点，编制了一系列地区开发规划。1967年，为促进北部地区的发展，编制了包括工、农、牧业全面发展的综合性开发规划。1970年，联邦政府从战略上考虑，编制了《全国一体化空间规划和土地再分配计划》，1972年又编制了《鼓励北部和东北部地区农工业发展计划》，其主要目标是在亚马孙河沿岸地区推进经济开发。同期，还推出了《中西部地区综合开发规划》，通过对该地区的公路、仓储、食品加工等基础设施的建设以及对该地区沼泽地的治理，加快区域开发。

国外的区域规划有两个特点：

（1）体系比较完整。日本的国土规划按照开发对象，分为全国性综合开发规划、都道府县综合开发规划、地方综合开发规划和特定地域综合开发规划四个层次。德国的区域规划也分为联邦、州、区域和市（县）四个层次，各层次的规划各有侧重又相互衔接。联邦的规划，是原则性和指导性的，主要明确空间结构调整的原则。州的规划，主要是根据联邦规划确定的政策、规定和要求，明确重点区域、发展极和发展轴、基础设施布局、土地利用方案等。特定区域的规划，是跨市（县）的行政区的规划，主要是在联邦和州的规划指导下，进一步确定土地利用的结构和类型。市（县）的规划，是区域规划的最低层次，也是最详细和最有约束力的规划。

（2）以功能区划为基础。德国采用劳动市场区的方法将全国分为271个空间单元，以此作为区域规划和区域政策的目标地区。美国以县为基本空间单元，将全国3141个县划为172个经济地区，并收集和公布这些地区的经济社会发展信息，供政府机构规划公共项目使用。欧盟划分了254个标准统计地区，以此作为编制规划和实施区域政策的基本单元。同时，各国在区域规划编制和实施中十分重视电子信息技术的运用，注重将规划内容数字化、图形化，既便于公众了解规划内容，也便于对规划实施的监督。

3. 机构健全，把区域政策落到实处

设立指导和统一协调区域发展的专门机构，是国家区域战略、规划和政策得以顺利实施的一项重要保障。区域问题比较突出的国家和地区，一般都设立全国性和综合性的专门机构；区域问题较少或者不突出的国家和地区，一般只设立负责特定区域发展的机构。这些机构都被明确赋予了区域规划和政策的决策、实施、评估的职责。

欧盟设立了多层次的区域政策决策、执行机构，形成了相互配套的区域政策协调机制。在欧盟理事会内部，设有区域政策委员会，专门负责欧盟区域发展政策的制定；在欧盟委员会内部，设有主管区域政策的欧盟委员职位及其领导下的区域政策总司，负责相关的规划、管理、执行和评价工作；在欧洲议会内部，设有区域发展专门委员会，负责有关区域政策法案的征求意见、内部协调以及审议表决等。欧盟还设有欧盟地区委员会等区域政策的咨询机构。欧盟各成员国也都设有区域管理机构，负责本国区域政策的制定，并接受欧盟相关机构的指导。

美国设有专司特定区域发展的机构，如田纳西河流域管理局、阿巴拉契亚地区委员会等。这些机构被赋予规划、开发、利用和保护指定区域内各种资源的职责，统一负责指定区域的开发建设。

4. 政策倾斜，增强落后地区发展能力

各国促进区域均衡发展和支持落后地区发展的政策手段主要有财政转移支付、税收优惠和财政补贴、金融手段等。

财政转移支付是各国促进地区间公共服务均等化的主要手段。德国主要采取横向财政转移支付的方法，即按照一定标准确定出富裕州和贫困州，由富裕州拿出本州一定的税收收入"捐给"贫困州，以有效控制州际差距。日本中央政府大约集中了国家总税收收入的60%，将其中的一半左右通过财政转移支付的方式分配给地方，以此来缩小地区间人均财政支出或人均公共支出的差距。多数国家在运用财政转移支付手段时，比较重视两个方面的问题：第一，集中财力，保证中央政府掌握足够的收入，以满足财政转移支付的需要；第二，规范标准，各国对财政转移支付的分配都有一套规范的方法，如根据人口规模、人均财政收入水平、人均财政支出水平和支出成本差异等，计算各地区享受的财政转移支付规模。

税收优惠和财政补贴主要是针对特定区域采取的政策手段。法国为鼓励工业和服务业向落后地区转移，鼓励山区和农村地区创建多种经营活动，建立了多种形式的财政补贴和奖励制度。1964 年，法国设立了地区开发奖金，规定凡在矿区、中央高原等落后地区开展经营活动的企业，都可根据新创造的就业岗位获得每人 1.2 万—2.5 万法郎的奖金。1975—1979 年，有约 3800 家企业得到了这类奖金，创造就业岗位 20 万个。印度国家发展委员会根据相关标准确定了一些需要扶持的落后地区，并给予税收减免和财政扶持，如规定在落后地区投资建厂的企业，5 年内可以免除所得税、执照税、销售税，对落后地区企业进口设备免除进口税，并提供运输补贴等。

金融手段也被广泛用于支持落后地区发展。具体方式有设立政策性银行、提供优惠贷款、贷款担保等。1956 年，日本为开发北海道地区，设立了北海道开发金融公库。此后，又在日本开发银行中设立了地方开发局，统一承担地区开发金融职能。欧盟设有欧洲投资银行，提供政策性贷款，支持落后地区发展。1976 年，意大利的中央银行开始在南方一些大区设立分行，同时还成立了金融租赁公司，帮助南方中小企业筹措资金、租赁先进技术设备。1977 年，意大利政府又规定，对设备更新和进行结构改造的南方企业，给予投资总额 70% 的优惠贷款。

5. 投资促进，直接推动落后地区发展

扩大对落后地区投资是促进其经济发展的重要措施。通过增加投资，不仅可以扩大落后地区的就业规模，提高居民收入水平，还可以改善发展条件，增强自我发展能力。

设立基金是帮助落后地区开发的重要方式。这方面比较成熟和规范的例子是欧盟。1975 年，欧盟就设立了欧洲地区发展基金，用于对落后地区的援助。目前，欧盟主要通过结构基金（由欧洲社会基金、欧洲农业指导与保证基金、欧洲地区发展基金和渔业指导基金组成）和凝聚基金，推动区域均衡发展。结构基金的规模较大，2000—2006 年，占欧盟总预算的 30% 左右。按照相关规划，2007—2013 年，这一比例将提高到 36%，总额将达到 3076 亿欧元。结构基金的援助对象是欧盟 254 个标准统计地区中符合条件的地区，目前，欧盟成员国中共有 64 个标准统计地区得到了结构基金的援助。凝聚基金的规模较小，2000—2006 年，总共为 180 亿欧元。援助对象主要是人均国内生产总值低于欧盟平均水平

90% 的国家。目前，捷克、爱沙尼亚、塞浦路斯等 13 个成员国得到凝聚基金的援助。

欧盟结构基金的使用也比较有特色。第一，目标明确。援助目标有三类：一是促进落后地区的发展和结构调整；二是资助工业衰退地区和部分农村地区的经济社会转型；三是支持教育、培训和就业政策及体制的现代化。第二，标准统一。相关机构制定具体的判断地区失调的标准，以此来确定需要接受援助的区域。如规定人均国内生产总值低于欧盟平均水平 75% 的地区就可以成为结构基金的第一类援助目标。第三，重点突出。结构基金不是提供长期援助，而是针对结构性问题和薄弱环节，重点对基础设施建设、生态环境保护、教育培训发展等提供资金援助。创造自主的、可持续的发展条件，增强受援地区的自我发展能力。第四，改善管理，欧盟把受援国政府和地方政府的有效管理作为获取基金的前提条件，促进了受援国家和地区政府管理制度的改进及管理能力的提高。

直接投资是各国促进落后地区发展的常用措施。从 20 世纪 30 年代开始，美国联邦政府曾直接投资实施了落后地区三大开发工程。从 20 世纪 30—80 年代末，实施了田纳西河流域工程；从 60 年代初开始，实施了阿巴拉契亚区域开发工程以及哥伦比亚河的水电建设和流域开发。此外，美国把一些尖端军事工业和重要的军事基地建在落后地区，带动了所在地区的经济发展。除传统意义上的基础设施建设以外，90 年代以后，美国把高速信息公路建设作为刺激国内经济发展、保持国际竞争力的重大战略措施，建成了遍布全国的信息高速公路网，使美国各地区都能快捷地分享全美和全球的经济、科技、市场信息，以促进落后地区的发展。

（三）世界主要国家促进区域发展的启示

通过对世界主要国家区域问题及其解决措施的考察，可以得出以下几点启示：

第一，地区差距问题不仅是经济问题，也是政治和社会问题，不可等闲视之。地区差距过大常常会导致地区关系紧张，甚至带来社会冲突。如 1994 年年初墨西哥南部吉巴斯地区爆发的起义，就与该地区人民生活长期处于贫困状态，没有公平分享全国经济发展的成果有关。

值得注意的是，当地区差距过大与民族问题、宗教问题纠缠在一起时，往往成为一些国家社会动荡甚至国家分裂的诱发因素。如前南斯拉夫解体前，最富的斯洛文尼亚地区的人均收入是最穷的科索沃地区的 8 倍，使不仅低收入地区的不满情绪不断滋长，而且高收入地区也因过多地承担了支持落后地区的义务而不满，要求独立的声音最早就来自这两个地区。

历史和现实均表明，把地区差距控制在一定幅度内，是一个国家长治久安的根本需要。

第二，区域政策与发展观的演进密切相关，政策目标应该是多样化的。发展观是对经济社会发展总的看法和根本观点，并在相当程度上决定和影响区域政策。随着发展实践的日益丰富，对发展的认识也经历了一个不断深化、逐步丰富的过程。

第二次世界大战结束之初，各国面临的普遍问题是经济复苏，发展就是经济增长。加快经济增长成为各国的首要任务，因而都把经济增长视同发展，区域政策也主要关注资源的空间配置效率和区域的经济增长。

随着高增长条件下暴露出的分配不公、两极分化、大量失业等问题日益严重，人们开始重新反思增长的目的，重新审视发展的含义。认为发展不仅是经济增长，还应该包括消除贫困、扩大就业、改善分配、提高人民生活水平，发展应该带来社会进步。随着发展观的这一变化，区域政策的内涵也在丰富，从注重经济增长为主，转变为更加注重为落后地区提供就业机会，消除落后地区的贫困现象以及促进地区间公平地享受基础设施和公共服务等。

随着全球范围的能源紧张、资源短缺、环境恶化、自然灾害频发，促使人们进一步思考发展的价值取向。发展必须与资源环境相适应，人类社会必须与自然界和睦相处，发展不仅要满足当代人需求，还应该不削弱后代人的发展能力。可持续发展战略应运而生，并成为区域政策的基本原则和重要目标，分量越来越重。

第三，区域政策要服从国家发展战略和区域问题的需要，政策目标和重点要适时调整。区域政策作为国家调节区域发展的重要手段，是国家发展战略的重要组成部分。当国家发展战略变化时，区域政策也要随之调整。在工业化初期，区域政策主要关注产业布局问题；在工业化快速推进时期，主要关注解决地区差距扩大和落后地区发展问题；近年来，随着经济全球化趋势深入发展，许多国家把提高区域竞争力放到重要位置。

区域政策因新的区域问题出现而更新。在区域发展的不同阶段，区域的内部结构和外部关系不同，在国内乃至全球的竞争地位不同，区域问题的类型和性质也不同，新的区域问题需要采用新的区域政策。

第四，区域协调发展需要有全局性、前瞻性的政策设计，也需要组合多种手段加以推动。不同地区的经济社会发展是相互影响的，需要统筹考虑各地区的发展，明确各地区的功能定位，使各地区的发展，既有利于国家整体利益的扩大，又与各地区的资源环境承载能力相适应。

区域政策必须系统设计。否则，有可能形成各地区对优惠政策的轮番攀比，破坏全国市场的统一性；也有可能带来对落后地区的不合理开发，损害这些地区的可持续发展。印度 2006 年 2 月开始实施的经济特区法，由于设计不周，没有考虑该法实施可能带来的乱征地、乱优惠等问题，不仅引发了持续不断的被征地农民与征地官员的冲突，而且导致国家税收大量流失，后来不得不暂停实施。

促进区域协调发展，在系统规划的基础上，需要采取综合手段，包括经济手段、法律手段和行政手段。而且，要有相应的执行机构，没有强有力的执行机构，再好的区域规划和政策也难以收到理想的效果。

第五，既要发挥市场的作用，也要正确发挥政府的作用，并注重培养落后地区的自我发展能力。效率与公平是区域发展中长期存在的一对矛盾。市场机制有利于提高区域间资源配置的效率。但是，由于市场的不完备性以及集聚经济的作用，市场机制的自发作用在一定阶段会导致地区差距迅速扩大，加剧区域发展失衡。因此，实现区域的均衡发展，就必须发挥政府的作用。一些国家促进区域发展的实践表明，政府在区域均衡发展中是能够有所作为并发挥积极作用的。

落后地区的发展及其人民生活的改善，需要中央政府在政策、投入等方面的扶持。但是，要使落后地区的居民过上与区外居民大体相当的现代生活，必须发挥落后地区的积极性和主动性，增强其自我发展能力。

三　中国区域发展战略的演变：从不平衡发展到协调发展

改革开放以来，中国区域经济发展战略经历了两次重大转变。改革开放初期，中国摆脱开始计划经济时期的平衡发展思想，开始市场化经济改革，在不平衡发展战略的影响下，中国开始把国家投资布局和政策支持的重点逐步转移到东部沿海地区，由此促进了沿海经济的高速增长和繁荣。从 20 世纪 90 年代开始，随着国内地区差距的不断扩大，加快中西部地区发展的呼声渐高，促进地区经济协调发展的要求越来越迫切，协调发展战略逐渐成为主流。这样，对改革开放以来中国区域发展战略的变革，大体可分为不平衡发展战略（1979—1990 年）和协调发展战略（1991 年至今）两个时期。

(一) 改革开放初期的不平衡发展战略

党的十一届三中全会做出了把工作重心转移到社会主义现代化建设上来的重大战略决策。随着经济发展战略的转轨，理论界在对新中国成立以来中国生产力布局经验教训进行总结的基础上，对过去那种以牺牲效率目标为代价的平衡发展战略进行了批判，并重新探讨了社会主义生产力布局原则体系，把效率原则放到第一的地位。这样，就在全国范围内形成了一种不平衡发展战略，平衡发展论被不平衡发展论所取代。在整个20世纪80年代直至90年代初期，不平衡发展战略在中国生产力布局和区域经济政策中始终占据着主导地位。

国家"六五"计划明确指出，要积极利用沿海地区的现有基础，"充分发挥它们的特长，带动内地经济进一步发展"；"七五"计划进一步将全国划分为东部、中部和西部三大经济地带，提出"要加速东部沿海地带的发展，同时把能源、原材料建设的重点放到中部，并积极做好进一步开发西部地带的准备"。1988年年初，中共中央、国务院又提出了以沿海乡镇企业为主力、以"两头在外、大进大出"为主要内容的沿海地区经济发展战略。这样，进入20世纪80年代，中国的生产力布局和区域经济发展开始由过去主要强调备战和缩小地区差别，逐步转移到以提高经济效益为中心，向沿海地区倾斜。国家投资布局重点转移，对广东、福建两省实行"特殊政策、灵活措施"，率先在沿海地区开辟经济特区、开放港口城市、经济开放区和保税区，加快上海浦东新区开发开放，并设立一批台商投资区，这些都是20世纪80年代国家实行的"东倾政策"的重要组成部分。在"五五"时期，沿海与内地基建投资之比为0.84∶1，"六五"时期则提高到1.03∶1，"七五"时期进一步提高到1.27∶1。

在理论探讨上，当时占主导地位的是一种梯度推移论，这种思想较充分地体现在国家计委制订的"七五"计划中。在此基础上，一些学者以三大地带为地域框架，提出了投资梯度推移的观点，即主张集中力量首先重点开发条件较好的沿海地区，然后再依次重点开发中部和西部地区。在这种投资梯度推移的诸多观点中，较有影响的是刘再兴提出的"立足沿海、循序西移、中间突破"的思想[①]和陈栋生提出的"东靠西移、逐步展

---

① 刘再兴：《论生产力的布局战略》，《经济与社会发展》1985年第1期。

开"的思想。①

(二) 1991年之后的协调发展战略

自20世纪90年代以来,由于中国地区经济发展差距尤其是东西差距一直在不断扩大。1979—1992年,中国东部与中部地区间人均生产总值的相对差距由31.1%上升到43.5%,而东部与西部地区间的相对差距则由43.3%迅速增加到49.9%,两者分别扩大12.2个和6.4个百分点。在市场经济条件下,市场的力量一般会扩大而不是缩小地区发展差距,中央区域政策需要更多地注重公平目标,以弥补市场的缺陷。中央政府需要采取逆市场调节的方式,从多方面帮助落后地区发展经济。因此,地区经济的协调发展问题日益受到重视,加快中西部地区发展,逐步缩小东西差距的呼声日渐高涨。

从国家战略层面看,中国区域协调发展战略又可以细分为两个时期:

一是1991—1998年的区域协调发展战略启动时期。1991年3月,在《关于国民经济和社会发展十年规划和第八个五年计划纲要的报告》中首次提出,要"促进地区经济的合理分工和协调发展",由此把促进地区经济协调发展提到了国家战略高度。1995年9月,中共十四届五中全会通过《中共中央关于制定国民经济和社会发展"九五"计划和2010年远景目标的建议》,明确把"坚持区域经济协调发展,逐步缩小地区发展差距"作为今后15年经济和社会发展必须贯彻的重要方针之一。为促进区域协调发展,国家先后对外开放了长江沿岸城市、内陆边境口岸城市和省会(首府)城市,提出加快发展中西部地区乡镇企业,实施了"八七"扶贫攻坚计划。但总体上看,由于当时所处的发展阶段和缺乏有效的政策措施,这期间地区差距尤其是东西差距仍在加速扩大。1990—1999年,东部与中部地区间人均生产总值相对差距由42.8%提高到52.6%,而东部与西部地区间相对差距则由46.4%提高到60.2%,分别扩大了3.6个和7.6个百分点。

二是1999年以后的区域协调发展战略全面实施时期。为促进区域经济协调发展,1999年9月,中共十五届四中全会提出"实施西部大开发战略";2003年10月,中共中央、国务院又联合发布《关于实施东北地区等老工业基地振兴战略的若干意见》;2004年1月,中央经济工作会议

---

① 陈栋生:《对中国生产力布局战略的探讨》,《中国工业经济学报》1985年第3期。

又提出"促进中部崛起",随后有关部门制定实施了一系列相关政策措施。这表明中国已经进入区域协调发展战略全面实施的新阶段。国家"十一五"规划纲要明确提出,"坚持实施推进西部大开发,振兴东北地区等老工业基地,促进中部地区崛起,鼓励东部地区率先发展的区域发展总体战略";"逐步形成主体功能定位清晰,东中西良性互动,公共服务和人民生活水平差距趋向缩小的区域协调发展格局"。

在这种区域协调发展的战略中,学者开始把不平衡增长与协调发展理论结合起来,提出了非均衡协调发展论,提出通过适度非均衡增长的途径来实现地区经济协调发展的长远目标(张文合[1],1989;魏后凯,1995)。在新时期科学发展观的指导下,区域协调发展有了更加丰富的内涵。新型区域协调发展至少具有三个方面的含义:一是全面的协调发展。不仅包括地区间经济、社会、文化和生态的协调发展,而且包括区域城乡协调发展、人与自然和谐发展、经济与社会协调发展等内容。二是可持续的协调发展。区域协调发展应该建立在可持续发展的基础上,通过采用资源节约和环境友好技术,制定科学的规章制度和政策措施,促进地区间和区域内资源高效集约利用,推动形成生产、生活、生态协调发展的格局。三是新型的协调机制。推动区域协调发展,必须建立一个以科学发展观为指引,并与社会主义市场经济体制相适应,能够长期管用的新型协调机制(魏后凯[2],2009)。

第二节 大国战略下的中国区域经济结构调整和产业转移

区域经济结构调整是中国大国战略下经济转型升级的重要内容。随着国家加大区域协调发展布局的力度,各地区积极推进工业化和城镇化进程,区际产业转移与承接的步伐加快,中国经济的区域结构总体上趋于均衡和协调。但是,在宏观经济下行和转变发展方式的双重压力下,各地区经济的发展和结构调整仍面临着不少问题和困难,在新的历史时期,要按

---

[1] 张文合:《论中国区域经济的非均衡协调发展战略》,《当代财经》1989年第9期。
[2] 魏后凯:《区域经济发展的新格局》,云南人民出版社1995年版。

照国家区域发展总体战略和主体功能区规划的要求，充分发挥区域比较优势，根据各地区的发展阶段实现不同类型区域转型发展的目标，推动区域结构朝着更加均衡、高效和可持续方向优化。

一 区域经济结构调整的理论基础

区域经济结构是影响国民经济整体素质和效益的一个极其重要的因素。对于一个区域经济，如何通过调整已有的经济结构，加快其结构的改造和升级，是学术界长期关注的一个热点问题。根据内容需要，下面仅对其中具有代表性的观点进行简要阐述。

（一）产业布局理论

产业布局理论主要是对各个产业活动的空间选择和空间配置进行研究，揭示产业进行区位选择的影响因素，对区域经济结构调整的研究具有重要的参考意义。

1826年，德国经济学家杜能（Von Thunnen）在其著作《孤立国农业和国民经济的关系》中提出来孤立国圈层理论，指出在确定农业活动最佳配置地点时要将运输因素考虑进来，阐述了空间距离对于农业生产布局的影响。杜能研究的关于农业产业布局选择的理论，为后来学者对工业布局的研究奠定了基础。德国经济学家韦伯（A. Weber）在其1909年撰写的《工业区位论》中提出了关于"区位选择"的工业区位理论，他是工业布局理论的创始者。该理论认为，工业布局主要受到运费、劳动费和聚集力三方面因素的影响，其中运费对工业布局起决定作用。随后，在产业的发展过程中，不同学者在基于前人研究成果的基础上，又各有侧重，形成了各种不同的学派。如以韦伯为主要代表人物的成本学派，其理论核心是以生产成本最低为准则来确定产业的最优区位；胡佛（E. Hoover）进一步修改了韦伯的理论，考察了工业布局中更为复杂的运输费用结构、生产投入的替代物和规模经济。① 此外，艾萨德（W. Isard）也是成本学派的重要代表人物，他在韦伯研究理论的基础上，排除了一些不切实际的假设，对运输指向的工业做了更为详尽的分析。市场学派则认为，产业布局一定要充分考虑市场因素，尽量将企业布局在利润最大的区位。如克里斯塔勒（W. Chrstaller）提出的中心地理论，指出以城市聚落为中心进行市场面与网络分析。廖什（A. Losch）从需求角度出发，提出来市场区位理

---

① ［美］埃德加·M. 胡佛：《区域经济学导论》，商务印书馆1990年版。

论,他认为,企业空间布局的根本原则是寻求最大利润,而非需求费用最低。随着产业布局理论的发展,学者开始尝试建立区位一般均衡理论,探讨区域产业布局与总体产业布局问题。如俄林在其著作《区域间贸易与国际贸易》中建立了产业布局的一般区位理论,对原料分布、运输能力与条件、价格、劳动力的分布、规模经济等许多要素进行了广泛分析。弗农(R. Vernon)提出了产品生命周期理论,他将产品生命周期分为新产品、成熟产品和标准化产品三个时期,不同时期产品的特征由知识技术密集型向资本或劳动密集型转换,相应的不同生命周期的产品对不同生产要素的重视程度也不同,从而导致其产业布局也在不同地区之间转移。

(二)区域间经济增长理论

区域经济增长包括发达地区的区域经济增长和欠发达地区的区域经济增长,有区域均衡增长理论,如罗森斯坦—罗丹的大推进理论、纳克斯的贫困恶性循环理论。也有区域非均衡增长理论,如增长极理论。根据内容需要,进行简要介绍。

增长极理论最初是由法国经济学家佩鲁(F. Perroux)在20世纪50年代提出来的。佩鲁认为,现实世界中,经济要素的作用完全是在一种非均衡的条件下发生的。增长并不是同时在任何地方出现,而是以不同强度首先出现在一些增长点或增长极上,并通过不同渠道逐渐向其他部门或地区传导,从而带动其他部门和地区的迅速发展。何为"增长极"?佩鲁认为,增长极类似于受力场的经济空间的"推动型单位",它不仅能迅速增长,而且能通过乘数效应推动其他部门的增长。增长极的形成需要三个初始条件:一是在该地区有足够创新能力的企业和企业家群体;二是要有一定的规模经济效应;三是要有适宜经济发展的外部环境。增长极在形成与发展过程中会产生两种作用,即极化效应和扩散效应。佩鲁认为,极化效应促成各种生产要素向增长极集聚,扩散效应表现为各种生产要素从增长极向外围转移,两者都可以从不同方面带动整个地区经济的发展。但在发展的初级阶段,极化效应是主要的,当增长极发展到一定程度后,极化效应削弱,扩散效应加强。换言之,增长极理论是以区域经济发展不平衡的规律为出发点的。

佩鲁的增长极理论主要强调经济发展的不平衡性,认为通过某些"增长极"的优先增长来带动其周边更多地区的经济发展,但却忽视了"增长极"对其他地区发展的负面影响。

瑞典经济学家缪尔达尔（G. Myrdal）用"回浪效应"说明了"增长极"对其他周边地区的负面影响。所谓"回浪效应"，是指资本、技术、人才等生产要素在收益差异的吸引下由落后地区向发达地区流动的现象。他认为，发展中国家存在"地理上的二元经济"结构，即经济发达地区和不发达地区在空间上并存的二元结构，并用"循环积累因果关系论"说明其产生的原因及其如何消除。据此，他提出了经济发展的"优先次序"，即政府应采取不平衡发展战略；同时，他还指出，不平衡增长并不意味着无限拉大地区之间的差距，政府要把握时机，合理引导，采取适当措施，促进不发达地区的发展，防止累积性因果循环造成的贫富差距出现无限扩大倾向。

美国经济学家威廉姆森（J. G. Williamson）提出了区域经济增长的倒"U"形理论，他利用24个国家1940—1961年的数据计算了7个国家人均收入水平的区际不平衡程度。结果发现，随着经济增长和收入水平的不断提高，区域间不平等程度大体上呈现先扩大后缩小的倒"U"形变化。即在经济发展初期区域增长不平衡，区际人均收入水平差距扩大，但是，从长期来看，区域经济增长和人均收入是趋于平衡的。

上述区域发展理论从不同的观察角度出发，各有侧重，其适用范围也有一定的差异性。但是，这些理论对于我们分析中国这一大国的区域经济发展问题具有重要的借鉴意义。

（三）梯度转移理论

梯度转移理论是从弗农提出的产品生命周期理论发展而来的，将生命周期理论运用于区域经济学中，便产生了区域经济发展的梯度转移理论。梯度转移理论的主要观点有：①区域经济的发展取决于它的产业结构优劣，而产业结构的优劣又取决于地区经济部门，特别是主导专业化部门在产品生命周期中所处的发展阶段。如果一个地区的主导专业化部门正处于创新或发展阶段，就说明该区域具有发展潜力，则将该区域列入经济发展的高梯度区域；反之，则是经济发展的低梯度区域。②创新活动是决定区域发展梯度层次的决定性因素，而创新活动大都发生在高梯度地区。随着时间的推移，生产活动逐步从高梯度区域向低梯度区域转移。与梯度转移理论相类似的是日本学者小岛清提出的雁行模式，他将日本、亚洲"四小龙"、东盟、中国等国家和地区列为不同的发展梯度，并冠之以第一、第二、第三、第四批大雁等。

(四) 区域分工理论

广义的区域分工理论包括绝对优势理论、比较优势理论、要素禀赋理论及新贸易理论。

绝对优势理论主要从区域间生产成本的绝对差异来解释区域分工的产生。最早是由亚当·斯密提出的。他认为，相对于别的国家，各国都有生产某种产品的绝对优势，即生产某种产品的成本绝对低。因此，在自由贸易条件下，各国都按照自己绝对有利的生产条件生产绝对成本最低的产品，然后参与国际分工合作，通过贸易进行交换，这就形成了地域分工。

继亚当·斯密之后，英国经济学家大卫·李嘉图对亚当·斯密的绝对优势理论进行了修改和补充，提出来比较优势理论。他认为，区域分工的基础并不仅限于生产成本的绝对差别，只有存在成本上的相对差别，从而使各地区在不同产品的生产上具有比较优势，使区域分工成为可能。

由瑞典经济学家赫克歇尔和俄林提出的要素禀赋理论认为，国家或区域之间生产要素的禀赋差异是它们之间出现分工和发生贸易的主要原因。由区域要素禀赋差异导致的生产要素价格差异，进而形成区域生产要素相对价格的差异。因此，各区域将生产和出口使用低廉生产要素比例大的商品，进口使用昂贵生产要素比例大的商品。20世纪80年代初以来，以赫尔普曼、克鲁格曼等为代表的经济学家提出的"新贸易理论"开始大量运用产业组织理论和市场结构理论来解释国际贸易。该理论认为，贸易的原因不仅仅是比较优势，还有规模递增收益，要素禀赋差异决定着产业间的贸易，而规模经济决定着产业内部的国际（区际）贸易。该理论将规模经济作为与比较优势并列的因素来解释贸易现象，对解释相对成本或生产要素禀赋相同或相近的同质区域之间的分工提供了重要依据。

二 中国经济空间布局的演变

（一）经济空间分布的均衡性和协调性增强

进入21世纪以来，国家先后推出西部大开发、振兴东北地区等老工业基地、促进中部地区崛起、鼓励东部地区率先发展的发展战略，推进区域经济结构的调整和区域协调发展。

从四大板块区域的GDP占全国比重变化可以看到（见图8-5），"十五"期间，中西部地区省份与东部地区经济发展的差距还在拉大。东部地区GDP占全国比重从2000年的53.4%增加到2005年的最高值55.5%。但进入"十一五"以来，中西部GDP所占比重大幅上升，与东部地区的差距在逐渐缩小。东部地区 GDP 占全国比重由最高时 2005—2006 年的 55.5% 下降至 2011 年的 51.9%，减少 3.6 个百分点；同期，中部地区和西部地区则分别由 18.8%、17.1% 增至 20.2% 和 19.2%，分别上升 1.4 个和 2.1 个百分点；而东北地区在转型调整过程中，经济总量所占比重有所下降，由 21 世纪初的 9.9% 到 2011 年的 8.7% 左右，减少 1.2 个百分点。

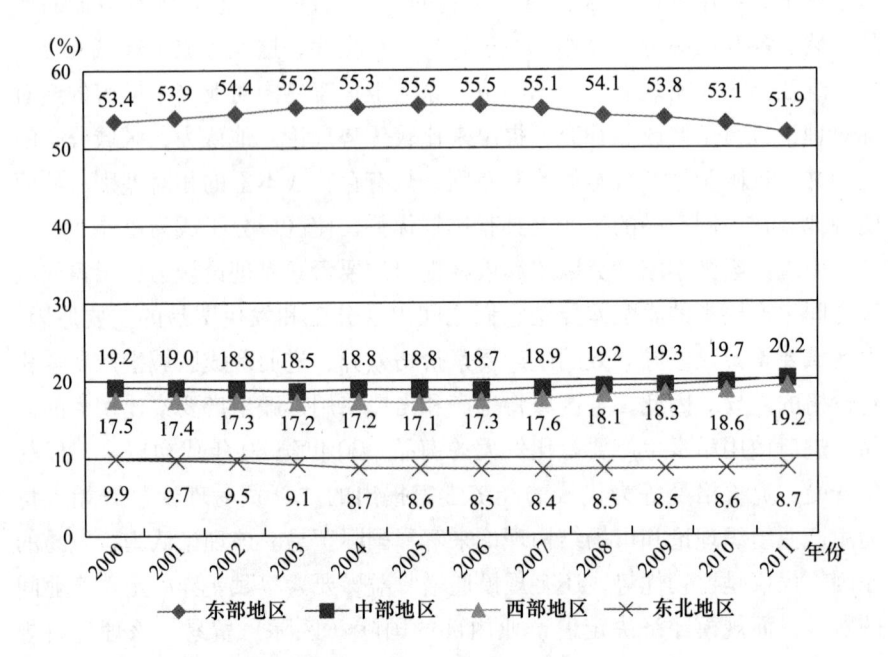

图 8-5　中国四大板块区域 GDP 占全国份额的变化（2000—2011）

资料来源：根据中国统计数据应用支持系统数据计算整理。

从工业行业的地区分布来看，虽然中国工业行业的地区集中度近年来有所降低①，但仍主要分布在东部地区，如表 8-1 所示。东部地区的山东、广东、浙江、江苏几乎每一个行业所占比重都处于前五的位置，特别是集中度最高的制造业如化学纤维制造业（$CR_5 = 85\%$），文教体育用品制造业（$CR_5 = 82\%$），通信设备、计算机及其他电子设备制造业（$CR_5 =$

---

① 往年中国工业行业地区集中度的分析参见中国社会科学院工业经济研究所所《中国工业发展报告》（2011、2010）相关内容。

79%），都集中在沿海少数几个省份。中部省份中，河南工业地位有所上升，在纺织业、橡胶制品业、造纸及纸制品业、有色金属矿采选业、医药制造业和食品制造业等诸多行业进入工业产值前五。西部省份中，只有内蒙古、四川、陕西等省份在矿产、能源开采行业处于前五位的位置。东北地区中，辽宁的发展优势不断扩大，在巩固其作为老工业基地的传统矿产采选业、装备制造业等行业优势基础上，在农副食品加工业、家具制造业、塑料制品业等行业也进入排名前五的位置。

表 8-1　　　　2010 年中国工业各行业分布的集中度 CR_5 排序

行业	CR_5	省份
化学纤维制造业	0.85	浙江江苏福建广东山东
文教体育用品制造业	0.82	广东江苏浙江山东上海
通信设备、计算机及其他电子设备制造业	0.79	广东江苏上海山东福建
纺织业	0.74	江苏山东浙江广东河南
废弃资源和废旧材料回收加工业	0.74	广东浙江江苏安徽重庆
纺织服装、鞋、帽制造业	0.73	江苏广东浙江山东福建
皮革、毛皮、羽毛（绒）及其制品业	0.72	福建广东浙江山东河北
仪器仪表及文化、办公用机械制造业	0.71	江苏广东浙江上海山东
工艺品及其他制造业	0.71	广东浙江山东福建江苏
电气机械及器材制造业	0.67	广东江苏浙江山东安徽
石油和天然气开采业	0.64	黑龙江天津陕西新疆山东
橡胶制品业	0.64	山东江苏浙江广东河南
金属制品业	0.64	广东江苏山东浙江辽宁
家具制造业	0.63	广东浙江山东辽宁上海
塑料制品业	0.63	广东浙江江苏山东辽宁
黑色金属矿采选业	0.62	河北辽宁山东内蒙古四川
造纸及纸制品业	0.62	山东广东江苏浙江河南
通用设备制造业	0.62	江苏山东浙江辽宁上海
有色金属矿采选业	0.61	河南山东内蒙古湖南辽宁
煤炭开采和洗选业	0.59	山西内蒙古山东河南陕西
化学原料及化学制品制造业	0.57	江苏山东广东浙江上海
印刷业和记录媒介复制业	0.56	广东浙江山东江苏上海

续表

行业	CR$_5$	省份
专用设备制造业	0.52	江苏山东河南湖南辽宁
非金属矿物制品业	0.51	山东河南广东江苏辽宁
黑色金属冶炼及压延加工业	0.51	河北江苏辽宁山东天津
木材加工及木、竹、藤、棕、草制品业	0.5	山东江苏广东河南吉林
燃气生产和供应业	0.5	广东内蒙古江苏北京浙江
水的生产和供应业	0.5	广东浙江江苏山东四川
农副食品加工业	0.49	山东辽宁河南江苏四川
食品制造业	0.48	山东河南广东内蒙古福建
烟草制品业	0.48	云南上海湖南湖北江苏
有色金属冶炼及压延加工业	0.47	江苏山东河南江西广东
非金属矿采选业	0.46	山东广东辽宁河南四川
饮料制造业	0.46	四川山东河南广东江苏
医药制造业	0.46	山东江苏广东浙江河南
交通运输设备制造业	0.46	江苏山东广东上海吉林
石油加工、炼焦及核燃料加工业	0.44	山东辽宁广东河北江苏
电力、热力的生产和供应业	0.4	广东浙江江苏山东河南

资料来源：根据中国统计数据应用支持系统数据测算。

这说明，虽然东部地区产业转移在加快，但离制造业的区域科学分工、合理布局还有一定的距离，中西部地区的能源、矿产开采行业优势不断增大，但在这些产品深加工环节上仍非常薄弱，阻碍了产业的区域分工和结构优化进程。

从主要工业产品产量在全国市场的比重变化看，东部地区各主要工业品所占比重 2011 年比 2002 年普遍下降，只有钢材、汽车、彩电和纱四种产品所占比重有所增加；中部地区原煤、化肥、手机、水泥等产品比重上升较快；西部地区的原煤、发电量、水泥、初级形态的塑料、金属切削机床、微型电子计算机和集成电路等工业品比重有不小的提高；而东北地区除金属切削机床、水泥和手机外，其他主要工业品生产比重都出现了不同程度的下降（见表 8-2）。

目前，从总体上看，东部地区在手机、微型电子计算机、集成电路、彩电、钢材等工业品的生产能力上仍占有绝对优势，但优势地位相对下降。

中西部地区除在电力、原煤、化肥等能源工业品占有优势的同时,由于重庆、四川、河南等省份的重点经济区快速发展,产品层次也不断提升,使中西部地区微型电子计算机、集成电路和手机等高技术产品生产增长迅速。东北地区的优势仍在金属切削机床等装备制造和水泥等重工业领域。

表 8-2   2011 年中国四大板块区域主要工业产品份额及其增减变化   单位:%

主要工业品	东部地区		中部地区		西部地区		东北地区	
	2011 年	2002—2011 年	2011 年	2002—2011 年	2011 年	2002—2011 年	2011 年	2002—2011 年
钢材(万吨)	59.1	4.9	19.8	-0.3	12.7	-0.2	8.4	-4.4
原煤(万吨)	12.0	-9.2	47.1	7.7	35.5	7.6	5.4	-6.1
发电量(亿千瓦/小时)	41.5	-3.8	22.9	1.3	29.3	5.5	6.3	-3.0
水泥(万吨)	38.4	-12.7	25.3	2.8	29.5	8.6	6.8	1.3
农用氮、磷、钾化学肥料(万吨)	20.5	-7.7	39.0	6.8	37.9	2.2	2.6	-1.4
初级形态的塑料(万吨)	62.8	-3.5	8.7	-0.3	20.2	11.6	8.3	-7.7
金属切削机床(万台)	53.0	-15.9	7.0	0.3	16.6	6.8	23.4	8.8
汽车(万辆)	46.1	13.1	19.2	-4.7	21.3	2.5	13.4	-10.9
彩电(万台)	77.3	17.0	5.4	-4.3	12.7	-8.4	4.6	-4.3
纱(万吨)	60.5	2.1	32.0	4.5	6.7	-4.0	0.8	-2.6
手机(万台)	93.0	-5.3	5.3	4.9	1.3	0.2	0.4	0.2
微型电子计算机(万台)	81.9	-9.1	3.0	1.3	15.1	13.9	0.0	-6.2
集成电路(万块)	87.6	-6.0	0.1	0.1	12.3	5.9	0.0	0.0

资料来源:根据中国统计数据应用支持系统数据测算。

(二) 东部地区三大都市圈工业发展呈现"北上"趋势

东部地区三大经济圈是中国最具经济活力的地区(见表 8-3)。"十一五"期间,长三角地区有 8 个行业比重上升,其余 30 个行业比重都在下降;珠三角地区有 9 个行业比重上升,其余 28 个行业下降,1 个行业比重不变;而环渤海地区有 16 个行业比重下降,其余 22 个行业比重则不同程度的上升。可见，在东部沿海地区，产业转移总体上呈现出由南部向北部的"北上"趋势。

表8-3　　　　　沿海三大都市圈工业行业结构变化　　　　　单位:%

行业	长三角地区		珠三角地区		环渤海地区	
	2009年	2005—2009年变化	2009年	2005—2009年变化	2009年	2005—2009年变化
煤炭开采和洗选业	1.49	-1.04	0	-0.06	22.39	-4.7
石油和天然气开采业	0.79	0.79	6.81	-1.19	31.22	-0.39
黑色金属矿采选业	1.91	-2.74	2.75	0	53.31	3.65
有色金属矿采选业	1.06	-0.87	3.4	0.77	24.29	-3.27
非金属矿采选业	9.47	-4.74	8.58	3.12	26.42	-6.88
农副食品加工业	9.83	-2.05	5.43	-1.57	37.37	-2.91
食品制造业	11.35	-3.94	9.72	-0.95	31.23	-1.18
饮料制造业	14.19	-3.23	8.09	-2.22	20.4	-4.86
烟草制品业	18.62	6.21	5.88	-0.79	7.87	-0.29
纺织业	43.12	-6.77	8.4	-0.37	26.17	2.87
纺织服装、鞋、帽制造业	39.85	-7.62	18.55	-0.74	20.57	2.95
皮革、毛皮、羽毛（绒）及其制品业	24.75	-9.65	19.1	-0.89	19.11	-1.75
木材加工及木、竹、藤、棕、草制品业	22.5	-8.69	6.8	-2.68	26.93	0.84
家具制造业	23.5	-7.63	25.42	-3.03	26.35	4.12
造纸及纸制品业	24.18	-2.1	15.12	-0.9	27.47	-2.32
印刷业和记录媒介复制业	23.66	-3.89	24.42	-1.99	20.53	2.38
文教体育用品制造业	36.57	-5.82	34.01	1.05	17.98	1.39
石油加工、炼焦及核燃料加工业	13.85	-4.04	8.84	0.85	36.74	-0.55
化学原料及化学制品制造业	31.12	-2.11	8.69	-1.41	28.45	2.07
医药制造业	22.51	-3.5	6.54	-0.2	27.71	0.65
化学纤维制造业	71.99	2.68	3.56	0.49	6.74	-3.48
橡胶制品业	24.86	-3.98	7.6	-0.75	43.35	3.04

续表

行业	长三角地区 2009年	长三角地区 2005—2009年变化	珠三角地区 2009年	珠三角地区 2005—2009年变化	环渤海地区 2009年	环渤海地区 2005—2009年变化
塑料制品业	29.64	-8.37	24.07	-0.47	21.77	3.88
非金属矿物制品业	14.7	-5.1	9.4	-2.06	30.2	-1
黑色金属冶炼及压延加工业	21.24	-2.04	3.33	-0.06	39.77	0.3
有色金属冶炼及压延加工业	18.98	-4.23	8.89	0.57	17.52	1.77
金属制品业	33.1	-6.25	20.25	-2.13	26.46	2.68
通用设备制造业	35.69	-9.48	5.69	-0.5	34.99	6.74
专用设备制造业	25.43	-3.51	7.13	-1.72	31.66	0.04
交通运输设备制造业	26.35	0.67	9.96	-0.17	24.72	0.61
电气机械及器材制造业	35.16	-0.01	21.82	-5.43	21.68	0.35
通信设备、计算机及其他电子设备制造业	37.7	1.54	35.28	-1.15	16.12	-2.03
仪器仪表及文化、办公用机械制造业	41.99	4.55	23.21	-10.27	16.79	1.42
工艺品及其他制造业	26.04	-3.89	24.29	0.61	23.66	0.47
废弃资源和废旧材料回收加工业	27.01	-21.88	31.18	6.56	17.04	5.49
电力、热力的生产和供应业	20.36	-0.72	11.57	-1.82	21.95	-0.87
燃气生产和供应业	21.77	2.45	17.86	-9.03	19.42	2.72
水的生产和供应业	20.21	0.43	22.01	0.66	17.15	-2.65

资料来源：中国统计数据应用支持系统。

从具体行业的升降来看，长三角地区的资源循环回收、金属矿产、纺织、家具、木材等日用轻工业比重下降较大，而烟草制品业，仪器仪表及文化、办公用机械制造业，化学纤维制造业，燃气生产和供应业，通信设备、计算机及其他电子设备制造业产值比重上升明显。珠三角地区上升最快的行业为废弃资源和废旧材料回收加工业、金属矿采选和化工能源、文教体育用品和工艺品及制造，而仪器仪表及文化、办公用机械，电气机械及器材制造，金属矿采选等行业比重下降较大；环渤海地区通用设备制造业，仪器仪表及文化、办公机械制造业，废弃资源和废旧材料回收加工业，金属冶炼及压延加工业比重增加最大，而金属矿采选，能源开采与采选，造纸及纸制品，通信设备、计算机及其他电子设备制造，食品制造等行业则下降较多。

（三）能源重化工向中西部地区进一步转移

中国能源行业和重化工行业逐步向中部和西部资源丰富地区转移。从前文对表 8-3 中四大板块区域资源开采业份额变化的比较分析发现，2010 年，东部地区资源开采业相比 2003 年降低 2.1 个百分点，中部地区资源开采业所占比重增加 5.4 个百分点，西部资源开采业产值占 29.6%，提高了 6.6 个百分点，东北地区资源开采业下降了 9.9 个百分点。能源行业不断向中西部的山西、内蒙古、贵州和云南等省份转移。同时，重化工行业也进一步向中西部地区转移。如图 8-6 所示，2003 年以来，东部地区和东北地区的重化工产业占全国比重一直呈下降趋势。东部地区由 66% 降低到 2010 年的 60.5%，减少了 5.5 个百分点。东北地区也由 2003 年的 9.6% 下降至 8.7%。而中部地区重化工行业产值所占比重由 2003 年的 13.5% 增加至 17.3%，西部也由 10.9% 增加到 13.5%，中西部地区 2010 年重化工业已经占全国的 30.8%。

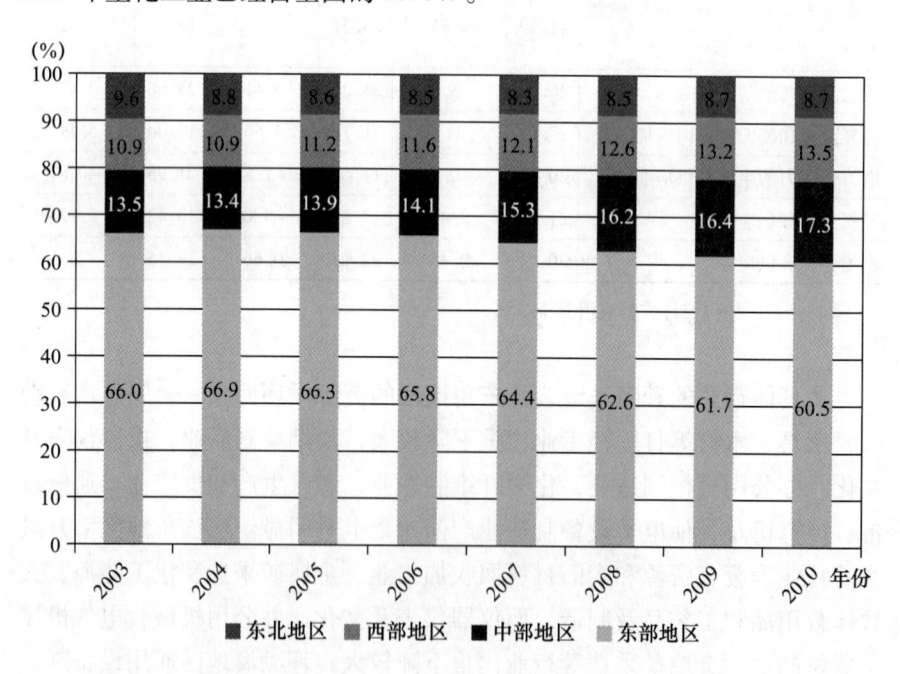

图 8-6 中国四大板块区域重化工业份额变化（2003—2010）

资料来源：根据中国统计数据应用支持系统数据测算。

三 促进区域结构优化的基本思路和方向：产业转移

(一) 中国工业的区际转移特征分析

表8-4显示了38个主要行业的区域分布变化。由表8-4可见，东部地区除烟草制品业，化学纤维制造业，石油加工、炼焦及核燃料加工业，石油和天然气开采业4个行业在全国的比重略有上升外，其余34个行业的比重都在下降。中部地区除6个行业比重下降外，其余32个行业份额在上升；西部地区仅有4个行业份额有所下降，其余34个行业都在不同程度地上升。东北地区有12个行业比重下降，24个行业上升。说明总体上东部沿海地区产业在向外转移，属于产业转出区，西部地区、中部地区和东北地区属于产业承接区。

表8-4　　　　　2005—2009年中国工业行业区域结构变化

行业	东部地区 2009年(%)	东部地区 2005—2009年增减	中部地区 2009年(%)	中部地区 2005—2009年增减	西部地区 2009年(%)	西部地区 2005—2009年增减	东北地区 2009年(%)	东北地区 2005—2009年增减
煤炭开采和洗选业	22.4	-4.91	41.3	-5.27	30.1	11.81	6.2	-1.62
石油和天然气开采业	33.7	0.01	6.3	1.77	35.3	6.64	24.7	-8.41
黑色金属矿采选业	43	-8.35	16.2	-2.45	19.1	2.46	21.7	8.33
有色金属矿采选业	23.7	-5.32	38.3	3.08	29	-0.3	9	2.54
非金属矿采选业	40.4	-12.73	28.3	0.84	20.9	6.61	10.4	5.28
农副食品加工业	48.8	-9.07	20.9	4.05	15.7	1.37	14.6	3.66
食品制造业	53.1	-7.71	21.6	3.92	15.8	1.14	9.5	2.64
饮料制造业	43.1	-11.05	20.9	4.53	26.8	4.65	9.2	1.87
烟草制品业	34.8	5.34	26.4	-2.04	35.1	-3.19	3.6	-0.21
纺织业	80.2	-4.38	12.2	3.19	5.8	1.07	1.7	0.03
纺织服装、鞋、帽制造业	83.8	-7.28	9.2	3.76	1.9	0.98	5	2.44
皮革、毛皮、羽毛（绒）及其制品业	81.1	-5.76	11.6	4.79	6.1	2.34	1.2	-1.37
木材加工及木、竹、藤、棕、草制品业	56.7	-11.24	20	5.45	9	2.58	14.2	3.11

续表

行业	东部地区 2009年(%)	东部地区 2005—2009年增减	中部地区 2009年(%)	中部地区 2005—2009年增减	西部地区 2009年(%)	西部地区 2005—2009年增减	东北地区 2009年(%)	东北地区 2005—2009年增减
家具制造业	72.9	-11.62	10.9	4.96	7.1	3.49	9.1	3.17
造纸及纸制品业	69.8	-6.47	17.7	3.72	8.7	1.9	3.8	0.85
印刷业和记录媒介复制业	68.7	-4.99	16.1	2.84	11.2	1.04	4	1.11
文教体育用品制造业	92.5	-3.58	5.5	2.83	0.5	0.4	1.4	0.26
石油加工、炼焦及核燃料加工业	50.7	0.59	15.2	-0.48	17	3.24	17.2	-3.25
化学原料及化学制品制造业	66.2	-2.29	15.2	2.56	11.9	0.24	6.7	-0.51
医药制造业	55.3	-3.71	18.8	3.49	15.9	-0.29	10	0.52
化学纤维制造业	87.3	1.74	4.4	-2.95	4.7	2.02	3.6	-0.82
橡胶制品业	76	-2.45	12.5	1.87	5.7	0.43	5.8	0.15
塑料制品业	75.4	-7.51	11.2	2.54	6.5	2	6.9	2.97
非金属矿物制品业	52	-11.64	24.5	5.03	13.6	2.63	9.8	3.87
黑色金属冶炼及压延加工业	58.6	-1.23	17.7	-0.04	14.7	1.75	9	-0.47
有色金属冶炼及压延加工业	43.1	-2.1	30.5	3.34	21.9	-1.48	4.5	0.24
金属制品业	76.1	-8.75	10.2	2.68	6.5	3.05	7.2	3.02
通用设备制造业	68	-6.99	11.7	1.91	8	1.55	12.2	3.43
专用设备制造业	58.6	-8.35	20.2	4.5	10.7	0.8	10.5	3.05
交通运输设备制造业	57.6	-0.04	14.9	0.34	13.8	0.58	13.7	-0.88
电气机械及器材制造业	76.9	-6.58	12	3.85	6.3	1.58	4.8	1.16
通信设备、计算机及其他电子设备制造业	91.5	-2.73	3.4	1.33	3.5	1.22	1.6	0.17
仪器仪表及文化、办公用机械制造业	81.6	-6.6	9	3.67	5.4	1.34	4	1.6

续表

行业	东部地区 2009年(%)	东部地区 2005—2009年增减	中部地区 2009年(%)	中部地区 2005—2009年增减	西部地区 2009年(%)	西部地区 2005—2009年增减	东北地区 2009年(%)	东北地区 2005—2009年增减
工艺品及其他制造业	81.2	-3.96	11.8	2.08	4	0.79	3	1.09
废弃资源和废旧材料回收加工业	73.6	-10.38	12	3.35	10.8	5.45	3.6	1.57
电力、热力的生产和供应业	53.7	-2.71	19.5	1.58	19.2	2.36	7.6	-1.23
燃气生产和供应业	59.7	-2.57	13	5.29	24.7	2.1	2.6	-4.82
水的生产和供应业	58.5	-1.53	18.9	0.59	15.2	1.84	7.3	-1

资料来源：根据中宏数据库资料计算整理。

从具体行业来看，"十一五"期间，煤炭开采和洗选业、石油和天然气开采业、非金属矿采选业主要向西部地区转移，产业份额分别提高11.81个、6.64个和6.61个百分点。木材加工及木、竹、藤、棕、草制品业，燃气生产和供应业，非金属矿物制品业，家具制造业，皮革、毛皮、羽毛（绒）及其制品业，饮料制造业，专用设备制造业，农副食品加工业在中部地区有较大提升，行业比重上升了5.45—4.05个百分点。黑色金属矿采选业、非金属矿采选业主要向东北地区转移，产业比重分别提高8.33个和5.28个百分点，但同时东北地区的石油和天然气开采业，燃气生产和供应业，石油加工、炼焦及核燃料加工业在全国份额处于下降状态，分别减少8.41个、4.82个和3.25个百分点。

东部地区向外转移最多的行业依次是非金属矿采选业，非金属矿物制品业，家具制造业，木材加工及木、竹、藤、棕、草制品业，饮料制造业，废弃资源和废旧材料回收加工业，农副食品加工业，金属制品业，黑色金属矿采选业，专用设备制造业，食品制造业，塑料制品业，纺织服装、鞋、帽制造业，比重减少幅度在12.73—7.28个百分点。

（二）区域分工呈现价值链雁阵分布形态

中国地域面积广大，幅员辽阔，四大板块之间的比较优势各异，所处发展阶段也各不相同，因此，四大板块之间存在较明显的梯度特征。表现在产业分工上就是产业价值链的区域雁阵形态。随着国内区际产业转移进程的加快，这种价值链雁阵形态越来越凸显。

我们把工业行业分为资源开采业、劳动密集型产业、资本密集型产业和技术密集型产业①，如表 8-5 所示。相比较 2003 年，2010 年，东部地区劳动密集型产业所占比重大幅下降，由 73% 降至 62.6%，下降了 10.4 个百分点，资源开采业与资本密集型产业也分别降低了 2.1 个和 4.2 个百分点，技术密集型产业虽然由于近些年中西部和东北地区一些发展水平较好的重点经济区的崛起，比重有所下降，但仍然占 77.9%。中部地区资源开采业、劳动密集型产业所占比重增加了 5.3 个、5.5 个百分点，同时，资本密集型和技术密集型产业分别增加 3 个和 3.8 个百分点。西部地区增加最大的就是资源开采业，2010 年，西部资源开采业产值占 29.6%，提高了 6.6 个百分点。东北地区资源开采业和资本密集型产业分别下降了 9.9 个和 0.8 个百分点，而劳动密集型产业和技术密集型产业分别提高了 3.2 个和 4.1 个百分点。

这反映了中国四大板块的区域总体发展战略实施已有一定的成效，产业在空间分布上呈现"雁阵形态"。东部地区劳动密集型产业已大量的向中部地区、东北地区和西部地区转移，资源开采业从东部地区和东北地区大量向西部地区与中部地区转移，东部地区开始更加趋向于技术密集型产业和资本密集型产业。中西部地区在承接劳动密集型产业和资源性产业的同时，内部发展水平较高的地区也不断提升产业层次，资本密集型产业和技术密集型产业正在成为中西部地区的经济高地与新增长极。东北地区则不断推进产业转型升级，传统的能源产业、重化工的资本密集型产业在全国所占比重不断下降，劳动密集型产业和技术密集型产业则有所提升。

---

① 这四种类型产业的界定范围如下：资源开采产业包括煤炭开采和洗选业、石油和天然气开采业、黑色金属矿采选业、有色金属矿采选业、非金属矿采选业；劳动密集型产业包括农副食品加工业，食品制造业，饮料制造业，烟草制品业，纺织业、纺织服装、鞋、帽制造业，皮革、毛皮、羽毛（绒）及其制品业，木材加工及木、竹、藤、棕、草制品业，家具制造业，造纸及纸制品业，印刷业和记录媒介复制业，文教体育用品制造业；资本密集型产业包括石油加工、炼焦及核燃料加工业，化学原料及化学制品业，化学纤维制造业，橡胶制品业，塑料制品业，非金属矿物制品业，黑色金属冶炼及压延加工业，有色金属冶炼及压延加工业，金属制品业，通用设备制造业，交通运输设备制造业，电气机械及器材制造业，仪器仪表及文化、办公用机械制造业，工艺品及其他制造业，废弃资源和废旧材料回收加工业，电力、热力的生产和供应业，燃气生产和供应业，水的生产和供应业；技术密集型产业包括医药制造业，专用设备制造业，通信设备、计算机及其他电子设备制造业。

表 8-5   中国四大板块区域不同类型产业的份额变化   单位:%

	时间	东部地区	中部地区	西部地区	东北地区
资源开采业	2003 年	32.2	22.6	23.0	22.3
	2010 年	30.1	27.9	29.6	12.4
	2003—2010 年	-2.1	5.3	6.6	-9.9
劳动密集型产业	2003 年	73.0	12.4	10.1	4.6
	2010 年	62.6	17.9	11.8	7.8
	2003—2010 年	-10.4	5.5	1.7	3.2
资本密集型产业	2003 年	64.9	14.4	11.0	9.7
	2010 年	60.7	17.4	13.0	9.0
	2003—2010 年	-4.2	3.0	2.0	-0.8
技术密集型产业	2003 年	83.2	6.5	6.3	4.1
	2010 年	77.9	10.3	6.9	4.9
	2003—2010 年	-5.3	3.8	0.6	0.8

资料来源:根据中国统计数据应用支持系统数据测算。

从具体各个省份的产业层次构成来看(见表 8-6),资源开采业在各自省份工业总产值中所占比重下降最多的是黑龙江、山东、新疆、青海和甘肃等省份,增加最多主要是山西、内蒙古、贵州和云南等中西部省份。就劳动密集型产业而言,东部地区各省份都有所下降,浙江、江苏、河北、天津与北京等省份下降相对较大,而东北地区和中西部地区的江西、西藏、重庆、四川发展较快。大部分省份资本密集型产业所占比重都有所上升,只有山西、西藏、吉林等 8 个省份有所下降。这也反映了中国各省份仍然主要依靠投资拉动经济发展的现实情况。大部分省份技术密集型产业比重也都有所下降,只有上海、湖南和吉林等省份有所提升,这说明中国技术密集型产业的竞争力还不强,缺乏持续发展能力。

表 8-6   中国各省区不同类型产业的构成   单位:%

地区	资源开采业		劳动密集型产业		资本密集型产业		技术密集型产业	
	2003 年	2010 年	2003 年	2010 年	2003 年	2010 年	2003 年	2010 年
全国	5.2	6.4	23.8	21.0	55.1	59.9	15.9	12.6
北京	1.6	6.8	13.1	9.3	54.2	61.2	31.0	22.7
天津	5.9	12.7	14.1	9.4	53.6	62.9	26.4	15.0

续表

地区	资源开采业		劳动密集型产业		资本密集型产业		技术密集型产业	
	2003年	2010年	2003年	2010年	2003年	2010年	2003年	2010年
河北	7.4	9.9	22.3	15.8	64.3	69.5	6.14.8	4.8
山西	23.7	39.6	5.2	3.9	65.9	51.7	5.2	4.8
内蒙古	11.9	26.0	28.0	19.7	51.0	51.0	9.1	3.4
辽宁	7.4	6.4	11.8	16.8	71.2	68.9	9.6	7.8
吉林	4.9	7.1	13.7	22.9	75.7	62.7	5.8	7.2
黑龙江	33.7	24.2	16.0	24.0	44.1	45.8	6.2	6.0
上海	0.0	0.0	14.5	12.2	62.2	62.8	23.3	25.0
江苏	0.7	0.6	24.9	17.9	55.3	62.2	19.1	19.2
浙江	0.4	0.3	36.5	28.0	53.2	63.8	9.9	7.9
安徽	6.2	6.9	23.4	21.4	63.3	66.1	7.1	5.7
福建	0.9	2.5	35.0	37.5	42.8	46.6	21.3	13.4
江西	3.8	4.6	20.4	21.1	66.6	67.0	9.2	7.4
山东	7.9	5.8	31.6	27.7	50.3	57.2	10.2	9.4
河南	10.8	10.5	27.5	26.3	53.8	55.9	7.9	7.3
湖北	1.7	3.4	24.8	22.7	65.1	66.7	8.4	7.2
湖南	5.0	6.7	25.8	24.9	59.2	56.4	10.0	12.0
广东	0.4	1.4	23.0	20.9	46.3	52.6	30.3	25.0
广西	2.7	3.6	29.9	25.6	59.1	63.3	8.3	7.6
海南	1.3	3.6	30.6	19.7	59.0	70.3	9.1	6.3
重庆	2.3	5.5	11.7	14.0	78.2	73.7	7.8	6.8
四川	6.2	9.7	25.1	25.6	54.4	53.1	14.3	11.6
贵州	6.8	16.7	21.1	15.9	63.0	61.2	9.1	6.2
云南	3.3	8.7	42.9	25.0	49.2	62.8	4.5	3.4
西藏	9.9	22.1	20.3	26.8	54.4	41.3	15.5	9.8
陕西	21.5	24.9	15.1	11.2	46.9	56.3	16.5	7.6
甘肃	13.5	11.0	12.6	9.5	67.7	76.7	6.2	2.8
青海	31.4	26.7	6.5	6.3	59.8	65.4	2.4	1.7
宁夏	10.4	14.1	17.6	14.0	68.8	68.9	3.3	3.0
新疆	32.8	27.0	15.3	11.4	51.3	60.7	0.7	0.9

资料来源：根据中国统计数据应用支持系统数据测算。

(三) 产业转移与承接的规模效率提高

按照《国务院关于中西部地区承接产业转移的指导意见》的精神，国家自 2010 年以来先后设立了五个承接产业转移示范区（见表 8-7），包括安徽皖江城市带、广西桂东、重庆沿江、湖南湘南和湖北荆州。五个示范区对于自身产业发展有了更加明确的科学定位，安徽皖江城市带利用自身区位优势，承接长三角地区产业转移；广西桂东则瞄准相邻的珠三角，承接装备制造业、原材料产业、轻纺化工业、高技术产业、现代农业和现代服务业六大产业；重庆是西部地区的重要增长极，因而重庆沿江示范区定位于高起点承接先进产业，打造现代产业体系；湖南湘南和湖北荆州两地则依托劳动力与原材料优势，重点承接劳动力密集型产业、加工贸易型产业和装备制造等产业。示范区合理的定位有利于促进区域间产业的有序转移。

表 8-7　　　　　已批准的国家级承接产业转移示范区

地区	区域范围	承接产业定位	批准时间
安徽皖江城市带	合肥、芜湖、马鞍山、铜陵、安庆、池州、巢湖、滁州、宣城 9 个市全境和六安市的舒城县、金安区，共 59 个县（市、区）	围绕产业升级和培育新的增长点，瞄准长三角等沿海地区迫切需要转移的产业，积极吸纳资本、技术、人才、品牌等要素，大力振兴装备制造业，加快提升原材料产业，加速壮大轻纺产业，着力培育高技术产业，积极发展现代服务业和现代农业，构建特色鲜明、具有较强竞争力的现代产业体系	2010 年 1 月
广西桂东	主要包括毗邻广东的梧州、贵港、贺州和玉林 4 个市	重点打造装备制造业、原材料产业、轻纺化工业、高技术产业、现代农业和现代服务业 6 大产业的承接转移	2010 年 10 月
重庆沿江	涪陵、巴南、九龙坡、璧山、永川、双桥、荣昌 7 个区县	以现有产业为基础，高起点、有选择地承接先进制造业、电子信息产业、新材料产业、生物产业、化工产业、轻工产业和现代服务业 7 大产业，打造 18 条产业链	2011 年 2 月
湖南湘南	衡阳、郴州和永州 3 个市	承接产业转移的新平台、跨区域合作的引领区、加工贸易的集聚区和转型发展试验区	2011 年 10 月

续表

地区	区域范围	承接产业定位	批准时间
湖北荆州	荆州市全境，辐射带动荆门、仙桃、潜江、天门4市	劳动密集型产业、农产品加工产业、化工产业、装备制造业、战略性新兴产业及现代服务业	2011年12月
豫晋陕黄河金三角	山西省运城、临汾两市和陕西省渭南市、河南省三门峡市	中西部地区重要能源原材料与装备制造基地、区域性物流中心	2012年5月

资料来源：笔者根据国家发展和改革委员会网站相关文件资料整理。

承接产业转移示范园区的设立和建设也加快了这些地区的产业承接速度，辐射带动周边地区的产业发展，成为加速产业聚集、培育地方产业集群的主要载体。同时，由于政府不断加大对示范区基础设施、公共服务等领域的建设投入，园区产业配套能力和服务能力大幅提高，对转移企业和外来投资商产生了较强的吸引力。

借助于国家对示范区建设的政策支持和地方政府的大力推动，国内区域间产业转移与承接规模不断地扩大，转移速度不断加快。如重庆近年来经济发展迅速，沿江示范区提出打造18条产业链，建设涪陵、九龙坡和巴南3个产值3000亿级产业、承接基地，永川和荣昌两个产值2000亿级产业、承接基地，璧山和双桥两个产值1000亿级产业承接基地。湖北荆州示范区在"十二五"期间目标是示范区GDP年均增速13%左右，产业结构进一步优化，高新技术产业增加值占GDP比重由6%上升为12%，这将极大地提高承接产业转移效率，促进中西部地区产业升级。

（四）中国区域产业布局结构存在的问题

1. 内陆粗放型增长特征显著，沿海沿江地区节能减排压力大

从各区域的能耗和污染物排放数据来看（见表8-8），西部地区尤其是单位规模以上工业增加值能耗、单位GDP电耗、单位GDP能耗都远远高于东部发达地区。从单位规模以上工业增加值能耗看，中部地区为2.49，西部地区最高，达到3.13，中西部能耗分别的为东部的1.77倍和2.22倍，可见内陆地区的生产方式相比沿海地区的粗放型特征更为显著。

从"三废"污染物排放量指标看，由于中国工业仍主要布局于东部地区，江苏、浙江、广东、山东、福建和河北是废水、废气的排放大省，

这对中国沿海各省份的资源环境造成很大的破坏。同时，工业固体废弃物排放则集中在重庆、山西、新疆、贵州、云南等中西部地区。根据全国第一次污染源普查结果分析发现，在经济较为发达、人口相对密集的地区，工业源化学需氧量、氨氮、二氧化硫和氮氧化物4项主要污染物排放量均位于全国前列。淮河、海河、辽河、太湖、滇池、巢湖等水污染防治重点流域接纳主要水污染物数量大，工业污染物排放集中在少数行业和局部地区，污染结构性问题突出。

表8-8　　　　　　　　　　2009年各地区能耗和污染物排放

地区	单位规模以上工业增加值能耗（吨标准煤/万元）	单位GDP电耗（千瓦小时/万元）	单位GDP能耗（吨标准煤/万元）	工业废水排放总量（万吨）	工业废气排放总量（亿标立方米）	工业固体废物排放量（万吨）
东部	1.41	989.34	0.87	—	—	—
中部	2.49	1180.16	1.31	—	—	—
西部	3.13	2030.39	1.87	—	—	—
东北	1.75	909.26	1.29	—	—	—
北京	0.91	681.85	0.61	8712.53	4408.25	0.09
天津	0.91	782.88	0.84	19441.05	5982.76	—
河北	3.00	1449.94	1.64	110058.00	50779.44	30.46
上海	0.96	808.49	0.73	41192.03	10058.60	0.00
江苏	1.11	1064.25	0.76	256159.97	27431.75	—
浙江	1.12	1176.50	0.74	203441.71	18860.33	0.78
福建	1.15	1032.05	0.81	142746.99	10497.10	2.43
山东	1.54	972.49	1.07	182672.64	35126.70	0.01
广东	0.81	1002.09	0.68	188843.89	22681.95	15.98
海南	2.61	922.89	0.85	7031.30	1353.21	—
湖南	1.57	911.00	1.20	96395.69	10972.56	18.60
山西	4.55	1921.93	2.36	39720.21	23692.91	141.57
安徽	2.10	1088.76	1.02	73441.47	15272.57	0.00
江西	1.67	922.46	0.88	67192.45	8286.05	13.99

续表

地区	单位规模以上工业增加值能耗（吨标准煤/万元）	单位GDP电耗（千瓦小时/万元）	单位GDP能耗（吨标准煤/万元）	工业废水排放总量（万吨）	工业废气排放总量（亿标立方米）	工业固体废物排放量（万吨）
河南	2.71	1218.36	1.16	140324.56	22185.57	1.31
湖北	2.35	1018.45	1.23	91324.09	12522.63	5.12
内蒙古	3.56	1686.72	2.01	28616.22	24844.36	9.22
广西	2.24	1279.87	1.06	161596.43	13184.20	12.10
重庆	1.85	894.27	1.18	65683.85	12586.52	149.86
四川	2.25	1085.91	1.34	105909.55	13410.02	6.12
贵州	4.32	2328.02	2.35	13477.62	7785.76	94.49
云南	2.74	1591.10	1.50	32375.21	9483.80	60.65
西藏	—	—	—	941.55	15.41	4.12
陕西	1.37	1078.51	1.17	49136.76	11031.90	17.27
甘肃	3.53	2398.81	1.86	16363.61	6313.95	12.31
青海	2.94	3862.12	2.69	8403.91	3307.99	1.39
宁夏	6.51	4720.74	3.45	21542.37	4700.61	3.66
新疆	3.10	1408.20	1.93	24200.71	6974.88	105.20
辽宁	2.26	1119.99	1.44	75158.59	25211.19	2.75
吉林	1.62	809.13	1.21	37563.48	7123.80	—
黑龙江	1.38	798.67	1.21	34188.22	9977.07	0.98

资料来源：中国统计数据应用支持系统，中宏数据库。

从工业行业的区域分布集中度测算结果可以看到，中国重工业特别是化工行业集中分布于山东、辽宁等沿海地区和江苏等沿江地区，这对中国沿海沿江的环境污染构成严重隐患。2010年7月，大连漏油事件暴露出了临港石化工业布局不合理的问题。同样的工业布局问题在很多行业普遍存在，随着经济发展和城镇化速度不断加快，对一些早年建设在离城区较近的工业片区开展环境污染综合治理显得日益迫切。

2. 多数地区自主创新能力不强，新的重复建设苗头出现

从全国的情况看，2009年，研发经费支出5433亿元，比2005年的

2449.97亿元增加1倍以上,但是,仅占国内生产总值的1.7%(见表8-9),与国外发达国家水平的差距依然很大。在四大板块区域中,东部地区研发投入强度最高,为1.94%,其中,北京达到5.5%,已超过发达国家整体水平。中西部地区研发投入强度较低,分别为1.18%和1.08%,远低于全国平均水平。

表8-9　　　　　2009年各地区研发投入强度　　　　　单位:%

地区	研发投入强度	地区	研发投入强度
全国	1.70		
东部	1.94	西部	1.08
中部	1.18	东北	1.36
北京	5.50	湖北	3.27
天津	2.37	湖南	5.38
河北	0.78	广东	1.01
山西	1.10	广西	1.75
内蒙古	0.53	海南	8.19
辽宁	1.53	重庆	1.16
吉林	1.12	四川	3.67
黑龙江	1.27	贵州	4.47
上海	1.42	云南	0.60
江苏	0.45	西藏	0.32
浙江	2.84	陕西	2.32
安徽	0.47	甘肃	1.10
福建	0.05	青海	0.70
江西	1.04	宁夏	0.77
山东	0.63	新疆	0.51
河南	0.14		

资料来源:根据中国科技部网站统计数据整理。

2009年,高技术产业进出口贸易仍以进料加工贸易为主导,占出口额的72.4%,来料加工贸易占9.1%,而且高技术产业进出口贸易还是以外资企业为主;2009年,外商独资企业占高技术产品出口与进口的比重分别为67.5%和60.2%。可见,中国工业发展的自主创新能力还较弱,工业发展仍主要依靠低劳动力成本的大规模加工贸易和粗放式的规模扩张。

目前，地区工业转型升级正陷入两难境地，一方面旧的发展模式必须要改变，一些高耗能、高污染的行业必须要抑制；另一方面由于缺乏推动工业增长的新动力，为防止增长速度受到影响，又难以下大决心淘汰落后产能。因而，培育战略性新兴产业成为各地区首要选项。值得注意的是，从已经公布了战略性新兴产业发展重点的省份来看，彼此之间存在明显的产业趋同现象，风电、光伏等新能源产业已出现各地争相上马、投资过热现象。

战略性新兴产业的区域布局必须立足于各地区自身条件和优势，科学合理定位，差异化分工，使其真正成为培育区域创新能力的先导产业，避免使战略性新兴产业成为各地方新一轮的投资冲动而导致的低效率重复建设。

第三节　大国战略下的城市圈发展战略

城市经济圈是一个大国经济发展的重要支撑点。城市经济圈是工业化和城市化发展到一定阶段的产物，是一种集约、高效的空间组织形式。发展城市经济圈的主要目的是优化区域内各城市的资源配置，形成经济合力和内聚力，增强国土空间的综合承载能力，提升国家的整体竞争优势。城市经济圈是一国经济的重心区和增长极。所谓重心区，是指它对国民经济的重要程度，就像生命体的"心脏"一样；所谓增长极，是指它对国民经济的增长带动作用，可以比作是机械运动中的"发动机"。在中国，具有"重心区"和"增长极"意义的城市经济圈，改革开放30多年来经历了重大的变迁。

一　中国城市化对经济增长的影响

众所周知，经济增长引起城镇聚集、规模扩大和城镇化水平提高。城镇化反过来对经济增长也有明显的推动作用，城镇化与经济增长两者之间呈现密切的相互促进关系。① 改革开放以来，中国城镇化水平经历了一个快速增长的过程，城镇人口在总人口中所占比重从1978年的17.92%迅速

---

① 朱孔来、李静静、乐菲菲：《中国城镇化进程与经济增长关系的实证研究》，《统计研究》2011年第9期。

提高到 2012 年的 52.57%，据联合国开发署预测，到 2030 年，中国的城镇化水平将达到 70%。但就目前中国的发展阶段而言，城镇化到底对经济增长起多大作用、作用机制是什么？这是目前社会各界普遍关注的问题。为此，本节选取 2000—2012 年中国 31 个省份的数据为分析样本，构建城镇化及其与投资、就业、贸易、收入差距等因素的交互项共同影响经济增长的面板数据模型，实证研究中国城镇化对经济增长的直接影响和间接影响。

（一）模型、指标与数据

1. 模型设定

为研究城镇化与经济增长之间的关系，本章建立如下分析模型：

$$AGDP_{it} = \alpha_0 + \beta_0 \cdot Urb_{it} + \gamma_{it} \cdot Urb_{it} \cdot X_{it} + \sum_{j=1} \beta_j \cdot \sum_{i=1} C_{it} + \varepsilon_{it} \quad (8.1)$$

本章采用的是时限为 2000—2012 年、横截面单元为中国 31 个省份的面板数据。在方程（8.1）中，i 是横截面，代表 31 个省份；t 是时期，表示 2000—2012 年；ε_{it} 表示横截面在时期 t 的随机扰动项；C_{it} 是第 i 个省份第 t 时期的控制变量，β_j 为各个控制变量的系数（$j=1, 2, \cdots, n$），n 为控制变量的个数。同时，模型中加入了 Urb 与外商投资、非农产业就业、外贸依存度及居民收入差距的交互项，通过交互项系数的估计来研究 Urb 影响经济增长的机制。

2. 选取指标说明

（1）$AGDP_{it}$：经济增长，用人均国内生产总值来表示，该数据根据历年 GDP 平减指数换算成以 2000 年为基期的不变价格。

（2）Urb：城镇化水平，用人口城市化率来表示，即城镇人口占总人口的比重，这也是国际上通用的一种衡量城镇化水平的指标。

（3）交互项中的 X_{it}：

Fdi：外商直接投资，用人均实际利用外商直接投资额表示（以美元表示的外商直接投资根据同期汇率转换成人民币），根据历年固定资产投资价格指数进行平减。

Ind：非农产业就业比重，反映工业化实际水平，是由"工业化与城市化协调发展研究"课题组提出的、被认为是衡量中国工业化实际水平的最优指标。[1]

---

[1] "工业化与城市化协调发展研究"课题组：《工业化与城市化关系的经济学分析》，《中国社会科学》2002 年第 2 期。

Dft：外贸依存度，用进出口总额占 GDP 比重来表示，反映贸易开放程度，以美元表示的进出口总额，用相应年份的汇率中间价换算成人民币。

Tel：城乡居民收入差距，采用目前相对比较科学的泰尔指数来度量，其计算公式为：

$$Tel_t = \sum_{j=1}^{2}\left(\frac{p_{jt}}{p_t}\right)\ln\left(\frac{\frac{p_{jt}}{p_t}}{\frac{z_{jt}}{z_t}}\right) = \frac{p_{1t}}{p_t}\ln\left(\frac{\frac{p_{1t}}{p_t}}{\frac{z_{1t}}{z_t}}\right) + \frac{p_{2t}}{p_t}\ln\left(\frac{\frac{p_{2t}}{p_t}}{\frac{z_{2t}}{z_t}}\right) \quad (8.2)$$

式中，$j=1$、2 分别代表城镇和农村地区，p_{jt} 表示城镇（$j=1$）或者农村（$j=2$）第 t 时期的收入，p_t 表示第 t 时期城镇和农村的总收入。z_{jt} 表示城镇（$j=1$）或者农村（$j=2$）第 t 时期的人口数量，z_t 表示第 t 时期的总人口数量。

（4）控制变量 C_{it}：经济增长一般被简单地概括为总产出的持续增长。① 美国数学家柯布和经济学家道格拉斯提出的 C—D 生产函数（$Y = AK^{\alpha}L^{\beta}$），在经济学中使用最为广泛。Griliches 在 C—D 生产函数的基础上提出来知识生产函数，即 $Y = AK^{\alpha}H^{\beta}D^{\gamma}$，其中，Y 是总产出，K 是物质资本，H 是人力资本，D 是知识资本，A 是制度、文化、结构等其他因素。本节在借鉴以上生产函数的基础上，选取了以下四个控制变量：

Xinv：物质资本投资，用新增固定资产投资额来衡量，并采用历年固定资产投资价格指数进行平减，代表各省份的物质资本投资水平。

Edu：人力资本投资，用普通高等学校在校生人数衡量，代表各省份的人力资本状况。

Tec：科学技术投资，用财政技术支出表示，代表各省份的科技投入。

Str：产业结构，用第二产业产值占 GDP 比重来表示，产业结构转型升级也是当前影响中国经济增长的一个重要因素。

3. 数据说明及描述

本节选取的时间段为 2000—2012 年，样本为中国 31 个省份，所采用的数据主要来源于历年《中国统计年鉴》《中国人口统计年鉴》和各省份统计年鉴以及《中国统计年鉴数据库》（CNKI）和中国统计数据应用支

---

① 蔺雪芹、王岱等：《中国城镇化对经济发展的作用机制》，《地理研究》2013 年第 4 期。

持系统。对于个别指标的缺失值，一律采用均值法进行处理。另外，为消除数据中存在的异方差，在进行面板数据分析时，对以上各变量进行对数处理（见表8-10）。

表8-10　　　　　　变量取对数后的描述性统计

变量名称	均值	最大值	最小值	标准差	观测数	横截面数
经济增长水平（AGDP）	9.1610	10.3793	7.9226	0.5347	403	31
城市化水平（Urb）	3.7680	4.4920	2.9689	0.3355	403	31
物质资本投资（Xinv）	6.5135	9.7351	-2.1336	2.0658	403	31
人力资本投资（Edu）	12.7348	14.3290	8.6079	1.1182	403	31
科学技术投资（Tec）	11.2225	14.7603	7.5326	1.5816	403	31
产业结构（Str）	3.8085	9.7351	-2.1336	0.2146	403	31
交互项1（UrbFdi）	20.7935	37.3419	-8.1530	7.4145	403	31
交互项2（UrbInd）	-2.2262	-0.1545	-5.4170	0.9326	403	31
交互项3（UrbDft）	11.0862	23.0905	4.1136	4.8070	403	31
交互项4（UrbTel）	-7.6836	-2.9306	-16.6308	2.6673	403	31

（二）实证结果分析

本节主要采用面板数据模型来分析城市化对经济增长的影响。面板数据模型的估计方法有混合模型、个体固定效应模型和个体随机效应模型，如何选择合适的模型一直是学者争论的焦点。对于混合模型与个体模型的选择，可以通过 F 统计量检验。对于固定效应和随机效应，巴尔塔吉（Baltagi）认为，一般情况下，当样本随机取自总体时，选择随机效应模型较为妥当；而当回归分析局限于一些特定个体时，则选择固定效应模型。[①] 此外，还可通过豪斯曼（Hausman）检验来进行模型选择。

本节虽然引入了物质资本投资、人力资本投资、科学技术投资和产业结构对经济增长的影响，但是，现实生活中存在一些不可观测和难以量化的因素与经济增长融合在一起，这些变量的缺失容易导致模型的错误设定，而固定效应模型的主要优势体现在能够有效地解决缺失变量问题。此

---

① Baltagi, B. H., *Econometric Analysis of Panel Data* [M]. Chichester: John Wiley & Sons, 2008.

外，本节的截面单元为除中国香港、中国澳门和中国台湾外的 31 个省份，也不宜认为是从一个大总体中随机抽样的结果。因此，选择固定效应模型更为合适，豪斯曼检验结果也验证了这一点，估计结果如表 8-11 所示。根据设定的计量模型，本书对表 8-11 中的回归结果作进一步的说明。

表 8-11　　　　　　　　　　模型估计结果

变量	模型 1	模型 2	模型 3	模型 4	模型 5	模型 6
Urb	0.529*** (5.77)	0.449*** (5.21)	0.514*** (5.86)	0.604*** (6.86)	0.325*** (3.45)	0.428*** (5.08)
Xinv	0.016*** (4.31)	0.016*** (4.64)	0.014*** (4.02)	0.016*** (4.57)	0.016*** (4.53)	0.015*** (4.82)
Edu	0.136*** (5.16)	0.068*** (2.63)	0.076*** (2.80)	0.167*** (6.55)	0.166*** (6.48)	0.102*** (3.92)
Tec	0.015*** (2.55)	0.014*** (2.62)	0.013** (2.29)	0.014*** (2.46)	0.018*** (3.11)	0.013*** (2.69)
Str	0.533*** (6.48)	0.411*** (5.25)	0.544*** (6.93)	0.529*** (6.77)	0.580*** (7.35)	0.480*** (6.63)
Urbfdi		0.020*** (7.57)				0.014*** (5.01)
Urbind			0.152*** (6.06)			0.091*** (3.76)
Urbdft				-0.038*** (-6.36)		-0.037*** (-7.12)
Urbtel					-0.058*** (-6.02)	-0.032*** (-3.49)
豪斯曼值（p 值）	42.43 (0.0000)	23.56 (0.0014)	34.52 (0.0000)	97.93 (0.0000)	41.97 (0.0000)	64.60 (0.0000)
估计方法	FE	FE	FE	FE	FE	FE
样本量	403	403	403	403	403	403
R^2（组内）	0.768	0.799	0.798	0.791	0.789	0.8363
F 值	48.27	40.43	30.32	38.19	43.15	32.00

注：表中括号内的数字为 t 统计量，***、**和*分别表示在 1%、5% 和 10% 的显著性水平下变量显著。

(1) 模型 1 显示，在没有加入交互项的情况下，城市化水平与经济增长呈正相关关系，并且在 1% 的显著性水平下显著；从数值上看，城市化对经济增长的边际贡献为 0.529，即城市化水平每增加 1%，可使经济增长水平提高 0.529%，这说明目前中国的城市化有效地推动了经济增长。

(2) 从模型 2、模型 3、模型 4、模型 5 交互项系数可以看到，城市化通过增加外商直接投资促进了经济增长；通过增加非农产业的就业比重拉动了经济增长；通过推动贸易自由化对经济增长产生负面影响；通过扩大城乡居民收入差距影响经济增长。

模型 2 显示，外商直接投资每增加 1%，经济增长提升 0.020%。随着中国城市化进程的不断推进，城市化质量也随之提高，城镇基础设施和服务水平进一步完善和提升，吸引了越来越多的外商直接投资，有利于促进经济增长。

模型 3 显示，城市化通过增加非农产业的就业比重拉动了经济增长，即第二、第三产业从业人员每增加 1%，可使经济增长提高 0.152%。可以看到，城市化的过程也是非农产业不断发展及其在国民经济中比重不断提升的过程。非农产业的发展必定会增加非农产业的就业及比重，特别是将推动农村剩余劳动力的快速转移，为其提供越来越多的就业机会，增加了农民收入，有利于经济的健康持续增长。

模型 4 显示，城市化通过推动贸易自由化对经济增长产生了负面影响，即外贸依存度每增加 1%，会导致经济增长回落 0.038%。可见，贸易自由化对中国经济增长的正面效应不是很大，外需对经济增长的拉动作用有限。

模型 5 显示，城市化通过扩大城乡居民收入差距抑制了经济增长，即收入差距每增加 1%，经济增长回落 0.058%。这说明，目前中国的城市化水平一定程度上拉大了城乡居民收入差距，这与中国特殊的二元结构及相应的政策有关，如城乡分割的户籍政策一定程度上抑制了农村劳动力的非农转移，不利于城乡收入差距的缩小。

(3) 控制变量中，Xinv、Edu、Tec 和 Str 的估计系数皆显著为正，这表明物质资本投资、人力资本投资、科学技术投资及产业结构的转型升级都促进了经济的增长。从模型 1 至模型 6 各个变量的系数可以看出，在 2000—2012 年影响中国经济增长的各个因素中，产业结构的弹性系数最大，其次是人力资本投资、物质资本投资和科学技术投资。

（4）在模型2、模型3、模型4、模型5、模型6中，同时考察了城市化对经济增长的直接影响和间接影响。结果显示，城市化的系数都为正，且在1%的显著性水平下显著，即在直接和间接影响的共同作用下，大力推进城市化进程、提高城市化水平是有利于经济增长的。在模型6中，将4个交互项同时放在一个模型中，可以发现，城市化通过扩大城乡收入差距抑制了经济增长，但其影响并不是特别大。这说明，目前中国的城市化水平还未深入影响城乡收入差距，农村居民或者说大规模存在的"农民工"未能享受到城市化带来的福利。

（三）结论

本节采用面板数据分析方法对中国31个省份城市化及其与投资、就业、贸易、收入差距等因素的交互项对经济增长的影响进行研究。研究结果表明：

第一，通过对总体样本分析发现，从直接影响看，中国大力提高城市化水平有利于促进经济增长；从间接影响看，城市化通过增加外商直接投资和非农就业促进了经济增长，但通过推动贸易自由化和扩大城乡居民收入差距抑制了经济增长。整体而言，在各种因素的相互作用下，城市化水平的提高有利于推动经济增长。

第二，现阶段，产业结构（第二产业产值占GDP比重）对中国经济增长有着显著影响，其次是人力资本投资、物质资本投资和科学技术投资。

因此，中国应继续大力推进城市化进程，推进新型城市化建设，真正发挥城市化对经济增长的推动作用，重点需要发挥城市化通过对外商投资和非农就业的促进作用；具体可针对中国各地区城市化发展现状，充分发挥市场的调节作用和政府的干预力量，因地制宜，采取切实可行的政策措施，合理推动相关制度创新和体制改革，不断提高各地区的城市化质量。只有不断提高各地区的城市化质量，城市化才能真正发挥对经济增长的促进作用。具体来说，主要有：

一是在宏观经济政策上，大力发展城市化并依靠城市化带动经济的健康持续发展。同时，鉴于中国城市化发展水平具有明显的区域差异，国家应建立因地制宜、分类引导的区域政策体系，在基础设施、产业政策、教育、医疗、环保等方面适度加强对中西部地区的政策支持，推动城市化发展重心向中西部地区转移。

二是根据各地要素禀赋条件进行产业结构的调整优化和升级。通过积极发展非农产业提供更多的非农就业岗位，加快农村剩余劳动力向非农产业的转移，以扩大非农就业比重来加速城市化进程。同时，要消除目前限制人口迁移的障碍性制度，加快农民工融入城市的进程。比如，加快户籍制度改革，完善城乡一体的社会保障制度，推进进城务工人员就业、教育、培训、住房租购等相关配套制度改革。

三是高度重视城市的圈状发展。根据城市经济理论，城市的发展主要有层级发展和圈状发展两种形式，层级发展主要通过人口规模、经济发展程度、政治因素等形成具有不同地位和作用的全国中心城市、省域中心城市、市域中心城市、县域中心城市等；圈状发展则具有明显的中心带动城市、地域联系或经济联系的城市组群形成城市圈。中国城市化已经进入快速发展阶段，因此，必须把以大中城市为核心的都市圈模式作为城市化发展的一种战略选择，重视城市的圈状发展，以圈状发展带动层级发展。

二　中国城市经济圈发展战略

都市圈研究源于欧美，20世纪五六十年代是欧美和日本都市圈研究的鼎盛时期。最具影响的是法国地理学家戈特曼，他在长期对美国东北部城市群的研究中采用了一个古老的希腊词汇"Megalopolis"来定义他所研究的对象，从而使其成为解释诸多大城市集合体一个专有名词。目前，中国许多地区都把发展城市经济圈作为重要的战略，但对它的本质内涵却了解肤浅，大多只是把它看作一定地理空间上城市数量的增加，并由此模糊了"圈""群""带"的区别。

实际上，"城市圈""城市群""城市带"分别反映了密集的都市在地理空间上的不同分布形态，即环状、点状和带状。而这些不同形态决定着各自的经济性质的差异。从经济关系比较，"城市圈"最具有经济学意义。其经济性主要表现在：首先，作为一个"圈"，必然有一个环绕的中心，这就是"首位城市"。一个经济势能强大的首位中心城市对要素资源必然产生"极化效应"，并发展到一定时期会对周边次级城市区域产生辐射扩散效应。而"城市群""城市带"虽然表达了诸多城市在空间上的密集状态，但反映不出相互依存关系并在此基础上形成具有主导作用的城市中心。其次，"城市圈"的环状形态使圈内首位城市到周边城市的空间距离最短，距离成本最小，具有减少基础设施投资、有效保护环境、节省城市经济活动主体交易费用等外部经济性。当前，各地区规划发展的"半小时都市圈""一小时都市圈"，充分体现了"圈"状形态所具有的高效率特性。

因此，经济学意义上的"城市经济圈"可以定义为：由一个具有较高首位度的城市经济中心和与中心密切关联且通过中心辐射带动的若干腹地城市所构成的环状经济区域。由此，我们给出"城市经济圈"的三大要件或特征[①]：

第一，有一个首位度较高的城市经济中心。作为一个经济圈，必然要有一个经济中心，才有凝聚力和集聚功能；经济中心的首位度（一般以经济总量居第一的中心城市与经济总量居第二的城市的比值来衡量）越高，其凝聚力和集聚功能越强，该经济圈的发展规模和经济效能也越大。

第二，有若干腹地或周边城市。它们既是中心城市经济能量释放或扩散的接受地，也是支撑中心城市发展的要素资源供给源和重要的市场区。

第三，中心与腹地的内在经济联系紧密，具有极化—扩散效应。根据空间经济引力模型（或重力模型），中心与腹地的经济联系强度，与关联方的经济能量（GDP、人口、资本积累等）成正比，与中心至腹地的距离成反比。但在中国区际经济现实中，还要考虑到行政力量和政策等人文因素的影响。

随着工业化和城市化进程的加快，中国城市圈发展正处于大力推进的快速发展阶段。以往通常认为，中国沿海地区主要有三大城市经济圈，即以上海为中心包括周边的苏州、无锡、南京、杭州、宁波等城市构成的长三角城市经济圈；以广州、深圳、珠海、佛山、东莞等城市群构成的珠三角城市经济圈；以北京、天津、唐山、沈阳、大连、济南、青岛等城市构成的环渤海城市经济圈。进入21世纪以来，中西部地区也出现了如武汉城市圈、长株潭城市群、中原城市群、成渝城市群、关中城市圈等，根据"十二五"规划，未来中国将形成21个不同规模和等级的城市圈（见表8-12），这些城市经济圈将是中国未来区域经济版图中重点区和增长极。

---

① 陈耀：《中国城市经济圈发展特征与前景》，《学术界》2003年第6期。

表 8-12　　"十二五"规划确定的中国重点城市经济圈

地区	重点城市圈
东部	推进京津冀、长三角、珠三角区域经济一体化发展,打造首都经济圈,重点推进河北沿海地区、江苏沿海地区、浙江舟山群岛新区、海峡西岸经济区、山东半岛蓝色经济区等区域发展,建设海南国际旅游岛
中部	重点推进太原城市群、皖江城市带、鄱阳湖生态经济区、中原经济区、武汉城市圈、环长株潭城市群等区域发展
东北	重点推进辽宁沿海经济带和沈阳经济区、长吉图经济区、哈大齐和牡绥地区等区域发展
西部	推进重庆、成都、西安区域战略合作,推动呼包鄂榆、广西北部湾、成渝、黔中、滇中、藏中南、关中—天水、兰州—西宁、宁夏沿黄、天山北坡等新的经济增长加快发展

(一) 大城市圈要率先建成"服务主导型"经济

中国东部沿海地区尤其是长三角、珠三角等大城市圈的崛起,主要是通过制造业集聚而实现的。外商将加工制造环节转移到中国,利用境外母公司的销售渠道和建立的声誉延续原有的业务,使中国本土的制造业形成了对外商的严重依赖,服务业的发展速度和水平大大低于制造业。目前,中国大城市除北京的服务业比重达到70%以外,绝大多数城市的服务业比重严重偏低,最大的城市上海的服务业比重不足60%,不仅不能满足先进制造业发展的要求,也远远不能适应建设国际级大都市圈的需要。

国际经验显示,一般制造业从大城市中退出是一个必然趋势。大都市圈是后工业化的产物,高端服务业密集体现了一国的现代化水平。目前,世界性城市服务业增加值占 GDP 的比重大多在 80% 以上。纽约、伦敦和东京在经历了艰难的产业结构转换之后,最终都从世界级的制造业中心转换成为世界级的金融中心、现代服务业中心,并且服务业发展的重点逐步转向生产者服务和商业服务领域。

中国大城市圈承担着发展现代服务业的重任。由于现代服务业尤其是高端生产性服务业所要求的知识和信息,只有大城市具备发展的条件。要充分发挥北京及上海、广州、深圳等沿海大城市的科技人才等优势,抓住当前跨国投资的有利机遇,把技术含量低的一般制造业尽快向周边或内地转移。重点发展金融、贸易、物流、研发、设计、创意、品牌、营销、法律、会计等现代服务业和电子信息、新能源、新材料等高技术产业，形成新的高端服务业集群和高技术产业集群。这既是沿海地区产业升级的需要，也是中国制造业获得更好发展，并由"制造中心"转向"创造中心"的重要保障。

（二）城市圈发展依赖的更多是"内聚"而不是"外扩"

"都市圈"的表述应该是从日本引入的。早期日本行政管理厅界定的"都市圈"，是以一日为周期可以接受城市某一方面功能服务的地域范围。后来进一步量化为外围地区到中心城市的通勤人口不低于本身人口的15%，大都市圈与圈外的货物运量不得超过总运输量的25%。这实质上是运用运筹学原理，促使城市经济活动获得更有效的组织，发挥出城市经济圈最大的集聚效应。

中国有些地区在推进城市经济圈建设时，往往忽视了最重要的中心城市功能辐射半径和合理的人流与物流组织。而首先考虑的是把更多周边城市纳入圈中，如提出"1+5""1+8""2+7"等城市圈（群、带）计划。不是在现有建成区提高集约化程度，而是大规模地向城市外围拓展。这种发展的结果使有些城市圈"骨架"很大，由于经济流量不足、布局分散，不仅没有形成城市圈带来的诸多好处，反而造成经济运行效率低下，土地等资源闲置浪费，居民出行和职员通勤很不方便。因此，中国的城市圈发展应当着眼于在现有城市空间内，研究如何调整和优化资源的空间配置及运行效率，使圈内承载的人口和产业功能更大，经济产出水平更高，形成功能清晰、联系紧密、紧凑高效的圈层结构体系。

（三）"同城化"可以作为城市圈发展的切入点

近年来，随着区域经济一体化和区域合作的不断加强，"同城化"的概念在中国很多地方兴起，并逐步探索实施。比如，沈抚同城化、广佛同城化、郑汴同城化、西咸同城化等。它主要是指两个城市的社会经济发展按照同一城市（地区）来统筹规划考虑，以实现"规划同筹、交通同建、信息同享、市场同体、产业同布、科教同兴、旅游同线、环境同保"。"同城化"是两个城市发展到一定阶段，要求突破现有行政区划的制约，在更大的范围内优化配置资源，促进共同繁荣发展而进行的有益探索。它可以被看作是区域经济一体化一种具体实现形式，同时也可以作为发展城市经济圈的一个切入点。

实施"同城化"不能一厢情愿，要尊重客观发展规律。条件不具备时盲目推动，可能会适得其反，造成不必要损失。根据我们的研究，开展"同城化"探索，一般需要考虑以下几个条件：一是区位相邻、距离近，通常两个城市间相距在30—50千米；二是经济联系、人员往来密切；三是产业结构和城市功能互补性强；四是城市规模扩张达到一定程度，建设用地和资源环境约束在本区域已难以解决。

三 协调区际经济利益，推进城市圈区域一体化

城市经济圈的协调发展，关键在于城市间形成分工合作、相互促进、利益共享的一体化机制。目前，中国区域发展的不平衡性正趋于减弱，但是，由于我们国家行政区划、行政体制的制约，地区之间发展的协调难度很大。

因此，在大经济区域（大都市圈）内的行政区之间如何加强它们之间的合作与分工，应该有哪些相应的有效机制和措施，这都是值得深入探讨的现实而重大的问题。比如，中国一些地区相继建立起跨省份协调机构，但是，光靠自身建立起来的联席会议制度，其作用是非常有限的（当然，有比没有强），应该需要有更高层次的更有权威的机构来协调。

总体上看，城市圈区域之间的有效协调仍是一个全国性的问题。中西部地区、东部地区都存在这类问题，很多东部城市都依靠港口发展，港口之间的竞争也相当激烈，各自都在拓展自己的腹地，都在港区搞一些重化工业。因此，整个沿海地区，特别是港口城市的发展需要更好地规划和协调。

第四节 大国战略下的区域政策调整

区域协调发展需要国家在市场机制作用基础上的政策支持。本章在总结世界主要大国区域政策经验的基础上，通过对东部地区率先发展、西部大开发战略、振兴东北地区等老工业基地和中部地区崛起四大板块区域政策进行全面深入的比较研究，探讨中国区域经济发展空间的政策支持体系。重点对财税、投融资、产业、土地、人才、基础设施和公共服务以及生态建设七个方面进行比较研究，并对完善和改进国家区域政策提出建议。

一　中国现行区域政策的比较

随着中国区域发展由不平衡发展战略逐渐过渡到统筹协调的区域发展战略，国家区域政策对区域的划分也由"二分法"（沿海和内地）到"三分法"（东中西三大地带），再到"四分法"（东中西和东北）。这表明国家区域政策的深化和不断走向成熟，而四大板块政策在新时期又不断细化，并反映出新的历史时期的特点和要求。现阶段的区域政策工具以行政手段和经济手段调控为主。2008年国际金融危机以来，政府加快了区域规划的编制，政策工具上从"简单化"向"精细化"转变，政策机制上健全了区域协调互动机制。

（一）财政税收政策

相比较而言，可以把中国四大板块区域财税政策的整体特点形象地概括为：西部大开发"补血型"政策，主要包括中央转移支付、财政补助、税收减免；中部地区"安抚型"政策，主要为"两个比照"的支持政策；东北地区"换血型"政策，实现老工业基地和资源型城市发展转型升级；东部地区"兴奋剂型"政策。国家对财政体制和税收制度改革进行探索试点，同时对重点城市新区及特定开放实验区加大财税支持。

从政策支持力度看，国家对西部大开发的财税支持政策相比较而言并没有明显的吸引力，西部大开发中财政专项资金投入、税收减免等优惠政策在东部一些重点经济区也同等享受，加上地方财政能力和市场经济水平的差距，这更加放大了相关政策在实施效果上的差距。

（二）投融资政策

基于不同发展阶段的特点和战略定位，四大板块投融资政策的整体层次特征明显：西部地区政策主要是解决资金来源问题；中部地区重点是解决资金的应用方向和效率问题；东北地区侧重于外资的吸引和扩大开放问题；东部地区主要为促进金融体系的改革与探索。

（三）产业政策

四大板块整体产业政策分别定位为：西部地区主要是依托资源优势，发展能源、原材料、文化旅游等特色产业；中部地区重点是加强"三个基地"的建设和承接东部与国际的产业转移；东北地区则是促进老工业基地的转移升级；东部地区关注新兴产业竞争优势的培育。

（四）土地政策

总体上看，在用地指标、土地使用税费和资源开采等方面，国家都给予西部地区较为优惠的政策支持；中部地区优惠政策较少；东北地区在国有企业改革和资源型城市改造方面的土地利用方面给予支持；东部地区着重提升土地利用的效率。

（五）人才政策

四大板块人才政策都关注职业教育培训和人才引进。不同的是，西部地区的人才政策重点在于基础教育的普及和人才引进方面的倾斜，包括教育培训投入的倾斜政策和人才吸引与使用体制机制上的灵活照顾政策；中部地区和东北地区特别关注专业人才的引进；东部地区人才政策焦点在于大力推动创新人才和高级专业人才的培养与引进以支持产业的转型升级。

（六）基础设施建设与公共服务均等化政策

基础设施建设一直是西部大开发支持政策中优先和最重要的内容，同时国家在社会公共服务和环保工程等方面给予专项资金的支持。除此之外，国家对新疆、西藏、贵州等边疆欠发达地区安排特殊的对口支援政策。因此，国家在基础设施建设和公共服务方面对西部地区的支持力度是最大的。中部地区、东北地区与东部地区基础设施建设政策目标都在于区域交通枢纽和交通网络的建设。

（七）生态环境保护政策

西部大开发特别关注生态环境的保护，出台一系列的政策意见，通过生态建设资金投入和环保优惠政策来保护自然生态环境；中部地区的生态保护政策主要目标为大江、大河、大湖水污染治理和发展循环经济两个方面；东北地区要求切实加强生态建设，环境污染治理，大力发展绿色经济；东部地区生态保护政策的基本目标在于提高环境支撑能力，化解资源环境"瓶颈"制约，实现可持续发展。

通过比较研究发现，进入21世纪以来，中国四大板块区域协调发展政策总体上是有效的。对于西部地区、东北地区及中部地区的政策倾斜，有效地启动和加速了这些地区的经济增长，同时这种增长并未对东部地区的增长形成挤压或替代。相反，这些地区的经济增长在投资和消费上为东部地区的产业发展提供了广阔的市场需求，跨区域的投资也促进了东部地区的传统产业向中西部地区和东北地区转移，这也为东部地区的产业结构调整和转型升级创造了条件。区域协调发展正是利用了中国地区间的发展差距，在缩小这种差距的过程中，为全国的经济增长和结构调整寻找到有力的动力支撑。

二 区域政策问题与调整思路

优化经济发展的区域结构将为中国这样的大国经济发展带来巨大的结构性收益,特别是在目前中国面临转变发展方式和宏观经济下行的双重压力情况下,推动中国区域间形成大国雁阵模式将为保持和强化中国的比较优势及竞争优势提供巨大的发展空间。政府应该根据国家区域发展战略的需求,不断提高产业与劳动力的空间匹配性,引导高端制造业向沿海优势地区集中,推动一般制造业和能源原材料工业进一步向中西部优势地区转移,加快老工业基地的结构转型和提升,为未来中国经济又好又快的可持续发展创造新的空间。

(一) 不断提高产业与劳动力的空间匹配性

中国改革开放以后,实行"出口带动"的外向型经济发展战略及严格的户籍制度,伴随的一个副产品是经济布局与人口分布的偏离,东部地区的经济和工业总量份额一直保持在50%以上,但人口主要分布于广阔的中西部地区。2010年,东部地区的人口占37.99%,同期东北地区、中部地区和西部地区的人口分别占8.21%、26.76%和27.04%,这与中国经济的空间布局不尽协调。

图8-7显示,东部地区和东北地区的经济人口匹配系数①长期大于1(东北地区接近于1),东部地区经济人口分布匹配系数先从2000年的1.49增大到2004年的1.55,然后有所下降,2010年调整为1.4。东北地区相对较为平衡,2004年以来都接近于1。而中部地区和西部地区的经济人口匹配系数长期小于1,2010年,中部地区和西部地区的经济人口匹配系数分别只有0.74、0.69。反映了中国经济活动主要集中在东部地区,由于产业和就业机会多,吸引了中西部地区大量劳动力人口向东部地区流动。

这种状况一方面有利于东部地区产业利用低成本劳动力的优势加快发展,增强国际竞争力;另一方面长期延续这种格局也带来了一系列问题,诸如大规模、大跨度的劳动力转移就业导致全国交通等基础设施负荷加重尤其是节假日期间。中西部欠发达地区青壮年劳力流失,留守的多为老幼病残,使当地发展困难,土地撂荒、空心村以及后代教育等问题突出。

---

① 经济人口匹配系数为地区 GDP 份额与人口份额的比值,反映经济发展与人口的匹配程度,如果一个地区的经济人口匹配系数等于1,表明该地区经济发展与人口完全匹配,系数大于1则表明地区经济集中程度高于人口份额。

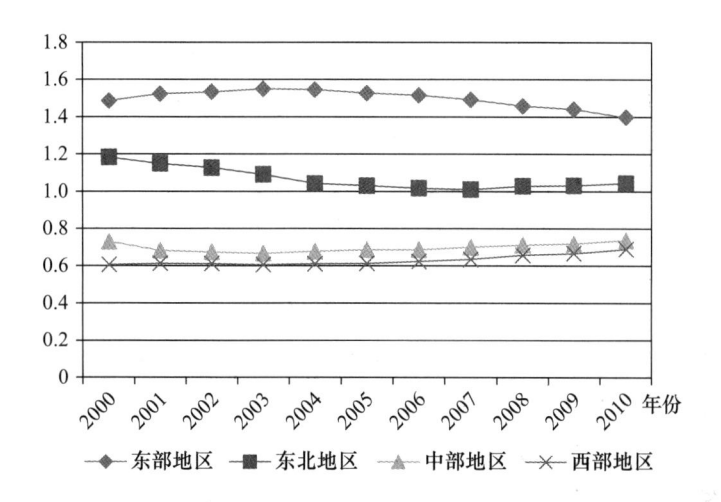

图 8-7 四个地区经济人口匹配系数变化（2000—2010）

在"以人为本"的科学发展观指导下，充分考虑人的因素，就是要通过户籍制度改革，让已在东部地区城市长期就业的劳动者融入当地社会；同时，要适时推动东部地区产业转移，让一些不适合在东部地区发展的产业和企业转移到劳动力丰富的中西部地区，使中西部地区的劳动人口就近就地就业。由此可见，从加快产业转移和改革户籍制度两方面"双管齐下"，不断提高产业经济与劳动力人口的空间匹配度，既是中国产业区域结构优化的重要方向，也是解决中国地区发展不平衡的有效途径。

（二）引导高端产业向东部沿海重点地区集中

国家"十二五"规划纲要提出，推进产业转型升级，提高产业核心竞争力，发挥东部地区对全国经济发展的重要引领和支撑作用，在更高层次参与国际合作和竞争。积极引导高端制造业向东部地区集中，有助于进一步推动东部地区制造业的转型升级，促使东部地区在转变发展方式上走在前列，率先转型发展。

从国内看，技术创新的市场需求主要集中在东部地区，制造业发展基础扎实，技术创新的要素禀赋也主要集中在东部地区。因此，应该充分发挥东部东部地区市场规模大、高端要素资源丰富的比较优势，积极顺应国际市场的变化，推动改革创新，实现制造业发展重心由劳动力密集型和资本密集型产业向技术知识密集型产业转变。

应把东部地区工业创新升级战略放在与西部大开发、东北振兴、中部崛起战略等量齐观的重要位置，加强东部地区工业技术升级战略的研究与政策制定。加强对环渤海、长三角、珠三角等重点制造业产业带的研究，突出区域规划的引导作用，积极打造东部地区技术创新密集的高端制造业集聚区。

（三）推动能源原材料和一般制造业向中西部优势地区转移

中西部地区发挥资源丰富、要素成本低、市场潜力大的优势，积极承接国内外产业转移，不仅有利于加速中西部地区新型工业化和城镇化进程，促进区域协调发展，而且有利于推动东部地区经济转型升级，在全国范围内优化产业分工格局。

中部工业基础比较雄厚，产业门类齐全，生态环境容量相对较大，集聚和承载产业、人口的能力较强，具有加快经济社会发展的良好条件。中国扩大内需的战略调整和经济保持平稳较快发展，无疑会加大对中部地区优势资源、能源和劳动力的需求，这使中部地区可以进一步发挥区位居中、交通便捷、人口众多、产业配套能力强、内需潜力大等比较优势，集聚人口和产业，大规模承接东部地区和国际产业转移，加快建设"三个基地、一个枢纽"。

西部地区产业发展的潜力在于充分发挥资源优势，发展特色产业，通过实施差别化的优惠政策，将资源优势就地转化为产业优势和经济优势。《西部大开发"十二五"规划》提出，"十二五"期间，西部地区将大力建设国家能源基地、资源深加工基地、装备制造业基地和战略性新兴产业基地。具体包括加快发展现代能源产业，特别是加强煤炭、石油天然气、可再生能源和新能源等西部地区具有明显优势的能源基地建设以及优化调整资源加工产业，推进钢铁企业兼并重组，加强有色金属等资源综合加工利用，形成一批重要的矿产资源后备基地和深加工产业基地。

（四）着力加快老工业基地的结构转型和提升

东北老工业基地是中国现代工业的摇篮，有着较为完整的工业体系。钢铁、化工、重型机械、汽车、造船、飞机、军工等重大工业项目聚集于此。东北农业区也是保障全国粮食安全的重要基地。"十二五"期间，东北地区将继续致力于破解制约老工业基地振兴的体制性、机制性、结构性矛盾，着力加快东北老工业基地调整改造，推动经济转型取得更大进展。

要通过企业兼并重组、非公企业的发展以及科技进步等措施，优化老工业基地的经济结构，尽快建立起现代产业体系。坚持市场主导和政府引导相结合，进一步打破地区、行业、所有制界限，优化资源配置，推动企业兼并重组，培育具有国际竞争力的大型企业集团。加快推进国有企业改革，大力发展非公有制经济和中小企业，努力建立健全现代企业制度，进一步增强老工业基地经济活力。贯彻落实重点产业调整振兴规划，淘汰落后产能，防止重复建设。加快信息化与工业化融合，用现代信息手段改造传统产业，提高数字化、智能化水平。充分发挥东北地区等老工业基地的人才优势，建立健全鼓励自主创新的体制机制，促进自主创新成果产业化。要把重点产业集聚区的发展当作重要抓手，推动辽宁沿海经济带、沈阳经济区、哈大齐工业走廊、长吉图经济区加快发展，建设国内一流的现代产业基地。

此外，要积极推进资源型城市转型，培育壮大接续替代产业，促进可持续发展。发展接续替代产业是资源枯竭城市实现经济转型的根本出路，要组织实施好资源型城市吸纳就业、资源综合利用和发展接续替代产业专项，扶持引导资源型城市尽快形成新的主导产业，构建可持续发展的长效机制。

三　中国区域政策调整建议[①]

中国是一个地域辽阔、人口众多、区域发展不平衡的大国。全面建成小康社会，进而跻身世界中等发达国家行列，需要持续面对人多地少、资源分布不均、配置效率不高、区域经济社会环境发展不协调等矛盾。区域经济发展中的若干重大问题亟待从理论上深化研究，为国家完善区域政策促进区域协调发展提供科学依据。

（一）坚持缩小区域差距的总体目标

进入21世纪以来，国家先后提出西部大开发、振兴东北地区等老工业基地、促进中部地区崛起、鼓励东部地区率先发展等区域总体战略，并陆续出台了90多个重点经济区规划和特定地区发展指导意见，使中国区域经济发展的均衡性、协调性得到明显增强。

促进区域协调发展主要包括：缩小地区发展差距，使其控制在人们可以接受的范围之内；地区之间形成合理分工，比较优势得以充分发挥；生产要素有序流动，地区壁垒得以消除；人与自然和谐相处，地区开发不以牺牲资源环境为代价。这些内涵既是中国数十年区域发展经验教训的总

---

① 陈耀：《深化中国区域经济重大问题研究》，《区域经济评论》2013年第1期。

结，也符合世界各国解决国内区域发展问题的共同理念。需要指出的是，近些年来，地区差距出现拐点，并不能表明这将是一个长期的趋势，而且与国际相比，中国的区域差距仍然很大。

坚持缩小地区差距的总体目标，最重要的是按照党的十八大报告的精神，优先推进西部大开发，大力促进中部地区崛起；采取对口支援等多种形式，加大对革命老区、民族地区、边疆地区、贫困地区的扶持力度。当前和今后一个时期，缩小地区差距要把"实现基本公共服务的均等化"作为首要任务，重点提高欠发达地区和农村地区的基本公共服务水平。与此同时，也要重视加快推进东部发达地区和东北老工业基地的转型升级，着力培育其创新驱动的新引擎和国际竞争新优势，避免产业"空心化"和经济增速的过快下滑。

(二) 培育建设基于大都市圈的新增长极

大都市经济圈是工业化和城市化发展到一定阶段的产物，既是一种集约、高效的空间组织形态，也是国家竞争优势的重要体现。我们主张发展大都市经济圈，其主旨就是要优化区域内各城市的资源配置，形成经济合力和内聚力，增强国土空间的综合承载能力，从而提升国家的整体竞争力。

目前，随着工业化和城镇化进程的加快，中国的城市圈正处于快速发展阶段。国家"十二五"时期在全国规划了21个不同规模和等级的城市圈，而迄今已经形成规模且在国际上具有一定影响力的主要是地处沿海地区的三大都市圈，即以上海为中心包括周边的苏州、无锡、南京、杭州、宁波等城市构成的长三角经济圈；以广州、深圳、珠海、佛山、东莞等城市群构成的珠三角经济圈；以北京、天津、唐山、沈阳、大连、济南、青岛等城市构成的环渤海经济圈。这三大城市圈的经济总量占中国经济的一半左右，常住人口占全国的1/3以上。目前，这些大都市圈都不同程度地出现了"大城市病"，交通拥堵、环境污染、房价高涨，经济社会和环境的不协调、不可持续的矛盾日益突出，亟待调整和转型升级。同时，我们需要积极谋划建设新的大都市圈，形成未来国家的新增长极。

新时期中国大都市圈的建设重点应当适时转向中西部地区，建议分别在中部地区和西部地区培育建设一个大都市圈和若干中小城市圈，到2030年形成全国五足鼎立的、规模能级相当的大都市圈格局。中部地区的大都市圈可以采纳近年提出的所谓"中三角"概念，即由武汉、长沙和南昌3个省会中心城市构成的"中三角大都市圈"，或称"长江中游大城市圈"。"中三角"地区20多万平方千米范围内，拥有城市26个，人口1亿多，区位条件优越、交通发达、产业基础雄厚、科技教育资源丰富，在中国未来空间开发格局中具有举足轻重的战略地位。如果把以河南为主体的"中原城市群"加入进来，中部大都市圈未来可称得上"富可敌国"。最近，中央提出要建立长江中游中部城市集群，发挥整个沿江城市的优势；同时允许中部地区先行先试。这为中部大都市圈建设提供了新机遇。

西部地区也有一个所谓的"西三角"概念，也就是由成都、重庆和西安三大城市构成的区域。但这一概念从目前来看条件尚不成熟，西南地区的成都、重庆与西北地区的西安不仅距离远，而且南北之间的自然地貌条件也决定了难以形成连绵城市带。因此，西部地区大都市圈的建设还应当立足于成渝地区。根据国务院批复的《成渝经济区区域规划》，该地区包括重庆市的31个区县和四川省的15个市，区域面积20.6万平方千米，常住人口9267万（与"中三角"面积、人口相当），区内拥有2个特大城市、6个大城市、众多中小城市和小城镇，城镇人口4046万，城市密度达到每万平方千米1.76个，是西部城镇分布最密集的区域，也是中国重要的人口、城镇、产业集聚区。在这里培育建设国家的大都市圈，不仅可以引领西部地区加快发展，提升内陆开放水平，而且能够扩大中国内需市场，增强国家发展后劲，因而具有重要的战略意义。

推进中西部大都市经济圈的建设，首先，要在科学规划的指导下，着力打破行政区划分割，在基础设施、生态环境、产业布局、市场建设、人才流动等领域，加强大都市圈内各城市之间的合作，加快推进一体化建设；要避免各自为政，低水平重复建设，甚至为争夺要素资源恶性竞争。其次，要从中心城市功能辐射半径出发，合理组织人流与物流，而不是简单地把更多周边城市纳入圈中，如提出几加几的城市圈（群、带）计划。要着力在现有建成区上提高集约化程度，而不是大规模地向城市外围拓展。有些地方把城市圈建设变成"圈地运动"，城市圈"骨架"很大，但是，由于经济流量不足、布局分散，不仅没有形成城市圈带来的诸多好处，反而造成经济运行效率低下，土地等资源闲置浪费，居民出行和职员通勤很不方便。因此，中西部大都市圈发展应当着眼于在现有城市空间内，研究如何调整和优化资源的空间配置及运行效率，使圈内承载的人口和产业功能更大，经济产出水平更高，形成功能清晰、联系紧密、紧凑高效的圈层结构体系。

（三）深入推进主体功能区规划的实施

新时期促进区域协调发展，必须推进主体功能区规划的实施。区域发展总体战略与主体功能区战略是相辅相成的两个战略，前者着眼于发展，后者着眼于保护，只有两个战略同步推进，才能真正实现"在开发中保护"和"在保护中开发"的可持续发展理念。党的十八大报告明确提出："加快实施主体功能区战略，推动各地区严格按照主体功能定位发展，构建科学合理的城市化格局、农业发展格局、生态安全格局。"

目前，全国和省级主体功能区规划均已出台，但是，在具体推进实施中仍面临一些难点。主要表现在大多数定位为生态功能的地区，尽管国家不断增加对生态功能区的补偿，但在这些地区始终会存在财政转移支付规模与实际需要之间的缺口。中国大多数县域被赋予农产品生产加工和生态涵养的功能，而"壮大县域经济"主要靠发展工业。这些问题和矛盾能否得到有效化解，关系到主体功能区战略的成败。

（四）完善区域协调发展的体制机制

所谓"区域协调发展"主要应体现在两个方面：一是区域之间发展水平的相对均衡性；二是地区之间形成分工合作、相互促进、利益共享的一体化机制。国家出台若干重点经济区的规划和指导意见就是希望能够在经济联系密切的大经济区域内，加强各个行政区之间的合作，推进它们在基础设施建设、生态环境保护、产业项目布局、要素资源流动以及市场等方面的一体化发展。

然而，这种规划制定出台之后，在如何协调内部行政区域之间关系上，尤其是利益关系上还缺乏有效的机制和手段，使目前国家规划在指导各地区合作和一体化推进方面效果欠佳。因此，在大经济区域（包括大都市圈）内的行政区之间如何加强合作与分工，应该有哪些相应的、有效的机制和措施，至今依然是未取得突破的现实而重大的问题。从中国的现实国情出发，考虑到基层地方的诉求，我们需要改革现行区域政策管理过于分散的体制，将扶贫开发机构、西部开发、东北振兴、中部崛起以及各类区（国家级开发区、综改区、边合区、中外合作区等）的管理职能统一整合。通过这种改革，使中国区域规划和政策更加科学有效，促进中国区域发展更加均衡、协调和可持续，实现各地区共同繁荣富裕的目标。

附表　中国国家区域政策文献资料列表（2000—2012年）

	文件名称	文件号（年份）
全国	国民经济和社会发展"十五"规划纲要	2001
	国民经济和社会发展"十一五"规划纲要	2006
	全国主体功能区规划	国发〔2010〕46号
	国民经济和社会发展第十二个五年规划纲要	2011
	国家东中西区域合作示范区建设总体方案	发改地区〔2011〕1185号
	2012年中央经济工作会议公报	2012
东部	国务院关于推进天津滨海新区开发开放有关问题的意见	国发〔2006〕20号
	珠江三角洲地区改革发展规划纲要（2008—2020年）	发改地区〔2008〕3577号
	天津滨海新区综合配套改革试验总体方案	津政发〔2008〕30号
	国务院关于推进上海加快发展现代服务业和先进制造业建设国际金融中心和国际航运中心的意见	国发〔2009〕19号
	国务院关于推进海南国际旅游岛建设发展的若干意见	国发〔2009〕44号
	国务院关于支持福建省加快建设海峡西岸经济区的若干意见	国发〔2009〕24号
	横琴总体发展规划	发改地区〔2009〕1953号
	黄河三角洲高效生态经济区发展规划	发改地区〔2009〕3027号
	江苏沿海地区发展规划	发改地区〔2009〕2071号
	深圳市综合配套改革总体方案	发改经体〔2009〕1263号
	长江三角洲地区区域规划	发改地区〔2010〕1243号
	厦门市深化两岸交流合作综合配套改革试验总体方案	发改经体〔2011〕3010号
	国务院正式批复浙江义乌市国际贸易综合改革试点	国函〔2011〕22号
	山东半岛蓝色经济区发展规划	国函〔2011〕1号
	浙江海洋经济示范区规划	国发〔2011〕19号
中部	关于促进中部地区崛起的若干意见	中发〔2006〕10号
	国务院办公厅关于中部六省比照实施振兴东北地区等老工业基地和西部大开发有关政策范围的通知	国办函〔2007〕2号
	长株潭城市群区域规划（2008—2020）	国函〔2008〕123号
	促进中部地区崛起工作部际联席会议制度	国函〔2008〕2号
	武汉城市圈总体规划纲要	国函〔2008〕84号
	中西部地区外商投资优势产业目录	国家发展改革委、商务部令2008年第4号

续表

	文件名称	文件号（年份）
中部	促进中部地区崛起规划	国函〔2009〕130号
	鄱阳湖生态经济区规划	国函〔2009〕145号
	《促进中部地区崛起规划》实施意见	发改地区〔2010〕1827号
	关于促进中部地区城市群发展的指导意见	发改地区〔2010〕967号
	国务院关于中西部地区承接产业转移的指导意见	国发〔2010〕28号
	皖江城市带承接产业转移示范区规划	发改地区〔2010〕97号
	国家发展改革委关于设立山西省国家资源型经济转型综合配套改革试验区的通知	发改经体〔2010〕2836号
	国务院关于支持河南省加快建设中原经济区的指导意见	国发〔2011〕32号
西部	国务院关于实施西部大开发若干政策措施的通知	国发〔2000〕33号
	国务院关于进一步做好退耕还林还草试点工作的若干意见	国发〔2000〕2号
	国务院办公厅转发国务院西部开发办关于西部大开发若干政策措施实施意见的通知	国办发〔2001〕73号
	关于西部大开发税收优惠政策问题的通知	财税〔2001〕202号
	国务院关于进一步完善退耕还林政策措施的若干意见	国发〔2002〕10号
	"十五"西部开发总体规划	计规划〔2002〕259号
	西部地区人才开发十年规划	中办发〔2002〕7号
	国务院关于进一步推进西部大开发的若干意见	国发〔2004〕6号
	西部大开发"十一五"规划	发改规划〔2006〕2940号
	广西北部湾经济区发展规划	发改地区〔2008〕144号
	国务院关于进一步促进宁夏经济社会发展的若干意见	国发〔2008〕29号
	成都市统筹城乡综合配套改革试验总体方案	国函〔2009〕55号
	甘肃省循环经济总体规划	国函〔2009〕150号
	关中—天水经济区发展规划	发改西部〔2009〕1500号
	国务院办公厅关于应对国际金融危机保持西部地区经济平稳较快发展的意见	国办发〔2009〕55号
	国务院关于进一步促进广西经济社会发展的若干意见	国发〔2009〕42号
	国务院关于推进重庆市统筹城乡改革和发展的若干意见	国发〔2009〕3号
	重庆市统筹城乡综合配套改革试验总体方案	渝府发〔2009〕68号
	中共中央国务院关于深入实施西部大开发战略的若干意见	中发〔2010〕11号

续表

	文件名称	文件号（年份）
西部	国务院办公厅关于进一步支持甘肃经济社会发展的若干意见	国办发〔2010〕29 号
	中央召开新疆工作座谈会	2010
	关于深入实施西部大开发战略有关税收政策问题的通知	财税〔2011〕58 号
	成渝经济区区域规划	发改地区〔2011〕1124 号
	国务院关于进一步促进内蒙古经济社会又好又快发展的若干意见	国发〔2011〕21 号
	国务院关于支持喀什霍尔果斯经济开发区建设的若干意见	国发〔2011〕33 号
	国务院关于支持云南省加快建设面向西南开放重要桥头堡的意见	国发〔2011〕11 号
	第二次全国对口援疆工作会议精神	2011
	国务院关于进一步促进贵州经济社会又好又快发展的若干意见	国发〔2012〕2 号
	西部大开发"十二五"规划	发改西部〔2012〕189 号
东北	关于实施东北地区等老工业基地振兴战略的若干意见	中发〔2003〕11 号
	国务院关于同意黑龙江省完善城镇社会保障体系试点实施方案的批复	国函〔2004〕36 号
	国务院关于同意吉林省完善城镇社会保障体系试点实施方案的批复	国函〔2004〕35 号
	国务院办公厅关于促进东北老工业基地进一步扩大对外开放的实施意见	国办发〔2005〕36 号
	辽宁沿海经济带发展规划	发改经体〔2009〕2312 号
	东北地区振兴规划	发改规划〔2007〕1674 号
	国务院关于进一步实施东北地区等老工业基地振兴战略的若干意见	国发〔2009〕33 号
	图们江区域合作开发规划纲要	发改地区〔2009〕1955 号
	东北地区物流业发展规划	发改东北〔2011〕2590 号
	关于加快转变东北地区农业发展方式建设现代农业的指导意见	国办发〔2010〕59 号
	沈阳经济区新型工业化综合配套改革试验总体方案	发改经体〔2011〕2094 号

参考文献

1. Baltagi, B. H., *Econometric Analysis of Panel Data*, Chichester: John Wiley & Sons, 2008.
2. ［美］埃德加·M. 胡佛：《区域经济学导论》，商务印书馆 1990 年版。
3. 陈栋生：《对中国生产力布局战略的探讨》，《中国工业经济学报》1985 年第 3 期。
4. 陈耀：《中国城市经济圈发展特征与前景》，《学术界》2003 年第 6 期。
5. 陈耀：《深化中国区域经济重大问题研究》，《区域经济评论》2013 年第 1 期。
6. "工业化与城市化协调发展研究"课题组：《工业化与城市化关系的经济学分析》，《中国社会科学》2002 年第 2 期。
7. 蔺雪芹、王岱等：《中国城镇化对经济发展的作用机制》，《地理研究》2013 年第 4 期。
8. 刘再兴：《论生产力的布局战略》，《经济与社会发展》1985 年第 1 期。
9. 魏后凯：《区域经济发展的新格局》，云南人民出版社 1995 年版。
10. 魏后凯：《新中国 60 年区域发展思潮的变革与展望》，《河南社会科学》2009 年第 4 期。
11. 张文合：《论中国区域经济的非均衡协调发展战略》，《当代财经》1989 年第 9 期。
12. 朱孔来、李静静、乐菲菲：《中国城镇化进程与经济增长关系的实证研究》，《统计研究》2011 年第 9 期。

Chapter 8　Regional Economic Layout and Economic Development of Large Country

Abstract: Chapter 8 analyzes and summarizes the connotation of the coordinated development of great powers, the development process of the world powers and the evolution of China's regional development strategy since the reform and opening up. Moreover, the chapter analyzes and clarifies the regional structure adjustment, industrial layout optimization, industrial transfer and acceptance, and development practice of metropolitan area, since China's implementation of overall strategy of regional coordinated development. Through the analysis and comparison of the four major plates regional policies, this chapter puts forward the regional coordinated development and policy orientation of China's economy from a large country to a great power.

Key Words: Coordinated Regional Development, Metropolitan Development Strategy, Regional Policy

(执笔人：陈 耀)

第九章　大国经济发展与社会保障体系建设

第一节　大国战略下社会保障的
制度框架与政策选择

中国经济总量在 2010 年超过日本，成为全球第二大经济体。根据世界银行的数据，2010 年，中国的人均国民收入（GNI）为 4260 美元，首次由"下中等收入"（人均 GNI 为 1006—3975 美元）经济体上升为"上中等收入"（人均 GNI 为 3976—12275 美元）经济体，标志着中国经济发展进入了一个新阶段（见图 9-1）。但中国经济发展中的问题也很突出，经济发展不平衡、不协调、不持续问题凸显。一些发展中国家的经验显示，在这一阶段极易陷入"中等收入陷阱"，无法成功进入高收入国家。[1]

世界各国发展的经验表明，建立一个适合本国国情的社会保障体系是成功跨越"中等收入陷阱"的关键之一。而功能完善的社会保障体系也是现代国家制度的主要组成部分。传统上，社会保障的主要功能是抵御社会风险、收入再分配以及强制储蓄。其干预的重点是对居民遭遇收入损失后提供必要的帮助，属于事后保障。除上述传统功能定位外，现代社会保障的功能定位前移，社会风险的管控、人力资本投资以及社会资本投资都成为现代社会保障的重要功能。中国进入经济大国阶段后，面临的一系列问题，诸如收入差距扩大、人力资本积累不足、社会投资不足以及社会冲突凸显等，都需要现代社会保障体系的不断完善。

---

[1] Gill, I. and Kharas, H., 2007, *An East Asian Renaissance: Ideas for Economic Growth*, World Bank.

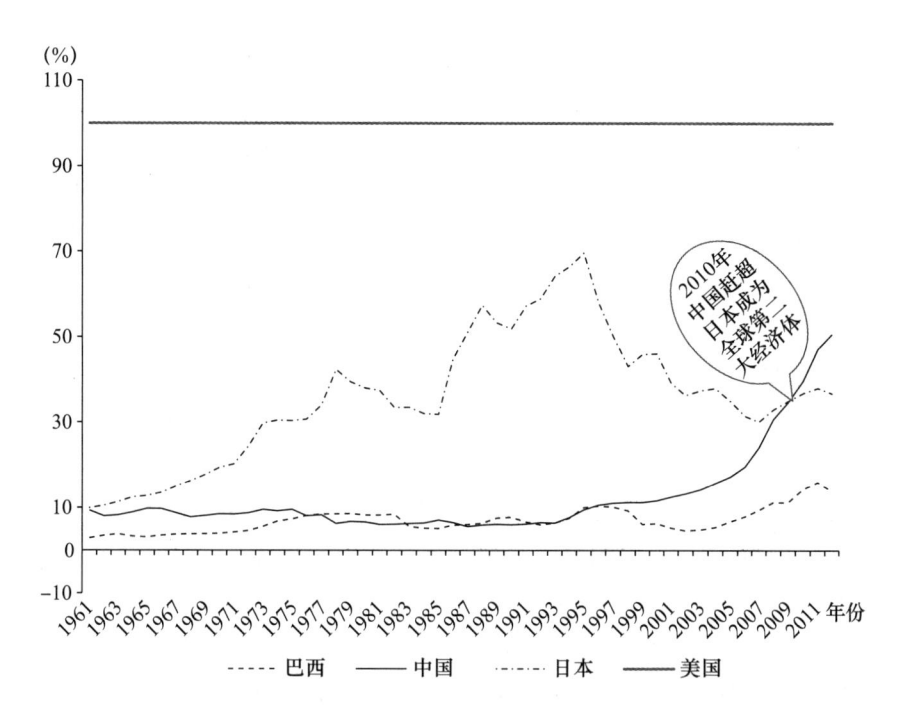

图 9-1　中国、日本、巴西对美国的赶超

注：赶超指数 = 各国 GDP/美国 GDP × 100%。

资料来源：World Bank Database。

（图中标注：2010年中国赶超日本成为全球第二大经济体）

十八届三中全会提出，政府的职责和作用主要放到加强和优化公共服务方面。这是对现代政府职责认识的深化，也是对中国当前面临的主要发展问题的深刻洞察。从各国政府职能演变的角度看，现代政府的一个主要职能是对社会风险的调控和管理，这也是构成现代政府合法性的主要来源之一。[①] 而建立一个有效的社会保障体系则成为政府管控社会风险的主要政策手段，也是大国发展战略不可或缺的组成部分。

一　现代社会保障制度的演变及框架

（一）社会保障制度的演变及定义

社会保障[②]是伴随着现代工业社会的发展而产生的一种社会制度。从

---

① ［英］安东尼·吉登斯：《第三条道路：社会民主主义的复兴》，郑戈译，北京大学出版社2000年版。

② 在一些国家组织的文献中，经常使用"社会保护"概念来代替"社会保障"。从严格意义上讲，社会保护拓展了传统社会保障的范畴，更具现代意义。但在多数文献中，两者是通用的。本书仍然使用社会保障的指称，但其含义与社会保护基本相同。

历史起源看，英国17世纪颁布的《济贫法》就已经具备某些社会保障的元素。但是，包括《济贫法》在内的一些措施背后的逻辑是：失业、贫穷是个人原因导致的，社会不负有对贫困的救助责任。政府济贫目的是维护社会治安，因此，济贫原则是接受救助与强制劳动相结合，要求接受救助者必须参加强制劳动。《济贫法》虽然也对陷入贫困的人进行救助，但并不具备工业社会社会保障的基本特征。当然，《济贫法》也确定了现代社会保障的一种重要模式，即"补残模式"，政府对落入贫困的居民提供非缴费型的社会救助。

具有现代社会保障含义的社会保障体系的开端都以19世纪末期德国俾斯麦政府建立的社会保险体系开始算起。1883年，德国颁布《疾病保险法》，1889年颁布《老年及伤残保险法》，标志着工业社会社会保障体系的建立。之后，一些国家纷纷建立本国的社会保障体系。英国于1908年建立养老保险，1911年建立疾病保险；法国于1910年建立养老保险；日本于1927年建立健康保险和工伤保险。这一时期社会保障体系的建立主要以社会保险项目为主。建立政府主导、强制参与的社会保险，经济学意义上的理由在于弥补商业保险中经常发生的逆向选择与道德风险①，社会和政治理由则在于消弭社会冲突，促进社会团结。②

使社会保障成为政府担负的必要责任的事件是1935年美国《社会保障法》的颁布和实施。美国1935年《社会保障法》建立的老年、残障及遗属保险仍属社会保险范畴，由雇主和雇员缴费形成社会保障基金。美国《社会保障法》标志着为居民提供社会保障成为政府的必要责任。其背景：一是资本主义大危机，导致大批居民失业，失去收入，迫切要求政府提供某种形式的保障；二是凯恩斯主义的盛行，将政府干预作为应对经济危机的主要手段。与此背景相适应，美国《社会保险法》的目标有二：一是"为美国人民提供未来的更长久的经济保障"③；二是通过社会保障稳定居民消费需求，刺激宏观经济增长。后一个目的成为随后若干年西方资本主义国家凯恩斯需求管理的重要内容。

---

① Feldstein, M. and J. B. Liebman, Social Security, in A. J. Auerbach and M. Feldstein (eds.), *Handbook of Public*.
② 周弘：《福利国家向何处去》，《中国社会科学》2001年第3期。
③ [美]富兰克林·德·罗斯福：《罗斯福选集》，关在汉编译，商务印书馆1982年版，第78页。

社会保障演变过程中的另一个关键事件是英国的《贝弗里奇报告——社会保险和相关服务》。① 该报告提出了社会保障的四项基本原则：一是普遍性原则，社会保障应面向全体居民；二是保证基本生活原则，社会保障要确保每一个居民最基本的生活需要；三是统一原则，社会保障的缴费标准、待遇支付和行政管理必须统一；四是权利和义务对等原则，社会保障的受益与贡献相匹配。《贝弗里奇报告——社会保险和相关服务》构成了战后欧洲福利国家的雏形。根据该报告设计的框架，英国随后制定和实施了《国民保险法》《国民卫生保健服务法》《家庭津贴法》《国民救济法》等一系列法律，建立了从"坟墓到摇篮"的福利国家。从第二次世界大战后一直到20世纪70年代末80年代初，福利国家的思潮及实践在欧洲盛行起来。

第二次世界大战之后，国际社会对社会保障的认识提升到基本人权的地位。1952年，国际劳工组织（ILO）在其102号公约②中对社会保障所包含的具体内容进行界定，并成为各国建立社会保障体系的主要参考标准。国际劳工组织提出的社会保障的定义也成为社会保障的标准定义："社会通过一系列公共措施为其成员提供的保障，以弥补因各种社会风险导致来自工作及收入丧失或收入的大幅下降，这些社会风险主要包括疾病、生育、工伤、失业、残疾、老年以及家庭中承担家计的人的死亡等；这些保障还包括为居民提供医疗服务，为家庭及儿童提供的福利。"③

（二）社会保障的主要内容

在历史演变过程中，当前，世界各国普遍所建立的社会保障项目主要包括以下四种类型：

1. 非缴费型社会救助项目

社会救助项目所依据的社会保障理论是所谓"补残模式"，即政府对落入一定收入水平之下的居民提供基本生活保障。这类项目一般采取家计和收入调查的方式确定被救助人群，并提供实物或现金形式的救助。资金

---

① 劳动和社会保障部社会保险研究所组织翻译：《贝弗里奇报告——社会保险和相关服务》，中国劳动社会保障出版社2004年版。

② International Labor Organization, *Social Security (Minimum Standards) Convention*, 1952 (No. 102).

③ International Labour Office, 2000, *World Labour Report 2000: Income Security and Social Protection in a Changing World*, Geneva.

来源主要是政府的一般税收，接受救助者无须提前缴费。因为这类项目的目标是为落入贫困中的人提供基本生活保障，因此这类项目又被称为社会"安全网"。

2. 缴费型社会保险项目

现代社会保障体系通常以社会保险为主体。社会保险强调的是社会成员通过保险的方式分散社会风险，其依据是风险分散原理。但与商业保险不同，社会保险具有强制参与的特征，符合条件的社会成员必须参加，视为法定义务。社会保险一般包括老年和遗属保险、医疗保险、工伤保险、失业保险、生育保险等，其所应对的社会风险则分别为老年风险、疾病风险、工伤风险、失业风险和生育风险等。社会保险的资金来源主要是雇主和雇员缴费，有时政府也会承担一部分费用。与社会救助不同，传统上社会保险一般都与就业关联，覆盖的人群主要是正规就业人员。

3. 社会福利项目

与社会救助项目的资金来源相同，社会福利项目也主要由政府税收支付。但与社会救助项目不同的是，社会福利项目一般针对全民或某一特定群体提供普惠型福利，其目的是提升居民生活水平，满足某一特定群体的需求。例如，大部分发达国家提供的家庭福利津贴或儿童津贴等。

4. 其他社会保障项目

社会救助、社会保险及社会福利构成了现代社会保障体系的主要内容。除此之外，一些国家的社会保障体系还包括住房保障、积极的就业政策、缓解社会排斥项目等。

二　现代社会保障制度的变革趋势

社会保障制度是现代国家制度的重要组成部分，为民众提供有效的社会保障已成为当代政府的主要职责。从发展历程来看，第二次世界大战之后到20世纪70年代现代社会保障的定义、制度框架以及所包含的主要内容都已基本定型。但是，自70年代末期以来，适应经济社会环境的变化，现代社会保障制度的理念、功能定位、提供方式等都发生了重大变化。20世纪70年代主要资本主义国家发生的经济滞胀，使各国对凯恩斯需求管理的宏观经济政策进行反思，重新回归市场的新自由主义经济政策。在这一过程中，以高福利为主要特征的现代社会保障制度被认为是导致经济增长乏力的重要原因。如何在社会保障与经济增长激励之间寻求平衡成为社会保障制度改革的主要线索。基于这一背景，从20世纪80年代以来，社会保障的理念、功能定位、保障内容以及提供方式等都发生了诸多变化。理解这些变化对中国建立适应大国经济发展战略的现代社会保障体系具有重要借鉴意义。

（一）从社会保障到社会保护：现代社会保障理念

传统上，社会保障是作为"安全网"存在的，旨在对市场竞争中的失败者提供帮助。在福利国家传统中，社会保障则主要体现为国家对居民的收入转移支付。从20世纪80年代以来，社会保护的理念逐渐取代了传统社会保障的理念。社会保护一般定义为国家和社会采取的旨在应对脆弱性、风险与剥夺的一系列公共政策；在给定的社会及政治框架中，这些脆弱性、风险与剥夺被认为是社会不可接受的。[①] 通过公共政策对社会成员提供相应的保护，消除脆弱性，管控风险，以及消除各种形式的剥夺，其主要目的在于提升社会的公平性与安全性，促进社会的流动性、包容性，以及维护社会稳定。与传统的社会保障相比，社会保护突出以下四个特征：

第一，在充分考虑受保护群体现实条件及生活状况的基础上，关切弱势群体的需求，根据他们的现实需要提供保护，具有明显的针对性。例如，对贫困人口的救助不仅是提供收入补偿，而且要充分考虑其陷入贫困的具体原因，提供相应的保护。若落入贫困是因为就业机会不足，那么救助应侧重其就业能力的提升及就业机会的拓展。

第二，对可支付与可持续性的重视。提供的保护不仅是公共预算可支付的，而且也要考虑家庭和社会的可支付能力。因为即使接受社会提供的保护，一些脆弱群体也没有能力获得或使用这种保护。可持续性既包括政治上的可持续性，也包括财务上的可持续性。

第三，着眼于提升个人、家庭、社区应对风险的能力的促进与完善，防止福利依赖。社会保护对脆弱人群的保护着眼于提升他们应对风险的能力，而不是被动地提供收入补偿。在福利主义的社会保障制度中，最易产生的问题就是社会成员对福利的依赖。在社会保护的理念中，社会保护对社会成员提供的支持主要是应对风险能力的提升。实际上，这不仅是对社

[①] Norton, A., Conway, T. and Foster, M., 2001, "Social Protection Concepts and Approaches: Implications for Policy and Practice in International Development", London: Overseas Development Institute, *Working Paper* 143.

会应对风险能力的提升，而且也为经济持续增长提供了人力资本基础。

第四，社会保护强调保护内容的灵活性，能够适应快速变化的经济社会环境，满足社会成员不同生命周期的需求变化。在生命周期的不同阶段，社会成员面临的风险类型是不同的，需要获得保护的侧重点也不同。社会保护需要适应这种变化，提供更具针对性的保护。

如前所述，现代社会保障改革的焦点是在应对社会风险、提供经济安全与经济增长之间寻求平衡点。社会保护的理念在两者之间找到了一个联结点，这个联结点就是基于能力提升的人力资本投资。提升社会成员应对风险的能力的主要途径之一就是人力资本投资；而人力资本投资又是现代经济增长的主要来源。

（二）现代社会保障的功能与政策定位

社会保障理念的演进伴随着现代社会保障的功能扩展。社会保障的传统功能，一是作为社会"安全网"，对竞争失败者及落入贫困的人进行救助。发挥这一功能的项目主要是非缴费型社会救助项目。二是通过社会互济，分散社会风险。发挥这一功能的项目主要是社会保险项目。三是通过社会互济，实现社会团结，实现社会不同阶层、不同群体之间的融合。这也是德国在18世纪末俾斯麦政府建立社会保险的初衷之一。四是强制储蓄功能。这一功能主要体现在缴费型社会保险项目中。强制储蓄功能最为明显的就是完全基金积累制的养老保险制度。新加坡的中央公积金制度就是典型的强制储蓄型社会保障。实际上，即使那些现收现付制的社会保险项目，也存在强制储蓄问题。只不过这里的强制储蓄体现为代际强制储蓄。五是收入再分配功能。在社会保障体系中，收入再分配功能最明显的是非缴费型社会救助项目，因为这直接体现了收入向低收入群体的转移支付。具有共济功能的社会保险项目也具有收入再分配功能。六是与经济增长和经济波动有关。在凯恩斯需求管理框架下，社会保障被视为宏观经济的"稳定器"。

自20世纪80年代以来，社会保障的功能与政策定位发生了变化。这些变化主要体现在以下三个方面：

第一，积极的就业政策与人力资本投资成为现代社会保障的重要内容。20世纪80年代以来，人力资本理论被引入社会政策领域，认为贫困或受到社会排斥是由于他们未能被市场特别是劳动力市场包容的结果。而未能被劳动市场包容的原因则在于这部分人群的人力资本投资低下，不能适应市场需求。因此，社会保障的目标转变为通过增强人们适应市场经济变化的能力来实现。强调对劳动市场的干预不仅是现代社会保障与传统社会保障制度的核心区别，更由于社会保护政策对劳动力市场的干预政策具有公平和效率兼顾的特征，从而使社会保护政策具有社会投资的功能。①

第二，社会风险的管控成为社会保障的主要功能。传统的社会保障制度在很大程度上是一种事后补偿机制，其目的是保障和维持基本生活。而现代社会保障则从生命周期与风险管理理论出发，将社会保障的前沿提前到风险发生之前。② 相比于传统社会保障，积极干预型社会保障更加重视人们陷入贫困的原因，在制度设计上从"剩余型"向"发展型"制度设计转变，强调了社会保障在扫除人们参与经济社会生活方面的障碍、在短期以及长期提升人力资本积累的作用。

第三，社会保障成为促进社会和谐与稳定、消解社会排斥的主要政策手段。德国社会保险建立之初的一个重要目标是实现社会团结。在这一目标之上，现代社会保障又逐步衍生出消解社会排斥的政策目标。社会排斥是指社会成员愿意参与社会活动但被不可控制因素阻止的事实。社会排斥的渊源可以追溯至将贫困视作能力剥夺这一古老思想。社会排斥会通过各种方式导致剥夺与贫困，包括积极排斥与消极排斥。③ 社会排斥已成为影响社会和谐与稳定的主要社会问题。消解社会排斥以及由此带来的各种社会问题，已成为欧盟当前重要的社会保障政策。欧盟在消解社会排斥方面的公共支出占 GDP 比重由 20 世纪 90 年代的 0.3% 上升到 0.4%，而在荷兰、比利时、卢森堡等国，这个比重在 2011 年分别上升为 2.2%、0.7% 和 0.5%。④

（三）"去福利化"与社会保障提供方式的多样化

20 世纪 80 年代以来，世界社会保障体系改革的一个明显趋势是社会保障的"去福利化"。社会保障"去福利化"包括两个方面的内容：一是

---

① 徐月宾、刘凤芹、张秀兰：《中国农村反贫困政策的反思》，《中国社会科学》2007 年第 3 期。

② Garcia, A. B. and J. V. Gruat, 2003, Social Protection: A Life Cycle Continuum Investment for Social Justice, Poverty Reduction and Development, Social Protection Sector, ILO.

③ ［印度］阿马蒂亚·森：《论社会排斥》，王燕燕摘译，《经济社会体制比较》（双月刊）2005 年第 3 期。

④ Eurostat Database.

社会保障受益中非缴费型支出的削减，特别是福利型项目的削减。二是更加强调个人责任，减少个人对公共福利的依赖。这一改革趋势与20世纪70年代末及80年代的自由主义改革思潮密切相关。从总体上看，这一改革思潮是以减少政府干预、重新强调市场竞争为特征的。反映在社会保障改革方面，就是减少政府对社会保障的责任，重新强调个人负责。此外，一个非常现实的原因是高额的社会保障支出给各国政府的财政带来了沉重压力。

在"去福利化"的同时，社会保障的提供方式也发生了改变。第二次世界大战后形成的福利国家模式，政府即使不是唯一的也是主要的社会保障的提供者。自20世纪80年代以来，这种"父爱主义"的社会保障提供模式受到了冲击，在社会保障提供中引入市场力量及市场机制成为改革的重要方面。

三　中国社会保障体系的演进及制度框架

中国社会保障体系来源于计划经济时期，在改革开放过程中，又形成了一些制度特征。具体而言，中国会保障体系的制度框架主要包括社会保险、社会救济、社会福利、优抚安置和社会互助、个人储蓄积累保障等内容。[①] 党的十七大报告对中国社会保障体系的框架安排，又进行了系统的界定，"以社会保险、社会救助、社会福利为基础，以基本养老、基本医疗、最低生活保障制度为重点，以慈善事业、商业保险为补充，加快完善社会保障体系"。[②]

（一）计划经济时期的社会保障

中国当前的社会保障体系源于计划经济时代的社会保障制度安排。计划经济通过政府的指令性计划对整个社会的经济活动进行调配与控制。要实现行政性、指令性计划对经济活动的调配与控制，需要一整套制度支持。新中国成立以来，在重工业优先发展的计划目标下，为了将资源集中到工业部门，逐步形成以户籍制度为主体的城乡二元分割体制。[③] 与城乡二元分割体制相对应，计划经济时期社会保障体系的主要特征也体现为城

[①]《中共中央关于建立社会主义市场经济体制若干问题的决定》，1994年。
[②] 胡锦涛：《高举中国特色社会主义伟大旗帜　为夺取全面建设小康社会新胜利而奋斗》（在中国共产党第十七次全国代表大会上的报告），2007年10月15日。
[③] 林毅夫、蔡昉、李周：《中国的奇迹：发展战略与经济改革》，格致出版社、上海三联书店、上海人民出版社1999年版。

乡二元分割：农村居民主要以家庭自我保障及集体经济组织提供的保障为主，政府对农村社会保障并无财政支付责任；城镇居民则又根据就业身份区分为不同的社会保障类型。

在农村，20世纪50年代中期之后，随着农村合作化的完成，形成了人民公社制度以及村级集体经济组织。与这一制度相对应，农村形成以"五保"供养及农村合作医疗为代表的社会保障项目。农村"五保"供养规定了农村村级集体经济组织对丧失劳动能力的成员提供的基本生活保障。这一保障形式实际上是通过集体成员之间的互济，在集体经济组织内部建立的一种非缴费型救助制度。农村合作医疗制度也是当时农村主要的社会保障项目。与"五保"制度不同，合作医疗要求成员缴纳一定的费用，并用这些费用支付医生的服务及药品；与"五保"制度相同的是，合作医疗也嵌入农村集体经济组织当中。合作医疗中的农村赤脚医生同时也是社员，其医疗服务被纳入合作社的分配系统中。

在城镇，城镇居民根据职业的不同，分别纳入不同的社会保障项目中。第一类是机关事业单位就业人员，他们实行的是由财政直接支付的公费医疗及退休制度；第二类是国有企业及集体企业职工，他们实行的是基于企业与职工缴费的劳动保险制度；第三类是非就业城镇居民，他们没有单独的社会保障项目，但可以以机关事业单位及企业职工的家属身份获得部分保障，如医疗费用的报销等。

图9-2给出了计划经济时期基于人群分割的社会保障制度框架。实际上，在计划经济时期，这一框架逐渐演变成不同单位的职工福利制度，失去了社会共济的职能。在农村，"五保"供养及合作医疗本就依托村级集体经济组织；在城镇，"文化大革命"时期的企业职工退休费用社会统筹被取消，原来的劳动保险演变成"企业福利"，机关事业单位的社会保障待遇也与本单位的财政支付能力相关。

（二）改革开放初期至20世纪90年代中期的社会保障改革探索

计划经济时期的社会保障在农村依托于人民公社制度，在城镇则演变为依托单位或企业的职工福利。这两个基础被在20世纪70年代末期开始的改革开放中打破：首先，在农村，人民公社制度解体，家庭联产承包责任制使集体经济组织失去了大部分经济和社会管理功能；其次，在城镇，国有企业也开始了放权让利、承包制、股份制等改革探索，原有的社会保障体系由于失去依托而趋于瓦解。

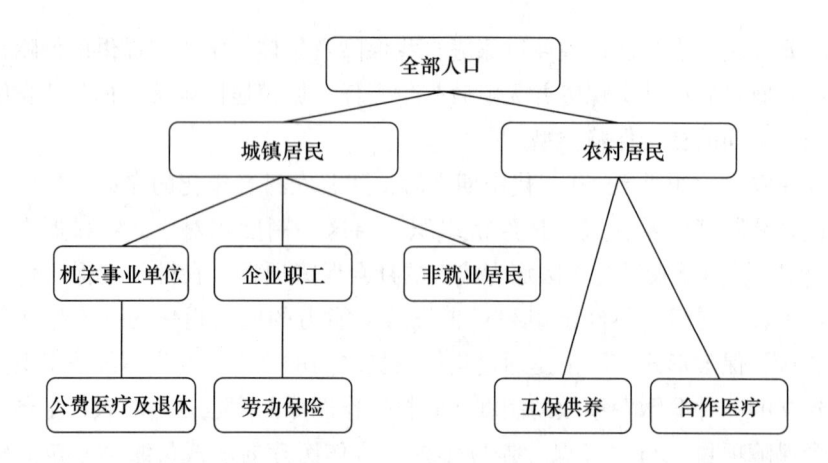

图 9-2 计划经济下中国人群分割与社会保障体系

在农村，随着人民公社制度的解体以及家庭联产承包责任制的推行，农村集体经济组织弱化，逐步失去了为其成员提供保障的能力。在这样的情况下，农村合作医疗制度逐步瓦解，覆盖率从70年代中期最高峰的90%左右急剧下降到5%左右（1983年）。[①] 直到2003年，中国重建新型农村合作医疗，农村的医疗保障基本上处于空白状态。

"五保"供养制度对集体经济的依赖更甚，因为"五保"供养的资金直接来源于生产大队及生产队。而随着集体经济组织的弱化，"五保"供养的资金来源接近枯竭。为解决这一问题，中央提出农村"五保"供养的资金来源应从农民直接收费解决，并将其纳入村提留和乡统筹的范畴内，管理层次也逐步上移至乡镇政府。[②]

在20世纪80年代及90年代初期，随着国有企业改革的推进和企业转制、破产的加快，城镇待岗、失业人群大量出现，城镇贫困人口急剧增加，急需在城镇建立针对失业、待岗职工及城镇贫困人口的救助措施。[③]

[①] 王禄生、张里程：《中国农村合作医疗制度发展历史及其经验教训》，《中国卫生经济》1996年第8期。

[②] 1985年，中共中央、国务院《关于制止向农民乱派款、乱收费的通知》规定："供养五保户等事业的费用，原则上应当以税收或其他法定的收费来解决。在这一制度建立之前，实行收取公共事业统筹费的办法。" 1991年，国务院《农民承担费用和劳务管理条例》规定，"村提留包括公积金、公益金和管理费"，其中，"公益金，用于'五保'户供养、特别困难户补助、合作医疗保健以及其他集体福利事业"，"乡统筹费可以用于'五保'户供养"。

[③] 杨立雄：《中国城镇居民最低生活保障制度的回顾、问题及政策选择》，《中国人口科学》2004年第3期。

在这样的情况下，上海市在1993年建立了非缴费型城镇居民最低生活保障制度，初步在城镇建立了一道社会"安全网"，并成为未来中国居民最低生活保障制度的雏形。

同时，在原有企业劳动保险制度的基础上，各地也在探索重建企业职工社会保险制度。在中央层面，国务院在《国营企业实行劳动合同制暂行规定》（国发〔1986〕77号）中专门对企业劳动合同制工人的劳动保险统筹做了规定，并提出，"劳动合同制工人退休养老实行社会保险制度。退休养老基金的来源，由企业和劳动合同制工人缴纳"。1991年，国务院将统筹的社会保险制度扩展到全部国有企业工人。[①]

这一时期的社会保障制度改革，其主要目的是为国有企业改革提供支持，使国有企业能够摆脱原先承担的沉重的职工福利，成为合格的市场竞争主体。因此，在没有市场竞争、无须成为市场主体的政府及事业单位中，原有的政府财政支付的公费医疗及退休制度没有实行改革，仍保留了原来的制度安排及资金来源渠道。

（三）20世纪90年代中后期适应社会主义市场经济体制的社会保障建设

党的十四大提出了中国经济体制改革的目标模式是建立社会主义市场经济体制；十四届三中全会对社会主义市场经济体制的制度框架进行了规定，其中，明确提出了社会保障改革的功能、地位及目标模式。

首先，十四届三中全会提出，中国社会保障体系建设的目标模式是"建立多层次的社会保障体系"，其主要内容包括社会保险、社会救济、社会福利、优抚安置和社会互助、个人储蓄积累保障。

其次，在改革重点方面，将城镇职工养老保险和医疗保险作为重点，并提出了两者在筹资模式上实行"社会统筹＋个人账户"制度。

最后，确定了社会保险基金保值增值的主要渠道是"用于购买国债"。

从社会保障的功能定位上，中共十四届三中全会对社会保障的功能定位在为国有企业改革进行配套，强调其在"深化企业和事业单位改革"中的重大意义。

中共十四届三中全会确定的社会保障建设的基本模式及一些基本原则构成了当前中国社会保障体系制度安排框架的主体。从中共十四届三中全

[①] 国务院：《关于企业职工养老保险制度改革的决定》，1991年。

会以后直至 2000 年，中国依次建立了企业职工生育保险制度①、企业职工工伤保险制度②、城镇职工基本养老保险制度③、城镇职工基本医疗保险制度④以及失业保险制度⑤；在非缴费型社会救助方面，建立了城镇居民最低生活保障制度。⑥

在农村社会保障体系建设上，党的十四大及十四届三中全会确定的农村社会保障的原则，仍强调"农民养老以家庭保障为主，与社区扶持相结合"。20 世纪 90 年代初，民政部以县为单位开展了农村养老保险试点（老农保），资金以个人缴纳为主，集体补助为辅，国家予以政策支持。⑦这一制度实际上是个人账户形式的养老储蓄，个人账户完全由个人缴费形成，且个人是否参加、缴费多少都可自行选择。个人账户的资金回报率与银行利率相同。由于制度设计存在缺陷，发展动力不足，从而逐渐萎缩。1998 年国务院决定停止该项制度的运行。

党的十五大确立的中国社会保障建设的基本原则，仍强调城镇社会保障建设，并强调其作为国有企业改革配套的重要性，并未认识到社会保障自身的意义。

（四）覆盖全民的社会保障制度

党的十六大在社会保障建设的原则上发生了本质性的变化，社会保障开始摆脱作为国有企业改革配套的功能定位，社会保障在经济社会发展的重要作用得到重视。同时，党的十六大报告提出了农村社会保障建设的政策取向，即"有条件的地方，探索建立农村养老、医疗保险和最低生活保障制度"。2003 年的"非典"冲击，也使中国政府认识到建立一个覆盖全面的社会保障制度的重要性。

此后的十年间，中国社会保障建设进入全面覆盖的新阶段。2003 年年初，中央开始推动新型农村合作医疗制度，也叫"新农合"。新农合首次明确了政府对农村社会保障的财政责任。新农合的筹资结构设计为"政府补贴、集体补助、个人缴费"，政府按照一定比例为新农合提供财

---

① 《企业职工生育保险试行办法》（劳部发〔1994〕504 号）。
② 《企业职工工伤保险试行办法》（劳部发〔1996〕266 号）。
③ 《关于建立统一的企业职工基本养老保险制度的决定》（国发〔1997〕26 号）。
④ 《关于建立城镇职工基本医疗保险制度的决定》（国发〔1998〕44 号）。
⑤ 《中华人民共和国失业保险条例》，1999 年。
⑥ 《关于在全国建立城市居民最低生活保障制度的通知》（国发〔1997〕29 号）。
⑦ 《县级农村社会养老保险基本方案（试行）》（民办发〔1992〕2 号）。

政支持。此后，2009年开始建立的新型农村社会养老保险试点也秉承了这一筹资结构，明确了政府对农村居民养老保险的财政支持责任。政府对农村社会保障的财政支持责任还体现在新的农村"五保"供养上。2006年的《农村五保供养工作条例》规定，"农村五保供养资金，在地方人民政府预算中安排"，确定了农村"五保"供养作为政府非缴费型社会救助项目的地位。

在非缴费型社会救助项目方面，这一时期还正式建立了城镇与农村的最低生活保障制度以及城镇与农村的医疗救助制度。在城镇非就业居民方面，除非缴费型社会救助项目外，还分别在2007年和2011年建立了城镇居民的医疗保险制度及城镇居民养老保险制度，将城镇未就业人员以及就业不稳定无法纳入城镇职工基本养老（医疗）制度的群体纳入社会保障体系中。

随着城镇居民养老保险制度的建立，中国在社会保障体系建设上实现了全部人群的制度全覆盖（见图9-3）。在农村，农村居民的社会保障体系，既有非缴费型社会救助项目、"五保供养"、农村居民最低生活保障及医疗救助制度，也有社会保险性质的新型农村合作医疗及新型农村养老

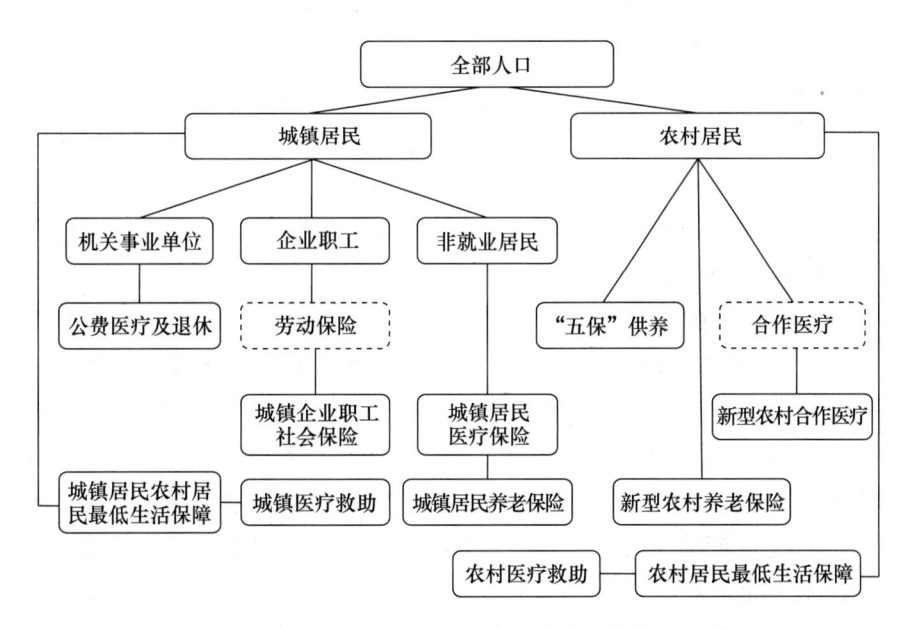

图9-3 分人群的社会保障项目覆盖

注：图中虚线框中的为已经取消的项目。

保险；城镇居民社会保障的主体是城镇职工社会保险制度，包括养老保险、医疗保险、失业保险、工伤保险及生育保险，也包括覆盖城镇居民非缴费型城镇居民最低生活保障及医疗救助制度。此外，城镇非就业居民也建立了城镇居民养老保险及医疗保险制度。

在实现制度全覆盖的同时，中国政府及社会对社会保障功能的认识也发生了变化。自党的十六大之后，社会保障成为民生建设的主要内容，而不仅是企业改革的配套措施。同时，社会保障也成为改革开放发展成果为全民共享的主要政策手段。

十七大报告正式提出了建立覆盖城乡居民的社会保障体系的目标，并对中国社会保障的制度框架及模式进行了界定，中国社会保障体系"以社会保险、社会救助、社会福利为基础，以基本养老、基本医疗、最低生活保障制度为重点，以慈善事业、商业保险为补充"。党的十八大报告将社会保障的全民覆盖作为全面建成小康社会的主要目标之一，并提出了统筹推进城乡社会保障体系建设的基本原则。

四 中国社会保障体系的制度特征及存在的问题

中国社会保障实现制度全覆盖意味着所有人群都被至少一种社会保障项目所覆盖，这是中国社会保障建设取得的巨大成绩。但是，中国社会保障体系脱胎于计划经济，在改革过程中又承担了为国有企业改革提供配套的功能，因此形成了一些重要特征。这些特征在全球化时代和中国的特定情境下产生了诸多问题，面临着巨大的挑战。中国社会保障体系存在的诸多问题基本上可以归结到中国社会保障体系的两个主要特征：一是制度分割，社会保障项目之间"碎片化"严重，公平性不足；二是隐性负债沉重，可持续性堪忧。

（一）中国社会保障体系"碎片化"

中国社会保障体系的一个基本特征是"碎片化"，"碎片化"包含三个层面的分割：一是制度分割；二是地区分割；三是管理部门的分割。这三个层面的分割相互缠绕，形成中国社会保障体系的"碎片化"特征：不同的"碎片"之间待遇差距明显，显失公平；转移接续困难，缺乏便携性，不适应流动性；管理分割导致信息不能共享，不能充分发挥社会保障的整体功能。

1. 制度分割及地区分割：社会保障公平性不足

在当前中国的社会保障体系下，不同的人群适用不同的社会保障项目。

首先是城乡居民之间，城镇居民和农村居民实行不同的社会保障项目。即使实行具有相同制度安排框架的社会保障项目，其间也存在明显的差异。在非缴费型社会救助项目方面，城镇居民和农村居民都实行了居民最低生活保障制度，制度安排类似，但实际待遇水平却有较大差距。农村平均的低保标准及实际的平均补助水平都仅相当于城镇水平的一半左右。在缴费型社会保险方面，农村居民养老保险的年养老金支付水平仅相当于城镇职工养老保险平均养老金水平的4%左右；在医疗保险方面，新型农村合作医疗的人均筹资额在2012年只有308.5元，低于城镇居民基本养老保险的人均筹资额，更远低于城镇职工基本医疗保险的人均筹资额（见表9-1）。

表9-1　中国社会保障水平的城乡及制度差距（2012年）

			数额
居民最低生活保障	平均低保标准	城市	330.1元/月·人
		农村	172.3元/月·人
	平均补助水平	城市	239.1元/月·人
		农村	104.0元/月·人
城镇职工基本养老保险		平均养老金	20900.4元/年
城乡居民养老保险		平均养老金	879.5元/年
城镇职工基本医疗保险		人均筹资额	2288.8元/年
城镇居民基本医疗保险		人均筹资额	322.9元/年
新型农村合作医疗		人均筹资额	308.5元/年

注：2012年8月城镇居民养老保险与新型农村养老保险合并统计；资料来源于2012年《人力资源和社会保障事业统计公报》。养老保险的平均养老金等于该年份基金支出额除以离退休人数；医疗保险及合作医疗人均筹资额等于该年度基金收入额除以该年底参保人数。

资料来源：《中国民政统计年鉴》和《中国劳动统计年鉴》。

城乡之间在社会保障水平之间的巨大差异有其历史原因，但是，这种保障水平的巨大差异有悖于城乡统筹的基本原则，有悖于社会保障收入再分配功能的发挥。

其次，即使在城镇居民内部也存在不同人群、不同制度之间的待遇差异，其中社会反响比较强烈的当属机关事业单位与城镇企业职工社会保险之间的待遇差距。机关事业单位与企业职工实行不同的社会保障制度：前者适用机关事业单位的公费医疗及退休制度，且全部由财政直接拨付；后者实行的是雇主及雇员共同缴费的社会保险制度。机关事业单位的社会保障不仅无须个人缴费，且其待遇水平也远高于企业职工的社会保险。以退休后的养老金为例，2010 年，从机关事业单位退休的人均月养老金为 2508.19 元，而从企业退休的职工的月平均养老金只有 1528.15 元，前者是后者的 1.6 倍（见表 9-2）。即使在控制了两者之间的教育水平差距后，两者之间也还存在明显的养老金待遇差距。[①] 需要指出的是，在机关事业单位内部，机关公务员与事业单位之间也存在社会保障之间的显著差距。此外，在城镇职工与城镇居民之间也存在社会保障之间的差距。

表9-2　　中国城镇不同就业状况下退休后的养老金差距（2010 年）

退休前就业状况	观测值数（人）	退休金/社保给付养老金		每月总收入	
		均值（元/月）	基尼系数（%）	均值（元/月）	基尼系数（%）
A 非正规就业	2325	260.62	61.65	376.54	65.45
B 机关事业单位	2007	2508.19	29.04	2632.37	30.40
C 企业职工	5605	1528.15	20.83	1600.51	22.42
D 机关+企业	123	2847.91	26.14	2903.97	26.07
B+C+D	7735	1803.43	27.03	1888.97	28.35
全部	10060	1446.86	39.72	1539.43	40.54

资料来源：中国社会科学院经济研究所社会保障课题组：《多轨制社会养老保障体系的转型路径》，《经济研究》2013 年第 12 期。

中国社会保障体系，不仅存在制度之间的分割，而且还存在严重的地区之间的分割。在社会保险方面，中国社会保险项目基本统筹区域为县级（县级市、市辖区）统筹，不同的统筹区域之间，缴费率有差异，缴费基数不同，保障水平差距明显。以养老保险为例，虽然中央政府制定了养老保险的指导缴费率，但是，各地的缴费基数却与本地的平均职工工资相挂

---

① 中国社会科学院经济研究社会保障课题组：《多轨制社会养老保障体系的转型路径》，《经济研究》2013 年第 12 期。

钩，缴费上下限与本地的最低工资标准挂钩，导致实际缴费水平存在较大差异。在养老金待遇方面，更是存在明显的地区差距。以企业职工基本养老保险为例，2012年平均的养老金水平，最高的省份是最低省份的约2.15倍，次高省份是次低省份的约1.78倍。

在非缴费型社会救助方面，也存在地区差异。以城镇和农村最低生活保障为例，2012年，城镇最低生活保障的平均标准及实际补助水平最高省份为最低省份的约2.27倍、约2.45倍，次高省份为次低省份的约2.06倍、约2.27倍；农村居民最低生活保障制度的差距更加明显，平均低保标准及实际补助水平，最高省份为最低省份的约3.75倍、约3.96倍，次高省份为次低省份的约3.72倍及约2.79倍（见表9-3）。

表9-3　城镇企业职工年均养老金及城镇、农村低保的地区差距（2012年）

地区	企业职工平均养老金（元/年）	城镇最低生活保障（元/人、月）		农村最低生活保障（元/人、月）	
		平均标准	补助水平	平均标准	补助水平
最低	7573	251	189	115	81
次低	7996	253	192	115	82
次高	14212	520	435	427	229
最高	16251	570	463	430	318
基尼系数（%）	10.27	12.05	13.92	22.56	18.02
最高/最低	2.15	2.27	2.45	3.75	3.96
次高/次低	1.78	2.06	2.27	3.72	2.79

资料来源：2012年《中国民政统计年鉴》和《中国劳动统计年鉴》。

社会保障水平要与地区经济社会发展相适应是社会保障建设的一个重要原则；但是，社会保障作为调节收入再分配的重要手段，若不能在不同地区之间实现收入的再平衡，那么社会保障就失去了其本来的含义。而从社会保障分散社会风险的角度看，统筹范围过低意味着风险分散的范围过低，其抵御社会风险的能力必然下降。制度分割与地区分割导致的社会保障待遇差异，不仅阻碍社会保障收入再分配功能的发挥，而且其本身的不公平性也已成为引发社会冲突的一个焦点。

2. 社会保障便携性不足，不能适应流动性

"碎片化"的社会保障除了导致不公平，还存在一个问题，即不同"碎片"之间的转移困难，便携性不足。这种"碎片化"状态比较适应人口流动较少的社会。随着改革开放以及快速工业化、城镇化，中国出现了大规模的乡城流动人口（农民工）。外出就业的农民工①规模从2006年约1.32亿人增长到2012年的约1.63亿人，占城镇总就业人员的比重也一直维持在44%左右（见图9-4）。也就是说，在城镇就业人口中，接近一半的人是进入城镇就业与生活的农民工。农民工已成为中国"产业工人的重要组成部分"。②

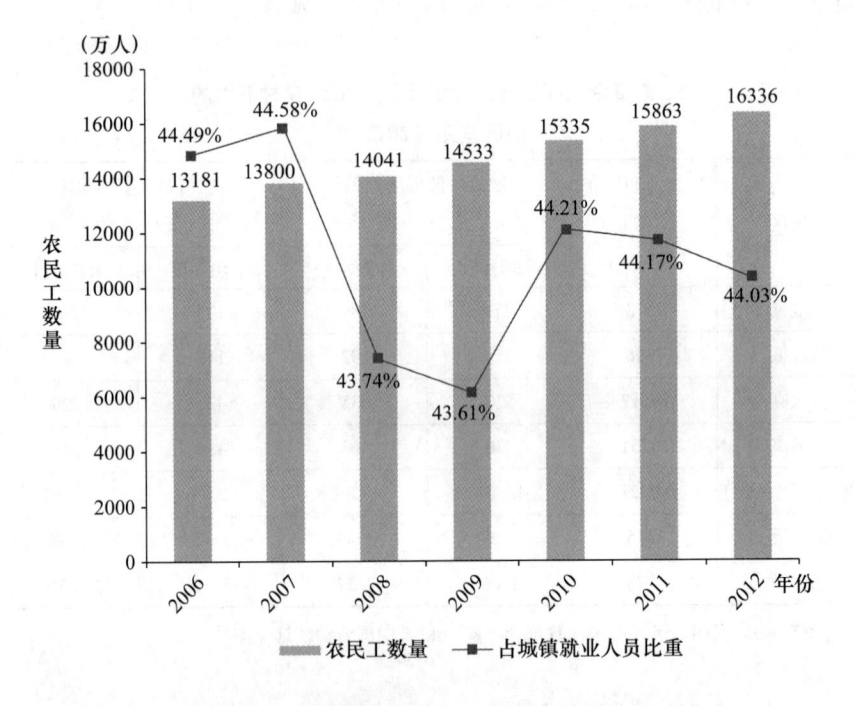

图9-4 中国农民工数量及占城镇就业人员的比重（2006—2012年）

资料来源：2006年农民工数量来源于国家统计局第二次全国农业普查数据公报；其他年份来源于《人力资源和社会保障事业发展统计公报》。城镇就业人员数来源于相关年份《中国统计年鉴》。

---

① 根据国家统计局的解释，外出就业的农民工定义为在本乡外从事非农就业的农民工；全部农民工包括外出就业农民工及在本乡（镇）内就业的农民工。
② 国务院：《关于解决农民工问题的若干意见》，2006年。

农民工进入城镇地区主要从事非农就业，其面对的社会风险性质主要是工业化的社会风险。从保障模式与社会风险匹配的理论来讲，他们应该被覆盖在城镇社会保障体系中。从中国社会保障的制度设计及具体实施细则来看，在城镇正规就业的农民工可以参加城镇企业职工社会保险。但是，调查显示，农民工参加就业所在地城镇职工社会保险的意愿低，实际覆盖率低。[①] 统计数据显示，2011年，农民工养老、医疗、工伤和失业保险的参保率只有26.1%、29.3%、43.0%和15.1%，远低于同期城镇企业职工社会保险的全部覆盖率。这其中的一个重要原因就是中国社会保障体系的地区分割及制度分割。

农民工，作为流动人口，其流动模式既包括农村—城乡流动，也包括城市之间的流动，还包括从城市回流到农村，以及多次农村—城之间的流动。这就要求他们的社会保障关系能够顺畅地转移，具有足够的便携性。但是，中国社会保障的"碎片化"导致这种转移非常困难。一是地区之间的转移。中国的社会保险基金基本上是地方统筹的，当前主要是区县级统筹以及地市级统筹。农民工社会保险关系的跨地区转移涉及缴费的转移以及缴费年限的确认等问题。转出地不愿转出，转入地不愿接纳，导致一些农民工的社会保险权益受到损失。二是不同制度之间的转移，其中最重要的城镇职工养老保险与居民养老保险之间的转移接续。不同制度之间的转移也涉及不同制度之间的基金转移问题。流动性差导致农民工的社会保险权益受损，从而影响了农民工的参保意愿。这是农民工社会保险覆盖率低的主要原因。

从事非正规就业的农民工在城镇地区基本无法获得社会保障。城镇地区的非正规就业人员可以通过两种途径获得社会保障：一是以自由职业者身份参加企业职工社会保险，自己承担所有缴费；二是以居民身份参加城镇居民社会保险，并有资格获得非缴费型社会救助。但这两条途径对农民工都不适用。农民工虽然在城镇地区就业和生活，但并不被认可为本地户籍人口。上述两条途径仅对本地户籍城镇人口提供。

中国社会保障体系的分割导致的便携性差、不适应流动性等情况已经成为实现社会保障全覆盖的主要障碍之一。

[①] 顾永红：《农民工社会保险参保意愿的实证分析》，《华中师范大学学报》（人文社会科学版）2010年第3期。

3. 管理分割，阻碍社会保障整体功能的发挥

与制度分割相关的是，不同的社会保障项目还分散在不同的管理部门。具体而言，非缴费型社会救助项目及社会福利项目，包括城乡居民最低生活保障制度及医疗救助制度等，由民政部门主管；缴费型社会保险项目，包括城镇职工社会保险、居民社会保险及新型农村养老保险，主要由人力资源和社会保障部门主管；而新型农村合作医疗则由卫生部门主管。这种部门分割导致了不同社会保障项目之间衔接不畅，阻碍社会保障整体功能的发挥。

在社会保障的制度安排中，非缴费型社会救助作为社会"安全网"，其主要功能是为失去收入、落入贫困的人群提供"安全网"，不致使其流离失所。缴费型社会保险制度，其功能一是通过社会共济应对社会风险；二是进行收入再分配；三是强制个人储蓄。非缴费型社会福利则更着重于居民一般福利及生活水平的提升，以及重点人群，特别是儿童、老人、残障人士的社会福利。这三者之间功能互补，共同构成社会保障的完整体系。但是，在中国目前的管理体制下，不同的社会保障分立在不同政府管理部门手中，导致社会保障的管理效率低下，社会保障的"信息孤岛"效应成为突出问题之一。现代社会保障对参保人群的信息极为依赖，不管是救助对象的确定、保险费用的缴纳，还是医疗费用的报销等，都涉及参保人的基本信息及活动信息。但是，不同的社会保障项目分散在不同的管理部门中，信息不能互通，从而导致各种问题的发生。

从国际经验看，多数国家的社会保障都整合在一个职能部门，多数国家设立了诸如社会保障署、人类发展部等部门统筹全国的社会保障项目，使社会保障形成一个整体，发挥整体功能。相对而言，中国社会保障体制还存在改进空间以加强人群的覆盖和功能的发挥。

(二) 社会保障隐性负债沉重，缺乏可持续性

中国社会保障体系的另一个特征是隐性债务负担沉重，影响社会保障的可持续性。隐性债务也被称为潜在负债，其含义为虽然未体现在账面上但需要在未来加以偿还的债务。中国社会保障体系的隐性债务主要体现在社会保险项目上。非缴费型社会救助及社会福利项目，虽然也有人口老龄化带来的未来预期支付增加的问题，但基本处于可控状态。缴费型社会保险项目则面临着缴费与未来支付之间的不平衡问题。一般的商业保险也存在未来的支付压力问题，但商业保险可以采取多种参数调整的方式消

解债务，例如，根据精算结果调整保费费率、支付水平等。在社会保障体系内，这些参数调整都受到限制。虽然中国在社会保障的框架设计中表明了基金的自我平衡原则，但现实中基金的自我平衡很难实现。2010年通过的《社会保险法》规定，县级以上人民政府在社会保险基金出现支付不足时给予补贴，这从法律上确定了政府作为社会保险的最终偿债人。

中国社会保障体系的隐性债务主要来源于以下三个方面：一是制度转轨带来的历史债务；二是现收现付的制度设计在快速老龄化下带来的隐性负债；三是一些特殊的制度安排带来的隐性债务。

1. 制度转轨带来的历史债务

制度转轨带来的历史债务主要体现在城镇职工基本养老保险方面。中国在20世纪90年代开始建立与社会主义市场经济体制相适应的社会保障体系。当时设计的筹资模式是社会统筹加个人账户制度。对于新制度建立之后进入制度的职工而言并不存在历史债务问题；对于新制度建立时已经退休的职工，其养老金由原渠道解决，也不构成历史债务问题。但是，对于那些新制度建立时已参加工作、建立后才退休的"中人"，新制度建立前的就业时间的统筹缴费及个人账户缴费则形成历史债务。

按照当时的设计，历史债务主要由政府财政负担。但在当时的情况下，由于地方财政困难，无力补充社会保险基金，因此，一些地方开始从个人账户余额中划拨资金至统筹基金。这就导致了所谓个人账户的"空账运行"问题。在之后的改革过程中，虽然规定不能使用个人账户补充统筹基金，但实际上由于现实支付压力的存在，一些地方仍然将个人账户资金划拨到统筹基金。当前对城镇企业职工社会养老保险的个人账户"空账规模"，不同的估计差别很大，从0.5万亿—1.4万亿不等。①

2. 老龄化冲击带来的隐性债务

中国社会保险制度设计在筹资方面采取的是混合型的制度安排，即现收现付的社会统筹加基金积累制的个人账户。② 现收现付制是指年轻一代的缴费用于支付已退休一代的受益。这一制度安排在不改变缴费率及受益

---

① 盖根路：《企业基本养老保险个人账户究竟有多少空账》，《中国社会保障》2012年第6期。张映芹、校飞：《中国养老保险个人账户空账问题研究》，《宁夏社会科学》2011年第3期。
② 主要是城镇企业职工养老与医疗保险，其他社会保险都以现收现付制筹资为主。

率的情况下要保持平衡，需要代际的人口保持基本平衡。① 在人口老龄化的状态下，由于退休人口越来越多，而缴费的在职人口越来越少，现收现付制的社会保险面临基金收支平衡的压力。这也是多数实行现收现付制社会保险国家在20世纪80年代以来纷纷改革其社会养老保险制度、尝试建立个人账户制度的主要原因。

从老龄化程度看，2000年，中国65岁及以上人口占总人口的7.09%②，已进入老龄化社会。根据预测，在未来几十年内，中国的人口老龄化会快速发展，60岁以上的老龄人口占总人口的比重在2025年达到19.5%，在2050年接近30%。从老龄化速度上，中国从2000年到2050年，老龄化率将上升19.8个百分点，高于美国、英国，也高于日本的老龄化速度。随着老龄人口快速增加，中国劳动年龄人口不断下降。中国15—59岁劳动年龄人口占总人口的比重，将由2000年的65%下降到2050年的53.8%（见表9-4）。这一状况对中国社会保障体系的冲击是巨大的：退休人口高速增长，而缴费的劳动年龄人口不仅不增长，还出现下降，由此导致的隐性负债将成为未来中国社会保障体系可持续性的巨大挑战。

3. 中国社会保障体系特殊的制度安排带来的隐性负债

除上述两个隐性负债来源外，中国社会保障体系一些特殊的制度安排也带来隐性负债，其中最严重的是城镇职工医疗保险。城镇职工基本医疗保险除采取与养老保险相同的社会统筹加个人账户的制度设计外，还采取了"权益积累制"筹资方式。一般而言，医疗保险在财务制度上主要采取现收现付制，基金主要寻求当期平衡。而中国城镇职工医疗保险规定参保人在退休后，满足一定的缴费年限，即可不用缴费而享受医疗保险待遇。从筹资角度看，这类似于一种名义账户制度或权益积累制度，即参保人在职期间参保缴费，其缴费遵循现收现付原则，缴费年限作为权益可以积累，在退休后即可无须缴费而获得医疗保险待遇，其资金来源于在职职工的缴费。

---

① Tongxuan Yang, 2005, Understanding the Defined Benefit versus Defined Contribution choice, *Pension Research Council Working Paper*, Pension Research Council.

② 根据《第五次人口普查数据》（2000）计算，http://www.stats.gov.cn/tjsj/ndsj/renkoupucha/2000pucha/html/t0301.htm.

表9-4　　　　　　中国及其他国家的人口结构变动及预测　　　　　　单位:%

	1950年	1975年	2000年	2025年	2050年	变动情况（百分点）
美国						
0—14岁	27	25.2	21.7	18.5	18.5	
15—59岁	60.5	60	62.1	56.6	54.6	10.8
60岁及以上	12.5	14.8	16.1	24.8	26.9	
日本						
0—14岁	35.4	24.3	14.7	12.1	12.5	
15—59岁	56.9	64	62.1	52.8	45.2	19.1
60岁及以上	7.7	11.7	23.2	35.1	42.3	
中国						
0—14岁	33.5	39.5	24.8	18.4	16.3	
15—59岁	59	53.6	65	62.1	53.8	19.8
60岁及以上	7.5	6.9	10.1	19.5	29.9	
韩国						
0—14岁	41.7	37.7	20.8	16	16.5	
15—59岁	52.9	56.4	68.2	59.9	50.4	22.2
60岁及以上	5.4	5.8	11	24.1	33.2	
英国						
0—14岁	22.3	23.3	19	15.2	15	
15—59岁	62.1	57	60.4	55.4	51.1	13.4
60岁及以上	15.5	19.6	20.6	29.4	34	

注：(1)"变动情况"是指60岁以上人口占比从2000—2050年的变动情况，等于2050年60岁及以上人口占比减去2000年60岁及以上人口占比；表示在这50年间老龄化的速度，这个值越大表明在这50年间老龄化的速度越快。(2)2025年及2050年的数字为联合国的预测值。

资料来源：*World Population Ageing*: 1950–2050, *Department of Economic and Social Affairs Population Division*, United Nations, New York: 2001。

在这一制度设计下，随着老龄化的加深，无须缴费而获得医疗保险待遇的人口会越来越多，其效应与社会养老保险的效应相同。但是，与养老保险不同的是，医疗保险面临着医疗费用随年龄加速上涨的压力。从生命周期的角度，人一生中超过90%以上的医疗费用是在生命最后一年支出的。在这种状况下，老龄化对医疗保险基金的冲击会更大。

五　中国社会保障体系建设的目标及改革原则

（一）社会保障全覆盖目标的设定及实现

自改革开放以来，中央对社会保障的认识有一个不断深化的过程。在20世纪八九十年代，社会保障的建设被纳入经济体制改革框架，主要功能定位是为企业改革提供配套，剥离计划经济时期形成的企业负担的职工保障与福利。在此功能定位下，与企业改革相关不大的农村社会保障体系建设并未提上日程，其基本原则还是城乡分割，农村居民主要依靠家庭保障。在当时的条件下，这样的安排也有其必要性：一方面，当时的乡城流动人口规模不大，多数农村居民主要在本地从事农业劳动；另一方面，农村传统的家庭保障和土地保障仍具有较强的保障作用。但是，这种状况在20世纪90年代开始发生变化：首先，出现了大规模的乡城流动人口（农民工），他们主要在城镇地区从事非农就业，原先农村的传统保障方式不能为他们提供有效的社会保障；其次，即使在农村地区，传统的家庭及土地保障也不适应农村居民的保障需求，农村社会保障亟须重建。为了适应这种状况，2002年党的十六大要求"探索建立农村养老、医疗保险和最低生活保障制度"。①

党的十七大报告对社会保障建设的意义、功能及地位都有了根本变化，社会保障成为建设小康社会的主要内容，成为社会民生事业发展的重点之一。党的十七大报告提出了社会保障全民覆盖的建设目标："覆盖城乡居民的社会保障体系基本建立，人人享有基本生活保障。"还对中国社会保障体系的基本框架进行规范，明确提出，中国社会保障体系的基本制度框架是以社会保险、社会救助、社会福利为基础。实际上，这三个内容也是多数国家和地区社会保障的基本内容。这三项制度之下包括多项社会保障项目：社会保险既包括城镇职工基本社会保险的五个险种（养老、医疗、工伤、失业、生育），也包括城乡居民的养老和医疗保险，以及新型农村合作医疗；社会救助方面的主要项目包括城乡居民的最低生活保障和城乡居民的医疗救助；社会福利方面则主要包括对老年人、孤儿和残疾人等特殊群体的福利项目等。在社会救助、社会保险和社会福利的具体项目中，党的十七大报告还明确了三个项目作为重点：基本养老、基本医疗和最低生活保障制度。这三个项目所应对的是居民面临的三项主要社会风险：老年、疾

---

① 《全面建设小康社会，开创中国特色社会主义事业新局面》（十六大报告），2002年。

病及丧失收入。此外，十七大报告还提出了社会保障体系建设的"第三支柱"：[①]"以慈善事业、商业保险"作为社会保障体系的重要补充。

党的十八大报告仍然延续了党的十七大报告社会保障建设的总目标，即实现社会保险的全民覆盖，要求"统筹推进城乡社会保障体系建设"。同时，党的十八大报告对社会保障的功能及作用的认识也更加深入，指出"社会保障是保障人民生活、调节社会分配的一项基本制度"。

从中国社会保障建设的实际进展看，截至2011年，中国的社会保障基本上实现了制度上的全覆盖。实现制度全覆盖的含义是，在中国所有的人群都有资格获得至少一项社会保障项目的覆盖。但是，从实际覆盖率上看，距离实现全覆盖还有一定的差距。具体来看，在城镇地区，机关事业单位就业人员基本上实现了社会保障的全覆盖。但是，作为中国社会保障主体项目之一的城镇职工社会保险制度远未实现全覆盖。表9-5显示，2012年，城镇企业职工基本养老保险的覆盖率只有65.51%，基本医疗保险的覆盖率只有47.12%。覆盖率最低的是失业保险，只有32.90%。城乡居民的养老保险由于刚刚推进，覆盖率也比较低。覆盖率比较高的是新型农村合作医疗，在2011年已基本实现了全覆盖。

表9-5　　　　　中国不同人群社会保险类项目的覆盖率　　　　　单位：%

年份		2006	2007	2008	2009	2010	2011	2012
机关事业单位社会保障制度		100.00	100.00	100.00	100.00	100.00	100.00	100.00
城镇企业职工基本社会保险	养老	49.15	50.80	53.71	55.37	58.29	63.29	65.51
	医疗	29.69	34.95	39.05	42.27	44.74	46.24	47.12
	失业	28.15	28.36	29.84	29.65	30.30	31.56	32.90
	工伤	24.58	30.32	34.78	37.10	39.41	42.27	44.51
	生育	9.74	14.00	18.64	23.38	26.90	30.21	33.53
城乡居民养老保险								56.78
城镇居民医疗保险			29.96	55.56	76.10	78.88	85.62	99.12

---

① 世界银行在1994年提出的养老保障的三支柱模式：第一支柱为公共支柱，有财政支持的基本公共养老金；第二支柱为强制性的缴费型社会保险；第三支柱为私人储蓄、企业年金以及商业保险等，为老年生活提供补充的收入来源。详见 World Bank, 1994, *Averting the Old Age Crisis: Policies to Protect the Old and Promote Growth*, Oxford University Press。

续表

年份		2006	2007	2008	2009	2010	2011	2012
新型农村合作医疗		80.70	86.20	91.50	94.20	96.00	97.50	98.26
外出就业农民工参加城镇职工社会保险	养老	10.80	13.40	17.20	18.20	21.40	26.10	27.81
	医疗	18.00	22.70	30.40	29.80	29.90	29.30	30.58
	失业	17.90	28.80	35.20	38.40	41.10	43.00	43.95
	工伤	—	8.30	11.00	11.30	13.00	15.10	16.54

注：（1）城镇企业职工基本养老和医疗保险的覆盖率为在职职工覆盖率，不包括离退人员参加城职保的人数；离退人员参加城职保人数加入居民养老和医疗保险中。（2）原城镇居民养老保险与新型农村养老保险已经合并为城乡居民养老保险。（3）城镇企业职工社会保险的分母为非机关事业单位的城镇就业人员；分子为在职职工参加城职保的人数。（4）城乡居民养老保险的分母为城镇非就业居民加农村居民，分子为城乡居民养老保险参保人数加上参加城职保的离退居民。（5）农民工参加城镇职工社会保险的人数已经包括在参加城镇企业职工基本社会保险的人数中。

从当前的情况看，实现实际全覆盖最大的障碍来自庞大的农民工群体。农村居民及城镇居民的社会保险由于建立时间不长覆盖率较低，但从新型农村合作医疗的发展状况看，实现全覆盖基本上不存在制度性障碍。但农民工群体则不然，实现全覆盖还存在较大的制度障碍。实际上，农民工群体在户籍身份上仍然是农村户籍，其在农村老家仍然可以农村户籍身份获得农村的各项社会保障。但如前所述，他们在城镇就业和生活，面临的社会风险是工业化的社会风险，而农村社会保障项目的设计主要应对的是农村的社会风险。风险与保障方式的不匹配给原本薄弱的农村社会保障体系带来了巨大的支付风险。从实际的利用率上，农民工获得农村各项社会保障的成本也比较高，实际利用率低。以新型农村合作医疗为例，多数农民工实际上在农村地区已参加了新型农村合作医疗，但其报销比例非常低，尤其是跨省流动的农民工。[①]

（二）中国社会保障制度改革的基本原则

如前所述，中国社会保障体系存在的主要问题：一是"碎片化"，制

---

① 根据国家卫生和计划生育委员会2013年流动人口监测数据，超过60%以上的农民工在流入地的住院费用未能报销。

度分割、地区分割、管理分割,导致不同社保"碎片"之间公平性差、便携性差,不能适应流动性,无法发挥社会保障的整体功能;二是隐性负债沉重,可持续状况堪忧。

针对上述问题,从实现社会保障全民覆盖的总目标出发,中国社会保障体系改革的基本原则总结为两个:一是实现社会保障的公平性;二是保证社会保障体系的可持续性。

1. 全覆盖、保基本与多层次

改革开放之后,中国社会保障体系的改革与建设沿袭了计划经济时期分不同人群实行不同制度的特征。这也是导致后来中国社会保障出现制度分割及地区分割的历史原因。在制度分割的情况下,出现了一部分人群保障福利化与另一部分人群保障缺失并存的状态。在城镇地区,机关事业单位人员以及部分国有企业单位职工,享受了过高的福利化待遇,形成了保障福利化的趋势;而在广大农村地区,则缺乏最基本的保障,大多数农村居民只能依靠家庭及个人保障。进入21世纪以来,虽然中国社会保障已经实现了制度全覆盖,但实际覆盖率仍较低,一些生活困难的居民仍然难以获得基本的保障。而实现全体居民"人人享有基本保障"不仅是社会保障的应有之义,也是全面小康社会的重要内容。

与实现全覆盖原则相对应,社会保障的保障水平是要保障居民的基本生活需求。一方面,是因为社会保障不是普遍性的社会福利,而是社会对脆弱群体提供的一种社会保护。另一方面,保基本也有利于激发社会活力。从欧洲一些福利国家产生的弊病来看,养"懒人"是高福利不可避免的弊端,从现实角度来看,保基本也适应了中国当前的经济社会发展水平。对中国这样一个人口规模巨大的发展中国家而言,超过经济发展水平的社会保障不仅给政府财政带来不可承担的负担,而且直接影响劳动市场效率。特别是社会保险项目,其资金来源主要是雇主和雇员缴费,而雇主的缴费实际上也是从雇员劳动报酬中扣除。在现收现付制下,提高保障待遇实际上是提高实际缴费率,提高年轻在职职工对退休职工的代际转移支付,不利于激发劳动市场活力。

在基本保障之上,居民可以根据自身情况通过其他途径获得不同水平的保障。这就要求建设一个保基本之上的多层次的社会保障体系。多层次的社会保障体系与国际社会积极倡导的社会保障"多支柱"模式相呼应,适应了不同层次居民的社会保障需求。多层次的社会保障体系,第一个层次是非缴费型社会救助，第二个层次是强制性缴费型社会保险，第三个层次是自愿的，通过企业年金、商业保险，或社会慈善事业等方式提供的多种方式的保障。

2. 增强社会保障公平性

中国社会保障存在的制度分割及地区分割所导致的不公平，不仅严重损害了社会保障的功能发挥，而且在很大程度上已经成为社会冲突的重要原因。从现实情况看，能力较强、收入较好的群体，如机关事业单位职工以及部分国有企业职工，他们的社会保障水平反而较高，而能力较差、收入较低的群体，如落后地区的农村居民、部分农民工以及城镇失业人员，他们的社会保障水平反而较低。这种状况严重违背了社会保障收入再分配的功能。而不同群体的利益攀比直接导致对社会保障制度合法性的质疑，成为诱发社会不稳定的重要因素。

在增强公平性方面，一是不同制度之间的并轨，包括城乡居民社会保险制度的合并以及整合城乡居民最低生活保障制度，以消弭城乡居民之间的社会保障差别；机关事业单位养老保险及医疗保险制度改革，以消弭机关事业单位职工与企业职工之间的社会保障差别。二是提升统筹层次，以消弭地区之间的社会保障差异。

3. 提高社会保障的便携性，适应流动性

与增强社会保障公平性相关的是提高社会保障的便携性以适应人口的大规模流动。制度分割及地区分割带来的社会保障关系转移接续困难已经成为流动人口参保的主要障碍。从政策途径及国际经验分析，提高社会保障关系的便携性主要有两个途径：一是提高统筹层次，在更大范围内实现社会保障资金的统筹；二是建立顺畅合理的社会保障关系在不同制度之间、不同地区之间的转移通道。

具体而言，一是要推进基本养老金全国统筹；二是要实现城乡居民养老保险、医疗保险的制度合并；三是要完善社会保险关系的转移继续政策。前两个要求实际上是扩大社会保障的统筹范围，既包括地区统筹层次的提高，也包括不同制度之间的合并。第三个则对不同制度之间、不同地区之间社会保险关系的转移接续提出要求。

4. 社会保障的可持续性

中国社会保障体系面临的一个大问题是隐性负债沉重，可持续性存在问题。特别是中国正进入一个老龄化加速发展时期，再加上历史负债以及制度安排导致的负债,中国社会保障体系面临巨大的隐性负债。

第一,划拨国有资本充实社会保障资金来源。在20世纪90年代中后期建立的城镇职工基本养老与医疗保险制度,实际上对当时已参加工作及已退休的职工有一个历史负债问题。这些人在改革之前(特别是计划经济时期)享受"低工资、高福利"制度,其中隐含着政府对他们老年之后的负债。而这笔负债,从理论上形成了国有企业的积累。因此,划拨国有资本充实社会保障基金具有应对历史负债的含义。

第二,坚持和完善基本养老保险个人账户制度,健全多缴多得的激励机制。在养老保险制度中,个人账户制度的筹资实行的基金积累制,待遇确定实行缴费确定制。相对现收现付制,个人账户制度不存在代际转移,也就不存在隐性负债问题。这是应对未来隐性负债的重要政策选择。

第三,在待遇确定方面,提出要"坚持精算平衡原则,建立健全合理兼顾各类人员的社会保障待遇确定和正常调整机制"。这是从基金"支出"的角度来提高社会保障基金的可持续性。按照一般的社会保险原理,社会保险基金要实现自我平衡,而自我平衡要求基金的支出根据精算平衡原则进行调整。

第四,在"支出"方面,延迟退休年龄。延迟退休年龄的根据是居民预期寿命的延长;而在社会保障基金方面,其结果是推迟领取退休金的年龄,有利于保持基金的平衡与可持续发展。

第五,在"收入"方面,扩大参保缴费覆盖面,并适当降低社会保险费率。这两个措施相互联系。当前中国城镇企业职工的社会保险缴费率在制度上已达到40%,几乎没有可以提高的空间。过高的缴费率增加了企业与个人的负担,抑制了经济发展活力。因此,降低缴费率,从其潜在影响看,可以降低企业负担,有利于激发经济发展活力。与此同时,扩大参保缴费面使社会保险覆盖更多人群,通过扩大基金收入提高风险共济能力。

第六,提高社会保障基金的投资回报率。社会保障基金,特别是社会养老保障基金,具有未来支付的特征,需要一定的积累。这部分积累的投资收益也成为社会保障基金的重要收入来源。

第二节　基本养老保障制度的改革与完善

中国社会保障制度的主体是社会保险制度。在社会保险制度中，基本养老保险与基本医疗保险涉及面广，成为中国社会保障制度改革与完善的焦点。从保险角度看，这两类保险分别应对老年风险（长寿风险）及健康风险。而在当前的人口与社会发展环境下，这两类风险已经成为各国社会风险管控的两个重点。

首先，人口老龄化不仅是中国这样的发展中国家面临的现实问题，也是多数发达国家需要面对的现实问题。从人口结构的变迁来看，老龄化是一个全球性问题。随着老龄化的加深，原有的老年保障安排面临诸多问题，其核心是如何为越来越多的老年人提供收入保障。在多数国家实行的现收现付制老年保障安排下，如何为老年保障筹资成为核心问题，保持老年保障的财务可持续性成为各国养老保障改革的中心议题。近年来，欧洲一些国家发生的债务危机都或多或少与此相关。保持财务可持续性的政策手段不外乎两个：一是降低保障水平，二是增加对在职人员的收费（或收税）。前者受到已退休及即将退休的人的反对，而后者则不仅受到在职人员的反对，而且抑制经济活力，降低经济增长空间。这两个政策手段之间实际上代表了年轻一代与年老一代的代际冲突。在这两者之间寻求平衡，不仅直接关系经济增长，而且也是维持社会秩序与稳定的重要方面。近年来，欧洲一些国家发生的社会动荡事件中，都可以找到这一代际冲突的影子。

中国经过30多年的快速增长，在经济总量上已成为大国；但是，中国的社会管理水平，特别是对社会风险的管控还处于较低水平。在老龄化不断加深的情况下，如何处理和管控老年保障安排中隐含的代际冲突，一方面保障老年人群基本的收入水平，另一方面保持经济增长活力，成为大国战略中的重要组成部分。

其次，随着中国的经济增长以及居民收入水平的提高，社会需求结构也发生变化，健康在人民的需求中所占比重越来越大，个人及社会对健康风险的管控越来越重视。现代经济发展的一般规律是需求结构与产业结构的不断"软化"。在经济发展达到中等收入之后，整个社会的需求结构发生变化,需求出现"软化"趋势,即对吃、穿、住、行等的需求比例下降,而对诸如教育、自由、健康、文化等软性需求的比例上升。[1] 这也是经济发展到一定阶段后,"丰裕社会"到来后的需求结构。[2] 在这一需求结构中,健康及对健康风险的管控成为社会服务及社会管理的重点。中国在进入中等收入阶段后,居民对健康的需求持续增加,对应对健康风险的医疗保险的需求也相应增加,成为社会关注的焦点之一。

一 养老保障的基本模式与改革趋势

(一)养老保障的多支柱模式

当前多数国家实行的养老保障模式都基于世界银行在20世纪90年代提出的"多支柱模式"。世界银行在20世纪90年代中期提出了养老保障的三支柱模式:第一支柱:非缴费型公共养老金(普惠制或基于家计调查的老年救助);第二支柱:强制性基于基金积累的养老保险;第三支柱:自愿的老年储蓄。[3] 这三个支柱对应着社会养老保障的三个主要功能:第一支柱着重于收入的再分配,第二支柱着重于风险分散,第三支柱着重于个人储蓄。通过三个支柱的相互配合,为老年人群提供收入保障。

之后,世界银行又提出了养老保障的"五支柱模式":[4] 非缴费型"零支柱",由政府财政支持的公共养老金;强制性的"第一支柱",强制参与的基于现收现付制的基础养老保险;强制性的"第二支柱",强制参与的基于个人账户制度的养老保险;基于自愿的"第三支柱",自愿通过多种方式,例如,商业保险等方式的老年保障;非金融性的"第四支柱",包括非正式的家庭保障等其他老年保障形式。

(二)养老保障的筹资与受益

不论是哪种养老保障模式,其核心问题是筹资与受益。前者解决的是"钱"从哪里来的问题,后者解决的是"钱"如何在人群中分配的问题。在筹资方式上,根据不同的保障模式,大致分为三类:一是通过政府财政筹资;二是通过缴费筹资;三是通过个人储蓄筹资。在受益方式上,可以

---

[1] 王国刚:《城镇化:中国经济发展方式转变的中心所在》,《经济研究》2010年第12期。
[2] [美]加尔布雷斯:《丰裕社会》,徐世平译,上海人民出版社1965年版。
[3] World Bank, 1994, *Averting the Old Age Crisis: Policies to Protect the Old and Promote Growth*, Washington D. C.: Oxford University Press.
[4] World Bank, 2008, *The World Bank Pension Conceptual Framework*, The World Bank Pension Reform Primer.

分为两类：一是按需分配；二是按贡献分配。一般而言，通过政府财政筹资的非缴费型公共养老金，采取按需分配的方式。具体形式，一是普惠制，即所有符合条件的老年人都有资格受益；二是基于家计调查，符合条件的老年人，只要收入低于某一水平，即可受益。通过个人储蓄进行筹资的保障方式，则是典型的按贡献分配，即个人储蓄（贡献）多少，受益多少。

第二种筹资方式，即个人缴费筹资，一般对应的保障方式为社会养老保险，这也是各国老年保障制度的主体。社会养老保险的筹资主要通过雇主与雇员的缴费形成，其本质是一种带有社会互济性质的保险。在具体筹资模式上，社会养老保险的筹资可分为两类：一是现收现付制，即当前工作的职工缴费来支付已退休的职工的养老金；二是基金积累制，即职工退休后的养老金来源于自己在职期间的储蓄，当然，这种储蓄一般都是强制性的。基金积累制在多数国家都表现为个人账户制度，即在职职工按照一定的费率向一个储蓄账户中缴款，并在退休后按一定的公式领取个人账户中积累的资金作为养老金。

与上述两类筹资方式相对应，现收现付制的受益方式一般为受益确定型，受益的领取不取决于个人缴费（贡献）的多少，而是取决于自己的工作年限以及退休前的工资收入。基金积累制的受益方式主要是缴费确定型，受益的领取直接取决于个人在职期间的缴费多少。

现收现付—受益确定型与基金积累—缴费确定型养老保险构成了当前各国社会养老保险的主要类型。现收现付—受益确定型养老保险的优点在于不需要大量的基金积累，可以避免通货膨胀对基金的侵蚀；其缺点是基金平衡需要人口结构的相对稳定，缴费一代与领取养老金的一代在人数上是大致平衡的。但是，现代社会快速老龄化的现实使这一条件很难存在。在老龄化条件下，领取养老金的人数越来越多，而缴费人口却越来越少，从而导致基金的财务危机。基金积累—缴费确定型养老保险的优点在于对人口结构的变动不敏感，个人为自己的老年筹资，不存在代际再分配。但其缺点却在于基金大量积累，极易遭受通货膨胀的侵蚀，从而导致基金损失。① 各国养老保险制度的改革，实际上就是在这两个模式之间寻求

---

① Tongxuan and Yang, 2005, Understanding the Defined Benefit Versus Defined Contribution choice, *Pension Research Council Working Paper*, *Pension Research Council*.

平衡。

（三）养老保障的改革趋势

自20世纪80年代以来，全球范围掀起了对养老保障进行改革的浪潮。自19世纪晚期社会养老保险在欧美国家开始建立以来，经过第二次世界大战后的发展，发达国家基本都建立了比较完善的以社会养老保险为主体的养老保障制度，并成为福利国家的主要保障之一。但是，20世纪70年代中后期，福利国家带来的弊病逐渐显现。在养老保障方面，随着老龄化的加深，以现收现付—受益确定型为主的养老保险支付压力越来越大，到了不可持续的地步。从80年代开始，多数国家都开始了养老保障制度的改革，而且这场改革远未结束，一直持续至今。从改革的趋势上分析，总的趋势是应对老龄化，强调养老保险基金的可持续性，增加养老保障的个人责任。

第一，多渠道为老年保障筹资，建立多支柱的养老保障模式。在老龄化不断加深的情况下，仅依靠一种方式为老年人群提供收入保障显然是不现实的。在这方面，世界银行早在20世纪90年代就提出了养老保障的"三支柱"模式，并在后来完善为"五支柱"模式。这也是当前多数国家进行养老保障制度改革的目标。

第二，从养老保险基金的可持续性出发，增加养老保障中的个人责任。这在筹资方面主要表现为引入基金积累制。在这个方面，比较典型的是20世纪80年代智利养老金改革。智利的养老金改革将原先的现收现付制模式全部改为基金积累制，在受益方式上，由原先的受益确定型改为缴费确定型。个人退休后的养老金全部来自在职期间的基金积累。其他一些国家的改革也在原先的现收现付制中引入了基金积累制的个人账户制度。例如，中国20世纪90年代开始建立的城镇职工基本养老保险制度，其筹资模式就是"社会统筹+个人账户"，社会统筹实行现收现付—受益确定型，个人账户制度则实行基金积累—缴费确定型。近年来，欧洲一些国家的基本养老保险制度也逐步引入了个人账户制度，或者引入名义个人账户制度，以提升养老保障的个人责任。

第三，通过各种参数调整的方式，削减老年受益水平，以提高养老保险基金的可持续性。这些措施主要包括提高领取养老金年龄、建立养老金自动调整机制等。

对 OECD 国家近年来养老金改革措施的梳理表明①,2009—2013 年,OECD 国家养老金改革措施中,实施最多的是增强可持续性的措施(有 26 个国家实施),其次是提升工作激励的措施(有 22 个国家实施)(见表 9-6)。

表 9-6　　2009—2013 年 OECD 国家实施的养老金改革措施

国家	提高覆盖率	保障充足性	增强可持续性	提升工作激励	提升管理效率	筹资多元化	其他
澳大利亚	*	*	*	*	*		*
奥地利	*	*	*				*
比利时				*			
加拿大	*		*	*		*	*
智利		*			*	*	*
捷克			*	*		*	
丹麦				*	*		
爱沙尼亚		*	*	*		*	
芬兰	*	*	*	*		*	
法国	*		*				*
德国			*	*			
希腊			*	*			
匈牙利		*	*	*		*	*
冰岛							*
爱尔兰	*		*	*		*	*
以色列	*						
意大利		*	*	*	*		
日本	*	*			*		*
韩国	*				*		
卢森堡	*						
墨西哥		*			*	*	
荷兰					*		

① OECD (2013), Pensions at a Glance 2013: OECD and G20 Indicators, OECD Publishing, http://dx.doi.org/10.1787/pension_glance-2013-en.

续表

国家	提高覆盖率	保障充足性	增强可持续性	提升工作激励	提升管理效率	筹资多元化	其他
新西兰		*	*				*
挪威		*	*	*			
波兰	*		*			*	
葡萄牙	*	*	*	*		*	
斯洛伐克			*		*	*	
斯洛文尼亚	*	*	*	*	*	*	*
西班牙		*	*	*			
瑞典		*					
瑞士			*			*	
土耳其				*		*	*
英国	*	*	*	*	*	*	*
美国	*	*	*				
合计	16	21	26	22	13	18	13

资料来源：OECD（2013），Pensions at a Glance 2013：OECD and G20 Indicators, OECD Publishing, http://dx.doi.org/10.1787/pension_glance-2013-en。

二 中国基本养老保障制度框架

中国基本养老保障的制度特征与中国社会保障体系的总体特征相一致，即不同的人群适用不同的养老保障制度安排。从大的制度框架上分析，基本养老保障可以分为三大块：一是城镇职工基本养老保障制度；二是城乡居民养老保障制度；三是农民工养老保障。

（一）城镇职工基本养老保障制度

城镇职工基本养老保障制度主要覆盖的是城镇就业人口。根据就业性质，这部分人口的养老保障可划分为两类：一是机关事业单位职工养老保障制度；二是企业及其他单位养老保障制度。企业职工基本养老保险制度构成了中国基本养老保障制度的主体，反映了中国社会保障体系的主要制度特征。

1. 城镇企业职工基本养老保险

企业职工养老保险制度沿袭了计划经济时期的劳动保险制度。中共十四届三中全会《中共中央关于建立社会主义市场经济体制若干问题的决定》确立了中国城镇职工基本养老保险的制度模式为社会统筹与个人账户相结合的制度。在筹资模式上，社会统筹部分实行现收现付制，个人账户实行基金积累制；在待遇确定方式上，社会统筹部分实行受益确定制；个人账户制度实行缴费确定制。这一混合模式是在传统的现收现付—受益确定型社会养老保险模式基础上引入智利、新加坡等国的强制储蓄型个人账户制度，以应对现收现付制在老龄化冲击下的支付风险。

1997年，国务院《关于建立统一的企业职工基本养老保险制度的决定》（以下简称《规定》）对中国企业职工的基本养老保险制度的制度框架做了详细规定。在缴费方面，规定企业费率控制在企业工资总额的20%左右；个人缴费费率从1997年的最低4%开始，逐年提高，最终达到个人缴费工资的8%。在资金分配方面，按照个人缴费工资的11%建立个人账户，个人缴费全部纳入个人账户，不足部分由企业缴费部分划拨。在待遇支付方面，规定了最低缴费年限为15年，退休后发给基本养老保金，基本养老金包括社会统筹部分的基础养老金及个人账户养老金两部分。基础养老金标准确定为统筹地区上年度职工月平均工资的20%；个人账户养老金标准为个人账户余额除以120。

《决定》还对历史债务提出了解决办法，即设立一个过渡性养老金。在新制度实施前已退休的"老人"，仍按国家原来的规定发给养老金；新制度实施后新参加工作的职工，不涉及过渡性养老金，直接按照新制度执行；新制度实施前参加工作，并在新制度实施后退休的职工，设立一个过渡性养老金。

2005年，国务院《关于完善企业职工基本养老保险制度的决定》对城镇企业职工基本养老保险制度进行了完善，在基本制度框架保持不变的情况下，对城镇企业职工基本养老保险的一些参数进行了调整。

在缴费费率方面，确定企业和个人缴费分别为企业工资总额及个人缴费工资的20%和8%。企业缴费全部进入社会统筹，支付已退休人员的基础养老金；个人缴费部分全部进入个人账户，取消企业缴费拨付到个人账户的做法。

在待遇支付方面，进一步完善鼓励职工参保缴费的激励机制，相应调整基本养老金计发办法，基础养老金改为缴费满15年计发15%，以后缴费每满1年增发1%，上不封顶。个人账户养老金改为根据城镇人口预期寿命、本人退休年龄、利息等因素确定。

在覆盖范围方面，2005年的这一文件将覆盖范围扩展至城镇所有就业人员,既包括城镇各类企业职工,也包括城镇灵活就业人员和个体工商户。截至 2012 年,城镇企业职工基本养老保险覆盖的在职缴费的城镇非机关事业单位的企业、其他单位以及灵活就业人员数量为 21361 万人,占城镇就业人员(不包含机关事业单位职工)的 65.51%。

2. 机关事业单位养老保障

机关事业单位养老保障制度的计划经济色彩明显。机关事业单位养老保障在 1955 年确立为机关事业单位的退休制度,其资金直接在政府财政中列支。改革开放后,随着企业职工基本养老保险改革的推进,机关事业单位养老保障改革也进行探索。1991 年,国务院《关于企业职工养老保险制度改革的决定》明确提出了探索机关事业单位养老保险制度改革。1992 年,人事部专门印发了《关于机关、事业单位养老保险制度改革有关问题的通知》,提出了机关事业单位养老保险制度改革的任务和基本原则。此后,各地相继开展了机关事业单位养老保险制度改革试点。截至当前,全国除西藏、青海、宁夏等省份外,其余省份都不同程度地开展了机关事业单位养老保险制度改革试点。[①] 截至 2012 年,全国共有 1620 万机关事业单位职工参加了机关事业单位养老保险,占当年机关事业单位全部在职职工 4362 万人的 37.1%。

除参加了企业职工养老保险的这部分人员外,还有一部分机关事业单位职工仍在原体制下,实行机关事业单位退休制度。这一制度始于 20 世纪 50 年代,基本制度框架至今未发生变化,其基本特征是:在筹资方面无须职工及单位缴费,资金直接纳入政府财政列支;待遇支付根据本人工作年限计发,机关公务员按照本人退休前职务工资及级别工资之和的 50%—90% 计发,事业单位职工按照本人退休前岗位工资与薪级工资之和的 70%—90% 计发。

中国基本养老保障制度框架及改革趋向如图 9-5 所示。

(二)城乡居民养老保障制度

上述城镇企业职工及机关事业单位养老保障制度覆盖的都是城镇就业人员,其特征为强制性、缴费型、就业关联型社会保险制度。虽然机关事业单位中的退休制度不涉及缴费,但仍具有上述几个特征,不过,其缴费直接来自作为雇主的政府。

---

① 胡晓义主编:《养老保险》,中国劳动社会保障出版社 2011 年版,第 109—111 页。

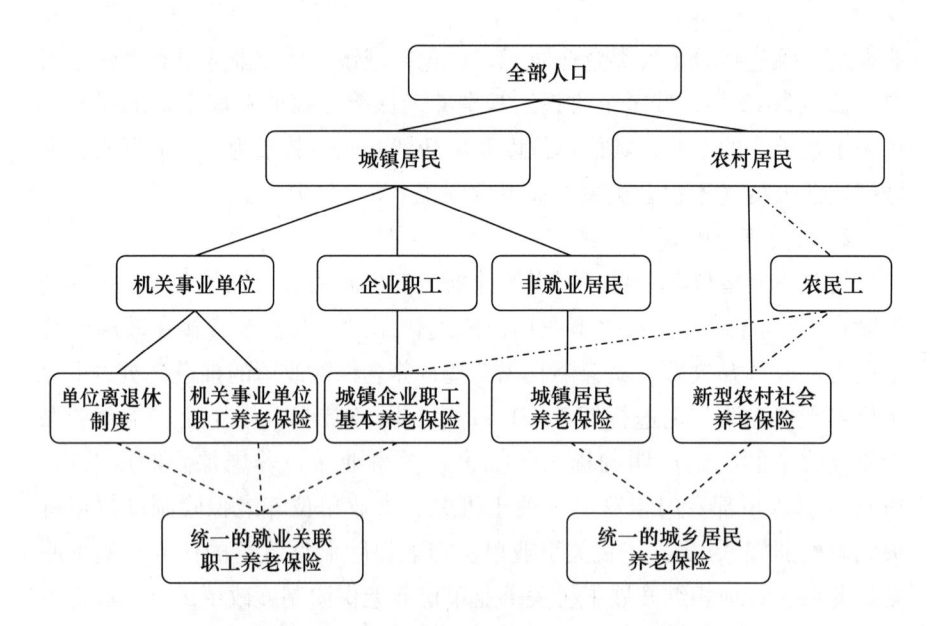

图 9-5　中国基本养老保障制度框架及改革趋向

注：图中实线为不同人群的实际适用的养老保障制度；虚线"-----"为农民工有资格参加的养老保障制度；点线"·····"为下一步制度并轨改革的趋向。

现代社会保险制度建立伊始覆盖的是工业社会的就业人群，即在工厂就业，以劳动工资作为主要收入的人群（及其家属）。这是就业关联型社会保险建立的前提。但是，中国农村的小农经济以及部分在城镇从事灵活就业以及个体工商户等人群的就业状态与正规就业人群有明显区别：他们的收入既有来自劳动报酬的部分，又有来自经营性的收入；他们的就业方式灵活，就业时间不固定。这些特征都使就业关联型社会保险制度不适应他们的就业状态。而这部分人又占中国就业人口的多数，特别是广大农村居民。将这部分居民排除在社会保障体系之外，不仅有悖于现代社会保障制度的理念，也不利于社会的稳定与和谐。

中国为这部分居民建立的养老保障制度在刚开始是城乡分立的，针对农村居民建立了新型农村社会养老保险制度，针对城镇非就业居民（包括无业居民、流动就业人员以及工商个体户等）建立了城镇居民社会养老保险制度。2009 年，国务院发布《关于开展新型农村社会养老保险试点的指导意见》，对新型农村社会养老保险制度模式进行界定；2011 年，国务院发布《关于开展城镇居民社会养老保险试点的指导意见》，确定了城镇居民社会养老保险的基本制度模式。两者的基本制度模式有如下特征：

第一，在资金来源上，实行"个人缴费+集体补助+政府补贴"的模式。参加新型农村社会养老保险的农村居民按照从100—500元不等的档次自愿选择年度缴费标准，城镇居民的缴费档次增加到100—1000元十个档次；政府根据参保人选择的缴费档次，给予补贴，补贴的最低标准为每人每年30元，各地可根据不同的档次，提高政府补贴标准。有条件的集体经济组织以及其他社会组织可以为居民社会养老保险提供补助。

第二，实行完全积累的个人账户制度。个人缴费、集体补助及政府的补贴全部进入个人账户。年满60周岁、未享受城镇职工基本养老保险待遇的老年人，可以按月领取养老金。

第三，在待遇确定方面，除个人账户养老金外，政府为符合条件的居民①提供普惠制基础养老金。在制度建立之初，普惠制基础养老金为每人每月55元；有条件的地区可以适当提高基础养老金水平。

不同于城镇职工基本养老保险制度，城乡居民社会养老保险制度突出了政府的补贴责任。在城镇企业职工基本养老保险中，保险基金单独设立，自求平衡；只有在基金出现亏空时，才由政府财政兜底。而在城乡居民社会养老保险中，政府财政在开始便介入，通过"补入口""补出口"对参保居民进行补贴。在"补入口"方面，政府根据参保人选择的缴费档次提供每人每年不低于30元的补贴，并直接进入个人账户；在"补出口"方面，政府为达到退休年龄的居民直接提供普惠制基础养老金。

2014年，中央决定合并新型农村社会养老保险与城镇居民养老保险，建立统一的居民社会养老保险制度。截至2012年，统一的城乡居民社会养老保险制度覆盖的缴费人口为35295万，领取养老金待遇人数13075万人，缴费人口占应覆盖人口的56.78%。

（三）农民工养老保障

2012年，中国外出就业的农民工已达1.6亿人，占全部城镇就业人口的44%。他们虽然在城镇就业和生活，却不被承认为城镇居民；虽然具有农村户籍，却与农村的联系越来越少。因此，他们的社会保障处在非常尴尬的地位：作为就业人员，他们可以参加城镇企业职工基本养老保

---

① 城乡居民养老保险仍按照户籍人口确定。

险，但是，由于他们的高度流动性以及在城镇的就业预期较短，他们很难满足领取养老金的条件；作为农村户籍人员，他们虽然可以在农村老家获得社会保障，但农村的社会保障无法为他们的城镇生活提供充足的保障。

从当前的情况看，他们已经成为社会养老保险覆盖率最低的人群。截至2012年，在1.6亿外出就业的农民工中，在就业地参加城镇企业职工基本养老保险的人数只有4543万，实际覆盖率只有27.81%。

中国的基本养老保障体系的制度框架已经建立，实现了制度上的全覆盖，实际覆盖率也有了较大提升。这是中国社会保障体系建设取得的重大成就。但是，中国的社会养老保障体系也还存在较多问题，一些问题还一度成为社会各界关注的焦点，如不妥善解决，不仅影响社会保障体系功能的发挥，而且其本身就成为引发社会冲突的诱因。这些问题与中国整个社会保障体系存在的问题一致：一是制度分割与地区分割并存，导致不同制度之间、不同地区之间的待遇水平有较大差异，显失公平；二是分割导致的社会保险关系便携性差，不能适应人口的大规模流动；三是隐性负债沉重，可持续性不强。

三 基本养老保险改革：增强公平性，适应流动性

中国养老保障体系的"碎片化"以及由此导致的不同社保"碎片"之间的待遇差异，已成为社会各界关注的焦点问题。在这些差异中，首先表现为城乡之间的养老保障差异；其次表现为城镇企业职工与机关事业单位之间的养老保障差异。特别是企业职工与机关事业单位养老保障之间的差异，已成为中国社会保障体系的一大诟病。同时，这种制度之间、地区之间的分割以及由此导致的缺乏流动性，也是阻碍流动人口获得养老保障的主要原因。

社保"碎片"之间形成的待遇差异以及由此导致的便携性差异实际上是一个问题的两个方面。因此，解决不公平性的政策措施也是提高便携性、流动性的政策措施，而提高便携性的措施同时也是解决不公平性的措施。增强养老保险公平性及适应流动性的政策建议可以概括为如下三个方面：第一是制度并轨。一是整合城乡居民养老保险制度，以消弭城乡之间的保障差异；二是推进机关事业单位养老保险制度改革，以消弭机关事业单位与企业职工之间的保障差异。通过这两个"并轨"，基本实现中国基本养老保险制度的两个主体，即覆盖就业人员的统一的职工基本养老保险体系和覆盖城乡非就业人群的居民养老保险体系。第二是提高基本养老保

险的统筹层次。提升统筹层次不仅是解决地区间养老金差距过大的措施，也是适应流动性的主要举措之一。第三是完善社会保险关系的转移接续政策。这一政策的主要目的是提升社会保险的便携性。但这一提升便携性、适应流动性的举措也具有提升公平性的意义。

(一) 整合城乡居民基本养老保险制度

城乡之间的社会保障差异是中国城乡二元分割体制的体现。在农村居民和城镇居民社会养老保险方面也存在明显的城乡差异。但是，这两项制度的制度设计基本相同，在筹资方式、待遇确定方式、政府补贴方式及额度方面也相似，具有并轨基础。十八届三中全会提出"整合城乡居民基本养老保险"的改革方向后，2014年2月，国务院常务会议决定在全国范围内合并新型农村社会养老保险及城镇居民社会养老保险，建立统一的城乡居民基本养老保险制度。同期，国务院印发了《关于建立统一的城乡居民基本养老保险制度的意见》（以下简称《意见》），对两者并轨提出了具体办法。《意见》坚持了之前两个制度之间的制度安排框架，但是，扩大了居民自主选择的缴费档次，有100—2000元12个档次。目前，城乡居民养老保险制度的并轨已在多数省份展开。

建立统一的城乡居民基本养老保险制度，在制度上体现了城乡之间的"公平性"，意味着向破除城乡二元分割体制迈出了重要一步，是统筹城乡社会发展的重要举措，体现了中央取消城乡二元分割的基本政策方向。

(二) 推进机关事业单位养老保险制度改革

如前所述，机关事业单位养老保险制度改革并没有与企业职工养老保险制度改革同步，其中的一个主要原因在于20世纪90年代初中期的企业职工养老保险制度改革，其功能定位于为国有企业改革提供配套，使国有企业成为合格的市场主体。而机关事业单位无须成为市场主体，也不存在支付压力，在改革即意味着退休收入下降的预期下受到较大的阻力。机关事业单位养老保险制度的改革内无动力、外无压力，没有实质性的进展。1992年，人事部发布《关于机关、事业单位养老保险制度改革有关问题的通知》，要求各地根据企业职工养老保险改革，探索机关事业单位养老保险制度改革。据此，一些地区也进行了探索。但是，2000年国务院《关于印发完善城镇社会保障体系试点方案的通知》中又明确提出，"公务员（含参照国家公务员制度管理的事业单位工作人员）的现行养老保险制度仍维持不变。全部由财政供款的事业单位，仍维持现行养老保险制度"，机关事业单位养老保险制度改革的探索也实际上停止了。

在机关事业单位养老保险改革停滞不前、企业职工基本养老保险改革不断推进的背景下，机关事业单位与企业职工之间养老待遇的差距越来越大①，其引发的社会矛盾也越来越大。在这样的情况下，机关事业单位养老保险制度改革再次被提上议事日程。2008年，国务院原则通过《事业单位工作人员养老保险制度改革试点方案》（以下简称《试点方案》），确定在山西、上海、浙江、广东和重庆5省份先期开展试点工作。其基本的制度框架安排是向企业职工基本养老保险并轨，实行雇主（政府）及雇员（职工）共同缴费的社会保险制度；为了弥补转向新制度后的退休待遇下降，《试点方案》还提出建立企业年金制度。② 但是，试点方案的进展并不理想，几乎处于停滞状态。③ 事业单位养老保险制度改革的停滞原因有多种④，但其根本原因有二：一是在预期到改革后退休待遇会下降的情况下，事业单位职工本身没有改革动力。虽然在《试点方案》中设计了职业年金，以弥补因改革带来的退休待遇下降，但是，由于职业年金在中国还不普遍，职工对其保障功能还无把握，因此不愿改革。二是此次改革只对事业单位职工进行，而不对机关公务员进行改革，由此引发的"福利攀比"也是导致改革不能落实的重要原因。

机关事业单位养老保险的改革，目前相关部门正在设计具体的办法。但有三个趋势值得关注：一是改革在所难免；二是改革的目标模式是向企业职工基本养老保险靠拢，实行雇主与雇员共同缴费的社会保险制度；三是机关公务员与事业单位养老保险改革进行联动，以防止一个部门不动、一个部门改革而引发的"福利攀比效应"。

此外，两者之间的并轨还涉及待遇确定及调整机制改革。企业职工养老保险与机关事业单位养老保险之间的待遇确定，前者实行的是社会统筹

---

① 郭阳：《中国企业与行政事业单位养老待遇差距研究》，《甘肃社会科学》2008年第6期。

② 蔡向东、蒲新微：《事业单位养老保险制度改革方案刍议》，《当代经济研究》2009年第8期。

③ 卢驰文：《机关事业单位养老保险改革的制约因素与策略选择》，《理论探索》2011年第5期。

④ 成欢、蒲晓红：《事业单位养老保险改革存在的争议及思考》，《经济体制改革》2009年第5期。

加个人账户的筹资模式。在待遇确定方式上，企业职工基本养老保险的个人账户实行完全的缴费确定，即个人积累多少，其待遇就有多少；社会统筹部分（现收现付制）虽然也具有一定的收入再分配功能，但基础养老金的计发与个人的缴费有间接关系。在基础养老金的计发公式中，个人指数化工资的确定即参考了个人在缴费年限内的缴费工资的高低。因此，企业职工养老保险的待遇确定与个人缴费的联系更加紧密。而机关事业单位的退休制度，待遇计发直接以退休前一年的工资为标准工资，根据工作年限按照标准工资的一定比例计发。这一待遇确定方式与缴费贡献联系不大，而与在职时的工资待遇相挂钩。这种待遇确定方式是典型的"受益确定型"。相对"缴费确定型"待遇确定方式，"受益确定型"待遇确定方式与其贡献相关不大。在当前机关事业单位的平均工资高于全社会平均工资的情况下，机关事业单位根据退休前工资计发退休后待遇，而企业职工基本按照社会平均工资计发基础养老金，已经从待遇确定上将企业职工放到不公平的地位上。

养老金要根据经济社会发展进行及时调整是社会保险的应有之义。从理论上讲，缴费型社会养老保险的养老金调整机制是固定的，即按照一定的计发公式计算，当计发公式的参数发生变化时，养老金数额自动发生变化。但是，中国企业职工基本养老保险以及机关事业单位的养老保障待遇调整机制并没有明确固定下来。对企业职工基本养老金而言，由于当时设计的计发方式确定的基本养老金比较低，在主要参数不变的情况下，基本养老金的增长速度也比较低；而对机关事业单位养老保障而言，其退休金的调整主要参考在职职工工资。这样，就导致机关事业单位的退休金增长速度与在职职工的工资增长速度相差不多。这也是导致企业职工养老金远低于机关事业单位退休金的重要原因。

为了减低改革阻力，使改革后机关事业单位的保障水平不至于出现大幅度下降，还需要相关的配套改革。配套改革的基本思路还是要建立多层次、多支柱的养老保障体系，大力发展职业年金、商业保险等作为基本养老保障的补充。

（三）基础养老金全国统筹

中国企业职工基本养老保险的制度设计是以地方为统筹区的，基本的做法是以县（县级市、区）为一个统筹区域。统筹区域设定在县区级层面有其历史原因，也能够适应不同地区间差距过大的经济社会发展水平。

但其弊端也逐步显现：首先，不同地区间的养老保障水平差别巨大，导致不公平；其次，统筹区过多，彼此之间形成分割，阻碍了正常的人口流动，不利于经济发展；最后，统筹层次过低，导致风险分散范围过小，不能有效地应对系统性社会风险。

对提高基本养老保险的统筹层次，早在 2003 年党的十六届三中全会就提出"建立健全省级养老保险调剂基金，在完善市级统筹基础上，逐步实行省级统筹，条件具备时实行基本养老金的基础部分全国统筹"。[①] 此后，"十二五"规划以及人力资源社会保障"十二五"规划也都对提高统筹层次规定了具体的实施步骤，要求在"十二五"末期基本实现基础养老金的全国统筹。

从目前的实施进展看，大约有 19 个省份实现了基础养老金的省级统筹。但是，除 4 个直辖市及少数几个省份在企业职工基本养老保险制度建立之初就实行了省级（市级）统筹外，其余实现省级统筹的省份实际上实行的是养老保险统筹基金的"省级调剂金"制度，并未实现真正意义上的统筹。省内不同统筹区之间，缴费基数不同，待遇发放的参数不同，基金仍然保持在不同统筹区内。所不同的是，省内可以在不同的统筹区之间对基金余缺进行"调剂"。这固然比不进行"调剂"有所进步，但区域之间的分割仍未根本解决。

不同统筹区之间之所以不能实现真正的统筹，一方面是因为不同的地区之间确实存在经济社会发展水平的差异，实现统筹之后，缴费与待遇不好确定；另一方面则是因为地区之间的利益分割。根据《社会保险法》，社会保险基金的兜底责任由政府财政承担，主要是由县级以上地方人民政府承担。由于不同地方政府的隐性负债不同，统筹意味着一些地区需要承担另外一些地区的隐性负债。随着老龄化的加深，这一隐性负债还会不断增长，从而给地方财政带来巨大的支出压力。由此看来，实现基础养老金的全国统筹仍面临较大的阻力。

（四）完善社会保险关系转移接续政策

提高社会养老保险关系的便携性，除提高统筹层次外，另一个主要途径是建立顺畅的社会保险关系转移接续通道，使社会保险关系能够无障碍地跟随人口的就业流动而流动。中国的养老保障体系来源于计划经济时代

[①]《中共中央关于完善社会主义市场经济体制若干问题的决定》，2003 年。

相对稳定的人口居住格局。改革开放以来，随着大规模的城镇化、工业化而来的是大规模的农村—城市人口流动，而且人口的大规模流动和迁移已成为中国经济社会发展的常态。大规模的人口流动与迁移要求社会保险关系具有便携性、流动性。

按照城镇企业职工基本养老保险的规定，在城镇从事正规就业的农民工参加城镇企业职工基本养老保险。但是，城镇企业职工基本养老保险存在地区分割，不适应农民工流动就业的需要，也因此导致农民工基本养老保险的实际覆盖率长期处于较低水平。为了提高农民工养老保险的覆盖率，人力资源和社会保障部在2009年年初推出《农民工参加基本养老保险办法（征求意见稿）》及《城镇企业职工基本养老保险关系转移接续暂行办法（征求意见稿）》并向全社会公开征求意见。但是，结果仅后者作为正式文件出台。在《农民工参加基本养老保险办法（征求意见稿）》中，最关键的设计是降低了农民工的缴费率。这一点因有悖于社会保险公平性原则而遭到反对。在作为正式文件出台的《城镇企业职工基本养老保险关系转移接续暂行办法》（以下简称《转移接续办法》）中，实行将农民工与所有企业在职职工一并对待、同等缴费、同等待遇计发办法。为了适应大规模的农民工流动就业，解决地区之间社会保险基金的利益冲突，《转移接续办法》设计了基本养老保险基金的转移方法，规定在基本养老保险关系的转移过程中，个人账户全部转移，所缴纳的统筹部分转移12%。

从实际执行情况看，《转移接续办法》取得的成效并不明显。虽然各地都明确了转移办法，也发布了转移流程，但实际能够完成转移的只是少数。究其原因，仍涉及地区之间在养老保险基金之间的利益冲突。转出的地区不愿将已经纳入基金的12%统筹转出，而转入的地区也不愿意在统筹基金未完全转入的情况下，承担未来的养老金支出责任。这种状况也是中共十八届三中全会在已经出台了《转移接续办法》后，仍强调"完善社会保险关系转移接续政策"的主要背景。

除企业职工基本养老保险关系的跨地区转移外，社会保险关系转移接续还涉及制度之间的转移接续问题。一些农民工在城镇就业一定年限后，可能回到老家，而在城镇缴纳的企业职工养老保险又未满足最低缴费年限，在这样的情况下，需要将城镇企业职工社会养老保险关系转回到农村的居民社会养老保险体系中，这就涉及社会养老保险关系的跨制度转移。

2014年2月，在国务院《关于建立统一的城乡居民基本养老保险制度的意见》出台的同时，人力资源和社会保障部等部门就对城镇职工社会养老保险与居民社会养老保险之间的制度衔接与转移出台了相关规定。[①] 在该衔接办法中，对同时参加职工养老保险及居民养老保险的，若职工养老保险满足最低缴费年限规定，则可以将居民养老保险个人账户资金转入职工养老保险个人账户；若职工养老保险未达到最低缴费年限则只允许将职工个人账户余额转入居民养老保险个人账户，此前城镇职工的缴费年限计入居民养老保险缴费年限。这一接续办法不涉及统筹资金的转移，仅涉及个人账户的资金转移，因而进行得比较顺利。

四　基本养老保险改革：可持续性

中国社会保障体系的隐性负债主要存在于基本养老保险制度方面，特别是企业职工基本养老保险方面。在本节中，我们将主要论述企业职工基本养老保险的可持续性问题。除转轨的历史债务外，企业职工基本养老保险的隐性债务主要来源于快速老龄化带来的支付压力。

从当前中国企业职工基本养老保险基金的状况看，支付压力已逐渐显现。从基金收支及基金累计结余的绝对数上看，企业职工基本养老保险基金收入仍大于支出，累计结余处于增长状态。但值得关注的问题在于，在制度建立不久，自2002年开始，基金累计结余的增长率就呈现下降趋势（见图9-6）。从理论上分析，现收现付制社会养老保险，在制度建立之初由于缴费人口较多，因此，基金累计结余增长应非常迅速，并持续较长一段时间。但中国企业职工基本养老保险结余的增长率在2012年却下降到22.8%。

从累计结余基金的总量看，也不容乐观。2012年，全国企业职工基本养老保险累计结余为23941亿元，当年基金支出为15561亿元。以当年基金支出计算，在没有收入的情况下，当年的累计结余仅能支付大约1.54年（18个月）（见图9-7）。根据预测，中国企业职工基本养老保险统筹部分的年度现金流将在2037年出现负值，即不再有新增的累计结余；之前累积的结余，将在2048年耗尽。[②]

[①] 人力资源和社会保障部、财政部：《城乡养老保险制度衔接暂行办法》，2014年。

[②] 郑伟、陈凯、林山君：《中国养老保险制度中长期测算及改革思路探讨》，载中国社会保障论坛组委会《第五届中国社会保障论坛文集》，2013年。

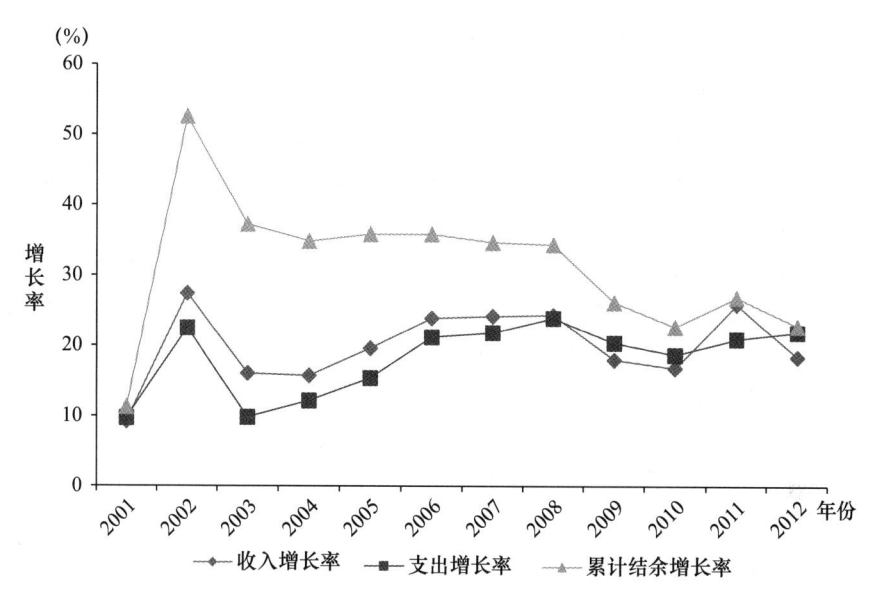

图 9-6　企业职工基本养老保险基金收入、支出与累计结余增长率（2001—2012 年）

资料来源：《中国劳动统计年鉴（2013）》。

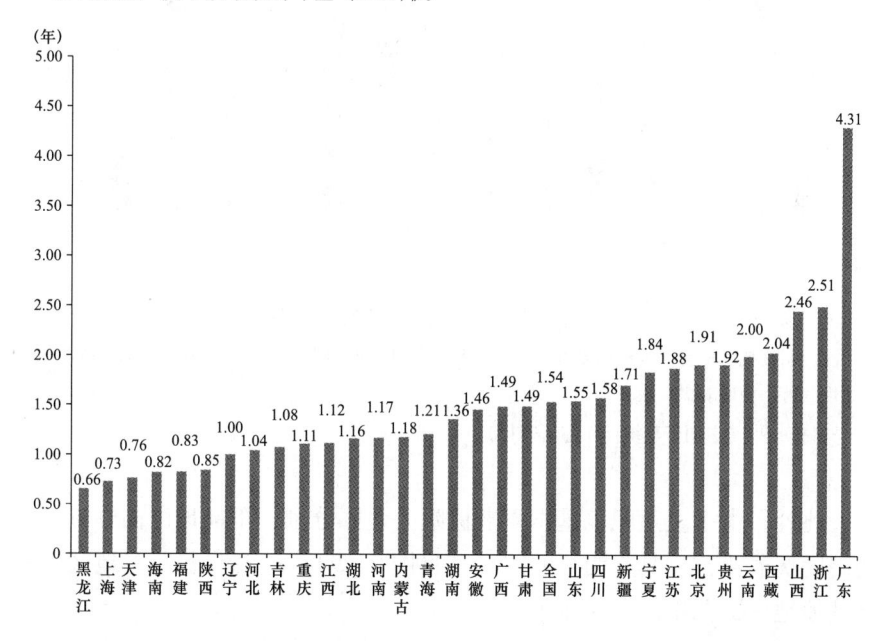

图 9-7　企业职工基本养老保险累计结余可以支付的年数（2012 年）

注：累计结余可以支付的年数等于当年累计结余除以当年基金支出，其含义为累计结余以当年的支出量计算，在没有新的结余的情况下能够支付的时间。

资料来源：《中国劳动统计年鉴（2013）》。

在基金的累计结余上，还存在严重的地区之间的不平衡（见图9-7）。在基金统筹地区分割的状况下，这意味着一些省份将在很短的时间内就出现收不抵支的情况。

基金结余增长率下降的主要原因是背后的人口结构变动。我们以企业职工制度抚养比来分析企业职工基本养老保险的结构。制度抚养比较高则意味着更多的在职人员供养一个离退休人员。中国企业职工基本养老保险制度抚养比自2000年之后持续下降，虽然在2008年有所上升，但基本的下降趋势是明显的（见图9-8）。2012年，制度抚养比只有3.09，即3.09个在职缴费人员供养一个离退休领取养老金人员。

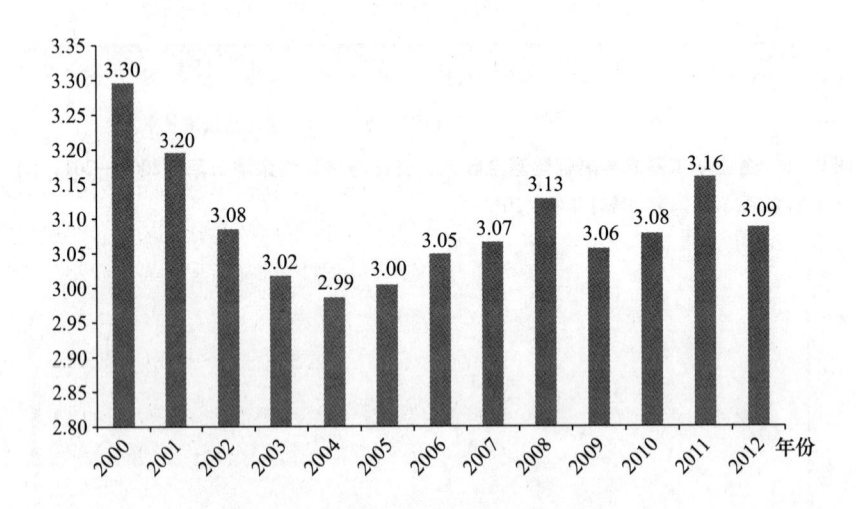

图9-8 企业职工基本养老保险的制度抚养比

注：制度抚养比等于在职缴费职工数除以领取养老金的离退休人员数，其含义为多少个缴费人口供养一个领取养老金人员。

资料来源：《中国劳动统计年鉴（2013）》。

此外，由于企业职工基本养老保险的地区分割，不同地区面临着不同的制度抚养比，且具有明显的差异（见图9-9）。这意味着一些地区面临比其他地区更严重的支付压力。

（一）在制度模式上，完善个人账户制度，健全多缴多得的激励机制

在企业职工基本养老保险制度的模式选择上，中国吸收了一些国家强制储蓄型个人账户制度的经验，建立了社会统筹加个人账户的制度模式。

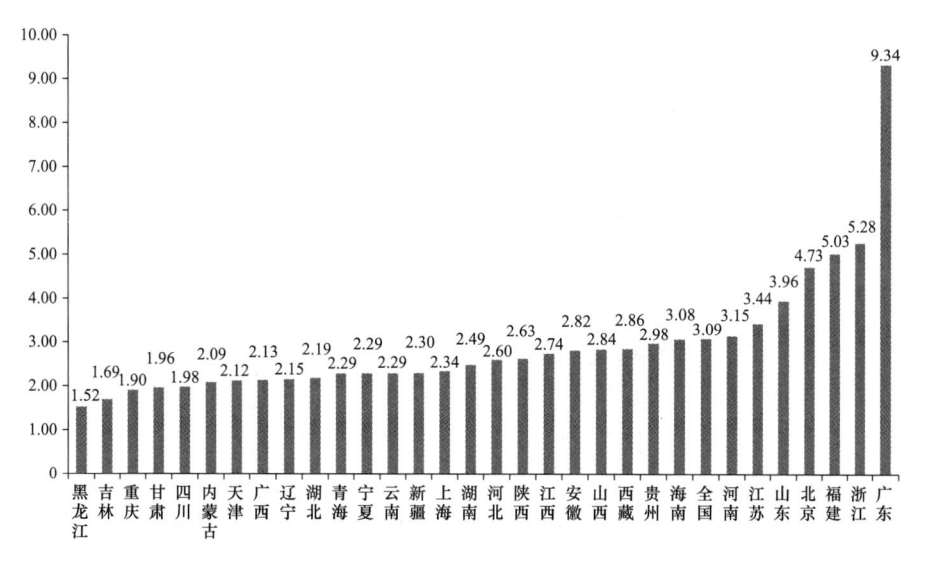

图 9-9　企业职工基本养老保险分省份的制度抚养比（2012 年）

注：制度抚养比等于在职缴费职工数除以领取养老金的离退休人员数，其含义为多少个缴费人口供养一个领取养老金人员。

资料来源：《中国劳动统计年鉴（2013）》。

个人账户属于基金积累制—缴费确定型养老保险制度，其实质是对个人生命周期的收入和消费进行平滑，年轻时预先进行积累，退休后进行消费。个人账户制度不具有人群的收入再分配性质，但具有非常强的激励机制，因为个人退休后的退休金与缴费直接相关。个人账户制度对解决现收现付制下由于人口老龄化带来的隐性负债具有非常强的政策含义。在个人账户下，不存在年轻一代对年老一代的隐性负债。特别是一开始就建立个人账户制度的国家和地区，不存在隐性负债问题。例如，新加坡的中央公积金制度，从建立之初就属于典型的个人账户制度，因此，新加坡的社会保障体系不存在隐性负债问题。一些由现收现付制改制为个人账户制度的国家和地区，以及在原有的现收现付制制度基础上引入个人账户制度的国家和地区，前者如智利，后者如美国的 401K 账户等，都对缓解原有制度的隐性负债起到了积极作用。

自企业职工基本养老保险制度建立以来，个人账户制度的空账运行一直是个突出的问题。这其中很大程度上是历史负债的问题。完善个人账户制度，也包含解决个人账户空账的问题，特别是提出划拨国有资本充实社会保障基金的决定，其背景就是针对社会保障的历史负债。从现实的政策路径来看，可以有两种方式：一是通过财政支付或统筹基金拨付的方式做实空账；二是借鉴一些国家和地区的名义账户制度，将个人账户转为仅记录个人缴费的名义账户，其资金仍与统筹基金混合，其支付则以名义账户的缴费记录为计发基础，资金从统筹账户中划拨。①

（二）在基金运营上，坚持精算平衡原则

保险基金的精算平衡是商业养老保险运营的基本原则。精算平衡的基本含义是保费的收缴与支付的现值相等，或终值相等，或期中值相等。精算平衡是确定保费费率以及确定待遇支付的基本原则。在社会养老保险的基金运营中，为保持基金的基本平衡，不致出现过多结余或出现基金亏空，也需要根据精算平衡原则对缴费及待遇进行调整。

中国企业职工基本养老保险制度在设计原则上也遵循了精算平衡原则。但是，在实际运行过程中，经常出现一些地区或群体不考虑长期平衡，随意增加待遇支付，或为弥补当前基金运营压力，提高缴费基数及缴费率的情况，从而破坏了精算平衡的原则。这是党的十八届三中全会再次明确精算平衡原则的一个主要背景。坚持精算平衡原则，实际上是将基本养老保险的缴费与待遇确定纳入可计算、可预测的规范化轨道内，排除因为一些个别原因而造成的基金支付压力。

（三）扩大参保缴费面，并适时适当降低社会保险费率

在保持基本制度框架不变的条件下，缓解养老保险基金支付压力的最常用方式还是对制度参数进行调整。制度参数既包括"收入"参数，也包括"支付"参数。参数调整方面要扩大缴费面，并适时适当降低社会保险费率。这两项措施实际上是紧密联系在一起的。扩大参保缴费面实际上是增加在职缴费人数；但是，扩大缴费面面临的一个重要问题，即居高不下的缴费费率对企业及个人形成较为沉重的负担，从而影响参保积极性，不利于覆盖面的扩大。因此，需要在扩大参保缴费面及降低社会保险费率两个方面进行权衡。

---

① 作为典型的北欧福利国家，瑞典于1994年在社会养老保险中引入了名义个人账户制度。在此之前，瑞典实行的是典型的社会养老保险制度，但是，政府对社会养老保险提供了多项补贴。随着瑞典老龄化程度的加深以及经济增长疲软，财政压力逐渐增大，瑞典开始对现收现付制的社会养老保险制度进行改革。瑞典在社会养老保险中设立了个人账户，但是，这个个人账户并没有资金的注入，而仅仅是个人缴费及贡献的一个记录。与此相对应，退休后参保者的养老金由原来的权益确定型转向缴费确定型。参见 Palmer, E., The Swedish Pension Reform Model: Framework and Issues, www.oecd.org/finance/financial-markets/2638200.pdf.

中国企业职工基本养老保险当前的缴费率为缴费基数的28%（雇主20%+个人8%）。这一缴费率不仅高于发展中国家的平均水平，也远高于一些老龄化程度非常高的发达国家（见图9-10）。例如，日本的老龄化程度远高于中国，但其社会养老保险的平均缴费率只有16.68%；韩国的缴费率只有9%，英国和美国的缴费率只有21.85%和12.4%。过高的缴费率，从短期看，直接影响企业及职工的参保积极性，产生大量的规避社会保险缴费行为，降低参保覆盖面；从长期看，则严重影响企业竞争力，不利于经济的长期增长。

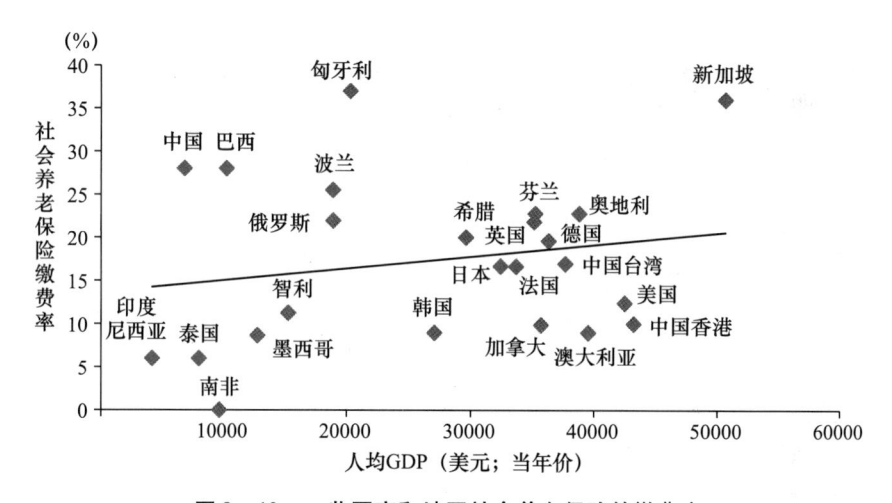

图9-10 一些国家和地区社会养老保险的缴费率

注：南非、巴西、加拿大、智利、墨西哥、美国为2013年数据；其余国家和地区为2012年数据。

资料来源：USA Social Security Administration（SSA），Social Security Programs throughout the World。

（四）研究制定渐进式延迟退休年龄政策

企业基本养老保险"支付"方面的参数调整，主要是退休年龄的规定。退休年龄直接决定了参保者能够领取养老金的年限，而领取养老金年限长短，则又对基金的隐性负债大小有直接影响。中国企业职工的退休年龄（领取养老金）的年龄仍执行20世纪70年代的规定[1]，即男性60岁，

---

[1]《关于颁发〈国务院关于安置老弱病残干部的暂行办法〉和〈国务院关于工人退休、退职的暂行办法〉的通知》（国发〔1978〕104号）。

女工人 50 岁，女干部 55 岁。这一退休年龄与当时人们的预期寿命是相关的。但是，随着生活水平的提升，中国人均预期寿命有了较大增长。2012年，中国男性出生时的预期寿命为 72.1 岁，女性为 75.6 岁，虽低于一些发达国家，但要比发展中国家的一般水平要高。将预期寿命减去法定退休年龄之差，就是平均的领取养老金的年限。从这一年限来看，中国在 2012 年男性为 12.1 年，女性为 20.6 年，高于一般的发展中国家水平，而与一些发达国家和地区接近（见表 9-7）。这意味着养老保险基金支付年限延长，这对基金支付形成了非常大的压力。

表 9-7 一些国家和地区的老龄化程度及预期寿命、退休年龄情况

国家和地区	65 以上老龄人口占比（%）	总抚养比（%）	出生时预期寿命（岁）		退休年龄（岁）		预期寿命与年龄之差（岁）	
			男性	女性	男性	女性	男性	女性
澳大利亚	13.4	48.0	79.9	84.3	65	64.5	14.9	19.8
中国	8.2	38.2	72.1	75.6	60	55	12.1	20.6
中国香港	12.7	32.0	80.2	86.4	65	65	15.2	21.4
印度	4.9	55.1	64.4	67.6	55	55	9.4	12.6
印度尼西亚	5.6	48.3	68.3	78.1	55	55	13.3	23.1
日本	22.7	56.4	80.1	87.1	65	65	15.1	22.1
新加坡	9.0	35.9	78.9	83.7	55	55	23.9	28.7
韩国	11.1	38.1	77.3	84	60	60	17.3	24
中国台湾	11.3	35.2	75.7	81.5	60	60	15.7	21.5
泰国	8.9	41.7	71.1	77.8	55	55	16.1	22.8
奥地利	17.6	47.8	78.4	83.6	65	60	13.4	23.6
芬兰	17.2	51.0	77.2	83.3	65	65	12.2	18.3
法国	16.8	54.2	78.5	84.9	60	60	18.5	24.9
德国	20.4	51.2	78.2	83	65.08	65.08	13.12	17.92
希腊	18.6	49.5	77.6	82.6	65	62	12.6	20.6
匈牙利	16.5	45.3	70.8	78.5	62.5	62.5	8.3	16
波兰	13.6	39.7	72.2	80.6	65	60	7.2	20.6
俄罗斯	12.8	38.6	63.3	75	60	55	3.3	20
英国	16.6	51.4	78.3	82.4	65	61	13.3	21.4
南非	5.2	53.7	54.9	59.1	60	60	-5.1	-0.9
巴西	6.9	47.9	70.2	77.5	65	60	5.2	17.5

续表

国家和地区	65以上老龄人口占比（%）	总抚养比（%）	出生时预期寿命（岁）		退休年龄（岁）		预期寿命与年龄之差（岁）	
			男性	女性	男性	女性	男性	女性
加拿大	14.2	44.1	79.3	83.5	65	65	14.3	18.5
智利	9.2	45.6	77	82.6	65	60	12	22.6
墨西哥	6.0	56.3	74.9	79.7	65	65	9.9	14.7
美国	13.1	49.0	76.4	81.2	66	66	10.4	15.2

注：南非、巴西、加拿大、智利、墨西哥、美国为2013年数据；其余国家和地区为2012年数据。退休年龄为各国法定领取养老金的年龄。预期寿命与退休年龄之间的差距表示个人领取养老金的年限。表中的总抚养比等于14岁以下人口及65岁以上人口占劳动年龄人口（15—64岁）的比例。

资料来源：USA Social Security Administration（SSA），Social Security Programs throughout the World。

在推迟退休年龄的政策方式上，要求制定渐进式延迟退休政策。之所以提出渐进式改革的思路：一是考虑到一些从事体力劳动的职工，他们的职业周期较短，延迟退休年龄后，实际缴费年限增加，对他们形成较大的负担；二是考虑到当前中国的就业形势，延迟退休可能会增加年轻人的就业难度。① 但是，从发展趋势看，延迟退休是一个必然趋势。

（五）增加政府投入，进行稳健投资

应对基本养老保险基金的隐性负债，提高基金的可持续性，还需要从资金来源上建立可靠的途径。除缴费之外，企业职工基本养老保险还有两个资金来源渠道：一是政府投入；二是通过稳健投资获得的投资回报。

从政府投入方面，企业职工基本养老保险的历史负债有一部分形成了国有资产，因此，国有资产有责任对基本养老保险基金进行转移支付，以支付历史负债。基于此，中国在2000年就成立了全国社会保障基金，其资金来源主要是中央财政拨入资金、国有股减持或转持所获资金和股权资产，以及投资收益，其中，中央财政每年的划拨构成其经常收入的一部分。全国社会保障基金并不对现有的养老保险基金提供支付，其作用在于

---

① 蒋延辉：《渐进式延迟退休的三个先决条件》，《中国社会保障》2014年第2期。

为未来支付提供储备。截至 2012 年,社保基金管理的基金资产总额为 11060.37 亿元。① 在党的十八届三中全会报告中,对划拨国有资产补充社会保障基金也提出了明确的要求,指出"划拨部分国有资本充实社会保障基金"。

除国有资本的划拨外,根据《社会保险法》的规定,政府负有对社会保险基金的兜底责任。但自《社会保险法》颁布实施以来,并未形成规范化、制度化的财政投入社会保险基金的制度。从保持基金的长期可持续性角度看,财政对社会保险基金隐性负债的支付需要提前规划,建立和完善制度。因此,党的十八届三中全会要求健全社会保障财政投入制度,并完善社会保障预算制度。

从理论上讲,现收现付制社会保险基金不需要投资,也不需要过多积累,因为当期的支付来自当期的缴费;而基金积累制制度安排会在当期形成较多的资金积累,这需要通过稳健的投资获得回报以应对通货膨胀对基金的侵蚀。中国企业职工基本养老保险制度中的个人账户属于基金积累制,需要有稳健的投资;但是,除此之外,基本养老保险中的社会统筹部分也形成了一笔较大的积累。这笔积累有其合理性,也是为应对未来支出压力所做的储备。这两部分积累都需要有一个稳健的投资回报率以实现保值增值。根据企业职工基本养老保险制度的投资原则,基本上只能投资于风险小、回报低的国债,这导致基金的不断贬值。从国际上实行基金积累制的国家和地区的经验看,一些国家和地区的个人账户养老金投资也取得了较好的投资回报,这对中国基本养老保险基金的保值增值提供了借鉴。②

第三节 基本医疗保障制度的改革与完善

医疗保障是现代社会保障体系中的重要内容。养老保障对失去收入的老年人提供收入补偿;医疗保障所保障的是可获得的医疗服务。不同于养

---

① 2012 年全国社会保障基金理事会基金年度报告。
② Apte, V. and McFarland, B., 2011, "DB versus DC Plan Investment Returns: The 2008 – 2009 Update", Towers Watson.

老保障，医疗保障的主要项目是医疗保险，在医疗保险过程中，被保险方与保险方存在严重的信息不对称，从而导致"道德风险"与"逆向选择"问题。在医疗服务提供过程中，也存在信息不对称问题，从而导致"供给诱导需求"的行为。在医疗服务提供过程中，供给方（医院和医生）掌握更多的信息，从而利用这些信息增加医疗服务供给。在医疗保险存在的情况下，第三方付费机制也导致患者没有动力控制医疗费用。因此，医疗保障改革面临的问题更加复杂。

一　中国医疗保障的基本框架

中国医疗保障包括两个大的体系：一是缴费型医疗保险体系；二是非缴费型医疗救助体系。这两个体系也具有"碎片化"的特征，不同的项目分别覆盖不同人群，且存在地区间的分割。这一点与中国社会保障体系的基本特征相吻合。

（一）社会医疗保险制度

中国医疗保障体系的主体是缴费型医疗保险制度。在社会医疗保险制度框架下，根据不同的人群建立了不同的制度。在城镇居民内部，根据职业与就业状况分为覆盖在职职工的城镇职工基本医疗保险制度和覆盖非就业居民的城镇居民医疗保险制度，农村居民则适用新型农村合作医疗制度。

1. 城镇企业职工基本医疗保险

城镇职工基本医疗保险的建立与城镇职工基本养老保险的建立过程类似。计划经济时期，中国企业职工医疗保障是企业劳动保险制度的一部分，并演变成为企业负担的职工福利的一部分。改革开放之后，为配合国有企业改革，逐步建立企业职工的基本医疗保险制度。党的十四届三中全会确立的社会统筹加个人账户的社会保险制度模式也包括城镇企业职工基本医疗保险。

1998年，《国务院关于建立城镇职工基本医疗保险制度的决定》（以下简称《决定》）从制度上确立了城镇职工基本医疗保险的基本原则。首先，在覆盖人群上，要求所有单位及职工，包括企业、机关、事业单位、社会团体、民办非企业单位的职工都要参加。其次，在基本医疗保险基金的统筹范围上，确定了地级以上行政区为统筹单位，也可以县（市）为统筹单位，实行属地管理原则。最后，在筹资方式上，实行社会统筹加个人账户制度，缴费费率为缴费基数的8%，其中，6%为雇主缴费，2%为个人缴纳；2%的个人缴费直接进入个人账户，雇主缴费部分的30%左右也划拨进入个人账户。这些原则构成了当前城镇职工基本医疗保险制度的主体框架。

与机关事业单位养老保险改革缓慢不同，机关事业单位的医疗保险改革顺利推进。在计划经济时期以及改革开放初期，机关事业单位实行的是无须缴费的公费医疗制度，资金直接来源于政府财政。按照1998年《决定》的要求，机关事业单位也要加入职工基本医疗保险。当前，除一些中央国家机关工作人员外，大多数地方政府及部分中央国家机关单位职工都参加了职工基本医疗保险。截至2012年，城镇职工医疗保险覆盖人群2.65亿人，实际覆盖率为47.12%，当年基金收入6061.9亿元，基金支出4868.5亿元，累计结余6884.2亿元。

2. 城镇居民基本医疗保险

在计划经济时期，城镇非就业居民没有单独的医疗保障。他们作为职工家属也可以在一定程度上获得医疗保障。改革开放之后，随着国有企业改革的推进，这种以家属身份获得医疗保障的途径逐步消失。因此，在改革开放之后相当长一段时间内，城镇非就业居民实际上处于医疗保障的真空中。为解决非就业居民的医疗保障，一些地区开始试点城镇居民的医疗保险制度。在总结各地经验的基础上，国务院在2007年印发了《关于开展城镇居民基本医疗保险试点的指导意见》（以下简称《指导意见》），提出在全国推进城镇居民基本医疗保险制度。

城镇居民基本医疗保险的覆盖范围为不属于城镇职工基本医疗保险覆盖范围的非就业居民，包括少年儿童、中小学阶段的学生及其他非从业城镇居民。在筹资模式上，城镇居民医疗保险的制度框架与新型农村合作医疗相类似，采取个人缴费、集体补助及政府补贴的方式。2007年的《指导意见》规定，政府补贴的最低标准为人均40元。2008年，国务院办公厅印发《关于将大学生纳入城镇居民基本医疗保险试点范围的指导意见》，至此，城镇居民基本医疗保险制度覆盖了城镇居民全体非从业人员。截至2012年，城镇居民医疗保险覆盖人群2.72亿人，人均筹资额323元。

3. 新型农村合作医疗

农村合作医疗制度早在计划经济时期就在农村普遍存在，其基本的制度特征是依托于集体经济组织，村民缴纳部分费用，或直接由生产大队（生产队）的收入中支付费用，由村集体统一支配，并安排农村赤脚医生为全体村民提供基本医疗服务。旧的农村合作医疗制度基本上属于村民依托集体经济组织的医疗互助，政府没有筹资责任，保障水平低、风险分散范围小，但它毕竟为农村居民提供了医疗保障及医疗服务。但是，随着人民公社制度的解体，农村合作医疗制度在 20 世纪 80 年代中期基本解体，农村居民处于医疗保障的真空中。2003 年年初，国务院办公厅转发了《卫生部等部门〈关于建立新型农村合作医疗制度的意见〉的通知》，提出在农村建立新型农村合作医疗制度并展开试点。2004 年 1 月，国务院办公厅又转发了《卫生部等部门〈关于进一步做好新型农村合作医疗试点工作指导意见〉的通知》，确定了新型农村合作医疗试点推进的几个原则。总结起来，这两个文件确定的新型农村合作医疗，一是坚持了农民自愿参加的原则。二是提出了政府的补助责任，将新型农村合作医疗的筹资模式确定为"个人缴费、集体补助、政府补贴"的模式。该模式也成为此后城镇居民医疗保险的筹资模式。三是在筹资标准上确定个人缴费最低标准为 10 元，政府补贴的最低标准也为 10 元。四是在资金管理上坚持以收定支、量入为出的原则。

截至 2012 年，新型农村合作医疗制度覆盖 8.05 亿农村居民，参合率达到 97% 以上，人均筹资额 308.5 元。

（二）城乡医疗救助制度

医疗救助制度是中国非缴费型社会救助制度的主要项目之一，是中国社会医疗保障的重要组成部分。相对医疗保险，医疗救助主要起到"安全网"作用，其目的是对贫困人口的疾病预防及治疗提供帮助。2003 年，随着新型农村合作医疗制度的推开，出现了一些贫困农户无力参加合作医疗的情况，以及一些罹患大病，虽经合作医疗报销后，仍无力承担自付部分医疗费用的农户。针对这些情况，2003 年 11 月，民政部、卫生部、财政部联合下发了《关于实施农村医疗救助的意见》，提出 2005 年要在全国全面展开农村医疗救助。农村医疗救助的对象是农村的"五保户"、农村贫困户家庭成员以及其他符合条件的农村贫困农民。医疗救助主要分为三个部分：一是资助贫困农户参加新农合，即农户参加新农合的个人缴费部分，若贫困农户无力承担，则由医疗救助承担；二是因患大病，合作医疗补助后个人负担医疗费用过高，影响家庭基本生活的，可以获得适当的医疗救助；三是尚未开展新农合的地区，对因患大病个人负担费用难以承担，影响家庭基本生活的，给予适当医疗救助。资金来源主要由地方政府承担，纳入地方财政预算。2012 年，全年累计救助贫困农村居民 5974.2 万人次，其中，资助参加新农合 4490.4 万人次，人均资助参合水平 57.5 元；直接救助农村居民 1483.8 万人次，人均救助水平 721.7 元；全年各级财政共支出农村医疗救助资金 132.9 亿元。①

在城市，2005 年 7 月，国务院办公厅转发了《民政部、卫生部、劳动保障部和财政部〈关于建立城市医疗救助制度试点工作的意见〉》，要求在全国建立城市医疗救助制度。城市医疗救助制度与农村医疗救助制度安排相一致。救助对象主要是城市居民最低生活保障对象中未参加城镇职工基本医疗保险人员、已参加城镇职工基本医疗保险但个人负担仍然较重的人员和其他特殊困难群众。但是，在具体的救助标准上，实行城乡两套标准，城市救助的平均水平高于农村。2012 年，全年累计救助城市居民 2077 万人次，其中，民政部门资助参加城镇居民基本医疗保险 1387.1 万人次，人均救助水平 84 元；民政部门直接救助城市居民 689.9 万人次，人均医疗救助水平 858.6 元。全年各级财政共支出城市医疗救助资金 70.9 亿元，比上年增长 4.9%。②

（三）农民工的医疗保障

在城镇居民及农村居民之间，还有一个规模庞大的农民工群体。农民工虽然在城镇就业和生活，但是，由于户籍在农村，不被城镇政府认可为城镇居民。③ 他们的医疗保障可以通过以下几条渠道解决：一是参加户籍所在地的新型农村合作医疗，并获得农村医疗救助资格；二是参加城镇职工医疗保险；三是参加一些城市建立的独立于本地城镇职工基本医疗保险之外的农民工医疗保险或外来工医疗保险。但是，他们不能参加城镇居民基本医疗保险，也没有资格获得城镇医疗救助。

从现实情况看，大部分农民工虽然在户籍所在地参加了新型农村合作医疗，但是，由于交通成本等问题，他们在就业所在地患病后的费用只有很少比例回去报销。另外，由于新型农村合作医疗主要面对农村居民，保障水平过低，不能也无法对在城市就医的农民工的医疗费用提供较多报

---

① 民政部《2012 年社会服务发展统计公报》。
② 同上。
③ 虽然从 2000 年第五次全国人口普查报告开始，中国把在城镇生活超过 6 个月的流动人口登记为城镇人口，但在获得城市公共服务方面，这部分农民工并没有获得真正的户籍市民相同的待遇。

销。这都导致农民工对新型农村合作医疗的实际使用率很低。虽然他们也有获得农村医疗救助的资格,但与合作医疗面临的问题相似,实际使用率非常低。

无论从理论上还是从现实运作中,由新农合承担农民工的医疗保险缺乏可持续性。理论上说,保险模式需要与风险特征相匹配。新农合设计的初衷是应对农村居民和农业社会的医疗风险。流动人口在城镇就业和生活,面对的是工业社会的医疗风险。由此,由新农合来承担流动人口的医疗保险将导致风险与保险的错配。从现实运作上,新农合为了管控基金支付压力,在设计之初就确定了异地报销比例低、异地门诊不予报销的原则。即便如此,流动人口在城镇罹患须住院治疗的疾病后,还是要回到新农合报销。这实际上是通过流动人口将城市医疗风险转嫁到了新农合,势必给新农合带来较高的支付压力。

尽管政策上允许正规就业农民工参加城镇职工医疗保险,但他们的参保意愿低,实际覆盖率低。外出就业的农民工的人口学特征是年龄较小,身体状况较好,由此产生的逆向选择导致他们本就不愿参保。除此之外,当前城镇职工医疗保险实际上的权益积累制及由此产生的医保资金转移接续等问题也不适应农民工频繁流动的特征。根据规定,参加城镇职工医疗保险并达到法定缴费年限的个人,退休后不再缴费,可享受相应的医保待遇。这一权益积累制带来农民工医保转移接续中的利益分割问题,流出地有激励截留统筹账户资金,统筹账户资金无法随人口流动而转移;农民工因工作地点发生变化而出现缴费中断或新地点不承认原有缴费年限,使其前期缴费年限被清零,因而他们参保意愿低。

(四) 实现医疗保障全民覆盖

截至2007年,随着城镇居民基本医疗保险制度的建立,中国的医疗保障实现了制度上的全覆盖:城镇职工参加城镇职工基本医疗保险,非就业居民参加城镇居民基本医疗保险,农村居民参加新型农村合作医疗。这三项制度构成了中国当前医疗保障制度的主体。在这三项社会保险制度之外,还有"安全网"性质的医疗救助制度(见图9-11)。

从实际覆盖率上,中国的社会医疗保障也基本实现了全覆盖(见表9-8)。2012年,城镇职工基本医疗保险覆盖人口2.65亿,城镇居民基本医疗保险覆盖人口2.72亿,新型农村合作医疗覆盖人口8.05亿,三项相加共覆盖人口13.4亿,实际覆盖率达到99.07%。

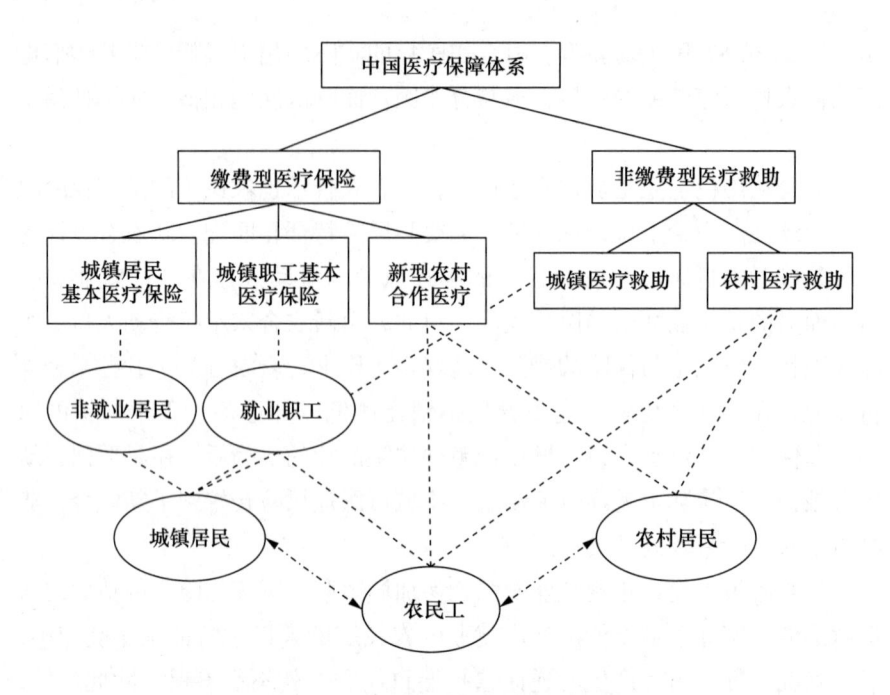

图 9-11　中国社会医疗保障制度框架

注：机关事业单位人员除少数外，都已基本参加城镇职工医疗保险，故未在此处单列。

表 9-8　中国社会医疗保障制度的实际覆盖率

| 年份 | 参保人数（千万） | | | 总参保人数（千万） | 总人口（千万） | 覆盖率（%） |
	城镇职工医疗保险（A）	城镇居民医疗保险（B）	新农合（C）	D = A + B + C	E	F = D/E
2004	12403.6		8000	20403.6	129988	15.70
2005	13782.9		17900	31682.9	130756	24.23
2006	15731.8		41000	56731.8	131448	43.16
2007	18020.3	4291.1	72600	94911.4	132129	71.83
2008	19995.6	11826	81500	113321.6	132802	85.33
2009	21937.4	18209.6	83300	123447	133450	92.50
2010	23734.7	19528.3	83600	126863	134091	94.61
2011	25227.1	22116.1	83200	130543.2	134735	96.89
2012	26485.6	27155.7	80500	134141.3	135404	99.07

资料来源：历年《中国劳动统计年鉴》和《中国卫生统计年鉴》。

虽然中国社会医疗保障实现了全民覆盖，但医疗保障不同于养老保障，其最终效果要看是否有效地缓解了居民的"看病难、看病贵"问题。而解决居民"看病难、看病贵"问题，不仅需要医疗保障的全覆盖，还需要整个医药卫生体制改革。这也是党的十八大以及十八届三中全会将医疗保障与医药卫生体制改革放到一起论述的原因。

二 新一轮医药卫生体制改革与医疗保障体制改革

医疗保障体制改革需要放到医药卫生体制改革的大框架中进行分析，这是医疗保障与养老保障的不同之处。中国政府2009年启动了新一轮医药卫生体制改革，医疗保障体系的建设与完善成为本次改革的主要内容之一。

（一）2009年医药卫生体制改革

改革开放之后，针对计划经济时期形成的医药卫生体制及医疗保障体制，中国曾进行过几次医药卫生体制改革。例如，1997年中共中央、国务院《关于卫生改革与发展的决定》，以及2000年国务院体改办发布的《关于城镇医药卫生体制改革的指导意见》等。但是，这些改革都未在解决居民"看病难、看病贵"方面起到实质性作用。[①] 而其中的"医疗保障制度不健全"也成为重要原因。这是引发新一轮医药卫生体制改革的主要背景。

2009年，中共中央、国务院《关于深化医药卫生体制改革的意见》开启了中国新一轮医药卫生体制改革。新医改的基本思路是：通过四项基本制度的建设，有效地缓解并最终解决居民"看病难、看病贵"问题。这四项基本制度涉及供给方的公共卫生服务体系、医疗服务体系和药品供应保障体系，以及需求方（筹资方）的医疗保障体系建设。

在医疗保障体系建设中，要求"加快建立和完善以基本医疗保障为主体，其他多种形式补充医疗保险和商业健康保险为补充，覆盖城乡居民的多层次医疗保障体系"。新医改还确定了中国基本医疗保障体系的主要制度框架："城镇职工基本医疗保险、城镇居民基本医疗保险、新型农村合作医疗和城乡医疗救助共同组成基本医疗保障体系，分别覆盖城镇就业人口、城镇非就业人口、农村人口和城乡困难人群。"

新医改文件发布后，国务院随即出台了《医药卫生体制改革近期重

---

① 葛延风、王晓明：《中国医疗服务体系改革反思》，《中国卫生产业》2005年第9期。

点实施方案（2009—2011年）》（以下简称《实施方案》），对推进医药卫生体制改革做出了具体部署。在加快推进基本医疗保障制度建设方面，《实施方案》提出，一是要扩大基本医疗保障的覆盖面，实现基本医疗保障全面覆盖；二是逐步提高基本医疗保障水平，特别是城镇居民基本医疗保险和新型农村合作医疗，既要提高政府补贴水平，也要适当提高个人缴费标准；三是重申基本医疗保障的基金管理原则，即以收定支、收支平衡、略有结余，并要求合理控制城镇职工医保基金和城镇居民医保基金的年度结余和累计结余；四是要完善城乡居民医疗救助制度；五是提高基本医疗保障的管理服务水平。

上述要求的核心实际上有三个：一是扩大覆盖面，实现基本医疗保障的全民覆盖；二是提高筹资水平；三是控制城镇职工医保及城镇居民医保的结余。这三个要求的基本指向就是实现全覆盖，提高医疗保障的支付水平。从新医改的推进及效果看，这也成为新医改取得的最大成效之一。

（二）医药卫生体制改革与医疗保障体系建设的成效

2009年开始的新一轮医药卫生体制改革在基本医疗保障方面取得了显著成效。

第一，基本医疗保障的全民覆盖基本实现，全口径的覆盖率在2012年达到99%以上。

第二，医疗保障的保障水平大幅度提高。从基本医疗保险的人均筹资水平看，2009年之后，城镇医疗保险（职工医保与居民医保）的人均筹资额逐年上升，从2009年的914.6元上升到2012年的1293.5元；新型农村合作医疗的人均筹资额虽然低于城镇医疗保险，但也有了明显增长，从2009年的113.4元上升到2012年的308.7元（见图9-12）。在城乡医疗救助方面，根据新医改的意见，民政部等四部门在2009年发布了《关于进一步完善城乡医疗救助制度的意见》，提出进一步增加医疗救助的保障水平。在这一要求下，城乡医疗救助的直接补助水平也有了明显提高。图9-13显示，人均直接补助水平从2009年开始大幅上升。农村的直接补助水平从2008年的360.3元增长到2009年的676.6元，增长了将近1倍；城市的直接补助水平从2008年的483.5元增长到2009年的764.7元。此后，医疗救助水平也不断上升，2012年城市和农村的直接补助水平分别达到858.6元和721.7元。

第三，卫生总费用中个人自付部分所占比例明显下降，这与医疗保障

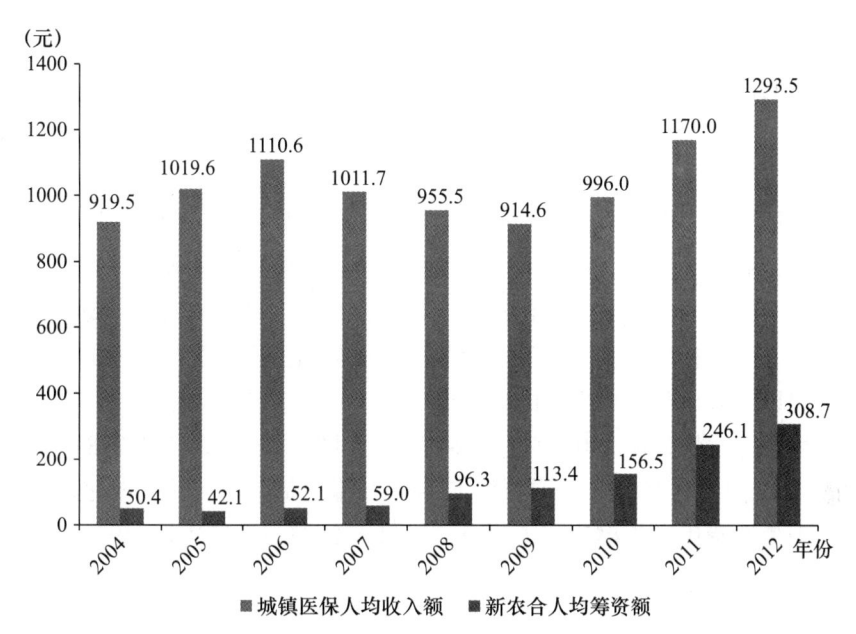

第九章 大国经济发展与社会保障体系建设 / 541

图 9-12　城镇医疗保险与新型农村合作医疗人均筹资额情况（2004—2012 年）

注：城镇医疗保险包括城镇职工医保和城镇居民医保。
资料来源：历年《中国劳动统计年鉴》。

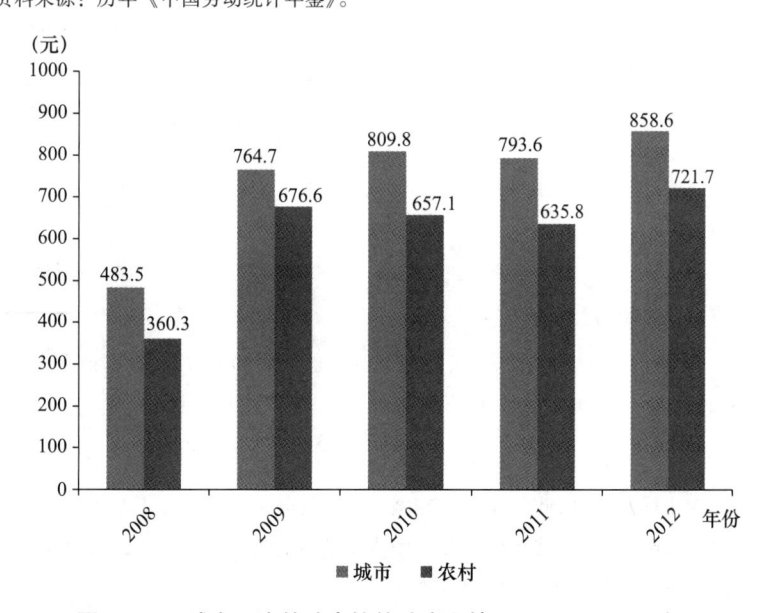

图 9-13　城乡医疗救助直接补助水平情况（2008—2012 年）

注：此处仅为民政部门直接补助的医疗费用，不包括民政部门资助参加新型农村合作医疗及城镇居民基本医疗保险的费用。
资料来源：历年《中国民政事业统计公报》。

体系的全覆盖及保障水平提高直接相关。卫生总费用是一个国家或地区在一定时间内花费在医疗卫生方面的总支出，主要包括三个部分：一是个人直接支付的医疗卫生支出，不包括参加医疗保险缴纳的保费；二是社会医疗卫生支出，其主要部分为社会医疗保险方面的支出，但不包括非缴费的医疗救助支出，以及其他非政府非个人的医疗卫生支出，例如，商业健康保险、社会办医支出、社会捐助以及行政事业性收费收入等；三是政府财政对医疗卫生的直接支出，包括政府投入公立医疗机构的支出、财政对社会医疗保险的补助以及直接的医疗救助，还包括卫生及医疗保障的行政管理支出以及人口与计划生育的事务性支出等。改革开放以来，中国卫生总费用增长非常快，从2003年的6584.1亿元增长到2012年的27846.8亿元，增长了4.23倍，年均增长率17.4%。特别是在新一轮医改之前，中国的卫生总费用增长率达到了顶点，2008年的增长率高达25.59%（见图9-14）。

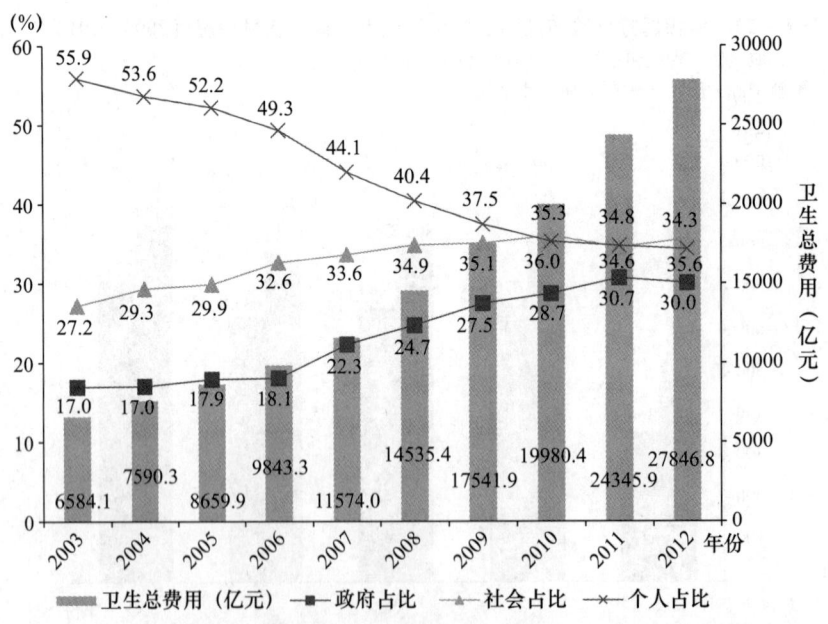

图9-14 卫生总费用增长及不同支出的占比情况（2003—2012年）

资料来源：相关年份《中国卫生统计年鉴》。

新一轮医改的一个重要目的就是缓解卫生总费用的过快增长，特别是降低个人自付医疗卫生支出。降低个人自付医疗卫生支出的重要途径就是提高医疗保障的支付水平。从卫生总费用的变动情况看，新一轮医改这一目的基本实现，一方面卫生总费用的增长得到了控制，自 2009 年以来卫生总费用的增长率出现下降趋势（见图 9-15）；另一方面，个人自付的医疗卫生费用占卫生总费用的比例也出现了明显的下降趋势。图 9-14 显示，在 2003 年中国卫生总费用的构成中，个人自付支出占 55.9%，此后则一路下降，2009 年降低到 40% 以下，2012 年继续下降到 34.3%。而个人自付比例的下降，与社会支出（主要是社会医疗保障支出）的同步快速增长相关。中国自 2003 年开始重建农村合作医疗并实行农村医疗救助，2005 年推出城市居民医疗救助，以及 2011 年开展城镇居民医疗保险，实现了医疗保障的全民覆盖。在个人自付比例下降的同时，社会支出占比则由 2002 年的 27.2% 上升到 2012 年的 35.6%，超过个人自付支出占比及政府支出占比。

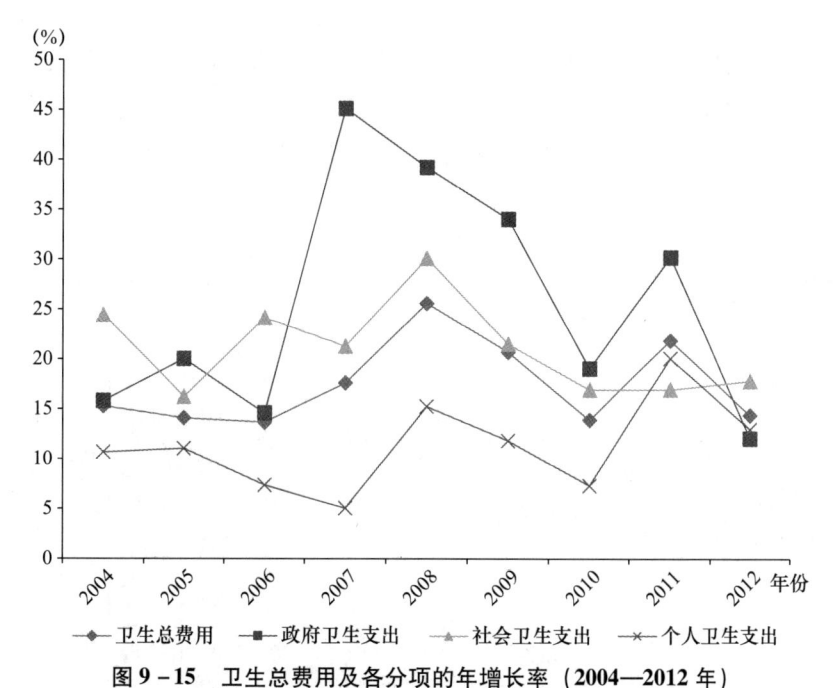

图 9-15　卫生总费用及各分项的年增长率（2004—2012 年）

资料来源：相关年份《中国卫生统计年鉴》。

与个人自付支出占比下降相关的还有政府卫生支出占比的增加。改革开放之后，随着卫生总费用的增长，政府卫生支出所占比重不仅没有上升，而且出现了下降的趋势。政府卫生支出占比重新恢复增长是在 2003 年"非典"之后。2003年卫生总费用中政府支出占比为17.0%，此后一直维持不断上升的趋势，到2012年，政府卫生支出占卫生总费用的比例超过30%。

随着政府卫生支出总量的上升，政府卫生支出的结构也发生了变化，由以前的补供方为主，即直接拨付到医疗卫生服务的提供机构，逐渐演变为补供方与补需方并重，并重点补贴需方。政府的卫生支出去向主要包括四个方面：一是直接拨付至医疗卫生服务机构，如医院及基层医疗卫生机构等；二是对社会医疗保障的补贴，包括对非缴费型的医疗救助的支出和对新型农村合作医疗、城镇居民基本医疗保险的参保补贴；三是对城镇职工基本医疗保险的拨付；四是第三和第四部分是行政管理事务的支出以及人口与计划生育的支出。在这四部分支出中，后两部分属于行政性支出，且所占比例低于20%；前两部分，即补供方的部分与补贴需方的部分构成了政府卫生支出的主要部分。新一轮医改也极大地改变了政府卫生支出对供方及需方的结构。在计划经济时期以及20世纪八九十年代，政府的医疗卫生支出主要投入各级公立医疗卫生服务机构，直到1998年城镇职工基本医疗保险在全国展开，政府卫生支出中补供方的比重高达58.1%（见图9-16）。随着中国医疗保障体系建设的大规模展开，政府卫生支出

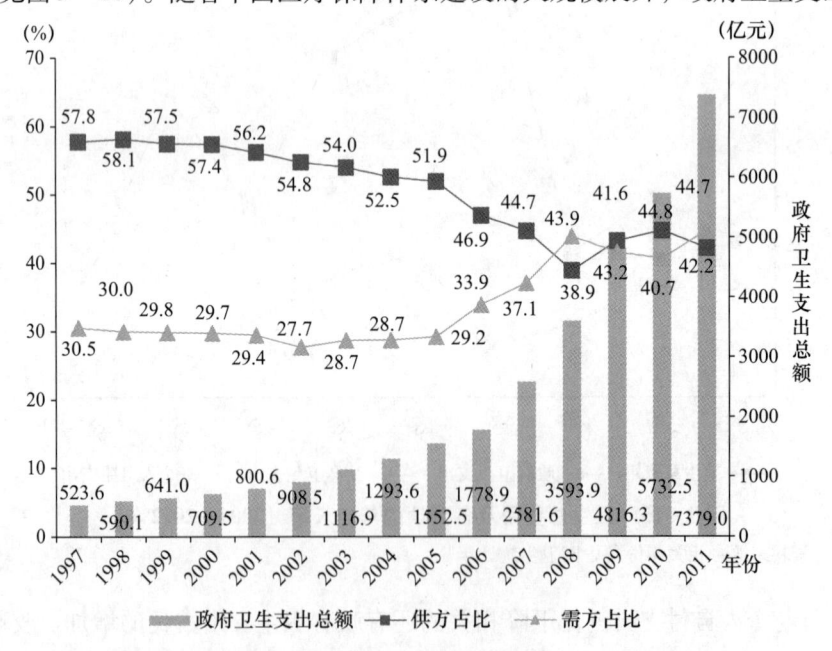

图9-16 政府医疗卫生支出及其结构变动情况（1997—2011年）

资料来源：相关年份《中国卫生统计年鉴》。

的结构也开始发生变化，政府卫生支出补供方所占比例一路下降，自2008年之后，政府卫生支出补供方的比例一直维持在40%—43%。与此同时，政府卫生支出对需方的补贴呈明显上升趋势，到2011年政府卫生支出中补需方的比例上升至44.7%（见图9-16）。

表9-9　医疗卫生服务机构的收入来源及结构变动

年份	医疗机构业务收入（亿元）	医保支付总额（亿元）	城镇职工医保基金支出（亿元）	城镇居民医保基金支出（亿元）	新农合基金支出（亿元）	医保支付所占的比重（%）
	A	B=C+D+E	C	D	E	F=B/A
2004	4194.7	888.6	862.2		26.4	21.2
2005	4694.9	1140.5	1078.7		61.8	24.3
2006	5196.9	1432.5	1276.7		155.8	27.6
2007	7016.3	1918.5	1561.8	10.1	346.6	27.3
2008	8181.4	2745.9	2019.7	63.9	662.3	33.6
2009	10132.7	3720.3	2630.1	167.3	922.9	36.7
2010	11634.7	4725.9	3271.6	266.5	1187.8	40.6
2011	12000.0	6736.0	4100.0	546.0	2090.0	56.1

资料来源：相关年份《中国卫生统计年鉴》。

与卫生总费用结构变化及政府卫生投入的结构变化相关的是医疗卫生服务机构的收入来源结构也发生了明显变化，医疗保障支付成为医疗机构业务收入的主要来源。2011年，医疗卫生服务机构的业务总收入为12000.0亿元，其中，三项医疗保险的支付为6736.0亿元，占医疗卫生服务机构业务总收入的56.1%。

（三）医疗保障体系存在的问题

新一轮医药卫生体制改革及医疗保障体系建设取得的直接效果，可以总结为两个方面：一是实现了医疗保障的全民覆盖；二是居民个人自付医疗卫生费用所占比例下降。但是，也存在一些问题，这些问题既与中国社会保障体系的整体特征有关，也与医疗卫生服务的供方相关。

首先，由于中国社会保障体系具有其整体特征，医疗保障体系也存在制度分割及地区分割。制度分割表现为：农村居民与城镇居民适用不同的制度，城镇居民与城镇职工适用不同的制度；地区分割方面表现为：既有省市级的统筹（直辖市），也有地市级的统筹，更多的是县级和区级统筹。当前全国有 2600 多个医疗保险的统筹区。[①]

制度分割与地区分割导致的问题：一是不同制度、不同统筹区域之间的医疗保险缴费不同、待遇不同带来的不公平性，例如，城乡医疗保障、居民与职工医疗保险之间的巨大待遇差异。二是不适应流动性。这两个问题与社会养老保险的分割所带来的问题是一致的。而医疗保险的制度分割与地区分割，还会带来一个非常严重的问题，即由于统筹范围过小，导致医疗风险的分散范围小，医疗保险抵御风险的能力下降，一旦在过小的统筹区内出现系统性风险，其对医疗保险的冲击将是巨大的。

其次，基本医疗保险也面临着可持续性问题。作为医疗保险体系的主体，中国城镇职工医保在制度设计上有权益积累制特征，即参保人员满足一定缴费年限后，在退休后无须缴费即可享受医保报销。而老年人的医疗费用支出远高于年轻人。这一制度设计放大了老龄化对职工医疗保险可持续性的冲击，带来巨大的隐性负债，也是当前城镇职工医保要持有大量结余的主要原因。从当前医疗保险的基金收支及结余情况看，当年基金支出计算的累积结余在没有新的收入来源的情况下能够支付 16.7 个月。医疗保障基金收入、支出与累积结余情况如表 9-10 所示。

与基本养老保险面临的隐性负债问题不同的是，基本医疗保险支付的可持续性压力主要来自医疗费用的不断上涨。如前所述，以社会医疗保障为主的社会医疗卫生支出占卫生总费用的比重已上升到 1/3 以上，今后还有继续上升的趋势。这对医疗保险的支付形成了巨大的压力。而社会医疗卫生支出不断上升的背后是医疗卫生费用不断上升的事实。医疗保障的全覆盖及保障水平的提高，降低了个人自付的医疗费用，但并未降低总的医疗卫生费用，个人自付费用占比的降低实际上隐含着社会医疗保障支出的增加。新一轮医药卫生体制改革以来，中国医疗卫生机构的均次费用的增长并没有受到遏制。图 9-17 显示，住院和门诊的均次费用自 2008 年开始一直维持平稳的增长趋势。住院次均费用从 2007 年的 4973.8 元上涨到 2011 年的 7027.7 元；门诊次均费用从 2007 年的 136.1 元增长到 2011 年的 186.1 元。

---

① 贾洪波：《中国基本医疗保险制度改革关键问题研究》，北京大学出版社 2013 年版，第 35—40 页。

表 9-10　　　　　　医疗保障基金收入、支出与累积结余情况　　　单位：亿元、月

年份	城镇医疗保险				新型农村合作医疗				总计
	A	B	C	D	A	B	C	D	E
2004	1140.5	862.2	957.9	13.3	40.3	26.4	13.9	6.3	13.1
2005	1405.3	1078.7	1278.1	14.2	75.3	61.8	27.5	5.3	13.7
2006	1747.1	1276.7	1752.4	16.5	213.6	155.8	85.3	6.6	15.4
2007	2257.2	1561.8	2476.9	19	428	346.6	166.7	5.8	16.6
2008	3040.4	2083.6	3431.7	19.8	784.6	662.3	288.9	5.2	16.3
2009	3671.9	2797.4	4275.9	18.3	944.6	922.9	310.7	4	14.8
2010	4308.9	3538.1	5047.1	17.1	1308.3	1187.8	431.2	4.4	13.9
2011	5539.2	4431.4	6180	16.7	2047.6	1710.2	768.6	5.4	13.6
2012	6938.7	5543.6	7644.5	16.5	2484.7	2408	845.3	4.2	12.8

注：表中 A、B、C、D 栏分别为当年基金收入、当年基金支出、累积结余、累积结余以当年支出计能够支付的月数；E 栏为全部医疗保险项目的累积结余以当年基金支出计能够支付的月数。表中城镇医疗保险包括城镇职工基本医疗保险与城镇居民基本医疗保险。

资料来源：相关年份《中国卫生统计年鉴》和《中国劳动统计年鉴》。

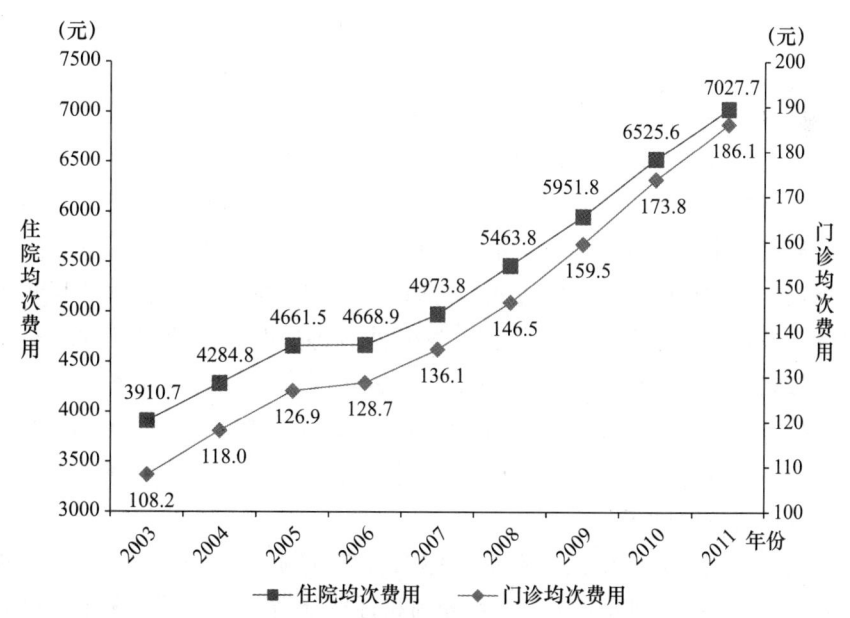

图 9-17　住院、门诊次均费用的变动（2003—2011 年）

资料来源：相关年份《中国卫生统计年鉴》。

在实现了医疗保障全民覆盖的条件下，卫生费用的增长意味着社会医疗保障支出的巨大增加。因此，从提高医疗保险基金的可持续性看，改革还需要医疗卫生体制的整体配合。这也是党的十八届三中全会将基本医疗保障纳入医药卫生体制改革的框架，并要求"统筹推进医疗保障、医疗服务、公共卫生、药品供应、监管体制综合改革"的主要背景。

三 医疗保障体制改革的原则及政策取向

相比于养老保障的改革与完善，医疗保障体制改革面临的问题更为复杂，既需要考虑社会保障体系的整体改革，也要与医药卫生体制改革联系起来。医疗保障体制改革与完善可从两个维度加以概括：一是增强公平性，适应流动性，主要包括制度间的并轨、统筹层次的提高以及提高跨地区转移的便携性；二是增强可持续性，除了社会保险方面的改革，如扩大缴费面、延迟退休、增加财政投入、稳健的基金投资等，还要通过医保付费制度的改革，有效地控制医疗费用增长，合理配置医疗资源。

（一）增强公平性，适应流动性

中国医疗保障体系存在的不公平及不能适应流动性的问题与整个社会保障体系的"碎片化"相一致。因此，增强公平性，适应流动性的主要政策取向还是要实现制度并轨、统筹层次提高以及社会保险关系顺畅转移。

1. 制度并轨，整合城乡居民基本医疗保险制度

不同制度的并轨是解决制度分割、提升公平性和便携性的主要政策途径。如第二节所述，城乡居民之间的基本养老保险已经实现并轨。但是，城乡居民基本医疗保险仍属于不同的制度安排下。城乡居民基本养老保险制度安排是类似的，在筹资方式、待遇确定方式方面不存在根本的制度性冲突，差别仅在于制度参数不同，这是两者迅速并轨的前提条件。实际上，城镇居民基本医疗保险与新型农村合作医疗，虽然前者属于医疗保险，后者属于合作医疗，但从当初的制度设计以及近年来的实际运作来看也不存在制度性冲突，差别也仅在于参数不同。但是，两者之间的合并至今仍无明确的时间表。

究其原因，涉及中国社会保障体系管理分割。中国社会保障体系的"碎片化"表现在制度分割、地区分割和管理分割三个方面。管理分割是导致城乡居民基本医疗保险不能顺利完成整合的主要原因。中国在2003年重建农村合作医疗，当时的主管部门是卫生部门，于是，新型农村合作

医疗一直属卫生部门管理；城镇居民基本医疗保险自建立之初就属人力资源和社会保障部门管理。两者之间的分割所导致的不公平性以及不能适应流动性的弊端早就开始显现。特别是农民工群体，还经常面临双重参保的问题。一方面，作为拥有农村户籍的人口，他们被覆盖到新型农村合作医疗体系中。新型农村合作医疗以户为单位的参保规定也使那些只身外出打工，而家属仍在农村的农民工必须参加合作医疗才能保证留在农村的家属参保。但是，由于报销成本高、报销额度低，即使他们在农村参加了新农合，也很难获得报销。

另外，作为城镇就业的职工，他们又在城镇地区参加了城镇职工医保。但是，农民工参加城镇职工医保的利用率很低。一方面，农民工群体的平均年龄较低，患病率也相对较低，因此实际使用率低；另一方面，基于城镇职工医保制度设计中的权益积累制特征，即使在城镇参加职工医保，若不能满足最低缴费年限，农民工退休后也无法享受医保的报销待遇。实际上，大部分农民工在城镇的就业年限并不能满足这一最低缴费年限。再加上新农合与城镇职工医保之间尚无衔接政策，不能将城镇职工医保的这一积累权益转移到新农合，这无疑损害了农民工的医保权益。这也是他们对城镇职工医保参保意愿低的主要原因。

从城乡"两保"合一的实际推进情况看，一些地区已经进行了整合，多数地区的做法是将新型农村合作医疗合并到城镇居民基本医疗保险体系中，也有少数地区将城镇居保合并到新型农村合作医疗中。基于中国医疗卫生服务管理体制的现状，卫生部门同时作为医疗服务提供方与医疗服务需求方的管理部门，既不利于医疗卫生费用的控制，也不利于医疗资源的合理配置。将新农合合并到城镇居民医疗保险是合理的选择，但在实际推进过程中，将新农合并入城居保的实践遇到卫生管理部门的极大阻力。

2. 提高统筹层次

统筹层次过低、地区分割以及由此引发的地区间差距及流动性不足等问题是基本医疗保险改革的重点之一。根据1998年《国务院关于建立城镇职工基本医疗保险制度的决定》的设计，城镇职工基本医疗保险的统筹层次为地市级统筹以及县级统筹；有些地区在县区级统筹之外还分部门设立了不同的统筹盘子，如为市直机关单独设立的医疗保险统筹。新型农村合作医疗的制度设计则为县级统筹；除几个直辖市及大城市外，城镇居民基本医疗保险也主要以区级统筹为主。这种地区之间的分割不仅有悖于公平性，不适应流动性，而且由于风险分散的范围小，导致医疗保险抵御系统性风险的能力低。

《社会保险法》曾明确"基本养老保险基金逐步实行全国统筹，其他社会保险基金逐步实行省级统筹"。"十二五"规划及人力资源和社会保障"十二五"规划中，提出职工基本医疗保险要在"十二五"末期实现地市级统筹。但在实践中，提高统筹层次遇到的问题同基本养老保险遇到的问题相似，地区间的利益冲突成为最大的掣肘。如何解决地区间在社会保险基金上的利益冲突可能是未来中国整个社会保障体系改革要面临的问题。

3. 设计医疗保险的跨地区转移办法，提升便携性，适应流动性

一般来说，现收现付制的医疗保险不涉及未来支付问题，在何处参保即在何处报销，不涉及跨区转移的问题。但是，中国职工基本医疗保险的制度设计却保留了"半积累制"的特征，即在缴费满足一定年限后，退休后不用缴费即可享受待遇报销。这一制度安排直接引发了未来支付问题，产生了隐性负债。一个职工在第一个地区参保，并缴纳医疗保险费，当他转移到第二个地区就业时，若在当地重新参保，而不随之将医疗保险关系转移，则该职工原先的积累权益（缴费年限）损失，对参保人不公平。若随之将医疗保险关系转移，而不将其缴费同时转移，则其积累权益的未来支付将由第二个地区承担，这等于为接受地带来一笔巨大的未来支付的隐性负债。对于流出地而言，若将转出职工此前在本地缴纳的医疗保险费转出也是不现实的。

从国家政策上看，城镇职工基本养老保险的跨地区转移接续办法已于2009年出台，但是，职工医疗保险的转移接续办法迟迟不见动静。在权益积累制的制度框架下，为提升医疗保险关系的便携性，适应流动性，有关部门应及早酝酿出台相关办法。

（二）基本医疗保险基金的可持续性

基本医疗保险的可持续性压力，不仅来自老龄化冲击、权益积累制等带来的隐性负债，还源自医疗卫生费用的快速上涨。医疗卫生总费用的快速上涨已成为一个国际性问题，给一些国家的医疗保险支付带来较大的压力。中国已经实现了全民医疗保险，社会医疗保险支出已成为医疗卫生机构的主要收入来源。在这种情况下，必须考虑医疗保险基金的可持续性以应对快速上涨的医疗卫生费用。在这方面，要通过医保支付

方式的改革，控制医疗卫生费用的过快上涨，实现医疗卫生资源的合理配置。

在传统的医疗服务供给市场中，支付方式一般是医疗服务提供机构（医院/医生）向患者提供医疗服务，而后患者向提供方直接支付费用。在医疗保险出现之后，这种支付方式发生了根本性改变（见图9-18）。居民参加医疗保险后，成为被保险人，向医疗保险机构缴纳保费。当被保险人患病后，医疗服务提供机构向其提供医疗服务。与此同时，医疗保险机构根据某种方式向医疗服务供给方进行支付，这称为"第三方付费"。在第三方付费的情况下，医疗服务提供方与需求方都没有动力控制费用。同时，由于在医疗卫生服务市场中存在的信息不对称以及由此引发的医疗卫生服务提供方"供给诱导需求"①，极易导致医疗费用的上涨。而改革医疗保险的付费机制是在第三方付费条件下控制医疗费用的有效途径。

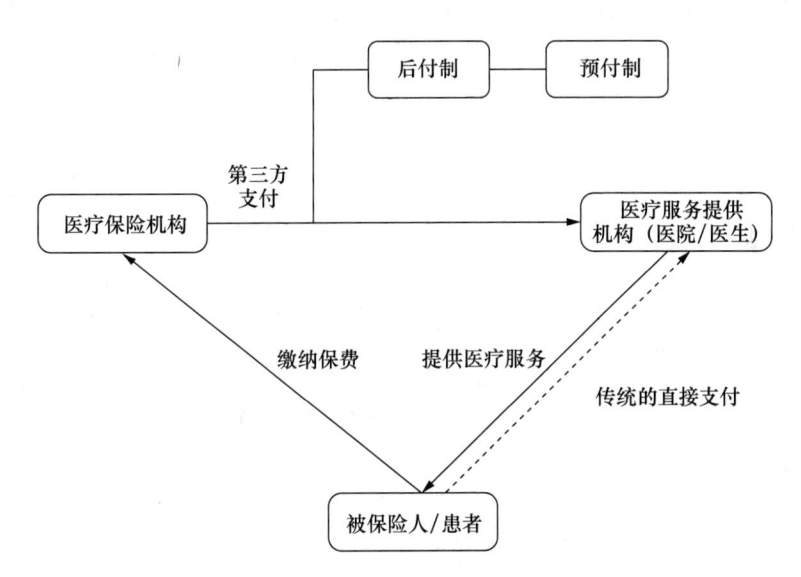

图9-18 医疗服务供给与支付方式

传统的医疗保险的支付方式是按服务项目付费的后付制。按服务项目付费即在服务项目完成后，根据服务项目和服务量支付费用。这种支付方

---

① [美] 富兰德、古德曼、斯坦：《卫生经济学》第六版，中国人民大学出版社2011年版。

式的弊端是无法有效控制医疗服务费用，因为医疗服务提供方不对控制费用负责。这种情况下，医疗保险发展了多种支付方式以控制医疗费用上涨，实现医疗资源的合理配置。这些支付方式主要是基于预付制支付方式。相对后付制支付方式，预付制支付方式根据医疗保险机构与医疗服务提供方拟定的合同预先支付，超过合同拟定的医疗费用由医疗服务提供方承担，若有剩余则归入医疗服务提供方的收入。预付制的特征是引入了成本分担制，将控费责任由医疗保险机构部分转向医疗服务提供机构。

国际上常用的预付制支付方式有多种，但比较常见的主要包括三种：[1] 一是总额预付制，由医疗保险机构根据与医疗服务提供方拟定的年度预算总额预先支付，并实行费用封顶。二是按病种付费，根据疾病的轻重程度以及治疗的难易程度进行分级，并对每一组疾病设计和制定价格，按照预先制定的价格对该组疾病的治疗提供标准费用。三是按人头付费，在一定时间段内根据医疗服务提供方的服务人数支付固定的费用。表9－11对上述三种医疗支付方式在各个环节发挥效应的强度进行了总结。综合来说，按病种付费对医疗服务提供方的自主性及对医疗技术的促进有较强的效应，但在费用控制效果上稍有欠缺；按人头付费及总额预付的费用控制效果良好，但对医疗服务提供方的专业自主性及医疗技术的促进都有较明显的抑制效应。

表9－11　　　　　　　主要预付制医疗保险支付方式

支付方式	保险机构的医疗审查	医疗服务提供方的专业自主性	对医疗服务技术的促进	费用控制效果
按病种付费	＋＋＋	＋＋＋	＋＋＋	＋＋
按人头付费	＋＋	＋＋	＋＋	＋＋＋
总额预付	＋	＋	＋＋	＋＋＋＋

注："＋＋＋""＋＋""＋"表示对应支付方式的效应强度。
资料来源：张晓、刘蓉：《社会医疗险概论》，中国劳动社会保障出版社2004年版。

---

[1] Ellis, R. P. and T. G. McGuire, 1993, "Supply–side and Demand–side Cost Sharing in Health Care" [J]. *Journal of Economics Perspectives*, Vol. 7, No. 4, pp. 297–301.

新一轮医药卫生体制改革中，探索新型医疗保险支付方式也是重要的内容。在实践中，各地都探索实行了不同类型的预付制支付方式改革。从改革情况看，实施最多的是总额预付制，其次是按病种付费及按人头付费。按人头付费主要是在基层医疗卫生机构及医院门诊中使用。住院医疗服务主要是按病种付费。但是，按病种付费需要一个地区有完整、系统的疾病治疗的统计记录，这是多数地区都很难实现的条件。按人头付费需要首先实现门诊统筹。而中国的医疗保险体系中实行门诊统筹的并不普遍，门诊的医保支付主要通过医疗保险中的个人账户支付，这种状况也决定了总额预付制比较普遍。

但是，预付制改革的实施效果并不理想。以实施较为普遍的总额预付制为例，在多数地区，总额预付都演变成了医疗费用的"总额控制"，医疗保险机构将统筹地区的全部可用医疗保险基金在定点医疗卫生服务机构之间根据之前的数据进行分配，并确定支付封顶线，但是，在实际执行过程中又根据医疗服务项目价格对医疗费用进行核算，并据此调整下一年度的支付总额。这样就失去了预付制的基本特征，仍然是按照服务项目及服务量的后付制。此外，在一些实行总额预付制的地区，医院将费用控制额度下发到科室，科室再分配到医生个人。这实际上是将医疗费用的控费风险转移到了医生个人身上，从而导致一些地区发生医院和医生推诿病人的不良现象。

出现上述状况的主要原因在于医疗卫生服务提供方未形成有序竞争格局，公立医院仍然处于提供方的垄断地位。在这样的情况下，医疗保险机构失去了通过竞争选择能够控制费用的医疗卫生服务机构的空间，只能接受处于垄断地位的医疗卫生机构提供的服务以及价格。党的十八届三中全会提出了加快公立医院改革、取消以药补医、理顺医药价格等改革措施，并提出鼓励社会办医，允许医师多点执业，允许民办医疗机构纳入医保定点范围等，其精神仍在于建立竞争有序的医疗服务供给体系，这正是医疗保障体制改革取得成功的重要前提。

参考文献

1. Apte, V. and McFarland, B., "DB Versus DC Plan Investment Returns: The 2008-2009 Update", Towers Watson, 2011.

2. Ellis, R. P. and T. G. McGuire, "Supply-side and Demand-side Cost Sharing in Health Care" [J]. *Journal of Economics Perspectives*, Vol. 7, No. 4, 1993, pp. 297-301.

3. Feldstein, M. and J. B. Liebman, "Social Security", in A. J. Auerbach and M. Feldstein (eds.), *Handbook of Public Economics*, Vol. 4, 2002, pp. 2245 – 2324.

4. Garcia, A. B. and J. V. Gruat, "Social Protection: A Life Cycle Continuum Investment for Social Justice, Poverty Reduction and Development", Social Protection Sector, ILO, 2003.

5. Gill, I. and Kharas, H., *An East Asian Renaissance: Ideas for Economic Growth*, World Bank, 2007.

6. International Labour Office, *World Labour Report* 2000: *Income Security and Social Protection in a Changing World*, Geneva, 2000.

7. International Labor Organization, *Social Security (Minimum Standards) Convention*, 1952 (No. 102).

8. Norton, A., Conway, T. and Foster, M., "Social protection concepts and approaches: Implications for policy and practice in international development", London: Overseas Development Institute, *Working Paper*, 2001, 143.

9. OECD, *Pensions at a Glance* 2013: *OECD and G20 Indicators*, OECD Publishing, 2013, http://dx.doi.org/10.1787/pension_glance-2013-en.

10. World Bank, *Averting the Old Age Crisis: Policies to Protect the Old and Promote Growth*, Washington D. C.: Oxford University Press, 1994.

11. World Bank, The World Bank Pension Conceptual Framework, The World Bank Pension Reform Primer, 2008.

12. Yang, Tongxuan, "Understanding the Defined Benefit Versus Defined Contribution Choice", *Pension Research Council Working Paper*, Pension Research Council, 2005.

13. [英] 安东尼·吉登斯:《第三条道路:社会民主主义的复兴》,郑戈译,北京大学出版社 2000 年版。

14. [美] 富兰德、古德曼、斯坦:《卫生经济学》第六版,中国人民大学出版社 2011 年版。

15. [美] 富兰克林·德·罗斯福:《罗斯福选集》,关在汉编译,商务印书馆 1982 年版。

16. [美] 加尔布雷斯:《丰裕社会》,徐世平译,上海人民出版社 1965 年版。

17. 2012 年全国社会保障基金理事会基金年度报告。

18. [印度] 阿马蒂亚·森:《论社会排斥》,王燕燕摘译,《经济社会体制比较》(双月刊) 2005 年第 3 期。

19. 蔡向东、蒲新微:《事业单位养老保险制度改革方案刍议》,《当代经济研究》2009 年第 8 期。

20. 成欢、蒲晓红:《事业单位养老保险改革存在的争议及思考》,《经济体制改革》2009 年第 5 期。

21. 盖根路：《企业基本养老保险个人账户究竟有多少空账》，《中国社会保障》2012年第6期。

22. 葛延风、王晓明：《中国医疗服务体系改革反思》，《中国卫生产业》2005年第9期。

23. 顾永红：《农民工社会保险参保意愿的实证分析》，《华中师范大学学报》（人文社会科学版）2010年第3期。

24. 胡晓义主编：《养老保险》，中国劳动社会保障出版社2011年版。

25. 贾洪波：《中国基本医疗保险制度改革关键问题研究》，北京大学出版社2013年版。

26. 蒋延辉：《渐进式延迟退休的三个先决条件》，《中国社会保障》2014年第2期。

27. 劳动和社会保障部社会保险研究所组织翻译：《贝弗里奇报告——社会保险和相关服务》，中国劳动社会保障出版社2004年版。

28. 林毅夫、蔡昉、李周：《中国的奇迹：发展战略与经济改革》，格致出版社、上海三联书店、上海人民出版社1999年版。

29. 卢驰文：《机关事业单位养老保险改革的制约因素与策略选择》，《理论探索》2011年第5期。

30. 王国刚：《城镇化：中国经济发展方式转变的中心所在》，《经济研究》2010年第12期。

31. 王禄生、张里程：《中国农村合作医疗制度发展历史及其经验教训》，《中国卫生经济》1996年第8期。

32. 徐月宾、刘凤芹、张秀兰：《中国农村反贫困政策的反思》，《中国社会科学》2007年第3期。

33. 杨立雄：《中国城镇居民最低生活保障制度的回顾、问题及政策选择》，《中国人口科学》2004年第3期。

34. 于仲华：《事业单位养老保险改革基本评述》，《劳动保障世界》2011年第6期。

35. 张映芹、校飞：《中国养老保险个人账户空账问题研究》，《宁夏社会科学》2011年第3期。

36. 郑伟、陈凯、林山君：《中国养老保险制度中长期测算及改革思路探讨》，载中国社会保障论坛组委会《第五届中国社会保障论坛文集》，2013年。

37. 中国社会科学院经济研究所社会保障课题组：《多轨制社会养老保障体系的转型路径》，《经济研究》2013年第12期。

38. 周弘：《福利国家向何处去》，《中国社会科学》2001年第3期。

Chapter 9 Social Security System and Economic Development of Large Country

Abstract: Through the description of the system framework of China's social security system and the practice of its policy selection, Chapter 9 analyzes and explains the evolution of the modern social security system and its trend of reform. Furthermore, the chapter points out the main problems of China's social security construction, and puts forward the positioning, goal and direction of the reform and development of China's social security system under the strategy of a great power. Finally, the chapter analyzes the reform and improvement of China's old-age security and basic medicare system.

Key Words: Social Security System, Pension Security, Basic Healthcare Security

(执笔人：王　震　葛　婧)

第十章　大国经济发展与对外经济贸易转型

第一节　对外贸易战略类型及其决定因素

一　对外贸易战略类型

对外贸易战略是一种对外贸易发展的指导思想，对外贸易政策就是具体体现和实施战略思想的行动措施。对外贸易战略主要分为自由贸易战略和保护贸易战略两种基本形态。刘军梅（2008）在这两种基本战略类型之外把公平贸易战略和双边贸易战略看作发达国家对外贸易战略的另外两种类型，并按照对贸易鼓励程度差别划分发展中国家不同的贸易"赶超"战略。① 我们认为，对外贸易战略只有自由贸易战略和保护贸易战略两种基本类型，其他各种对外贸易战略都是各国根据实际需要对贸易的自由开放或限制保护所取态度、思想的不同表达，都是两种基本战略的衍生类型，没有超出这两种基本类型的范围。因此，我们不能够把它的衍生种类与其并列看作新的战略类型。

自由贸易战略和政策依据传统自由市场竞争的贸易理论，是一种基于自由市场经济和完全竞争的国际贸易模型，与政府干预和保护相对立。从古典自由市场学说到新自由主义，都强调市场自由，放松管制。自由贸易战略可以划分为独自自由贸易战略和协议自由贸易战略。只有处于世界产业最强、贸易地位最高的少数国家采取独自自由贸易战略，它只是自己采用自由贸易战略，不要求贸易伙伴采取同样的战略。协议自由贸易战略在当代最为流行，表现为多边自由贸易协议、区域自由贸易协议、双边自由

---

① 刘军梅：《世界经济中的贸易战略与贸易政策：历史视角的国际比较》，《复旦学报》（社会科学版）2008年第5期。

贸易协议等。

近两个世纪以来，世界贸易历史证明，自由贸易促进发展的思想植根于人们的心中，它是经验法则，无论贸易公平与否。最早实行工业化的发达国家长期鼓吹自由贸易占据世界市场。他们认为，自由贸易思想没有过时（Krugman，1987）[1]，依然是世界经济繁荣的基础，是人们不可否认的最大公约，让各国避免贸易保护主义、贸易报复、贸易战、贸易遏制等行为。自由贸易能够使处于优势地位产业的发达国家进一步获得发展空间，使处于产业弱势的发展中国家出现贸易赤字，打击其工业、服务业，增加其失业人口，减少其国民收入和税收。实行自由贸易战略并不否认当政府运用干预能够带来巨大贸易利益时去做出适当政策努力获得这些贸易利益。例如，政府对不完全竞争产业的出口鼓励和支持可以使本国企业从外国企业获得经济租金，增强产业，增加就业和国民收入；政府面对外国的保护贸易就会做出回应，减轻本国利益的损失（Irwin，1991）。[2] 处于强势的国家在自由贸易中获得更多利益；处于弱势的国家只能获得较少的利益。

绝大多数（包括发达国家、发展中国家以及最不发达国家）国家的对外贸易战略和政策都是采取保护贸易战略的某种形式。保护主义贸易的最初形式就是重商主义，后来演变为保护关税形式的幼稚产业保护贸易理论、战略性贸易理论、超保护贸易理论。当今最常见的保护贸易理论就是公平贸易理论。

无论发达国家还是发展中国家，都在不同程度和方式上采取保护幼稚产业和促进产业成长的保护关税或战略性贸易政策。发展中国家由于经济发展落后，在对外贸易中常常处于弱势，多数采取保护贸易战略。为了使发达国家向自己开放市场，发展中国家多采取出口替代战略、进口替代战略和出口主导战略等战略类型，政府贸易管理采取鼓励出口、限制进口的政策。产业处于弱势的发展中国家本能地采取保护幼稚产业的关税和非关税措施，采取进口替代和出口导向战略，扶持和鼓励国内产业发展。

当前采取出口导向战略的发展中国家很多，但这种对外贸易战略并不

---

[1] Krugman, Paul R., "Is Free Trade Passe?" [J]. *The Journal of Economic Perspectives*, Vol. 1, No. 2, 1987, pp. 131–144.

[2] Irwin, Douglas A., "Retrospectives Challenges to Free Trade" [J]. *Journal of Economic Perspectives*, Vol. 5, No. 2, 1991, pp. 201–208.

完美，也有局限性。出口导向战略没有将成本效益、技术进步、产业发展、和谐贸易关系、贸易平衡等因素考虑到战略之中。出口导向战略可能导致经济增长过度受制于世界经济景气，导致反倾销等贸易摩擦频发、产能过剩、资源错配、环境恶化、贫困化增长和陷入"中等收入陷阱"，本国没有享受到经济增长的多少益处。处于全球价值链地位较低的国家同时采取出口导向战略会使战略趋同，加剧世界市场恶性价格、数量竞争，贸易条件日益恶化，在国际贸易利益分配中处于不利地位，而且出口补贴的好处送给了发达国家，增加了财政负担，加重了发展中国家的二元经济结构和贫富差距拉大。

新古典经济学强调递增回报和不完全竞争的国际贸易模型，认为许多国际市场是不完全竞争的，公平贸易可以修正市场的不完美，纠正市场缺陷。经济学家认为，市场不能自动解决，比如，环境污染、收入不平等与贫穷、不同劳动标准的竞争前提等问题。所以，自由市场客观存在失灵，市场不能解决这些公平问题。因此，现代国际贸易已经不是一个完全自由竞争的市场，自由贸易战略和政策失去存在的前提条件。凯恩斯主义不仅强调自由市场体系，同时强调有管制的资本主义对于公共与私人之间的平衡，政府要提供公共产品，干预分配公平、生态环境、社会安全、教育卫生资源配置、人权、公正和可持续发展。而且凯恩斯主义学说更加强调以国家利益为由，通过出口补贴、进口配额、反倾销反补贴、反垄断、非关税壁垒、绿色环保、人权、动物保护、气候变暖等理由对进出口贸易施加政府干预。许多国家的公平贸易机构不仅仅负责贸易救济，常常实施反垄断、反价格联盟等违法行为。然而，凯恩斯所提倡对贸易的政府干预会引起贸易伙伴采取同样的动作阻碍贸易发展，甚至会引起以邻为壑的贸易报复和贸易战等国际政治经济问题，而且会带来国内利益"寻租"集团或企业影响政府理性决断，难以判断政策损益，造成国内政治"寻租"和低效分配问题。

发达国家面对大量产业外移和业务外包的形势，采取公平贸易战略，减缓产业流失速度，同时发展服务业对外贸易。工业衰落的发达国家同样采取贸易保护战略，虽不否认自由贸易思想，但推崇凯恩斯主义，采取攻守兼备的公平贸易战略。贸易要对自身有利，有损于自身利益的贸易就是不公平。目前，西方最发达经济国家对外经济已经走过了外贸扩张的阶段，进入了货物贸易守成服务、贸易扩张和对外直接投资勃兴的新阶段，战略上强调货物公平贸易、服务自由贸易和开放直接投资。

　　公平贸易、战略贸易就是对自由贸易的修正，建立于新古典贸易理论，实质是保护贸易的两种表现形式。公平贸易就是一种基于对话、透明和尊重而寻求更大的国际贸易平等的伙伴关系，它已经成为一种社会运动和思潮，它通过特别向南方国家提供更好的贸易条件，确保被边缘化的生产者和工人的权益，对可持续发展做出贡献。公平贸易战略本意就是有意帮助被边缘化的生产者和工人从易受伤害地位转变到安全、自足状况，增强其能力，积极谋求国际贸易更大的平等。赖斯（Rice，2010）认为，公平贸易经常被看作一种对自由贸易的替代，减轻全球不平等和贫穷，比自由贸易更加有效地分配财富。① 亨德森（Henderson，2008）却认为，公平贸易对落后国家商品支付一个溢价不是基于质量而是基于就业和其他条件，是不公平和反生产力的，消费者得到低质量商品，福利受到损害，对消费者和第三世界生产商的较好解决方案就是废除所有现存的贸易障碍。② 对（农业）生产补贴和（农产品）公平贸易的支持超越了市场的可持续性，都是不公正的。

　　自由贸易战略寻求确保完全实现自由贸易的经济利益。公平贸易战略寻求自由贸易利益与其他价值之间的平衡，不仅要贸易自由，而且要贸易公平。可是，贸易公平性的标准很有争议，学术上对公平与效率向来分歧很大。怎样才算得上贸易得公平？发达国家虽然从自由贸易中获得经济利益，但面对自由贸易带来的产业转移、离岸外包、就业流失等伤害，试图以公平贸易战略要求贸易伙伴降低竞争压力，提出把环境、劳动标准加入多边贸易谈判议题。

　　实际上，世界经济存在分工差异是贸易的前提，这种分工差异所带来的优势地位促进了贸易，贸易促进了价值和财富分配，这种价值分配是按照贸易实力和地位来划分的，不平等价值分配是由不平等经济地位决定的，这是客观存在的，贸易本身改变不了。要求贸易兼顾其道德性、社会公平性，增添了贸易的附加目标和附加价值，给本来障碍重重的贸易带来更大的阻力。虽然贸易不能不讲道德性、公平性、社会责任性，如反对毒

---

　　① Rice, Julie Steinkopf, "Free Trade, Fair Trade and Gender Inequality in Less Developed Countries" [J]. *Sustainable Development*, Volume 18, Issue 1, 2010, pp. 42–50.

　　② Henderson, David R., "Fair Trade Is Counterproductive and Unfair" [J]. *Economic Affairs*, Vol. 28, Iusses 3, 2008, pp. 62–64.

品贸易，打击违禁品走私，但贸易的本性要求自由而不受其他阻碍，否则贸易就消失，贸易的价值分配就会失去，这对社会经济的打击比自由贸易更大。公平贸易常常造成市场扭曲和资源严重浪费，不仅可能造成本国资源浪费和市场扭曲，而且可能危害伙伴国的资源配置效率。

与出口主导型外贸战略相反，近年来，进口主导或内需主导型外贸战略引起了一些学者的追捧（金柏松，2004；孔祥敏，2007；牛艳红，2007；傅毅夫，2009；孙玲、陶士贵，2009）。[1] 这种外贸战略也是对自由贸易战略的修正，而且强调进口扩张或进口导向激励，积极扩大进口，改善对外宏观经济发展状况，优化产业结构，改善资源环境状况，减轻外汇储备资产过大的压力。

二 外贸战略选择的决定因素

一个国家外贸战略的选择会受到国内和国际两方面相关因素的制约。这些影响因素包括国内产业发展水平和实力、产业价值链地位及全球贸易地位、市场规模及发育水平、国际收支平衡状况等国内因素和主要贸易伙伴的战略和政策、国际贸易体制与政治环境等国际因素。

国内产业发展水平和实力决定着劳动生产力水平、产品国际竞争力和贸易优势地位，由此也决定产业价值链地位及全球贸易地位。一个国家产业发展水平越高，其产业分工在全球价值链中的地位越高，产业实力和国际竞争力越强，国际竞争优势越明显，决定了其产业贸易在全球贸易中的地位也越高，可以采取更加开放和自由的贸易战略。反之，产业水平和分工地位较低，产业实力较弱，缺乏国际竞争力和竞争优势，就应采取更加防守和带有限制成分的贸易战略。大国贸易战略更多地考虑产业发展和生产力提升，与小国贸易战略明显追求现实贸易利益不同。世界上大国崛起的历史事实无不证明，实体产业实力决定对外贸易实力，对外（货物与服务）贸易实力和地位决定贸易战略。产业落后，贸易地位低，就要采取带有保护主义色彩的保护贸易战略和政策。总体产业强盛，在世界贸易

---

[1] 金柏松：《向内需主导型过渡——适时调整中国开放式加外向型经济发展战略》，《国际贸易》2004年第12期；孔祥敏：《从出口导向到内需主导——中国外向型经济发展战略的反思及转变》，《山东大学学报》（哲学社会科学版）2007年第3期；牛艳红：《从出口导向到内需主导：中国外贸战略的调整》，《南昌高专学报》2007年第4期；傅毅夫：《出口导向型经济向内需主导型经济转变的研究》，《中国商贸》2009年第9期；孙玲、陶士贵：《确立中国"进口导向"发展战略》，《全国商情》（经济理论研究）2009年第2期。

中地位高，就会对外推行自由贸易战略和自由贸易政策措施。

一个国家产业实力和贸易地位基本可以确定一个国家国际收支平衡状况。但是，产业实力强，在国际市场上竞争力未必强，贸易地位高未必不会遇到贸易伙伴采取严格的贸易壁垒，从而导致其国际收支状况恶化，这会促使这个国家改变贸易战略。国际收支平衡状况好，保持平衡或盈余，就会使其继续采取开放的自由贸易政策。国际收支状况恶化就会迫使它调整贸易战略，转而更加保守。

国内市场规模及发育水平对贸易战略的选择有重要的影响。当一个国家市场规模相对于贸易规模来说较为狭小，市场化、商品化程度不高，市场发育水平较低，贸易更多地依赖国际市场，这样的国家需要采取奖出限入的保护贸易战略。产业或地区间市场发育差异会引起对贸易政策的不同意见。市场开放程度低、市场封闭的产业或地区可能形成一个利益集团，与受益于开放的产业或地区所形成的其他利益集团展开政治利益迥异的贸易战略博弈。每种贸易战略和政策都会引起不同的政治声音。社会经济发展越是不平衡，外贸战略和政策的分歧会愈加明显。不同的政治团体会游说和倡导不同的贸易战略（Grossman and Helpman，1994）。[①] 当一个国家市场规模相当大，市场发育程度相当高，产业规模大，产业分工精细，对外贸易竞争力强，各社会政治力量具有较为统一的对外开放诉求时，这个国家就会采取更加开放的自由贸易战略。

一个国家的外贸战略总要考虑与其贸易关系密切的伙伴所采取的贸易战略和政策。制定损害贸易伙伴的战略会招致伙伴的抵制和反制。如果主要贸易伙伴采取开放性高的协议自由贸易战略，各国自然在贸易战略上与其他伙伴保持一致。如果一些贸易伙伴在自由贸易战略中没有得到好处，甚至损害了产业利益和贸易利益，这些国家可能会采取保护性更强的贸易战略，这种动作可能引起连锁的战略调整效应。

现有国际贸易体制与国际政治关系对贸易战略选择影响明显。国际贸易制度的供给与维护是外贸战略制定的重要外部环境因素。世界贸易组织及其前身关税及贸易协定是当今时代促进世界贸易的制度框架。这种多边贸易体制对成员和非成员贸易战略制定都有重要的制度环境约束。国际政

---

① Grossman, G. M. and E. Helpman, "Protection for Sale" [J]. *American Economic Review*, Vol. 84, No. 4, 1994, pp. 833–850.

治关系影响多边贸易体制、区域或双边贸易协议的谈判与实施情况。国际政治关系和谐会促进多边贸易协议谈判与实施,保持成员最大限度地采取自由贸易战略。国际政治关系不和谐会导致多边贸易体制谈判陷入僵持,各国贸易战略会带有浓烈的保护主义气息。

第二节 往昔崛起大国对外贸易战略演变历史的实证分析

大国兴衰起落无不与对外经济贸易战略转变有关。世界上没有一成不变的战略,也没有普适的战略。历史上,对外贸易理论和政策主要集中于自由贸易与保护贸易两大对立阵营。实践中,既没有纯粹的自由贸易,也没有纯粹的保护主义,都有政府干预和管理对外贸易的成分,两者的区别很模糊。一个大国兴衰的各个历史阶段究竟采取何种对外经济贸易战略和能否成功有效,不仅取决于本国社会政治经济条件,而且取决于外部世界经济环境的约束。但大国兴衰的对外经济贸易战略都有相似之处,也各有特色。以史为鉴,分析和总结历史经验,可以给予我们启迪和智慧。

英国、美国曾经是典型的依靠对外贸易崛起的大国、强国。虽然葡萄牙、西班牙、法国、荷兰等欧洲其他列强和日本曾在不同历史时期依靠对外殖民和实施侵略性外贸战略走向强大,但都没有成为当时顶尖的强国。因此,英国、美国崛起的贸易战略经验更值得研究和总结。

一 英国对外贸易战略与政策演变

中世纪,英国就与欧洲大陆开展贸易,主要由威尼斯、汉萨同盟等外国商人来进行,英国国王给予这些外国商人自由贸易特权,英国人当时并不重视对外贸易,直到14世纪中期,英国本地商人才要求外贸自主权,16世纪末期,英国开始摆脱汉萨同盟的外贸控制,英国商业冒险家开始主导英国对外贸易。早期英国海外贸易曾采取过重商主义贸易政策。17世纪,英国把对安特卫普市场的呢绒出口扩张到地中海市场,向波罗的海市场出口日用品,开拓亚洲、非洲和美洲新市场,成立非洲公司从事奴隶贩运贸易,奴隶贸易为英国工业革命发展积累了原始资本,进一步刺激了殖民地的开拓。

1600年,英国女王特许成立东印度公司,不仅向印度和东南亚国家销售英国工业品，收购工业原材料，垄断这些殖民地对外贸易，而且享有独立国家主权的政治与军事权力，可以代表政府对外订立条约和发动对外战争，对亚洲殖民地进行残酷的掠夺和蹂躏。17—18世纪，英国主要采取保护关税战略和政策，促进本国产业资本成长，并依靠对外战争方式武力开拓殖民地，与老牌列强西班牙、荷兰、法国争夺海上霸权，抢夺殖民地，扩大海外贸易的市场空间。到1914年第一次世界大战前，英国占领的殖民地遍及五大洲，面积达3350万平方千米，相当于英国本土的110余倍，殖民人口3.9亿，是英国人口的9倍，号称"日不落帝国"。17世纪40年代开始，英国逐步形成殖民地贸易模式，英国垄断与殖民地之间贸易，形成宗主国主导殖民地贸易的不平等关系。

18世纪中叶，英国随着原始资本积累、蒸汽机等技术发明以及资本主义社会制度确立，率先实现工业革命。英国资产阶级革命和工业革命使其成为当时世界上最强大的国家，在工业、贸易、科技、运输等领域处于世界领先地位，逐步确立在世界贸易中占据的霸主地位。1840年之前，英国已经确立了在世界上工业强国地位，但在对华正常贸易中并不处于优势地位。为了平衡贸易，英国人干起对华输入鸦片毒品的卑鄙勾当，严重损害了中国贸易利益、国家安全和人民身心健康。鸦片贸易对人类的摧残远甚于奴隶贸易，正如英国人蒙哥马利·马丁所言：同鸦片贸易比较起来，奴隶贸易是仁慈的；我们没有摧残非洲人的肉体，因为我们的直接利益要求保持他们的生命；我们没有败坏他们的品格，没有腐蚀他们的思想，没有扼杀他们的灵魂。可是鸦片贩子在腐蚀、败坏和毁灭中国人的精神世界以后，又摧残中国人的肉体，扼杀中国人的灵魂![1] 英国为鸦片贸易实施炮舰政策，于1840年爆发著名的鸦片战争，中国战败，沦为英国的半殖民地，用炮舰打开了对华贸易的大门。

1860年，英国成为"世界工厂"和国际贸易中心，生产世界53%的铁、50%的煤炭，外贸占世界贸易的20%，世界1/3的商船挂着英国的旗帜。19世纪中期，英国放弃保护贸易战略和政策，开始对外推行自由贸易战略和政策，英国国会废除《谷物法》等一些贸易保护法，和一些国家订立商约，相互降低关税。英国对外实行自由贸易战略和政策是英国

---

[1] 转引自《马克思恩格斯全集》第12卷，人民出版社，第584—587页。马克思：《鸦片贸易史》，写于1858年8月31日，载于1858年9月20日《纽约每日论坛报》第5433号。

工商业资产阶级对土地贵族的革命性胜利，结束了几百年实行保护关税政策的历史，体现了英国工商业在全球贸易中竞争力达到顶尖的实力与自信。

自由贸易战略和政策促进了英国经济的崛起，增强了英国打开殖民地半殖民地国家和地区市场大门的力量，要求它们对等开放市场进行自由贸易，迅速冲破这些落后国家主要由关税所构成的贸易壁垒，加速了这些国家手工业者及农民的破产，给他们带来了深重的灾难。英国对外殖民地扩张和对殖民地的不平等贸易关系确立了英国工业在当时国际产业分工中处于中心的外贸优势地位，这种地位正如英国经济学家史丹莱·杰温斯所描述的那样："北美和俄罗斯的平原是我们的粮田；芝加哥和敖德萨是我们的粮仓；加拿大和波罗的海沿岸是我们的林木生产者；在澳大利亚和新西兰放牧着我们的羊群；在阿根廷和北美的西部大草原放牧着我们的牛群；秘鲁送给我们白银；黄金则从南美和澳大利亚流到伦敦；印度人和中国人替我们种植茶叶，在东西印度扩大了我们的咖啡园、甘蔗和香料园；西班牙和法国是我们的葡萄园；地中海沿岸各国是我们的菜园。我们的棉田，长期以来都分布在美国南部，而现在差不多扩展到地球上各个热带地区去了。"①

到了19世纪末期，随着美国、德国、日本等国的崛起，英国逐渐失去工业、贸易优势，但英国直到20世纪上半叶都倡导和推行自由贸易政策。面对来自新崛起强国的贸易竞争压力和一波又一波持续加重的经济危机，1933年，英国终于务实地放弃货物自由贸易战略，采取干预外贸和限制外来竞争的贸易保护政策。19世纪后期，英国工业发展势头开始由顶峰慢慢地进入后工业化时期，特别是进入20世纪后英国经济慢慢地步入服务业占比日益提高的增长模式时代，工业在国内生产新增总值中占比不断下降。即使采取货物贸易保护战略，英国在第二次世界大战后对外货物贸易长期持续出现货物贸易逆差。但是，英国日益强大的服务产业所产生的对外服务贸易顺差平衡了货物贸易的逆差。英国对外贸易优势的结构性变化促使其外贸战略及时做出调整。受到两次世界大战的消耗，英国经济出现了产业结构老化、国有部门低效率、福利负担重、投资增长乏力、

---

① 参见周一良、吴于廑主编《世界通史资料选辑》系列，载蒋相泽主编《世界通史资料选辑》（近代部分）上册，商务印书馆1964年版。

劳动生产率提高缓慢、经济增长动力不足的"英国病"。英国历届政府都尝试过以刺激消费、扩大政府开支为特征的凯恩斯主义和以减少政府干预、发挥市场调节作用为特征的新自由主义等多种经济政策。值得强调的是，英国近几十年通过放松政府管制，增强市场机制，鼓励市场竞争，减少税收和政府福利开支，控制政府公共开支，紧缩货币发行，推行国有企业私有化，积极引进外资和开放市场等自由主义政策措施，已经收到了良好的效果。进入21世纪以后，英国继续保持经济和对外贸易持续增长，得益于其建立自由开放的市场体系和采取比较自由的外贸战略。

经历了两次世界大战的英国——庞大的殖民帝国土崩瓦解，海外殖民地纷纷宣告独立，往昔的大英帝国逐渐演变成为一个组织松散的英联邦。虽然英国不是在欧洲最早崛起的国家，但它是欧洲列强崛起的典型代表。它自崛起以来长期保持繁荣，虽然进入20世纪以来美国崛起，英国地位略有下滑，但雄威犹在，对后世界格局形成发挥长期的影响。

二 欧盟外贸战略与政策演变

欧盟在经济上是一个国家联合体，贸易政策和战略脱胎于各成员国的历史传统。历史上，英国、法国、德国、西班牙、意大利、荷兰、葡萄牙等列强对外贸易都或多或少都经历过期限不同的重商主义、贸易保护主义、自由贸易、公平贸易等不同阶段，采取过不同的贸易战略和政策，发挥过不同的作用。欧盟对外经贸战略基本上具有跟随和模仿美国贸易战略的痕迹。目前，欧盟采取类似于美国实行的公平贸易战略，并且日益明确和完善，欧盟以区域一体化战略崛起和以公平贸易战略守成。

（一）欧盟一体化历程

欧洲帝国主义塑造了几乎5个世纪的世界经济。第二次世界大战结束前，各国都建起高保护水平的关税，并制定严苛的进口配额等非关税制度。许多欧洲国家掌握在亚洲、非洲、拉美、太平洋地区殖民地或半殖民地国家的对外贸易及其贸易管理体系（海关、边检、码头、航运、通商口岸等）。博法迪（Bonfatti，2013）把殖民帝国看作是16—18世纪出现的母国从殖民地掠夺殖民贸易价值的一系列政治制度，殖民地贸易政策操控在外部皇权及其制造出口商手里，发现：欧洲国家对外扩张期都与它们之间限制性贸易期相关，欧洲帝国收缩或消停下来的期间都与全球化期间相关；由于帝国之间强烈的经济竞争，殖民地贸易既有巨大的利益，又高度的竞争；当英帝国首先获得工业革命成功而成为世界工业领袖、主导殖民地贸易时，其他帝国从殖民地获得贸易回报就下降了，帝国主义间竞争就消停下来了；20世纪，产业内贸易和多样化生产的兴起从结构上打破了过去的殖民地贸易模式，由于所有层面上竞争，帝国从殖民地获取贸易回报下降，因此，解释了这些帝国都放弃了殖民地。[①] 这种解释显然不符合我们通常认为，殖民地解放和独立主要靠自我武装斗争和两次世界大战冲击，冲破了帝国主义的链条和牢笼，才得以自由解放。第二次世界大战后，随着殖民地纷纷独立和解放，西欧帝国中心已经失去对殖民地贸易经济的控制，殖民地贸易时代一去不复返了，欧洲老牌帝国散落在世界各地的殖民地分崩离析，最后只剩下帝国本土。

第二次世界大战后，欧洲出现了美苏两大阵营严重对峙的局面。西欧过去的老牌帝国单个国家已经不具有世界影响力，要想不受超级大国的控制和威胁，发挥世界影响力，只有走联合自强之路，才能有效地维护自身的利益，并在国际舞台上扮演一个新的重要角色。西欧在美国鼓励和支持下相继成立了几个经济合作组织。1951年，法国、联邦德国、意大利、荷兰、比利时和卢森堡6国签订了《欧洲煤钢联营条约》，1952年煤钢共同体建立，为实现西欧经济联合奠定了基础。

1957年3月25日，在欧洲煤钢共同体的基础上，法国、联邦德国、意大利、比利时、荷兰和卢森堡6国政府首脑和外长在罗马签署《欧洲经济合作条约》和《欧洲原子能共同体条约》，史称《罗马条约》，并于1958年1月1日生效，标志着欧洲经济共同体的正式成立。1965年4月8日，欧洲经济共同体6国决定将欧洲煤钢共同体和欧洲原子能共同体与欧洲经济共同体的机构合并，统称"欧洲共同体"，简称"欧共体"。欧共体成员国从6国增加到12国：英国、爱尔兰、丹麦、希腊、西班牙和葡萄牙陆续加入进来。

1991年12月，欧共体12国首脑在马斯特里赫会议上签订了《建立欧洲经济货币联盟和政治联盟的条约》。1993年11月初，条约生效，欧共体正式易名为"欧洲联盟"。此后，欧洲一体化进程继续不断发展，参加国家也从最初的6国扩大到27国，崛起成为世界政治、经济、贸易力量的重要一极。欧盟依然没有停下扩张的脚步。

[①] Bonfatti, Roberto, "Trade and the Pattern of European Imperialism, 1492–2000" [J]. *Research Paper* 2013/01, University of Nottingham.

(二) 欧盟一体化的贸易战略

欧盟诞生的目的就是突破单一成员国的资源、市场、经济约束，构造一个体量更大、能力更强、市场更广大的经济体。欧盟一体化本身就是欧洲各国达成的一个巨大贸易扩张战略，具有增强自我、限制对手的特征。2009年12月1日生效的《里斯本条约》使欧盟机构职能大幅拓展，对外经济贸易政策一体化得到进一步加强。

而且欧盟仍在扩展。为与欧盟的邻国共同实现经济繁荣，欧盟将继续在东欧邻国伙伴关系和欧盟—地中海国家伙伴关系框架下，发展与这些地区的全面深入自贸协定（DCFTA），一旦这些国家能够满足相应条件，即可允许其加入欧盟内部市场，有效地帮助欧盟与这些国家实现法规协调一致，取消关税及其他壁垒，实施经济一体化。欧盟的扩张似乎没有止步的意思，它像滚雪球一样制造全球最大政治经济军事实力的实体，对美国、俄罗斯、中国都构成安全威胁。

(三) 最近欧盟贸易战略特色

2006年10月4日，欧盟发布的贸易战略目标是：在世界贸易组织多边贸易谈判恢复前，重点推动签署双边及区域贸易协定，在服务贸易、公共市场的开放、外国直接投资政策透明和知识产权保护上取得进展，帮助欧洲企业赢得国际市场份额，建立欧洲企业可以安全地工作、有公平竞争氛围、有法律保障的市场，旨在帮助成员国扩大就业，提高经济增长率。

2006年欧盟贸易战略发布以来，欧盟共同贸易政策出现了四个重要的变化：①贸易保护主义逐步渗入欧盟的决策领域；②世界贸易组织的多哈回合谈判被迫中止，欧盟委员会的多边贸易自由化原则遭遇挫折；③欧盟调整对中国的贸易战略，于当年10月发布第一份对华贸易政策文件；④双边自由贸易协定出现在共同贸易政策的突出位置，欧盟委员会于当年12月启动与印度、韩国和东盟的双边贸易谈判。

2010年欧盟新的贸易战略是在2006年贸易战略基础上的新发展，继承了前一份战略的一些基本思想。欧盟于2010年6月发布的《欧盟2020战略》和2010年11月9日发布的作为欧盟2020年战略核心组成部分的贸易政策文件《贸易、增长与国际事务》，突出强调了对等互利的贸易投资战略对欧盟经济增长的重大意义。

(四) 欧盟版公平贸易战略目标与工作重点

欧盟委员会于2010年11月9日出台名为《贸易、增长和世界事务》

的新的贸易战略文件，是《欧盟2020战略》框架下对外政策的核心组成部分，是《欧盟2020战略》外延的核心，也是欧盟一项明确的宣言，具体阐述了贸易和投资如何推动实现战略任务及欧盟对外政策的整体目标。

欧盟委员会提出，欧盟今后五年的贸易政策将包括六大重点，即推进多边和双边贸易谈判、深化与美国、中国等战略伙伴的经贸关系、帮助欧盟企业进军全球市场、维护欧盟企业权益、启动与主要贸易伙伴的全面投资协定谈判及以贸易促发展。

（五）欧盟公平贸易战略的露骨宣言

开放的贸易政策要在欧洲取得政治上的成功，还取决于其他相关方，包括发达的和新兴的伙伴能否根据对等、互利的原则做出同等努力。如果我们不能公平地获取原材料供应，或者我们的企业通往海外政府采购市场的道路被阻断，贸易政策在欧洲就得不到公众支持。欧洲仍将是一个开放的经济体，但我们也不会太天真。特别是欧委会将保持警惕，保护欧洲利益和就业，将使用所有适当手段回击不公平的贸易行为，确保打开对欧盟在双边和多边协定下规定的非法封闭市场，在适用贸易救济措施过程中将继续实施严格的法律和经济标准。贸易与贸易政策提高了欧盟的国际影响力，同时，在欧盟层面上的协调行动将支持欧盟争夺在第三方国家的经济利益。欧盟随着力量的增长，日益自信，并日益带有攻击性单边主义的特征。2012年，欧盟征收航空碳税集中体现了其贸易保护主义色彩。

（六）欧盟推进多边和双边贸易谈判

多哈回合谈判仍是欧盟的重点，以增强同行审查、透明度和贸易政策的多边监督，加强争端解决机制，从而阻止潜在的保护主义倾向，并思考"后多哈时期"的目标。同时，欧盟将与世界贸易组织大部分成员开始优惠贸易协定谈判，涉及货物、服务和投资的规制障碍、知识产权、公共采购、对创新的保护、可持续发展（尊严劳动、劳工标准和环境保护）等议题，加深欧盟与世界主要经济体的贸易和投资联系，包括美国、中国、日本和俄罗斯。

（七）欧盟深化与美国、中国等战略伙伴的经贸关系

欧盟与美国和日本的工作重点是通过监管合作解决贸易和投资中的非关税壁垒，避免新壁垒，尤其是创新、能效和高科技领域的新壁垒。

欧盟认为，中国的部分产业政策和宏观经济政策带有国家资本主义色彩，在标准、法规、服务、投资和政府采购方面，中国还存在相当的市场

准入壁垒,还有知识产权执法不力,标准化体系缺乏透明度,认证程序繁杂,以进口替代为目的的产业政策,强制性技术转让,使本国生产企业更容易获得原材料等问题。俄罗斯也存在相似问题。

(八) 欧盟维护企业权益

欧盟现在的战略重点是对世界上最大、增长最快的经济体获得更有利的准入条件,特别是通过经济贸易协定,为欧盟企业确保更高水平的市场准入条件,并与主要贸易伙伴深化法规合作。这些伙伴关系必须是"基于互利的双向车道,认识到所有产业在享有权利的同时都需遵守义务",使用争端解决和欧盟《贸易壁垒条例》项下相关机制来确保权利,发布年度贸易和投资壁垒报告,监督第三国贸易壁垒和保护主义措施,点名批评有关第三国,并采取适当的行动。

为保护和加强欧盟企业在知识经济中的竞争力,欧盟企业和权利所有人需要更加有效的保护和知识产权执行,包括地理标志、外国市场准入,尤其在新兴经济体市场,评估我们在第三国实施知识产权保护的战略政策以及在欧盟边境开展知识产权保护的海关规定。加强欧盟代表机构作为欧盟商业在海外的联系点功能,并将适当地在第三国设立具体的贸易支持构架。

(九) 欧盟帮助企业进军全球市场,促进灵活、包容和可持续增长

欧盟把创新、高附加值产品、长期稳定和收入丰厚的工作机会看作是欧洲经济赖以发展的重要基础,将采取所有可能的手段,向主要发达国家和新兴经济体贸易伙伴争取更为广泛的市场开放,使之与这些国家间投资进入欧盟服务业领域的开放程度对等。在公共交通、医疗器械、制药和绿色技术等公共采购领域,通过多边、双边谈判对外国公共采购的进一步开放进行施压,推动中国政府遵守世界贸易组织承诺,在加入 GPA 协定时提出一个高水平的出价单,欧委会通过立法以保证在公共采购问题上,欧盟已达到的对外开放承诺与主要贸易伙伴所享受的待遇一致,以保护和提高欧盟参与发达国家及新兴市场经济体公共采购的比重。

2011 年年初,欧盟提议对欧盟普惠制进行改革,目的是将普惠制的好处给予最需要的国家以及遵守国际劳工标准、人权准则、环境保护的国家,给予发展中国家特殊和区别待遇,支持贸易政策改革,消除影响他们融入全球贸易的结构性障碍等。扩大欧洲全球化适应基金使用范围,加强培训,以适应全球化带来的改变,缓解全球化对成员国造成的某些不利影

响，促进包容性增长。

贸易政策应继续支持和推动全球其他领域的绿色增长及气候变化目标，比如能源、资源的有效利用以及生物多样性保护、减排和消除环境壁垒。欧盟将最大限度地使用现有贸易规则，建立对出口限制的监督机制，通过双边贸易谈判确定贸易规则，确保原材料和能源持续、非扭曲的供应。

在能源问题上，如果第三国存在阻碍欧盟再生能源产业快速发展的障碍，我们将通过多双边贸易谈判中的贸易条款，帮助我们实现能源供应多样化（同时有利于能源安全）、确保自由过境，推动能源可持续贸易。

欧盟根据贸易伙伴发展水平和与贸易伙伴关系的不同，采取区别对待方式，输出价值观和达到对外政策目标，获得最大化利益。欧盟需要加强出口竞争力以确保其安全性处于最高水平。我们将继续发展出口控制措施，旨在简化和使欧盟出口商的贸易环境更加透明，同时，这将有助于强化欧盟贸易的国际安全性。

（十）欧盟公平贸易战略的保护主义特色

迫于平衡国际贸易利益在欧盟内部各成员国间分配和各成员国经济发展不均的压力，欧委会、理事会的贸易保护倾向逐渐上升，开始大量运用反倾销、反补贴等合法且隐蔽的贸易保护手段，在非关税壁垒上重新建立市场准入政策，以最大限度地维护欧盟企业利益。在保护内部市场的同时，欧盟积极为企业开拓外部市场，更加强调贸易的对等和互惠互利。2011 年 5 月，欧盟委员会出台欧盟普惠制改革方案，拟大幅减少享受这一贸易优惠待遇的发展中国家的数量，中国、巴西、印度等国赫然在列。

公平贸易战略的实质是贸易保护战略，虽不明确反对自由贸易，但是强调要公平。在欧盟贸易政策的变迁中，保护性是其最大的特点，这主要体现在欧盟内部贸易保护主义抬头。2012 年 3 月 24 日，巴西宣布对欧洲和美国的货币战，反对欧洲和美国的扩张主义货币政策损害包括巴西在内的新兴国家工业。欧盟保护贸易战略特点具体体现在贸易政策的双层管理、两层标准双重保护、歧视性国别贸易政策。

三 美国对外贸易战略与政策演变

美国是世界贸易大国和贸易强国。美国社会各界认识到，对外贸易对促进美国经济增长、扩大国内就业、巩固美国超级大国地位至关重要。近年来，美国政府从战略、政策层面极力促进对外贸易，制定和实施了清晰、系统和针对性很强的对外贸易战略，对提高美国出口商品和服务的国际竞争力、维持美国在世界经济和贸易中的主导地位发挥了重要作用，许多做法值得中国认真学习和借鉴。

（一）第二次世界大战之前美国保护贸易政策

美国是 1776 年英国在北美的 13 个殖民地独立联合而建成的新生国家。1775—1783 年持续八年的北美独立战争宣告英国殖民统治结束。在两次摆脱英国殖民统治的独立战争后，美国资本主义获得迅速发展。特别在美国南北战争结束后，废除南方奴隶制度，荡平了资本主义发展的障碍。用 100 年的时间达到了欧洲数百年才实现的资本主义发展水平。

1783 年，美国开始实施保护贸易战略进行产业资本积累和产业培植。1791 年，美国第一任财政部长汉密尔顿（Hamilton，1757 – 1804）在向国会提交的《关于制造业问题的报告》中站在北方工业资产阶级利益立场上首次提出关税保护贸易理论，阐述保护和发展制造业的必要性与有利条件以及政策措施，反对南部庄园主的自由贸易主张。美国政治上独立和本国发展工业的利益决定了美国抛弃英国强加给殖民地的自由贸易政策。

同时，与其他老牌资本主义国家崛起一样，新兴的美国也曾依靠传统殖民地和领土扩张促进资本积累和工业成长。美国与欧洲列强共同瓜分中国市场，长期在华享有一系列特权。1846—1848 年，美国与墨西哥之间爆发美墨战争，墨西哥战败，美国夺取墨西哥 230 万平方千米的土地。到 19 世纪末和 20 世纪初，美国已经成为世界新兴工业强国，实现现代化，进一步加剧它争夺殖民地和控制世界经济的野心。1898 年，美国打败西班牙夺取了菲律宾、关岛作为殖民地，直到 1946 年美国才允许菲律宾独立，但美国长期驻军，关岛迄今仍为美国领地。第二次世界大战后，美国在联邦德国、日本等多个国家驻军，发动朝鲜战争、越南战争、波黑战争、阿富汗战争、伊拉克战争等在世界各地建立军事基地，控制整个世界及世界市场。

在 1783—1933 年的 150 年里，美国作为英国殖民地和新崛起大陆一直采取贸易保护战略。从 1914 年爆发第一次世界大战（1914 年 8 月至 1918 年 11 月）到 1939 年爆发第二次世界大战（1939 年 9 月 1 日至 1945 年 9 月 2 日）之间，美国为争夺世界市场和资源采取过保护关税、进口数量限制和对外倾销等贸易保护政策措施。

特别是在第二次世界大战前夕，随着关税战升级，美国等主要国家分别采取禁止性高额关税、反倾销等贸易保护措施打击对手，保护国内市场。20世纪30年代，两次世界性经济危机引起贸易保护主义盛行，最终走上依靠世界性战争的爆发来解决问题。

（二）美国转向多边自由贸易战略和建立世界多边自由贸易体系

随着美国崛起成为世界头号经济强国，特别是在英国于1933年退出世界自由贸易倡导者角色转而全面实行贸易保护政策之后，接过英国高举了150多年的自由贸易大旗，以1934年美国颁布《互惠贸易法》为标志，扭转美国自建国以来采取的贸易保护主义战略，在全球推行多边自由贸易体系。

1942年，中国、美国、英国、苏联等26国代表在华盛顿创立联合国，并于1944年联合国货币金融会议上通过《国际货币基金协定》和《国际复兴开发银行协定》，成立国际货币基金组织和世界银行，建立以美元为中心的国际货币金融体系。第二次世界大战结束，美国已经处于世界经济的领导地位。1947年；美国推动签订《关税及贸易总协定》，减让关税和贸易障碍，促进贸易自由化。

从1934年开始直到1973年，进行了六轮多边贸易谈判，美国在世界范围内不断推行谈判达成多边开放市场的自由贸易政策，但不是自己单独全盘实行自由贸易政策。美国的自由贸易是有条件的、相对的，是美国打着"互惠、公平、非歧视"的幌子、抢占别国市场的利剑。美国运用或威胁采取贸易制裁等手段迫使贸易伙伴接受其开放市场主张。这样，美国在多边自由贸易体系中既获得贸易利益，又得到其他国家先进技术，特别是人才和资本，保持技术领先地位。

（三）美国转向公平贸易战略的背景、措施和实质

多边自由贸易战略改变了美国经济结构和贸易结构，也改变了世界经济结构，西欧和日本慢慢地从战争创伤中开始崛起。1968年，美国首次出现近百年来的贸易赤字，美国经济地位相对衰退，美国市场越来越多地被欧洲、日本的商品和投资所占领，加快了技术扩散。1973年，美国、欧共体和日本召开三边委员会，1975年召开西方第一次首脑会议，标志着西方格局的新变化。

为适应美国商品国际竞争力相对下降、服务贸易竞争优势突出和贸易摩擦加剧的新形势，美国转变了实施近40年的多边自由贸易战略，于1974年颁布《贸易改革法》，开始推行以双边优惠为主的多轨并进的自由

贸易战略，也就是有选择的自由贸易战略，是站在美国利益上的公平贸易战略。从1934年开始美国以自由贸易战略崛起，但从1974年开始以公平贸易战略守成。

1974年《贸易改革法》授予美国总统和政府对外国贸易补贴或限制采取提高关税、课征费用和规定进口限额等贸易报复权（301条款）和非关税削减权，就是给予政府更大贸易政策的自由裁量权，增加对国内产业保护。1974年《贸易改革法》中的301条款、《美国平衡税法》和《反倾销法》构成公平贸易原则的三大支柱。

公平贸易战略实质是美国愿意对等公平的自由贸易，不与实行贸易保护主义国家开展互惠自由贸易。这样，可以依靠美国拥有大市场的优势，采取进攻性单边主义的惩罚性关税措施任意制裁别国，迫使贸易伙伴改变不公平贸易政策。[①] 所以，公平贸易战略是最适合当时美国贸易发展需要的保护贸易战略变种。美国实现大资产阶级利益的最大化的保护贸易政策是无条件的、绝对的，保护主义始终贯穿于美国的对外贸易政策之中（邓峰、王军，2005）。[②]

（四）美国继续完善公平贸易战略

1974年《贸易改革法》实施并未改变美国经济贸易危机四伏的局面。美国人仍把这种结果归结为外国采取不公平贸易做法的结果。20世纪80年代，非关税壁垒成为主要贸易大国实施贸易保护的重要工具。1988年，美国对外贸易赤字达1270亿美元，比1980年260亿美元贸易赤字增加了近4倍。同年，美国财政赤字占当年国内生产总值的42%。为扭转局面，美国于1988年颁布实施《综合贸易与竞争力法》，进一步从多边自由贸易体制转向带有单边主义色彩的双边或区域贸易措施，要求以对等开放市场为条件，但也不抛弃世界贸易组织多边贸易体系。美国娴熟地运用世界贸易组织和区域贸易自由化合作的两种机制都是为了扩大美国企业自由的发展空间，帮助美国企业进入世界市场，规避贸易保护主义障碍。

1988年《综合贸易与竞争力法》进一步扩大了政府干预贸易的领域、

[①] 美国面对经常项目长期赤字曾讨论过公平贸易与战略贸易的政策选择，最终选择能攻击他国不公平贸易做法的公平贸易战略。战略贸易政策则不具有反对他国贸易保护和不公平贸易做法的手段。

[②] 邓峰、王军：《美国对外贸易政策的历史考察》，《东北师范大学学报》（哲学社会科学版）2005年第5期。

工具和权限,特别是在 1974 年《贸易改革法》中 301 条款基础上衍生出来的"超级 301"和"特别 301"条款更加引人注目。"超级 301"条款规定,美国贸易代表在每年 3 月 31 日向国会提交《国家贸易评估报告》,列出"最不公平贸易"国家名单,采取谈判、报复性制裁等措施迫使对手让步。"特别 301"条款将货物贸易扩展到服务业、投资以及知识产权领域,规定美国贸易代表在 4 月 30 日前向国会提交《国家贸易评估报告》,评估美国利益是否受到损害、贸易权利是否得到尊重,并相应采取措施。这两个条款充分体现了美国多边、双边和区域贸易体制多轨并进的公平贸易战略手段的实用主义、进攻性单边主义做法,由此美国可以根据自己的霸权利益需要指责其他贸易伙伴的"不公平贸易"做法,并采取单边制裁和过度贸易保护主义措施,保护其纺织、服装、轮胎、钢铁等不具有竞争优势的传统产业。

(五)美国公平贸易战略日益带有贸易保护色彩

自克林顿政府到奥巴马政府全面完善和发展美国公平贸易战略。克林顿政府要求贸易投资的公平、互惠和机会均等,强调以 301 条款打开别国市场大门,推动"共负责任"的多边自由贸易,并把人权、民主等价值观纳入贸易政策,并于 1993 年推出美国"国家出口战略"。小布什政府利用世界贸易组织中有关反倾销、反补贴、保障措施等规则调节与贸易伙伴关系,制裁其"不公平"贸易行为,运用美国 337 条款[①]对不符合世界贸易组织中《与贸易有关知识产权协议》规定的"不公平"贸易行为进行制裁或利用世界贸易组织争端解决机制解决。

不同历史时期,美国采取适应产业和贸易发展需要的不同贸易战略,有力地促进了美国经济充分发展和高速增长,企图遏制中国的崛起,长期维持了美国全球霸权地位。现代美国更多地通过新型的准殖民地(日韩、德国等依附国、所谓盟友)确保美国产品在世界市场上占据稳定的足够大的份额。

奥巴马政府对外贸易投资政策更加带有攻击性单边主义和贸易保护主

---

① 1930 年美国《关税法》第 337 条授权美国国际贸易委员会在美国企业申诉的前提下,对进口贸易中的不公平做法进行调查和裁处。美国国际贸易委员会在对某项进口启动"337 调查"后,该机构必须在 45 日内确定终裁的目标时间,并尽快完成调查。通常案件需要在一年内做出裁决。如果涉案企业被裁定违反了第 337 条款,美国国际贸易委员会将发布相关产品的排除令和禁止进口令。

义性质。在国际金融危机之后，美国立法增加了"购买美国货"条款。把限制进口作为工作业绩。奥巴马在 2012 年的国情咨文中称，美国"对中国提起贸易诉讼的案例数量是上一届政府的近两倍，而且已经看到成效"。总之，美国采取的贸易保护主义措施，达到了阻遏中国传统产业和新兴战略性产业发展，保护美国国内有关产业的目的。

2012 年 2 月 29 日，美国对中国输美木质卧室家具发起反倾销行政复审调查；3 月 5 日，对原产于中国的铸造焦炭进行反倾销快速日落复审；3 月 19 日，终裁中国输美钢质车轮存在倾销和补贴行为；3 月 20 日，初裁中国输美晶体硅光伏电池及组件存在补贴行为，终裁中国大陆和中国台湾地区输美二苯代乙烯增白剂存在倾销行为，终裁中国输美镀锌钢丝、金属硅存在倾销和补贴行为；3 月 22 日，决定对原产于中国的不锈钢拉制水槽发起反补贴和反倾销调查；对中国输美图像捕捉和传输设备、激光打印的墨盒及组件以及可调光紧凑型荧光灯及含有该产品的相关产品发起关于侵犯知识产权的"337 调查"。

美国采取步英帝国当年贸易保护主义后尘的做法与近日中国商务部长陈德铭呼吁美国放开出口管制扩大对华出口形成鲜明对比，美帝国正把自由贸易大旗拱手让给中国，显示出美帝国衰退与英帝国等都有相似的轨迹和命运。

（六）美国新《国家出口战略》企图挽救帝国霸权的衰退

为了提高美国产品的国际竞争能力，新增就业机会，促进美国经济增长，美国政府在克林顿时期制定了《国家出口战略》，并延续至布什时期、奥巴马时期。在不完全竞争的国际市场上，政府对企业出口提供各种帮助，有利于增强其竞争力，一定程度上也促进了经济增长。

1. 2011—2013 年美国经济形势变化

2011 年，美国 GDP 达到 150944 亿美元，比上年增长 3.9%。在发达国家中美国经济增长速度较快。2011 年，美国货物和服务出口 21050.45 亿美元，海外收入 7387.19 亿美元，货物和服务进口 26650.01 亿美元，对外支出 5176.54 亿美元，经常账户赤字 3388.91 亿美元。

2013 年，美国 GDP 达到 168030 亿美元，比上年增长 3.4%。2013 年，美国出口 22723 亿美元，其中，货物出口 15903 亿美元，服务出口 6820 亿美元；进口 27438 亿美元，其中，货物进口 22935 亿美元，服务进口 4503 亿美元。2013 年，美国货物入超 7031 亿美元，服务出超 2316 亿美元，当年外贸平衡入超 4715 亿美元，比上年减少 631 亿美元。

在金融账户方面，除金融衍生品之外，美国持有海外资产 2011 年增量为 3963.75 亿美元，比 2010 年的 10051.82 亿美元减少了 6088.07 亿美元。外国在美资产 2011 年增量为 7837.37 亿美元，比 2010 年的 12457.36 亿美元减少了 4619.99 亿美元。2011 年，净流入美国资产为 3873.62 亿美元。这个规模大体与美国经常账户赤字相当，使美国国际交易账户基本保持平衡。

受国际金融危机打击，美国的经济实力严重受损，成为最大的债务国，对国际事务的影响力今不如昔。截至 2011 年年底，美国财政累计赤字 6 万亿美元。2011 年 9 月底，美国对外总负债 149593.28 亿美元，占 GDP 的比重接近于 100%。2012 年 1 月，外国持有美国财政债券规模达到 50480 亿美元。2013 年 9 月底，美国对外总债务为 160228 亿美元，这个规模几乎与当年的 GDP 相当。这笔债美国人从来没打算还。而且美国财政寅吃卯粮、超前消费的贪婪和穷兵黩武可能会重创美国及世界经济，甚至引发逃债战争毁灭人类。

美国失业率从 2011 年的平均 9% 以上下降到 2012 年第一季度的 8.3% 左右。2013 年年底，美国失业率已经降至 6.7%，显示出美国经济基本复苏，失业率下降至新低，就业规模进一步增加。这是奥巴马政府努力挽救帝国衰退的新成就，这其中，美国新的《国家出口战略》功不可没。

2. 美国《国家出口行动规划》的背景、内容和组织实施

2010 年 1 月 27 日，美国总统奥巴马对美国工会发表一次讲话："我们需要出口更多我们的商品。因为我们生产并向其他国家销售越多的产品，在美国这里我们就支持越多人的就业工作。所以，今晚我们制定一个新目标：我们将在未来五年使出口翻番，一个将在美国支持 200 万人就业的增长。为帮助实现这个目标，我们发布一个《国家出口行动规划》（NEI），以帮助农场主和小企业增加其出口。"

《国家出口行动规划》包含五个部分。第一，政府改进宣传和贸易推广活动，贸易使团要向世界介绍美国产品，帮助出口商寻找机会。第二，政府要扩大出口融资，以便好的出口机会不因缺乏出口融资而流失。第三，美国贸易代表要努力消除贸易壁垒，为美国产品和服务打开尽可能大的国际市场。第四，美国强化实施贸易规则，使美国贸易伙伴履行其义务。第五，美国促进全球强劲、可持续和平衡增长，保持美国出口具有强

大的市场需求。

为此，美国成立了以总统为首的出口促进内阁和总统出口理事会，主要关注出口促进。美国还成立了跨部门的贸易促进协调委员会（TPCC），负责拟定出口战略。美国新成立一个跨部门贸易执法中心，采取史无前例的措施，消除自由和公平贸易壁垒，为美国企业寻求海外市场持续争取应得的公平待遇和竞争机会。

3. 美国新《国家出口战略》目标和特色

美国每年出台一部《国家出口战略》，更多地聚焦美国出口贸易促进措施，以政府为主导为美国公司提供各种出口援助和服务，帮助企业在海外竞标项目中改善经商环境，提供有关出口机会，直接帮助它们与新客户、新伙伴和海外新的分销商牵线搭桥，构筑出口通道，力求打开以中国为代表的发展中国家市场，为它们的利益辩护，增加美国进出口银行融资项目，扩大出口融资规模，重点扶持中小型企业，同时加强国际贸易法执法，为美国公司创造公平的贸易市场。

2011年，美国《国家出口战略》的目标就是落实2010年3月12日发布的《国家出口行动规划》，实现从2009年年底出口1.5万亿美元增加到2014年年底3.1万亿美元的出口翻番目标，着重落实2010年9月呈给美国总统的八大优先领域和70条《国家出口行动规划》建议，八大优先领域分别是中小企业出口、联邦出口援助、贸易使团、商业宣传、增加出口信贷、宏观经济再平衡、削减贸易壁垒、出口推广服务。2010年，落实了70条建议中的31条，以后逐年落实每条建议并做出评估。

美国出口新战略突出彰显出重商主义色彩，根本目的在于促进经济增长，扩大就业，实现"再工业化"①，继续保持全球领导地位，防止中国等潜在大国替代美国成为全球头号经济强国。新《国家出口战略》突出

---

① 奥巴马早在2008年参选美国总统时就指出，"现在为美国制造业而战就是在为美国的未来而奋斗"。美国在全球化进程中跨国公司加速对外制造业转移的脚步因2008年国际金融危机引起的失业严重付出代价，美国产业工人推选出代表基层民众利益的奥巴马当选总统，以"再工业化"达到"去全球化"，产业回归，重新恢复制造业优势并通过扩大出口解决经常项目赤字和失业问题的目的。实际上，这是违背经济规律，最多只有短期效果，长期不可持续。可持续的办法只有创新制造业，为此，美国政府实施《先进制造伙伴计划》，强化关键产业本土制造能力，缩短先进材料从开发到应用的时间，发展智能机器人，研发先进节能制造工艺，构建官、产、学、研之间合作伙伴关系，优化合作机制，制定先进技术开发路径，引导新技术、新创意、新思想尽快从实验室转化为现实生产力。

出口是美国经济日益重要的组成部分，对美国经济影响巨大。全球市场为美国公司带来巨大机遇，超过90%的世界潜在顾客在海外。出口提供美国公司向海外市场销售商品的新机会。企业出口可以服务更多顾客，增加销售，获得更多收入，最终增加更多工作机会。创造工作机会是第一位的目标。2011年，美国出口占GDP的14%。

美国总统奥巴马在给2011年6月美国出台的《国家出口战略》的信中指出，美国政府应不断地找到促进美国出口、落实贸易协议、确保美国企业能够在世界舞台上按照全球贸易规则公平竞争的办法。政府要紧密团结帮助更多美国企业进入国际市场。

4. 美国新《国家出口战略》实施效果

自从美国总统提出出口翻番计划目标以来，出口战略实施取得良好效果，美国出口已经增长了34%。与此同时，奥巴马政府采取国内"再产业化"政策，并于2012年3月5—6日修改《1930年海关关税法》① 等限制进口措施，降低了进口增长速度。2011年，美国货物和服务出口达到2.1万亿美元的规模，改善了经常账户状况，缩小了赤字规模。2011年，美国共发起70项"337调查"，比上年增加37%。美国这些以邻为壑的重商主义贸易战略确实起到恢复经济实力挽救帝国颓势的功效。自奥巴马2010年提出《国家出口行动规划》以来，出口带动的新增就业超过130万个岗位，2013年，美国出口支持的就业岗位近1000万个。

2013年，美国《国家出口战略报告》指出，过去的三年，美国出口显著增长，使众多美国公司、工人和农民受益。2012年，奥巴马政府加强出口支持，改善贸易促进计划，增加贸易融资机会，减少贸易壁垒，强化贸易政策实施，成功地与韩国、哥伦比亚和巴拿马签署市场开放的贸易协议，改善美国供应链基础设施建设，重视旅游业发展，增设贸易执行协调中心以加强对不公平贸易行为的监管。2013年，奥巴马政府通过全国性的营销和培训等措施，整合中小企业出口促进服务，加强与社区银行的合作，改进各类出口促进咨询机构的服务，协助美国企业确保海外基础设施投资的安全，增强对亚太地区的关注，加强与非洲的商业合作，着力吸引更多外资进入美国。

---

① 修改后的法律赋予政府对来自非市场经济国家的进口产品进行调查和征税的反补贴措施权力。

（七）美国新《国家安全战略》更加强调贸易对经济安全的重大意义

1. 奥巴马政府新《国家安全战略》凸显贸易的重要地位

历史上，美国崛起依赖海外市场销售其出口产品，并获得稀缺的商品和资源。扩大对外经济关系是美国国家安全战略的关键因素。

2010年5月，奥巴马发布上台以来第一个《国家安全战略》报告。这份报告在概述美国国家安全战略基础上着力阐述战略手段和如何扩大美国利益。美国新安全战略特别强调经济是美国实力的源泉，认为美国的优势在于强大的创新能力和生产力。只有促进经济的繁荣，解决国内存在的经济、社会问题，美国的国家安全和海外影响力才能得到根本保证。美国历届政府的《国家安全战略》报告都没有奥巴马新安全战略如此强调经济对国家安全和影响力的重要作用。美国认识到，没有强大稳定的经济作后盾，就会丧失主导国际秩序的能力，难逃衰落的噩运。因此，美国新战略努力实现经济复苏，积极扩大出口，开展国际合作和接触，试图摆脱美国经济实力衰落的势头，维护长期全球霸权。

2. 美国新《国家安全战略》采取了五项经济贸易战略措施

第一，要实现世界经济均衡与可持续增长。为促进给全体美国人造福的经济繁荣，美国要领导世界经济的全面增长，采取措施防止全球经济再次动荡，努力阻止再次出现经济不平衡和金融过热，并且控制影响经济稳定的安全威胁和全球挑战。美国消费者借贷消费，而亚洲和其他地区的出口国销售商品并积累资金，美国的新战略必须要防止这种经济不平衡的状况再次出现。

第二，不断扩大美国商品和服务出口市场，为私营部门企业家大显身手提供了舞台，催生新技术，推动商业增长，创造就业岗位，从而提高美国人民的生活水平，支撑美国的繁荣，推动美国经济发展。美国政府期望增加储蓄，促进出口，向全世界销售产品，计划到2014年出口增长一倍，新创造数百万个待遇优厚的工作岗位，减少消费，改革金融体系，减少长期财政赤字，降低失业率，这些措施可以在国内实现经济平衡。为此，美国正在对与国家安全需要联系紧密的出口管制进行改革。美国希望世界其他国家，特别是对新兴市场和发展中国家来说，较理想的平衡手段是侧重国内需求，将之作为经济增长的主要动力，以及开放市场，从国内需求转向国际需求，为美国商品和服务打开市场。

第三，拓展一个更开放的世界贸易体系。美国一直是开放的世界贸易体系的领导者。长期以来，美国一直是世界上最为开放的市场。开放的世界贸易体系促进了其他发达国家和新兴市场的发展。市场开放也促使中国的公司和工人参与竞争与技术革新，同时也向世界各国提供了一个至关重要的成功的市场。在与国家安全目标相一致的情况下，美国将保持开放的投资环境。在这一新时代，全球开放的市场可以促进全球竞争和推进变革，这对美国经济繁荣至关重要。

第四，加强国际合作。美国支持将二十国集团峰会作为国际经济合作的首要论坛。美国认识到，需要与世界上占生产和贸易份额较大的各个国家进行更广泛和更全面的接触。美国将致力于实现经济的可持续与均衡增长，通过二十国集团推动国际货币基金组织和世界银行的改革，通过协商改革金融法规，推动全球经济发展，推进能源安全。

美国继续致力于推动一系列贸易议程，包括多哈多边贸易协定，以及双边与多边协定，特别是要缔造一个具有较高水准的亚太地区贸易伙伴协定。美国提出和主导跨太平洋伙伴关系协议谈判，达成新型的区域贸易协议，逐步介入东亚区域经济一体化进程，主导亚太区域经济合作，已经取得了一些进展。美国要加强老的联盟，让它们实现现代化以满足21世纪的挑战。随着影响扩大到更多国家，美国在每个地区建设新的更深厚的伙伴关系，增强国际标准和制度。这种接触是无尽的，构造更加完善的联盟，与不公平做斗争，已经构造了商业网，建起国际法律框架和制度。

第五，防止来自国际金融体系的安全威胁。当前开放的全球性金融体系将美国暴露在金融威胁之下。在美国利用全球化带来机遇的同时，恐怖分子、武器扩散分子、毒品走私者、腐败官员和其他犯罪分子也在滥用全球化的金融网络来存储、转移和保护其非法活动资金，从中牟利，对美国国家安全构成威胁。美国的战略措施就是切断其资金来源，阻止其进入国际金融体系，通过金融手段、行政管理、加强法规监管、扩大对私人公司和外国友人的服务以及在国际标准与信息共享方面展开合作等手段来实现金融安全战略。

3. 美国新《国家安全战略》的特征与效果

制度性贸易保护仍是美国贸易政策的核心贯穿始终。奥巴马政府时期，国际金融危机和经济衰退使美国公平贸易战略形成完善的制度性贸易保护体系，促进出口拉动经济复苏已成为更加重大的国家经济安全战略重点。

新《国家安全战略》仍然承载很多维持全球霸权的外交和价值观使命。对外贸易投资不仅具有重大的经济意义，而且日益承载更大的国家安全意义，特别体现在对外输出所谓人权、民主等普世价值观方面，以输出价值观带动贸易投资扩张。

美国开始逐渐把经济贸易重点转向亚太地区，区域和双边自由贸易协定的谈判则凸显了美国的亚洲战略，中国业已成为美国贸易保护主义制衡的重点目标国家。

美国2010年版《国家安全战略》的经济贸易战略收到了明显的成效，经济开始慢慢复苏，出口增长较快，失业率降低，经常账户赤字和财政赤字削减。

四 日本外贸战略和政策演变

（一）日本从战前贸易保护战略到战后出口导向战略的转变

日本在明治维新之前基本上是一个封建国家，采取闭关锁国政策，经济发展缓慢。1868年明治维新开启了日本变革图强的现代化之路。明治政府实行"文明开化"政策，引进西方技术、开办西学、流行西方生活方式，同时进行政治改革、军事改革、财政经济改革，推行"殖产兴业"政策，日本资本主义经济得到迅速发展，也为日本走上军国主义的对外扩张道路提供了基础和现实需求，依靠不断对外发动侵略战争和对外殖民扩张大肆掠夺资源财富和占领市场，血腥积累资本，迅速推动日本经济贸易发展，一跃成为亚洲第一个发达国家。

第二次世界大战之后，日本不可能继续战前的对外侵略扩张政策，转而选择了《贸易立国战略》，解决要素资源和市场的发展约束。《贸易立国战略》并不是自由贸易战略，而是限制外国竞争，扶持和鼓励本国资本对外自由贸易。第二次世界大战后到20世纪70年代日本实行的《贸易立国战略》，一方面鼓励出口，提高日本产品国际竞争力；另一方面又通过立法和贸易经济政策限制进口及外国直接投资，保护国内市场和幼稚产业，扶持日本重化工业和新兴产业发展，技术上采取引进、模仿和跟随战略，使日本经济迅速崛起。所以，这种《贸易立国战略》实质上就是出口导向战略，也是一种保护贸易战略。

（二）日本《新成长战略》的选择性贸易保护战略

1. 新成长战略的背景

20世纪70年代末到80年代，日本的经济扩张引起美国的担忧，要求日本采取出口自愿限制和公平贸易政策的压力加大，增加对日本出口的贸易摩擦。日本对外经济环境随着经济地位变化而发生改变，过去的出口导向贸易战略难以继续坚持，转而放开资源和技术进口的选择性贸易保护战略。

日本贸易自由化政策实施受到巨大的阻碍，自由化进程并不彻底，而是非常有限的，日本进口壁垒和对外国直接投资抵制程度仍很高。这种出口导向战略也引起日本过于保护国内市场，结果导致经济效率低下和长期经济停滞。特别是这种市场保护导致日本企业创新力超越不了美国等领先国家技术创新力，摆脱不了对美国等西方技术的引进、模仿、改造和再创新的模式，技术创新达不到引领新产业革命的水平。日本经济尽管很发达，依赖出口拉动经济增长的模式面临销售困难，经济增长活力不足成为必然。

日本国内消费一直低迷，传统电子产业等也面临新兴经济体的挑战。为应对国际金融危机冲击后日本经济复苏，日本政府于2009年12月30日提出《新成长战略》，并于2010年6月18日发布描绘日本复兴蓝图的《新成长战略》，旨在到2020年日本实现强劲的经济、稳健的财政和强有力的社保体系。

这个战略在批判了依赖于公共工程和政府支出的第一种方法以及"结构改革"的过度市场原教旨主义的第二种方法基础上，提出当前日本进入了新的战略阶段，即创造新需求和就业的增长战略阶段的第三种方法。

2011年1月25日，日本发布《新成长战略2011》，在总结2010年实施战略成果基础上提出2011年要取得的主要成果和课题。2011年3月11日大地震以及随后引发的大海啸和核灾难之后，日本新成长战略受到影响，调整了一些内容。

2.《新成长战略》的主要内容

《新成长战略》的主要目标是改善人民的生活方式，到2020年，通过在环境、医疗及旅游业中创造100万亿日元的新需求来创造就业，实现名义GDP年平均增长率超过3%，实际超过2%，使国民经济规模（名义GDP）达到650万亿日元，结束通货紧缩，维持切当和稳定的消费物价增长，将失业率尽可能降低到3%—4%。

为此，日本政府提出实现战略目标的7大战略领域和21个国家战略计划。

日本《新成长战略》规划了3大战略方向：①由日本自身的优势产业（环境和能源、健康）驱动的增长领域；②由开创型新领域（亚洲、旅游和本地复兴）驱动的增长领域；③支持增长的平台（科技和IT、就业及人力资源、金融）。

7大战略领域分别是环境能源强国战略、健康大国战略、亚洲经济战略、旅游及本地复兴战略、科学技术及情报通信立国战略、就业暨人才战略、金融战略。

3. 对外经贸战略贯穿日本《新成长战略》始终

每项战略都不同程度地包含通过对外经济贸易合作促进日本经济成长的战略措施，努力在亚洲和世界其他地区传播导致社会变革的技术及系统，"通过从日本向外输出问题解决方案（系统的出口）而在亚洲创造需求"。

在日本环境能源强国战略中，日本期望通过其环境能源产业技术优势扩大对亚洲其他国家环境能源经济技术合作，支持在海外相关增长市场上获得份额。

日本健康大国战略的措施之一是推动日本医疗服务、药品及设备向亚洲及其他海外市场的扩张，与旅游相结合提供医疗服务出口，开展与其他亚洲国家等建立联合临床研究与测试基地等合作，把日本全新的老龄社会模式或体系传输到亚洲其他地区以及全世界。

日本亚洲经济战略核心思想是利用日本在亚洲市场上的优势，把日本作为一个"亚洲的桥梁国家"，建立一个无缝隙的亚洲市场，在亚洲及世界范围内推广日本的"安全"标准和传播日本的"安全"技术，利用亚洲经济增长活力作为带动日本的新动力源泉，利用政府资金对港口、机场以及人员、商品及资本等进入中国的其他通道进行有选择的集中投资，实行国内改革以与亚洲市场一体化，构建亚太自由贸易区和经济伙伴关系，使人员、货物及资本在日本与世界间的流量翻番，通过使亚洲的收入翻番来扩大增长机会，促进日本经济增长。

4. 日本提出亚洲经济战略的主要焦点

第一，日本希望利用APEC框架来建立亚太自由贸易区（FTAAP），促进贸易和投资自由化以及建立一个知识产权保护体系来实现亚洲市场的无缝化，消除日本企业进入亚洲市场的障碍，提高日本对外贸易投资竞争力，通过扩大贸易活动为日本创造极佳的增长机会。

第二，日本可以为亚洲国家发展中遇到的城市化、环境污染等问题提供解决方案，建立"亚洲经济及环境共同体"，通过出口及投资促进增长，利用亚洲经济的活力促进日本的发展，这样，可以为日本带来重大的商业机遇。

第三，日本利用先进技术优势、资金和日本过去增长中获得的经验教训，作为亚洲增长的一个"桥梁国家"，把亚洲增长与日本联系起来，在亚洲实施战略性商业，建设亚洲地区的物流网，在亚洲承接基础设施、环境工程等领域的工程项目。

第四，日本可以通过与亚洲国家共同联合制定国际技术标准，将日本具备技术优势的基础设施、智能电网、环境保护、节能减排、燃料电池以及电动汽车等领域推动战略性国际标准化，从而成为标准输出国和控制国，达到控制亚洲乃至世界重大领域的市场目的。

第五，在亚洲地区开发和提供基于日本具有优势的环境技术的基础设施，在修建如高速铁路、城市交通、供水、能源等基础设施以及与环境相和谐的城市开发等方面开展基础设施项目的承接及"安全"技术产品出口。

第六，加强国际知识产权保护合作，把日本的内容、设计、时尚、烹饪、传统文化、媒体艺术以及其他创意产业产品出口到亚洲市场，增强日本的品牌力量，试图以酷日本方式输出日本文化产品。

与亚洲经济战略相协调，旅游观光及本地振兴战略的重要目标就是扩大旅游等服务产品出口，试图通过日本旅游资源吸引，外国人到日本旅游，拉动当地经济的发展并提供更多的就业机会，希望到2020年年初使外国旅游者人数每年达到2500万人次。有必要战略性地推动对主要城市的机场、港口、道路以及其他真正有必要且影响重大的基础设施的优先投资来为经济增长提供基础；保持枢纽地位以加强吸引力；并努力使日本的主要城市成为全亚洲及世界各地的人员往来与货物交换的集散中心，便利国际贸易与投资，促进与亚洲国家及世界在大学、科研、文化、体育以及青年等方面的交流与合作。

5. 日本《新成长战略》的可行性

日本实施《新成长战略》面临许多现实困难。日本企业最大限度地进入其他亚洲国家市场面临制度和保障的障碍。亚洲各国发展水平差距较大，文化距离较远，产业重叠和竞争较敏感，存在领土和历史争端等问题，建立中日韩、"10+3"自贸区难度很大，更不要说构建亚太自由贸易区这样遥远的目标了。日本国内改革也面临许多阻力，存在许多阻碍贸易投资自由化的体制机制问题，国内贸易投资保护主义十分严重，自动开放市场是日本这个民族主义思潮异常严重国家面临的最大难题。日本这个蕴含狭隘的自我利益至上主义、民族功利主义的战略必将使日本很难赢得其他亚洲国家对日本开放更大的市场。

日本野田佳彦政府在财政恶化、国家财政债务严重和经济低迷情况下采取消费增税改革，将5%的消费税率分别在2014年和2015年提高到8%和10%，不仅不利于提振需求，而且会抑制需求，不利于经济增长。而且消费税增税或许导致民主的分裂和政局突变。日本中央和地方长期债务总额相当于国内生产总值的195%，在主要发达国家中属于较高水平。日本即使把消费税率提高到10%，未来增税部分也远不够填补养老金等社保资金缺口，社保一体化改革距离社会共识尚远，前景不容乐观。

(三) 日本《新成长战略》对中国的启示

日本《新成长战略》对中国既是挑战，又是机遇，对中国具有一定的启示意义。日本提出了搭乘亚洲经济快车的《新成长战略》具有一定的科学合理性。日本的亚洲经济战略虽然在许多方面没有实现目标，但对于支撑日本日益衰落的经济来说发挥了至关重要的作用，至少可使日本经济衰退得慢一些。从这个意义上说，这个战略是成功的。

日本企业对亚洲其他国家的贸易、投资和经济合作与中国企业形成直接竞争关系，这是日本亚洲经济战略对华企业构成挑战部分。日本以优势产业与中国、印度、东盟等国家或地区产业形成互补和配套，以日本的技术提供、中间品生产和出口与其他亚洲国家加工组装制成品构成完整产业链，增加日本在产业链中的附加价值，依托亚洲经济快速增长的拉动效应，拉动日本国内经济的复苏。中国应加强与日本企业进行技术合作、技术标准研制及国际化合作，分享日本技术和经验。这是中国提高技术能力的战略机遇，也是日本技术出口的新增长点，这是中日两国合作的经济基础。

日本《新成长战略》的一些新理念值得中国学习借鉴，创造需求推动增长思想、给地方更大的自治权、对来自海外子公司获得的分红等收入实行"国外所得免除制度"的新税制、改革开放、政府对个人给予兜底保障、儿童快乐成长等。

历史经验分析得出的结论是：世界主要经济贸易强国崛起与守成的有效的成功贸易战略都是由各国所处不同历史时期的不同发展阶段上社会经济条件决定的。超越历史阶段的社会经济条件限制的贸易战略没有成功的先例。

第三节　中国外贸战略的历史轨迹

一　旧中国开放贸易战略归于失败

鸦片战争打破了中国几千年封建独立的对外贸易制度，开始演变为西方列强控制的带有半封建半殖民地性质的对外贸易体制，成为西方资本主义经济掠夺和控制下的附庸。1840年，英国通过鸦片战争打败大清帝国，1842年，迫使清政府签订中英《江宁条约》这一丧权辱国条约，割让香港，赔款2100万银元，开放广州、厦门、福州、宁波、上海五处通商口岸，准许英国在五处口岸派驻领事，中国海关税率由中英共同议定。次年英国又取得了在华建立租界的权利和"领事裁判权"以及单边片面的"最惠国待遇"。1856年，英国对华发动第二次鸦片战争；1858年，导致清政府与英国、法国、俄国、美国分别签署了《天津条约》，全面打开了中国对外的门户。1861年，中德签署《中德通商条约》；1898年，中德签署《胶澳租界条约》，将山东变成德国的势力范围。

1872年，日本入侵中国属国琉球；1874年，入侵中国台湾，还通过《北京专约》迫使清政府间接承认琉球为日本属国，并于1879年正式吞并琉球国，改设为日本的冲绳县。1894年，中日爆发甲午战争，中国战败签下《马关条约》，增开沙市、重庆、苏州、杭州为通商口岸，中国割让台湾岛及其附属各岛屿、澎湖列岛与辽东半岛给日本，赔偿日本两亿两白银。1931年，日本侵略了中国东北，1937年"七七"事变后，又占领了中国沿海的大部分地区，日本操纵着东北和关内沦陷区的经济，把这些地方变成了它的殖民地和势力范围。

1851年，中俄签署《伊犁塔尔巴哈台通商章程》；1858年，签署《天津条约》；1860年，签署《北京条约》；1881年，签署《伊犁条约》；1898年，签署《中俄旅大租地条约》和《续订旅大租地条约》；1911年，签署《满洲里界约》；1915 年，签署《中俄蒙协约》，俄罗斯一步步夺取在华特权，侵占中国领土，分割中国。

民国时期，美国和国民党政府缔结了所谓"友好通商条约""航空协定""船坞协定""双边协定"，美国在华一步步掠夺了土地权、驻军权、领空权、领海权、内河航行权、设厂权、油矿权、农业经营权和贸易上的优惠权等特权。美国作为后起的帝国主义国家一直怀念和觊觎着在华贸易、经济和政治特权。在国民党战败退守台湾之后，美国不仅仅为了与当时苏联共产主义阵营对垒支持台湾和制造台湾海峡两岸长期对峙状况，对大陆进行贸易禁运，而且更主要的是妄图恢复对华殖民统治，在中国周边接连发动了朝鲜战争和越南战争，继续扩大包括菲律宾在内的亚洲殖民地版图。美国学老殖民帝国的做法都没有成功，后来，美国就改变了策略，采用更加隐蔽的新殖民方式，即接触和贸易遏制战略①，从而从对华贸易中攫取更大的巨额利益。

在一系列丧权辱国条约下，列强在华瓜分殖民地和势力范围，旧中国全面沦为列强的半殖民地，丧失外贸管理和关税自主权，中华大地满目疮痍，四处"流血"。列强掠夺和奴役中国的主要经济目的就是通过不平等贸易从中国攫取最大利益。西方列强对华不平等贸易一方面体现在买办低价收购中国资源性产品、初级产品输出，另一方面又表现为外国商品不受限制地对华倾销。外国列国的侵略及其与中国封建主义和官僚资本相勾结，把中国变成了一个四分五裂的半殖民地半封建的贫弱国家。

洋务运动和资产阶级"实业救国"一定程度上促进了工商业和对外贸易发展。可是，西方殖民控制的海关、口岸、租界、洋行、领事裁判权等对外贸易体系，导致中国失去外贸自主性、独立性。在那摇摇欲坠的清政府、北洋军阀政府和南京国民政府面对列强入侵、军阀割据和长期持续战争动荡暴露出无能、贪腐和软弱，甚至连海关自主权都讨不回来，国门洞开。旧中国对外贸易带有明显的半殖民地性质，中国国内市场不断开放直至毫无保护，各国商品和资本潮水般涌入中国市场，成为洋货倾销地，对外贸易发展所需要的自主稳定的政治、经济和安全条件从来没有出现，造成外贸严重入超，财富大量外流，产业资金不足，幼稚产业没有成长的

---

① 宫旭平：《近年来国内关于美国对华经济遏制史研究述评》，《世界历史》2005 年第 1 期。

市场空间,打击和削弱了中国民族工业的成长与发展。自19世纪70年代开始至1949年中国出现超过70多年的贸易逆差,失去19世纪70年代之前对外贸易一直处于贸易顺差的地位,国力日益衰弱。当时,中国对外贸易的发展虽然发挥推动经济发展的一定作用,但这种殖民地贸易对现代产业资本积累、幼稚产业成长和技术进步却是致命打击,实际上,没有真正能够帮助经济的恢复和发展。

第二次世界大战结束后,南京国民政府曾主张开放贸易,参与建设国际贸易组织,签署《关税及贸易总协定》,但开放贸易政策最终失败。旧中国对外贸易没有系统的国家战略可言,隐约混杂着出口替代和进口替代战略,那只是存在于理论探讨中,现实中从来没有政府积极实施过有意义的外贸战略。

二 改革开放之前,采取进口替代战略是当时国际政治环境的结果

新中国成立之后,国家政治上得到独立,废除了一切不平等条约,新中国对外经济贸易关系发生了历史性的变化,真正掌握了国家对外贸易主权,要求建立平等互利的经贸关系。但是,新中国经济受到西方国家的围堵、封锁和遏制,而且日益走上封闭、集中的计划经济道路。国务院设立中央贸易部对外统制贸易,没收国民党政府和官僚资本的外贸企业,改造私营外贸企业,确立国营外贸的统制地位,制定"互通有无、调剂余缺"的对外贸易方针,实行对外贸易发展次序政策,优先发展与苏联东欧等社会主义国家间的贸易往来,粉碎西方的贸易禁运;其次发展与非帝国主义国家特别是亚非拉地区发展中国家间的贸易关系;最后才是与西欧、美国、日本等发达国家开展贸易关系。积极争取苏联援助和开展对亚非拉地区发展中国家的援助,既促进了国民经济恢复发展,又增进了国际友谊,冲破了西方的贸易遏制与封锁,跻身世界政治舞台,重返联合国。

截至1957年,中国与世界上82个国家建立贸易关系,其中,与24个国家签订政府间贸易协议,外贸取得了快速发展。1957年,外贸进出口额达到31.03亿美元,比1950年进出口总额的11.35亿美元增加了1.73倍,外贸在世界贸易中占比由1950年的0.95%增加到1957年的1.85%。1958年,外贸进出口发展也出现"大跃进",规模达到38.71亿美元;1959年继续这种增长势头,达到43.81亿美元。"大跃进"、人民公社、"浮夸风"、宏观治理紊乱和中苏关系破裂等因素叠加造成1960—1962年对外贸易出现大滑坡,1963—1965年对外贸易才开始逐渐回升。

1966年开始的"文化大革命"严重影响对外贸易发展。1971年，中国恢复在联合国的合法地位；1972年，先后与日本、联邦德国、美国建立外交关系，外交取得突破在一定程度上促进了对外贸易发展。

由于坚持"独立自主、自力更生"经济政策，对外贸易在经济中不占重要地位，对外贸易只是社会主义计划经济扩大再生产的补充手段，对外贸易活动由自主生产和供应的余缺决定进口或出口，对外贸易发展受到很大的限制，对外贸易战略近乎极端的进口替代战略。这种战略是当时国际、国内经济环境与条件决定的，虽然对经济发展和工业化发展做出一定的积极贡献，但是，它抑制了对外贸易发展速度，放缓了生产力提高和经济发展速度。

三　改革开放之后，出口创汇和出口导向战略取得成功

1978年召开党的十一届三中全会，做出改革开放的重大决策，把经济作为工作重心。对外贸易体制改革主要表现为逐步减少指令性计划控制，增加地方对外贸易自主权。经过80年代初改革，具有对外贸易经营权的企业数目从原有的12家国有专业对外贸易公司扩展到数千家。在改革开放初期，国际收支状况恶化，外汇短缺，在出口方面迫切需要采取鼓励出口创汇的对外贸易发展战略和政策，提高国家对外支付能力。

虽然对外贸易计划控制比例下降，但是，1992年之前，中国进口关税和非关税壁垒一直较高，没有降低，仍存在相当程度的进口替代政策。对外贸易政策调整为在自力更生基础上积极发展同世界各国平等互利的经济合作关系，利用两种资源，打开两个市场，努力采用国际先进技术和先进设备。随着对中国有计划的商品经济和社会主义市场经济体制的探索，对外贸易管理体制改革逐步深化，双边经济贸易合作关系不断取得进展，对外贸易伙伴不断增加，并积极努力重新加入《关税及贸易总协定》，营造日益开放的国内国际环境，保持良好的外贸增长势头，外贸结构日益改善，外贸创汇取得巨大成就。

随着中国改革开放的逐步深入，特别是1992年1月18日至2月21日，邓小平在武昌、深圳、珠海、上海等地发表了一系列重要谈话，促进了经济体制改革与对外开放。此后，中国大幅度削减关税和非关税措施，扩大开放范围，加快引进外资步伐，加强知识产权保护。1993年11月11—14日举行党的十四届三中全会，全会通过了《中共中央关于建立社会主义市场经济体制若干问题的决定》，提出建立社会主义市场经济体

制，使市场在国家宏观调控下对资源配置起基础性作用，深化对外经济体制改革，进一步扩大对外开放。到20世纪90年代中后期，中国市场商品供应短缺状况基本扭转，开始从短缺型经济向基本供求平衡或过剩型经济转变。

国家先后设立经济特区、沿海开放城市、经济开发区、高新技术产业园区、文化产业园区、保税区、仓储加工区、自由贸易试验区等多层次、多种形式的对外开放格局，赋予更加开放、更具灵活的政策，截至2013年，实际吸引外资超过1.3万亿美元，外商投资企业、加工贸易企业在工业和外贸发展中发挥了重要的带动作用。在大力引进外资、外国技术设备和外国经营管理经验及方法基础上，中国多种所有制的企业都迸发出生机和活力，中国制造业在人口红利带来的成本比较优势下得到迅猛发展，物美价廉的商品披荆斩棘地开拓了一个个国际市场，逐渐占据相当份额的世界市场。

2001年中国正式被重新接纳为世界贸易组织成员，关税和非关税壁垒做出重大减让，积极参与和推动多哈回合谈判进程，有力地推动中国对外贸易自由化。中国实施自由贸易区战略，与东盟等一系列经济体和国家签署自由贸易区协议，先后加入APEC、二十国集团、金砖国家等国际经济组织，推动南南合作，积极参与全球经济治理体系改革和建设。

改革开放30多年来，中国外贸战略逐步从进口替代战略与出口创汇战略并存过渡到出口导向战略。中国鼓励和扶持出口的出口导向战略具有本国特色，不同于日本采取的出口导向战略，日本一向严格限制外国直接投资企业准入。中国虽然对进口仍进行关税和非关税措施进行管理，但是，不仅不限制外商直接投资，而且近似不顾代价地鼓励吸引外商直接投资。

自改革开放以来，中国外贸取得了巨大的成就。2012年，中国已经成为货物贸易第一大国，2013年进一步巩固这个地位。1978年，中国货物进出口总额只有206亿美元，在世界货物贸易中排名第32位，所占比重不足1%。据海关统计，2013年，中国货物进出口总值41603.3亿美元，扣除汇率因素比上年同期增长7.6%，比上年增速提高1.4个百分点，比1978年增长了200倍。2013年，货物进出口总值首次突破4万亿美元的大关，35年里从第32位上升到第1位是一个不平凡的足迹。据商务部统计，2013年，中国服务进出口总值的5396.4亿美元，比上年同期增长 14.7%，比上年增速提高 2.4 个百分点，比 1982 年服务进出口总额 45.3 亿美元增长了 118 倍。

由此可见，中国出口导向战略取得了显著成就，扩大了产品国际市场，积累了产业资本，引进了先进技术，进口了生产生活所需的资源、原材料、机械设备、消费品等，积累了大量外汇储备资产，改善了产业结构，增强了产业竞争力，推动经济长期快速、持续、稳定发展。需要指出的是，虽然中国对外贸易获得了巨大进步，但是，中国外贸不平等关系没有根本改变，外贸在全球价值链的地位仍较低，价值分配的份额偏低。无论从贸易的价值链增加值统计，还是从所有权贸易统计角度看，中国货物外贸规模仍不能看作第一大国，或者说有点勉强。同时我们应当看到，中国出口导向战略也产生了一系列宏观经济问题，难以继续下去，已经到了战略转型的时候了。

第四节 面临出口导向战略向自由贸易的中国战略转型抉择

目前，欧盟、美国、日本外贸战略全面倾向于贸易保护主义，但它们都不反对自由贸易政策，更加强调对自身利益保护的公平贸易原则。中国作为后起国家，要打开国际市场，就需要反对贸易保护主义，要求外国开放市场，同时要自己先开放市场，倡导自由贸易战略。中国与欧盟、美国、日本的情况完全不同，不跟随欧盟、美国、日本搞所谓对等的公平贸易战略。中国积极支持以世界贸易组织为代表的多边自由贸易体系，中国领导人多次在国际场合反对贸易投资保护主义，主张互利、共赢和平衡、包容增长。所以，依据国际经验和本国国情，中国对外经贸应采取多元平衡的自由贸易战略。

世上没有永恒适用的贸易战略和政策，只有根据自身发展需要，不断地调整能够促进自身发展的政策，才是科学的贸易战略和政策。大国与小国在贸易战略抉择上要考虑的内外因素、条件和环境影响差别很大，采取的贸易战略可能完全不同。许多小国可以采取完全自由贸易战略而实现长期繁荣发展。但是，大国贸易战略必须要把推动生产力发展作为国民经济发展的核心。中国作为经济大国、贸易大国，在贸易战略选择上必须保持稳健、科学和发挥正面积极贡献，避免引起国际社会的不安，不给"中国威胁论"以口实，战略模糊十分必要。

中国出口导向型对外贸易是现有国际分工和世界市场机制共同作用的结果（金京、戴翔，2013）。① 中国过去实行的出口导向战略尽管取得了一定的成就，但是，为此付出的代价和成本较高，资源消耗、环境污染、宏观经济失衡和国际贸易摩擦频发，不利于中国经济可持续发展。2012年，中国货物进出口总值已经超过美国，成为世界货物贸易第一大国，2013年，中国进一步巩固了这一地位，已经引起竞争者的担忧和纠结。中国外贸在世界贸易中地位变了，贸易伙伴对中国的期待和要求也会随之而变，要求中国做出更多贡献和让步。中国一直沿用至今的外贸战略需要适时转型，我们面临的贸易对抗、摩擦损害我们的贸易利益和国家形象。作为世界第二大经济体，中国经济和国际贸易地位发生了变化，贸易优势明显，可以改变贸易战略。中国在世界经济中地位在变化，在世界贸易与投资中地位也在变化，正处在从一个发展中国家向发达经济国家转变之中。当前中国正处于走向中等发达国家直至发达国家的道路上。中国对外贸易、投资、经济技术合作相对其他发展中国家具有成本、效率、技术、人才等多种综合优势，相对于其他发达国家之间优势差距正在缩小，竞争力地位逐步拉平，甚至已经赶超。

中国是从一个工业落后的发展中国家一步一步走过来的。新中国成立60多年以来，曾经历过初级产品出口战略、出口替代战略、进口替代战略、出口导向战略等一系列战略阶段。从目前中国外贸形势来看，过去几十年基于发展中国家通过廉价出口支撑经济增长所采取的出口导向战略日益不合时宜，导致严重的"两高一资"和产能过剩问题，不适应内陆地区社会经济发展（张鸿，2005）② 和多元平衡发展的现实需要，必须转变外贸发展方式，抛弃低水平技术模仿做法，立足自主创新，更多地经由国内消费推动经济增长模式。所以，新形势下，中国对外贸易战略到了做相应调整的时刻，经常账户盈余和大规模外汇储备也具备条件放弃过去采取的出口导向战略，选择自由贸易战略，努力实现从规模扩张向提高质量和

---

① 金京、戴翔：《国际分工演进与中国开放型经济战略选择》，《经济管理》2013年第2期。
② 张鸿：《关于中国对外贸易战略调整的思考》，《国际贸易》2005年第9期。

效益的转变，从主要依赖低成本优势向增强综合竞争优势转变，促进从贸易大国地位向贸易强国地位的转变。

此前，中国学者提出过许多外贸战略，比如进口替代战略、比较优势战略、出口导向战略等。这些作为一个发展中国家所采用的外贸战略或多或少发挥过一定的效果。关于当前中国外贸战略选择，许多学者也曾提出过多种战略，比如内需导向战略、竞争优势战略、科技兴贸战略、市场主导的非对称出口促进战略（李春顶，2009）[①] 等。我们认为，当前中国外贸发展兼有多种优势，既不必强调出口优先地位和刺激出口，更不能忽视进口重要地位，外需与内需对经济增长同样重要，外贸多元平衡发展具有重要现实意义，不需要继续追求贸易顺差，选择自由贸易战略，符合当前现实需要，它是让贸易伙伴自愿开放市场的有力理论武器。

当前，中国不具备搞欧美的公平贸易战略基础条件。第一，欧美关于劳工标准等市场体制机制，在中国其条件仍不成熟，无法要求贸易伙伴按照国际劳工标准开展国际竞争；第二，欧美内需市场很大，大多数发展中国家依赖欧美出口市场带动经济增长，欧美发出的贸易制裁要求具有威慑力；第三，欧美许多制造业因内部生产成本偏高而通过直接投资进行国际产业转移，欧美制造业流失和产业"空心化"严重，产业竞争处于守势，希望借助公平贸易战略攻击外国贸易伙伴的不公平贸易做法以达到保护国内民族制造业的目的。中国正好与其相反，中国制造业处于上升期，要求拓展国际市场空间而不是为了保护国内产业。所以，当前中国外贸不会选择公平贸易战略，而应选择自由贸易战略，既不要求出口扩张，也不必保护国内市场，自由、开放、平衡、可持续发展是其四大特征。

早前在学术界就有声音提出中国要像美国那样采取内需主导型外贸战略，以内需扩张拉动经济增长，通过进口扩张形成一定的经常账户赤字，主张取消政府干预外贸，完全由市场机制形成贸易流动力量，减少外汇资产储备，推动人民币进入国际市场，成为主要世界货币。

美国采取内需主导型外贸战略，让世界上许多国家经济依赖美国市场而维持增长，其可持续性的条件是成熟完善的市场机制、存在美元霸权和大规模海外投资收益长期足以平衡经常账户赤字。在美国没有掌握世界经

[①] 李春顶：《中国外贸发展战略调整与政策选择——来自新—新贸易理论的启示》，《当代经济研究》2009年第8期。

济霸权之前，贸易保护主义一直是美国崛起的秘诀；在美国崛起成为世界经济霸权之后，美国学派坚持的保护主义思想依然变换成不同表现形式的保护贸易政策。今天美国成熟完善的市场机制能够确保资源优化配置，正常市场机制下没有大规模失业劳动力和闲置资金，市场机制具有充足的调节能力，无须政府贸易政策过分干预，而政府时刻都在护卫着美国利益。正是由于美元霸权地位，美国大规模印刷和发行的美元，才能从世界各国无所顾忌地购买或进口商品、服务及技术等，才可以采取进口扩张的内需主导型外贸战略。美元第一世界货币的霸权地位是由美国高度发达的、丰满的产业体系、开放的金融与贸易投资市场体系、长期可预期的稳定政治体系、强大的国家安全体系综合保障的。同时，美国在全球的国际投资效率高、投资规模大、国际投资收益远远超过外国资本从美国市场投资获得的收益，每年美国国际资本平衡都获得巨大的国际投资收益盈余。从长期来看，美国国际资本收益盈余要能够覆盖经常贸易赤字，才能保持经济可持续。但是，实际上，美国经常贸易的过大赤字增加了以国际资本收入盈余平衡整个国际收支的难度。为此，美国利用国际金融中心的地位从世界各国外汇储备资金中廉价融资，提高国家财务杠杆率，扩大其在全球的直接投资和证券投资规模，获取巨大的投资利润与融资成本之间的差价收益。

中国不具备实行内需主导型外贸战略的基本经济条件。首先，中国市场机制调节能力较弱，政府在资源配置中发挥较大作用，存在大规模劳动力处于不同程度的失业、半就业之中，资本匮乏和资金限制同时并存。假如国家从出口主导型外贸战略转换到内需主导型外贸战略上来，不仅面临贸易逆差、货币贬值、资金外逃的严峻国际收支问题，而且出现大规模劳动力失业、经济增长下滑和财税锐减等宏观经济问题。其次，中国金融产业结构不合理，金融制度不完善，金融体系不健全，没有建立世界一流的国际金融中心，人民币没有成为第一世界货币。而且当前中国人民币的货币主权独立性受到美元霸权的控制，中国经济深陷"美元霸权"陷阱，"美元霸权"在某种程度上削弱了中国货币的主权和独立性（贾根良，2012）。[①] 人民币与美元完全隔离和脱钩是不现实的，人民币必须走向世

---

① 贾根良：《美国学派与美国内需主导型发展道路的借鉴研究（专题讨论）》，《学习与探索》2012 年第 12 期。

界，参与全球化竞争与分工。当前，中国与主要贸易伙伴开展本币互换，减少贸易结算对美元的依赖，逐步扩大人民币贸易结算，同时建立人民币离岸金融中心，是正确的人民币国际化道路。只有当人民币成为第一世界货币时，向世界印制和发行人民币就可以全球采购商品或服务，数量限度就是不损害人民币的世界货币信誉，世界人民愿意接受人民币向中国出口和供应商品及服务，采取进口扩张的内需主导型战略才具有支付能力。在人民币没有成为第一世界货币之前的未来数十年里，中国外贸战略都不能一下子跨越到内需主导型外贸战略上来，否则战略不会成功，只有失败。最后，中国海外直接投资规模相对较小，投资效益不高，投资效率相对较低；相反，外国在华投资效益较好，投资效率较高。当前，中国国际资本收益平衡难以承受覆盖大规模经常贸易赤字的压力。保持经常贸易略有盈余或基本平衡是一个长期任务，在此之前，中国不具有实施进口扩张的内需主导型战略所要求以国际资本收益盈余弥补经常贸易赤字的支付能力可持续性。

多元平衡的自由贸易战略应当是今后几十年中国必须坚守的贸易战略，绝不可以头脑发热，激进地跨越到超越中国经济贸易发展条件的进口扩张的内需主导型外贸战略上去。目前，中国照搬美国发展模式只有失败。实际，世界大国中只有美国在美元霸权支撑下岌岌可危地采用进口扩张战略的模式，但它也在千方百计缩小贸易赤字，通过"再工业化"、购买国货政策改变贸易失衡的不利影响。中国作为后起的经济大国，工业化、信息化发展水平仍较低，工业发展高度仍不够，工业基础也不足够坚实。未来半个世纪，中国仍要坚持不懈地走工业化道路，不走西方产业"空心化"之后"再工业化"的老路。发展工业化是中国实行多元平衡的自由贸易战略的基础，是保障国家安全的基础。服务业创造的价值实现最终必须依靠实体经济。金融服务业和虚拟经济发展在全球化时代可以促进GDP增长，但国家对世界经济依赖增加，经济独立性和安全性下降。实体的工业经济系统性风险较小，除非相对生产过剩非常严重。

当前，世界多边贸易谈判仍陷入僵局。中国自2001年加入世界贸易组织以来的边际收益开始逐年递减。实施自由贸易区战略又不顺利。中日韩自由贸易区谈判进程受到美国加快重返亚太战略实施挑起地区国家间海洋岛屿领土领海之争而搁浅，甚至胎死腹中。然而，在新的一年里，国际贸易保护主义氛围会依然浓重，贸易摩擦会继续出现。世界经济仍在缓慢恢复中。美国就业形势好转，美联储采取逐步退出量化宽松货币政策。美国、欧盟成员国纷纷实行财政紧缩政策。巴西、印度等新兴经济体受到美元资金外流的打压。世界政治、外交形势异常复杂。非洲、中东、东欧的一些国家受到域外大国力量在那里博弈挑起内战。新的一年里，这种局面仍然会持续。东亚地区岛屿领土之争会继续僵持。这种国际紧张关系除了帮助少数军事强国扩大军火出口，无助于世界贸易的增长。世界形势需要中国采取自由贸易新战略，向世界更加开放市场，减少世界贸易竞争溅起的火花，缓和世界局势，促进世界经济平稳恢复。

第五节 实行具有中国特色的自由贸易战略

一 自由贸易战略目标是成为贸易强国

中国所采取多元平衡的自由贸易战略不完全是独自自由贸易战略，也不是协议自由贸易战略，而是根据发展需要自主逐步提高开放程度的自由贸易战略，它不要求贸易伙伴的对等条件，它会积极通过多边、双边自由贸易协议推进贸易自由化进程。

自由贸易战略的目标是多元的，比如，促进长期稳定可持续经济增长，高水平就业，促进产业高端化，促进多种贸易结构的综合平衡，促进科技进步和文化繁荣，成为贸易强国，增进国民福祉。

贸易强国是相对于贸易大国的概念，贸易强国是一个战略目标。贸易强国带有一系列特征，包括产业经济技术水平高、产业国际竞争力强、产品价值分配能力强、由跨国公司掌握的全球贸易控制力强、贸易规则和技术标准制定的影响力大等。

实现贸易强国是一个长期战略目标。这种实现贸易强国战略目标路径完全不同于过去实现贸易大国的出口导向战略路径，将着力依靠转变经济发展方式，发挥技术创新和品牌声誉对贸易竞争力的关键性作用，提高出口产品的技术和品牌附加值，大力发展中国跨国公司并提高贸易渠道建设、制定技术标准和贸易规则、规避贸易摩擦风险等能力。

二 实行自由贸易战略的措施

（一）深化市场体制和外贸体制改革，扩大对外开放，促进对外贸易多元平衡增长

与自由贸易战略要求相适应，中国市场体制和外贸管理体制都必须深

化改革，进一步推进外贸自由化，扩大对外开放。市场体制改革将促使汇率、利率、土地资源价格、劳动工资、资本回报率更加取决于市场形成；促使税率、补贴的制定更加公平、透明。加快知识产权制度、劳动标准、政府采购、环境标准等与市场体制相关领域改革，早日与国际水准接轨。同时，国家要加快外贸、外资管理体制改革，把国家发改委管理的外贸、外资工作统一归口到商务部负责，减少部门间掣肘、沟通和协调成本，加强上海自由贸易试验区改革成效与问题的总结分析，把负面清单管理模式在有关涉外宏观管理上推广应用，促进对外开放，加快建立基于市场机制的政府外经贸管理体制和服务支持体系，给外贸发展更大的空间，促进外贸发展方式的逐步转变。

加快转变外贸发展方式，推动外贸发展从规模扩张向质量效益提高转变、从成本优势向综合竞争优势转变。优化外贸结构，继续稳定和拓展外需，提升劳动密集型出口产品质量和档次，着力扩大机电产品和高新技术产品出口；加速进口增长，特别是要扩大国内没有的外国成熟实用技术、软件、书籍、技术装备进口和专利技术许可，适度扩大消费品进口，促进进口来源的多元化，简化进口管理和进口付汇手续，完善进口促进体系，提高进口便利化程度，调降能源原材料、关键零部件、部分生活消费品进口关税，清理进口环节不合理收费和不合理限制，完善进口商品质量安全风险预警与快速反应监管体系。采取政策措施抑制顺差过快增长，努力缩小贸易顺差规模，保持外贸进出口基本平衡。继续提高一般贸易比重，促进加工贸易转型升级，促进加工贸易从组装加工向研发、设计、核心元器件制造、物流等环节拓展，延长国内增值链条，限制高耗能、高污染和资源性商品的出口。继续保持边境贸易增长势头。重视和促进国际电子贸易。大力发展服务贸易，优化服务贸易和引进外资结构，推动服务贸易扩规模、上水平、增效益。另外，外贸结构调整的工作重点之一是优化外贸国际市场布局和国内区域布局，推进外贸产业基地、贸易平台和国际营销网络建设。

外贸发展不能只看到外贸这一个领域，而要放眼更宽广的领域，立体地看待事物之间的联系，要把功夫下在外贸之外，运用贸易之外的手段解决贸易问题。我们不仅要扩大国内市场开放，特别是更多服务领域的开放，引进外国跨国公司来华投资，同时更加重视促进对外直接投资，更加依靠对外直接投资和海外跨国公司推动外贸发展，发展外贸融资、保险和国际消费信贷。在提高利用外资质量基础上，中国将着力发挥好海外投资的五大功能：第一，开展境外技术研发投资合作，投资和收购海外战略资产；第二，开展国际能源资源开发合作，确保能源资源进口，满足国内需求；第三，发展中国大型跨国公司，创建国际营销网络和知名品牌，打造国内国际安全、顺畅、可控的一体化流通渠道；第四，扩大海外农业、制造业和加工装配业国际投资与合作，带动国内高附加值中间品和装备出口；第五，扩大海外服务业投资，开展海外大型项目建设、工程承包和劳务合作，带动人员、资金、技术、产品输出。这样，才能够形成货物贸易进口与出口之间、服务贸易进口与出口之间、技术进口与出口之间、外资流入与中资流出之间的多元平衡局面。

（二）推动多边贸易体系健康发展，构建全方位互利合作经贸关系

中国全面崛起和繁荣，不仅取决于国内全面改革开放与包容，走向全面自由、民主、公正与法治，更取决于致力于推动全球经济、政治与外交的自由、合作、融合的努力，推动世界持久和平与繁荣。

世界贸易组织在当今世界贸易中占据主导地位，它是推动世界贸易自由化的平台。世界贸易组织所有成员通过对等或交换协议达成某种承诺的贸易自由和市场开放，各国采取有限的自由贸易政策，而非传统意义的独自自由贸易。世界贸易组织是当今世界自由贸易的多边平台，是历史发展的伟大成果，要继承和继续发展这项历史成果。

自从中国加入世界贸易组织，就是一个负责任的成员，对世界贸易组织做出积极贡献。中国从加入世界贸易组织中获得了利益。但是，经过加入世界贸易组织十几年来的发展，中国从中获得的贸易利益开始日益递减。中国作为多边贸易体制的受益方，作为货物贸易大国，要继续重视多边贸易体制和世界贸易组织平台的价值，坚定其未来不可替代的前景。

当前，以美国为首的西方开始转向建立更高层次的小集团贸易平台，加紧推动美国主导的区域一体化或自由贸易区协议。虽然它们没有完全抛弃世界贸易组织，它们认识到不可能继续完全操控世界贸易组织事务，难以得到它们想要的世界贸易组织新协议，它们对此前景不看好。

中国要在全球倡导和推行自由贸易战略就必须发挥世界贸易组织谈判、改革转型的领导力，推动世界贸易组织继续发挥活力，成为全球自由贸易与投资的平台。中国要深入参与和推动世界贸易组织多哈回合谈判，努力维护多边贸易体制的权威性，兼顾和平衡各方利益，在世界贸易组织规则

和体制内,利用多双边渠道,通过对话、协商和谈判来解决争议。在世界贸易组织谈判上,中国在大体平衡权利与义务基础上,可以把眼光放长远,看将来的利益,做出一些眼下非根本性的让步,推动谈判取得实质进展。

(三) 加快实施自由贸易区战略,促进国际经济合作

中国十分重视双边和区域经贸合作的机制化建设。目前,中国签订双边贸易协定或经济合作协定的国家和地区已超过150个。截至2013年年底,中国进行了18个自由贸易安排或紧密经贸关系安排谈判,签订和实施了12个自由贸易协定或紧密经贸关系安排(包括与东盟、巴基斯坦、智利、新加坡、新西兰、冰岛、瑞士、秘鲁、哥斯达黎加、中国香港、中国澳门、中国台湾),贸易份额占中国外贸25%以上,正在进行的自由贸易协定谈判还有6个。中国正加快实施多层次、多样化自由贸易区战略,大力推动中韩、中日韩自贸区和《区域全面经济伙伴关系协定》(RCEP)谈判,积极倡议打造中国—东盟自贸区"升级版",推动"丝绸之路经济带"和"21世纪海上丝绸之路"建设。

中国与发达国家贸易持续稳定增长,实现了优势互补和互惠互利。中国与美国、欧盟、日本、英国、俄罗斯等主要经济体均建立和保持着经济高层对话机制,探讨与美国达成投资保护协议以及加入TPP协议的可能性,与欧盟讨论建立双边自由贸易区的可行性。TPP是美国在世界大国贸易关系中博弈的新杠杆。美国在亚太推行TPP的战略目的是引发"多米诺骨牌效应",吸引除中国大陆和中国台湾外的所有亚太成员参与。这样的多米诺骨牌结果是不确定的。美国可能放弃世界贸易组织的努力,希望借TPP重新确立其在亚太的地位,开启瓜分世界贸易体系的进程,或者以TPP为杠杆施压中国、欧盟在多哈回合谈判中满足美国要求。目前,TPP成员对美国外贸市场准入来说不具有经济上的显著效果。美国输往与美国具有双边自由贸易区协议和TPP协议的出口仅占整个出口的6.2%,其中与对韩国的出口占50%以上,8个TPP伙伴中4个国家已经与美国签署自由贸易区协议。美国在双边自由贸易区谈判中取得的成果并不领先,相比欧盟、日本、中国而言,没有体现出优势。双边谈判达成更高水平的自由贸易区协议成本高昂,时间冗长,效率并不高。21世纪以来,国际投资自由化比国际贸易自由化更有吸引力,关税减让谈判似乎不那么重要。可以说TPP命运极不确定。

中国积极参与亚太经济合作组织、东盟与中日韩(10+3)领导人会

议、东亚峰会、中非合作论坛、中拉合作论坛、大湄公河次区域经济合作、中亚区域经济合作、"大图们倡议"等区域和次区域经济合作机制。中国与周边国家和地区建立、发展多种形式的边境经济贸易合作，继续加强国际市场多元化、多层次化努力，与新兴市场和发展中国家贸易增长强劲，重视高端消费群的市场开拓，也不要小看海洋岛屿国家、小国、穷国的长期市场需求潜力和贸易利益。

为应对周边国家外交政策的转变，中国要调整对邻国的外经贸政策，在促进双边贸易继续增长的前提下，努力缩小对周边邻国的顺差规模，促进双边贸易平衡增长。虽然中国单方面无法改变贸易平衡关系，但可以对邻国更大幅度地开放市场，让邻国优势产品更大规模准入，扩大从邻国进口满足内需，增强对邻国亲和力。由于中国产品具有超强竞争力，中国与许多贸易伙伴谈判达成自由贸易区协议的难度加大，我们在一个过渡期内应该给伙伴更多让步。

当今世界少数强国极力在世界贸易规则制定和博弈中强调自身利益，制定只适合自身利益诉求的全球贸易秩序，限制他国发展利益。中国等大多数发展中国家不希望世界贸易规则过分拔高，那样不利于落后经济体的发展。可是，欧盟、美国则希望把贸易规则制定到与其经济发展水平相一致的标准上，限制落后国家经贸发展和追赶。一些贸易强国正在世界市场上拉帮结派，"跑马圈地"，试图瓜分和割裂全球市场，经营自己的自留地和后花园，增强在世界市场上展开竞争的主导权和话语权。

中国要积极推动建立国际经济新秩序，既保持稳定传承，又注重新制度新机制新平台的建设与改革，重塑国际经济新秩序，促进国际经济秩序朝着更加公正合理的方向发展，通过二十国集团、亚太经合组织、"金砖国家"、上海合作组织等机制，积极推动全球经济治理机制完善，推动国际金融体系改革，促进国际货币体系合理化，积极参与国际规则和标准的修订制定，推动建立均衡、普惠、共赢的多边贸易体制，反对各种形式的保护主义，防止个别国家破坏世界市场的整体性，独霸或瓜分世界市场。

三 中国自由贸易战略特色

中国外贸要适时转变到自由贸易战略上，突出贸易自由、开放、平衡、可持续发展的特色。中国将进一步扩大开放，以开放促改革，以开放促发展，以开放促创新，努力发挥自身优势，加强全方位国际合作，在更大范围、更广领域、更高层次上融入世界经济。中国愿意与贸易伙伴一起，共同应对世界经济和贸易发展面临的各种挑战，推动全球贸易实现更平衡、更协调和更加可持续地发展，与贸易伙伴共享繁荣，实现互利共赢。中国不追求大额的贸易顺差，积极扩大进口，加快进口增长速度，多次呼吁欧盟、美国放开对华高科技产品出口管制。

中国将继续提高贸易自由化程度，引进国际竞争，提高经济效率，增加消费者利益；实现对外贸易的可持续发展，继续转变经济贸易发展方式，努力培育外贸发展的综合竞争优势，确保外贸平衡、快速和可持续增长，实现从贸易大国向贸易强国的转变，服务于中国复兴与崛起的宏伟战略。外贸型企业要紧跟快速变化的新形势、新技术、新潮流，不断变革和创新，转变外贸发展方式，培育技术、品牌、质量、服务为核心的新的竞争优势，创造新优势适应新变化。政府要做好各种引导、服务、支持，搭建平台，做好咨询和参谋。

中国作为欣欣向荣的贸易大国，应旗帜鲜明地高举自由贸易大旗，反对贸易伙伴的贸易投资保护主义和不公平贸易政策，制止割裂、瓜分和分化全球市场的一切做法，反对逆全球化行为。涉及全球市场一体化的区域行为、联盟行为都不能违背世界贸易组织基本精神，保持自由开放的状态。我们希望推动国际服务贸易与投资的自由市场准入、公共采购的开放、知识产权保护协定的完善和知识产权执法、能源和原材料不受限制供应的协议谈判，推动世界贸易继续朝着可持续的方向发展。

当今世界贸易投资壁垒和保护如此严重，很可能重演20世纪30年代大萧条的悲剧。自2008年国际金融危机以来，世界经济萧条已经进入第6个年头，一些经济走下坡路的老牌帝国已经难以忍受新兴力量的崛起。贸易保护和经济困难迫使这些老牌帝国要为资本寻求出路，战争或威胁使用战争正在为军工资本创造巨大的市场和利润来源。主要大国间国际经济和地缘政治博弈日趋加剧，各国都在为战争做着准备，世界新的大战将要来临，中国不能不觉察、不能不防！

参考文献

1. Bonfatti, Roberto, "Trade and the Pattern of European Imperialism, 1492 – 2000", *Research Paper*, 2013/01, University of Nottingham.

2. Henderson, David R., "Fair Trade Is Counterproductive and Unfair" [J]. *Economic Affairs*, Vol. 28, Iusses 3, 2008, pp. 62 – 64.

3. Grossman, G. M. and E. Helpman, "Protection for Sale" [J]. *American Economic*

Review, Vol. 84, No. 4, 1994, pp. 833 – 850.

4. Irwin, Douglas A., "Retrospectives Challenges to Free Trade" [J]. *Journal of Economic Perspectives*, Vol. 5, No. 2, 1991, pp. 201 – 208.

5. Krugman, Paul R., "Is Free Trade Passe?" [J]. *The Journal of Economic Perspectives*, Vol. 1, No. 2, 1987, pp. 131 – 144.

6. Rice, Julie Steinkopf, "Free Trade, Fair Trade and Gender Inequality in Less Developed Countries" [J]. *Sustainable Development*, Volume 18, Issue 1, 2010, pp. 42 – 50.

7. 邓峰、王军：《美国对外贸易政策的历史考察》，《东北师范大学学报》（哲学社会科学版）2005 年第 5 期。

8. 傅毅夫：《出口导向型经济向内需主导型经济转变的研究》，《中国商贸》2009 年第 9 期。

9. 宫旭平：《近年来国内关于美国对华经济遏制史研究述评》，《世界历史》2005 年第 1 期。

10. 贾根良：《美国学派与美国内需主导型发展道路的借鉴研究》（专题讨论），《学习与探索》2012 年第 12 期。

11. 金柏松：《向内需主导型过渡——适时调整中国开放式加外向型经济发展战略》，《国际贸易》2004 年第 12 期。

12. 金京、戴翔：《国际分工演进与中国开放型经济战略选择》，《经济管理》2013 年第 2 期。

13. 孔祥敏：《从出口导向到内需主导——中国外向型经济发展战略的反思及转变》，《山东大学学报》（哲学社会科学版）2007 年第 3 期。

14. 李春顶：《中国外贸发展战略调整与政策选择——来自新—新贸易理论的启示》，《当代经济研究》2009 年第 8 期。

15. 刘军梅：《世界经济中的贸易战略与贸易政策：历史视角的国际比较》，《复旦学报》（社会科学版）2008 年第 5 期。

16. 牛艳红：《从出口导向到内需主导：中国外贸战略的调整》，《南昌高专学报》2007 年第 4 期。

17. 孙玲、陶士贵：《确立中国"进口导向"发展战略》，《全国商情》（经济理论研究）2009 年第 2 期。

18. 张鸿：《关于中国对外贸易战略调整的思考》，《国际贸易》2005 年第 9 期。

19. 周一良、吴于廑主编：《世界通史资料选辑》，载蒋相泽主编《世界通史资料选辑》（近代部分）上册，商务印书馆 1964 年版。

Chapter 10 Transformation of Foreign Economic & Trade and Economic Development of Large Country

Abstract: On the basis of revealing the types of foreign trade strategy and its determinants, and through the historical analogy of the foreign trade strategy evolution of the economic powers like Britain and America, Chapter 10 analyzes the evolution of China's foreign trade strategy and its historical process. Moreover, the chapter puts forward the argument and policy recommendation that the goal of the transformation of China's foreign trade strategy should be the free trade strategy. Finally, the chapter demonstrates and illustrates the importance of turning to multi-balance free trade strategy from fair trade strategy and domestic demand (or import) oriented strategy for China's economy to march from large country toward great power.

Key Words: Free-trade Strategy, Export-oriented Strategy, Fair-trade Strategy, Domestic Demand Oriented Strategy

(执笔人: 夏先良 赵三英)

第十一章　大国经济发展与财产性收入分配及其效率

财产性收入及其分配效率是国别经济从大国走向强国过程中无法回避的现实性问题之一。理论界对大国的界定有两个视角，一些学者以人口等单项指标为依据进行划分①，另一些学者则以国土、资源、人口和经济增长等综合指标体系为依据进行区分，其中，人均收入水平是判断大国的重要标志值之一。无论从哪个视角看，大国不一定是强国，虽然一些国家得益于广袤的国土面积、丰饶的资源、众多的人口而位列大国行列，但是，这些国家的国家竞争力和国内外凝聚力并不强，对外表现为缺乏对国际事务的话语权，对内体现为社会稳定的脆弱性，国家的命运和前途具有很强的不确定性，国内外局势稍有变化，国家的运行体系就容易土崩瓦解，社会就陷入激烈的对抗和动荡之中，21世纪以来，国际社会屡屡发生的一些国家骚乱印证了这一判断。

一个大国要在风云变幻的国际环境中坚不可摧，必须做强，也即成为强国。强国是大国的高级形态，其不仅仅是某一单项指标的领先，更是一系列指标有机运作下的综合能力领先，表现为国家经济具有核心竞争力、社会事务管理和对外关系具有高度的凝聚力等特征。显然，一国在人口、资源和国土面积上拥有某一单方面的优势，仅仅具备成为强国的初始条件，在此基础上，如果一国政府具备强大的国家事务治理能力，具有高效地利用各项资源的能力，该国就具备一定的竞争能力，也即具备了从大国到强国的必要条件，要成为严格意义上的强国，还必须具备高度的凝聚力，也即该国公民在国力强盛过程中，未感知到严重的不平等感。竞争力和凝聚力的有机统一是大国走向强国的充要条件。

自1978年改革开放以来，国富民强已经是不争的事实，目前，遇到

---

① 库兹涅茨以人口1000万作为大小国的分界线，载《各国的经济增长》；钱纳里以人口2000万为依据区分大小国，载《发展的格局：1950—1970》。

最大的问题是收入分配差距过大。收入分配格局是否合理,既是一个涉及面很广的经济问题,也是一个敏感度很高的政治和社会问题,收入分配不平等程度过高,不仅对社会稳定产生深远影响,而且还可能会演化成某种形态的政治或社会矛盾,侵蚀国家的凝聚力。

持续动态地观察中国收入分配不平等问题,自 2008 年开始,国家工资机制的调整和民生政策的执行促成了中国总收入基尼系数下降趋势。[①] 然而,其持续性有待进一步观察,一个重要原因是中国未来收入分配即将面临财产性收入差距持续扩大的挑战。已有研究揭示财产性收入是收入四大来源构成中主要的促增总收入不平等的因子,不仅如此,财产性收入还呈现"总量低、增速快、差距大"的发展态势,这意味着未来财产性收入及其不平等是影响国家凝聚力的重要因素。因此,未雨绸缪,妥善处理财产性收入分配及其效率问题是中国从大国走向强国的一个重要支撑点。

在大国走向强国的路径中,中国居民财产性收入面临数量上促增和差距促减两大难题。在数量促增长上,其一,需要对比中国与其他各国强国之路中财产性收入占人均可支配收入的比重,厘清现阶段中国居民财产性收入状况,得到未来中国居民财产性收入提升的空间;其二,需要探究中国居民财产性收入占比过低的原因;在财产性收入不平等分析中,需要深入分析不平等的成因。上述两方面的研究可以有效地舒缓走向强国过程中因收入分配所引发的社会不公和矛盾,化解潜在的社会不稳定动因,增强国家的凝聚力。

第一节 财产性收入占可支配收入比重的比较分析

目前,尚未规范的大国界定范式,国际与学术界一般认为,美国、德国、法国、英国、日本、中国、俄罗斯和巴西等为大国。[②] 我们认为,以

[①] 2003 年为 0.479、2004 年为 0.473、2005 年为 0.485、2006 年为 0.487、2007 年为 0.484、2008 年为 0.491、2009 年为 0.490、2010 年为 0.481、2011 年为 0.477、2012 年为 0.474、2013 年为 0.473。资料来源:国家统计局。

[②] 维基百科,2000 年把英国、中国、法国、德国、日本、俄罗斯、美国界定为大国;欧阳晓等学者采用 GDP 指标,把英国、中国、法国、德国、日本、俄罗斯、美国、意大利、西班牙、加拿大、巴西、韩国界定为排名前十二位的大国。

强国为内涵的大国是综合竞争力和凝聚力的有机统一,尤其,要考察除自然资源外的软实力,也即国家治理能力,因此,在对比分析中选择美国、德国、法国、英国和日本五国作为比较对象。

图11-1是中国与美国、德国、法国、英国和日本五国财产性收入占比的变化趋势,图11-1显示,中国财产性收入占比远远低于西方大国,收敛在0—5%,2002年后虽然有小幅增加,但是,未呈现显著性上升趋势,西方大国处于10.09%—25.85%,除英国和日本外,美国、德国和法国的变化趋势稳定,这一现象说明随着国家经济实力增强,居民的财产性收入将得到大幅提升,并且保持相对稳定,成为居民总收入构成中的主要部分。以美国为例,1980—2013年,居民财产性收入占15.97%—19.58%,标准差为1.09%,这说明一国经济进入强国时期,财产性收入占居民可支配收入的份额是非常稳固的。①

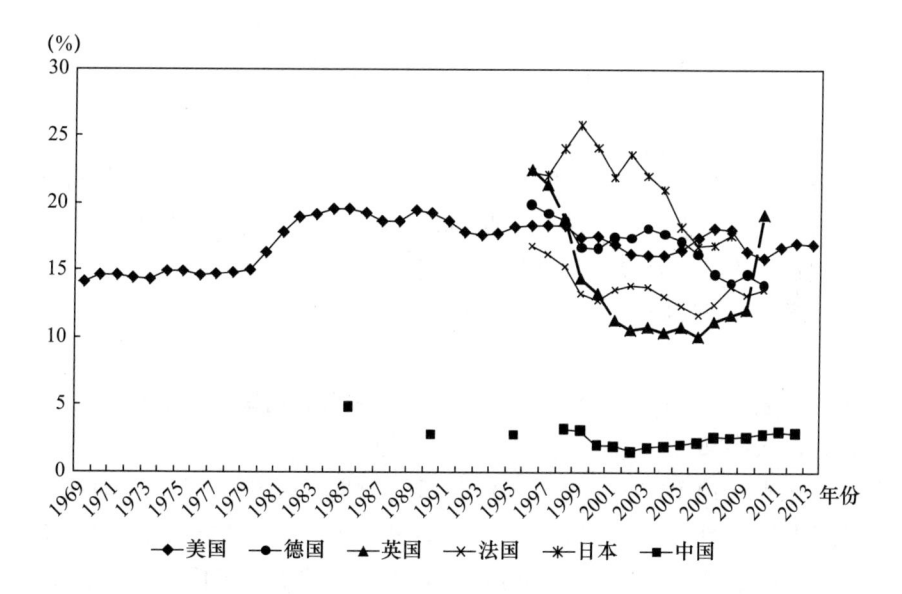

图11-1 历年中国和西方五国财产性收入占可支配收入的比重

资料来源:美国的基础数据来源于美国经济分析局;中国的基础数据来源于国家统计局;德国、英国、法国、日本等国的基础数据来源于OCED。

---

① 日本自进入失去的十年后,国家竞争优势已经不明显,故表现为财产性收入占比逐年下降的态势。

由此可见，中国在强国道路上面临两大财产性收入困境：其一是中国财产性收入数量等级远远落后西方主要大国，尤其是世界头号强国的美国，财产性收入存在巨大的促增空间。其二是财产性收入差距促减问题。目前，中国居民财产性收入不平等程度大于总收入不平等程度，仅仅因为财产性收入占比过低，财产性收入不平等未大幅度推升总收入不平等程度，随着大国到强国的进程中，财产性收入占总收入比重将越来越大，其对总收入不平等的贡献度也将增加，给业已处于高位的基尼系数带来新的压力，且该压力是沉重的和现实的，如果不能有效地处理好经济增长和分配公平的关系，则会引发尖锐的社会矛盾，甚至形成社会动荡局面，强国梦将在瞬间被击垮，而有效化解这一困境的落脚点是在财产性收入上，也即在制度上做提前安排，抑制财产性收入不平等的持续扩大化，减少其负面作用，确保总收入不平等收敛在警戒线之内。①

第二节　中国财产性收入比重过低的决定因素

影响中国财产性收入水平的因素有初始收入水平、居民边际消费倾向和居民财产管理才干等，其中，初始收入水平是决定财产性收入高低的决定性因素。从形式上看，财产性收入是让渡财产权利而获得的报酬，财产权利的客体是居民财产，财产积累水平决定了财产性收入的高低，而财产积累水平取决于居民收入水平，假定居民边际消费倾向既定，收入高则财产多；反之亦然。因此，溯源财产性收入的来源，居民收入水平最终决定财产性收入多寡。

王志平（2010）采用美国经济分析局数据，研究表明，美国居民收入水平与财产性收入具有高的正相关性②，余劲松（2013）采用2000—2009年的中国数据进行分析，得到"收入差距的扩大降低了居民收入在整个社会创造的财富中所占比重，不利于财富积累、财产形成和财产性收入的获得"，余劲松的研究虽然侧重收入差距对财产性收入的影响，但

---

① 按国际和学术界一般共识，基尼系数0.4为警戒线。
② 个人收入与财产性收入的相关系数为0.7826，其中，与利息的相关系数为0.4243，与股利的相关系数为0.4841，与租金的相关系数为0.5793。王志平：《中美居民财产性收入比较及启示》，《上海经济管理干部学院学报》2010年第4期。

是，也从侧面论证了收入决定财产性收入的判断。

王志文的研究未进行显著性检验，余劲松则未对收入和财产性收入关系做专项分析。本章为获得收入与财产性收入关系的直接证据，采用1995—2012年的数据，分析两者相关性和检验其显著性。变量选取了劳动者报酬均值和全国财产性收入均值等指标，其中，劳动者报酬表示居民初次分配中的收入水平。数据经SPSS统计软件分析，得到表11-1。

表11-1　　　　　劳动者报酬和财产性收入的相关性分析数据

指标		劳动者报酬	财产性收入
劳动者报酬	皮尔逊相关性	1	0.989**
	显著性（单侧）		0.000
财产性收入	皮尔逊相关性	0.989**	1
	显著性（单侧）	0.000	

注：**表示在5%的显著性水平（单侧）下显著相关。

表11-1显示，劳动者报酬与财产性收入皮尔逊相关系数为0.989，在5%的显著性水平下显著。该实证分析验证了我们的判断，说明居民收入是影响财产性收入的决定性因素，中国居民财产性收入占比偏低的关键要素是居民收入水平偏低。从经济总量上看，中国GDP已经位居世界第二，这并不是一件值得庆幸的事情，从人均GDP来看，2013年，国际货币基金组织的报告把中国列第82位，2012年，联合国报告把中国列第92位。由此可见，中国人均GDP偏低，与世界其他大国的差距甚大，过低的人均产出制约了劳动者报酬的数量增长，多数居民扣除生存必需的刚性支出后，所剩无几，难以积累起财产，财产性收入无从谈起，其直接导致现阶段中国财产性收入占比过低，远远落后西方大国。

第三节　中国财产性收入不平等的影响因素和作用机理

中国与以美国为代表的西方大国间财产性收入差距巨大，借鉴西方大国的经验，在从大国到强国的历程中，财产性收入占总收入20%左右是强国的一个重要性标志,因此,未来中国的财产性提升空间巨大。随着财产性收入的数量上增长,一个新的困境摆在中国政府面前,即具有促增不平等效应的财产性收入会不会急剧扩大中国居民贫富鸿沟,成为新的社会不稳定的隐患。

问题的回答需要基于两个视角的分析结论:一是当前财产性收入不平等的现状及其对总收入不平等的影响程度;二是财产性收入不平等的影响因素及其作用机理。当我们掌握了财产性收入不平等的现状、贡献度,以及厘清了影响财产性收入不平等的主要因素及其作用机理后,问题就能得到清楚的、明确的回答。

一 历年中国财产性收入的基尼系数、集中率和贡献度及其趋势

(一) 历年中国总收入来源构成分项的基尼系数及其趋势

总收入来源构成数据时间跨度为2003—2011年,数据来源《中国统计年鉴》,并以人口而非家庭户数的比例为权重,分别计算城镇和农村居民的基尼系数,并采用桑德鲁姆(Sundrum,1990)提出的基尼系数分解公式①,计算全国的基尼系数,得到表11-2和图11-2。

表 11-2　　　　中国历年总收入及其构成分项的基尼系数

基尼系数	全国	工资性收入	家庭经营纯收入	财产性收入	转移性收入
2003	0.4379	0.5584	0.4076	0.3901	0.6586
2004	0.4362	0.5597	0.3966	0.3954	0.6496
2005	0.4390	0.5473	0.3667	0.4002	0.6319
2006	0.4397	0.5350	0.3453	0.4339	0.6164
2007	0.4390	0.5282	0.3427	0.4556	0.6042
2008	0.4382	0.5191	0.2829	0.4454	0.5781
2009	0.4386	0.5104	0.2797	0.4454	0.5693
2010	0.4285	0.4942	0.2773	0.4408	0.5598
2011	0.4214	0.4792	0.2557	0.4591	0.5434

资料来源:国家统计局。

---

① Sundrum, R. M., *Income Distribution in Less Development Countrie*, London: Routledge, 1990.

表 11-2 显示，中国基尼系数一直处于 0.4 的警戒线之上，其中，工资性收入和转移性收入不平等程度最高，推升了中国居民收入不平等程度，财产性收入基尼系数由低向高变化，2007 年之后，超过总收入基尼系数，成为推升中国居民总收入不平等程度的新力量，并且其不平等程度呈现快速增长的态势，是中国有效地舒缓工资性收入和转移性收入不平等程度之后所面临的新的主要困境。

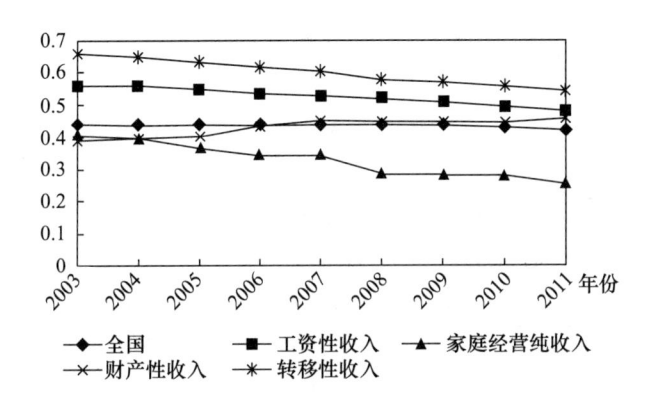

图 11-2 中国历年总收入及其构成分项基尼系数的变化趋势

图 11-2 直观地反映了这一结论，在总收入来源的四大构成中，唯有财产性收入不平等程度呈现持续扩大态势，并且已经超远总收入不平等程度。由此我们可以预见，财产性收入未来将是中国造成收入不平等的主因之一，甚至可能是决定性因素。

（二）中国财产性收入不平等的集中率和贡献度

为了科学地揭示财产性收入不平等对总收入不平等的影响程度和影响力，我们计算了历年财产性收入的集中率①和贡献度。② 得到表 11-3。

表 11-3 显示，历年中国居民财产性收入基尼系数的集中率处于 0.8909—1.0893，2007 年后开始大于 1，起到促增作用，贡献度在 1.79%—2.83%，两组数据说明现阶段财产性收入对总收入不平等的影响程度和影响力微弱。从趋势来看，集中率和贡献度呈现明显的上升态势，

---

① 集中率是分项基尼/总收入基尼系数，数值大于 1，说明分项对总体具有促增效应；反之则相反。

② 贡献度指标说明分项基尼系数对总体基尼系数贡献程度。

说明财产性收入不平等存在显著的潜在风险，是未来中国持续扩大贫富鸿沟的重要推手。因此，在大国走向强国的历程中，财产性收入不平等也将和总收入一样呈现库兹涅茨倒"U"形一般规律，表现为"先扩大、后收敛"的规律，财产性收入数量增长和不平等程度扩大相伴，形成中国未来经济发展中的新困境。

表11-3　中国历年财产性收入基尼系数的集中率和贡献度

年份	全国基尼系数	财产性收入基尼系数	集中率	贡献度
2003	0.4379	0.3901	0.8909	0.0179
2004	0.4362	0.3954	0.9065	0.0188
2005	0.4390	0.4002	0.9118	0.0198
2006	0.4397	0.4339	0.9868	0.0215
2007	0.4390	0.4556	1.0377	0.0253
2008	0.4382	0.4454	1.0164	0.0247
2009	0.4386	0.4454	1.0154	0.0251
2010	0.4285	0.4408	1.0287	0.0268
2011	0.4214	0.4591	1.0893	0.0283

二　中国财产性收入不平等的主要影响因素和作用机理

中国居民财产性收入不平等起因是非常错综复杂的，我们认为，大致可以从三个视角进行探究：一是从总收入角度分析，也即初次分配中劳动者报酬总体水平将导致居民财产性收入不平等；二是基于财产性收入来源构成分项的不平等成因探究，通过将财产性收入不平等分解成不同财产性收入来源构成分项项目的不平等，深入分析金融、保险、证券和房地产等行业政策和中国创新驱动导向对居民财产性收入不平等的影响；三是基于个人（或家庭）因素的财产性收入不平等起因分析，从个人角度看，财产运营效率是居民获得财产性收入多寡的决定因素之一，而财产运营效率取决于个人禀赋，禀赋是先天的，后天的改造也对它有重要影响，尤其在代际，禀赋的后天改造的落脚点是人力资本的投入强度，涉及家庭和教育问题，研究将不可回避地面对起点平等和机会平等的问题。

（一）收入视角的财产性收入不平等起因分析

收入决定财产，财产决定财产性收入。该关系背后所折射的是一个简单又明了的事实,即一定量的收入是居民获得财产性收入的必要条件。显然,微薄收入的居民是无资格探讨宛如奢侈品的"财产性收入"的,当居民收入与维系生存需要收入水平相当时,全部收入将被用于生存开支,居民财产无从积累,财产性收入也就遥不可及。目前,中国部分居民总收入水平极低,难以积累财产积,被隔绝于财产性收入大门之外,高收入居民则开始获得财产性收入,并与总收入形成反馈机制,周而复始地相互促进,最终在不同收入组群中形成严重的财产性收入不平等现象。因此,财产性收入不平等与居民收入水平和组群间收入差异是有着密切联系的。随着中国从大国走向强国,居民的总收入水平将持续增长,这意味着部分低收入组群开始拥有少量财产,获得参与财产性收入分配的资格,但是居民财产性收入数量上的增长并不意味着财产性收入不平等的舒缓,结局可能更恶化,一方面低收入组群和高收入组群的财产性收入数量增长是同时发生的,另一方面不同组群的财产性收入增长速率是不一样的,绝对值也不一样,这与居民的初始财产水平相关,而初始财产水平又与居民前置时期的收入水平相关,也即形成"马太效应"。因此,中短期内,随着居民收入持续增长,财产性收入不平等程度将加剧。

虽然中短期内收入改善会加剧居民财产性收入不平等程度,但是,从长期看,其有利于改善低收入组群的分配地位,舒缓财产性收入的不平等程度。假设初次分配中劳动者报酬在不同组群间保持原有分配比例,收入增长可以为低收入组群打开财富之门,为改善财产性收入不平等提供物质基础,低收入组群因财产性收入增加而提高收入水平,周而复始地循环,低收入组群会由此改变财产性收入分配地位,结果就有可能舒缓财产性收入不平等程度。因此,收入水平提高短期内会促增不平等程度,从长期看,则可能会促减不平等程度。

初次分配中,居民收入水平高低受经济发展水平、劳动者报酬占比[①]和劳动者报酬总量在居民间分配政策等因素约束,在经济发展水平稳定的条件下,劳动者报酬占比高低决定劳动者报酬总量水平,并受到居民间分配政策的影响,居民人均收入水平也就确定下来。

因此,促减财产性收入不平等的前提是增加居民收入,增加居民收

---

① 值得注意的是,现阶段中国劳动者报酬占比收敛在40左右,成为中国居民初始分配中收入偏低的主要推手之一。

入取决于经济发展水平、劳动者报酬占比和劳动者报酬总量在居民间分配政策，在经济发展水平既定的条件下，劳动者报酬占比是最具影响力的因素，劳动者报酬总量在居民间分配比例则是调节变量，起到一定的影响力。

综上所述，从财产性收入源头来看，劳动者报酬占比是影响居民财产性收入数量增长和不平等程度的主因，经济发展和劳动者报酬总量在居民间分配政策起到间接影响作用。

(二) 财产性收入来源构成视角的不平等起因分析

本书运用基尼系数指标测度城镇居民财产性收入及其来源构成的不平等，经计算得到表 11-4。

表 11-4 显示，城镇居民财产性收入及其来源构成的不平等程度均很高，不同收入来源分项对总收入的影响程度和影响力呈现差异性。从基尼系数看，知识产权、其他投资、股息和红利等收入的基尼系数最高，利息收入、出租房屋收入和其他财产性收入的基尼系数相对偏低；从集中率来看，其他投资收入、股息和红利收入、知识产权收入具有明显的促增作用，出租房屋收入、其他财产性收入具有明显促减作用，利息收入先促增后促减，保险收入促增（促减）效应不确定；从贡献度看，出租房屋收入、股息和红利收入、其他投收入、利息收入是影响城镇居民财产性收入不平等的主要分项，且出租房屋、股息和红利的贡献度处于下降通道，其他投资收入和利息收入的贡献度呈现上升趋势，也即未来其他投资收入和利息收入对财产性收入不平等的解释力度会进一步加强。据此，我们认为，利息收入、股息和红利收入、其他投资收入、出租房屋收入是影响中国城镇居民财产性收入不平等程度的主要因素，其他分项具有一定影响力。

依据实证分析的结论，我们进一步剖析影响财产性收入数量增长及其不平等的成因。

(1) 利息收入视角的成因分析。利息收入源自中国居民各类存款的收益，利息收入水平受储蓄余额和利率共同约束。在利率管制的条件下，中国居民存款收益是偏低的，偏低的利息收入水平直接导致居民财产性收入总量偏低，抑制居民财产性收入的增长速度。利率水平虽然影响到居民利息收入水平，但是，对利息收入不平等程度的影响并不明显。从实证数据看，2007 年后，利息收入不平等没有加剧，我们认为，居民收入偏低

表11-4 城镇居民总财产性收入及其构成的基尼系数、集中率和共贡献度

城镇居民基尼系数	利息收入 基尼系数	利息收入 集中率	利息收入 贡献度	股息利红利收入 基尼系数	股息利红利收入 集中率	股息利红利收入 贡献度	保险收益 基尼系数	保险收益 集中率	保险收益 贡献度	其他投资收入 基尼系数	其他投资收入 集中率	其他投资收入 贡献度	出租房屋收入 基尼系数	出租房屋收入 集中率	出租房屋收入 贡献度	知识产权收入 基尼系数	知识产权收入 集中率	知识产权收入 贡献度	其他财产性收入 基尼系数	其他财产性收入 集中率	其他财产性收入 贡献度
0.463	0.477	1.030	0.110	0.529	1.141	0.212	0.500	1.079	0.017	0.577	1.245	0.117	0.417	0.900	0.524	0.458	0.989	0.001	0.454	0.980	0.015
0.490	0.496	1.012	0.109	0.543	1.108	0.254	0.482	0.985	0.018	0.578	1.182	0.124	0.443	0.905	0.469	0.670	1.368	0.005	0.480	0.980	0.018
0.499	0.476	0.953	0.104	0.559	1.120	0.309	0.535	1.072	0.018	0.600	1.201	0.145	0.432	0.865	0.387	0.637	1.275	0.004	0.479	0.958	0.026
0.484	0.476	0.984	0.111	0.534	1.104	0.215	0.464	0.960	0.016	0.592	1.223	0.135	0.440	0.910	0.479	0.555	1.148	0.000	0.463	0.956	0.036
0.481	0.467	0.970	0.136	0.538	1.117	0.198	0.442	0.918	0.012	0.595	1.237	0.154	0.439	0.911	0.469	0.521	1.082	0.001	0.375	0.780	0.024
0.492	0.469	0.953	0.120	0.550	1.119	0.189	0.486	0.988	0.009	0.590	1.200	0.151	0.458	0.931	0.492	0.629	1.279	0.002	0.366	0.744	0.029
0.489	0.457	0.934	0.123	0.558	1.139	0.176	0.499	1.020	0.009	0.597	1.221	0.176	0.438	0.896	0.459	0.637	1.301	0.005	0.457	0.935	0.042

资料来源：《中国城市（镇）与物价统计年鉴》。

时，低收入组群的收入基本用于生存开支，难以获得利息收入，组群间的利息收入不平等程度高，随着收入水平提高，收入剩余成为可能，形成家庭户储蓄余额，获得一定数量的利息收入，这改变了之前不同组群利息收入差距状况，利息收入不平等自然就舒缓了，因此，利率可以改变组群间利息收入的极值差，收入才是形成利息收入不平等的根本原因。

(2) 其他投资收入视角的成因分析。其他投资收入主要包括收藏品交易的溢价、产权投资收益和房屋交易溢价等，房屋交易溢价是其主要的构成部分。房屋交易是中国居民参与度极高的一项财产交易活动，中国城镇居民和农村居民的房屋价值占总财产比重分别是80%和60%左右，房屋兼具消费和投资两重属性，不管居民以何种目的交易房屋，就会以交易溢价形式成为居民的其他投资收入。由此可见，居民其他投资收入水平取决于是否拥有可交易房屋和房屋交易溢价，其中交易溢价受房地产市场价格体系约束，即受到房地产政策的影响。

中国以往房地产政策刺激了中国房地产市场的过度投资，形成交易价格持续上涨和房屋财产在不同组群间分布严重不均的现象，高收入组群也因此获得丰厚的收益，多数中低收入组群无缘这场盛宴，表现为居民其他投资收入的不平等现象。因此我们认为，中长期房地产市场政策导向是影响其他投资收入不平等的主因。

(3) 股息和红利收入视角的成因分析。股息和红利收入与风险直接挂钩，其风险程度大于不动产投资的风险。按风险收益均等原则，偏好高风险的人必定不是低收入组群，是高收入组群，风险性质决定了股息和红利收入在不同组群中分配存在严重的不平等。现实中，中国低收入组群的居民也参与股票等有价证券交易，他们的收益境况并不佳，在当前严重缺乏中小投资者保护、以过度融资为根本性目的和弱式有效的证券市场的背景下，中低收入组群被喻为"羊群"立身于股票市场，其期望收益可以想象。因此我们认为，风险性质是决定股息和红利收入水平及不平等的根本性因素，资本市场规范化与投资渠道宽泛是左右股息与红利收入水平及不平等的重要因素。

(4) 出租房屋收入视角的成因分析。出租房收入约占财产性收入的50%，不平等程度最低，是舒缓财产性收入不平等的重要基石。表11-5显示，各组群均存在数额不低的出租房屋收入，显然，住房是中国的根文化，中国居民终身的奋斗目标可能只是一套属于自己居住地，居者拥其屋的观念深入公民的骨髓中,哪怕以家庭资产负债表严重失衡为代价,也正是这种根文化的效应,多数居民一旦拥有房屋后并不想通过交易获得资本利得,而是长期拥有房屋,同时,为了应付家庭资产负债表带来的压力,出租房屋成为唯一选择,这就解开了住房为何是中国居民首要财产形式,困难户也拥有出租房屋收入之谜。

表 11-5　　　　　　　　2005 年和 2011 年出租房屋收入数据

年份	困难户	最低收入户	低收入户	中等偏下户	中等收入户	中等偏上户	高收入户	最高收入户
2005	18.45	24.07	43.68	59.59	70.35	107.14	194.38	479.14
2011	60.93	65.36	98.57	137.80	243.39	389.41	587.82	1379.57

资料来源:《中国城市(镇)与物价统计年鉴》。

基于文化背景的租金收入高度依赖房屋本身,居民租金水平也就取决于宏观经济运行、房地产行业发展和居民住房财产积累水平。

(5)保险收入视角的成因分析。保险收入水平取决于理财观念和保险行业规范,其不平等恰恰是在风险收益均衡下高净值组群率先接纳保险理财所导致的,这进一步说明了中国多层次投资渠道的匮乏,金融市场不发达制约了当前居民财产性收入水平,也制约保险收入水平。

(6)知识产权收入视角的成因分析。创新非一般人所为,需借助良好的教育背景和资本优势,最高收入组群凭借资本优势占有知识产权交易收益,但是,创新主体可能是拥有良好教育背景的中低收入组群,全社会的创新环境和政策存在较严重的偏差和扭曲。因此我们认为,教育、资本和创新政策是知识产权收入水平及不平等的决定因素。

(三)个人约束视角的财产性收入不平等起因分析

财富代际转移和人力资本投资强度是影响财产性收入不平等的两大主要个人约束因素。目前,中国正处于财富从父辈向子辈转移的时期,子辈继承父辈所创造出的财产并非是个人通过勤奋和努力所获得的,是凭空得到的①,结果是天生注定不同人在财产拥有上存在显著性差异,"富者恒

---

① 虽然从伦理和法理角度看,"富二代""富三代"继承这些财产是合理的和合法的,但从人类社会发展角度看,依然存在讨论的空间。

富"效应将被扩大，对低收入组群来说，这是一种致命的噩耗。随着强国进程的持续推进，资本市场的逐步繁荣只能是更有利于拥有更多财产的人群，而非希望通过勤劳、努力改善自身境况的低收入组群。因此，关注财富代际转移及其引发的财产性收入不平等问题，是国家社会管理者必须正视和干预的问题，如果财富代际转移现象不受约束，今后城市的贫民与富人的对峙将取代城乡差距而成为未来国家公共事务管理的主要问题。

人力资本投资与财富代际转移有相似之处，区别在于它不是简单的坐享其成。从结果看，该问题依然秉承了收入、财产、财产性收入的逻辑关系，也即个人基于财产运营能力水平，通过勤奋和努力改善本人财产性收入状况；从过程来看，存在机会不平等的因素，人力资本投资的最主要阶段不是成年时期，而是未成年时期，因此，人力资本投资主体不是受益者本人，而是其所归属的家庭，以及社会对人力资本投资的间接影响，这种所谓天生注定现象的实质是起点的机会不平等；从实际效果来看，国外研究成果显示，家庭留给后代的最大财富不是物质性财富而是教育，也即授予渔而非鱼，父辈给予子辈直接的物质财富，子辈可能坐吃山空，父辈以教育的形式对子辈进行人力资本投资，则给予子辈持续创造财富的机会。穷人与非穷人给予后代的教育概率和教育水平是不一样的，即便在中国目前推行的普及教育基础上，两者的教育质量依然存在显著性差别，穷人因无力承担后代人力资本投资，哪怕子辈获得诸如土地流转形成的一次性财产性收入，也容易陷入坐吃山空的局面，返贫是必然现象，贫困文化演绎的结果是持续加剧居民间财产性收入的不平等程度。

第四节　促增财产性收入和促减其不平等的建议

在从大国到强国的历程中，中国面临持续提升居民财产性收入和基于效率与公平均衡观的分配效率提升等挑战，尤其在分配效率上，既不能为公平而严重损伤经济增长的效率，也不能为效率而漠视公平的呼声，要把经济增长和社会稳定结合起来考虑，在财产性收入领域形成既有竞争力也有凝聚力的强国之路。

财产性收入不平等的解决需要统筹考虑，中国居民财产性收入是不是普遍存在是问题解决的源头，我们难以想象一个没有源头活水的蓄水池，会有何种办法实现不同蓄水池水位的同一性。因此，促增中国居民财产性收入是解决财产性收入不平等的起始点，而通过制度设计调控财产性收入不平等程度是合理与合意的策略选择。

一　促增中国居民财产性收入数量增长的建议

（一）保持适宜度的经济增长

我们认为，中国在工业化前半段采取效率优先的导向，是国情所致，也是发展中国家逐步走向繁荣昌盛的必然选择，不平等随着经济发展而扩大是客观事实，如果把不平等成因仅仅归结为经济发展的单一因素上，这种判断是存在质疑的。虽然在后工业化阶段，对劳动者权利的重新审视是必要的和及时的，但是，社会过度采用转移支付手段解决不平等问题，会陷入福利主义陷阱中，缺乏物质基础的解决之道，只能解决问题一时，是"授予鱼，而非渔"的措施，穷人将永远处于劣势地位，是被恩赐的对象，代际"贫困文化"难以得到根本性改变，因此，解决问题的思路还要回到"蛋糕"本身上，是继续做大"蛋糕"，还是在原有"蛋糕"上做加减间的抉择，答案是明确的，做大"蛋糕"是唯一正确的选择。因此，提高居民收入水平的政策抉择是在所有人群不减少自身福利的情况下，推动中低收入组群收入增加，在保持经济适度增长的情况下，对增量财富进行合理分配。

（二）坚持走持续全面深化改革的道路

虽然保持适宜度的经济效率可以促增居民的财产性收入，但是，经济增长的实质内涵是不一样的，粗放型模式带来的资源承载力和环境容量等环保压力最终会击垮社会运行体系，已取得的经济成果将化为乌有，因此，适宜度的经济效率不仅仅是数量上的效率，更是质量上的效率。然而，中国经济区域处于不同的发展水平，需要加以区别对待，具体而言，沿海、沿江等经济发达地区采取更为严格的效率标准，以资源承载力和环境容量作为经济发展的主要考核指标，倒逼经济转型升级；中西部等欠发达地区，尤其是中西部贫困连片的极端落后地区，资源承载力和环境容量的容忍度需要宽泛一些，即产业承接不应是全盘照搬，是技术改造后的承接，通过技术改造削弱产业对环境容量和资源承载力的冲击，同时，国家应该给予该技术改造的补贴，该补贴也是富裕组群（地区）为其生存环境支付的一种自然税赋。由此可见，适宜度效率视角下发展区域经济是持续深化改革的具体表现之一。换言之，持续深化改革是改变不同地区发展水平差距的唯一路径，是欠发达地区居民改善收入水平的唯一路径，最终必将促增居民财产性收入，尤其是穷人的财产性收入。

（三）按"提低、扩中、限高"思路突围劳动者报酬占比困境

在劳动者报酬提升过程中，增量部分优先倾向于中低收入组群，部分观点认为，当前中国企业，尤其中小企业经营困难，持续提高中低收入人群的报酬，会给负压沉重的企业增加最后一根稻草，引发整个经济局面的动荡，其实，这是两个问题，不能混为一谈，虽然直接人工支出是企业经营成本的构成，但是，企业经营成本减负空间不在直接人工支出，一个低杠杆的中小企业，其盈利空间依然很大，而高杠杆企业的真正减负的空间是资金成本负担，也包括期间费用。由此可见，把两个问题混在一起讨论是理念出了问题，前30年"风也能把猪吹起的时代"已经过去，高利润，甚至暴利时代已经终结，长期稳定的回报，才是企业持久经营的王道。

（四）降低中小企业税赋负担

虽然劳动者报酬与企业负担可以分开考虑，但是，企业负担依然是劳动者报酬占比提升绕不开的障碍。政府作为挤占的因素之一，应该和企业联手解决劳动者报酬占比偏低问题，即从税收角度化解难题。具体而言，以国有企业为代表的大中型企业承受成本上升的压力强，其可以通过优化管理效率和利用融资优势来降低期间费用，吸纳劳动者报酬上升带来的冲击，税收减负对于这些企业来说没有必要，也不是必须的。中小企业在资金上没有优势，在资源上被动接受垄断企业定价，它们的减负空间有限，尤其是高杠杆企业压力就更大，税收减负对它们意义重大，减负将舒缓因中低收入组群的劳动者报酬上升带来的企业压力。

（五）保障居民获得不动产的机会

住房作为中国根文化的一种存在形式，是居民愿意倾其所有为之付出的财产，中低收入组群如果把收入剩余全部投向房地产，就丧失了获得其他财产的机会，或者说其将拥有少量其他财产，同时中低收入组群住房是满足自用的或自持的财产，他们也就难以获得更多的财产性收入。如何让中低收入者的微薄收入剩余较少花费在住房消费上，保留一部分剩余投入到其他财产上，是提升中低收入居民财产性收入的有效路径。具体而言，需要加大廉租房、保障房和自住房的建设，廉租房既可以保障低收入居民

的居住功能，又可以最大限度地打破低收入居民收入剩余的禁锢，使低收入组群能够让少量收入剩余投向其他财产，获得一定的财产性收入，而保障房和自住房等政策适用中等收入者，其效应和廉租房一样，中高收入者和高收入者则以商品房为主，他们可以通过房屋市场自由交易获得房屋溢价收益。

（六）建立城乡要素统一定价体系，促增农村居民的财产性收入

城镇居民受益于中国的改革开放，绝对贫困发生率已经很低，在1.28亿贫困人口中，农村居民占据绝大多数，城镇居民适用的一些促增财产性收入方法，农村居民不一定适用，农村居民可以获得财产性收入的资产主要是土地和宅基地，要让农村居民通过土地和宅基地等财产要素获得收益，必须改变当前要素价格的二元格局，农村居民才能获取实质性的财产性收入数量和增速的提升。

（七）全民共享国有财产的收益

人民是国家财产的主人，依附在国家财产之上的收益权理应为人民所分享。遗憾的是，国有企业未对人民负起真正义务，存续在国有企业中的权利主体形同虚设，问题的关键是这部分财产性收入恰恰是全体公民最为稳健和最有可能成为托底的财产性收入，如果这部分财产性收入成为居民股息和红利收入的来源，是有效提升居民财产性收入的稳健路径。合意性政策是把国有资产的股权分成两部分，一部分依然由国家代理，获得的收益弥补提供国家公共品的支出；另一部分股权分配给每个居民，该部分股权不能转让，由社保等专业机构代管，每年所得的股息和红利充实社保账户和养老基金。

（八）适度提高存款收益

利息收入是居民有了收入剩余后的财产性收入，储蓄形成的利息成为居民的重要财产性收入来源。问题在于是不是需要通过大幅度提高利率来推升居民的利息收入，我们认为，该判断有待商榷。对比发达国家，中国一年期定期存款基准利率并不低，如果把利率水平推升到高水平上，短期内该措施确实促增了居民财产性收入，中长期内反而会导致居民收入水平下降，进而促减财产性收入。因此，综合考虑物价中期变化趋势，基准利率可以略微上调，这样，既可以促增财产性收入，又保证实体经济不受冲击。

（九）建立多层次的资本市场，拓宽居民的投资渠道

中国居民的投资受到严重的约束，主要投资渠道无非是房地产、股票、储蓄和民间借贷四类，剔除民间借贷，房地产是居民财产的主要蓄水池，城镇居民房地产占总财产的80%左右，农村居民占60%左右，比率之高难以想象，隐含的风险之大也是超出想象，股票则已经丧失了其投资价值，沦为纯粹的"工具"而已，只有储蓄还靠谱一点，但是，经济体系不允许通过大幅度提高存款基准利率来增加居民的财产性收入。由此可见，中国居民投资是迷茫的，大量资金无处可去，庞大的资金成为影子银行的市场基础，催热了"余额宝"等网络金融创新，风险收益均衡观念被居民抛到身后，其所获得的财产性收入是短期的，从长期看，高风险的促增财产性收入路径是难以持续的。因此，狭窄的投资渠道制约了居民财产性收入增加，加快多层次资本市场建设，可以在未来拓宽居民投资渠道，具有持续促增居民财产性收入数量增长效应。

（十）形成创新氛围和基础，推动知识产权收入作为财产性收入的有益补充

中国知识产权收入专属于高收入组群，这说明中国创新氛围和基础非常薄弱，国家应努力营建良好的创新氛围，执行严格的知识产权保护法，让各个阶层居民均能通过知识创新获得相应的报酬，促增其财产性收入。

二 促减中国居民财产性收入不平等的建议

（一）开征遗产税

创业父辈通过个人的努力，也包括因中国前30年不规范的经济体制等原因，积累起高净值财产，在保护私有财产权的法律框架下，创业者拥有的财产理应受到法律的保护和公民的尊重，其可以通过自愿的第三次财富分配（慈善）承担社会责任，社会不能强求和强制，也即不能强行掠夺其财产，创业者只要在获得财产过程中是合法的，就可以自由支配该部分财产，消费任何法律不禁止的产品和服务，虽然这可能有一定社会负面影响，形成公众感觉上的不公平，但是，一个人格健全的公民和社会应该是可以包容的，现象本身不是不平等问题，不平等存在于现象背后，即政策失灵问题，由此，拥有财产不是个人的过失，造成财产差距的机制才是令我们深入思考的问题。现实中存在另一种初始财产不平等现象，即财富代际转移问题，虽然一个人无法选择家庭，拥有富裕家庭背景并不是一件令人唾弃的事情，但是，不能通过自身努力而获得一笔本不属于自己的财

文化才有可能得到舒缓，未来财产性收入的不平等才有可能收敛。

（六）建立强式有效的资本市场

随着强国之路不断的推进，中国进入后工业化后，金融市场的威力将显现，股息和红利将成为全体公民获得财产性收入主要方式之一。如果资本市场依然是弱式的，甚至是无效的，资本市场绞杀的对象依然是中低收入组群，则居民间股息和红利的不平等程度将加剧，财产性收入不平等程度将更为恶化。因此，建立强式有效的资本市场是未来舒缓财产性收入不平等的重要措施之一。

参考文献

1. 欧阳晓、落会华：《大国的概念：含义、层次及类型》，《经济学动态》2010年第8期。

2. 余劲松：《收入分配、财富积累与城镇居民财产性收入——一个研究假说及验证》，《财经问题研究》2013年第10期。

Chapter 11 Property Income Distribution and Its Efficiency and Economic Development of Large Country

Abstract：Starting with the comparison the resident's property income between China and the western major economic powers, Chapter 11 analyzes the low proportion of property income in China's urban and rural residents' disposable income and its determinants, and expounds the cause and mechanism of the inequality of property income in China. Finally, the chapter demonstrates and clarifies the policy proposals to increase the Chinese residents' property income and to reduce the inequality of property income in China.

Key Words：Property Income, Income Inequality, Increase, Decrease

（执笔人：郭　斌）

后　　记

　　本书是国家社会科学基金重大招标项目"抓住和利用好本世纪第二个十年中国发展重要战略机遇期的若干重大问题研究——面向未来的中国大国经济发展战略"（项目编号：11&ZD002）（以下简称《走向经济强国之路》）的最终研究成果。该项研究在国家社会科学基金立项的一个重要背景是，2010年年底，中国年度国民经济活动总量超过日本，成为世界第二大经济体。此后，中国经济便进入了一个赶超美国的新的持续成长和"超越"过程。这个超越过程究竟需要多长时间，取决于多重因素，需要多种条件。美国高盛公司预测认为，到2025年或2027年，中国将在年度国民经济活动总量上实现对美国的超越。美国普华永道会计师事务所则预测认为，中国很可能于2020年在年度国民经济活动总量上实现对美国的超越。对于中国来说，尽快赶超美国当然是好消息，然而，这个好消息背后却始终隐藏着一系列我们无法回避的难题，包括国民素质提高问题、产业结构优化问题、科技创新体制机制的形成及其系统化问题、经济发展体制机制适应性调整和自动完善与稳定发展与建设问题、社会管理及其自我调节与完善问题、参与国际事务及其驾驭能力提升问题以及社会文化、道德修养、国民素质及其体制机制建设问题，等等。总之，越是向前看，越是从追赶与超越的角度进行观察和分析，就越发感到中国经济进一步发展面临的问题越多，挑战越大。深入开展有关中国长远发展的大国战略研究，已经成为中国从经济大国迈向经济强国必须高度重视的重大理论和实践问题，必须组织优质力量，下大功夫、花大力气开展深入、科学的研究。

　　《走向经济强国之路》作为国家社会科学基金重大招标项目，调查研究、文献收集与检索、文稿撰写先后历时长达6年多，是一项充分发挥个人和各研究小组主观能动性、分头研究、集体研讨、共同合作基础上完成的学术研究成果。刘迎秋担任课题组组长和首席专家，副组长由王红领、刘霞辉、剧锦文、文学国、顾强、陈耀、朱恒鹏、夏先良等研究员担任，课题组成员由中国社会科学院研究生院、有关研究所以及国内相关学术研究机构的专家学者组成。刘迎秋研究员负责本项研究的总体思路和基本框架设计，并在多次主持召开课题组全体成员会议，对研究大纲、基本思路和写作框架进行全面深入研究与讨论基础上，最后确定形成包括十一章基本内容的研究与写作框架。其中，第一章由中国社会科学院研究生院原院长、中国社会科学院民营经济研究中心主任、博士生导师刘迎秋研究员执笔；第二章由中国社会科学院经济研究所刘霞辉研究员执笔；第三章由中国社会科学院经济研究所剧锦文研究员、山东青年政治学院司光禄、山东大学威海分校凌士显、唐山市检察院李斌共同执笔；第四章由国务院发展研究中心张亮副研究员和浙江财经大学讲师江庆勇博士共同执笔；第五章由温州大学法政学院邱本教授执笔；第六章由中国社会科学院经济研究所王红领研究员和中国证券监督管理委员会管建强博士共同执笔；第七章由中国科学院科技政策与管理科学研究所博士后顾强和华夏幸福产业研究院董瑞青共同执笔；第八章由中国社会科学院工业经济研究所陈耀研究员执笔；第九章由中国社会科学院经济研究所王震研究员和人力资源和社会保障部教育培训中心葛婧博士执笔；第十章由中国社会科学院财经战略研究院夏先良研究员和华夏幸福产业规划研究院赵三英博士共同执笔；第十一章由浙江省广播电视大学经济学教授郭斌博士执笔。本书英文目录和英文摘要由庞鑫博士负责翻译。课题组学术秘书赵三英博士、李衡博士和庞鑫博士承担了课题组《工作简报》的撰写与发布等工作。

《走向经济强国之路》的研究与文稿撰写大体经历了四个阶段。第一是准备阶段。课题组成员按初步确定的研究框架及分工，开展有关文献资料的收集整理，并在此基础上形成各专题研究的研究思路。第二是深入研究阶段。课题组多次召开专题会议（共形成 6 份《工作简报》），先由刘迎秋提出然后经集体讨论确定研究大纲和基本思路，进而再由各研究小组组长及各章承担人分别展开深入调查与研究以及初稿撰写工作。第三是形成书稿和集体讨论认可阶段。在形成个人研究成果初稿基础上，课题组召开学术研讨会，汇报个人研究成果，在集体讨论提出修改、增删和补充完善意见基础上，再由各章执笔人进一步修改完善，形成终稿。第四是统编定稿阶段。先由王红领率领其助手对全书进行汇总、统编和技术处理，再由课题组学术秘书李衡、庞鑫按"本课题文稿写作格式与基本规范"做进一步核校、统编和技术处理以及课题组成员阶段性重要成果的收集与整理等工作，最后由刘迎秋审阅定稿、报国家社科基金规划办办理结项和送出版社付梓正式出版。

在《走向经济强国之路》统编定稿和即将付梓出版之际，不仅要对认真负责、积极努力、深入开展调查与研究工作的课题组全体成员表示衷心感谢。还要对给予本项研究以热情关心和指导的国家社科基金规划办、中国社会科学院科研局有关负责同志表示衷心感谢。同时还要对长期协助课题组进行经费管理的中国社会科学院研究生院教务处赵燕教授表示衷心感谢。另外，还要感谢为本书的出版付出辛勤劳动的出版社所有同人表示衷心感谢。

毫无疑问，尽管在调查研究和文稿撰写过程中课题组全体成员均做出了不懈努力，但是，限于水平和能力，现在奉献给读者的这项成果还难免存在这样那样的缺点或不足，甚至是疏漏和错误。诚恳希望学界同人以及所有关心这个问题研究的人提出批评意见，并就本项研究所触及的一系列重大理论和实践问题做出更深入的分析与研究。希望本书的出版能够起到抛砖引玉、有力地推动中国经济持续健康顺利发展和早日实现中华民族伟大复兴"中国梦"的积极作用。

刘迎秋
2017 年 11 月 20 日于北京芳古园小倦游斋

产，并不是一件令社会愉悦的事情，也不符合社会对经济努力的奖惩制度，子辈间初始财产差距无形中加大，形成起点和机会的不平等，因此，子辈无端获得一笔不菲的财产，必须为此承担一定的社会责任，这种责任就是让渡一部分财产给社会，开征遗产税的逻辑就此成立，理由非常充分。

（二）加快个人所得税税制改革

收入是财产性收入的源头，收入差距的调整意味着居民财产性收入差距也被调整，具体措施是实施差别化个人所得税。现实问题是，按目前个人所得税计征办法，不具有抵减项目，差别化个人所得税对那些通过勤奋获得高收入的人群而言也有失公平，故要充分发挥个人所得税对促减财产性收入不平等的作用，需要进行税制改革，完善个人所得税计征办法。

（三）稳定房地产价格预期

房价持续上升使非穷人收益，房地产溢价成为财产性收入不平等的主因之一，抑制房价持续上升是舒缓财产性收入不平等的有效路径。同时，房价也不能大幅下跌，一方面房价下跌将引发居民财产缩水和家庭资产负债表的恶化，居民消费支出将受到抑制，从总需求端对经济形成压力；另一方面短期内投资将快速下降，两方面因素综合考虑，经济将呈现通缩现象，穷人会因此受到牵连，穷人承担风险能力是脆弱的，如果生计出现问题，其财产性收入将趋向于零，因此，最优的政策措施是稳定房价预期，给其他促增居民财产性收入创造良好的外部环境，进而缩减居民间财产性收入差距。

（四）国家承担低收入组群的教育责任

有财产，但不具备运营能力，是当前中国居民"贫困文化"频发的顽疾，也是居民间财产性收入不平等形成的主因之一，破解这一魔咒的对策是大力加强穷人的教育。现实是很残酷的，教育水平与质量的提高是非个人或者社会团体努力而能实现的，需要国家来承担该责任。中国基础教育普及政策已经初见成效，高等教育也得到快速发展，然而，数量增长与质量增长并不匹配，优质教育资源依然偏好非穷人，穷人名义上接受的教育水平和实际的教育质量是不匹配的，穷人的财产运营能力也就未能得到真正提升。因此，我们认为，国家应从以下几个方面加大对低收入组群教育的投入：

（1）增发偏远贫困地区和面向进城农民工子弟学校教师的特殊津贴。在基础教育中，这些教师待遇偏低，对应的素质也难以得到保证，低收入组群的能力培养难以得到保证，通过物质刺激，可以吸引一批素质高的人员参与这些地方的教育事业，确保低收入组群子辈的教育质量得到提升。

（2）加强信息化与教育的深度融合。真正优质的教师依然是稀缺的，也不可能配置到偏远山区。在当前网络技术条件已经成熟的时代，通过网络技术，加强信息化和教育的深度融合，可以让低收入组群的子辈享受到高质量的教育。

（3）提供偏远贫困地区和面向进城农民工子弟学校的硬件建设资金。根据新型城镇化的总体规划，着力在人口相对集中的地区建设条件相对好的教学场地和设施，以住校补助形式，鼓励远离人口集中的村落学生到教学条件相对好的学校求学。

（4）制订规范的、有计划的基础教育师资轮训方案。教育部门应建立偏远贫困地区和面向进程农民工子弟学校一线教师集中轮训制度，推动这些教师的知识更新，确保教育质量的提升。

（5）大力提升高等教育师资队伍的素质水平。目前，中国高等教育也遇到教育质量问题，受用人机制和专职教师劳动回报失衡等因素影响，师资队伍存在良莠不齐的现象，高校缺乏一批对知识执着的教师，教学质量难以保证，穷人的子辈在高校得不到能力塑造，教育对其来说是多余的，因此，高校应着力打造一支对知识执着、勇于献身教育事业的优质人才队伍，才能使高等教育培养人才功能得到真正发挥，其对穷人子辈提高财产运营能力的意义更为重大。

（6）改革高等教育招生模式。招生腐败已然成为教育不平等的主要表现，主要受损人群恰恰是低收入组群，一些涉及招生不平等的因素应该彻底摒弃，我们不建议全面取消高考，并坚决抵制加分政策。

（五）以人事制度改革破解当前用工领域存在的严重扭曲现象，软化社会阶层板结化状况

低收入组群子辈经过严格培养后，在中国还将面临一个严峻问题，这个问题与财产性收入也挂钩。很多情况下，低收入组群子辈学业完成也即意味失业，抑或成为蓝领工人，说明"拼爹"现象太严重，社会板结化现象相当显著，这意味着低收入组群子辈只能游离于主流社会外围，良好的教育似乎对低收入组群子辈是可有可无的，这是典型的机会不平等，因此，防范用工领域的腐败显得如此迫切，整个社会只有形成一个机会均等的环境，教育提升个人财产运营能力的效应，才可能得到有效发挥，贫困